编委会

刘禹锡研究

（第二辑）

主　编　戴伟华

副主编　吴夏平　张　巍

暨南大学出版社
JINAN UNIVERSITY PRESS

中国·广州

图书在版编目（CIP）数据

刘禹锡研究. 第二辑／戴伟华主编；吴夏平，张巍副主编. —广州：暨南大学出版社，2019.4
ISBN 978 - 7 - 5668 - 2541 - 4

Ⅰ. ①刘…　Ⅱ. ①戴…②吴…③张…　Ⅲ. ①刘禹锡（772—842）—人物研究②刘禹锡（772—842）—唐诗—诗歌研究　Ⅳ. ①K825.6②I207.22

中国版本图书馆 CIP 数据核字（2018）第 289024 号

刘禹锡研究（第二辑）
LIUYUXI YANJIU（DIERJI）
主编：戴伟华　副主编：吴夏平　张　巍

出 版 人：徐义雄
策划编辑：潘雅琴
责任编辑：潘雅琴　谭　鑫
责任校对：何　力
责任印制：汤慧君　周一丹

出版发行：暨南大学出版社（510630）
电　　话：总编室（8620）85221601
　　　　　营销部（8620）85225284　85228291　85228292（邮购）
传　　真：（8620）85221583（办公室）　85223774（营销部）
网　　址：http：//www.jnupress.com
排　　版：广州市天河星辰文化发展部照排中心
印　　刷：广州市快美印务有限公司
开　　本：787mm×960mm　1/16
印　　张：26.75
字　　数：500 千
版　　次：2019 年 4 月第 1 版
印　　次：2019 年 4 月第 1 次
定　　价：98.00 元

中庭雪盡明倪之事晨
征寒對馬初動霜橋
人東行水流白煙起日上
群霧生隱士應高枕無
人問姓名　劉禹錫　途中早發
戊戌霜降後偉年書

百畝中庭半是苔

花淨盡菜花開禮

桃道士歸何處前

慶劉郎今又來

劉禹錫再遊玄都觀

戊戌傳華於見山齋

開從綠條上散　逐香風遠

故取花叢時惹揚　占春晚

輕花不佩風　輕落不委地撩

亂舞晴空　贈人無限思

晴天　縞素雪來送春著雲

意似多情于家萬家去

劉禹錫　柳花詞三首　戴傳集

自古逢秋悲寂寥我
言秋日勝春朝晴空
一鶴排雲上便引詩情
到碧霄　劉禹錫　秋詞
戊戌秋　戴傳華於見山齋

目 录

诗歌研究

唐"西江"诗考论

——以张籍、刘禹锡、杜牧"西江"诗为中心

吴在庆

一

　　唐诗中言及"西江"者甚多,如《全唐诗》的卷49张九龄《西江夜行》;卷53宋之问《发端州初入西江》;卷87张说《端州别高六戬》:"南海风潮壮,西江瘴疠多"、《和朱使欣二首》:"南土多为寇,西江尽畏途";卷151刘长卿《留辞》:"南楚迢迢通汉口,西江淼淼去扬州";卷160孟浩然《早春润州送从弟还乡》:"归泛西江水,离筵北固山";卷181李白《夜泊牛渚怀古》:"牛渚西江夜,青天无片云";卷265顾况《黄鹄楼歌送独孤助》:"故人西去黄鹄楼,西江之水上天流";卷270戎昱《云安阻雨》:"日长巴峡雨蒙蒙,又说归舟路未通。游人不及西江水,先得东流到渚宫";卷290杨凝《初次巴陵》:"西江浪接洞庭波,积水遥连天上河";卷682韩偓《吴郡怀古》:"人亡建业空城在,花落西江春水平"等。除此之外,卷361有刘禹锡《自江陵沿流道中》:"三千三百西江水";卷382有张籍《野老歌》:"西江贾客珠百斛,船中养犬长食肉";卷522有杜牧《西江怀古》诗①。上述诗作虽然少有以咏唱西江为主的,但均提及作为江流名称之"西江",故我们姑且将此类诗均作为"西江"诗看待。

　　这里首先需要讨论的是,上述诗作中的"西江"所指是否为同一条江?它们各自究竟是哪条江流?特别是张籍、刘禹锡、杜牧诗中的"西江"究竟何指?因为中国境内被称为"西江"的江流有多条,唐诗中所指的西江也是不同的。《汉语大词典》"西江"条云:"1. 江名。珠江干流,古称郁水,在广东省西部,由黔、郁、桂三江汇合而成。唐张籍《野老歌》:'西江估客珠百斛,船中养犬常食肉。'2. 唐人多称长江中下游为西江。唐李白《夜泊牛渚

---

① 本文所引《全唐诗》均据中华书局1960年版。

怀古》诗:'牛渚西江夜,青天无片云。'唐元稹《相忆泪》诗:'西江流水
到江州,闻道分成九道流。'唐温庭筠《西洲词》:'南楼登且望,西江广复
平。艇子摇两桨,催过石头城。'此指南京市北的长江。3. 四川锦江的别称。
《庄子·外物》:'我且南游吴越之王,激西江之水而迎子,可乎?'成玄英疏
云:'西江,蜀江也。'蜀江即锦江。4. 湖北天门河的别称。唐赵璘《因话
录·商下》:'千羡万羡西江水,曾向竟陵城下来。'竟陵今名天门,天门河流
经城西。"① 《中国历史地名大辞典》归纳西江有五处:① "即今广东惠东、
惠阳二县市境之西枝江。"② "即古郁水。今珠江干流。在今广东西部。"
③ "即今广西武鸣县之武鸣河上游。"④ "在今广西灵川县北。"⑤ "在今广
西蒙山县西。"② 值得一提的是,此《辞典》除"即古郁水。今珠江干流。在
今广东西部"一说乃引唐时文献《元和郡县图志》所记为证外,其余四说均
以宋明清之地理文献《舆地纪胜》《方舆纪要》《明史·地理志》《清一统志》
所记为证,故此四说之"西江"名,难保唐时即存在,有的也可能是唐之后
方出现的。尽管如此,归纳上述两词典,曾被称为"西江"的七条江流(如
上所说有的可能唐时尚未被称为"西江")分布在广东、广西、四川和长江中
下游地区。据此我们明白,唐诗中各人所指称的"西江",可能是不尽一致
的。要辨清某诗中的"西江"之所指,必须结合诗人的籍贯、行踪及其诗文
集,乃至该诗所咏内容等加以考察,否则可能导致张冠李戴之结果。以下我们
即以上引张九龄、宋之问、张说、张籍、刘禹锡、杜牧等人的"西江"诗为
例来考察各自"西江"之所指。

张九龄《西江夜行》:"遥夜人何在,澄潭月里行。悠悠天宇旷,切切故
乡情。外物寂无扰,中流澹自清。念归林叶换,愁坐露华生。犹有汀洲鹤,宵
分乍一鸣。"

此诗中既有"悠悠天宇旷,切切故乡情"句,又有"念归林叶换,愁坐
露华生"句,据此知张九龄此诗之"西江"当在其归乡时所经之处。据《旧
唐书》卷九十九《张九龄传》,张九龄为广东曲江人,又曾任"洪州都督。俄
转桂州都督,仍充岭南道按察使"③,故此诗盖"俄转桂州都督,仍充岭南道
按察使"后之作。由谭其骧主编的《中国历史地图集》④ 第五册"隋·唐·
五代十国时期"岭南道东部地图可知,桂州与曲江之间的"西江",应指今广

① 罗竹风. 汉语大词典 [Z]. 上海:汉语大词典出版社,1993.
② 史为乐,等. 中国历史地名大辞典 [Z]. 北京:中国社会科学出版社,2005:923.
③ 刘昫,等. 旧唐书 [M]. 北京:中华书局,1975:3098.
④ 谭其骧. 中国历史地图集 [M]. 北京:中国地图出版社,1982.

东境内之珠江干流，即古郁水。

宋之问《发端州初入西江》。从诗题知此"西江"在广东端州地区。据上文所引地图，此"西江"亦指今广东境内珠江干流，即古郁水。

张说《和朱使欣二首》："南土多为寇，西江尽畏途。……江势连山远，天涯此夜愁。……自怜如坠叶，泛泛侣仙舟。"据《旧唐书》卷九十七《张说传》，张说在武后长安年间"坐忤旨配流钦州。在岭外岁余"①。此诗有"南土""天涯""自怜如坠叶"等语，当是流放岭外时作。又张说还有《端州别高六戬》，中云："异壤同羁窜，途中喜共过。……南海风潮壮，西江瘴疠多。"据此，两诗中的"西江"皆指端州左近之"西江"，亦即珠江干流，即古郁水。

孟浩然《早春润州送从弟还乡》："归泛西江水，离筵北固山。"从诗题及诗句得知，孟浩然是在润州之北固山送从弟回乡时作此诗的。孟浩然是湖北襄阳人，故其自润州北固山送从弟回襄阳老家而言"归泛西江水"，则此"西江"当指长江中下游段之江流。

《全唐诗》卷382张籍《野老歌》："老农家贫在山住，耕种山田三四亩。苗疏税多不得食，输入官仓化为土。岁暮锄犁傍空室，呼儿登山收橡实。西江贾客珠百斛，船中养犬长食肉。"② 这首诗的末两句是上引《汉语大词典》作为西江指"珠江干流，古称郁水，在广东省西部"的依据的。又《张籍集注》注释此诗的"西江"云："西江，珠江干流。上源南盘江出云南省沾益县马雄山。流到梧州纳桂江，入广东省境称西江。"③ 按，将张籍这首诗的"西江"指为广东境内的"西江"是令人怀疑的。张籍是吴郡人，后迁居和州乌江。从他的生平、作品看，未见他行经广西、广东地区之确证。因此，此诗中的"老农"当不是他行经广西、广东地区所遇到并就近以此地的"西江贾客"为对比赋咏的。其实此诗的"西江贾客"之称是有来历的。宋郭茂倩《乐府诗集》卷四十八收有《估客乐》《贾客词》《贾客乐》等诗多首，其中收有齐武帝《估客乐》一首、释宝月二首以及张籍的《贾客乐》。齐武帝诗云："昔经樊邓役，阻潮梅根渚。感忆追往事，意满辞不叙。"释宝月二首云："大舸珂峨头，何处发扬州。借问艑上郎，见侬所欢不。"又"初发扬州时，船出平津泊。五两如竹林，何处相寻博。"郭茂倩引《古今乐录》云："《估客乐》者，齐武帝之所制也。帝布衣时，尝游樊、邓。登祚以后，追忆往事而作歌。使乐

---

① 刘昫，等. 旧唐书 [M]. 北京：中华书局，1975：3051.
② 彭定求. 全唐诗 [M]. 北京：中华书局，1980：4280.
③ 李东生. 张籍集注 [M]. 黄山：黄山出版社，1989：31.

府令刘瑶管弦被之教习，卒遂无成。有人启释宝月善解音律，帝使奏之，旬日之中，便就谐合。敕歌者常重为感忆之声，犹行于世。宝月又上两曲，帝数乘龙舟，游五城江中放观，以红越布为帆，绿丝为帆缂，鍮石为篙足。"下又谓："《唐书·乐志》曰：'梁改其名为《商旅行》。'"① 又张籍《贾客乐》略云："金陵向西贾客多，船中生长乐风波。欲发移船近江口，……入蜀经蛮谁别离。金多众中为上客，夜夜算缗眠独迟。秋江初月猩猩语，孤帆夜发潇湘渚。……年年逐利西复东，姓名不在县籍中。农夫税多长辛苦，弃业长为贩卖翁。"② 据此可见，此《估客乐》《贾客词》《贾客乐》中之"贾客""估客"乃指"樊、邓"地区之商人。且商人们所往来乃常在扬州至樊、邓地区之长江上。而这一段长江唐人常称之为"西江"，如上引之孟浩然以及《汉语大词典》所引为例的李白、元稹、温庭筠诗所指称。因此，同收于《乐府诗集》的张籍此诗中的"贾客"应该也是指扬州、金陵至樊、邓地区乃至更西之长江（即"西江"）上之商人。又张籍尚有《楚妃叹》诗："湘云初起江沉沉，君王遥在云梦林。江南雨多旌旗暗，台下朝朝春水深。章华殿前朝万国，君心独自无终极。楚兵满地能逐禽，谁用一生骈筋力。西江若翻云梦中，麋鹿死尽应还宫。"③ 此诗"西江若翻云梦中"之"西江"，从全诗考察，也是指中下游段之长江。据上所考，我们有理由认为张籍《野老歌》中的"西江贾客"之"西江"，即指长江中下游段的"西江"，而不是指广东省内的"西江"。《汉语大词典》所称广东省内的"西江"，实际上不宜引张籍此诗之"西江"为例证，而应引上述的张九龄、张说或宋之问的诗例为证。

二

　　上考唐人诗中的"西江"，有的指广东省内的珠江支流，即古郁水；有的指长江中下游之江流。那么刘禹锡和杜牧诗中的"西江"所指是否相同呢？刘禹锡《自江陵沿流道中》诗题既然明谓"自江陵沿流道中"，则可知此"西江"与广东省内的"西江"无涉，乃指江陵以下的长江。又此诗既有"三千三百西江水，自古如今要路津"句，又谓"行到南朝征战地，古来名将尽为神"，下小注云："陆逊、甘宁，皆有祠宇。"陆逊、甘宁皆为三国东吴将领。"南朝征战地"乃指南朝时宋、齐、梁、陈历代征战之地，即指江陵以下的长

① 郭茂倩. 乐府诗集 [M]. 北京：中华书局，1979：699 – 670.
② 郭茂倩. 乐府诗集 [M]. 北京：中华书局，1979：701 – 702.
③ 彭定求. 全唐诗：卷三八二 [M]. 北京：中华书局，1980：4282.

江沿岸一带地区。古《懊侬歌》云："江陵去扬州，三千三百里。"① 刘诗"三千三百西江水"即指"江陵去扬州"之"西江水"。由此可见，刘诗中之"西江"即指长江自江陵以下至扬州的一段，因大江从西而来，故称西江。

杜牧《西江怀古》："上吞巴汉控潇湘，怒似连山净镜光。魏帝缝囊真戏剧，苻坚投棰更荒唐。千秋钓舸歌明月，万里沙鸥弄夕阳。范蠡清尘何寂寞，好风唯属往来商。"此诗之"西江"，笔者在《杜牧集系年校注》中沿用冯集梧《樊川诗集注》之注释："注家以为楚人指蜀江为西江，以从西而下也。"② 现在看来，这一延续冯注的注释是错的。检冯注此诗题下原注文是："《庄子》：我且南游吴越之王，激西江之水而迎子。……按杜甫诗云：南纪连铜柱，西江接锦城；又云：西江原下蜀，北斗故临秦。注家以为楚人指蜀江为西江，以从西而下也"③。按，冯集梧此注乃引宋人赵次公之说。据林继中先生《杜诗赵次公先后解辑校》己帙卷之三《公安送李二十九弟晋肃入蜀余下沔鄂一首》"西江接锦城"句下赵注："《庄子》云：激西江之水。疏：以蜀江从西来，故谓之西江，乃楚人名之也。自西江而上溯，是为接锦城。"④ 又同上书己帙卷之一《太岁日一首》赵注"西江元下蜀，北斗故临秦"句云："《庄子》：激西江之水。疏云：楚人指蜀江为西江，以其从西而下也。公由蜀而欲往荆渚，今尚在夔，故曰：西江元下蜀，则可以乘舟而往矣。"⑤ 上述赵次公之注"西江"，其所引《疏》乃初唐人成玄英之言。成玄英在《庄子》"我且南游吴越之王，激西江之水而迎子，可乎?"下疏云："西江，蜀江也。江水至多，北流者众，惟蜀江从西来，故谓之西江也。"⑥ 据此可知冯集梧之注"西江"乃源于成玄英、赵次公之说，前文所引《汉语大词典》谓西江为"蜀江即锦江也"所据亦成玄英之说。那么成玄英疏谓"西江，蜀江也"是否准确呢? 笔者以为是可商榷的。检《词源》对《庄子》此"西江"的注释云："西来的大江。泛指大江。"⑦ 又钟泰《庄子发微》注《庄子》此"西江"云："江曰'西江'者，对东海言，江在西也。成疏云'西江，蜀江也'，失之矣。"⑧ 上述两书均不从成玄英"西江，蜀江也"之说，笔者以为是有道理的。细读

① 郭茂倩. 乐府诗集：卷四十六 ［M］. 北京：中华书局，1979：667.
② 吴在庆. 杜牧集系年校注：卷三 ［M］. 北京：中华书局，2008：346.
③ 冯集梧. 樊川诗集注：卷三 ［M］. 上海：上海古籍出版社，1978：199.
④ 林继中. 杜诗赵次公先后解辑校 ［M］. 上海：上海古籍出版社，1994：1344–1345.
⑤ 林继中. 杜诗赵次公先后解辑校 ［M］. 上海：上海古籍出版社，1994：1237–1238.
⑥ 郭向，注；成玄英，疏. 庄子注疏 ［M］. 北京：中华书局，2011：483.
⑦ 商务印书馆编辑部. 词源 ［M］. 北京：商务印书馆，1983：2841.
⑧ 钟泰. 庄子发微 ［M］. 上海：上海古籍出版社，2002：631.

《庄子·外物篇》"我且南游吴越之王，激西江之水而迎子"之语境，庄子是将从楚地往东游说长江中下游的"吴越之王"而"激西江之水"的，因此，此处的"西江"应指被称为"西江"的长江中下游之江流，而非指反方向的西边的蜀江。如谓指蜀江，则庄子如何能让在东边的吴越王激蜀江之水？且退一步说，就算激蜀江之水，又如何能将蜀江水激到反方向的下游的楚地以救活即将渴死之鱼呢？因此冯集梧据成、赵之说而注释杜牧《西江怀古》诗中的"西江"乃张冠李戴。盖杜甫两诗中之"西江"可指蜀江，而杜牧诗中的"西江"并非蜀江。笔者在《杜牧集系年校注·西江怀古》"集评"中即采用了清人曾国藩《求阙斋读书录》卷九"西江怀古"条对此说的怀疑指谬："注家谓'楚人指蜀江为西江，谓从西而下也'。国藩按：诗中'魏帝''苻坚'等语，殊不似指蜀中者。六朝隋唐皆以金陵为江东，历阳为江西，厥后豫章郡夺江西之名，而历阳等处不甚称江西矣。此西江或指历阳、乌江言之。"① 如曾国藩所说，杜牧此诗之"西江"并非指蜀江，这从首句"上吞巴汉控潇湘"之地理方位看，自然不会指在广东、广西、四川三省境内之"西江"，而应是指向上接纳汉水，控制潇湘后又继续往下奔流的长江。再从"西江怀古"所怀的魏帝、苻坚、范蠡三位历史人物来考察，他们的"缝囊"、"投棰"、功成而泛五湖等事迹，均发生于长江中下游，而非四川之蜀江。故杜牧此诗之"西江"，应指长江中下游之江流。

三

杜牧《西江怀古》究竟作于何时？至今尚未有系年者，无论是缪钺先生的《杜牧年谱》②，还是笔者的《杜牧集系年校注》均阙如。未能系年的最主要缘由，是因杜牧来往于此"西江"上，能赋此诗的机会较多，难以确定此诗作于哪一次行经"西江"时。据《杜牧年谱》和笔者的《杜牧论稿》所考③，杜牧可能行经此"西江"，又可能赋此诗的机会至少有如下十一次：一、其《窦列女传》所记"大和元年，予客游洋阳，路出荆州松滋县"④；二、大和四年九月，沈传师从江西观察使迁宣歙观察使，杜牧从至宣州；三、大和七年春，杜牧奉沈传师命从宣州至扬州聘淮南节度使牛僧孺；四、大和七年四月

① 吴在庆. 杜牧集系年校注 [M]. 北京：中华书局，2008：348.

② 缪钺. 杜牧年谱 [M]. 北京：人民文学出版社，1980.

③ 吴在庆. 杜牧论稿 [M]. 厦门：厦门大学出版社，1991.

④ 杜牧. 樊川文集：卷六 [M]. 上海：上海古籍出版社，1978：104.

后，杜牧应牛僧孺之辟从宣州赴扬州赴新任；五、开成二年秋末，从扬州赴宣州任宣歙观察使幕团练判官；六、开成四年"春初携弟赴浔阳，依从兄江州刺史慥。二月，自浔阳溯长江、汉水，经南阳、武关、商山而至长安，就左补阙、史馆修撰新职"①；七、开成五年冬，自京乞假往浔阳视弟疾，仍取道汉上至浔阳；八、会昌元年四月，由浔阳和病弟随从兄慥至蕲州；九、会昌二年四月，从长安取道商山、汉水至黄州任刺史；十、会昌四年九月，自黄州刺史江行赴池州刺史任；十一、会昌六年九月，由池州刺史改睦州刺史，此行"乘船沿江东下，转运河入浙"。②尽管缺乏坚证以确证此诗之作年，但如果需要大致系年的话（有治戏剧史友人曾以此诗作于何年相询，盖此诗中有"戏剧"一词，他认为这是"戏剧"一词之词源，如能确定此诗之作年，则现可知之最早出现"戏剧"一词之年代即能确定），笔者以为开成四年春是较有可能的。理由如下：

第一，上述赋此诗的十一次机会中，唯有开成四年之行所作诗最多。且据《杜牧年谱》，其他十次江行没有留下写于江中之诗作，而开成四年之江行所作却有《往年随故府吴兴公夜泊芜湖口今赴官西去再宿芜湖感旧伤怀因成十六韵》《汉江》《初春雨中舟次和州横江裴使君见迎李赵二秀才同来因书四韵兼寄江南许浑先辈》《和州绝句》《题乌江亭》《题横江馆》六首，因此该年赋《西江怀古》诗的可能性最大。第二，推想这十次江行中没有留下江行诗的原因，很有可能是江行时间短，行色匆匆，无暇成诗（第二至第五次，第九、十次均如此）；或由于烦心事多（如送病弟治病或和病弟依从兄慥的第六次以及第七、八次）而心情抑郁难有诗兴；或年纪轻尚未入仕，不会有《西江怀古》诗之"看破红尘，壮心消歇"之人生感悟情绪（参看下文所述），如第一次之"大和元年，予客游涔阳，路出荆州松滋县"之行。第三，《西江怀古》既是怀古诗，也大致可归于题咏类诗，而上述开成四年所作江行诗中即有四首属于题咏之作。且从题咏内容上寻味，此诗"千秋钓舸歌明月，万里沙鸥弄夕阳。范蠡清尘何寂寞，好风唯属往来商"与《题横江馆》"至竟江山谁是主，苔矶空属钓鱼郎"③，《汉江》"南去北来人自老，夕阳长送钓船归"④，多有同一情感意趣者。故同属题咏之作的《西江怀古》是很有可能同作于是年江行中的。第四，如前引曾国藩认为《西江怀古》之"西江或指历

---

① 缪钺. 杜牧年谱 [M]. 北京：人民文学出版社，1980：44.

② 缪钺. 杜牧年谱 [M]. 北京：人民文学出版社，1980：66.

③ 吴在庆. 杜牧集系年校注：卷四 [M]. 北京：中华书局，2008：541.

④ 吴在庆. 杜牧集系年校注：卷四 [M]. 北京：中华书局，2008：492.

阳、乌江言之",寻味此言,他或以为开成四年杜牧所作的《初春雨中舟次和州横江裴使君见迎李赵二秀才同来因书四韵兼寄江南许浑先辈》《和州绝句》《题乌江亭》《题横江馆》均是在和州所作。又和州又称历阳郡,乌江亭在和州乌江县,横江和横江馆均在和州境内,且《和州绝句》中有"历阳前事知何实"句①,因此曾国藩会据此以为杜牧《西江怀古》诗同样作于他在"历阳、乌江"段之"西江"时。如果认可这一揣测,那么《西江怀古》很有可能作于开成四年杜牧在长江和州段溯江而上的途中。

四

前人评论刘禹锡、杜牧两人诗,时有将其相提并论并认为相似者,如:"杜紫微天才横逸,有太白之风,而时出入于梦得。"②"自甫以后,在唐如韩愈、李贺之奇矫,刘禹锡、杜牧之雄杰,刘长卿之流利,温庭筠、李商隐之轻艳,……各自炫奇翻异,而甫无一不为之开先。"③"老杜:'卿到朝廷说老翁,飘零已是沧浪客。'又:'朝觐从容问幽仄,勿云江汉有垂纶。'其后梦得《送陈郎中》云:'若问旧人刘子政,而今头白在商于。'《送惠休》则云:'休公久别如相问,楚客逢秋心更悲。'小杜:'江湖酒伴如相问,终老烟波不记程。''交游话我凭君道,除却鲈鱼更不闻。'商隐《寄崔侍御》云:'若向南台见莺友,为言垂翅度春风。'……皆有所因也。"④"刘梦得气高不服人,《祭退之文》极言称赞:'鸾凤一鸣,蝘蜓革音。手持文炳,高视寰海;权衡低昂,瞻吾所在。三十余年,声名塞天。'牧之云:'杜诗韩笔愁来读,似倩麻姑痒处搔。天外凤凰谁得髓,无人解合续弦胶。'皆实录也。"⑤"梦得、牧之喜用数目字。梦得诗'大艑高帆一百尺,新声促柱十三弦','千门万户垂杨里','春城三百九十桥'。牧之诗'汉宫一百四十五','南朝四百八十寺','二十四桥明月夜','故乡七十五长亭'。此类不可枚举,亦诗中之算博士也。"⑥"偷法一事,名家不免。如刘梦得'山围故国周遭在,潮打空城寂寞

① 吴在庆. 杜牧集系年校注:卷四 [M]. 北京:中华书局,2008:534.

② 管世铭. 读雪山房唐诗凡例 [M] //陶敏,陶红雨,校注. 刘禹锡全集编年校注. 长沙:岳麓书社,2003:1495.

③ 叶燮. 原诗:内篇上 [M] //吴在庆. 杜牧集系年校注. 北京:中华书局,2008:1503 - 1504.

④ 黄彻. 䂬溪诗话:卷五 [M] //丁福保. 历代诗话续编. 北京:中华书局,1983:371.

⑤ 朱翌. 猗觉寮杂记:卷三 [M] //吴在庆. 杜牧集系年校注. 北京:中华书局,2008:250.

⑥ 陆鎣. 问花楼诗话:卷一 [M] //郭绍虞,编选;富寿荪,校点. 清诗话续编:第四册. 上海:上海古籍出版社,1983:2294.

回。淮水东边旧时月，夜深还过女墙来'，杜牧之'烟笼寒水月笼沙，夜泊秦淮近酒家。商女不知亡国恨，隔江犹唱《后庭花》'，韦端己'江雨霏霏江草齐，六朝如梦鸟空啼。无情最是台城柳，依旧烟笼十里堤'，三诗虽各咏一事，意调实则相同。"① 从上述评论可见，刘、杜两人诗在风格、特色、内容、意调上多有相似相承之处，以至于贺裳有"偷法"之说。我们说杜牧是否有意"偷法"刘禹锡诗不好论定，但其诗确实如上所言，多有相似之处，就这两首"西江"诗而言，其间之高度相似处确实可见。

　　检如上述唐人"西江"诗作，少有较多具体描述西江之景色与史迹历史人物者。既称"西江"名，而又几乎全是咏唱"西江"的可以刘禹锡、杜牧这两首诗为代表。刘诗《自江陵沿流道中》云："三千三百西江水，自古如今要路津。月夜歌谣有渔父，风天气色属商人。沙村好处多逢寺，山叶红时觉胜春。行到南朝征战地，古来名将尽为神。"诗后小注："陆逊、甘宁，皆有祠宇。"刘诗题虽不及"西江"字眼，但首句"三千三百西江水"，以及全诗八句所咏皆与"西江"相关，故实际上是咏唱"西江"的诗作。再看杜牧《西江怀古》，诗题为"西江怀古"，且全诗八句又皆扣紧"西江"之自然景色、历史事迹与人物而发，因此也如刘禹锡诗一样，是咏唱"西江"的诗作。这是两人"西江"诗相似性之一。其二，两人诗均有描述西江地理形势、风光景色的内容，如刘诗前六句，杜诗一、二和五、六四句。其三，刘诗之"南朝征战地""古来名将"注文的"陆逊、甘宁，皆有祠宇"；杜诗的"魏帝""苻坚""范蠡"句均有对与"西江"有关的历史人物与事件的咏唱。其四，刘诗"月夜歌谣有渔父，风天气色属商人"，杜诗"千秋钓舸歌明月""好风唯属往来商"以及"范蠡清尘"句皆咏及渔夫月夜歌咏于江上，感叹江上之美好风光景色均为往来之商人所独享！其五，刘、杜这两首诗在内容、情感和意趣上也颇多相似，这方面我们可看看前人对这两首诗的分析品评。纪昀评析刘诗云："入手陡健。三、四言闲适自如则有渔父，迅利来往则有商人，言外寓不闲居又不得志之感。结慨儒冠流落，即飞卿'欲将书剑学从军'、昭谏'拟脱儒冠从校尉'之意，而托之古迹，其词较为蕴藉。"何义门亦云："笔力千钧。'三千三百'，破尽'沿流'。中四句皆'沿流'也。景物虽佳，何如立功立事？落句所以慨然于庙食者。"② 朱三锡评析《西江怀古》云："题是

① 贺裳．载酒园诗话：卷一［M］//郭绍虞，编选；富寿荪，校点．清诗话续编．上海：上海古籍出版社，1983：216－217.

② 均见方回，选评．李庆甲，集评校点．瀛奎律髓汇评：卷四［M］．上海：上海古籍出版社，1986：184.

《西江怀古》，读诗者遂谓魏帝、苻坚、范蠡，皆所怀之人也。殊不知先生此篇，前四句写西江，后四句写怀古。吞汉控楚，是写西江形势之扼要；连山镜光，是写西江风涛之不测；魏帝、苻坚，是写西江当时绝好英雄。向者如此，据流设险，总是戏剧荒唐。竖看千秋，横观万里，惟此渔歌明月、鸥弄夕阳常存江上。因叹世上事，毕竟认不得真，做不得了，不如范蠡之扁舟五湖，悠然世外，所盖实多耳。"① 比勘上述三人对刘、杜"西江"诗之评析，可见刘、杜两诗的高度相似之处。其六，细味两诗，其豪迈俊爽而又流情感慨之诗风气韵也颇为相似。这与白居易称刘禹锡为"诗豪"，叶燮谓"自甫以后，在唐如……刘禹锡、杜牧之雄杰"，《新唐书》本传称"牧于诗，情致豪迈"②，胡应麟谓"俊爽若牧之"③，管世铭称"杜紫微天才横逸，有太白之风，而时出入于梦得"④，以及我们读刘禹锡诗颇能领略到的风情俊爽、豪迈刚劲之风是颇为榫合的。

考究两诗的同中之异，表现在上文其相似处之其三、其四所述的两人对"西江"景色、历史人物咏唱中所获得的不同人生感悟上。具体来说，刘禹锡的感悟诚如纪昀所说"言外寓不闲居又不得志之感。结慨儒冠流落，即飞卿'欲将书剑学从军'、昭谏'拟脱儒冠从校尉'之意"，即虽然尚不得志、不如意，但仍不气馁，壮心犹存。而杜牧此诗所流露的情感则似已看破红尘，壮心消歇，有如朱三锡所云"竖看千秋，横观万里，惟此渔歌明月、鸥弄夕阳常存江上。因叹世上事，毕竟认不得真，做不得了，不如范蠡之扁舟五湖，悠然世外，所盖实多耳"，也正如他在《题横江馆》所唱叹的"至竟江山谁是主，苔矶空属钓鱼郎"所蕴含的弦外之音。这种情调与他年二十五时在《感怀诗》中所抒发的"关西贱男子，誓肉虏杯羹。请数系虏事，谁其为我听？……叱起文武业，可以豁洪溟。……往往念所至，得醉愁苏醒。韬舌辱壮心，叫阍无助声"⑤ 之雄心壮志已经不可同日而语矣！

刘、杜二人面对同样的"西江"咏唱，却流露出不同的人生感悟，那么这一不同之处是否符合其时各自的总体思想精神状态呢？笔者以为两人的不同思想精神状态，是可以从其时各自已经历的人生遭际中获得合理解释的。

　　① 朱三锡．东岩草堂评订唐诗鼓吹：卷六［M］//吴在庆．杜牧集系年校注．北京：中华书局，2008：347.

　　② 欧阳修，宋祁．新唐书·杜牧传［M］．北京：中华书局，1975：5097.

　　③ 胡应麟．诗薮：外编卷四唐下［M］．上海：上海古籍出版社，1979：187.

　　④ 管世铭．读雪山房唐诗凡例［M］//陶敏，陶红雨．刘禹锡全集编年校注．长沙：岳麓书社，2003：1495.

　　⑤ 吴在庆．杜牧集系年校注：卷一［M］．北京：中华书局，2008：35.

先谈刘禹锡。据陶敏、陶红雨《刘禹锡全集编年校注》，刘禹锡此"西江"诗乃于长庆四年（824）秋由夔州刺史转任和州刺史途中所作。其时他已经基本结束了"巴山楚水凄凉地"① 的贬谪生涯，这在他的政治生涯中可谓是一个从幽晦走向晴明的重要转折点。如果说此前的贬谪岁月不免让他早年即怀有的壮志受挫，如《新唐书·刘禹锡传》所云"禹锡久落魄，郁郁不自聊"②，那么到离开夔州转任和州刺史时，他的精神面貌则可谓焕然一新了。其作"西江"诗次年，即宝历元年（825）春初任和州刺史时所作的《历阳书事七十四韵》诗末自谓云："受谴时方久，分忧政未成。比琼虽碌碌，于铁尚铮铮。"③ 这里的"铮铮"，陶敏先生注谓"《后汉书·刘盆子传》：'（光武）帝曰："卿所谓铁中铮铮，佣中佼佼者也。"'李贤注：'《说文》曰："铮，金也。"铁之铮铮，言微有刚利也。'"④ 这也就是说，刘禹锡虽"受谴时方久"，但此时还壮志犹存，尚有铮铮之铁骨锋芒。而他之所以能如此，除了禀性使然，还在于此时的他如上引诗后所云："心托秦明镜，才非楚白珩。……捧日皆元老，宣风尽大彭。"陶敏注释谓："秦明镜：……此以喻崔群。""捧日：喻大臣辅佐皇帝。""大彭：……此指当时的节度观察等使。时裴度镇兴元，令狐楚镇宣武，牛僧孺镇鄂岳，李绛镇东川，崔群观察宣歙，元稹观察浙东，诸人均曾为相；此外，王播镇淮南，李德裕观察浙西，都与刘禹锡有较深交谊。"⑤ 可知此时刘禹锡之政治前程向好，当与崔群、裴度等在当时政坛上颇有权势且与他颇有交谊的友人施以援手不无关系。这种政治形势以及诗人正在离开"巴山楚水凄凉地"，沿江而下赴和州新任的现实，当然会使刘禹锡精神振奋，雄心壮志为之一振，并流溢于"西江"诗中。

再谈杜牧。尽管杜牧早年怀有"叱起文武业，可以豁洪溟"的雄心壮志，但他从大和二年（828）及第入仕后，多在幕府为幕僚。大和九年（835）方入京为监察御史，不久因不满宦官郑注、李训而于当年九月移疾分司东都。开成二年（837）春，因延请同州眼医石生一起至扬州为患眼疾的弟弟治病，假满百日而去官。至同年秋末，又应辟为宣歙观察使幕判官。开成四年（839）春，方离开幕府赴京任左补阙、史馆修撰新职，途中遂有《西江怀古》之作。从其入仕后十二年的经历来看，杜牧可谓一直"偃蹇幕僚，浮沉朝籍，揽霜

① 陶敏，陶红雨，校注. 刘禹锡全集编年校注·酬乐天扬州初逢席上见赠 [M]. 长沙：岳麓书社，2003：402.

② 欧阳修，宋祁. 新唐书：卷一六八 [M]. 北京：中华书局，1975：5129.

③ 陶敏，陶红雨，校注. 刘禹锡全集编年校注 [M]. 长沙：岳麓书社，2003：353.

④ 陶敏，陶红雨，校注. 刘禹锡全集编年校注 [M]. 长沙：岳麓书社，2003：353.

⑤ 陶敏，陶红雨，校注. 刘禹锡全集编年校注 [M]. 长沙：岳麓书社，2003：354.

毛于春镜，裹雨褐于秋船，茹鲠空忧，叫阍无助。……壮志飘萧，才人落魄"。① 故开成三年（838）诗人作于宣州的《大雨行》即云："大和六年亦如此，我时壮气神洋洋。……今年阛茸鬓已白，奇游壮观唯深藏。景物不尽人自老，谁知前事堪悲伤！"② 而开成四年诗人所作《自宣州赴官入京路逢裴坦判官归宣州因题赠》更谓"我初到此未三十，头脑钤利筋骨轻。……重游鬓白事皆改，唯见东流春水平。……一醉六十日，古来闻阮生。是非离别际，始见醉中情。今日送君话前事，高歌引剑还一倾。江湖酒伴如相问，终老烟波不计程"③。据此可见，杜牧同年作于赴京途中的《西江怀古》所流露的壮心消歇，"不如范蠡之扁舟五湖，悠然世外"的人生感悟与感叹是与他这一阶段的思想精神状态相一致的。

如上所述，尽管刘禹锡和杜牧的"西江"诗多有相似处，但在人生感悟上却有积极进取与消极退隐之区别。明人胡应麟曾谓"元和如刘禹锡，大中如杜牧之，才皆不下盛唐，而其诗迥别，故知气运使然"④。此语原是指刘、杜诗与盛唐诗之比较而言的，但用于品评刘、杜两人的"西江"诗也是很合适的，且这"气运"不仅指两人所处中、晚唐时代气运之别，也是指刘、杜作"西江"诗时的不同人生境遇。

（作者单位：厦门大学）

---

① 吴锡麒. 樊川诗集注：卷首［M］. 上海：上海古籍出版社，1978：1.
② 吴在庆. 杜牧集系年校注：卷一［M］. 北京：中华书局，2008：148.
③ 吴在庆. 杜牧集系年校注：卷一［M］. 北京：中华书局，2008：151.
④ 胡应麟. 诗薮：内篇卷五［M］. 上海：上海古籍出版社，1979：82.

论刘禹锡重入庙堂期间的诗歌创作

肖瑞峰

在结束巴山楚水间长达 22 年之久的辗转流徙后，刘禹锡终得"脱离谪籍"，返回朝廷。自宝历二年（826）至大和五年（831），刘禹锡先后在东都洛阳和京城长安任主客郎中、集贤殿学士。我们把这段时间称作他一生中的"重入庙堂"时期。检视他这一时期的诗歌创作，可以发现，较之贬居朗、连、夔、和四州时，其创作态度、创作倾向以及创作风格都在悄然发生变化，呈现出焕然一新却又令人讶异的艺术风貌。

一、志在用世：命运逆转之初的热切愿望

唐敬宗宝历二年（826）秋天，刘禹锡意外地接获了卸任和州、返回洛阳待命的诏令，这意味着他有可能重入庙堂，回归疏离已久的政治权力中心。虽然能否一如己愿执掌政要还很难预料，但毕竟可以脱离禁锢他二十余年的"谪籍"。《同乐天登栖灵寺塔》一诗是创作于返洛初程的作品，足见刘禹锡当时情绪的高涨：

> 步步相携不觉难，九层云外倚栏杆。
> 忽然语笑半天上，无限游人举眼看。[①]

后两句既是实写登临高塔的情景，也未尝不是借以抒发一种重登高位、引人瞻仰的愿望。这种愿望一直深藏在诗人心中，只不过此前因返京无期，显得有些虚幻和缥缈，而今则由于返洛在即，就变得贴近与切实多了——至少诗人作如是观。这也难怪他会吟出这样飘飘然的诗句了。

同样创作于返洛途中的《罢郡归洛途次山阳留辞郭中丞使君》一诗也流露出恬然自适的心情：

---

① 刘禹锡；瞿蜕园，笺证. 刘禹锡集笺证：外集卷一［M］. 上海：上海古籍出版社，1989：1048 – 1049.

自到山阳不许辞，高斋日夜有佳期。
管弦正合看书院，语笑方酬各咏诗。
银汉雪晴褰翠幕，清淮月影落金卮。
洛阳归客明朝去，容趁城东花发时。①

　　诗中主人公以"洛阳归客"自命，与友人把盏之际，神情娴雅，谈笑风生，虽然绝无志得意满的轻狂之态，却也看不出太多的忧郁和感伤。这固然与诗人固有的旷达、开朗情怀有关，但主要还归因于其处境的改善。显然，此时的诗人沉浸在命运逆转之初的那种惊喜中。

　　但抵达洛阳后，却迟迟不见任用文件，刘禹锡只能心有不甘而又无可奈何地安于赋闲生活。《罢郡归洛阳闲居》一诗是对他当时心境的写照：

十年江外守，旦夕有归心。
及此西还日，空成东武吟。
花间数盏酒，月下一张琴。
闻说功名事，依前惜寸阴。②

　　在谪守江头海角的日子里，他归心似箭，无时不指向长安这一靶心。可是，苦苦期盼的"西还日"真的来临后，他却又被投闲置散。"空成东武吟"，将失望之情、濩落之意和盘托出。"东武吟"，乐府"相和歌辞"旧题。刘宋诗人鲍照有《代东武吟》一诗，假托汉朝退役老兵的自白来讽谏当时的君主。后代的诗人便常常借用《东武吟》来抒发功成见弃、不为时用的悲慨。这里，刘禹锡将"东武吟"这一典故镶嵌入诗，用意正相仿佛。"花间数盏酒"，颇有李白《月下独酌》"花间一壶酒，独酌无相亲"③之意，闪闪烁烁地在自叹寂寞、自怜幽独。"闻说"二句乃"卒章显志"，将渴望入世、不甘赋闲的主旨表露无遗。

　　《罢郡归洛阳寄友人》一诗题旨相同，而用笔更为显豁：

　　① 刘禹锡；瞿蜕园，笺证. 刘禹锡集笺证：外集卷一［M］. 上海：上海古籍出版社，1989：1049–1050.

　　② 刘禹锡；瞿蜕园，笺证. 刘禹锡集笺证：卷二二［M］. 上海：上海古籍出版社，1989：617.

　　③ 李白；王琦，注. 李太白全集：卷二三［M］. 北京：中华书局，1977：1063.

远谪年犹少，初归鬓已衰。
闲门故吏去，室静老僧期。
不见蜘蛛集，频为伛偻欺。
颖微囊未出，寒甚谷难吹。
濩落唯心在，平生有己知。
商歌夜深后，听者竟为谁。①

开篇即不胜感慨：最有创造力、同时也最富于生命激情的青壮年时光已在"远谪"的苦涩日子里悄然流失，而今已届两鬓斑白的暮年岁月，却依然独处静室，门庭冷落，找不到用武之地。"颖微囊未出，寒甚谷难吹"，自谦才能不够突出，以致迟迟得不到拔擢机会。细加品味，这实际上是以反语寄愤，批评朝廷堵塞贤路，不让才能卓异者用得其所。而诗人渴望像战国贤士毛颖那样脱颖而出的迫切心情也流于字里行间。

二、自伤落寞：投闲置散时的不平情怀

大和元年六月，刘禹锡获任东都尚书省主客郎中，这是个无所事事、宦况清冷的闲职，与他原先的期望相去甚远，他必然产生严重的心理落差。《为郎分司寄上都同舍》透露了这一消息：

籍通金马门，家在铜驼陌。
省闼昼无尘，宫树朝凝碧。
荒街浅深辙，古渡潺湲石。
唯有嵩丘云，堪夸早朝客。②

唐代诗人习以"金马门"指代宫廷。"籍通金马门"意谓所占官籍仅仅是通向金马门而已，可知依然身在朝廷之外。"家在铜驼陌"，更坐实这一微词：身为朝廷命官，却居家洛阳，不得要津。颈联着意渲染上朝路径的荒凉，借以折射宦况的冷落。尾联依然采用移情入景的笔法，以人格化了的"嵩丘云"来烘托诗人苍凉、孤寂的心境。"唯有"二字，将无人伴其左右、解其寂寞的叹惋尽皆道出。

① 刘禹锡；瞿蜕园，笺证. 刘禹锡集笺证：卷二二 [M]. 上海：上海古籍出版社，1989：619.
② 刘禹锡；瞿蜕园，笺证. 刘禹锡集笺证：卷二五 [M]. 上海：上海古籍出版社，1989：761.

同时创作的《分司东都蒙襄阳李司徒相公书问因以奉寄》一诗也抒发了作者的牢骚与不平：

> 早忝金马客，晚为商洛翁。
> 知名四海内，多病一生中。
> 举世往还尽，何人心事同？
> 几时登岘首，恃旧揖三公。①

诗题中的"李司徒"，指时任山南东道节度使的李逢吉。作品以"金马客"和"商洛翁"对举开篇，凸显出今昔境遇的反差：当年参与朝政，执掌枢要；而今却闲居商洛，无所作为。以"商洛翁"自称，说明他并不认为自己仍在"金马客"之列，并不觉得自己已被重新起用。"知名"两句还是采用对比手法来宣示内心的不平。"知名四海"与"多病一生"，再次构成命运的逆转，吁出才高见弃的志士之痛。"多病一生"，实非指身体上的疾患，而是指历尽政治上的挫折，蹉跎半世，坎壈一生。结尾两句变直抒胸臆为借典言志，以一个满怀期待的诘问煞尾，意在向读者表明，他虽有不平，却犹未灰心，依然渴望成为朝廷的辅弼之臣，像羊祜那样造福百姓，垂名青史。

既然宦况冷落，形同闲居，刘禹锡自然有较多的余暇与宦游异地的诗友酬唱。这既是他倾泻才情的方式，也是他排解寂寞的手段。在这些诗友中，经常出现的有白居易、令狐楚、杨敬之等人。

身在长安的白居易始终牵挂着刘禹锡的生活状况，尤其是心理健康。他当然知道，在"众芳喧妍独摇落"的状况下，刘禹锡很难保持心态的平和。因此，即使在奉使江南的途中，他也不忘以诗代笺，适时地送达问候，而刘禹锡也经常为这份历久弥笃的友情深深感动。《答乐天临都驿见赠》一诗说：

> 北固山边波浪，东都城里风尘。
> 世事不同心事，新人何似故人。②

所谓"新人何似故人"，取意于《古诗·上山采蘼芜》"将缣来比素，新

---

①　刘禹锡；瞿蜕园，笺证. 刘禹锡集笺证：卷二二 ［M］. 上海：上海古籍出版社，1989：629 – 630.

②　刘禹锡；瞿蜕园，笺证. 刘禹锡集笺证：外集卷一 ［M］. 上海：上海古籍出版社，1989：1063.

人不如故"①，而用以肯定故人情深，可见唱酬双方对旧谊的笃守。正是这种故人间的深情，将白居易途经的"北固山"与刘禹锡栖身的"东都城"这两个相隔千里、本不相干的意象牵在一起，使它们不仅仅具有地理意义。在形式上，这首诗采用作者以往很少尝试的六言体，也不失为一种新的有益的探索。

这一时期刘禹锡与令狐楚的唱酬之作共六首。《和宣武令狐相公郡斋对新竹》一诗写道：

> 新竹翛翛韵晓风，隔窗依砌尚蒙笼。
> 数间素壁初开后，一段清光入座中。
> 欹枕闲看知自适，含毫朗咏与谁同？
> 此君若欲长相见，政事堂东有旧丛。②

刘禹锡雅好咏竹，多有佳篇隽句。诸如"多节本怀端直性，露青犹有岁寒心"③"露涤铅粉节，风摇青玉枝。依依似君子，无地不相宜"④ 等，皆属其例。这里，"一段清光入座中"明写竹之风神，实写令狐楚之风范，将咏竹与咏人化合为一，也是离形得似的绝妙好词。篇末以赏竹为触媒，寄寓了期盼时任宣武军节度使的令狐楚早日入朝为相的良好愿望。

刘禹锡此时创作最为脍炙人口的作品则是《洛中逢韩七中丞之吴兴口号五首》：

其一
昔年意气结群英，几度朝回一字行。
海北天南零落尽，两人相见洛阳城。

其二
自从云散各东西，每日欢娱却惨凄。
离别苦多相见少，一生心事在书题。

---

① 徐陵；吴兆宜，注；程琰，删补；穆克宏，点校．玉台新咏笺注：卷一［M］．北京：中华书局，1985：2.

② 刘禹锡；瞿蜕园，笺证．刘禹锡集笺证：外集卷一［M］．上海：上海古籍出版社，1989：1066.

③ 刘禹锡．酬元九侍御赠壁州鞭长句［M］//刘禹锡；瞿蜕园笺证．刘禹锡集笺证：外集卷五．上海：上海古籍出版社，1989：1286.

④ 刘禹锡．庭竹［M］//刘禹锡；瞿蜕园，笺证．刘禹锡集笺证：卷二五．上海：上海古籍出版社，1989：781.

其三

今朝无意诉离杯，何况清弦急管催。
本欲醉中轻远别，不知翻引酒悲来。

其四

骆驼桥上苹风起，鹦鹉杯中箬雨春。
水碧山青知好处，开颜一笑向何人。

其五

溪中士女出笆篱，溪上鸳鸯避画旗。
何处人间似仙境？春山携妓采茶时。①

"韩七中丞"，指"八司马"中的韩泰。是年七月，他离京出任湖州刺史，途经洛阳，得以与刘禹锡畅叙契阔之情。在当年参与革新的旧友几乎凋零殆尽的情况下，这两位幸存者的重逢就有了复杂的意味。而这五首"口号"诗正渗透着这种复杂的意味。首章在嘤鸣声中托出旧交零落、盛会难再的沧桑之感。"两人相见洛阳城"，固然不无久别重逢的喜悦和大难不死的庆幸，但反照昔日"几度朝回一字行"的情景，又怎能不唏嘘无已？笔调若悲若喜，而悲多于喜。二、三章直抒离愁别恨，虽然风神稍逊，但结构上跌宕有致，开合自如，极具章法。"一生心事在书题"，点出终其一生都心系昔日的革新事业、情牵旧时的革新同仁。难怪在稍前所作的《分司东都蒙襄阳李司徒相公书问因以奉寄》一诗中，他会发出"举世往还尽，何人心事同"②的浩叹了。两相参读，怀抱尽现。四章仍致力于渲染世罕知己、生乏欢趣的落寞之感，而全以景物烘托，笔法为之一变。苹风、箬雨、碧水、青山，景色何其秀美，却未能博得诗人"开颜一笑"，此正王夫之所谓"以乐景写哀"③也。五章熔风俗、风景、风情于一炉，暗示自己有心退隐世外，在"携妓采茶"的逸乐生活中了此劫后余生。诗人晚年放歌洛阳时表现出的绮靡之风，由此可见端倪。各章既自具经纬脉络，可以独立成篇，又从不同维度表现了历尽劫难的诗人在与故友猝然相遇时所滋生的苍茫感，契合为一个互相引发、前后承启的艺术整体。"口号"之作，能臻于如此境地，实属难能可贵。

---

① 刘禹锡；瞿蜕园，笺证. 刘禹锡集笺证：卷二八［M］. 上海：上海古籍出版社，1989：885.
② 刘禹锡；瞿蜕园，笺证. 刘禹锡集笺证：卷二二［M］. 上海：上海古籍出版社，1989：629.
③ 王夫之. 姜斋诗话笺注：卷一［M］. 北京：人民文学出版社，1981：10.

三、笑傲人生：玄都观诗中的刘郎形象

大和二年（828）春，由于宰相裴度等人的力荐，刘禹锡终于冲破重重阻碍，回到朝廷就任主客郎中。回到长安时，恰逢桃花盛开的季节。他触景生情，忆起十二年前因赋"桃花"诗而得罪权臣、再遭贬逐的不幸际遇，便回应前尘往事，赋下《再游玄都观绝句并引》：

> 余贞元二十一年为屯田员外郎时，此观未有花。是岁出牧连州，寻贬朗州司马，居十年，召至京师。人人皆言有道士手植仙桃，满观如红霞，遂有前篇以志一时之事。旋又出牧，今十有四年，复为主客郎中。重游玄都，荡然无复一树，唯菟葵燕麦动摇于春风耳。因再题二十八字以俟后游。时大和二年三月。

百亩中庭半是苔，桃花净尽菜花开。

种桃道士归何处？前度刘郎今又来。①

"半是苔"，见出庭院之荒凉。对照当年人头攒动、人声鼎沸的"看花"盛况，这岂不是暗示那些不可一世的权贵以及簇拥在他们周围的趋炎附势者已如鸟兽散？"桃花净尽"，则以象征手法进一步表现玄都观中的盛衰变化，借以影射当年窃据高位、权倾京师却很快便销声匿迹的满朝新贵。联系作为姊妹篇的《元和十年自朗州承召至京戏赠看花诸君子》一诗中所描写的桃树千株、蔚为奇观的情景，殊堪玩味。"种桃"句再加生发，由"桃花净尽"推及"种桃道士"之归宿，并故意用诘问句将满腔愤怒化为淡淡的一哂。"归何处"故作不解之辞，而答案已在其中。这是一种声色未动而机弩已发的巧妙揶揄。人事沧桑、时运升沉，至此业已申足。于是，诗人便于末句作极具挑战意味的自我亮相："前度刘郎今又来。"显然，诗人之所以"再游玄都观"并重提旧事，正是为了表达自己笑看花开花落的人生襟怀。全诗讽兼比兴，语含俏皮，充分体现了诗人宁折不弯的刚强性格和至老不衰的昂扬斗志。

刘禹锡两度创作玄都观诗，而都以"刘郎"自称，在诗中树立了一个正道直行、守志有恒、自强不息的人格典范，给后代的文人以激励与鞭策。宋代

---

① 刘禹锡；瞿蜕园，笺证. 刘禹锡集笺证：卷二四 [M]. 上海：上海古籍出版社，1989：703 - 704.

的诗词作者在坎壈失意而又不甘屈服、不甘沉沦时，往往自托为"刘郎"或"前度刘郎"，借以自慰或自勉。如：

年年岁岁何穷已，花似今年人老矣。去年崔护若重来，前度刘郎在千里。

——苏轼《留别释迦院牡丹呈赵倅》①

秋色渐摧颓。满院黄英映酒杯。看取桃花春二月，争开。尽是刘郎去后栽。

——苏轼《南乡子·不到谢公台》②

前度刘郎重到，访邻寻里，同时歌舞。唯有旧家秋娘，声价如故。

——周邦彦《瑞龙吟·章台路》③

前度刘郎虽老矣，奈年来、犹道多情句。应笑煞，旧鸥鹭。

——史达祖《贺新郎·绿障南城树》④

在这些作品中，"刘郎""前度刘郎"已成为历尽劫难而无改贞操、笑傲人生的人格典范的代称。

其实，京城中发生明显变化的岂止是玄都观？"前度刘郎"很快就发现京城的变化实在太大了。他在《初至长安》一诗中说：

左迁凡二纪，重见帝城春。
老大归朝客，平安出岭人。
每行经旧处，却想似前身。
不改南山色，其余事事新。⑤

---

① 王文诰，辑注；孔凡礼，点校. 苏轼诗集：卷一四 [M]. 北京：中华书局，1982：703 – 704.
② 邹同庆，王宗堂. 苏轼词编年校注 [M]. 北京：中华书局，2002：107.
③ 周邦彦；孙虹，校注；薛瑞生订补. 清真集校注：卷上 [M]. 北京：中华书局，2002：1.
④ 史达祖，撰；方智范，校点. 梅溪词 [M]. 上海：上海古籍出版社，1988：27.
⑤ 刘禹锡；瞿蜕园，笺证. 刘禹锡集笺证：卷二二 [M]. 上海：上海古籍出版社，1989：623.

抚今思昔，乃人之常情。有幸以"老大"之龄、"平安"之身重新回到京城，刘禹锡自是百感交集。他说只有南山的色彩依然如故，既是为了烘托一种时移世迁、恍若隔世之感，也是为了表示对京城政局及人事变化的极度讶异。对此，刘禹锡是事先估计不足的。写于由洛阳赴京途中的《途次华州陪钱大夫登城北楼春望因睹李崔令狐三相国唱和之什翰林旧侣继踵华城山水清高鸾凤翔集皆忝夙眷遂题是诗》一诗说：

> 城楼四望出风尘，见尽关西渭北春。
> 百二山河雄上国，一双旌旆委名臣。
> 壁中今日题诗处，天上同时草诏人。
> 莫怪老郎呈滥吹，宦途虽别旧情亲。①

登楼望远时尚是兴致勃勃，用笔亦不失苍劲，字里行间展现的是一位蓄势待发的抒情主人公形象。虽也有怀旧之情，却并不感慨连连，总体上还是喜悦多于感伤。两诗一作于至长安后，一作于至长安前，间隔的时间不长，而基调已发生变化，说明所见所闻颇有让刘禹锡感到不适、不悦，甚至不安者。

四、锋芒敛抑：怀旧及咏物之作中的"隐忍姿态"

刘禹锡就在这既熟悉又陌生的环境里重新开始了他的庙堂生活。这时的他是孤独、寂寞甚至有些感伤的，因为昔日的同道者大多没能走过那段苦难的岁月，和他一起笑傲人生。于是，对旧侣的怀念几乎占据了他这时的全部情感空间。每当听到宫廷音乐或宫中旧人演唱的歌曲，他都心潮起伏，情不能已：

> 曾随织女渡天河，记得云间第一歌。
> 休唱贞元供奉曲，当时朝士已无多。
> ——《听旧宫中乐人穆氏唱歌》②

---

① 刘禹锡；瞿蜕园，笺证. 刘禹锡集笺证：卷二四 [M]. 上海：上海古籍出版社，1989：732.
② 刘禹锡；瞿蜕园，笺证. 刘禹锡集笺证：卷二五 [M]. 上海：上海古籍出版社，1989：784.

二十余年别帝京，重闻天乐不胜情。

旧人唯有何戡在，更与殷勤唱渭城。

——《与歌者何戡》①

这两首以怀旧为主题的七言绝句借听曲以兴叹，既糅合了长期流放的悲慨和重闻天乐的庆幸，也融入了对宗元、叔文等早已亡故的旧侣的深深思念。

这时的刘禹锡也是谨慎的、收敛的、善于自我克制的。即以《与歌者何戡》等诗而言，尽管诗人内心激荡，但字里行间却显得很有节制，不让它纵横泛滥。诗中抒发的似乎不仅仅是人生沧桑之感，还有更深层次的东西，但诗人却不想将它说破。在友人的告诫下，他暂时收敛起过去那种大刀阔斧的作风，而小心翼翼地等待再露锋芒的时机。《阙下待传点呈诸同舍》一诗说：

禁漏晨钟声欲绝，旌旗组绶影相交。

殿含佳气当龙首，阁倚晴天见凤巢。

山色葱笼丹槛外，霞光泛滥翠松梢。

多惭再入金门籍，不敢为文学解嘲。②

《解嘲》，是汉代扬雄创作的一篇与《解难》齐名的辞赋，通篇以自我解嘲的笔法言志抒情，在自申抑郁怀抱和高蹈意愿的同时，暗寓讽世之意。"不敢为文学解嘲"，是自道此时作诗为文已不敢像扬雄的《解嘲》那样恣意挥毫泼墨，而心存顾忌，有所收敛——这收敛起的其实正是他早年的锋芒。这或是由于友人再三告诫，或是由于刘禹锡再三反省所形成的一种自我约束。愿意自我约束，表明一向不愿屈己从人的刘禹锡这时已"现实"了些，"世故"了些，开始作一些必要的妥协与让步。但这究竟是一种进化还是退化？恐怕很难说清。

不久，在裴度的斡旋下，刘禹锡兼任集贤殿学士。他以为灿若云锦的前程已迤逦展开，命运的转机或将翩然降临，却并没有得到预期的知制诰的职务。当时，颇有为他的怀才不遇而鸣冤叫屈者，如远在郓州的天平军节度使令狐楚就在《寄礼部刘郎中》一诗中说：

---

① 刘禹锡；瞿蜕园，笺证. 刘禹锡集笺证：卷二五［M］. 上海：上海古籍出版社，1989：786.

② 刘禹锡；瞿蜕园，笺证. 刘禹锡集笺证：外集卷一［M］. 上海：上海古籍出版社，1989：1072.

> 一别三年在上京，仙垣终日选群英。
> 除书每下皆先看，唯有刘郎无姓名。①

晋升的机会总是与刘禹锡擦肩而过，众人心目中的首选人物始终榜上无名。在兼任集贤殿学士将近四年的时间里，他先后"供进新书二千余卷"②。《题集贤阁》一诗记录了他当时的生活状态：

> 凤池西畔图书府，玉树玲珑景气闲。
> 长听余风送天乐，时登高阁望人寰。
> 青山云绕栏杆外，紫殿香来步武间。
> 曾是先贤翔集地，每看壁记一惭颜。③

景象清和，意态安闲，看不出对现状的不适与不满，说明他还是安于书斋生活的——至少从表面上看是这样。诗中亦有励志的成分："时登高阁望人寰"，或有居高望远之意；"每看壁记一惭颜"，则自愧不及先贤有所作为，摅写了"见贤思齐"的心声。毕竟集贤殿书院是可进可退的贮才场所，谁又能断定机遇会一直与他失之交臂呢？应该说，这时的刘禹锡尽管很不满足，却还不至于绝望。他依然以功名为念，依然憧憬着功成名就的未来。

《庭庭偃松诗》更清晰地展现了他的隐忍与企盼：

> 势轧枝偏根已危，高情一见与扶持。
> 忽从憔悴有生意，却为离披无俗姿。
> 影入岩廊行乐处，韵含天籁宿斋时。
> 谢公莫道东山去，待取阴成满凤池。④

诗人落笔时，处处以庭庭偃松自况，将身世之感融入其中。首联对裴度深致谢忱——在自己身处危境、偃塞不起时，是裴度鼎力扶持，才使他转危为

---

① 彭定求，等. 全唐诗：卷三三四 [M]. 北京：中华书局，1980：3751.

② 刘禹锡. 苏州谢上表 [M] //刘禹锡；瞿蜕园，笺证. 刘禹锡集笺证：卷一五. 上海：上海古籍出版社，1989：387.

③ 刘禹锡；瞿蜕园，笺证. 刘禹锡集笺证：外集卷一 [M]. 上海：上海古籍出版社，1989：1080.

④ 刘禹锡；瞿蜕园，笺证. 刘禹锡集笺证：卷二五 [M]. 上海：上海古籍出版社，1989：775 - 776.

安、化险为夷。颔联作自我写照：而今的我已抖落既往的"憔悴"，重新焕发出生机，但依旧高标拔俗，不作媚世之态，阿曲取容。颈联中的"韵含天籁"也有"夫子自道"之意，标榜自己崇尚自然，吐属皆为天籁之音。尾联以东晋名臣谢安比喻裴度，劝告他且莫思退隐东山，待得功盖天下、誉满寰区时再作归计。这当然是有感而发，面对积衰动乱的社会现实，又置身于朋党倾轧的漩涡之中，裴度自感回天乏术，开始萌生退意。刘禹锡隐约感觉到这一点，便有了篇末的劝勉。看来，他不光自己隐忍，还希望裴度也继续隐忍。而之所以隐忍，是因为心存企盼，或者说是因为梦想尚未彻底破灭。

五、诗酒酬唱：消释胸中块垒的特殊方式

公务之暇，刘禹锡最钟爱的娱情遣兴活动是诗酒酬唱。

二十多年前，刘禹锡在长安为官时几乎绝迹于这类场合。原因有三：其一，当时的政治局面远不及此时严峻，因而士大夫们也远不像此时这样醉心于文酒之会，类似的活动本不多见。其二，当时的刘禹锡是永贞革新集团的主要成员，执掌政要，日理万机，无意也无暇参与这类活动。其三，当时的禹锡诗名未成，交游不广，受邀出席这类活动的概率要小很多。而此时却不同了，无论是外部环境，还是自身条件，都驱使刘禹锡成为这类活动的发起者或参与者。在当时，对于包括刘禹锡在内的许多志士仁人来说，诗酒酬唱既是消释胸中块垒的一种有效手段，又何尝不是在冷酷的时代氛围里合力御寒的一种特殊方式呢？

刘禹锡此前谪守远州时，也创作了许多唱和诗。但那时他与酬唱者往往分隔两地，需要鸿雁传书，一唱一和经常耗时数月，响应极慢。此时则同在一地，可以现场应答，同台竞技。且有酒为触媒，把盏之际，此唱彼和，岂不快哉！所以，此时的诗酒酬唱较之当年的隔空唱和，不仅平添了现场气氛，形式也要丰富得多。遗憾的是，流露在其中的真情实感已大打折扣了。

刘禹锡这一时期的唱和之作由两部分组成：一部分是与白居易、裴度、崔群、李绛、张籍、贾𬒈等人的联句诗，另一部分是与白居易、裴度、令狐楚、李德裕、张籍、王建等人的赠答诗。他们同为朝官，且同为诗坛名家。

刘禹锡与裴度、白居易等人的联句诗，即为后人所艳羡的"杏园联句"。它产生的时间节点是大和二年（828）春末。当时，裴度虽无意培植党羽，但因为他位尊、望隆、德劭、名高，在他周围还是很自然地聚集了刘禹锡、白居易、崔群、李绛、杨嗣复等正直的朝士。他们大多已过知天命之年，阅历丰富，才识超群，有振兴大唐的强烈愿望，却又受制于现实环境，深感无用武之

地。于是转而对文酒之会表现出越来越浓厚的兴趣，借以消愁解忧。在裴度的倡导与引领下，他们在春色将尽时几度同游曲江杏园，极尽诗酒酬唱之欢。这是一次规模空前的联句活动，后来活跃于洛阳的"刘白诗人群"的集体创作活动由此翻开了色彩斑斓的一页，因而具有非凡的意义。第二年，白居易将自己与刘禹锡的唱和诗编成《刘白唱和集》。此集分上下两卷，共收入二人唱和诗138首。此后又不断扩充，先后编集四次，衍为五卷。白居易在《刘白唱和集解》中，不仅具体描述了两人诗歌酬唱的情形，而且慨然加之以"诗豪"的桂冠："彭城刘梦得，诗豪者也。其锋森然，少敢当者。"① 从此，"诗豪"便成为人们对刘禹锡的创作风格和创作成就的一种定评，而中国诗歌史也就于"诗仙""诗圣""诗佛"之外，又增加了一种得到公认的称号。

在曲江春游的现场，先后产生的作品有《杏园联句》《花下醉中联句》《春池泛舟联句》《西池落泉联句》等。《杏园联句》的作者为李绛、崔群、白居易、刘禹锡四人，每人七言二句，合成七言律诗，而由崔群首唱：

> 杏园千树欲随风，一醉同人此暂同。
>
> ——崔群

> 老态忽忘丝管里，衰颜宜解酒杯中。
>
> ——李绛

> 曲江日暮残红在，翰苑年深旧事空。
>
> ——白居易

> 二十四年流落者，故人相引到花丛。
>
> ——刘禹锡②

平心而论，联句诗多为朋辈游赏宴饮时的酬酢游戏之作，其中或许会寄寓

① 刘昫，等．旧唐书·刘禹锡传：卷一六〇［M］．北京：中华书局，1975：4212.

② 刘禹锡；瞿蜕园，笺证．刘禹锡集笺证：外集卷二［M］．上海：上海古籍出版社，1989：1150.

某些人生感慨，也不排除佳句天成、妙手偶得的可能性，但既未经深思熟虑，也无暇精耕细作，所以从总体上看，难得有名篇佳作。即以崔群、李绛、白居易、刘禹锡的《杏园联句》而言，拼凑成篇的痕迹就很明显。刘禹锡所作的尾联"二十四年流落者，故人相引到花丛"，固然饱含历尽沧桑的感慨和对引荐他的故人的感戴，绝非"为文造情"，但以此收篇，却显得气力屡弱，并造成了结构的破碎，进而导致了这类作品有佳句而无完篇的通病。相形之下，刘禹锡另外两首非联句体的七言绝句要耐人寻味得多：

> 二十余年作逐臣，归来还见曲江春。
> 游人莫笑白头醉，老醉花间有几人？
> ——《杏园花下酬乐天见赠》①

> 更将何面上春台？百事无成老又催。
> 唯有落花无俗态，不嫌憔悴满头来。
> ——《陪崔大尚书及诸阁老宴杏园》②

　　同样写杏园赏花，同样是酬唱之作，在结构上却自然天成，而融入其中的感慨也更见深沉。在游春赏花之际，诗人莫名怅惘。曲江一带的烂漫春色，非但没能使他心旷神怡，还引发了他对长达二十多年的放逐经历的凄然回首以及对眼下用非所长的晚年生活的怆然。"唯有落花无俗态，不嫌憔悴满头来"，弥漾着对世道人心的深深的失望，不作伤心语，而伤心之态若现。

　　刘禹锡这一时期创作的赠答诗显然要比联句诗更富于思想内涵和艺术特色。《和乐天送鹤上裴相公别鹤之作》是同时酬答白居易和裴度的：

> 昨日看成送鹤诗，高笼提出白云司。
> 朱门乍入应迷路，玉树容栖莫拣枝。
> 双舞庭中花落处，数声池上月明时。
> 三山碧海不归去，且向人间呈羽仪。③

---

①　刘禹锡；瞿蜕园，笺证．刘禹锡集笺证：外集卷一［M］．上海：上海古籍出版社，1989：1081.

②　刘禹锡；瞿蜕园，笺证．刘禹锡集笺证：外集卷八［M］．上海：上海古籍出版社，1989：1443.

③　刘禹锡；瞿蜕园，笺证．刘禹锡集笺证：外集卷一［M］．上海：上海古籍出版社，1989：1070.

笔墨涉处，亦鹤亦人，物我交融，比前一首诗更具"离形得似"的咏物之致。尤其是颔联和尾联，既是自我写照，也是自我诫勉，曲折有致地表现了诗人栖身朝廷、伺机而动的价值取向。"玉树容栖莫拣枝"，有几多感慨，又有几多无奈？它所流露出的诗人此时的真实想法是：能重入庙堂安身立命已属不易，又何必计较职位的高低贵贱呢？这是试图安抚内心因不得重用而产生的不快与不平。结尾两句进一步重申植根于心底的入世的愿望："三山碧海"纵然景色如画，毕竟过于幽冷，何如展翅人间、亮相宦海？这表明，诗人此时尽管有太多的不如意，却还没有退隐的打算，仍然期待有朝一日能完完整整地呈现自己的"羽仪"。

六、进退失据：在危局中苦力支撑的心灵颤音

刘禹锡就在日常典籍校理和公务之余的诗酒酬唱中看似平静地过着重入庙堂的生活，既无重用之大喜，亦无重谴之大悲。他时时自我激励以求进取，又常常自我宽慰以求超脱。如果客观环境不再恶化的话，他也能满怀憾恨却又波澜不惊地了此余生。但一个不能不面对的现实是，客观环境不仅一直在恶化，而且恶化的速度不断加快。

大和三年（829）以后，政局险象丛生，宦官的势力已膨胀到正道直行的朝官无法容身的地步。而与裴度同居相位的李宗闵，就以宦官势力为依托，与急欲上位的牛僧孺等人结为朋党，千方百计地剥夺裴度的权力，排斥被裴度倚为臂膀而不愿臣服于他们的方正之士。

数度"让官"不成，裴度只好继续在风刀霜剑之下勉力履职，就像在积雪中负重前行而不免步履维艰的老骥一样。刘禹锡也不能不考虑自己的去留。此前白居易告病获准返回洛阳时，刘禹锡的心情便极为复杂。有为好友远离是非之地而感到庆幸的成分，但更多的还是怅惜。当然，他并不强求白居易像他那样守望理想到最后一刻。所以，握别之际，也就多作助兴语，不说扫兴话。且看《刑部白侍郎谢病长告改宾客分司以诗赠别》一诗：

鼎食华轩到眼前，拂衣高步岂徒然？
九霄路上辞朝客，四皓丛中作少年。

　　他日卧龙终得雨，今朝放鹤且冲天。

　　洛阳旧有衡茅在，亦拟抽身伴地仙。[①]

　　谢绝眼前的"鼎食华轩"，拂衣而去，自有其不得已的原因。诗人以语意含糊的"岂徒然"三字略过，呈现出欲言又止的状态，分明也有其苦衷。"四皓丛中作少年"，在善意的调侃中似乎夹杂着一丝无奈、一点辛酸。"他日"两句稍见振奋，诗人以鹤冲九天比喻白居易今日之退归，以卧龙得雨比喻白居易他日之复出，表明自己内心希望尚存。或者说，表明自己明知无望却偏不绝望。"洛阳"二句转写自己亦有退归洛阳、长伴地仙的想法。这又说明他深知好友复出而自己得势的希望极其渺茫。诗的情感逻辑多少有些混乱，而这正昭示了诗人内心的矛盾。

　　"让官"风潮平息未久，裴度终于被李宗闵等人排挤出朝，充任山南东道节度使。对于裴度来说，首选是彻底归隐；退而求其次，则离京外任，远离权力（亦即"是非"）中心。因此，从世俗的意义上说，这也许是一种放逐，但对于决意离去的裴度本人，却无异于一种解脱了。只是对于尚无意解脱的刘禹锡来说，追随裴度从庙堂抽身，则显得有些艰难。这时，在他内心郁结着多种难以言说也难以纾解的情绪：

　　其一是对裴度遭际的同情。忠而见逐，这虽说是屈原以来无数贤臣烈士难以走出的怪圈，但眼前发生的这一幕还是让他感到震撼，感到锥心的疼痛。他不知如何安慰裴度，因为所有能用语言承载的安慰都是那样空洞和苍白。而且，在正不压邪、人人自危的氛围里，事情的真相如何能触及？若不触及，岂不是隔靴搔痒？所以，在送别裴度时，他只能说些不痛不痒、非虚非实的场面话，就像不久前揖别白居易时那样。《奉和裴侍中将赴汉南留别座上诸公》一诗便在真相的外围敷衍成篇：

　　金貂晓出凤池头，玉节前临南雍州。

　　暂辍洪炉观剑戟，还将大笔注春秋。

　　管弦席上留高韵，山水途中入胜游。

　　岘首风烟看未足，便应重拜富人侯。[②]

①　刘禹锡；瞿蜕园，笺证．刘禹锡集笺证：外集卷二［M］．上海：上海古籍出版社，1989：1104－1105.

②　刘禹锡；瞿蜕园，笺证．刘禹锡集笺证：外集卷六［M］．上海：上海古籍出版社，1989：1353.

这次送别本有其特殊的政治背景，但它在诗中却被淡化到不见痕迹，因而与寻常的送别场景几乎没有差异。唯一有点不同的是，连寻常送别也不免抒写的离愁别恨在这首诗中也无觅踪影，这或许是出于不想增加裴度心理负担的善意。他将对裴度的同情与声援融化在貌似平淡的笔墨中，而他的政治立场与是非观念也隐括其间。

其二是对李宗闵等翻云覆雨的政客的愤恨。刘禹锡与李宗闵等人其实并没有直接的恩怨，也从无正面的交锋，只是"道不同，不相为谋"①。现在，居然连裴度也遭放逐，刘禹锡压抑已久的愤恨一下子冲破了情感的闸门。然而，当它漫过心堤，向字里行间倾泻时，刘禹锡却又心念一闪，强行将它按入理性的渠道，化为有节制的涓涓溪流。写于此际的《视刀环歌》说：

> 常恨言语浅，不如人意深。
> 今朝两相视，脉脉万重心。②

"刀环"，亦作"刀环"。诗人不赋刀而赋刀环，同样有其深意。他对李宗闵等人的卑劣行径洞若观火，很想将满腔慷慨不平之气一吐为快。然而，劫后余生的诗人又深知祸从口出，故箝舌锁喉，欲说还休。所谓"常恨言语浅，不如人意深"，是说内心之深意多与时忤，大逆不道，因而能形于言语者甚寡。"今朝两相视，脉脉万重心"，见出诗人思绪纷繁，心事浩渺，其对现实的种种感愤，尽在不言之中。

不难看出，诗人这时的创作态度、创作倾向以及创作风格都在发生变化。他有意识地敛抑锋芒，销铄锐气，潜匿英风，追求讽托的幽远和寄兴的深微，努力使作品趋于老成的艺术境界，而不再像早期那样尽情发泄，咄咄逼人。这尤其体现在反映现实或抒发对现实的感愤的作品中——这一部分作品不仅很少单刀直入地指斥时弊，抨击时政，给人以锋利洒脱之感，而且在冷眼旁观现实时，连自己对现实中的风风雨雨、是是非非的真实看法也很少直接吐露，而往往含蓄其词，曲折其意。即使对李宗闵、牛僧孺等人蓄意迫害裴度的行为已经怒不可遏时，也力图摧刚为柔。如写于裴度见逐后的《与歌者米嘉荣》：

> 唱得凉州意外声，旧人唯数米嘉荣。
> 近来时世轻先辈，好染髭须事后生。③

①　杨伯峻，译注. 论语译注·卫灵公篇：第十五［M］. 北京：中华书局，1980：70.
②　刘禹锡；瞿蜕园，笺证. 刘禹锡集笺证：卷二六［M］. 上海：上海古籍出版社，1989：800.
③　刘禹锡；瞿蜕园，笺证. 刘禹锡集笺证：卷二五［M］. 上海：上海古籍出版社，1989：783.

这是一首深具政治寓意的作品。诗人借反讽轻视"先辈"的"后生"及纵容后生的"时世"，寄寓了对李宗闵、牛僧孺集团排挤裴度和自己等资深朝臣的不满。米嘉荣为贞元、元和年间的歌坛翘楚，诗人当年曾多次聆听其美妙歌声。诗中称米嘉荣为"旧人"，既是为了兴发怀旧之情，也是暗讽李、牛毫不念旧之意。诗中说只有米嘉荣唱得凉州旧曲，则是借以反衬李、牛的淡忘"旧事"，不恤"前情"。"近来时世轻先辈"一句，诗人的愤慨之意由隐趋显，似欲刀刃相向；但续以"好染髭须事后生"，却又化刚为柔，将几欲喷薄而出的"怒骂"转化作自我解嘲式的"嬉笑"。统观全诗，柔中有刚，而又不夺其柔，既见出诗人的不平，更见出诗人的无奈。其命意与措辞，都是极为老到的。诗人将"怒目金刚"的真实面目掩藏在温柔敦厚的语言下，深得风人之旨。

其三是选择的困惑。随着裴度的外放，不仅裴度本人摧抑宦官、整顿纲纪的理想归于破灭，刘禹锡也彻底失去了在裴度引荐下东山再起的机会。如果继续留在朝廷，无所作为不说，失去了裴度这把保护伞，恐怕连人身安全都得不到保障。

于是，刘禹锡主动向朝廷请求分司东都，这是步白居易之后尘。无论从守道固德还是趋利避害的角度看，这都是比较好的选择。离开了朝廷，却没有离开官场；离开了政治中心，却没有离开政治领域。这或许可以使自己处在可进可退的位置，不至于彻底断绝仕途，抛弃理想。何况那里还有白居易做伴，诗酒相从，岂不快哉？

因为情绪空前低落，刘禹锡这时的一部分作品被抹上了阴郁的底色。过去，他不喜欢作悲秋之叹，即使贬居沅湘之滨时，也曾一反悲秋的传统，唱出《秋词二首》这样意气豪迈的秋歌。而今，在奉和友人的作品中，他竟也抒写起悲秋的情思了。《和西川李尚书汉川微月游房太尉西湖》一诗中既说"瑶琴久已绝，松韵自悲秋"①，《和令狐相公言怀寄河中杨少尹》一诗中也说"吴宫已叹芙蓉死，边月空悲芦管秋"②。岁月沧桑，生命蹉跎，这时的刘禹锡或许雄心犹在、豪气尚存，但似乎已经无复当年逆流而上、勇往直前的精神风貌了。

不过，刘禹锡毕竟是一代诗豪，就像当年蒙受不白之冤时也没有让"悲伤语""颓唐态"长相为伴一样，如今，阅尽人间的他更不会过久地沉溺在忧郁和愤懑中。他很快便调整好了心态，在诗中表现出固有的乐观与大度。读他

---

① 刘禹锡；瞿蜕园，笺证. 刘禹锡集笺证：外集卷七［M］. 上海：上海古籍出版社，1989：1410.

② 刘禹锡；瞿蜕园，笺证. 刘禹锡集笺证：外集卷三［M］. 上海：上海古籍出版社，1989：1182.

与白居易的赠答之作，可以看出，这时都是他在对白居易进行劝慰。如《吟白乐天哭崔儿上篇怆然寄赠》：

> 吟君苦调我沾缨，能使无情尽有情。
> 四望车中心未释，千秋亭下赋初成。
> 庭梧已有雏栖处，池鹤今无子和声。
> 从此期君比琼树，一枝吹折一枝生。①

白居易刚刚经历了丧子之痛，国事多艰，又叠家门不幸，其心情低落到了极点。刘禹锡称其悼念亡子的作品为"苦调"，不仅使自己读后泪下沾襟，而且能让原本无情之人尽归于有情者的行列，足见其感人至深。以此回应白居易的原作后，便转而摹写白居易此际的处境与心境，笔端多有同情之意，但已不再溺于伤感，色彩也不显晦暗。较之同类作品往往如泣如诉的创作风格，这已自不同。而更见亮色的是篇末的独特劝慰："从此期君比琼树，一枝吹折一枝生。"比喻的贴切还在其次，最令人感佩的还是渗透于其中的通达、乐观的人生态度和生生不息、代代无已的进化思想。诗人试图以此劝慰老友从痛苦中挣脱出来，勇敢面对和积极创造新的生活。

《答乐天所寄咏怀且释其枯树之叹》一诗所展现的情怀就更加接近"诗豪"的本色了：

> 衙前有乐馔常精，宅内连池酒任倾。
> 自是官高无狎客，不论年长少欢情。
> 骊龙颔被探珠去，老蚌胚还应月生。
> 莫羡三春桃与李，桂花成实向秋荣。②

白居易原唱中有"枯树"之叹，自觉年老体衰，百事不便，难有作为。刘禹锡认为其过于悲观，于是答诗中连用"骊首探珠""老蚌怀珠""桂花秋荣"等对白居易进行慰勉：何必羡慕三春桃李之占得先机？桂花其开也迟，其香也远，才真正值得珍惜。既然如此，在"桂花成实"的人生晚秋，有什

---

① 刘禹锡；瞿蜕园，笺证. 刘禹锡集笺证：外集卷二［M］. 上海：上海古籍出版社，1989：1113.
② 刘禹锡；瞿蜕园，笺证. 刘禹锡集笺证：外集卷二［M］. 上海：上海古籍出版社，1989：1114.

么必要发出"枯树"之叹呢？诗人以物寓志，借典明理，含蓄中深蕴锐气，委婉中饱含豪情。

这才是我们熟悉的刘禹锡。遗憾的是，重入庙堂后的刘禹锡更多地表现出的却是让我们有些陌生的一面。庙堂本身在变，诗人对庙堂的感受也在变，或许唯一不变的只是他效力庙堂的初衷。

（作者单位：浙江工业大学）

刘禹锡的民歌体与竹枝词

刘梦初

所谓民歌体，是指刘禹锡向民歌学习而创作的一些新乐府诗。这些诗在格调上具有鲜明的地方色彩和浓郁的乡土气息，在体式上则以短章绝句为主，具体来说，就是以《竹枝词》等为代表的一类民歌风味较浓的乐府诗，所以，论者又或称之为民歌体乐府。尽管刘禹锡的诗"无体不备"，但其中最富于创造性，最能代表他的独特风貌，也最为后人所称道的还是他的民歌体乐府诗。翁方纲说他"以竹枝歌谣之调，而造老杜诗史之地位""刘宾客之能事，全在《竹枝词》"（《石州诗话》）。王夫之称他的七言绝句"宏放出于天然""宛尔成章，诚小诗之圣证矣"（《姜斋诗话》卷二）。

刘禹锡主动向民歌学习，始于朗州。沅湘之滨的朗州是古楚国郢都的近郊，是屈原流徙行吟的地方，是楚辞的主要发源地。这里民间歌风炽盛，劳作、祭神、节庆聚会无不歌舞娱乐。至中唐刘禹锡来到这里时，仍是歌风依旧。"月上彩霞收，渔歌远相续"（《步出武陵东亭临江寓望》），"樵音绕故垒，汲路明寒沙"（《晚岁登武陵城顾望水陆，怅然有感》），"荡桨巴童歌竹枝"（《洞庭秋月行》），"醉踏大堤相应歌"（《采菱行》），樵采打鱼，荡桨行舟，无不放歌吟曲。这些清新明快的旋律深深地打动着赋闲独居而牢骚满腹的诗人，于是他"俯于逮，惟行旅讴吟是采"，"观民风于吟啸之际"（《武陵北亭记》），悉心收集、研究当地民歌，尝试在民歌的基础上改造、创作民歌体的乐府诗。辛文房《唐才子传》记载刘禹锡在朗州的情况说："宪宗立，叔文贬，斥朗州司马。州接夜郎，俗信巫鬼，每祀，歌竹枝，鼓吹俄延，其声伧儜，禹锡谓屈原居沅、湘间，作九歌，使楚人迎送神，乃倚声作《竹枝》十篇，武陵人悉歌之。"《刘梦得集》中有乐府诗两卷，共收108首，其中在写朗州的有近40首。这些诗在题材的拓展、主旨的开掘、体式的变革、格调的融合方面均有许多新的探索与尝试。

一、题材上的新拓展

古代的乐府诗多是用来抒怀、讽政或是描写情爱的，刘禹锡拓展了乐府诗的题材领域。除了创作了大量表现男女爱情的作品，他还致力于劳动场景的描写和民俗风情的刻画，在更加广阔的空间里表现当时的现实生活。农业劳动的场景是初盛唐诗人很少涉笔的题材，孟浩然等虽有"开轩面场圃，把酒话桑麻"的诗句，但那只是一种对田园风光的牧歌式描写，农民劳作的具体景况与生活艰辛，他们是难以了解和表现的。刘禹锡却乐于将平凡的春种秋收活动作为诗材，表现出了他对农业和农民的关注。作于夔州的《畲田行》具体描写了山区人民砍倒杂草灌木，烧山畬田的情景；作于武陵的《采菱行》对采菱过程的细致描写胜过前人；作于连州的《插田歌》的创作路径是民歌的直接延伸，可谓是农村题材的代表作。诗云：

> 冈头花草齐，燕子东西飞。
> 田塍望如线，白水光参差。
> 农妇白纻裙，农夫绿蓑衣。
> 齐唱田中歌，嘤停如竹枝。
> 但闻怨响音，不辨俚语词。
> 时时一大笑，此必相嘲嗤。
> 水平苗漠漠，烟火生墟落。
> 黄犬往复还，赤鸡鸣且啄。
> 路旁谁家郎，乌帽衫袖长。
> 自言上计吏，年初离帝乡。
> 田夫语计吏：君家侬定谙，
> 一来长安罢，眼大不相参。
> 计吏笑致辞：长安真大处，
> 省门高轲峨，侬入无度数；
> 昨来补卫士，唯用筒竹布。
> 君看二三年，我作官人去。

　　诗歌描写农夫农妇田中插秧、山歌不断的景象，展示了农家夫妻饱满的劳动热情和积极乐观的生活态度。场景平实，感情自然，既没有孟浩然诗的那份闲适之趣，也没有王维诗的隐逸心情，很客观地表现出农民"日出而作，日入而息"，安然自得的生活情景。至于那个爱夸张、有点狂的"计吏"，则一方面为农村生活平添了几分乐趣，给诗歌增添了几分诙谐与幽默；另一方面也反映了当地农民与郡县小吏间比较和谐的关系，这从一个侧面表现出作者治理下的地方是和乐安宁的，在动乱纷扰的中唐，这个偏僻的连州还有一片农民的乐土。

对武陵民情风俗的描绘与展示也是刘禹锡对乐府题材的重要拓展之一。乐府民歌反映风土人情本是题中应有之义，但武陵地区的民情风俗在中唐以前还是诗人们笔墨未涂、犁锄罕至的一块处女地。刘禹锡谪在朗州后，继承屈宋骚人之风，仿照地方民歌的体式韵调，创作了《竹枝词》《踏歌行》《堤上行》等民歌体小诗。这些诗不仅具有形式上的创新意义，而且取材也新鲜独到。《蛮子歌》是诗人根据湘西北少数民族实际生活创制的歌词：

> 蛮语钩辀音，蛮衣斑斓布。熏狸掘沙鼠，时节祠盘瓠。
> 忽逢乘马客，恍若惊麇顾。腰斧上高山，意行无旧路。

诗中具体描写了朗州少数民族的语言、服饰、生产方式、生活习性、祭祀文化等，着重描绘了他们封闭自足、未经开化的生活形态。短短的四十字，把朗州蛮民生活中的典型习俗刻画得淋漓尽致。正如黄常明所言，"宾客谪居朗州，而五溪风俗，尽得之矣"（《蛮溪诗话》）。值得称道的是，刘禹锡描写这些远离都市文明、偏僻闭塞的落后地区人的原始生活，绝没有阴森、凄凉、晦暗、艰险的气氛，而是传达出一种宁静、淡泊、质朴的美感，体现出诗人崇尚自然的审美取向，表现出诗人对这块古朴之地的独特情怀。

刘禹锡用民歌体描绘地方风俗，往往把风情与风景交织在一起，形成秀丽风景与淳朴风俗的交汇融合。《堤上行三首》云：

其一
酒旗相望大堤头，堤下连樯堤上楼。
日暮行人争渡急，桨声幽轧满中流。

其二
江南江北望烟波，入夜行人相应歌。
《桃叶》传情《竹枝》怨，水流无限月明多。

其三
长堤缭绕水徘徊，酒舍旗亭次第开。
日晚上楼招估客，轲峨大艑落帆来。

江城是武陵的地理属性。临江而居，以堤护城，城内城外，堤上堤下，市场相连。船只水运是当时主要的交通运输方式。城堤外的一段江面是商船聚集、舟舻停泊的地方。为了适应船工、商贾的生活需要，堤上头开有不少酒店饭铺，经常是酒旗猎猎，招徕行旅客船。刘禹锡住在城东谯楼之上，堤上江中之景无不烂熟于眼中心头。于是他写下了这三首民歌体小诗，展开了三幅美丽的水乡画卷。第一首写行人竞渡，第二首写武陵人月夜对歌的习俗，第三首则是写武陵城的夜市生活。诗人纯用白描的笔法，展示了武陵城边的独特风情以及江城居民对生活的高度热情。

《堤上行三首》是以"拥楫为市"为视点展开的描写，而《踏歌词四首》则是以武陵人的"对歌之风"为视点展开的写作。沅湘一带，人们喜好歌舞，自古已然。每当月夜，青年男女联袂踏歌。这样的歌舞热情是持续于整个农闲季节的，正所谓"自从雪里唱新曲，直到三春花尽时"。而到了春插秋收的农忙时节，《插田歌》（秧歌）、《采菱行》之类的劳动歌曲又唱遍田野水乡。至于集会时，"联歌竹枝"的盛况更是节庆之际的传统节目。因此，可以说古武陵是名副其实的歌舞之乡，这在刘禹锡的创作中得到了充分的反映。他把朗州的风光景物与当地人民的生活习俗糅为一体，用极富思致、幽怨婉转的民歌体小诗表现出来，更加荡人情思，沁人心脾。

二、主旨上的新开掘

刘禹锡渊博的学识和深刻的思想为他开掘新的诗歌主旨提供了可能。在中国文学史上，尤其是在民歌方面，有不少题材是被历代作家递相沿袭的，而人们的思维方式也大都趋同，于是许多诗的题旨便不断地被重复，而人们往往陷入其中，要么视而不见，要么无力自拔。但刘禹锡不同，他常常能从传统主题的拘囿中突破出来，别开生面地展示自己独特的思想面貌。

"悲秋"是中国士大夫传统的情感主题之一，而刘禹锡却说："自古逢秋悲寂寥，我言秋日胜春朝。"作者面对寥落肃杀的秋天，有意突破一般人的思维定势和传统主题的情感指向，从相反的方向展开思考，响亮地喊出"秋日胜春朝"的宣言。这一识见显然是迥异于流俗的。

刘禹锡开掘民歌体小诗新主旨的另一个办法是在传统主题的基础上作进一步的深化。依循前人既有的思维定势和情感指向，作顺向的引申与推阐，以深化原有的情感内涵，强化原有的思想力度，将作品的题旨升华到更高的层次，如并非创作在一时一处的《浪淘沙词九首》之六、之八、之九。

"日照澄洲江雾开，淘金女伴满江隈。美人首饰侯王印，尽是沙中浪底来。"用淘金作题材来表现淘金者的辛苦是古诗中常见的主题，但刘禹锡不停留在这一点上，他从淘金女子的辛苦劳累联想到美人穿金戴银时的惬意与傲慢、侯王钤上大印时的威势与得意，让两种情景在诗中形成鲜明对照，以揭示出统治阶级、有闲阶级的赫赫权势和糜烂生活都是建立在剥削劳动人民的基础之上的。该诗还展示出了两种手的形象：一种是终年浸在水里扒沙拣石而长满老茧、布满裂口的淘金女的双手；另一种则是佩戴着珠宝首饰、白嫩润滑的美女之手，或是拎着王印、强力加盖的王侯之手。两种形象形成的强烈对比，不用诗人点评，事理也自然彰显了。

"莫道谗言如浪深，莫言迁客似沙沉。千淘万漉虽辛苦，吹尽狂沙始到金。"这首诗把诗人的自身遭遇、现实处境、人生感悟等与眼前所见的淘金景象结合起来写，比兴手法运用得非常巧妙。如果以诗歌表达的哲理思想为主题来看，则诗前两句所用的两个比喻，是为后两句起兴的，前为宾，后为主；如果从诗歌创作的目的在于抒发作者感情这样一般的认识出发，把诗的主题确定为作者不畏谗言、坚强自信的精神，则当是前两句为主，后两句为宾。但是一般说来，物事应该是比兴者，而情感则是被比兴者，即当以淘沙到金来兴起诗人坚贞不渝、淘去谗言、终见本真的精神品格。按照一般的思维逻辑，语序当为：千淘万漉波浪深，吹尽狂沙始到金，莫道谗言如沙浪，迁客不会随沙沉。如果真要按此思路写，语词再美也会显得平淡无奇。刘禹锡不按一般的思维方式，故意颠倒一下事、情、理的逻辑顺序，反而使诗的前后具有了一种互为比兴的关系，使抒情和说理整体地交融在一起，共同成为诗歌的主题，此诗便显得更为深刻、新颖。

刘禹锡另一诗作《望夫石》的构思与措笔乍看来并未跳脱相思主题的传统模式，但稍一琢磨，就能发现该诗在很大程度上扩大与深化了原有的内涵，具有了"新变"的意义。陈师道《后山诗话》曾评论此诗说："望夫石在处有之，古今诗人共用一律，惟刘梦得云：'望来已是几千岁，只似当时初望时。'语虽拙而意工。""语拙意工"正是刘禹锡民歌体小诗的一个突出特点。命意深新，而语言浅近，这是刘禹锡有意学习民歌的一种新创造。

三、体调上的新变革

在中国诗歌史上，刘禹锡是被称为"无体不备，蔚为大家"（管世铭《读雪山房唐诗钞》）的诗人。他尤以七言绝句为擅长，在七绝的创作上可谓名副其实的一流高手。李重华《贞一斋诗说》认为："七绝乃唐人乐章、工者最多……李白、王昌龄后，当以刘梦得为最。"在李重华看来，刘禹锡的七绝小诗是可以与诗歌冠冕李白、"七绝圣手"王昌龄鼎足而立的翘楚人物，也难怪王夫之把刘禹锡称为"小诗之圣证"了。

　　刘禹锡的七言绝句为什么能超越中唐所有诗人而直接问鼎盛唐,一个不可忽略的因素就是他学习民歌,将民歌的声情融入七言绝句中,一方面成功地创制出了"含思宛转"的民歌体乐府小诗,另一方面进一步完善了初唐以来的七绝新声,使其在艺术上更臻完美。因为七言在音律上比五言更为曲折多变,所以七绝更适合表现委婉绰约的情怀。正是在这一点上,刘禹锡看到了民歌与七绝的相似之处,把《竹枝词》《浪淘沙词》《踏歌行》《潇湘神》等的声情乃至表现手法融合到七绝之中,创作出《金陵五题》《洛中逢韩七中丞之吴兴口号》《愚溪三首》等一大批风神俊逸、朗朗上口的佳作。这些篇什与李白、王昌龄之作比较,明显让人感觉更为天然易得,绝少经营之迹,如"淮水东边旧时月,夜深还过女墙来""两人相见洛阳城""一树山榴依旧开"之类,纯属口语,似乎全在不经意之中随手拈来,而完全合律,融入篇中,风神自见。这正如王夫之所赞誉的,"宏放出于天然,于以扬扢性情,驱娑景物,无不宛尔成章"(《姜斋诗话》)。

　　至于刘禹锡根据巴楚民歌声情,改造、创制出的《竹枝词》《踏歌行》《堤上行》《潇湘神》等民歌体乐府小诗,实际上也是宽泛意义上的绝句。只是这类小诗既不避俚俗,又不避重字,格律上只大致符合七绝要求,比律绝更具有民歌般的明快节奏、婉转情思与风土特色。

　　《竹枝词》原是巴楚一带流行的与音乐、舞蹈相结合的民歌,有独唱、对唱、接唱、齐唱等多种演唱形式。《竹枝词》究竟起源于何时,现在已无可详考。清代道光年间余姚人施襄为叶调元所编《汉口竹枝词》写序,云:"竹枝词者,清平变调,巴蜀新腔。刘梦得在湘南,创白帝城头之曲;杨廉夫官浙右,制钱塘湖畔之词。"从现存的文人作品来看,刘禹锡之前的顾况已偶一为之,但并非将此作为一种独立的诗歌体类来创作。自觉将其倡为一体,并以此专咏土俗风情,乃从刘禹锡始。他从朗州到夔州,熟聆《竹枝》之声,并常常亲自参与阳山庙赛神一类的"联歌竹枝"活动,对《竹枝》的声情调式已烂熟于心,于是《竹枝词》越写越多。他在《竹枝词九首·并引》中说:

　　　　四方之歌,异音而同乐。岁正月,余来建平,里中儿联歌《竹枝》,吹短笛,击鼓以赴节。歌者扬袂睢舞,以曲多为贤。聆其音,中黄钟之羽,其卒章激讦如吴声。虽伧儜不可分,而含思婉转,有淇濮之艳。昔屈原居沅湘,其民迎神,词多鄙陋,乃为作《九歌》,到于今荆楚鼓舞之。故余亦作《竹枝词》九篇,俾善歌者飏之,附于末,后之聆巴歈,知变风之自焉。

从引中我们看到，这里描述的是建平里中所歌《竹枝》的声情特点及表演特色。所谓"黄钟之羽"大体上是一种较为高亢嘹亮的音调。所谓"激讦如吴声"，是说激越的音调有点象吴地民歌。吴语中的去声、入声字，声腔都很短促，收音有力。若言其卒章激讦，当以仄声或入声字收束为宜，这是古竹枝词中的一种。而现在所见刘禹锡的《竹枝词九首》全改作三平韵，以平声字收束全章，声情应是以悠扬婉转为多了。这是刘禹锡改造后的一种结果还是巴渝"竹枝"的原来面貌，我们已经不得而知。但是我们仔细比较一下《竹枝词二首》（下称《二首》）和《竹枝词九首》（下称《九首》）就会发现它们的声情调式是有区别的，可能属于两个不同时期和地区的作品。

竹枝词二首
其一
杨柳青青江水平，闻郎江上唱歌声。
东边日出西边雨，道是无晴还有晴。

其二
楚水巴山江雨多，巴人能唱本乡歌。
今朝北客思归去，回入纥那披绿萝。

竹枝词九首
其一
白帝城头春草生，白盐山下蜀江清。
南人上来歌一曲，北人莫上动乡情。

其二
山桃红花满上头，蜀江春水拍山流。
花红易衰似郎意，水流无限似侬愁。

其三
江上朱楼新雨晴，瀼西春水縠文生。
桥东桥西好杨柳，人来人去唱歌行。

其四

日出三竿春雾消，江头蜀客驻兰桡。

凭寄狂夫书一纸，住在成都万里桥。

其五

两岸山花似雪开，家家春酒满银杯。

昭君坊中多女伴，永安宫外踏青来。

其六

城西门前滟滪堆，年年波浪不能摧。

懊恼人心不如石，少时东去复西来。

其七

瞿塘嘈嘈十二滩，此中道路古来难。

长恨人心不如水，等闲平地起波澜。

其八

巫峡苍苍烟雨时，清猿啼在最高枝。

个里愁人肠自断，由来不是此声悲。

其九

山上层层桃李花，云间烟火是人家。

银钏金钗来负水，长刀短笠去烧畲。

《二首》完全与七言绝句同律，仄起，三平韵。没有失粘、失对、三平脚等现象。《九首》则没有一首是与绝句完全合律的。虽仍是四句诗三平韵，但在声律上并不讲究粘对，一般都在二、三句间失粘。如其六"年年波浪不能摧，懊恼人心不如石"，两句本应相粘，即应为"平平仄仄仄平平，平平仄仄平平仄"，但实际上，这两句的平仄已变为：

平平平仄仄平平

（年年波浪不能摧）

仄仄平平仄平仄

（懊恼人心不如石）

粘句成了对句，站在七绝的角度说，这是严重的失律，但其句中平仄相间的变化还是存在的，因此声律上的活泼流畅、跌宕多变依然得到了保证。且除了失粘之外，两个对句之间分别都是合律的。如"山上层层桃李花"与"云间烟火是人家""银钏金钗来负水，长刀短笠去烧畲"，分别都是合律的对句，只是当粘处未粘而已。从这九首的韵调看，大多数都是仄起，如其一、其三、其四、其五、其八、其九；有三首是平起，平起的往往是连用平声，如"山桃红花""城西门前""瞿塘嘈嘈"等。《九首》的这种声律特点，显然与《二首》有别。这大概就是刘禹锡所说的"聆巴歈，知变风之自"的情况。刘禹锡之所以说"四方之歌，异音而同乐"，大概也就是比较出了同属巴楚的朗州与夔州在竹枝词的音调上的细微差别，故有此认识与议论。因此，我们认为《二首》写在朗州，从声律上分析出的《二首》与《九首》之不同，是重要证据之一。这也是刘禹锡在《九首》引中开头即说"四方之歌，异音而同乐"的事实基础。

从刘禹锡的朗州作品看，当时武陵地区的乡民在各种场合踏歌所使用的曲调都被称为"竹枝"，不论是集体联唱还是个别对唱，不论是祠庙祭神还是婚丧喜庆，不论是荡舟撒网还是插秧汲水，都可以唱竹枝。竹枝词是用方言歌唱的，词多为即兴而作。因此，刘禹锡说"四方之歌，异音而同乐"（《竹枝词九首·引》），"踏尽兴无穷，调同词不同"（《纥那曲二首》）。调式曲谱是基本固定不变的，把不同的词套填进去，就可以唱了。歌词既可以从前人那里学记，也可以自己即兴创作，随口占唱，所以乐调相同而歌词不同。而且就算是同一句歌词，不同口音的人唱出来的方音也各不相同。因此夔州有夔州的竹枝，朗州有朗州的竹枝，虽大同而有小异。即便是朗州，后来也分为桃源竹枝词、龙阳竹枝词、漵陵竹枝词、陬溪竹枝词、柳城港竹枝词等，因方言不同而俚曲稍异而已。竹枝词之名，大约起于唐代以两湖为中心的巴楚地区，中唐前期的顾况《竹枝曲》云："渺渺春生楚水波，楚人齐唱竹枝歌""巴人夜唱竹枝曲，肠断晓猿声渐稀"。因为"竹枝"是民间的歌谣，它的出现肯定还在顾况写作之前，因此，至少初唐时民间已有竹枝流传。为什么名曰"竹枝"，文献资料不见记载，今人的种种分析推测也还没有一个令人信服和公认的说法。其中一种意见认为竹枝之命名来源此调的和声。每句唱完上四字，众人和曰"竹枝"，唱完下三字则和曰"女儿"。于是，便以其和声命名此调为"竹枝"，此说法较为合理。

竹枝词的声律特点是既有传统音乐的清丽，又有民间歌曲的婉转。综合起来可以概括为四点：①幽怨："幽怨侧恒，若有所深悲者"，所以可以让"听者愁绝"。②婉转："虽伧儜不可分，而含思宛转"，"伧儜"是指地方语音听来含混不清。"含思宛转"，即曲调谐婉，富于情思。③香艳："有淇澳之艳音"。"淇澳"是春秋时卫国境内的两条河水之名，这里是指代卫国。卫国是情歌流行的地区，歌曲中多是男女相悦的情爱之词。所谓"郑卫之音"，即是说歌曲中有较浓的香艳色彩。④激讦："卒章激讦如吴音"。结尾处，短促激越，就像吴越的曲调。竹枝词的句式虽然像七绝，四句成韵，但在声律上与绝句迥异。大约前两句平仄较近于七律声律，而后两句则拗怒不谐律。《九首》第三句的第四字一律是平声，第四句的第四字一律是仄声（除地名词语外），且多用去声。《二首》则第三句第四字用仄声，第四句第四字用平声，恰与《九首》声律相反。这大约因为《二首》写在朗州，用的是朗州音调，《九首》作于夔州，用的是夔州音调，小有差异而已。但其后两句皆有拗怒不谐，以形成波澜变化，则是一致的。

大量借用民歌的表现手法，使雅声与俚曲高度融合，是刘禹锡诗体变革的一个重要方面。

复沓回环的咏叹方式是民歌重要的表现方式之一，刘禹锡将其借用到民歌体乐府诗中来，使诗歌更为流转婉曲，荡气回肠。如顶针回环式："春江月出大堤平，堤上女郎连袂行。"（《踏歌词》其一）重叠回环式："酒旗相望大堤头，堤下连樯堤上楼。"（《堤上行三首》其一）排句复沓式："莫道谗言如浪深，莫言迁客似沙沉。"（《浪淘沙词九首》其八）"白帝城头春草生，白盐山下蜀江清。"（《九首》其一）"江南江北望烟波。"（《堤上行三首》其二）"桥东桥西好杨柳，人来人去唱歌行。"（《九首》其三）这种种回环咏叹的方式能利用词语前后反射的光辉，创造出一折三致意的审美意蕴，让人读来流利畅快，余韵满口。

此外，刘禹锡的民歌体小诗还常常运用比兴、借代、对比、双关、映衬、夸张、通感等艺术手法，巧妙地表达诗歌内容与作者感情，使诗歌更加精警含蓄、生动形象。《九首》其二，头两句既是描写，也是起兴。三四句即承此"山桃红花""蜀江春水"为喻，分别比作"郎"的薄情和"侬"的多愁，亦是就近取譬，使韵致更加悠长深远。又如"东边日出西边雨，道是无晴还有晴"，用"晴"谐"情"，一语双关，似写天气的阴晴不定，反复多变，实指恋爱心情的捉摸不透，把握不定。描写得生动微妙，表达得含蓄婉转。谢榛在《四溟诗话》中说它"酷似六朝"。其借代如用"银钏金钗"的饰物指代妇女，而用"长刀短笠"等劳动工具代表男人，比起直说"妇女来负水，男人来烧畲"意象要丰富得多，形象要生动得多，情趣要浓厚得多。

刘禹锡民歌体小诗的语言和意象总是极富弹性和张力，常常能"状难写之景如在目前，含不尽之意见于言外"（郭绍虞《中国历代文选论》三卷本中册），或言近旨远，或言浅意深，精警含蓄，具有象外之象、味外之味。如"春江月出大堤平"中之"平"字，即大有嚼头——它既可以是描写大堤宽敞平坦，女郎们可以牵手联袂而行；也可以理解为春江水满，与江岸平齐，在江月的照耀下熠熠生辉，为女郎们月下踏歌提供了一个优美的环境。这种富于弹性的意象总是能令读者张开想象的翅翼去追寻个中的意蕴。"《桃叶》传情《竹枝》怨，水流无限月明多。"这滔滔东去的无限江水与照彻环宇的明月清辉，既可以理解为"眼前景物口头语"，也可以从"情""怨"两字生发开去，联想到屡遭贬谪、备受打击的诗人胸中的无限愤懑和良多感慨。诸如此类的诗句，语似平淡浅近，旨趣却很深远，韵味都极丰富。诚如黄庭坚所说："刘梦得《竹枝》九章，词意高妙，元和间诚可以独步，道风俗而不俚，追古昔而不愧。"（《豫章先生文集》卷二十六《题跋》）近雅而不远俗，是刘禹锡民歌体小诗在语言方面的重要特征。王士禛《师友诗传录》引张历友的评价说："刘梦得在沅湘，以其地俚歌鄙陋，乃作新词九章，教里中儿歌之。其词稍以文语缘诸俚俗，若太加文藻，则非本色矣。"所谓"稍以文语缘诸俚俗"，就是在保持民歌俚俗色彩的前提下，对俚言俗语进行筛选、提炼，益以文藻，以达到规范、易懂、雅俗两兼的境界，使其诗具有鲜明的民歌特色和独特的艺术魅力。

（作者单位：湖南省常德市刘禹锡研究会）

生长中的传统：唐踏歌的二重文化蕴义

——以刘禹锡为中心的讨论

张之为

踏歌是一种踏地为节，手袖相连，整合歌、舞的综合艺术形式，节拍简单、动作单一。其历史渊源乃原始歌舞，发生的原初场域主要为劳动、祭祀、求偶等。在唐以前，就《南史》所记《杨白花歌辞》，以及《隋书·五行志》所记周宣帝与宫人踏歌辞看，踏歌已经在服务于以神为主体的祭祀、仪式之外，向私人领域延伸，发展出个体化情感的表达与呈现。

唐代是踏歌的盛行期与衍变的关键期。《朝野金载》记睿宗先天二年正月十五、十六夜，宫人及长安、万年两县少女妇人于京师安福门外大作踏歌，这是关于上元踏歌的最早记载。后上元节会踏歌渐成定制，《旧唐书》以及诸多唐诗中均有反映。我们可以发现，唐踏歌有两个最重要的构成要素：一是于月圆之夜举行，二是参加者以女性为主。此两点在相关文献中被反复提及。

满月、女性，是唐踏歌的两个最核心要素。这暗示了踏歌不仅是一种娱乐性、游戏性的活动，还是原始巫俗的遗存，与古老的月崇拜有直接联系。月是原始哲学与宗教神话中的重要意象，众多民俗学经典论著都阐述过中国月崇拜起源于蛙崇拜。据王小盾先生总结，其神话性格集中于生殖与祈生，具体的联系体现于：其一，蛙产卵极多，具有强大的繁殖力，其隆起的腹部与怀孕妇女的形态特征相似，因而被视作生殖之神、母神；而月亮作为"群阴之本""大阴之精"，也拥有相同的神话属性，即生殖功能。其二，蛙发育过程中形态的转化、冬眠复起的习性与月亮缺满转变的自然变化相通，共同积淀为死而复生的神话原型符号，具有祈生功能。

如果说时节、群体上的特征还不足以完全证实踏歌的民俗学渊源，唐代典籍中还有更丰富的材料可资佐证。唐诗中对民间踏歌情形有丰富翔实的记载，如张谔《月夜看美人踏歌》、刘禹锡《踏歌行》等，大量唐诗都反映出唐代民间踏歌的活动场景仍以月夜、女子为核心。考虑到踏歌的历史源起，相较于具有一定礼仪性质的宫廷踏歌，民间踏歌无疑更接近其原生状态，亦能更有力反映这一活动的原初文化意蕴。月夜女子于户外群聚歌舞，除了显而易见的游戏性质，还整合了一个极为重要的社会功能，即男女交往。

唐代踏歌的文学书写，以刘禹锡的诗作最典型，影响亦最显著。刘禹锡表现踏歌活动的诗歌，一个最集中的主题就是男女情爱，如《竹枝词》《纥那曲》等。《竹枝词》是刘禹锡最重要的踏歌诗，也是历代踏歌研究的重心。对照《竹枝词九首》与《新唐书·刘禹锡传》所叙述的创作缘起，可以见出，刘禹锡《竹枝词》的创作有明确的巫俗文化背景，原生《竹枝》是作为民间祭祀的一环而存在的。《新唐书》中提及了朗州《竹枝》的文化族属，乃是夜郎诸夷。关于原始《竹枝》的文化背景，学者已进行了比较深入的探讨，基本认同其源于夜郎国流传的"竹生人"感孕神话，《竹枝》乃是夜郎灭国后随流民迁徙传入巴地，是原始宗教祭祀的遗存。竹王神话虽然解释了《竹枝》的民俗学渊源，但与唐代《竹枝》踏歌活动的实际情况存在差异。首先，竹王祭祀反映的是先祖崇拜，主祭者一般是男性，但唐代《竹枝》踏歌活动的主体却是女性。其次，竹王祭祀是在白天进行的，但踏歌活动却在月夜举行。再次，从现存的《竹枝》歌词看，也已经没有男女对歌的痕迹，其特征反而是皆以第一人称、女性口吻而发的代言体，主言情。比较合理的解释是，《竹枝》的精神核心已发生衍生与偏移，从以先祖崇拜为精神核心的宗教祭祀，转向以婚恋为中心的世俗群体活动。先祖崇拜往往与祈求子孙繁盛的生殖诉求相联系，这成为两者沟通现实的精神桥梁。转变的契机，可能和夜郎灭国，民众迁徙并与巴族融合有关。竹王崇拜的族属色彩非常强烈，在夜郎族融入异质文化族群的过程中，《竹枝》的曲调、踏歌的形式虽然保留了下来，但其特异性已消融，成为当地文化的组成部分。综而论之，唐代以巴地为中心的《竹枝》踏歌，实则是以婚配、生育为精神核心的，因而它自发地聚合了原始生殖崇拜中一些最重要的元素：代表阴性、生殖的月亮与女性。

从刘禹锡开始，踏歌正式进入文人的创作视野，并且以群体唱和为契机扩散传播，逐渐形成创作传统，构成了与民间踏歌并立而相异的系统。

根据《刘禹锡简谱》记载，唐顺宗永贞元年（805）十一月，刘禹锡贬朗州司马。这是刘氏开始踏歌诗创作的契机。特殊的遭际创造了契机，使得刘禹锡长久浸淫于南方风物，"踏歌"不仅进入其创作视野，更成为他情感倾泻的媒介。从《阳山庙观赛神》到《采菱行》，诗人将生命经历融化在诗歌中，使得"踏歌"已不仅仅是单纯的表现对象或者异域风情的符号，更是诗人人生体验、情感抒发的媒介，刘禹锡成功地为它赋予了新的意蕴。但是，这一意蕴尚带有很强的个人色彩，还未脱离刘诗的语境而独立。

促使"踏歌"意象扩散并且固定下来的，是刘禹锡与其诗友的交流与创作。白居易是其中最重要的一位诗友。与刘禹锡一样，白居易是唐踏歌诗的主力作者。白居易创作《竹枝》始于元和十年（815），最集中的时段是元和年间，这与刘禹锡创作踏歌诗，刘、白二人开始深入交往的时段是重合的。此外，白居易任忠州刺史，也是诱发《竹枝》写作的契机之一，这与刘禹锡因贬谪朗州、夔州而触发踏歌诗创作具有相通之处。实际上，刘、白二人共同的朋友元稹也创作过《竹枝》歌辞，虽然现存元稹集中无存，但白居易《竹枝词》其四中"怪来调苦缘词苦，多是通州司马诗"一句，就是明确证据。刘、白、元三人都曾在踏歌盛行的巴地生活，驻官地域相近、民俗相类，可以推想惺惺相惜的诗人们在创作上的相互影响与促进。对白居易而言，《竹枝》曾是引发议论的话题、交游的媒介，也是他命运变动中的情感支点，代表他与友人生命起落的回忆碎片。通过诗人们的叠次创作，《竹枝》被赋予了丰厚的情感内蕴：漂泊之感、羁旅之思、故人之情。

通过刘禹锡、白居易、元稹的文学书写，《竹枝》实际上已经拥有两重属性：一是实指性，指向当下生活世界中的具体物象；二是特喻性，即此意象对诗人而言具有特别的意蕴。从历时性的视角考察，《竹枝》在刘禹锡等人的诗歌中，经历了实指性向特喻性的转变。

在中晚唐的相关诗歌中，"竹枝"意象开始在诗歌书写中扩散开来。发轫于刘禹锡等人的"竹枝"意象，已形成固定的审美联想，超越了诗人个体的创作语境，被纳入唐诗的文本系统中，成为诗人们情感抒发的稳定载体。

综上所述，唐踏歌已衍生、分化出民间与文人两种范式。民间踏歌是原初范式，主要指向丰产、生育祈愿，突出表现为民间婚恋活动。文人范式的产生具有偶然性，刘禹锡等人因贬谪接触民间踏歌，开始创作踏歌诗，又将个人化情感体验融入文学书写，并通过群体活动传播、扩散，最终被吸收、内化为诗歌系统的组成部分，从而推动踏歌文化的迁移与增益。考察上述两种范式的产生与建构，实质是以踏歌为切入点，展示不同社会群属的文化碰撞与再生产过程。

（作者单位：云南大学）

刘禹锡竹枝词首创地的哲学思考

魏胜权

关于刘禹锡竹枝词的首创地及首创时间，学界一直存在诸多争议。笔者认为，对于任何问题，我们都应抱着尊重历史的态度，运用科学思维去看待、弄清、解决。恩格斯说："我们关于我们周围世界的思想对这个世界本身的关系是怎样的？我们的思维能不能认识现实世界？我们能不能在我们关于现实世界的表象和概念中正确地反映现实？用哲学的语言来说，这个问题叫作思维和存在的同一性问题，绝大多数哲学家对这个问题都作了肯定的回答。"[①] 本文试图用哲学分析方法，谈谈对刘禹锡竹枝词首创地的看法。

一、审视刘禹锡朗州十年的经历，从时间、空间的角度，探讨竹枝词朗州首创的可能性

唐永贞元年（805）八月，刘禹锡被贬，寒冬腊月到朗州（今湖南省常德市）。唐元和十年（815）春，刘禹锡动身回京。

朗州十年，刘禹锡从33岁到43岁，这是他人生中精力最旺盛，思维最敏捷，才华最显露，情感最丰富的年华。这就为刘禹锡在朗州创新竹枝词提供了充裕的时间和空间。

当然，朗州十年也是刘禹锡一生中最为悲苦凄凉的一段日子。让我们穿越时空，回放1 200多年前的景况：永贞元年（805）九月十三日，刘禹锡带着一家五口离开长安，乘马车一路南下。十一月十四日刚到湖北江陵（即今湖北省荆州市），便接到朝廷以"此贬不足以偿其责"为由改贬他为朗州司马的诏令。可想而知，刘禹锡当时的心情是多么痛苦，多么悲愤。因为刘禹锡被贬朗州后的职衔是"朗州司马员外置同正员"，相当于我们现在的同级别非领导职务，享受待遇，无职无权，所以没有被安排进官府住所。他在《机汲记》里这样说："予谪居之明年，主人授馆于百雉之内，江水沄沄，周墉间之。"他

---

① 恩格斯．路德维希·费尔巴哈和德国古典哲学的终结［M］//马克思，恩格斯．马克思恩格斯选集：第4卷．北京：人民出版社，1995：225－226.

在诗文中对自己的居处也有过零星的描绘:"谪居愁寂似幽栖,百草当门茅舍低。""若问骚人何住所,门临寒水落江枫。""昔日居邻招屈亭,枫林橘树鹧鸪声。"试想,一位曾经高高在上的朝廷要员,从车水马龙的京都一下子被贬谪到偏僻蛮荒之地,居住在城东墙边低矮的草房里,无论是在生理还是心理上,他都是无法适应的。

刘禹锡谪居朗州十年,占他人生旅途的将近七分之一。这十年,由于工作环境、生活环境都发生了变化,而且与他在京都的处境反差大,他要慢慢适应,慢慢调整心情,最终要用积极心态去融入、适应和改变这个环境。马克思说:"全部社会生活在本质上是实践的。凡是把理论引向神秘主义的神秘东西,都能在人的实践中以及对这个实践的理解中得到合理的解决。"① 在朗州,刘禹锡少有实际的工作职权,正所谓"岁中三百日,常苦风雨多"。许多大好光阴,刘禹锡是怎样度过的呢?为了摆脱无责无权无事亦无奈的"空虚"境地,他急需寻求一种全新的安身立命的精神寄托。一方面,他礼佛学禅,伏案读书,习作撰文;另一方面,他登山临水,探幽访胜。他观德山,登壶头,攀孤峰,临枉渚,寻古代遗迹,听洞庭渔唱。他在桃花源赏月,在太阳山祭神,在沅江岸看竞渡,在白马湖观采菱。朗州的山山水水成了他人生的新寄托。他把许多精力集中在悉心收集朗州民歌上,并尝试在民歌的基础上改造提炼,他的《竹枝词》便是其中最具创造性的代表作。俗话说,一方水土养育一方人,一方山水生出一方习俗,养出一方人的性情。刘禹锡从京都被贬到朗州蛮荒之地,周围的生活环境与风俗完全变了,于是他的作品也发生了一些变化。正如法国 19 世纪杰出的文艺批评家丹纳所说:"作品的产生取决于时代精神和周围的风俗。"

拜伦说:"人创造风俗习惯,风俗习惯也创造人。"武陵的山冈林莽、碧水清泉,赐予了刘禹锡诗文的雄厚刚健,轻灵秀丽。他大量吸收地方文化的营养,如向屈原学习,效仿屈原作《九歌》,开拓自己诗文的艺术境界。纵观刘禹锡朗州十年的生活经历,他个人政治上的不幸和落魄以及当地人文风情的浸润,激发了他诗词创作的灵感,使他如凤凰涅槃,获得新生。概言之,朗州沃土成就了刘禹锡,这也是宋宇教授、卞敏教授等国内知名学者对刘禹锡朗州十年生活的一致评价。永贞革新的失败,对刘禹锡来说是不幸的,但朗州十年中,他的才华转向文学创新,则是中国文学史之大幸,也是常德之大幸。马克思说:"环境的改变和人的活动或自我改变的一致,只能被看作是并合理地理

---

① 马克思. 关于费尔巴哈的提纲［M］//马克思,恩格斯. 马克思恩格斯全集:第二卷. 北京:人民出版社,2002:56.

解为革命的实践。"① 当年，一位年轻的美国人——埃德加·斯诺在他的《我在旧中国十三年》一书中这样写道："亚洲看起来，的确好像是我实际的家，而美国则是一个未知的世界。""我的躯体是在飞机上，但我的精神却留在中国。"② 相比之下，朗州是刘禹锡人生重大转折的第一站，在此生活十年之久，朗州实际上成了他的第二故乡。他在朗州留下了200多首诗文，特别是他对竹枝词的创新，开辟了诗歌史上一个前所未有的新境界，如同中国人民的好朋友埃德加·斯诺一样，他把一生中最美好、最富创造力的时光奉献给了这片土地。朗州作为刘禹锡竹枝词首创地的可能性既合情合理，又符合客观现实。

二、领会史书文献对刘禹锡的记载，用抽象、具体的方法，探讨竹枝词于朗州首创的权威性

分析、论证刘禹锡竹枝词的首创地，必须以历史文献资料为依据，必须对记载的整段文字、内容加以理解与领会。

第一，从刘禹锡当年留下的文字记述来考察。刘禹锡《竹枝词九首·并序》全文如下：

> 四方之歌，异音而同乐。岁正月，余来建平，里中儿联歌竹枝，吹短笛，击鼓以赴节。歌者扬袂睢舞，以曲多为贤。……昔屈原居湘、沅间，其民迎神，词多鄙陋，乃为作《九歌》，到于今荆楚鼓舞之。故余亦作竹枝词九篇，俾善歌者飏之，附于末，后之聆巴歈，知变风之自焉。

从这篇序可以推断，这首诗是刘禹锡在朗州期间所写。其一，序中明确作者是在建平听"里中儿联歌竹枝，吹短笛，击鼓以赴节。歌者扬袂睢舞，以曲多为贤"。据常德市史志专家应国斌先生考证，西汉末年王莽新政时，武陵郡曾改建平郡。又根据《明嘉靖常德府志》载："新莽，改建平郡。"《汉书》："莽曰建平属荆州。"所以刘禹锡序中的"建平"当指朗州。

其二，常德文化学者刘雷中先生考证明正德刻本《夔州府志》载，周朝时夔州郡名鱼复，战国时名捍关，汉时名巴东，蜀汉时名固陵，唐时名夔州，迄无建平之名。刘雷中先生文曰："永贞元年（805年）九月，刘禹锡贬连州，尚在途中，十月又贬朗州。到湖北江陵（荆州）会见韩愈时已是十一月，因

---

① 马克思. 关于费尔巴哈的提纲［M］//马克思，恩格斯. 马克思恩格斯全集：第二卷. 北京：人民出版社，2002：55.

② 埃德加·斯诺. 我在旧中国十三年［M］. 北京：生活·读书·新知三联书店，1973：132.

此这一年年底或第二年正月才到朗州。"如此，刘禹锡这篇序中所言"岁正月，余来建平"，就与他的这段经历吻合。

其三，"昔屈原居湘、沅间，其民迎神，词多鄙陋，乃为作《九歌》，到于今荆楚鼓舞之"，这就说明，屈原将朗州士人自创的鄙陋之词加工提炼，形成人文祭祀活动，以《九歌》之曲加以演唱。王逸《楚辞章句》讲道："出见俗人祭祀之礼，歌舞之乐，其词鄙陋，因为作《九歌》之曲。"这与刘禹锡唐元和四年（809）写下的《阳山庙观赛神》诗相关联，诗云：

> 汉家都尉旧征蛮，血食如今配此山。
> 曲盖幽深苍桧下，洞箫愁绝翠屏间。
> 荆巫脉脉传神语，野老婆娑启醉颜。
> 日落风生庙门外，几人连蹋竹歌还。

常德的太阳山，即阳山，也叫梁山，这里的人们以《九歌》之曲祭祀太阳神和其他诸神，载歌载舞，到唐代中叶，这一祭祀活动达到了鼎盛。这首诗见《宝刻类编》卷五，"刘禹锡书《阳山修神祠碑》条下记道：'刘申锡篆额元和四年十月立'"。

其四，序中的"巴歈"即巴地的音乐，这个"巴"要完整地看，不能孤立地看。它不单指，或具体指某一地方，因为除了四川、重庆，今湘鄂西即常德、岳阳、荆州等地在当时也称"巴"。常德人称乡下人为乡巴佬，称城里人为街巴佬，这个"巴"，就是指人，或者巴人。所以，刘禹锡朗州诗作《洞庭秋月行》就有"荡桨巴童歌《竹枝》"的诗句。

其五，兴于唐代的格律诗，有严格的韵律及字数、句数要求。刘禹锡来朗州之后，接触民间的非格律诗体，如骚体、乐府歌行、古风等，对古体诗、古歌谣包括竹枝歌产生了兴趣，并被深深感染。但刘禹锡毕竟是进士出身，因而作诗讲究韵律，既讲究音韵的和谐优美，又讲究声调节奏的抑扬顿挫。所以他在朗州初写竹枝（歌）词时，还是没有完全摆脱押韵产生的艺术效果。虽然他在朗州写的《阳山庙观赛神》《洞庭秋月行》中出现了"日落风生庙门外，几人连蹋竹歌还""荡桨巴童歌《竹枝》，连樯估客吹羌笛"等诗句，但韵律还是讲究的。再如刘禹锡写于朗州的《踏歌词四首》：

其一

> 春江月出大堤平，堤上女郎连袂行。
> 唱尽新词欢不见，红霞映树鹧鸪鸣。

其二

桃蹊柳陌好经过，灯下妆成月下歌。
为是襄王故宫地，至今犹自细腰多。

其三

新词宛转递相传，振袖倾鬟风露前。
月落乌啼云雨散，游童陌上拾花钿。

其四

日暮江头闻竹枝，南人行乐北人悲。
自从雪里唱新曲，直到三春花尽时。

这四首《踏歌词》的韵律都较规范讲究，而十多年后刘禹锡在夔州写竹枝词就自由得多，超然得多，前后风格就不一样。例如刘禹锡在四川（可能在夔州）写的一首竹枝词：

山桃红花满上头，蜀江春水拍山流。
花红易衰似郎意，水流无限似侬愁。

这首诗中出现了两个"山"字，两个"红"字，两个"花"字，两个"水"字，两个"流"字，两个"似"字。如果按格律要求，一首绝句中一般是不用重复字的；而在平仄上，这首诗也不符合绝句的格律要求。这一点也是刘禹锡竹枝词于朗州首创的重要文字依据。

第一，从以下史书文献资料记载来看：

《旧唐书·刘禹锡传》载："禹锡在朗州十年，唯以文章吟咏陶冶性情。蛮俗好巫，每淫词鼓舞，必歌俚辞。禹锡或从事于其间，乃依骚人之作为新辞，以教巫祝。故武陵溪洞间夷歌率多禹锡之辞也。"

《新唐书·列传第九十三》中说得更具体："宪宗立，叔文等败，禹锡贬连州刺史，未至，斥朗州司马。州接夜郎诸夷（指今湘西一带），风俗陋甚，家喜巫鬼。每祠，歌《竹枝》，鼓吹裴回，其声伧儜。禹锡谓屈原沅湘间作《九歌》，使楚人以迎送神，乃倚其声，作《竹枝词》十余篇。于是武陵夷俚悉歌之。"说明史书早就记载了刘禹锡在朗州期间创制竹枝新词一事。

辛文房的《唐才子传》一书记载刘禹锡在朗州的情况说："宪宗立，叔文贬，斥朗州司马。州接夜郎，俗信巫鬼，每祀，歌《竹枝》，鼓吹俄延，其声伧儜，禹锡谓屈原居沅、湘间，作《九歌》，使楚人迎送神，乃倚声作《竹枝》十篇，武陵人悉歌之。"这段话对刘禹锡竹枝词的创制表述得更明确、更清晰，有此权威史料，刘禹锡竹枝词于朗州首创的结论不言而喻。

三、体察刘禹锡朗州采风生活，探讨竹枝词朗州首创的客观性

竹枝词在常德沅、澧流域流行已久，在当地又被称为竹枝花儿，是民歌的一种形式。这与当地的习俗有关。20 世纪 60 年代，笔者在桃源县泥窝潭，时常要上山砍柴，当地人就有对歌、放歌、自娱自乐的风俗。

毛泽东同志说："人们的社会存在决定人们的思想。"[①] 刘禹锡长时间生活在这样能歌善舞的环境里，对当地的民歌习俗可以说是了然于心的。刘禹锡对竹枝词这一民歌的创新过程，正如毛泽东所说："由实践到认识，由认识到实践，这样多次的反复，才能够完成。这就是马克思主义的认识论，就是辩证唯物论的认识论。"[②]

为了进一步论证刘禹锡于朗州创新竹枝词的客观事实，笔者引用几首常德流传已久的民歌：

> 一阵日头一阵阴，如似有晴又无晴。
> 有情无情妹开口，免费哥哥一片心。
>
> 你看天上那朵云，又像落雨又像晴。
> 你看路旁那个妹，又想恋郎又怕人。
>
> 半天落雨半天晴，半天白云赶乌云。
> 白鹤单赶长江水，姐儿只赶有情人。

刘禹锡谪居朗州期间，接近百姓生活，接受"含思宛转"又开朗流畅的民歌、竹枝花儿之类的体裁，是理所当然的事情。常德的这些民歌，大都收录在《中国歌谣集成湖南卷常德地区分卷》。从常德诸多乡镇近些年都被国家文

---

① 毛泽东. 人的正确思想是从哪里来的？［M］//毛泽东. 毛泽东著作选读：下册. 北京：人民出版社，1986：839.

② 毛泽东. 人的正确思想是从哪里来的？［M］//毛泽东. 毛泽东著作选读：下册. 北京：人民出版社，1986：840.

化部授予"民间文化艺术之乡"的现实状况来看，刘禹锡竹枝词首创于常德是客观事实。刘禹锡在朗州十年，有这样的机缘和生活素材，能够长时间地从民间得到营养和启发，将有浓厚地方特色的"竹枝词"发扬光大，所以才有了那首传唱不衰的《竹枝词》："杨柳青青江水平，闻郎江上唱歌声。东边日出西边雨，道是无晴还有晴。"

刘禹锡诗中表现的应是对沅澧一带水乡风貌的描绘。正如常德文化学者曾祥永先生所言："这一浪漫而温馨的美景，只有在江南水乡才可看到，而夔州是绝无此景象的。夔州四面全是高山，下临滔滔江水，沿岸峭壁悬崖，历史上无大水平堤，也不见杨柳青青。"再如常德考古专家杨启干先生研究推断，刘禹锡的这首脍炙人口的《竹枝词》，很有可能源于常德周家店一带乡民们熟唱的民歌："对面岗上出马云（彩虹），郎在屋里吹口琴（用竹叶片含在嘴里当琴吹），东边日头（太阳）西边雨，道是无情却有情。"

也许是刘禹锡对竹枝词的创新和拓展，影响和带动了常德民歌及曲调的提升和发展，总之，两者是互动的，共生共存的，相互关联的。这里笔者想借用马克思、恩格斯的话来论证："人们的观念、观点和概念，一句话，人们的意识，随着人们的生活条件、人们的社会关系、人们的社会存在的改变而改变，这难道需要经过深思才能了解吗？"①

2 000多年前，屈原被贬，居沅湘间作《九歌》之曲。1 200多年前，刘禹锡被贬，居沅湘间创新竹枝词。毛泽东因带领红军过雪山草地，才写下了"万水千山只等闲"的长征诗句；李白因过长江三峡的急流险滩，才写下了"千里江陵一日还"的诗句。由此可见，诗词创作是以真切场景为依托，以真情感受为根基的，情由景生，景由情移。刘禹锡对竹枝词的创新与写作，正是在这样的生活环境里发生的。列宁说过："实践高于（理论的）认识，因为它不但有普遍性的品格，而且还有直接现实性的品格。"② 刘禹锡对竹枝词的提炼与创新，同样离不开生活实践、生活环境。那么，刘禹锡竹枝词的首创地到底是夔州还是朗州，就显而易见了。一是在生活时间上，朗州时期要早于夔州时期十五、六年，刘禹锡无论是写《竹枝词九首·并序》，还是写《阳山庙观赛神》，其序和诗中都直接提到了竹枝词或竹枝歌。二是在生活环境上，朗州沅江澧水及东洞庭湖江水缓流，视野开阔（洞庭湖平原、澧阳平原），湖泊众

① 马克思，恩格斯. 共产党宣言 [M] //马克思，恩格斯. 马克思恩格斯选集：第一卷. 北京：人民出版社，2002：56.

② 列宁. 黑格尔《逻辑学》一书摘要 [M] //列宁. 列宁全集：第三十八卷. 北京：人民出版社，1959：230.

多，如柳叶湖、沾天湖、目平湖等，所以才有了"杨柳青青江水平"的诗句。

鉴于此，我们认为：第一，竹枝歌、竹枝曲在刘禹锡的朗州诗作中多处被提到，且在民间流传甚广。第二，刘禹锡在朗州对竹枝词的创新毋庸置疑。2016 年 6 月 20 日，河南省郑州市文联副主席、作家协会名誉主席程韬光教授来常德给市委中心组学习作"碧霄一鹤"讲座时满怀深情地说："我来常德是来朝圣的，因为刘禹锡在这里创造了文学史上的辉煌。"所以，源出常德的竹枝词正是由刘禹锡发扬光大的。

常德文化底蕴深厚，历史悠久，古往今来人才辈出。从关于刘禹锡竹枝词首创地的争鸣可以看出，只要我们抱着马克思主义的科学态度，客观、公正地加以分析、论证，完全可以还原历史本来面貌。

最后，笔者还是要借用毛泽东的一段话，作为本篇文章的结尾："辩证唯物论之所以为普遍真理，在于经过无论什么人的实践却逃不出它的范围。人类认识的历史告诉我们，许多理论的真理性是不完全的，经过实践的检验而纠正了它们的不完全性。许多理论是错误的，经过实践的检验而纠正其错误。所谓实践是真理的标准，所谓'生活、实践底观点，应该是认识论底首先的和基本的观点'，理由就在这个地方。"①

（作者单位：湖南省常德市刘禹锡研究会）

① 毛泽东. 毛泽东著作选读：上册 ［M］. 北京：人民出版社，1986：123.

略论刘禹锡在朗州对民歌诗体的改造与创新

曾祥永

刘禹锡在中唐文坛上颇负盛名，因永贞元年（805）参与王叔文、王伾领导的"内抑宦官，外制方镇"①的政治革新运动，被贬谪朗州（今湖南省常德市）十年。贬谪闲居，使他有更多的时间和精力接触社会，了解下层人民群众的生活。他向民歌学习，把民间歌谣的优点与文人诗歌的特点结合起来，创造了许多新型的民歌诗体。

唐代的朗州，经济文化落后，属"僻陋"州郡，但地濒沅水，上连五溪（沅江中游的五大支流，即辰溪、酉溪、雄溪、蒲溪、沅溪），下临洞庭，山明水秀，自然风景优美。沅江两岸居住着汉、苗、回、侗、白、土家、维吾尔等多民族同胞，他们能歌善舞，在节日迎神和劳动场面中，创作了丰富多彩的民歌俚曲。在沅澧大地生活的十年中，刘禹锡随时随地都可听到樵音、渔歌、竹枝、号子，他深深为武陵这个歌舞之乡的"畎谣俚音"所吸引，曾热情赞颂其"虽畎谣俚音，可俪《风》什"②，并从中汲取有益成分，改造、创新了大量的民歌诗体，使之成为他诗歌创作中一簇闪耀着奇光异彩的鲜花。朗州十年成为他在向民歌学习、翻作"新词"、"唱新曲"③方面取得成绩最为显著的时期。

一

刘禹锡在朗州改造创新的民歌诗体，在内容上的突出特色是题材广泛，从多方面把劳动者的生活采撷入诗，直接反映人民群众的生活、愿望，对武陵人畲田、淘金、采菱等劳动生活，都有具体生动的描绘和热情的赞颂。例如《畲田行》，就是一首反映朗州人民刀耕火种的劳动生活的好诗：

何处好畲田，团团缦山腹。
钻龟得雨卦，上山烧卧木。

---

① 王鸣盛；黄曙辉，点校．十七史商榷［M］．上海：上海古籍出版社，2013：1049.
② 陶敏，陶红雨，校注．刘禹锡全集编年校注［M］．长沙：岳麓书社，2003：928.
③ 陶敏，陶红雨，校注．刘禹锡全集编年校注［M］．长沙：岳麓书社，2003：188－190.

　　惊麏走且顾，群雉声咿喔。
　　红焰远成霞，轻煤飞入郭。
　　风引上高岑，猎猎度青林。
　　青林望靡靡，赤光低复起。
　　照潭出老蛟，爆竹惊山鬼。
　　夜色不见山，孤明星汉间。
　　如星复如月，俱逐晓风灭。
　　本从敲石光，遂致烘天热。
　　下种暖灰中，乘阳坼牙蘖。
　　苍苍一雨后，茗颖如云发。
　　巴人拱手吟，耕耰不关心。
　　由来得地势，径寸有余金。

　　畲田，就是耕种季节在杂草、灌木丛生的山坡荒地放火焚烧，烧成火土灰作肥料，然后播下种子。这种原始、粗放的耕作习俗，在当时的朗州颇为盛行。刘禹锡谪居朗州期间，在与农民的接触中了解到"巢山之徒，挼木开田"① 的辛劳，对当地百姓烧畲的耕作习俗很有兴趣。他在朗州写的诗文中，多处写到烧畲：

　　　　照山畲火动，踏月俚歌喧。
　　　　　　　　　　　　　——《武陵书怀五十韵》

　　　　徐行出烧地，连吼入黄茅。
　　　　　　　　　　　　　　——《壮士行》

　　　　路尘高出树，山火远连霞。
　　　　　　　　——《晚岁登武陵城顾望水陆怅然有感》

　　　　惊雷出火，乔木糜碎。
　　　　殷地热空，万夫皆废。
　　　　　　　　　　　　　　——《楚望赋》

---

① 陶敏，陶红雨，校注. 刘禹锡全集编年校注［M］. 长沙：岳麓书社，2003：937.

他的这些描写野火烧畲的诗句，特别是上面引用的《畲田行》，用生动的诗文笔触，描绘了朗州农民放火烧畲的热烈场面，那种火光烛天、红焰成霞、兽奔禽惊的劳动景象，即便今天读来，仍然仿佛历历在目。

朗州是全国有名的产金地。《明一统志》云："武陵、桃源、龙阳三县出金，武陵霞山、塔山等地皆有淘金场。"通观刘禹锡诗文集，反映淘金劳动场面的似乎仅见于朗州的诗文赋。他在《武陵书怀五十韵》中写的"报沙金粟见"和《楚望赋》中的"求金渚涘，淘汰瀺濩。流注溃沱，繁光熠熠"以及《浪淘沙词》中的"千淘万漉虽辛苦，吹尽狂沙始到金"，真实地记录了朗州人民淘金的艰辛过程。再如《浪淘沙词九首》其六：

> 日照澄洲江雾开，淘金女伴满江隈。
> 美人首饰王侯印，尽是沙中浪底来。

诗人用鲜明的对比，歌颂武陵淘金妇女的艰辛劳动，指出那些贵妇人头上的耀金首饰和王侯们手中的金印，都是淘金妇女们经过千辛万苦从"沙中浪底"淘来的，抨击了当时社会上层阶级不劳而获的不合理的社会现实。

二

刘禹锡在朗州改造创新的民歌诗体中，最为人们所传诵的还是那些表现青年男女恋情的诗歌，它们反映了人世间的真爱与纯情。先看这首广为吟诵的《竹枝词》：

> 杨柳青青江水平，闻郎江上唱歌声。
> 东边日出西边雨，道是无晴还有晴。

诗人抓住水乡杨柳青青、江水平堤，阵雨过后彩虹初现的实景，融入武陵女郎恋爱时的复杂心情，风格清新明丽，语言朴素自然，感情真挚，"含思宛转"，并利用谐语双关的手法，不失为恋歌中一颗晶莹的珠玉。

竹枝词是由南楚古竹枝歌、赛神歌、傩戏歌、栽秧歌、打硪歌等演变过来的，原是凄凉悲怨之词，多为民间祭祀、占卜时使用。古朗州巫风盛行，民间祭祀之时必歌《竹枝词》以迎送神。刘禹锡在朗州城西北之太阳山修庙立碑观赛神时写的《阳山庙观赛神》中"日落风生庙门外，几人连蹋竹歌还"一句即可证明这一点。《新唐书·刘禹锡传》云："朗州接夜郎诸夷，风俗陋甚，家喜巫鬼，每祠歌《竹枝》，鼓吹裴回，其声伧儜。禹锡谓屈原居沅湘间，作《九歌》，使楚人以迎送神，乃倚其声，作《竹枝词》十余篇，于是武陵夷俚悉歌之。"由此可见，刘禹锡谪居武陵期间，以屈原作《九歌》为榜样，对《竹枝词》进行了一番认真改写，扩大了题材，使之更多用来表现群众的劳动生活和青年男女的纯真爱情。只是他在朗州创作的那些《竹枝词》，除了上面提到的"杨柳青青江水平"和"楚水巴山江雨多，巴人能唱本乡歌，今朝北客思归去，回入纥那披绿罗"二首外，其余的都已散失。不过，我们从"日暮江头闻《竹枝》""荡桨巴童歌《竹枝》"等诗句，还是可看到他改写的那些《竹枝词》"武陵夷俚悉歌之"的盛况。鲁迅先生指出："唐朝的《竹枝词》和《柳枝词》之类，原是无名氏的创作，经过文人的采录和润色之后，留传下来的。"① 刘禹锡在朗州创作的《竹枝词》一类民歌诗体，在湘沅一带如此为人们所喜爱，正是他对武陵民歌俚曲"采录和润色"的勇敢实践的结果。

刘禹锡写于朗州的《踏歌词四首》，也是一组优美的恋歌：

> 春江月出大堤平，堤上女郎连袂行。
> 唱尽新词欢不见，红霞映树鹧鸪鸣。
>
> 桃蹊柳陌好经过，灯下妆成月下歌。
> 为是襄王故宫地，至今犹自细腰多。
>
> 新词宛转递相传，振袖倾鬟风露前。
> 月落乌啼云雨散，游童陌上拾花钿。
>
> 日暮江头闻竹枝，南人行乐北人悲。
> 自从雪里唱新曲，直到三春花尽时。

诗人以生动的笔触，描绘了武陵女郎在"桃蹊柳陌"踏月歌唱的热烈而欢快的场面，展现了一幅幅色彩绚丽的图画，给人以爽朗清新之感。鲁迅先生也很喜爱这组诗，他写的《赠人二首》诗中便借用了第一首中"唱尽新词欢不见"这句诗。

三

刘禹锡在朗州改造创新的民歌诗体，有不少是描写当地民俗风情的，为我

---

① 鲁迅. 鲁迅全集：第六卷：且介亭杂文·门外文谈［M］. 北京：人民文学出版社. 2005：97.

们展现出一幅幅畲田、竞渡、采菱、踏歌的民俗风景画，具有浓厚的地方色彩。

朗州是个多民族聚居的地方，当地群众有踏月唱歌、婆娑起舞的风习。《宣和书谱》云："南方风俗，中秋夜，妇人相持踏歌，最为盛集。"所谓妇人相持踏歌，即指联袂踏足而歌，也就是《踏歌词》中所说的"堤上女郎连袂行"。古往今来，朗州苗族、土家族青年男女常于月夜手挽着手，用脚踏地作节拍，歌舞竟夜，倾吐爱情。顾颉刚先生《抛彩球》一文在说明唐代苗族风情时引用刘禹锡《踏歌词》，说："知踏歌者女郎，唱于月下，止于翌朝，为长夜之欢也。"又说："'新词宛转递相传，振袖倾鬟风露前。月落乌啼云雨散，游童陌上拾花钿。'则是男女结合在踏歌之时，田间、堤上即交颈之地，于斯时也，奔者不禁，有若是也。"① 可见，《踏歌词》所反映的是武陵一带苗族、土家族新奇别致又很特殊的婚姻习俗。

刘禹锡的《竞渡曲》，反映的是朗州人民以端午节赛龙舟这一风俗来纪念爱国诗人屈原：

> 沅江五月平堤流，邑人相将浮彩舟。
> 灵均何年歌已矣，哀谣振楫从此起。
> 杨桴击节雷阗阗，乱流齐进声轰然。
> 蛟龙得雨鬐鬣动，螮蝀饮河形影联。
> 刺史临流褰翠帏，揭竿命爵分雄雌。
> 先鸣余勇争鼓舞，未至衔枚颜色沮。
> 百胜本自有前期，一飞由来无定所。
> 风俗如狂重此时，纵观云委江之湄。
> 彩旗夹岸照鲛室，罗袜凌波呈水嬉。
> 曲终人散空愁暮，招屈亭前水东注。

他在《竞渡曲》诗题序言中写道："竞渡始于武陵，至今举楫而相和之，其音咸呼云'何在'，斯招屈之义。事见《图经》。"《竞渡曲》给我们展现的画面是：沅江上装饰得非常逼真的条条龙舟在鼓节声中奋勇争先，江边彩旗招展，观众人山人海，助威呐喊惊天动地，刺史亲临江边"揭竿命爵分雄雌"。这是一幅多么生动传神的武陵沅江赛龙舟的风俗图啊！

武陵城多湖泊港汊，其湖产菱，壳薄肉厚，味特甘香。吴楚风俗，每当秋月，菱芰成熟，士女相与采之，古有《采菱曲》。刘禹锡"罕传其词，故赋之

---

① 顾颉刚. 史林杂识 [M]. 北京：中华书局. 1963：118－119.

以俟采诗者"①，将其改造为《采菱行》并作序记载：

> 白马平湖秋日光，紫菱如锦彩鸳翔。
> 荡舟游女满中央，采菱不顾马上郎。
> 争多逐胜纷相向，时转兰桡破轻浪。
> 长鬟弱袂动参差，钗影钏文浮荡漾。
> 笑语哇咬顾晚晖，蓼花缘岸扣舷归。
> 归来共到市桥步，野蔓系船萍满衣。
> 家家竹楼临广陌，下有连樯多估客。
> 携觞荐芰夜经过，醉踏大堤相应歌。
> 屈平祠下沅江水，月照寒波白烟起。
> 一曲南音此地闻，长安北望三千里。

刘禹锡在诗中除了表现武陵女郎紧张欢快的采菱劳动场面和男女交集的欢乐生活外，最后还情不自禁地抒发了他因与屈原共同的遭遇而产生的感慨。

四

刘禹锡在朗州改造和创新的民歌诗体，在艺术上表现出的特点是风格清新明丽，语言凝练生动，抒情委曲婉转，音调和谐响亮，富有音乐美。

诗人在武陵民歌的启发下，深感当时"乐府协律不能足新词以度曲"②，转而认真模仿民歌俚调的语言和形式，翻作"新词"。除前面提到的《踏歌行》《竹枝词》外，还有下面几例民歌体诗：

堤上行三首
其一

酒旗相望大堤头，堤下连樯堤上楼。
日暮行人争渡急，桨声幽轧满中流。

---

① 陶敏，陶红雨，校注. 刘禹锡全集编年校注［M］. 长沙：岳麓书社，2003：184.
② 陶敏，陶红雨，校注. 刘禹锡全集编年校注［M］. 长沙：岳麓书社，2003：918.

其二

江南江北望烟波，入夜行人相应歌。

《桃叶》传情《竹枝》怨，水流无限月明多。

其三

长堤缭绕水徘徊，酒舍旗亭次第开。

日晚上楼招估客，轲峨大舸落帆来。

柳花词三首

其一

开从绿条上，散逐香风远。

故取花落时，悠扬占春晚。

其二

轻飞不假风，轻落不委地。

撩乱舞晴空，发人无限思。

其三

晴天黯黯雪，来送青春暮。

无意似多情，千家万家去。

　　再如刘禹锡的《纥那曲词二首》等民歌诗体，正是吸收、融会了民歌的优美所创作的新风格的诗，是诗人"以新声度曲"①，为当时民间歌舞所写的乐词，更适合配乐歌唱：

纥那曲词二首

其一

杨柳郁青青，竹枝无限情。

周郎一回顾，听唱纥那声。

---

①　陶敏，陶红雨，校注. 刘禹锡全集编年校注［M］. 长沙：岳麓书社，2003：137.

其二

蹋曲兴无穷，调同词不同。

愿郎千万寿，长作主人翁。

这类新词颇为群众所喜爱，曾在湘沅一带广为传播，有"武陵夷俚悉歌之"的记载。明末清初的王夫之曾称赞他改写的民歌诗体"宏放出于天然"，抒情写景"无不宛尔成章"①，这个评语深中肯綮，准确地概括了他的民歌体诗在艺术形式上的显著特色。

刘禹锡在朗州创作的民歌体诗中，还有一些抒发了他壮志难酬的痛苦和无辜遭贬的怨愤。写于武陵贬所的《潇湘神二首》，情调凄清，寄意很深：

其一

湘水流，湘水流，九嶷云物至今愁。

君问二妃何处所，零陵香草露中秋。

其二

斑竹枝，斑竹枝，泪痕点点寄相思。

楚客欲听瑶瑟怨，潇湘深夜月明时。

诗人巧妙地借用湘妃泪竹的历史传说，抒发自己身处贬所，政治理想不得实现的怨愤之情。刘禹锡被贬朗州时，年仅 34 岁，这正是他年轻有为的时期。诗人是很有政治抱负的，但壮志未酬，身遭贬黜，感时忧国，激愤难平。因此，他的作品中常常流露出一种遭贬失意、流落远荒的身世之叹。就连他创作的那些充满欢乐气氛的民歌体诗中，也往往隐约流露出他无辜遭贬、理想受挫的凄苦之情。

总之，刘禹锡在对民歌诗体的改造与创新上，是一位重视向民歌学习的智者，是一位勇于革新的勇者。他的诗句不仅流淌着一种自然神韵，更折射出充满智慧和哲理的深邃眼光；他的诗章不仅遗馈给我们温馨的艺术享受，更忠实地记录了古朗州的历史风物和世俗风情，提升了朗州人民的文化品位，丰富了湖湘大地、武陵文化的内涵，为唐代诗歌开辟了一个前所未有的新境界。

（作者单位：湖南省常德市刘禹锡研究会）

---

① 王夫之；戴鸿森，笺注．姜斋诗话笺注［M］．北京：人民文学出版社．1981：131.

刘禹锡诗歌在平安时代的流传

文艳蓉

刘禹锡是中唐著名诗人之一，他与白居易并称"刘白"，与柳宗元并称"刘柳"，又被白居易誉为"诗豪"，对后世影响深远。因其诗歌成就突出及其与白居易的特殊关系，刘禹锡的作品在日本流传也甚为广泛，大江维时（887—963）编选的唐诗佳句集《千载佳句》中收录其诗 18 首，收录数量排名第六。肖瑞峰先生《略论刘禹锡对中日诗坛的影响》曾论及日本平安初期文人对刘诗的化用与模仿，但仍有不尽之处。本文将对刘禹锡作品在日本平安时代的流传和接受进行深入的梳理与研究，力求对刘禹锡作品的异域传播研究有所裨益。

一、刘禹锡诗歌在平安时代的流传

刘禹锡作品何时传入日本，尚无法确证，目前发现最早的文献记载是 9 世纪末藤原佐世编撰的《日本国见在书目录》（891），其"四十总集家"内存目"刘白唱和（集）二"①。但其诗歌在日本流传其实应早于此。刘禹锡生前与留学中国的日本学问僧智藏有交往，曾作《赠日本僧智藏》诗："浮杯万里过沧溟，遍礼名山适性灵。深夜降龙潭水黑，新秋放鹤野田青。身无彼我那怀土，心会真如不读经。为问中华学道者，几人雄猛得宁馨。"② 对其远赴万里来中土学道之精神给予高度评价。日本江户初著名学者林鹅峰亦曾在评价日本僧人机先的作品《长相思》时提到此事："就思，往昔我邦僧智藏见《刘禹锡集》，僧圆载见《陆龟蒙》《皮日休集》。其余鉴禅师于郑谷之类犹多。定知，是等各在唐可作诗。然无一首可传，可以惜焉。"③ 并据此推测智藏等僧定在唐作诗。刘禹锡既与日本留学僧有此交集，其诗在世时即通过他们流传至日本

---

① 孙猛. 日本国见在书目录详考 [M]. 北京：中华书局，2016：2081.
② 本文刘禹锡诗文主要参考陶敏，陶红雨，校注. 刘禹锡全集编年校注 [M]. 长沙：岳麓书社，2003. 刘禹锡诗所在卷数主要参考刘禹锡；瞿蜕园，笺证. 刘禹锡集笺证 [M]. 上海：上海古籍出版社，1989.《刘宾客文集》简称《刘禹锡集》，《刘宾客外集》简称《外集》。
③ 林鹅峰. 本朝一人一首 [M]. 东京：岩波书店，1994：434–444.

是极为可能的。

我们从早期日本汉诗对刘禹锡的化用也可了解刘诗在日本的流传。据肖瑞峰先生考证，平安初期的诗人所作汉诗有多处与刘禹锡诗暗合①，如收录在元和十三年（818）编的《文华秀丽集》中良岑安世的《山亭听琴》即是仿效刘禹锡元和中于朗州所作诗《潇湘神》；收录在827年编的《经国集》嵯峨天皇（786—842）的《青山歌》学习刘诗《九华山歌》，刘诗作于长庆四年（824）。嵯峨天皇等人与刘禹锡为同时代之人，再联系刘禹锡与日本僧人的交往，基本可以肯定其作品流传至日本时几乎无所阻隔。值得注意的是，以上日本汉诗所拟刘禹锡诗歌，都是当时传唱的歌和词，在其文集中归类于乐府诗。这些作品还有可能是我国乐伎通过口头传唱或唱词底本的方式流传到日本。

同时期的小野篁（802—853）也有模拟刘禹锡之处，由藤原实兼（1085—1112）整理而成的大江匡房（1041—1111）晚年的授课语录《江谈抄》载小野篁内宴所作诗《内宴春日》："着野展铺红锦绣，当天游织碧罗绫。洗开蛰户雪翻雨，投出蟠龙水破冰。"并云："古老相传，昔我朝传闻唐有白乐天巧文，乐天又闻日本有小野篁能诗。待依常嗣来唐之日，所谓'望楼'为篁所作也。篁副使入唐之时，与大使有论不进发，会昌五年，冬乐天已亡而后年也。《文集》渡来，中篁所作相同之句三矣。'野草芳菲红锦地，游丝缭乱碧罗天''野蕨人拳手，江芦锥脱囊''元和小臣白乐天，观舞闻歌知乐意'等句也。天下珍重篁者也。"②大江匡房误将"野草芳菲红锦地，游丝缭乱碧罗天"系为居易所作，实际上此句源于刘禹锡《春日书怀寄东洛白二十二杨八二庶子》，在《千载佳句》中亦系于刘禹锡下，估计流传最初并未有误，小野篁模仿此诗时也应知其为刘禹锡所作，他将"红锦绣"对"碧罗绫"，明显模仿了刘诗的"红锦地"对"碧罗天"。

稍晚的岛田忠臣（828—892）《田氏家集》中有诗《赋得咏三》，作于843年，诗人年方十六。首联为"霜凝山色冷，江静水光清"，"霜凝"一词为刘禹锡和白居易等诗人所常用，如刘禹锡《酬乐天初冬早寒见寄》："乍起衣犹冷，微吟帽半欹。霜凝南至瓦，鸡唱后园枝。洛水碧云晓，吴宫黄叶时。两传千里意，书札不如诗。"（《外集》卷二）《白居易集》卷二六中《和刘郎中望终南山秋雪》作于大和二年（828）："遍览古今集，都无秋雪诗。阳春先

---

① 参见肖瑞峰. 略论刘禹锡对中日诗坛的影响［J］. 浙江社会科学，1995（5）. 他认为嵯峨天皇《河阳十咏江上船》和藤原冬嗣的《河阳花》源于刘禹锡《浪淘沙词》，有失偏颇。据陶敏先生考证，《浪淘沙词》作于大和八年（835）左右，而《文华秀丽集》编于818年。

② 大江匡房，言谈；藤原实兼，笔录. 江谈抄［M］. 东京：国史研究会，1914：376.

唱后，阴岭未消时。草讶霜凝重，松疑鹤散迟。清光莫独占，亦对白云司。"①
刘禹锡作于开成二年（837）的《和乐天洛城春齐梁体八韵》更与此诗相近：
"断云发山色，轻风漾水光。"（《外集》卷四）岛田次年作《过田大夫庄呈船
秀才》诗中有句"竹碎透明沙聚雪，松喧拂曙雨惊秋"，"竹碎"的意象也来
自刘、白：白居易《连雨》"碎声笼苦竹，冷翠落芭蕉"；刘禹锡《酬乐天闲
卧见寄》"风碎竹间日，露明地底天"（《外集》卷四）。同年所作《春日到田
大夫庄》有"花迳人迷闻犬吠，林间客到被莺呼"，其中的"花迳"，刘禹锡
《外集》卷一《和令狐相公春日寻花有怀白侍郎阁老》有"芳菲满雍州，鸾凤
许同游。花迳须深入，时光不少留"之语；"莺呼"，白集卷三四《奉和思黯
自题南庄见示兼呈梦得》亦有"台头有酒莺呼客，水面无尘风洗池。除却吟
诗两闲客，此中情状更谁知"。岛田忠臣同时所作《早秋》首联"七月上弦旬
满时，人间半热半凉飔"后半句源于刘禹锡《洛中早春赠乐天》："漠漠复霭
霭，半晴将半阴"；次联"光阴渐欲催年役，夜漏初应待晓迟"② 汲取自白居
易卷三三《题酒瓮呈梦得》"光阴催老苦无情"。以上诗语多化用刘禹锡诗或
白居易与之唱和之作，是较早受刘禹锡和白居易诗影响的作品。

　　除此之外，同时期的句题诗中还有引自刘禹锡的诗句。句题诗，是指日本
汉诗中以佳句为题之诗。这些佳句源于我国经、史、子、集等书中的短小句子
或是古诗，尤以我国古诗居多。岛田忠臣所处年代，句题诗处于发展初期，其
《田氏家集》卷之下有《七言三日同赋花时天似醉应制一首》："春风何处不开
花，万井皆红映九霞。步历艰难如酩酊，回杓指顾似婆娑。星排宿酒投银榼，
云出酡颜破碧沙。此日绛霄陪曲水，来时疑是乘浮槎。"菅原道真（845—
903）也有同题诗，其序云："春之暮月，月之三朝。天醉于花，桃李盛也。
我君一日之泽，万机之余，曲水虽遥，遗尘虽绝，书巴字而知地势，思魏文以
玩风流。盖志之所之，谨上小序云尔。"此诗指三月三日时，天皇遥想唐人曲
水宴之盛，而仿其风流，以"花时天似醉"为题令众臣应制作诗，当时定不
止岛田忠臣与菅原道真二人与宴，惜最终只有二人诗传世。其诗云："三日春
酣思曲水，彼苍温克被花催。烟霞远近应同户，桃李浅深似劝杯。乘醉和音风
口缓，消忧晚景月眉开。帝尧姑射华颜少，不用红匀上面来。""花时天似醉"
出自刘禹锡《刘梦得文集》外集卷一《曲江春望》："凤城烟雨歇，万象含佳
气。酒后人倒狂，花时天似醉。三春车马客，一代繁华地。何事独伤怀，少年
曾得意。"二人之诗将刘禹锡"花时天似醉"一句敷演成七言八句，极力描写

---

① 本文白居易诗皆引自朱金城．白居易集笺校 ［M］．上海：上海古籍出版社，1988．
② 岛田忠臣．田氏家集注 ［M］．东京：和泉书院，1991：1－21．

花之美、天之醉。

菅原道真是平安时期仿效白居易诗风最成功的诗人，渤海大使裴頲评其"得白氏之体"①。实际上，菅原对刘禹锡诗亦非常熟悉，其诗《同诸小儿旅馆庚申夜赋静室寒灯明之诗》："旅人每夜守三尸，况对寒灯不卧时。强劝微心虽未死，频收落泪自为悲。舍低应道星穿壁，山近犹疑雪照帷。四五更来无一事，笑看儿辈学吟诗。"② 其与诸小儿在旅馆赋诗，身边未必能携带诗书，随意赋诗，即非常应景地挑选了刘禹锡的《寄兵部韩侍郎中书白舍人二公》（《外集》卷一）中的一句"静室寒灯明"。此诗为刘禹锡至巴蜀后所作，诗前部分写白帝城的壮丽景色，后半部分为"暮色四山起，愁猿数处声。重关群吏散，静室寒灯明。故人青霞意，飞舞集蓬瀛。昔曾在池御，应知鱼鸟情"，描写异地思乡之情。菅原道真所处情境与之非常相似，可谓赋诗极为贴切。相关句题诗还有《日本纪略后篇》卷四载村上天皇应和二年（962）事："（七月）七日壬戌，令侍臣赋诗，题云：织女渡天河。"③ 诗题源自《刘禹锡集》卷二十五《听旧宫中乐人穆氏唱歌》中的"曾随织女渡天河"。

林鹅峰《本朝一人一首》卷十所评："《文选》行于本朝久矣。嵯峨帝御宇，《白氏文集》全部始传来本朝。诗人无不效《文选》《白氏》者。然桓武朝僧空海熟览《王昌龄集》，且其所著《秘府论》，粗引六朝之诗及钱起、崔曙等唐诗为例。嵯峨隐君子读《元稹集》。菅丞相曰：'温庭筠诗优美也，公任、基俊所采用。'宋之问、王维、李顾、卢纶、李端、李嘉祐、刘禹锡、贾岛、章孝标、许浑、鲍溶、方干、杜荀鹤、杨巨源、公乘亿、谢观、皇甫冉、皇甫曾等诸家尤多。加之李峤、萧颖士、张文成等作，久闻于本朝。然则当时文人，涉汉魏六朝唐诸家必矣。藤实赖见《卢照邻集》，大江匡房求《王勃》《杜少陵集》，且谈及李谪仙事，则何必白香山而已哉！"④ 亦可证刘禹锡大集此时在日本已广为流传。村上天皇（926—967）时期，大江维时编的《千载佳句》收录的 18 首刘禹锡诗中，有 6 句为我国所不传，占据三分之一，亦可为大集流传之证。《千载佳句》对日本后文学对世刘禹锡诗歌的接受颇有影响，之后《和汉朗咏集》所选录刘禹锡诗歌 4 首，《新撰朗咏集》所收 2 首，皆源于《千载佳句》所收刘诗。这一方面说明这几篇诗句在平安时代文人中确实非常流行；另一方面或许也说明《刘禹锡集》流传应该不是太广泛，并

① 菅原道真；川口久雄，校注．菅家文草　菅家后集［M］．东京：岩波书店，1966：203 – 204.

② 菅原道真；川口久雄，校注．菅家文草　菅家后集［M］．东京：岩波书店，1966：266.

③ 黑板胜美．日本纪略：后篇卷四［M］．东京：吉川弘文馆，1980：893.

④ 林鹅峰．本朝一人一首［M］．东京：岩波书店，1994：435.

不能为两部总集的编者所利用。

化用刘禹锡诗的还有藤原齐信，其生平不详。据林鹅峰载："齐信者，师辅公孙为光公子也。一条帝时，官至大纳言兼右卫门督，故称金吾卿。又兼民部卿，故称藤民部卿。《文粹》所谓户部藤尚书是也。齐信文才与公任齐名。伊周曰：'公任、齐信，可谓诗敌也。若譬相扑，则公任可掷，齐信不可打。'然齐信常庶几公任、伊周。"① 可知齐信与《和汉朗咏集》的编者齐名，为当时最著名的诗人之一。齐信诗《四望远情多》"雁归更忆塞垣风"中的"雁"和"塞垣"取自于刘禹锡外集卷三《酬令狐相公秋怀见寄》"殷勤望飞雁，新自塞垣来"这一诗句。而藤原伊周对公任和齐信"诗敌"的评价，也是源于白居易对刘禹锡的称呼，如白集卷六八《与刘苏州书》："微之先我去矣，诗敌之勍者，非梦得而谁？"卷二六《和令狐相公寄刘郎中兼见示长句》："酒军诗敌如相遇，临老犹能一据鞍。"

同时期的藤原实范有诗《遍照寺玩月》："对月适逢三五晴，萧然古寺感方生。最明素择今宵色，遍照弥知此地名。松灯荆扉秋雪宿，寒原荒野白沙平。漏更晓到将归处，怅望山西影已倾。"② 林鹅峰《本朝一人一首》评此诗曰："此诗虽似平易，然非无所注心。遍照，用寺名而于月相当。秋雪之句，虽譬喻，非见禹锡诗，则难连言。末句，仿许浑所谓'莫辞达曙殷勤望，一堕西岩又隔年'句。曾游长乐寺，一联曰：'莓苔石滑路犹邃，松柏山寒枝不长。'为时人所称。其序用白驹云云事，其出处在《卢照邻集》，人服其博览。然则实范以时人专读《白氏文集》，有不满之意，粗涉猎唐诸家诗者，可知焉。"③ 藤原实范生平不详，治安三年（1023）文章得业生，其作诗不满时人专读白居易而有意涉猎诸家，林鹅峰称此诗颈联源于刘禹锡诗，实误，诗句应源于刘长卿名诗《逢雪宿芙蓉山主人》："日暮苍山远，天寒白屋贫。柴门闻犬吠，风雪夜归人。"不知一代硕儒林鹅峰为何会有此一误，或许是日本误传此诗为刘禹锡所作。

在这一时代，物语在大量引用和化用白居易诗歌时，也有引及刘禹锡诗歌之处，如《源氏物语》葵姬卷："公子靠在西面边门口的，正在闲眺庭前经霜变色的花木。其时晚风凄厉，冷雨连绵。公子情怀悲戚，泪珠几欲与雨滴争多。他两手支颐，独自闲吟'为雨为云今不知'之诗，风度非常潇洒凄艳。"④

① 林鹅峰. 本朝一人一首［M］. 东京：岩波书店，1994：419.
② 群书类丛·第九辑·本朝无题诗［M］. 东京：续群书类丛完成会，1991：28.
③ 林鹅峰. 本朝一人一首［M］. 东京：岩波书店，1994：396.
④ 紫氏部. 源氏物语［M］. 丰子恺，译. 北京：人民文学出版社，1980：205.

化用了刘禹锡《外集》卷一《有所嗟二首》其一："庾令楼中初见时，武昌春柳似腰支。相逢相失两如梦，为雨为云今不知。"

二、"刘白"唱和在日本的接受

刘禹锡在日本的接受有个非常明显的特征，即和元稹相似，其诗歌流传多和白居易绑定在一起，以"刘白"唱和的形式共同被接受。《和汉朗咏集》选录源顺诗《深春好》句"刘白若知今日好，应言此处不言何"①，直接将"刘白"并称。宋敏求《刘宾客外集后序》曾说明外集乃从合集或他人文集中辑得："世有《梦得集》四十卷，中逸其十，凡诗三百九十二篇，所遗盖称是，然未尝纂著。今衰之，得《刘白唱和集》一百七、联句八，《杭越寄和集》二，《彭阳唱和集》五十二，《汝洛集》二十七、联句三，《洛中集》三十、联句五……自《寄杨毗陵》而下皆五十五，皆沿旧会粹，莫详其出，或有见自石本者。无虑四百七篇，又得杂文二十二，合为十卷，曰《刘宾客外集》，庶永其传云。"② 而刘禹锡诗在日本流传，即与《刘白唱和集》《洛中集》《杭越唱和集》等与白居易相关的唐诗唱和诗集有密切关系。

《刘白唱和集》的流传已见于《日本国见在书目录》，题为二卷，《宋史》卷二〇九、《通志》卷三十皆载"《刘白唱和集》三卷"，《崇文总目》则载其为一卷。按白居易《与刘苏州书》载"与阁下在长安时合所著诗数百首，题为《刘白唱和集》卷上下……今复编而次焉，以附前集，合前三卷，题此卷为下，迁前下为中。命曰《刘白吴洛寄和卷》，自太和五年冬送梦得之任之作始"。据那波本《白氏文集》内《白氏长庆集后序》，白居易后期又编《刘白唱和集》五卷。③ 可知《日本国见在书目录》所载为上下二卷本，我国所传为三卷本。日本所传二卷本《刘白唱和集》对平安文学影响颇为深远，尤其是其中的《刘白唱和集解》一文，常为平安文人所化用。如《古今著闻录》载："大内记庆滋保胤参六条宫。亲王问及时辈文章，曰：'匡衡如何？'答曰：'敢死之士。犹数骑披甲胄，策驽骝，过淡津之渡，其锋森然，少敢当者。'"具平亲王要求庆滋保胤评价自己及大江匡衡、纪齐名、大江以言等"正历四家"，问及大江匡衡时，庆滋保胤评之以"其锋森然，少敢当者"，此正是

---

① 佐藤道生．和汉朗咏集　新撰朗咏集［M］．东京：明治书院，2011：19．
② 转引自陶敏，陶红雨，校注．刘禹锡全集编年校注［M］．长沙：岳麓书社，2003：1508．
③ 关于《刘白唱和集》的编写及在我国的流传，可参看孙猛．日本国见在书目录详考［M］．北京：中华书局，2016：2081－2083．

《刘白唱和集解》中白居易对刘禹锡的评价（"彭城刘梦得，诗豪者也。其锋森然，少敢当者。予不量力，往往犯之"）。一条天皇正历三年（992），权中纳言藤原伊周钱别高丘相如，大江以言作《暮春陪员外藤纳言书阁钱飞州刺史赴任应教诗序》云："天德应和之间，天下士女之语才子者，多云高俊茂能。"亦脱胎于白居易《刘白唱和集解》中"然江南士女语才子者，多云元白"句。白居易此语多为日本文人所沿用。如长保二年（1000）藤原行成给大江匡衡的回信《返报状》："当时士女语才智之者，皆称翰林江主人。"详见后藤昭雄《白居易〈刘白唱和集解〉对平安朝文学的影响》①。

《洛中集》为白居易自编诗集，收录其大和三年（829）至开成五年（840）在洛阳时所作诗歌，《香山寺白氏洛中集记》详记其编著来由，称其"格律诗凡八百首，合为十卷"。又可知宋敏求曾将《洛中集》中三十首刘禹锡诗补入《刘禹锡外集十卷》内。关于《洛中集》在中国流传，记载并不多，《新唐书》曾载："《洛中集》七卷。"与白居易所言不合，"七"或为"十"字之误。《洛中集》在日本平安时代却非常流行。编成于903年左右的《菅家后集》中有《咏乐天北窗三友诗》云："白氏洛中集十卷，中有北窗三友诗。……"② 是日本现存最早载录《白氏洛中集》的，十卷之数与白居易《香山寺白氏洛中集记》一文颇合。源高明（914—982）《西宫记》卷十一载："天庆五年（942）八卅，于殿上，大学头维时初讲《洛中集》，内记文范读发题小注：起侍从口讲。"③ 至11世纪，《洛中集》仍有史料记载。宽弘四年（1007）成立的《世俗谚文》载："本文管见所及且一百一十二门，六百卅一章，勒成三卷，名为世俗亡羊得牛文，此外漏略追将编录，后之见者，亦羡裨补，但有讳于代、有惮于言之类，舍而不取，是白氏《洛中集》惯理岀安乐之时，除谴函征戎之作之例也。甚余幽奥征旨满在纶湘，不为言证者，亦无极之矣。"④《后二条师通记》卷二中也记载："宽治六年（1092）十月晴，厩马见之，随身骑马骄，有兴尤多，《洛中集》一卷，自左大弁所得，殿下御物忌，二个日闭御门，人人不能参仕。"⑤ 所载《洛中集》为一卷，不知是十卷之误，还是此时已佚至一卷。由藤原实兼整理而成的大江匡房晚年的授课语录《江谈抄》载："凤池后面新秋月，龙阙前头薄暮山。白。同斐李文（一作夫）

---

①　藤昭雄. 日本古代汉文学与中国文学 [M]. 高兵兵，译. 北京：中华书局，2006：141 - 151.

②　菅原道真；川口久雄，校注. 菅家文草　菅家后草 [M]. 东京：岩波书店，1966：477.

③　新增补故实丛书·西宫记 [M]. 东京：明治图书出版株式会社，1954：172.

④　源为宪. 世俗谚文：卷上（影印本）[M]. 东京：古典保存会，1931.

⑤　《大日本古记录》卷二"后二条师通记"。藤原师通. 大日本古记录 [M]. 东京：岩波书店，1956：298.

拜纶阁诗。此诗可寻之。《文集》欤。《洛中集》欤。见卷集云云。或名紫集。"① 可见此时，《洛中集》尚与《白氏文集》并存流传。刘禹锡的诗歌流传亦依赖《洛中集》的流行。

《杭越寄和集》内也有两首刘禹锡的诗歌。关于此集，载录者甚多。日本官方遣唐使请益僧圆仁撰《日本国承和五年（838）入唐求法目录》载："杭越寄和诗集并序一卷……大唐开成四年（839）岁次己未四月二十日。天台宗请教传灯法师位圆仁录。"② 承和七年（840）正月十九《慈觉大师在唐送进录》（793—864）："外书：杭越寄和诗并序一帖、任氏怨歌行一帖（白居易）"③ 承和十四年（842），圆仁又有《入唐新求圣教目录》："会昌皇帝降诞日内道场论衡一卷……杭越唱和诗一卷……白家诗集六卷。"《入唐新求圣教目录》亦载："杭越寄和诗集一卷、诗集五卷……承和十四年（842）月日入唐天台宗请益传灯法师位圆仁上。"④ 据我国《宋史·艺文志八》卷二百九载录，《杭越寄和诗集》是元稹、白居易、李谅三人的唱和集，在当时流传十分广泛，《通志》上也有载录。陶敏先生考证里面所载刘禹锡的和诗二首为《和乐天题真娘墓》及《和乐天柘枝》，后诗正有为日本文人所化用之处，见藤原忠通《见五节舞姬》诗："丰明之会其来尚，仙乐声声依旧齐。金翠妆娇琴曲奏，绮罗衣重舞腰低。礼仪堂上霜初白，罢宴楼前月欲西。不醉此中争去得，黄酪清酒足相携。"⑤ 其中颔联"金翠妆娇琴曲奏，绮罗衣重舞腰低"正是将刘禹锡和诗诗句"柘枝本出楚王家，玉面添娇舞态奢。松鬓改梳鸾凤髻，新衫别织斗鸡纱。鼓催残拍腰身软，汗透罗衣雨点花"与乐天原诗"红蜡烛移桃叶起，紫罗衫动柘枝来。带垂钿胯花腰重，帽转金铃雪面回"结合而成。

元白唱和对平安朝风气有重要影响，刘白唱和也是如此。平安中期也有一些诗人唱和诗题为模仿刘白唱和所作。如源顺《橘才子见酬拙诗以本韵答谢》源于《刘宾客文集》《外集》卷一诗《白舍人见酬拙诗因以寄谢》。橘在列《右亲卫源亚将军忝见赐新诗不胜再拜敢献鄙怀》源于白居易《同梦得和思黯见赠来诗中先叙三人同宴之欢次有叹鬓发渐衰嫌孙子催老之意因酬妍唱兼吟鄙怀》等。

① 大江匡房，言谈；藤原实兼，笔录. 江谈抄［M］. 东京：国史研究会，1914：376.
② 高楠顺次郎，等. 大正新修大藏经：第55册［M］. 东京：大正一切经刊行会，1934：1075.
③ 高楠顺次郎，等. 大正新修大藏经：第55册［M］. 东京：大正一切经刊行会，1934：1078.
④ 高楠顺次郎，等. 大正新修大藏经：第55册［M］. 东京：大正一切经刊行会，1934：1084 –1086.
⑤ 本朝无题诗. 群书类丛：第九辑［M］. 东京：续群书类丛完成会，1991：15.

三、日本平安时代所传刘禹锡诗及其价值

尽管记载刘禹锡诗在日本流传的文献不算太多，但对刘禹锡研究仍有重要的参考价值。一方面，可以从《千载佳句》与大集的文字差异来校勘完善集本；另一方面，可以利用这些材料梳理刘禹锡作品在日本的流传情况。

以下为《千载佳句》收录的 18 篇刘禹锡诗句，将其文字、诗题与瞿蜕园《刘禹锡集笺证》，陶敏、陶红雨《刘禹锡全集编年校注》进行比校：

（1）野草芳菲红锦地，游丝缭乱碧罗天。《春日》。《外集》卷一作《春日书怀寄东洛白二十二杨八二庶子》，"缭"，集本作"撩"，二字通用。

（2）樱桃带雨烟脂湿，杨柳当风绿线低。《题裴令公亭》。"烟"，《全唐诗逸》作"胭"，陶校引《全唐诗逸》为题"裴令公林亭"，误。

（3）城边流水桃花过，帘外春风杜若香。《寄右史曹长》。《外集》卷五作《寄朗州温右史曹长》。

（4）晓雾忽开疑卷幔，山花欲谢似残妆。《望巫山》。《外集》卷八《巫山神女庙》。"忽"，集本作"乍"。

（5）浔阳江色潮添满，彭蠡秋声雁引来。《登江州清辉楼》。《外集》卷七作《登清晖楼》，并注："逸前四句，在江州。"陶校作《登清辉楼》。按，此诗题当以《千载佳句》胜。"引"，集本作"送"。

（6）清洛晓光铺碧簟，上阳霜叶剪红绡。《初冬》。《刘宾客文集》卷二四《洛下初冬拜表有怀上京故人》。"玉"，集本作"碧"。

（7）烟波半落新沙地，鸟雀群飞欲雪天。《初冬》。《刘禹锡全集编年校注》引《全唐诗逸》作刘诗，误。本诗为白居易卷十五《岁晚旅望》："朝来暮去星霜换，阴惨阳舒气序牵。万物秋霜能坏色，四时冬日最凋年。烟波半露新沙地，鸟雀群飞欲雪天。向晚苍苍南北望，穷阴离思两无边。"《千载佳句》中"清洛晓光铺碧簟"前句正源自《岁晚旅望》，可能是抄者将"烟波"句与"清洛"句颠倒而致误。"落"，白居易集本作"露"。从诗歌对仗来讲，后面为"鸟雀飞"，前面应该是"烟波落"，而不是"露沙地"。"落"比集本佳。

（8）银汉雪晴褰翠幕，清淮月影落金卮。《罢郡归洛途次山阳》。《外集》卷一《罢郡归洛途次山阳留辞郭中丞使君》。

（9）卷帘松竹雪初霁，满院池塘春欲回。《王少尹宅宴》。《外集》卷一《河南王少尹宅宴张常侍白舍人兼呈卢郎中李员外二副使》。

（10）晴日碧空云脚断，一条如练挂山尖。《瀑布泉》。

（11）庭前剑戟朝迎日，笔底文章夜应星。《寄令狐相公》。《外集》卷三《客有话汴州新政书事寄令狐相公》。

（12）人世几回伤往事，山形依旧枕寒流。《西塞山怀古》。《刘宾客文集》卷二十四同题。

（13）青山雪绕栏干外，紫殿香来步武间。《题集贤阁》。《外集》卷一同题。"雪"，集本作"云"，是。白居易有和作。

（14）平湖晓泛窥清镜，高阁晨开拂翠微。《浙东元相书难梅温同寄》。《外集》卷六《浙东元相公书叹梅雨郁蒸之候因寄七言》。"晓"，集本作"晚"，是；"拂"，帝图本《千载佳句》和集本作"扫"，但从诗意来看，"拂"字优。

（15）山似屏风江似篆，叩舷来往月明中。《泛舟》。《全唐诗逸》收。

（16）双舞庭中花落处，数声地上月明时。《鹤》。《外集》卷一《和乐天送鹤上裴相公别鹤之作》。"地"，集本作"池"，是。

（17）开颜坐内催飞盏，回首庭中看舞枪。《路中逢白监人同话游梁之乐》。《外集》卷一《洛中逢白监同话游梁之乐因寄宣武令狐相公》。

（18）只因曾送秦王女，写得云间鸾凤声。《听轧筝》，发句云："满座无言听轧筝，秋山碧树一蝉清。"《全唐诗补编》收。按，宋祝穆《古今事文类聚》续集卷二十二编有此诗。

（19）今日望乡迷处所，猿声暮雨一时来。《元日登高》。

据以上校勘，可知《千载佳句》有些相异处还是可补大集本的。从其所引用的诗歌来讲，有11首来源于外集中诗，2首源于《刘宾客文集》卷二四，另有6首为我国佚诗，其中5首为《全唐诗逸》所收，1首为《全唐诗补编》所收。与白居易唱和之诗共5首。

此外，我们可根据以上刘禹锡诗歌在日本平安时代的流传与接受情况，整理出下表，与《千载佳句》的收录相配合，更能直观地了解刘诗的流传情况：

诗名	卷数	引用时代或诗集	引用作者	引用诗名
潇湘神	卷二十七乐府下	《文华秀丽集》	良岑安世	山亭听琴
九华山歌	卷二十六乐府上	《经国集》	嵯峨天皇	青山歌
酬乐天初冬早寒见寄	《外集》卷二	《田氏家集》	岛田忠臣	赋得咏三
和乐天洛城春齐梁体八韵	《外集》卷四	《田氏家集》	岛田忠臣	赋得咏三

（续上表）

诗名	卷数	引用时代或诗集	引用作者	引用诗名
洛中早春赠乐天	《外集》卷四	《田氏家集》	岛田忠臣	早秋
曲江春望	《外集》卷一	《田氏家集》《菅家文草》	岛田忠臣 菅原道真	三月三日同赋花时天似醉应制并序
寄兵部韩侍郎中书白舍人二公	《外集》卷一	《菅家文草》	菅原道真	同诸小儿旅馆庚申夜赋静室寒灯明之诗
白舍人见酬拙诗因以寄谢	《外集》卷一	《扶桑集》	源顺	橘才子见酬拙诗以本韵答谢
有所嗟二首	《外集》卷一	《源氏物语》	紫式部	葵姬
和乐天柘枝	《外集》卷二	《本朝无题诗》	藤原忠通	五节舞姬

　　从上表可看出，在平安时代作家所引用或化用的刘禹锡诗中，除《潇湘神》《九华山歌》《曲江春望》《有所嗟二首》之外，都是与白居易有关的寄和诗，而对于《曲江春望》与《有所嗟二首》，白居易也都有和诗《和刘郎中曲江春望见示》《和刘郎中伤鄂姬》。可见刘禹锡诗歌在日本的流传与白居易关系密切。

　　综上所述，将上表与《千载佳句》结合起来，我们能大致梳理出刘诗在日本的流传情况。刘禹锡在世之时，其诗歌可能就通过口头吟诵或其他方式传播到日本。公元 10 世纪以前，刘禹锡作品主要是借助《刘白唱和集》等合集流传。至 10 世纪中叶，刘禹锡大集可能传至日本，所以《千载佳句》能收集《刘白唱和集》等合集外作品。《千载佳句》中刘诗与白居易唱和者仅有 5 首，《和汉朗咏集》《新撰朗咏集》所收则有一半源于刘白唱和诗。而平安时代大多数文人在创作中引用或化用刘禹锡诗作时，基本还是以刘白唱和之诗为主。

（作者单位：徐州工程学院）

论刘禹锡的郎官经历与诗歌创作之关系①

王永波

刘禹锡是唐代郎官群体里名气最大的一位，主要是因为他的郎官意识非常明显。中唐人说起"刘郎"，往往就是特指刘禹锡。他的《玄都观桃花》与《再游玄都观》脍炙人口，诗中两次出现的"刘郎"对刘禹锡来讲显得格外意味深长，以至于他多次用到"刘郎"一词，用意非常明显。探讨刘禹锡的郎官意识、任职期间的心态和诗文创作，对研究整个唐代郎官群体与文学的关系显得特别重要。

一、刘禹锡的三次郎官经历及其心路历程

刘禹锡的郎官经历与元稹、白居易都不同，因为他一生中曾三次担任郎官，这在唐代郎官中是非常罕见的。德宗贞元二十一年（805）四月，刘禹锡因王叔文推荐出任屯田员外郎，首次担任尚书省郎官。刘禹锡《子刘子自传》："贞元二十一年春，予前已为杜丞相奏署崇陵使判官，居月余日，至是改屯田员外郎，判度支盐铁等。"② 其《举开州柳使君公绰自带状》题下注："贞元二十一年四月八日。"③ 屯田员外郎为尚书省工部屯田司的副职，官秩从六品上。"屯田郎中、员外郎掌天下屯田之政令。凡军、州边防镇守转运不给，则设屯田以益军储。"④ 屯田司虽为尚书省工部四司之一，但由于各地军事区域在屯田时，实际上是由各地长官主持，故屯田司有名无实，并没有发挥有效作用。刘禹锡担任屯田员外郎的时间很短，不到半年时间。此时柳宗元任礼部员外郎，他们积极支持王叔文、王伾主导的永贞革新，参与谋议草拟制诰，起到了很大的作用。《旧唐书》卷一百六十《刘禹锡传》："顺宗即位，久疾不任政事，禁中文诰，皆出于叔文。引禹锡及柳宗元入禁中，与之图议，言

① 基金项目：国家社会科学基金一般项目"唐代郎官与文学研究"（13BZW061）。
② 刘禹锡；卞孝萱，校订. 刘禹锡集：卷三十九 [M]. 北京：中华书局，2000：591.
③ 刘禹锡；卞孝萱，校订. 刘禹锡集：卷十七 [M]. 北京：中华书局，2000：203.
④ 李林甫，等. 大唐六典：卷七 [M]. 北京：中华书局，2005：222.

无不从。"可见刘禹锡与柳宗元的确是二王革新的核心人物，备受重视。

永贞革新因宦官俱文珍等人发动政变幽禁顺宗而以失败告终，刘禹锡遭到侍御史窦群弹劾，当年九月被贬为连州刺史。《旧唐书》卷十五《宪宗纪》载，永贞元年（805）九月"己卯，礼部员外郎柳宗元贬邵州刺史，屯田员外郎刘禹锡贬连州刺史，坐交王叔文也"。刘禹锡从长安到连州赴任，途经江陵与韩愈相会，时韩愈刚获得赦免，从连州阳山县令授任江陵法曹参军不久，两人正是惺惺相惜。刘禹锡《上杜司徒书》中曾提到这次与韩愈的见面，另有《韩十八侍御见示〈岳阳楼别窦司直〉诗因令属和重以自述故足成六十二韵》诗纪事。十一月，刘禹锡再度遭到贬谪，由连州刺史降为朗州司马。柳宗元也由邵州刺史贬为永州司马，永贞革新的主角王叔文贬为渝州司户，王伾贬为开州司马，其他参与者也都遭到贬谪，他们史称"二王八司马"。刘禹锡第一次担任郎官不到半年时间，就因参与永贞革新而遭到打击报复，以被贬谪到外地任职黯然收场，这既是他个人的不幸，也是当时长安朝廷政局动荡的真实写照。

从唐宪宗元和元年（806）直到元和九年（814），刘禹锡都在朗州司马任上，期间曾与元稹、柳宗元、白居易等诗歌唱和，依然流露出坚贞不屈、豁达乐观的心态。朗州在今湖南常德一带，在当时地处偏僻，文化落后，刘禹锡只能以诗为友，以文为伴。《新唐书》卷一百六十八《刘禹锡传》："禹锡在朗州十年，唯以文章吟咏陶冶性情。蛮俗好巫，每淫词鼓舞，必歌俚辞。"在他看来，荣辱沉浮与悲欢离合不过是人生中的一部分，故他虽处偏境，内心却不消沉，而是保持一种乐观的精神，彰显着高洁坚毅的人格。《秋词》其一·"自古逢秋悲寂寥，我言秋日胜春朝。晴空一鹤排云上，便引诗情到碧霄。"[1] 这种旷达饱满的豪情在诗人贬谪时自然流露。元和十年（815）二月，刘禹锡与柳宗元奉诏回长安，这是一次重要的转机。按说经过多年贬谪的人生磨砺，诗人会变得老成持重，不会再轻易臧否人物，但刘禹锡依然看不惯那些阿谀奉承而后来居上的朝廷新贵。《元和十年自朗州至京戏赠看花诸君子》诗云："紫陌红尘拂面来，无人不道看花回。玄都观里桃千树，尽是刘郎去后栽。"[2] 此诗一出，语涉讥刺，执政不悦，刘禹锡再次遭贬，外放为播州刺史，因御史中丞裴度求情改贬为连州刺史。当了五年连州刺史后，又转任夔州刺史、和州刺史，度过了漫长的十三年贬谪生涯。再遭贬谪的刘禹锡依然乐观豁达，千古名篇《陋室铭》即作于和州刺史任期内。他在扬州与白居易相逢，写七律《酬

---

① 刘禹锡；卞孝萱，校订.刘禹锡集：卷二十六 [M]. 北京：中华书局，2000：349.
② 刘禹锡；卞孝萱，校订.刘禹锡集：卷二十四 [M]. 北京：中华书局，2000：308.

乐天扬州初逢席上见赠》说："巴山楚水凄凉地，二十三年弃置身。怀旧空吟闻笛赋，到乡翻似烂柯人。沉舟侧畔千帆过，病树前头万木春。今日听君歌一曲，暂凭杯酒长精神。"①诗篇虽语含哀怨，却在感伤中不失沉雄，凄婉中尤见苍劲，显示出诗人对世事变迁和仕宦升沉的豁达襟怀，表现出坚定信念和乐观精神，令人读后肃然起敬。

文宗大和元年（827）春，刘禹锡返回洛阳，随后任主客郎中分司东都。具体任职时间可能是这年六月，《刘禹锡集》卷十七《举姜补阙伦自代状》："臣蒙恩授尚书主客郎中，分司东都。"后署"大和元年六月十四日"②。《全唐诗》卷四百九十七有姚合《寄主客刘郎中》一诗，中有"嵩山晴色来城里，洛水寒光出岸边"一联，当是姚合寄给分司东都时的刘禹锡，此外姚合另有《和刘禹锡主客冬初拜表怀上都故人》诗。主客郎中属礼部主客司长官，从五品上，掌二王后及诸藩朝聘，主管外交及处理民族事务。这时刘禹锡已经五十六岁，距贞元二十一年（805）任职屯田员外郎已过去二十三年，且期间全是在外放贬谪中度过。身处逆境却不意志消沉，而以高洁傲岸的节操和安贫乐道的情趣坦然面对，这是刘禹锡的人生态度与处世哲学。大和二年三月，刘禹锡从洛阳到长安，仍为主客郎中。《初至长安》诗云："左迁凡二纪，重见帝城春。"题下自注："时自外郡，再授郎官。"③回到京师后，他又来到玄都观，想到十四年前因在此写诗遭到权贵的诽谤贬谪，心潮起伏，不由写下《再游玄都观》："百亩庭中半是苔，桃花净尽菜花开。种桃道士归何处？前度刘郎今又来。"并加上小序以表心志："余贞元二十一年为屯田员外郎时，此观未有花。是岁出牧连州，寻贬朗州司马。居十年，召至京师。人人皆言，有道士手植仙桃满观，如红霞，遂有前篇，以志一时之事。旋又出牧。今十有四年，复为主客郎中，重游玄都观，荡然无复一树，惟兔葵、燕麦动摇于春风耳。因再题二十八字，以俟后游。"④诗、序相互辉映，是刘禹锡坚贞劲直品格的完美体现。"前度刘郎今又来"，以嘲讽的口吻向政敌再度宣示，他绝不会因屡遭打击报复而妥协屈服；"以俟后游"四字则表示已经做好了再度遭贬的心理准备，其心坚贞可鉴，令人敬服。

刘禹锡回到长安不久，除任主客郎中外，另授集贤殿学士。卞孝萱《刘禹锡年谱》据张籍《赠主客刘郎中》与白居易《雨中招张司业宿》二诗考证，

① 刘禹锡；卞孝萱，校订. 刘禹锡集：卷三十一 [M]. 北京：中华书局，2000：421.
② 刘禹锡；卞孝萱，校订. 刘禹锡集：卷十七 [M]. 北京：中华书局，2000：204.
③ 刘禹锡；卞孝萱，校订. 刘禹锡集：卷二十二 [M]. 北京：中华书局，2000：283.
④ 刘禹锡；卞孝萱，校订. 刘禹锡集：卷二十四 [M]. 北京：中华书局，2000：308.

"禹锡为集贤殿学士，亦当在二年秋以前"①。刘禹锡《早秋集贤院即事》诗有"早岁忝华省，再来成白头"一联，题下自注："时为学士。"与卞谱所考时间相吻合。大和三年（829）刘禹锡由主客郎中转礼部郎中，第三次在尚书省担任郎官。礼部郎中与主客郎中同属礼部，但排名由第四转到第一，"礼部郎中、员外郎掌二尚书、侍郎，举其仪制而辨其名数"②。具体来说，礼部郎中掌礼乐衣冠、学校符印、表疏图书、册命祥瑞，及百官与宫人丧葬赠赙之数，日常工作较为烦琐。当年三月，白居易罢刑部侍郎，以太子宾客分司东都，去洛阳赴任之前将大和以来与刘禹锡赠答诗篇编为《刘白唱和集》上下卷，交付两家收藏。此后三年，刘禹锡一直在尚书省任礼部郎中、集贤殿学士，直到大和五年（831）十月出为苏州刺史，先后在长安担任了五年的郎官。

二、刘禹锡的郎官意识与郎官期间的生活情致

跟元稹、白居易担任礼部郎中兼知制诰不同的是，刘禹锡没有能知制诰。《旧唐书·刘禹锡传》说："大和中，度在中书，欲令知制诰，执政又闻诗序，滋不悦，累转礼部郎中、集贤殿学士。"虽同为礼部郎官，刘禹锡因没能知制诰，也就没能留下大量的制诰文，但这恰好也是一个优势，他可以集中精力从事文学创作。从现存的刘禹锡诗文中，可以窥见他在长安时期的种种生活状态与政治作为，为研究唐代郎官提供了绝好的材料。刘禹锡担任屯田员外郎仅半年时间，留下的诗文不多，故考察刘禹锡郎官时期的作品，主要以大和元年（827）春到洛阳任职主客郎中，大和二年（828）返回长安任主客郎中，大和三年（829）转任礼部郎中直到离开长安这段时间为主，前后相续正好五年。据统计，刘禹锡在这五年间共写诗一百五十首左右，作文四十余篇，从数量上看的确不算多，但这些诗文是他郎官期间的生活与思想的真实反映。

郎官在唐代文人的政治活动和文学创作中扮演着重要的角色，在唐代的一些著名诗人，如白居易、元稹、杜牧、张籍的政治与文学生涯中，郎官的身份往往起到承上启下的关键作用。唐代社会重视郎官，士人们也热切追求郎官职务，以至于产生一种浓厚的郎官意识，这在刘禹锡身上显得尤为突出。马自力先生在《中唐文人之社会角色与文学活动》③一书中将唐代士人的郎官意识概

① 卞孝萱. 刘禹锡年谱［M］. 北京：中华书局，1966：141.
② 李林甫，等. 大唐六典：卷四［M］. 北京：中华书局，2005：110.
③ 马自力. 中唐文人之社会角色与文学活动［M］. 北京：中国社会科学出版社，2005：100.

括为风流倜傥的形象、踌躇满志的心态与怀才不遇的心理，的确很恰当。对刘禹锡来讲，二十二岁登进士第时的春风得意与二十三年贬谪生涯的怀才不遇，更能激起内心的波澜，其内心深处潜在的郎官意识更加凸显。刘禹锡诗中，"刘郎"一词出现过三次，除《赠刘景擢第》中的"湘中才子是刘郎"指年少才子外，《元和十年自朗州至京戏赠看花诸君子》《再游玄都观》中的"刘郎"显然是与他的郎官职务有关。而且刘禹锡写作《再游玄都观》时已经五十六岁，从字面上讲很难是一般意义上的刘郎，而是具有深层次的含义。欧阳修《戏刘原甫二首》其二："仙家千载一何长，浮世空惊日月忙。洞里新花莫相笑，刘郎今是老刘郎。"① 欧阳修以调侃的口吻化用刘禹锡诸诗中"刘郎"与"桃花"的典故，说明刘禹锡"刘郎"的故实在宋代已经深入人心了，而这里的"刘郎"肯定不是年轻人的专属用语，是专门针对刘禹锡的郎官身份而言的。

"刘郎"典出南朝刘义庆《幽明录》，讲述汉明帝永平年间，剡县人刘晨与阮肇到天台山采药迷路，后遇见二仙女获救，为其所邀留居半年而归家。回到家时发现亲旧零落无复相识，时到晋代且子孙已历七代，刘晨后来重返天台山寻旧踪亦不复得。刘禹锡巧妙地化用了《幽明录》刘晨入山遇仙这一旧典，并且加入了新的想象，创造了一个奇特的"刘郎"意象，即作为郎官再度返回到朝廷的自我形象。刘晨入山遇仙再寻不复得，而《元和十年自朗州至京戏赠看花诸君子》中"尽是刘郎去后栽"的刘郎虽然暂时离去，但《再游玄都观》中"前度刘郎今又来"的刘郎依旧欣然返回。刘禹锡笔下的"刘郎"赋予《幽明录》中的"刘郎"以新的含义，而且结局更加振奋人心。郎官在唐代还被认为是文官系列中地位较为特殊的职位，《大唐新语》卷十三就有"郎位列宿"的典故，源自《后汉书·明帝纪》，可谓源远流长。唐诗中有关"郎位列宿"的描写比比皆是，如杜甫《寄刘峡州伯华使君四十韵》、高适《酬裴员外以诗代书》、卢照邻《同崔录事哭郑员外》等诗中都有"郎官列宿""郎官星位"的用典。刘禹锡化用旧典生发出的刘郎意象，巧妙地与上述神秘仙侣故事暗合，使得刘禹锡的郎官意识转化为唐人笔下的常用的一个新典故。中唐文人诗文中的刘郎典故多指刘禹锡，例如白居易《早春同刘郎中寄宣武令狐相公》最后两句："谁引相公开口笑，不逢白监与刘郎。"白居易在大和元年（827）为秘书监，"白监"为白居易自指，而"刘郎"显然是指主客郎中刘禹锡，其郎官身份显而易见。甚至到了宋代，刘郎的典故依然被大量使用，如苏轼《送刘攽倅海陵》："秋风昨夜入庭树，莼丝未老君先去。君先

---

① 刘德清，等. 欧阳修诗编年笺注：卷十四 [M]. 北京：中华书局，2012：1717.

去，几时回。刘郎应白发，桃花开不开?"① 又如王楙《野客丛书》卷六："宋景文公曰：梦得尝作《九日》诗，欲用糕字，思六经中无此字，遂止。故景文《九日》诗曰：刘郎不肯题糕字，虚负诗中一诗豪。"② 可见刘禹锡创造的以刘郎为意象的郎官意识已经流传广泛，中唐到北宋期间在士人中普遍传开，产生了深刻的影响。

无论是主客郎中还是礼部郎中，都是尚书省礼部的中层文官，总体特点是清闲而精致，生活较为富足，这些都在刘禹锡诗中有所反映。主客郎中分司东都本质上就是一种闲职，其《为郎分司寄上都同舍》诗云："籍通金马门，家在铜驼陌。省闼昼无尘，宫树朝凝碧。荒街浅深辙，古渡潺湲石。唯有嵩丘云，堪夸早朝客。"全诗充满着一种萧散闲致的情调，叙写分司东都之清寂与冷漠。洛阳为唐代东都，有一些中央职官在此办公，但多为虚职，并无实权，很多唐代诗人都曾分司东都，例如白居易就"分司东都十三年"，韩愈也有《送李员外院长分司东都》诗。洛阳是陪都，供职官员较少，即便是白天，宫中也颇显清寂。"省闼昼无尘，宫树朝凝碧"一联是实写，车稀人少，街道无尘，以至于天空洁净，宫树都一片碧绿，表面上是写景色清静，实际上是写人之清闲。宫中无事的诗人只好到野外去荒滩古渡，欣赏那潺湲冲刷的怪石，借观景以消磨时光。其他如《罢郡归洛阳闲居》《城东闲游》《罢郡归洛阳寄友人》《洛下初冬拜表有怀上京故人》《和苏郎中寻丰安里旧居寄主客张郎中》等诗，从诗题来看，都是在写自己的闲居生活，颇符合诗人此时分司东都主客郎中身份。

刘禹锡回到长安后的郎官生活则显得丰富多彩，主要是因为京城同僚故多，相互之间的应酬也较多。公事之余的活动主要有游园、赏花、唱和、宴饮等。他此时的心情正如《杏园花下酬乐天见赠》所写："二十余年作逐臣，归来还见曲江春。游人莫笑白头醉，老醉花间有几人。"③ 饱受贬谪之苦，终于苦尽甘来的喜悦之情跃然纸上，字里行间跳动着欢快愉悦。优游与酒会成为此时诗歌创作的主题，曲江游春的雅致与诗酒风流的酬唱成了刘禹锡闲暇时光的主要内容。尚书省六部二十四司的地位轻重，在唐代就有约定俗成的评价，如韦述《两京新记》卷一："尚书郎自两汉已后妙选其人，唐武德、贞观以来尤重其职。吏、兵部为前行，最为要剧。自后行改入，皆为美选。考功员外专掌试贡举人，员外郎之最望者。司门、都门、屯田、虞、水、膳部主客皆在后

① 苏轼；孔凡礼，点校．苏轼诗集：卷六［M］．北京：中华书局，1999：244．
② 王楙．野客丛书：卷六［M］．北京：中华书局，1987：68．
③ 刘禹锡；卞孝萱，校订．刘禹锡集：卷三十一［M］．北京：中华书局，2000：430．

行，闲简无事。"① 刘禹锡任礼部主客郎中，属于郎官群体中的后行，日常生活颇为悠闲。此时的诗题主要为游玩、赏花、联句、宴会，如《和严给事闻唐昌观玉蕊花下游仙二绝》《杏园联句》《花下醉中联句》《春池泛舟联句》《陪崔大尚书及诸阁老宴杏园》《曲江春望》《首夏犹清和联句》《蔷薇花联句》《西池落泉联句》《答东阳于令涵壁图诗》《终南秋雪》《和令狐相公郡斋对紫薇花》《和令狐相公玩白菊》《赏牡丹》等，闲庭信步的赏花，春池花下的联句，酒席中的诗歌唱和成了刘禹锡闲暇生活的点缀。像"时时偷眼看春光"（《答乐天戏赠》）、"时时闲步赏风烟""看花临水心无事"（《和裴相公傍水闲行》）、"长忆梁王逸兴多，西园花尽兴如何"（《夏日寄宣武令狐相公》）、"口不言功心自适，吟诗酿酒待花开"（《和令狐相公初归京国赋诗言怀》）、"多才遇景皆能咏，当日人传满凤城"（《和乐天南园试小乐》）这样的诗句满篇皆是，颇能反映出刘禹锡此时的闲情逸致。他甚至在文章中写到入署郎官的闲适生活，如《祭兴元李司空文》："公入西关，愚亦征还，削去苛礼，招邀清闲。广陌联镳，高台看山。寻春适野，醉舞花间。"② 表现出唐代郎官公事之余简闲从容的生活状态。

即便是由主客郎中转为礼部郎中，从子司主客进入头司礼部，刘禹锡的郎官生活仍然精致从容。其《蒙恩转仪曹郎依前充集贤学士举韩湖州自代因寄七言》说："翔鸾阙下谢恩初，通籍由来在石渠。暂入南宫判祥瑞，还归内殿阅图书。"可见他的职事主要是在礼部判祥瑞，并不繁杂。唐代礼制中有大瑞、上瑞、中瑞、下瑞、余瑞之分，实际上是对一些事物牵强附会的划分。所谓判祥瑞就是把各州县上报到朝廷的祥瑞之物进行鉴别后，予以等级划分和归类。礼部郎中为从五品上的中层文官，物资待遇较为丰厚，从诗文中可以看出刘禹锡此时精致、富足的生活。如"鼎食华轩到眼前，拂衣高谢岂徒然"（《刑部白侍郎谢病长告改宾客分司以诗赠别》）、"卷帘松竹雪初霁，满园池塘春欲回"（《河南王少尹宅燕张常侍白舍人兼呈卢郎中李员外二副使》）、"门前陌巷三条近，墙内池亭万镜闲"（《题王郎中宣义里新居》），这些诗描写京城郎官坐拥景色怡人的花园别墅，出入有华美的车子，相互列鼎而席，生活悠闲富足。"开颜座内催飞盏，回首庭中看舞枪"（《洛中逢白监话游梁之乐因寄宣武令狐相公》）、"把取菱花百炼镜，换他竹叶十旬杯"（《和乐天以镜换酒》）、"酒瓮新陈接，书签次第排"（《和乐天早寒》）、"雕盘贺喜开瑶池，陶醉题诗出琐闱"（《酬严给事贺加五品兼简同制水部李郎中》）、"酒后人倒狂，

① 辛德勇. 两京新记辑校：卷一［M］. 西安：三秦出版社，2006：9.
② 刘禹锡；卞孝萱，校订. 刘禹锡集：卷四十［M］. 北京：中华书局，2000：606.

花时天似醉"（《曲江春望》），郎官们在庄园里面宴席酒会，陶醉于同僚之间的诗酒风流，这种富有情调的雅致聚会成了郎官们公职之余的重要生活方式。"大弦嘈嘈小弦清，喷雪含风意思生"（《曹刚》）、"共羡府中棠棣好，先于城外百花开"（《同乐天送河南冯尹学士》），征管逐弦，赏花饮酒，丰富的文娱活动倍显唐代郎官生活的富足与精致。

三、郎官期间的诗歌酬唱与中唐诗坛的唱和高潮

刘禹锡回长安任职郎官期间，元和诗坛的几位著名诗人也都相继重返京城，长安文坛一时成了诗歌酬唱的中心，形成了一阵高潮。这段时间内，令狐楚任户部尚书，白居易由秘书监改任刑部侍郎，崔群任兵部尚书，张籍由主客郎中转国子司业，王建为太常丞，元稹为尚书左丞，李德裕为兵部侍郎，而裴度担任宰相，这些人都是刘禹锡的故交，相互间均有诗歌赠答、酬唱，在京城长安形成了一个诗歌唱和圈。大和三年三月，白居易编《刘白唱和集》两卷，其《刘白唱和集解》云："彭城刘梦得，诗豪也。其锋森然，少敢当者。予不量力，往往犯之。夫合应者声同，交争者力敌，一往一复，欲罢不能。由是刘制一篇，先相视草，视竟则兴作，兴作则文成。一二年来，日寻笔砚，同和赠答，不觉滋多。及至大和三年（829）春已前，纸墨所存者，共一百三十八首。"① 这里的一百三十八首包括二人所有的唱和诗，也包含郎官期间的作品。而前一年白居易编与元稹唱和集《因继集》二卷，撰有《因继集重序》，收诗歌一百一十四首，数量也颇为可观。

从现存数量上来看，刘禹锡郎官期间与令狐楚的唱和诗最多，约有三十首。大和七年（833）二月，刘禹锡在苏州编《彭阳唱和集》三卷，作《彭阳唱和集引》和《后引》二文，记述他与令狐楚的交往与唱和情形。《彭阳唱和集引》云："于是集缀，凡百有余篇，以《彭阳唱和集》为目，勒成两轴，尔后继赋，附于左方。"② 《彭阳唱和集》北宋时尚存，宋敏求编《刘宾客集外集》曾用过此书，《新唐书》卷六十《艺文志四》著录。从刘禹锡任主客郎中分司东都时，他与令狐楚就有诗歌唱和，如《洛中逢白监同话游梁之乐寄宣武令狐相公》《酬令狐相公俯赠篇章斐然仰谢》《酬令狐相公赠别》《酬令狐相公寄贺迁拜之什》《酬令狐相公早秋见寄》等，而令狐楚此期则有《贺梦得迁拜主客郎中分司》《早秋寄梦得》《赠梦得》（俱见《令狐楚集》卷六）数

---

① 顾学颉，校点. 白居易集：卷六十九［M］. 北京：中华书局，1979：1452.

② 刘禹锡；卞孝萱，校订. 刘禹锡集：卷三十九［M］. 北京：中华书局，2000：588.

诗。大和二年（828），刘禹锡到长安继任主客郎中，令狐楚也从汴州经潼关抵长安任户部尚书，二人在京城多有唱和。从《和令狐相公郡斋对紫薇花》《和令狐相公玩白菊》《和令狐相公别牡丹》《和令狐相公春日寻花有怀白侍郎阁老》《和令狐相公见示赠竹二十韵仍命继和》《酬令狐相公雪中游玄都观见忆》等诗可以看出，刘禹锡在长安时与令狐楚关系融洽，常一同赏玩紫薇花、白菊、牡丹、竹子，或同游玄都观，或郡斋对饮，二人交谊深厚可见一斑。

　　从与宰相裴度的唱和诗，可以看出刘禹锡的政治心态。裴度一度想举荐刘禹锡知制诰，后被反对者阻挠，未能成功，《刘禹锡集》现存多篇制诰册文，可能是刘禹锡事先练习所为。《旧唐书·裴度传》："视事之隙，与诗人白居易、刘禹锡酣饮终日，高歌放言，以诗酒琴书自乐，当时名流皆从之游。"所说的都是大和年间在长安任职郎官期间的事情，如《裴相公大学士见示答张秘书谢马诗并群公属和因命追作》《奉和司空裴相公中书即事通简旧僚之作》《奉和裴侍中将赴汉南留别坐上诸公》等诗，都是遵从裴度之命而奉和的诗歌，可见刘禹锡对裴度态度之恭和。据《新唐书·宰相表》宝历二年（826）二月记，"裴度受司空、同中书门下平章事"，大和初期仍在宰相位，刘禹锡希望能配合裴度在政治上有所作为。裴度曾向白居易乞鹤，写有《白二十二侍郎有双鹤留在落下予西园多野水长松可以栖息遂以诗请之》。白居易以《答裴相乞鹤》回之，刘禹锡有《和裴相公寄白侍郎求双鹤》，张籍有《和裴司空以诗请刑部白侍郎双鹤》（《全唐诗》卷三百八十四）。裴度自文宗即位后便上疏恳请辞去军政机要之职，多有退隐之意。刘禹锡《庭庭偃松诗》："势轧枝偏根已危，高情一见与扶持。忽从憔悴有生意，却为离披无俗姿。影入岩廊行乐处，韵含天籁宿斋时。谢公莫道东山去，待取阴成满凤池。"[①] 诗中表达了对裴度提携之恩的感激，描写的庭庭偃松傲岸挺拔，融入了诗人的身影。针对裴度退隐的想法，刘禹锡劝慰他应继续留在朝廷，并愿意追随他成就一番事业。

　　令狐楚与裴度是宰相，刘禹锡与他们的诗歌往来用意较为明显，即希望借此得到扶持，进一步有所作为。而他与老友白居易的唱和则轻松随意得多，主要是因为两人同庚，且均是河南人，经历也颇为相似。但此期间，刘禹锡与白居易的人生哲学与处事态度有些不同：刘禹锡虽经过二十多年的贬谪，屡屡遭受挫折，但依然怀有雄心壮志；而白居易没有奋进之心，以明哲保身、退守自适的姿态出任朝官，并很快离开长安前往洛阳。二人的思想差异反映在唱和诗中较为明显。白居易任刑部侍郎，为正四品上的高级官员；刘禹锡任礼部郎

---

　　① 刘禹锡；卞孝萱，校订. 刘禹锡集：卷二十五［M］. 北京：中华书局，2000：330.

中，为从五品上的中层文官。在白居易看来，刘禹锡还堪大用。白居易《和刘郎中学士题集贤阁》："朱阁青山高庳齐，与君才子作诗题。傍闻大内笙歌近，下视诸司屋舍低。"①诗歌格调轻快明朗，语辞间意气风发，对刘禹锡充满了诚挚的期许。刘禹锡主要有《答乐天临都驿见赠》《再赠乐天》《答白刑部闻新蝉》《和乐天送鹤上裴相公别鹤之作》《和乐天早寒》《和乐天以镜换酒》《和乐天春词》《答乐天戏赠》等二十余首，往往是白居易唱诗在前，刘禹锡和诗在后，这从诗题可以明显看出。也有刘禹锡先唱，白居易后和的，如刘禹锡伤鄂姬而作《有所嗟》二首，白居易即回《和刘郎中伤鄂姬》。大和二年（828）三月春，诸人同游曲江杏园，作诗多首。白居易有《杏园花下赠刘郎中》《花前有感兼呈崔相公刘郎中》，刘禹锡有《杏园花下酬乐天见赠》。据《全唐诗》卷七百九十《杏园联句》，可知参与者有李绛、白居易、刘禹锡、崔群。刘句云："二十四年流落者，故人相引到花丛。"白句云："曲江日暮残红在，翰苑年深旧事空。"乃上主客者即刘禹锡。《全唐诗》同卷另收录《花下醉中联句》《春池泛舟联句》《西池落泉联句》《蔷薇花联句》等，参与者均有刘禹锡，可见诸人关系以及当时文士间唱和联句之盛。

　　但更多的是诸人之间的相互诗歌酬赠。如大和二年（828）九月，王建由太常丞出任陕州司马，刘禹锡与众人均有诗送行，如刘禹锡《送王司马之陕州》、白居易《送陕州王司马建赴任》、贾岛《送陕州王建司马》（《长江集新校》卷九）、张籍《赠王司马附陕州》（《全唐诗》卷三百八十五）、姚合《赠王建司马》（《姚合诗集校注》卷四）。这应是一次集体诗歌赠别活动，参与者均为当时的知名诗人。又如当年十月冯宿拜河南尹，白居易、刘禹锡赋诗送别，冯宿有《尹河南酬乐天梦得》诗，相约次年春再聚杏园；白居易有《送河南尹冯学士赴任》；刘禹锡有《同乐天送河南冯尹学士》："可怜五马风流地，暂辍金貂侍从才。阁上掩书刘向去，门前修刺孔融来。崤陵路静寒无雨，洛水桥长昼起雷。共羡府中棠棣好，先于城外百花开。"自注云："冯自馆阁出为河南尹。"②《唐诗纪事》卷四十三"冯宿"条曾记载刘、白、冯三人的诗歌酬赠。令狐楚由宣武军节度使入为户部尚书，有诗咏怀，刘禹锡有《和令狐相公初归京国赋诗言怀》，白居易作《令狐相公拜尚书后有喜从镇归朝之作刘郎中先和因以继之》，三人之间相互唱和。大和三年（829）三月，令狐楚由户部尚书改任东都留守，自作《赴东都别牡丹》（《令狐楚集》卷六），白居易有《送东都留守令狐尚书赴任》，张籍有《送令狐尚书赴东都留守》

---

① 顾学颉，校点. 白居易集：卷二十六 [M]. 北京：中华书局，1979：587.
② 刘禹锡；卞孝萱，校订. 刘禹锡集：卷三十一 [M]. 北京：中华书局，2000：429.

（《全唐诗》卷三百八十五），刘禹锡则连写两首诗，分别是《和令狐相公别牡丹》和《同乐天送令狐相公赴东都留守》。刚送别完令狐楚，白居易也收到诏令，由刑部侍郎改授太子宾客分司将赴洛阳，作《病免后喜除宾客》表达分司洛阳的喜悦心情。张籍赋《送白宾客分司东都》（《全唐诗》卷三百八十五）推崇白居易，刘禹锡也作有《刑部白侍郎谢病长告改宾客分司以诗赠别》一诗。令狐楚在东都留守任，白居易将到洛阳时先有诗寄之，遂赋诗酬答，后刘禹锡也有诗与令狐楚酬和，白诗为《将至东都先寄令狐留守》，刘诗为《和留守令狐相公答白宾客》。

　　此外，刘禹锡还与多位朝中政要有赠答诗作。如与宰相李逢吉的《分司东都蒙襄阳李司徒相公书问因以奉寄》，与尚书左丞元稹的《浙东元相公书叹梅雨郁蒸之候因寄七言》，与门下省给事中严修复的《和严给事闻唐昌观玉蕊花下有游仙三绝》《酬严给事贺加五品兼简同制水部李郎中》《和苏十郎中谢病闲居时严常侍萧给事同过访叹初有二毛之作》，与兵部侍郎李德裕的《送李尚书镇滑州》《和滑州李尚书上巳忆江南禊事》《西川李尚书知愚与元武昌有旧选示二篇吟之泫然因以继和二首》《和西川李尚书汉州微月游房太尉西湖》，与兵部侍郎郑浣的《和兵部郑侍郎省中四松诗十韵》。刘禹锡任职郎官五年时间内所作诗歌，在内容上除游园、赏花、宴饮等题材外，余下多为友朋酬赠之作。这些作品充满了真情实感，无论是友人赠别、宅院对饮、曲江联句，还是即兴抒怀，都不是泛泛的应酬之作，而是充满了对友人的关爱，往往都是直抒胸臆，展现了刘禹锡在郎官任上的心路历程，是了解诗人心态与情感的重要篇章。此期也正是中唐诗坛唱和的一个高峰时期，据不完全统计，从大和元年（827）到大和五年（831）期间，与刘禹锡相互唱和、寄赠的诗人约二十二位，存留诗篇约二百四十篇。中唐诗人白居易、元稹、李德裕、张籍、姚合、贾岛、王建、冯宿、裴度、令狐楚等人此期与刘禹锡皆有诗歌往来，掀起了一股诗歌唱和的高潮。

　　刘禹锡在长安先后任主客郎中、集贤殿学士、礼部郎中，本意是想依托宰相裴度成就一番事业，但大和年间政治态势的变化出乎他的意料。裴度具有进步的政治理想，在他周围聚集着很有才干正直的朝士，很想同心协力以重振朝纲。但因李逢吉、李宗闵结党营私，竭力排斥裴度及其党羽，使得朝中形势进一步恶化。大和三年（829），白居易急流勇退，称病分司东都，李绛出任山南西道节度使，崔群为荆南节度使。裴度说服文宗把浙西观察使李德裕召回京城为兵部侍郎，打算推荐他为宰相，但遭到李宗闵的排挤，由兵部侍郎出为滑州刺史，刘禹锡对此深有感慨，写了《酬滑州李尚书秋日见寄》对李德裕表示慰问："一入石渠署，三闻宫树蝉。丹霄未得路，白发又添年。双节外台贵，孤箫中禁传。征黄在旦夕，早晚发南燕。"① 看到友人逐渐遭到排挤，刘禹锡此期的心情深感寂寞和失望，其诗《和乐天春词》："新妆宜面下朱楼，深锁春光一院愁。行到中庭数花朵，蜻蜓飞上玉搔头。"② 通过描写一位宫女扮好新妆却无人赏识，只能百无聊赖地独自数花朵解闷，引得蜻蜓飞上头来的别致情景，来抒发自己怀才不遇的际遇，是他当时思想的自然流露。

随着裴度被排挤出朝任山南东道节度使，刘禹锡也失去了依靠。他在《与歌者米嘉荣》中表达了感慨，诗云："唱得凉州意外声，旧人唯数米嘉荣。近来时世轻先辈，好染髭须事后生。"③ 写歌手米嘉荣因年衰不受重视，以需染胡须来迎合时尚戏之，隐含着刘禹锡对正直朝士受权贵排挤的激愤之意。《云溪友议》卷中："余亦昔时直气，难以为制，因作一口号，赠歌人米嘉荣。"④ 所谓"难以为制"当主要指正直朝士遭到李宗闵的排挤，刘禹锡在此诗中借抨击"轻先辈"之人来指排斥裴度的李宗闵与牛僧孺。随后不久，刘禹锡本人也遭到李宗闵的排挤而出朝，于大和五年（831）十月出任苏州刺史。离开长安时姚合有诗《送刘禹锡郎中赴苏州》送别，从"云水计程千里远，轩车送别九衢空"⑤ 一联来看，当时的饯行场景还是很热烈的，刘禹锡也就此结束了五年的长安郎官生涯。

（作者单位：四川省社会科学院）

① 刘禹锡；卞孝萱，校订. 刘禹锡集：卷三十七 [M]. 北京：中华书局，2000：548.
② 刘禹锡；卞孝萱，校订. 刘禹锡集：卷三十一 [M]. 北京：中华书局，2000：432.
③ 刘禹锡；卞孝萱，校订. 刘禹锡集：卷二十五 [M]. 北京：中华书局，2000：333.
④ 范摅；上海古籍出版社. 唐五代笔记小说大观：下册：云溪友议卷中 [M]. 上海：上海古籍出版社，2000：1298.
⑤ 吴河清. 姚合诗集校注：卷一 [M]. 上海：上海古籍出版社，2012：11.

明代诗学批评视野中的刘禹锡诗歌

任永安

唐代贞元、元和年间，诗人刘禹锡凭借独特的艺术创新，于韩孟诗派和元白诗派之外另辟蹊径，开创了一种俊爽明快的诗歌风格，并受到后世的高度关注。宋人刘克庄称其诗"雄浑老苍，沉着痛快，小家数不能及"。方回云："刘梦得诗格高，在元白之上，长庆以后诗人皆不能及。"明代诗学批评繁荣兴盛，受文学复古思潮影响，不少作家把批评视野转向唐代，中唐诗人刘禹锡的诗歌创作也受到他们的关注。分析明代作家的刘禹锡诗歌批评，对其观点进行深入辨析，有助于我们加深对明代唐诗接受状况的理解。

一

明初刘禹锡诗歌批评主要在闽籍和浙籍诗人中展开。闽籍诗人高棅承宋代严羽和元代杨士弘之论，论诗歌体式流变，崇尚"雅正冲淡"的"盛世之音"。他所编《唐诗品汇》是明初诗学崇唐复古思潮的重要选集，该集对严羽以盛唐为法的思想作了进一步发挥，分唐诗为初、盛、中、晚四个时期。他将所选唐诗按体分为正始、正宗、大家、名家、羽翼、接武、正变、余响、旁流九个品目，"大略以初唐为正始，盛唐为正宗、大家、名家、羽翼，中唐为接武，晚唐为正变、余响，方外异人等诗为旁流"①。其中"正宗""大家""名家"是高棅最为重视的唐诗典范，这三类品目基本与盛唐诗歌相对应，可以看出高棅标举盛唐的诗学主张。

不过高棅也并未完全抹杀中唐诗歌的价值。《唐诗品汇》收录中唐诗歌一千四百余首，包括大历、贞元和元和时期的重要作家。其中大历诗人刘长卿、钱起最受重视，分别被收录诗歌150首左右，其五古、七律甚至被列入"名家""羽翼"之目。其次则是贞元、元和时期的韩愈、张籍和刘禹锡，分别被收录诗歌78首、75首和67首。可以看出，在中唐诗人中，刘禹锡还是受到高棅的较高重视的。

---

① 高棅. 唐诗品汇［M］. 上海：上海古籍出版社，1988：14.

《唐诗品汇》所录刘禹锡诗歌包括五古15首、七古6首、五绝8首、七绝28首、五律4首、七律4首、五排1首、六言1首。其中五古、五绝、七绝、五律、七律被列入"接武"，七古、五排则被列入"余响"。从收录诗歌数量、所入品目及评语来看，高棅最重视的是刘禹锡的七绝。《唐诗品汇》"接武"共收录70位作家的七绝作品，其中刘禹锡诗作数量最多，其"叙目"云："自贞元以来，若李益、刘禹锡、张籍、王建、王涯五人，其格力各自成家，篇什亦盛。"① 他还引用严羽《沧浪诗话》评价刘禹锡之语："大历以后，刘梦得之绝句，张籍、王建之乐府，吾所深取耳。"以强调对其七绝的重视。其次是七律、五绝、五律等近体之作，认为这些诗歌亦能够"宪章祖述，再盛于元和间，尚可以继盛时诸家"。相比而言，高棅对刘禹锡的古体诗评价较低。刘禹锡五古虽被列入"接武"，但"文体始变""古声渐远"，其七言古诗更因"无足多取"而被列入"余响"之目。通过对刘禹锡诗歌的选评，可以看出高棅崇盛唐、重格调的诗学观，其诗论已开明代格调论唐诗学之先河。

宋濂、王祎等浙籍诗人的诗学观则受到元代郝经、虞集等人的影响。他们论诗以风雅为标准，重视气韵，崇尚雅正平和的治世之音。宋濂在《答章秀才论诗书》中历数古代诗歌发展、演变轨迹，以《诗三百》为源头，其后，历代诗歌因距离风雅精神之远近而各有盛衰。唐诗发展也遵循这一规律，唐初陈子昂、"四杰"诸人，或以风雅为师，或宗法汉魏，风雅精神开始复兴。开元、天宝间，杜甫上薄风雅并集诸体之大成，李白师法《风》《骚》及建安风骨，王维依仿陶渊明，超建安而上接风雅。大历诗人本陈子昂、宗黄初，为风雅之继。自开元至大历，风雅精神被发挥至极致，诗道"最盛"。元和诸诗人，虽各有所师，却难免轻俗、浮丽、靡蔓、怪诡之弊。诗道之变，始于此际。如刘禹锡诗歌能够"步骤少陵"，而少陵上继风雅，所以梦得诗风雅未丧，这是值得肯定的。然而其诗"气韵不足"，比之大历诗歌"尚有所不逮"，较之开元，差距更大。

王祎论诗受到宋濂影响，仍以风雅得丧为标准，其《练伯上诗序》论古今诗道之变，以初唐四杰、陈子昂为一变。开元至大历，杜甫"上薄风雅"，李白又宗《风》《骚》，他如王、孟、韦、刘比比而作，"既而韩退之、柳宗元起于元和，实方驾李杜，而元微之、白乐天、杜牧之、刘梦得咸彬彬附和焉"②，诗道之盛"于是为至"。他把刘禹锡、白居易等元和诗人附于开元、大历之后，肯定他们对诗歌繁荣的贡献。其对刘禹锡地位的评价高于宋濂。总体

---

① 高棅. 唐诗品汇 [M]. 上海：上海古籍出版社，1988：429.
② 王祎. 练伯上诗序 [M] //王忠文公集：卷二.《四库全书》本.

而言，浙籍诗人多从整体上论述刘禹锡诗歌的风格特征及文学地位，较少涉及诗歌的形式技巧，结论也较为笼统。

二

明代作家中，杨慎对刘禹锡诗歌评价最高。杨慎认为诗歌的本质在于"发诸性情"，能够表达真情实感。诗情的产生缘于外物的感发，而外物则是因时代而变的。由此，他反对复古派"诗必盛唐"、以李杜为法的诗学主张，提出"人人有诗，代代有诗"的观点。《升庵诗话》"江总怨诗"条云："六朝之诗，多是乐府，绝句之体未纯，然高妙奇丽，良不可及。溯流而不穷其源，可乎？"认为六朝多是乐府诗，绝句之体尚未正式形成，然而其诗富于文采，且对唐诗有重要启发，所以学唐要上溯六朝，六朝诗不可忽视。在唐宋诗的比较上，杨慎强调扬唐抑宋，认为唐诗主情，宋诗主理，宋诗"信不及唐"。

不过，杨慎反对把盛唐诗绝对化，认为除盛唐外，初、中、晚唐亦有好诗。在元和诗人中，他对刘禹锡评价最高："元和以后，诗人之全集可观者数家，当以刘禹锡为第一。"认为其诗"宛有六朝风致，尤可喜也"①。他曾从刘集中选摘诗句以为句图，所选如五言"登台吸瑞景，飞步翼神飙"、七言"野草芳菲红锦地，游丝撩乱碧罗天""青城三百九十桥，夹岸朱楼隔柳条"等，多为清新绮丽之语。他注意到刘诗艺术上具有"六朝风致"的一面，这与其以六朝诗的清新补救七子派专师盛唐格调所导致的空疏诗风的诗学主张相一致，故其对刘禹锡诗歌非常推崇。

杨慎曾对唐代乐府与绝句的体制特征进行比较，认为唐人乐府源于汉魏但更类近体，而绝句虽属近体，却善用比兴，言近意远，更有风雅遗意，所以唐人绝句更为高妙，后世难及。他列举唐代擅长绝句的诗人："唐人之所偏长独至，而后人力追莫嗣者也。擅声则王江宁，参乘则李彰明，偏美则刘中山，遗响则杜樊川。"② 王昌龄有"七绝圣手"之誉，李白五七绝兼长，诗风俊逸，刘禹锡则位居盛唐两大名家之后，其七绝在中唐作家中成就最高。杨慎对刘禹锡的五古也持肯定态度："大历以后，五言古诗可选者，惟端此篇（即《古别离》）与刘禹锡《捣衣曲》、陆龟蒙'茱萸匣中镜'、温飞卿'悠悠复悠悠'四首耳。"杨慎论五古以汉魏为典范，"汉魏而下，其响绝矣，六朝至初唐，止可谓之半格"，大历以后，刘禹锡五古尚在可选之列，可见其对刘禹锡五古

---

① 杨慎. 升庵集：卷五十四［M］.《四库全书》本.
② 杨慎. 升庵集：卷二［M］.《四库全书》本.

的肯定。

　　与杨慎不同，谢榛、王世贞等后七子，以声律格调论诗，他们高举"诗必盛唐"大旗，对于中晚唐诗歌极力排斥。谢榛论诗以初盛唐十四家为法，以李杜为典范，重视诗歌的声律格调。他认为刘禹锡诗歌"工于辞藻"，善于"审音"，但亦有不少疏漏之处。他曾评刘禹锡《再过玄都观》："'种桃道士归何处，前度刘郎今又来。'上句四去声相接，扬之又扬，歌则太硬；下句平稳。此一绝二十六字皆扬，惟'百亩'二字是抑。又观《竹枝词》所序，以知音自负，何独忽于此邪？"① 认为作诗要"平仄以成句，抑扬以合调"，此诗"扬之又扬"，缺乏"疾徐有节"的节奏感，声调组合颇不成功。谢榛主张诗歌以气格雄浑为上。他把诗语分为三等：堂上语、堂下语、阶下语，认为堂上语如上官临下官，具有"昂然气象"；堂下语如下官见上官，有"局促之状"；阶下语如讼者之言颠末详尽，更是堕入下层。他认为刘禹锡"旧时王谢堂前燕，飞入寻常百姓家"就属于堂下语，缺乏盛唐诗的雄浑气象，显得局促窘迫，格调不高。如果把原诗句改为"王谢豪华春草里，堂前燕子落谁家"，气象有所提升，就可变为"堂上语"。

　　同为后七子的王世贞论诗也以盛唐诗为典范，反对以中晚唐诗为师法对象："今之操觚者日晓晓焉，窃元和、长庆之余似而祖述之，气则漓矣，意纤然露矣，歌之无声也，目之无色也，按之无力也，彼犹不自悔悟。"② 白居易曾非常推崇刘禹锡"雪里高山头早白，海中仙果子生迟""沉舟侧畔千帆过，病树前头万木春"等诗句，赞赏这些句子"真谓神妙，在在处处，应有神物护持"；而王世贞却不以为然，认为这些诗句虽然构思巧妙，颇有意趣，然而气势不足，不过是"学究之小有致者"而已。

　　万历间，作为末五子之一的胡应麟以体格声调、兴象风神论诗，认为"体以代变""格以代降"，诗歌格调因时代而变。胡应麟《与顾叔时论宋元二代诗十六通》曾评论元和诸家之作，以韩愈、柳宗元、白居易为三大家，"三大家外，刘禹锡为最优。惟中山律绝，元和巨擘，首籍此君"。其他如《诗薮·外编》云："七言律以才藻论，……晚唐无出中山。不但七言律也，诸体皆然，由其才特高耳。"③《绝句》云："中唐绝，如刘长卿、韩翃、李益、刘禹锡，尚多可讽咏。"《外编》云："若元和诸子，刘中山伎俩最高。"这些评

---

　　① 吴文治. 明诗话全编·谢榛诗话 [M]. 南京：凤凰出版社，1997：3165.

　　② 王世贞. 徐汝思诗集序 [M] //陈伯海. 历代唐诗论评选. 保定：河北大学出版社，2003：582.

　　③ 胡应麟. 诗薮 [M]. 上海：上海古籍出版社，1979：187.

论体现出其对刘禹锡近体律绝的认可。

　　不过，胡应麟认为与盛唐诗歌相比，刘禹锡诗仍稍逊一筹，不宜作为取法对象。其《诗薮·近体》论时代与诗歌的关系，认为随着时代变迁，气运也会变化，受之影响，诗歌格调也会变化，总体上愈变愈卑。如唐代七言近体因气运屡变，初唐杜、沈，首创工密，至崔、李近体，"时有古意"，为一变。高、岑、王、李，"风格大备"，又一变。杜之近体，雄深浩荡，又一变。降为中唐，"梦得骨力豪劲"，在元和诸家"自为一格"，诗又一变。初盛至中晚，气运日衰，格调日卑。刘禹锡虽才不下盛唐，诗风豪劲雄奇，但因气运使然，格调终劣于盛唐。如其《杨柳枝》中"清江一曲柳千条"等语，可谓神品，然而把这样的诗句放到王昌龄、李白集中，"便觉气短"。苏轼学其诗，"便开宋人二百年门户"，造成流弊浸淫，所以学刘诗者不可不谨慎。

　　此后，作为七子派后学的许学夷以正变论诗："古诗以汉魏为正，太康、元嘉、永明为变，至梁、陈而古诗尽亡；律诗以初、盛唐为正，大历、元和、开成为变，至唐末而律诗尽弊。"[①] 他认可汉魏、盛唐的正宗地位，但又对中晚唐诗的异变持包容态度，这与七子派极力排斥中晚唐诗的做法并不一致。他认为刘禹锡的七言律绝成就较高，而古体及五言律则无足可取："刘虽与白齐名而其集变体实少，五七言古及五言律俱未为工。"刘禹锡的七律之中，有些诗作如《奉送浙西李仆射相公赴镇》《述旧贺迁寄陕虢孙常侍》《松滋渡峡中》等篇，"声气有类盛唐"，最值得肯定。当然，也有一些如《荆门道怀古》《洛中送杨处厚入关便游蜀》《送春词》等篇，或音调"亦似大历"，或"逗入开成"，或"更入纤巧"，成就不高。许学夷继承黄庭坚的说法，认为刘禹锡七言绝艺术上源于六朝子夜等歌，格调与杜甫《夔州歌十绝句》相类，元和间"诚可独步"。

三

　　明末胡震亨对王世贞、胡应麟诗论曾颇为推崇，他说："吾尝谓近代谈诗，集大成者，无如胡元瑞。"认为《诗薮》评唐诗，"论定于是"。不过，他也看到七子派以盛唐格调为标准选诗的弊端，"大谬在选中、晚唐必绳以盛唐格调，概取其肤立仅似之篇，而晚末人真正本色一无所收"。他以本色、风骨论诗，认为"凡诗，一人有一人之本色"，初、盛、中、晚唐诗各有其特色和成就。胡震亨编选《唐音癸签》凡三十三卷，其中卷五至卷十一对唐代诗人

---

　　① 许学夷．诗源辨体 [M]．北京：人民文学出版社，1987：1．

及作品进行评论，共有诗人 151 人，其中中唐 63 人，晚唐 44 人，可以看出他有意纠正格调派轻视中晚唐诗的诗学倾向。元和诗人中，他很赞赏刘禹锡的诗歌："禹锡有诗豪之目，其诗气该今古，词总华实，运用似无甚过人，却都惬人意，语语可歌，真才情之最豪者。"① 认为梦得诗豪迈雄奇，富有才情，语言流丽自然，却格律精切。尤其是刘禹锡仕途坎坷，晚年闲废，友朋凋尽，尚能够精华不衰，还可吟出"莫道桑榆晚，为霞尚满天"的诗句，真不愧其"诗豪"之称。这些评论，体现出胡震亨对刘禹锡人格与诗作的欣赏。

竟陵派钟惺、谭元春的诗学观强调"以古人为归"，提出"第求古人真诗所在。真诗者，精神所为也"。他们认为诗歌变化与气运有关，但并非愈变愈下，每一历史时期的诗歌都因作者而自有其特色，中、晚唐诗自然不必以是否具有盛唐面目为成就高低的标准。他们合作编《唐诗归》，为了避免选诗的"极肤、极狭、极熟"，有意避开许多广为传诵的唐诗名作，所选诗歌多为奇异幽深、清新淡远之作。《唐诗归》中选评刘禹锡诗歌共 16 首，风格上侧重于奇险孤偏、清灵高远，具体评价多涉及风格、语言及构思等方面。如钟惺评论《秋江早发》"寄托高迥，自是出世伟人"，谭元春评云："后六句是游仙最高妙语，亦是感遇杂诗绝境。"② 钟惺评《客有为余话登天坛遇雨之状因以赋之》"视听高寂"。其他评语如"斋物妙旨""极似六朝清商曲，正发音响质直""妙处难传"等，均体现出二人"尚偏奇、黜雅正"的诗歌审美趋向。

明崇祯间，陆时雍以情韵论诗，认为诗歌要情韵俱佳，"情欲其真"，有真情才可有神韵，"韵欲其长"，二者兼具，则含蓄蕴藉，味之不尽。以此为标准，他认为"初唐七律风味最饶，盛唐性情间出"，极富情韵，而"中、晚专求声句"，"无生韵流动"，所以不及初、盛唐诗。唐诗各体，七言最佳，其气韵、声调胜于六朝，五律仅及梁、陈中等，五言古诗"李病于浮，杜苦于刻"，难追汉魏。可以看出，陆时雍认同李攀龙的"唐无五言古诗、近体崇盛唐"的观点与七子派有一定联系，但他更多地从情感、韵味等方面论诗，这标志着明末诗学观由格调论向神韵说的转变。

陆时雍对刘禹锡诗歌的评价集中体现了他以情韵论诗的诗学观。他所编选《唐诗镜》共五十四卷，其中卷三十六选评刘禹锡诗 88 首，包括五古 11 首，七古 5 首，五律 6 首，七律 8 首，五排 10 首，五绝 5 首，七绝 43 首。他对刘禹锡诗的评论主要从情事、写景、韵味等方面展开。如《和董庶中古散调词赠尹果毅》"叙次最有情色"，《令狐相公春思见寄》"语到真处，不必他奇，

①　胡震亨. 唐音癸签［M］. 上海：上海古籍出版社，1981：70.
②　钟惺，谭元春. 唐诗归：卷二十八［M］. 明刻本.

自然佳境"，《奉酬湖州崔郎中见寄五韵》"依切情事"，《踏歌词》"末语无限余情""末语关情物特至"，《送鸿举师赴江南》具有"幽趣"，《杨柳词》"流连宛转，哀怨无穷"等，认为这些诗歌抒情真实浓烈，写景自然生动，能够做到情景交融，含蓄蕴藉，皆为刘诗中的上乘之作。陆时雍在《诗镜总论》中曾说："中唐人用意，好刻好苦，好异好详。"① 认为中唐诗主刻意、苦意，立意喜标新立异，语言多详备。其评刘禹锡《秋日送客至潜水驿》"意象偪窄，是中唐的派"，《西塞山怀古》"三四似少琢炼，五六凭吊，正是中唐语格"，指出这些诗歌正具备中唐诗风的特点。陆时雍对刘禹锡的七绝评价最高："中晚绝句多以意胜，刘禹锡长于寄怨，七言绝最其所优。可分昌龄半席。" 他认为其七绝"语带风骚""忽入雅调""流连宛转"，即使放到盛唐，也可与王昌龄等人比肩。

　　明清之际，丹阳人贺裳作《载酒园诗话》五卷，其卷二至卷四主要对唐诗展开批评。贺裳的唐诗批评略于初唐，详于中晚唐，对于中晚唐诗歌持较为客观的态度，既指出中晚唐诗的不足，也肯定其独特的艺术价值。他对中唐诗人如柳宗元、刘禹锡、李贺、白居易、李商隐、元稹等的评论都非常详细，其对刘禹锡诗歌的批评主要集中在古体诗方面。他认为五古是"刘诗胜场"，多学南北朝，这主要是就刘诗中一些齐梁体之作而言的，如《观舞柘枝》"曲尽回身处，层波犹注人"，即是"宫体中佳语"。他进一步认为刘之五古具有"尖警不含蓄"特点，语言上浅易别致，立意上警策新颖，这种"新声变调"代表中唐时期诗歌发展过程中的新变。贺裳对刘禹锡七古也持肯定的态度，"七言古大致多可观，其《武昌老人说笛歌》，娓娓不休，极肖过时人追忆盛年，不禁技痒之态"，认为其七古善于铺叙描摹，刻画细致生动，"不待对仗整齐，气象雄丽"，具有一股豪迈之气。他还看到刘禹锡前后期诗风的变化："梦得佳诗，多在朗、连、夔、和时作，主客以后，始事疏纵，其与白傅倡和者，尤多老人衰飒之音。"② 他认为刘禹锡在被贬朗州、连州、夔州及和州时诗作成就最高，大和二年（828）回朝任主客郎中以后，"始事疏纵"，多有"老人衰飒之音"，指出了贬谪经历对刘禹锡思想及创作的影响。刘禹锡的近体之作颇受明代批评家的肯定，但贺裳却不以为然。他认为刘之近体诗不够纯正，近体之中颇有古调，还有一些排律流丽优美，但"语工而调熟"，创新

　　① 陆时雍. 诗镜总论［M］//陈伯海，等. 唐诗论评类编：增订本. 上海：上海古籍出版社，2015：236.

　　② 贺裳. 载酒园诗话［M］//陈伯海，等. 唐诗论评类编：增订本. 上海：上海古籍出版社，2015：1226.

不够。

　　总体而言，明代作家的刘禹锡诗歌批评体现出以下几个特点：一是其批评受到前代诗论及本朝文学思潮的影响，其中，影响较大者主要有唐代白居易、宋代黄庭坚、严羽以及元代杨士弘等人的观点，而明代文学复古思潮以及中后期的性灵论则是其诗学批评的直接影响因素。二是对刘禹锡各体诗歌的评价并不一致。他们大多认为刘禹锡近体律绝成就较高，尤其是七绝更被推为元和后第一家，但也有一些作家认为其近体缺乏气魄，格调不高，难以比肩盛唐。对于其古体，除贺裳极力推崇以外，大部分作家认为其古诗不够纯正，古声渐远，成就不高。三是与宋元时期相比，明人对刘禹锡诗歌地位的评价有所下降。宋人所编诗歌选本如《瀛奎律髓》《众妙集》《万首唐人绝句》等中，刘禹锡诗歌选录数量均名列前茅，赵蕃、韩淲《章泉漳泉二先生选唐人绝句》更是把刘禹锡置于第一位。整体看来，"刘禹锡诗歌在宋代接受史上居于仅次于李、杜、韩白的位置"。及至明代，以前后"七子"为代表的格调论诗学成为唐诗接受中的主流。格调派主张以盛唐诗歌为师法对象，至于中唐诗歌，所肯定的则是具备盛唐格调者。中唐诗人中，他们首先肯定大历诗人，元和诗人中则是韩、柳、元、白，而刘禹锡则居于白居易之后。由以上可以看出，刘禹锡诗歌接受过程中其地位的变化体现了古代诗学观念的演变。总之，通过研究明代作家对刘禹锡诗歌的批评，可以看到明代文学思潮的演进历程，也有助于加深对明代唐诗接受状况的理解。

（作者单位：中原工学院）

论刘禹锡"秋"诗的精神意蕴

由兴波

辉煌一时的唐诗至唐代宗大历时期走向沉寂。传统上将唐诗分为"初、盛、中、晚"四期，而自大历始即进入"中"期。虽多有学者对唐诗"四分法"提出异议，但从这一时期开始，唐代诗人气质渐趋纤弱，诗歌气韵亦不再昂扬，虽与盛唐诗坛亦有文脉相承，但变化趋势显而易见。历经"安史之乱"，大唐王朝由盛转衰，社会生产遭受极大破坏，中央集权开始松动，藩镇割据渐趋激烈，随之远去的不仅是一个辉煌的盛朝，还有昂扬激进的文风。这一时期影响较大的诗人当推"大历十才子"，其诗多写闲情逸致，技巧上颇为成熟，气象上虽有盛唐遗韵，但终难追前代。大历年间的诗歌亦有承前启后之功，能有意开拓诗歌写作新路，着意以俚语俗词入诗，追求奇特的想象，并有意汲取自《诗经》《楚辞》以来的各种前代风格，为中、晚唐诗歌发展作了前期探索，具有启迪意义。此期诗歌最难继承前代的是内在气象，普遍缺乏"大唐气象"。

刘禹锡登上文坛时，面临着如何摆脱盛唐诗歌成就的光环笼罩，来开创诗歌新的境界的问题。同时期的很多诗人都作了诸多探索，其中影响最大的是韩孟、元白两大诗派，他们在各方面均有所突破，使唐诗的风貌发生了巨大变化。在这种政治大背景及诗歌大气候下，刘禹锡以其诗歌所体现的精神意蕴展现了自己的特色，是唐诗发展中具有真性情的诗人。

刘禹锡因其诗作较高的艺术性和思想性在明星璀璨的唐代诗坛占得一席。总体言之，其诗"远绍《诗经》《楚辞》的创作精神，近取杜甫博大浑涵之风、民歌俗谣清新刚健之气……既不同于元、白的轻倩浅俗，也有异于韩、孟的刻深僻涩，其诗风的根本特征是骨气端翔、格意奇高，始终贯穿着一种豪迈刚劲之气"。① 在刘禹锡传世的七百多首诗中，涉"秋"诗近四十首，更能体现其乐观向上的精神意蕴，展现其豪迈刚劲之气。

笔者对刘禹锡"秋"诗进行了统计，按其所表现的内在精神意蕴分为五类：①表现人生乐观精神、高雅境界的；②表现人生落寞悲观情绪的；③纯粹

---

① 吴庚舜，董乃斌. 唐代文学史：下 [M]. 北京：人民文学出版社，1995：198.

表现秋天景色的；④借秋景烘托气氛的；⑤仅借秋来标明时间的。具体篇目如下表所示：

序列	主要精神意蕴	作品
1	表现人生乐观精神、高雅境界	《秋江早发》《秋词二首》《秋日书怀寄白宾客》《秋日题窦员外崇德里新居》《谢淮南廖参谋秋夕见过之作》《秋日过鸿举法师寺院便送归江陵》《秋夕不寐寄乐天》《八月十五日夜半云开然后玩月因书一时之景寄呈乐天》《秋中暑退赠乐天》《酬乐天感秋凉见寄》《秋晚新晴夜月如练有怀乐天》《新秋对月寄乐天》《早秋雨后寄乐天》《和乐天秋凉闲卧》《秋霖即事联句三十韵》《张郎中籍远寄长句开缄之日已及新秋因举目前仰酬高韵》《酬留守牛相公宫城早秋寓言见寄》
2	表现人生落寞悲观情绪	《晚泊牛渚》《早秋集贤院即事》《始闻秋风》《秋风引》
3	纯粹表现秋天景色	《秋江晚泊》《八月十五日夜玩月》《奉和中书崔舍人八月十五日夜玩月二十韵》
4	借秋景烘托气氛	《秋日送客至潜水驿》《酬令狐相公秋怀见寄》《和令狐相公九日对黄白二菊花见怀》《秋日书怀寄河南王尹》《西塞山怀古》《秋夜安国观闻笙》《捣衣曲》
5	仅借秋来标明时间	《元和癸巳岁仲秋诏发江陵偏师问罪蛮徼后命宣慰释兵归降凯旋之辰率尔成咏寄荆南严司空》《大和戊申岁大有年诏赐百僚出城观秋稼谨书盛事以俟采诗者》《早秋送台院杨侍御归朝》《和武中丞秋日寄怀简诸僚故》《和浙西李大夫霜夜对月听小童吹觱篥歌依本韵》

一、表现人生乐观精神、高雅境界之作

在刘禹锡近四十首"秋"诗中，精神境界最高的当属此类。宋玉始创"悲秋"之语，历代文人逢秋多有寂寥之感，感叹秋之肃杀落寞，悲鸣人生之不遇，壮志未酬而身已老，多哀叹落寞情绪。但刘禹锡反其意而为之，他的

"秋"诗中多歌颂秋之美好，"豪迈刚劲之气"充盈字句之间，表现出人生逆境中的乐观精神，读之令人精神振奋，豪情壮志油然而生。代表作品当首推《秋词》其一①：

> 自古逢秋悲寂寥，
> 我言秋日胜春朝。
> 晴空一鹤排云上，
> 便引诗情到碧霄。

　　该诗摆脱了文人"悲秋"之感，将个人昂扬的斗志贯注于诗句之中，显得卓尔不群。刘禹锡深刻体悟出，古人"悲秋"只不过是借季节抒发个人生活不如意，表达对前途失望或无法掌握自身命运之感。所以他在诗中反其意而行之，明确指出"秋日胜春朝"，虽然草木凋零，秋风肃杀，但自然物候不会影响有斗志的人。秋天景物也并非无可取之处，昂首鸣叫、展翅晴空的孤鹤，即是秋景中的佳品。它给人带来奋进之感，激人奋发，催人拼搏。翱翔晴空的孤鹤带给诗人的"诗情"，直冲云霄。

　　为何刘禹锡在这首"秋"诗中有如此斗志？这需从其个人经历入手进行探求。

　　刘禹锡出身于小官僚家庭，祖、父均是下级官吏。刘禹锡出生在苏州嘉兴（今浙江省嘉兴市），并在此度过了青少年时光。在良好的家庭氛围熏陶下，刘禹锡自小就接触到诗赋创作，显示出一定的天赋，加之自幼聪明好学，得到了当时有名的"诗僧"皎然、灵澈的指点。

　　刘禹锡成年后，曾游学长安，名声渐隆。德宗贞元九年（793）中进士，同榜高中的还有柳宗元。这时刘禹锡可谓少年得志，个人的事业及诗名都处在一个上升期，这对他的心理是很大的激励。后任杜佑幕府掌书记，再迁监察御史，亦是一帆风顺。在此期间，刘禹锡与韩愈、柳宗元等交往甚密。韩、柳二人后来成为唐诗史上举足轻重的人物，刘禹锡与他们交往，自然也能提高自己的文学创作水平。

　　德宗贞元二十一年（805），德宗驾崩，顺宗即位。王叔文、王伾受到重用，开始政治改革，刘禹锡与柳宗元也同为改革的核心人物。但改革遭到保守势力的抵制，旋即失败，"二王"身死，刘禹锡、柳宗元等八人被贬至偏远荒

---

　　①《刘禹锡集》整理组，点校；卞孝萱，校订. 刘禹锡集［M］. 北京：中华书局，1990：349. 本文所引刘禹锡诗均出自该本，不再一一标注。

凉之地为司马，这就是著名的"二王八司马事件"。刘禹锡被贬任朗州（今湖南省常德市）近十年，后被召入京城，但不久又被贬出京城，直至敬宗宝历二年（826）任洛阳东都尚书省，前后被贬二十三年。因此刘禹锡在《酬乐天扬州初逢席上见赠》一诗中写道："巴山蜀水凄凉地，二十三年弃置身。"但仕途棱嶒并未消磨掉刘禹锡的斗志，他生性刚毅，意志坚韧，不畏强权，在贬所的困苦生活反而让他愈挫愈勇。他时常激励自己不要颓废，这种奋争之气在诗歌作品中时有展现，所以才有"沉舟侧畔千帆过，病树前头万木春"这样豪迈的诗句流传千古。

刘禹锡有"诗豪"之誉，在其"秋"诗中，这种豪情亦有流淌。面对仕途的不顺，诗人能以豁达心胸对之，并不因屡遭贬谪而有挫败之意，反而能将个人磨难与自然景物相融，并赋予景物以激情，来显示胸襟之阔达。《秋日书怀寄白宾客》中"兴情逢酒在，筋力上楼知"，视年老力衰为平常，但有"酒"即可助兴，面对"蝉噪芳意尽，雁来愁望时"这样的悲秋，诗人并未丧失豪情，反而劝慰"商山紫芝客，应不向秋悲"，此种乐观情怀跃然纸上。《秋江早发》中"沧州有奇趣，浩荡吾将行"句，亦是这种豪情的展示。

前所举《秋词》《酬乐天扬州初逢席上见赠》等诗表现昂扬之精神，而《秋日题窦员外崇德里新居》则表现其高雅之品性：

> 长爱街西风景闲，到君居处暂开颜。
> 清光门外一渠水，秋色墙头数点山。
> 疏种碧松通月朗，多栽红药待春还。
> 莫言堆案无余地，认得诗人在此间。

该诗写秋天时节，好友窦员外邀其参观在京城崇德里所购新居，诗人怀着浓厚兴趣赴约。"长爱街西风景闲"，表明诗人对此处早有向往之意，尤其一"闲"字，显示出诗人并非爱慕繁华场所，而是喜欢一片闲适所在，以能够摆脱尘世羁绊为最佳。"到君居处暂开颜"，则将一种欢愉之情流露出来。接下来诗人对此处新居的周边景物进行描摹，"一渠水""数点山""碧松""红药"等寥寥几处景物，触动了诗人内心的情愫，简单之中蕴含平实的生活真谛，即摆脱尘俗牵绊，追求世外桃源，抒写内心淡泊之志。尾联"认得诗人在此间"，即是一份文人真性情的体现。《酬乐天感秋凉见寄》中"闲人占闲景，酒熟且同倾"，亦将这种"闲情"抒发得淋漓尽致，"闲景"需"闲人"赏，才具有"闲情"。

二、表现人生落寞悲观情绪之作

任何人面对落寞境遇都很难直接坦然对待，必然需要经过一番内心斗争。豁达者通明世事，以乐观心态对之；悲观者自然产生挫败感，失去进取精神。刘禹锡虽有万丈豪情，但并非面对一切困难时都能以乐观心态对待，有时产生悲观落寞情绪，实属人之常情。如《晚泊牛渚》：

> 芦苇晚风起，秋江鳞甲生。
> 残霞忽改色，远雁有余声。
> 戍鼓音响绝，渔家灯火明。
> 无人能咏史，独自月中行。

此诗作于长庆四年（824），时值刘禹锡自夔州（今重庆市奉节县）调任和州（今安徽和县）刺史。由偏远地域内迁，证明其境遇稍有改观。在赴任途中，刘禹锡夜宿牛渚。牛渚山即著名的采石矶，位于今天的安徽省马鞍山市的长江南岸，自古即为重要津渡。刘禹锡此诗写夜宿牛渚，晚风吹荡芦苇，诗人面对滔滔江水，想到尘世漂泊，落寞孤寂之感油然而生。因此所用词汇也显得肃杀，"晚风""秋江""残霞""远雁"等意象，无一不透露出诗人内心的漂泊与凄凉之感。整个自然界的氛围是冷漠的，是凄凉的，而诗人心境也异常沉重。

面对这样的秋景，诗人想到牛渚在历史上的诸多典故。其中《晋书·文苑传》记载，东晋人袁宏少有才气，但因家贫，无出人头地的机会，只能以为人运米为生。一天夜里，袁宏的运米船停泊于牛渚矶下，他夜深难寐，即于江边吟诵自己的咏史诗。镇守牛渚的镇西将军谢尚恰巧带部下巡江，路过此处，听闻袁宏吟诗，认为是佳作，当即派人寻找，将袁宏请到船上。两人彻夜相谈，相见恨晚，于是谢尚聘袁宏在自己幕府中担任参军之职。袁宏得到谢尚相助，自此仕途平顺，一直官至东阳太守。而刘禹锡历经仕途波折，却无知音相引。"无人能咏史，独自月中行"，没有袁宏那样的好运，自己只能独自而行。尾联二句是诗人内心真实写照，使全诗主旨充分显露。刘禹锡常在"秋"诗之中表现积极向上的豪情，但偶尔也有英雄失意、壮志未酬之无奈。

刘禹锡面对秋景，也常将个人身世之感融入诗中。《秋风引》写道："何处秋风至？萧萧送雁群。朝来入庭树，孤客最先闻。"抒发了诗人在他乡孤独寂寞，眼见秋风起，雁群归，思乡之情自心底涌起。《始闻秋风》中"五夜飕飔枕前觉，一年颜状镜中来""天地肃清堪四望，为君扶病上高台"等句，均慨叹仕途多舛，而年老多病，镜中衰老迹象扑面而来，令人唏嘘。《早秋集贤院即事》中"早岁忝华省，再来成白头"句，同样感慨世事无常，人生易老。

三、纯粹表现秋天景色之作

刘禹锡"秋"诗中，亦有不涉个人身世，仅是欣赏秋景，描摹秋天美丽景色的作品。如《八月十五日夜玩月》中描写月光明媚，秋色无边，"星辰让光彩，风露发晶英"，展现诗人的一片闲情，仅是对月夜美景的赏玩，而不须更多附会解读。

再如《奉和中书崔舍人八月十五日夜玩月二十韵》一诗，诗人对月夜的赏玩更加细致，对月光皎洁之美好极尽描摹之力："暮景中秋爽，阴灵既望圆。腾精浮碧海，分照接虞渊。迥见孤轮出，高从倚盖旋。二仪含皎澈，万象共澄鲜。整御当西陆，舒光丽上玄。从星变风雨，顺日助陶甄。远近同时望，晶荧此夜偏。运行调玉烛，洁白应金天。曲沼疑瑶镜，通衢若象筵。"对于月色之美好，铺陈排比，语言华丽，虽是和诗，但穷尽笔墨，显示出诗人才情之高妙。

四、借秋景烘托气氛之作

刘禹锡"秋"诗中亦有借描摹秋景来烘托气氛之作，诗意与秋无涉，仅借"秋"发挥而已。其著名的《西塞山怀古》中"故垒萧萧芦荻秋"，即是通过秋来烘托历史遗迹，前朝的繁华与落寞都已经过去，在萧萧秋风中，只有芦苇在摇曳。《秋江晚泊》中"长泊起秋色，空江涵雾晖。暮霞千万状，宾鸿次第飞"，亦是通过对自然景物的叙写，展现一片秋色。《秋夜安国观闻笙》《捣衣曲》等诗亦是如此。

刘禹锡的"秋"诗中，亦有秋天送别、赠答友人之作，用"秋"标明一些时间，同时融入诗的内容，借季节来表现离别之情。如《酬令狐相公秋怀见寄》诗中，开篇渲染秋的寂寥氛围："寂寞蝉声静，差池燕羽回。秋风怜越绝，朔气想台骀。"在送别友人时，诗人先将景物的寂寥写出，映衬自己的难舍情怀。进而再表达对友人的不舍之情。《秋日送客至潜水驿》《和令狐相公九日对黄白二菊花见怀》《秋日书怀寄河南王尹》等诗也采取了这种方法。

五、仅借秋来标明时间之作

刘禹锡的一些"秋"诗，仅仅是借"秋"来标明时间而已，内容与"秋"意无涉，如《元和癸巳岁仲秋诏发江陵偏师问罪蛮徼后命宣慰释兵归降凯旋之辰率尔成咏寄荆南严司空》《大和戊申岁大有年诏赐百僚出城观秋稼谨书盛事以俟采诗者》《早秋送台院杨侍御归朝》《和武中丞秋日寄怀简诸僚故》《和浙西李大夫霜夜对月听小童吹觱篥歌依本韵》等诗，均是如此，本文不作分析。

刘禹锡诗艺术水准较高，"合气骨、情致、韵度为一体，熔清丽、含蓄、流畅为一炉，善于通过丰富的想象和新妙的构思，运用警辟有力的语言，委婉深曲的比兴手法和透脱精切的典故，刻画鲜明生动的形象，表现优美的境界和深刻的思想"[①]。刘禹锡在中唐诗坛影响较广，享有较高的威望，很多中唐乃至晚唐诗人都受到他的影响，这与其诗中的昂扬精神意蕴密不可分。

（作者单位：吉林大学）

---

① 卞孝萱，卞敏. 刘禹锡评传［M］. 南京：南京大学出版社，2011：293.

论刘禹锡诗文中的女性世界

李云安

唐代文人笔下的女性形象，既有横向上的各个民族、阶级、地区的女性，又有纵向上的不同时期的女性。唐代文人在其作品中勾勒出的女子形象被赋予了作者的情感态度，承担着作者安排的社会性别角色，同时延续着社会、民族等赋予的责任、义务，反映了特定历史时期人们的生活状态。刘禹锡以其雄豪的诗风和众多的诗文在中唐诗坛上独树一帜，备受历代研究者的重视与关注。纵观古今刘禹锡研究成果，主要集中表现在文集整理、作家作品研究以及问题争鸣三大方面，而对其作品的研究，则侧重于男权视角的解读，却对其诗歌中的女性形象缺乏应有的关注。据笔者统计，刘禹锡诗文中描写女性形象的诗共57首。本文将从女性视角出发来解读刘禹锡诗歌所塑造的女性形象及诗人所倾注的情感。

一、市井女性形象

唐朝人思想相对开放，市井女性作为当时社会的特殊人群而存在。市井女性多为世道所困，为生活所逼，为社会各阶层歌舞助兴，消遣娱乐。根据归属和服务对象的不同，她们被分为宫伎、官伎、民伎等。这点，鲁迅先生在《中国小说史略》中指出："唐人登科后，多所冶游，习俗相沿，以为佳话，故伎家故事，文人间亦著之篇章。"故歌伎、舞伎成为人们生活中的一部分，也成为当时文人茶余饭后的谈资。这些歌伎、舞伎，主要以声歌袖舞、抚琴操觚谋取生存资本，她们出身卑贱，被人们所不齿，自视清高的文人更是对她们加以嘲讽和鞭笞。可就在这一时期，刘禹锡并没有排斥对市井女性形象的塑造。他笔下的市井女性形象多为宫伎和官伎，这些市井女性形象有擅弹琵琶的泰娘、体轻似无骨的舞者、游园闹春的歌伎、留宾宴的乐妓、日夜思念的故姬。诗人多以对市井女性形象的塑造寄怀自己的身世之悲。

1. 人格独立的舞伎形象

诗人历经坎坷，饱尝生活艰辛，对于有着独立人格的舞伎充满敬意。她们不向命运低头，对生活有着积极乐观的心态，并顽强地生存着。《观舞柘枝二

首》其一："胡服何葳蕤，仙仙登绮墀。神飙猎红蕖，龙烛映金枝。垂带覆纤
腰，安钿当妩眉。翘袖中繁鼓，倾眸溯华榱。燕余有旧曲，淮南多冶词。欲见
倾城处，君看赴节时。"① 柘枝舞是源于西域石国的一种乐舞，一般宫中舞女
在传统节日到来时会表演此舞。此诗描写了一位生活在宫中并且舞技超群的舞
女。她舞姿曼妙，身材娇柔，她沦落风尘，却没有失去对生活的希望，以技艺
谋生，坚忍不拔，显现了唐代女性在社会逼迫下自立自强的人格力量。作者细
腻的笔墨，真实再现了这个时代中舞伎的抗争，她们以精湛的技艺，博得当时
文人的青睐。此时，诗人和白居易远离长安，对于宫中欢乐生活的怀念，渗透
着诗人对自己身世的叹惋和无可奈何。这种"伟女子"在刘禹锡的另一首诗
歌中也有体现。《酬牛相公独饮偶醉寓言见示》："宫漏夜丁丁，千门闭霜月。
华堂列红烛，丝管静中发。歌眉低有思，舞体轻无骨。主人启酡颜，醺畅浃肌
肤。犹思城外客，阡陌不可越。春意日夕深，此欢无断绝。"② 诗中，舞女
"歌眉低有思，舞体轻无骨"，红唇笑靥，雪凝白肤，轻盈出挑。她们为取悦
众人，面带笑容，舞姿曼妙。缭绕的丝弦管竹之乐，女子的低眉俯首之欢，为
春夜增添了丝丝生气。或许她们内心在煎熬、在哭泣，却为了生计而将跳舞视
为有尊严的职业。这样大胆的描写正是诗人对她们的高度认可，也是中唐时期
人们对女性逐步产生认同的表现。

2. 命蹇时乖的歌伎形象

刘禹锡善于观察社会，对于社会最底层的歌伎有着深切的关注与同情，她
们就是诗人观察社会的窗户，人们可以从中体味到社会的冷暖。《泰娘歌》：
"泰娘本韦尚书家主讴者。初，尚书为吴郡，得之，命乐工诲之琵琶，使之歌
且舞，无几何，尽得其术。居一二岁，携之以归京师。京师多新声善工，于是
又捐去故伎，以新声度曲。而泰娘名字往往见称于贵游之间。元和初，尚书薨
于东京，泰娘出居民间。久之，为蕲州刺史张愻所得。其后愻坐事谪居武陵
郡。愻卒，泰娘无所归，地荒且远，无有能知其容及艺者，故日抱乐器而哭，
其音燋杀以悲。雒客闻之，为歌其事。"③ 此泰娘为"尚书家主讴"，莺语燕
姿，落落大方，工于琴棋，精于书画，尤擅弹琵琶。最后却孤苦伶仃，沦落在
社会最底层。她知道生活不易，没有为自己的身世遭遇呐喊，而是对琵琶倾
诉，用声声弦乐道出不尽的苦言。诗人对其不幸遭遇表示深切同情，虽然她们
只代表了社会底层一部分人的遭遇，但更多的人和事，我们可从中窥见一斑。

---

① 陶敏，陶红雨，校注．刘禹锡全集编年校注［M］．长沙：岳麓书社，2003：775.

② 陶敏，陶红雨，校注．刘禹锡全集编年校注［M］．长沙：岳麓书社，2003：692.

③ 陶敏，陶红雨，校注．刘禹锡全集编年校注［M］．长沙：岳麓书社，2003：137.

3. 青春活力的歌伎形象

诗人也亲近自然，崇尚清新，流露出对充满生命力的游春歌伎的喜爱。《庭梅咏寄人》："早花常犯寒，繁实常苦酸。何事上春日，坐令芳意阑？夭桃定相笑，游伎肯回看。君问调金鼎，方知正味难。"① 读毕，读者脑子里是挥之不去的游春歌伎形象，她们青春，富有朝气。早春绽放的桃花鲜艳热烈，游春歌伎驻足赏玩，好一派热闹的景象。诗人对年轻歌伎的青春活力是羡慕的，而"热闹是她们的，我什么也没有"，在这欣欣向荣的景色面前，作者思绪飘远，无限惆怅。此诗是诗人于元和中在朗州所作，张九龄《庭梅咏寄人》云："更怜花蒂弱，不受岁寒移。……馨香虽尚尔，飘荡复谁知。" 刘诗借早梅不畏严寒而零落喻己之不幸，与张诗旨意略同，所以作者羡慕这些欢快的游春歌伎。

除前两首诗写作时间不详，后两首均为元和中在朗州所作。作者因"永贞革新"先是被贬为连州刺史，后改为朗州司马，有名而无实权。永贞元年（805）夏，朗州大水成灾："沆水泛滥，环及庐舍，几盈千室，生人禽畜，随流逝止。"刘禹锡到达朗州，虽大水已退，但水灾造成的破败景象仍然很凄凉。作者在这样的情况下，选择了沅江之滨一个与招屈亭相临的地方居住下来。此外，在其到达朗州第二年，传来太上皇李诵驾崩的消息，以及王叔文被宪宗"赐死"的噩耗。诗人北望长安，心系京都，哭吊顺宗、王叔文，为他们被害鸣"冤"。除了奋笔疾书的《武陵书怀五十韵并引》，其选取的市井女性形象也充分展现了诗人的境遇。这些女子或欢或悲，或离或合，都逃不出命运的安排，正如诗人自己，因小人陷害而仕途坎坷，终将成为政治斗争的牺牲品。

二、田野村姑形象

刘禹锡在朗州生活十余年，"唯以文章吟咏，陶冶情性。蛮俗好巫，每淫词鼓舞，必歌俚辞"，② 他发现"伧谣俚音，可俪《风》什"，认为民间歌谣可与《诗经》的风采相媲美，从而对民歌产生了兴趣，创造了一种新的能诵能歌的诗歌形式。田野村姑便是诗人在创作时突出表现的一类新形象，她们劳作于乡间，勤勤恳恳，诠释着普通百姓劳动中闪耀的光芒，并用歌声传情达意，互诉情思，乐在其中。劳动者社会心态的变化始于唐朝前期，此时国家清

① 陶敏，陶红雨，校注. 刘禹锡全集编年校注 [M]. 长沙：岳麓书社，2003：156.

② 刘昫，等. 旧唐书：卷一百六十 [M]. 北京：中华书局，1975：4209.

明，百姓安居乐业，农业、手工业空前发展，劳动者得到了应有的尊重。

　　1. 勤恳的劳动女子形象

　　刘禹锡一生的足迹遍及祖国各地，他在踏寻山川的同时，也在进行自我寻找，最后，他把视角放在普通劳动女子身上，认为她们是美的化身，表现了诗人对劳动女子勤劳、淳朴品格的喜爱与赞美。《采菱行》："白马湖平秋日光，紫菱如锦彩鸳翔。荡舟游女满中央，采菱不顾马上郎。争多逐胜纷相向，时转兰桡破轻浪。长鬟弱袂动参差，钗影钏文浮荡漾。笑语哇咬顾晚晖，蓼花绿岸叩船归。归来共到市桥步，野蔓系船萍满衣。家家竹楼临广陌，下有连墙多估客。携觞荐芰夜经过，醉踏大堤相应歌。屈平词下沅江水，月照寒波白烟起。一曲南音此地闻，长安北望三千里。"① 此诗生动描写了武陵人在秋天采菱待客的风俗。《尔雅翼》卷六："吴楚之风俗，当芰熟时，士女相与采之，故有采菱之歌以相和，为繁华流荡之极。"诗中，采菱姑娘划着桨，连动衣袂，钗影钏文，清唱着采菱曲，一边争相采莲，一边热闹待客，场面热闹非凡。面对此情此景，溢于言表的轻快活泼之词，表现了诗人对她们勤劳、热情好客的赞许。正是采菱女子的勤劳品质让作者看到了希望，因为她们没有埋怨生活不济，而是用积极的心态去面对。在另外两首诗中，作者对劳动者也给予了高度肯定，同时对霸占劳动成果者进行了严厉斥责。《浪淘沙词九首》其五："濯锦江边两岸花，春风吹浪正淘沙。女郎剪下鸳鸯锦，将向中流匹晚霞。"② 此诗描写红边的浣纱女郎。她们剪下鸳鸯锦缎，在清澈的江水中漂洗，要与倒映在江中的晚霞相媲美。形象上，在劳动中寻找乐趣的浣纱女不再是男子的附属品，而是拥有乐观心态的美好女子。同样的，《浪淘沙词九首·其六》："日照澄洲江雾开，淘金女伴满江隈。美人首饰王侯印，尽是沙中浪底来。"③ 此诗也再现了勤勤恳恳的淘金女形象。诗人对她们的辛勤劳动是肯定的，更是尊重的。可是"美人首饰王侯印，尽是沙中浪底来"，淘金女的劳动成果最终成为美人穿戴的金银配饰和王侯将相的金印。当权者的奢靡与女郎的辛勤形成反差，剥削者无限度地占用劳动者的成果，诗中饱含了诗人对劳动人民深深的怜悯和对霸占劳动成果者的愤懑。

　　2. 痴情女子形象

　　刘禹锡在朗州期间首创了模仿长江流域民间体诗所作的第一首爱情诗——《踏歌词》。诗中的女主人公或美丽，或痴情，或勇敢，诗人肯定了女子大胆

---

　　① 陶敏，陶红雨，校注. 刘禹锡全集编年校注［M］. 长沙：岳麓书社，2003：184.

　　② 陶敏，陶红雨，校注. 刘禹锡全集编年校注［M］. 长沙：岳麓书社，2003：604.

　　③ 陶敏，陶红雨，校注. 刘禹锡全集编年校注［M］. 长沙：岳麓书社，2003：605.

追求爱情的行为。这种女性觉醒的变化源于唐帝尊老子为先祖，兴道家而衰儒家。"三从四德"等桎梏女性自由与发展、降低女性地位的条条框框大都出自儒家思想，道家的兴盛削弱了儒家神圣不可撼动的地位，减弱了其对女性思想的影响，女性从此有了自主的发展空间。她们在爱情上选择表达自我意愿，独立意识逐渐觉醒。譬如《踏歌词四首》其一："春江月出大堤平，堤上女郎连袂行。唱尽新词欢不见，红霞映树鹧鸪鸣。"① 踏歌，即踏地为节而歌。《宣和书谱》卷五："南方风俗，中秋夜妇人相持踏歌，婆娑月影中，最为盛集。"等待情郎的女子在堤上徘徊，用歌声唱出了自己的思念。明月升起，洒满河床的江水掩映着大堤。此时的女郎翩翩而来，等到"红霞映树鹧鸪鸣"的时候不见情郎，淡淡的忧思溢满女郎心头，焦灼的心情无人能诉。短短的四句诗生动再现了对爱情坚持不懈的痴情女子形象。刘禹锡依照民间曲调《竹枝》创作的情诗，再现了勇于表达爱情的女性形象。譬如《竹枝词二首》其一"杨柳青青江水平，闻郎江上唱歌声。东边日出西边雨，道是无晴还有晴。"② 这首诗成就最高，它将爱恋中女子的微妙心理变化借用谐声双关语表现出来，说它天晴，西边还下着雨；说它下雨，东边还出着太阳。这里"晴"字化作此"情"，有力地刻画了思念情郎的女子形象。这两首情诗在写作手法和艺术表现力上有异曲同工之妙，都是通过女子对爱情的渴望，来表达作者对她们突破思想桎梏、大胆追爱行为的赞美。

三、宫中女子形象

李唐王朝承袭隋朝后宫制度，对此时的女性执行极其严格的等级制度。宫中女子身处华丽的殿宇楼台，却没有人身自由。刘禹锡作为一个正视现实的正义作家，当然不能对这些腐朽的现象熟视无睹，他对广大深宫女子的悲惨命运予以同情，又有钦佩和痛惜。

1. 精贯白日的烈女形象

诗人关注的女性不仅是用来怜爱，更多是用来尊重和缅怀的。她们身上既有传统女性的美德，又有众多原本被认为只属于男性的优秀品格。樊姬以一颗斗士的灵魂，大胆谏言，深受诗人钦佩。《纪南歌》："风烟纪南城，尘土荆门路。天寒多猎骑，走上樊姬墓。"③ 《烈女传》卷二："樊姬，楚庄王之夫人

---

① 陶敏，陶红雨，校注．刘禹锡全集编年校注 [M]．长沙：岳麓书社，2003：188.
② 陶敏，陶红雨，校注．刘禹锡全集编年校注 [M]．长沙：岳麓书社，2003：324.
③ 陶敏，陶红雨，校注．刘禹锡全集编年校注 [M]．长沙：岳麓书社，2003：58.

也。庄王即位，好狩猎，樊姬谏，不止，乃不食禽兽之肉。王改过，勤于政事。"樊姬刚毅，勇于谏言，并以身作则，说服君王。诗人来到樊姬墓，借樊姬对君王的辅佐，表明自己的心志。此诗作于永贞元年（805）十月赴连州途径江陵之际，当时刘禹锡与王叔文等人在顺宗李诵的支持下进行政治革新。"永贞革新"昙花一现，只维持了一百四十六天，事后宦官逼迫，以"顺宗内禅"而宣告失败。宪宗上台的第三天，开始惩治革新派，刘禹锡也因此被贬连州，从此开始了在贬谪道路上的艰难跋涉。又譬如《酬端州吴大夫夜泊湘川见寄一绝》："夜泊湘川逐客心，月明猿苦血沾襟。香妃旧竹痕犹浅，从此因君染更深。"①《博物志》卷八："尧之二女，舜之二妃，曰湘夫人。舜崩，二妃啼，以涕挥竹，竹尽斑。"潇夫人是帝舜的两位贤妃，诗中刻画了忠贞的烈女形象。二妃听闻帝舜不幸病逝于苍梧，追至湘江边上，恸哭不止，后投水以随。诗人在叹惋他们凄美爱情的同时，对二妃的忠贞不渝给予了崇高的赞美。

2. 命途多舛的宫女形象

这类形象的涌现，除了与当时不合理的后宫制度有关，更多的是由于开放的唐王朝思想文化政策相对宽松，文人开始坦诚地用文字关怀宫廷女子这一特殊女性群体。刘禹锡关注宫廷女子，除了为她们的不幸遭遇鸣不平，更多的是寄托一种情感。譬如《阿娇怨》"望见葳蕤举翠华，试开金屋扫庭花。须臾宫女传信来，言幸平阳公主家。"②汉武帝幼年为胶东王时就喜欢阿娇，曾对阿娇之母长公主说："若得阿娇作妇，当做金屋贮之也。"（事见《汉武故事》）阿娇当了汉武帝的皇后，十年无子，后平阳公主进歌伎卫子夫得幸。诗中写阿娇思前想后，且喜且忧，到最后如梦初醒。阿娇的一生代表了后宫佳丽的普遍遭遇，从被皇帝恩宠到凄清一人，其中的辛酸无以言表。细细品诗，诗人如陈皇后一般，功勋卓越，受到皇帝赏识，可好景不长，被人中伤，数次被贬，远离长安。阿娇的怨，诗人的怨，深入骨髓。他们的境遇太像了，诗人对阿娇有着说不尽道不完的苦言。

此外，刘禹锡擅长写咏史怀古诗，一类是借咏古以抒怀，一类是借古讽今。他并没有单纯地怀古，而是从现实的需要出发，站在时代的高度，以一个政治家和思想家的视角，将现实的感受与历史的沉思结合起来，以历史题材反映现实内容，寓深刻的哲理于咏史怀古之中。在他笔下，众多普通宫女变化无常的命运时刻上演，令诗人痛心。《咏古二首有所寄》其一："车音想辚辚，

---

① 陶敏，陶红雨，校注. 刘禹锡全集编年校注［M］. 长沙：岳麓书社，2003：713.
② 陶敏，陶红雨，校注. 刘禹锡全集编年校注［M］. 长沙：岳麓书社，2003：784.

不见辇下尘。可怜平阳第，歌舞娇青青。金屋容色在，文园词赋新。一时复得幸，应知失意人。"① 与《咏古二首有所寄》其二："寂寂照镜台，遗基古南阳。真人昔来游，翠凤相随翔。目成在桑野，志遂贮椒房。岂无三千女，初心不可忘。"② 这两首咏史怀古诗多角度、多层次地描绘了深宫女性藏匿于心的欣喜、哀怨、绝望，写出了汉武帝卫皇后得宠、陈皇后失宠以及汉光武帝宠阴皇后之事，对于她们命运的转变，诗人叹惋、痛惜。这里诗人咏的是宫中女子命运，写的是和她们命运一样的天下百姓，借女性形象影射出社会问题，这才是诗人的写作目的。此时，诗人对同贬的"八司马"中最先得以复用的程异提出劝勉和希望。

3. 不忘"初心"的宠妃形象

"一朝复得幸，应知失意人""岂无三千女，初心不可忘"，这"初心"，应指程异当初参加王叔文集团时所抱的政治革新的心愿，刘禹锡显然愿以此与程异共勉。

4. 哀怨失意的妃子形象

刘禹锡也勇于控诉权贵，对历史上斥责杨玉环惑主误国的言论加以指正，她只是将纯真的爱情乃至生命托付给了唐玄宗，两人的爱情悲剧令诗人深感痛惜。《杨柳枝词九首》其五："花萼楼前初种时，美人楼上斗腰支。如今抛掷长街里，露叶如啼欲恨谁？"③ 美人指杨玉环，她集万千宠爱于一身，却倚栏泣露，伤感失意。诗人面对如此美人，不禁心生痛惜。胡次焱曰："此乃梦得自道也。其与议禁中，所言必从，此'花萼楼前初种时'也。降武元衡，贬窦群，斥韩皋，此'美人楼上斗腰支'也。贬连州刺史，斥朗州司马，易柳州，徙夔州，此'如今抛掷长街里'也。"（《唐诗选脉会通评林》）花萼楼最初是唐玄宗与兄弟亲王宴饮的地方，后来玄宗与杨玉环曾在此玩乐。诗人批评唐玄宗荒淫无度，暗讽当朝为官者纵情享乐，玩弄权术。

四、闺阁佳人形象

古代"佳人"一指美人，宋代苏轼《虢国夫人夜游图》诗："佳人自鞚玉花骢，翩如惊燕踏飞龙。"二指美好的人，即君子贤人。汉武帝《秋风辞》："兰有秀兮菊有芳，携佳人兮不能忘。"三指怀念中的女子、理想中的女子及

---

① 陶敏，陶红雨，校注. 刘禹锡全集编年校注 [M]. 长沙：岳麓书社，2003：85.
② 陶敏，陶红雨，校注. 刘禹锡全集编年校注 [M]. 长沙：岳麓书社，2003：86.
③ 陶敏，陶红雨，校注. 刘禹锡全集编年校注 [M]. 长沙：岳麓书社，2003：599.

有才情的女子。李延年对汉武帝唱道："北方有佳人，绝世而独立。一顾倾人城，再顾倾人国。宁不知倾城与倾国？佳人难再得。"纵观刘禹锡诗歌中描写的佳人，主要有美人、美好的人以及有才情的女子等。具体细说如下：

1. 丰姿秀丽的美人形象

诗人内心郁积了苦闷，但在高度集权的社会，他不能高声呐喊，于是选择诗歌和女子来倾诉情感。诗人借貌美佳人容颜不复来表达自己容颜渐衰、青春不在的感伤。《送春词》："昨来楼上迎春处，今日登楼又送归。兰蕊残妆含露泣，柳条长袖向风挥。佳人对镜容色改，楚客临江心事违。万古至今同此恨，无如一醉尽忘机。"① 诗中思妇登楼送归，牵挂远去的情郎。"佳人对镜容色改"，自己容色已改，要做违背本心的事，不如一醉忘却世俗纷争。好比诗人对君王的渴慕，随着时光流逝，容颜渐衰，何时能够等到君王赦免的诏令？这对一心想建功立业的人来说，无疑是一种打击。

诗人也失落、伤感，表现出对美好的人的留恋。《花下醉中联句》："共醉风光地，花飞落酒杯。残春犹可赏，晚景莫相催。酒幸年年有，花应岁岁开。且当金韵掷，莫遣玉山颓。高会弥堪惜，良时不易陪。谁能拉花住？争换得春回？我辈寻常看，佳人早晚来。寄言三相府，欲散且裴回。"② 貌美的佳人常在，美好的事物易得，可"时久落魄，郁郁不自抑，其吐辞多讽托远，意感权臣，而憾不释"③。此诗于大和二年（828）三月初归长安作，这里的"我辈"指的是参加联句的李绛、白居易、崔群、杨嗣复及作者本人，他们都是当朝的有志之人。诗人借"谁能拉花住？争换得春回？"表明希望大家能够齐心协力，重整朝纲。他一生颠沛流离，但此时年过半百却不忘初心，抱着施道展志的愿望，与大家聚在一起，谈论政事，抒报国之志。

2. 缠绵悱恻的思妇形象

女子的坦诚和开放激发了作者的柔情与创作，促使他对缠绵悱恻的爱情大胆讴歌。《淮阴行五首》其四："何物令侬羡？羡郎船尾燕。衔泥趁墙竿，宿食长相见。"④ 女子看着随船远去的燕子，自己却要忍受与丈夫千里离别之痛，不知道何时才能相见。淡淡的几笔，勾勒出了重情女子和丈夫的依依惜别。诗中略去了一切对送别场面的描写，一落笔就抓住了女主人公的心理活动——羡慕丈夫船尾的燕子，把女主人公的一片深情和盘托出。宋人黄庭坚称赞：

---

① 陶敏，陶红雨，校注. 刘禹锡全集编年校注［M］. 长沙：岳麓书社，2003：787.

② 陶敏，陶红雨，校注. 刘禹锡全集编年校注［M］. 长沙：岳麓书社，2003：441.

③ 傅璇琮. 唐才子传校笺：第5册　补正［M］. 北京：中华书局，1995：491.

④ 陶敏，陶红雨，校注. 刘禹锡全集编年校注［M］. 长沙：岳麓书社，2003：293.

"《淮阴行》，情调殊丽，语气稳切。"

3. 能诗善文的才女形象

诗人赏识有才情的女子，可现实情况是有识之辈被埋没，不被重用，诗人内心难免伤怀。《柳絮》："飘飏南陌起东邻，漠漠蒙蒙暗度春。花巷暖随轻舞蝶，玉楼晴拂艳妆人。萦回谢女题诗笔，点缀陶公漉酒巾。何处好风偏似雪？隋河堤上古江津。"① 《晋书·王凝之妻谢氏传》："谢氏字道韫，安西将军奕之女也，聪识有才辨。……尝内集，俄而雪骤下，安曰：'何所似也？'安兄子朗曰：'散盐空中差可拟。'道韫曰：'未若柳絮因风起。'安大悦。"② 谢女才智过人，女将尚且被赏识，我等曾建功立业之辈又如何？

诗人笔下的佳人道出了刘禹锡的闲情、愁绪。暮年的诗人，已经没有了年轻时的雄心壮志，即使再被重用，多是力不从心。这些女性形象让我们看到了诗人对美好事物易逝的淡淡忧伤，亦如女子的容颜一去不复返，这正是诗人一生遭遇的写照。

五、神仙女子形象

除上述女性形象外，诗人还以典故刻写神仙女子。众所周知，中国文人素有浓厚的"神女情结"。这种情结，杂糅现实与欲望的双重因素，是男性文人在封建礼教背景下的一种精神寄托。这些女子，或思想精深，或道行高深，使贬谪生活中的诗人创作更清新、浪漫。

1. 德高思精的仙女形象

据《新唐书》《旧唐书》和《唐才子传》记载，诗人在幼年时便向诗僧皎然、灵澈学诗，他们在诗歌理论上有自己的见解，造诣很高。诗人对有才情的人都很尊敬和仰慕，当然也包括张炼师、元君这样的道教大师。《赠东岳张炼师》："东岳真人张炼师，高情雅淡世间稀。堪为烈女书青简，久事元君住翠微。金缕机中抛锦宇，玉清坛上著霓衣。云軿不要吹箫伴，只拟乘鸾独自飞。"③ 在《赠东岳张炼师》中，张炼师是泰山第一位女道士，主持玉女祠，元君即泰山著名女神，宋真宗赐"碧霞"封号。王锡爵在《东岳碧霞宫碑》中说："元君能为众生造福如其愿……贫者愿富，疾者愿安，耕者愿岁，贾者

---

① 陶敏，陶红雨，校注. 刘禹锡全集编年校注 [M]. 长沙：岳麓书社，2003：17.

② 房玄龄，等. 晋书：卷九十六 [M]. 北京：中华书局，1974：2516.

③ 陶敏，陶红雨，校注. 刘禹锡全集编年校注 [M]. 长沙：岳麓书社，2003：773.

愿息，祈生者愿年，未子者愿嗣……"① 元君庇护众生，惩治强暴，皆能如其愿，深受百姓爱戴。刘禹锡早期接触了这些道教大师，向她们学习。这也是诗人后来在禅学理论上取得成就的一个重要原因。

2. 美丽迷离的神女形象

诗人闲居，不与世俗同流合污，活在当下，享受生活。《何严给事闻唐昌观玉蕊花下有游仙二绝》："玉女来看玉蕊花，异香先引七香车。攀枝弄学时回顾，惊怪人间日易斜。"② 诗于大和二年（828）在长安作。小仙女清新可人，性情温和，争相来看玉蕊花，异香芳馥，数十步之外都能闻到。"攀枝弄学时回顾，惊怪人间日易斜"写出了小仙女的神秘，正是这样的刻画，使得小仙女越发可望而不可即，正如诗人虽然被贬，可是洁身自好，自得清闲。

在唐朝，神仙女子形象对于文人墨客来说并不陌生，她们成为诗词歌赋中的普遍意象，这得益于当时道教文化在唐朝的广泛传播。道教成为一种精神力量，渗透到人们日常生活中。

结　语

诗人对笔下的女性有着深深的情意。这些女性形象的塑造，与刘禹锡所处的时代有着密切关系。中唐正是大唐帝国由盛转衰的时期，在经济、政治、文化等方面都出现了不同的问题。这不仅仅关系到一个国家的存亡，更危及千千万万百姓的生活，重重的社会问题使得刘禹锡笔下的女子形象让人"哭笑不得"，哭的是她们的不幸遭遇，笑的是不合理的社会制度。作者借这些女性形象来表达自己内心的情感，"诗者，志之所之也。在心为志，发而为诗"（《毛诗·大序》）。作者需要寻找一种方式来表达自己，可当时的社会不允许他像当今社会的我们一样，可以民主地表达自己的诉求，所以作者无奈之下把所看所听形诸笔下，聊以自慰。不过，唐代的女性较其他封建时期的女性地位要高一些，因为唐朝是我国封建历史时期的鼎盛期，有着较高的自由性和开放性，女性对自身的认识开始觉醒，懂得为了自己的权利抗争，提高了自己的社会地位。另外，当时封建社会的宗法制对女性的束缚较为宽松，加上统治者的一些政策，她们不再奉行"女子无才便是德"的观念，读书习字，关心国家大事，于是在刘禹锡笔下，出现了一些美好的才子佳人形象。

总的来说，刘禹锡是一个积极入仕却屡遭坎坷的失意人。他的足迹遍及山

① 李玉明. 三晋石刻大全：晋中市左权县卷［M］. 太原：三晋出版社，2010：447.

② 陶敏，陶红雨，校注. 刘禹锡全集编年校注［M］. 长沙：岳麓书社，2003：445.

水之间，而心系朝野。在他女性题材的诗歌中，不难看出，他笔下丰富多彩的女性世界正是作者所处时代的缩影。正如萨特所说："一个人写作只是为自己，那不符合实际。"刘禹锡的创作不仅是直抒胸臆，还为我们打开了通向世界的一扇窗户，透过这扇窗，我们可以看见社会的真实面貌。

参考文献：

[1] 陈伯海．唐诗汇评：中 [M]．杭州：浙江教育出版社，2004.

[2] 卞敏，卞孝萱．刘禹锡评传 [M]．南京：南京大学出版社，1996.

[3] 卞孝萱．卞孝萱文集：第一卷 [M]．南京：凤凰出版社，2010.

[4] 陶敏，陶红雨，校注．刘禹锡全集编年校注：上、下册 [M]．长沙：岳麓书社，2003.

[5] 刘梦初．刘禹锡朗州诗文研究 [M]．长沙：中南大学出版社，2004.

[6] 戴志传．刘禹锡谪居武陵 [M]．北京：中国文联出版公司，2003.

[7] 傅明善．刘禹锡十年研究综述 [D]．宁波：宁波大学文学院研究所，2000.

[8] 芦荻，朱帆．刘禹锡及其作品 [M]．长春：时代文艺出版社，1895.

[9] 张菁．唐代女性形象研究 [M]．兰州：甘肃人民出版社，2007.

[10] 蒋维崧，等．刘禹锡诗集编年笺注 [M]．济南：山东大学出版社，1997.

[11] 辛文房．唐才子传 [M]．上海：古典文学出版社，1957.

[12] 刘昫．旧唐书 [M]．北京：中华书局，1975.

（作者单位：湖南文理学院）

宋人"苏诗始学刘禹锡"说辨析

杨碧海

陈师道《后山诗话》有云:"苏诗始学刘禹锡,故多怨刺,学不可不慎也。晚学太白,至其得意则似之矣,然失于粗,以其得之易也。"对于陈师道为何强调苏诗只是"始学"刘禹锡,此前学者有过一定探讨,其中较为重要的当属卞孝萱先生《刘禹锡与苏轼》一文。卞孝萱先生认为苏轼在南宋时已经确立其文坛巨擘的地位,而刘禹锡则被视为"才胜于德"之人。刘禹锡在当时并非被视为一个正面的人物。陈师道作为苏轼门人,称"始学"是对苏轼进行回护①。此论颇有见解,然而尚有可补充之处。通过对苏轼诗歌学习刘禹锡的论断进行全面考察,我们可以更好地理解宋人对苏诗学刘的评价,进而更好地认识苏轼的诗歌风格及其形成原因。

一

《后山诗话》一书的真伪在宋即有争议。胡仔(1110—1170)《苕溪渔隐丛话》(成书于1165)前集卷六:

> 山谷云:"长镵长镵白木柄,我生托子以为命。黄独无苗山雪盛,短衣数挽不掩胫。"往时儒者不解黄独义,改为黄精,学者承之。以予考之,盖黄独是也。《本草》赭魁注:黄独,肉白,皮黄,巴汉人蒸食之,江东谓之土芋,予求之,江西谓之土卵,蒸煮食之,类芋魁。苕溪渔隐曰:"无己《后山诗话》论'黄独无苗山雪盛'及'过时如发口,君侧有谗人'。韦苏州'书后欲题三百颗',评李白诗如'黄帝张乐于洞庭之野',此四事皆见鲁直豫章集中,今《后山诗话》亦有之,不差一字,疑后人误编入也。"②

---

① 参看卞孝萱《刘禹锡与苏轼》一文,见屈守元,卞孝萱. 刘禹锡研究 [M]. 贵阳:贵州人民出版社,1989:92 - 93.

② 胡仔. 苕溪渔隐丛话前集 [M]. 北京:人民文学出版社,1962:34.

　　胡仔书成于南宋初年，其时他已对《后山诗话》生疑。陆游（1125—1210）《渭南文集》卷二十六《跋后山居士诗话、谈丛》言："诗话皆可疑，谈丛尚恐少时所作，诗话决非也。意者后山尝有《诗话》而亡之，妄人窃其名为此书耳。后山二子丰、登，登过江为会稽曹官，李邺降敌，登亦被驱以北，悲夫。淳熙戊戌（1178）十月二十四日可斋。"①

　　根据记载，《郡斋读书志》着录于子类小说类，记为二卷，称"论诗七十余条"，《直斋书录解题》着录于集部文史类，今存本为一卷，陆游之疑应有所据。他与胡仔年代相近，所见《后山诗话》应当相同，他非常肯定地否认所见之书的真实性，说明可能在南宋时所流传的《后山诗话》已非本来面目，其中有大量错误的内容误入。

　　《四库全书总目·后山诗话》也质疑《后山诗话》的真实性，并且给出了四点理由：《后山诗话》一卷，旧本题宋陈师道撰，师道有《后山丛谈》已著录，是书《文献通考》作二卷，此本一卷，疑后人合并也。陆游《老学庵笔记》深疑《后山丛谈》及此书且谓：《丛谈》或其少作，此书则必非师道所撰。今考其中①于苏轼、黄庭坚、秦观俱有不满之词，殊不类师道语。且谓：苏轼词如教坊雷大使之舞，极天下之工，要非本色。②案蔡绦《铁围山丛谈》称雷万庆宣和中以善舞隶教坊，轼卒于建中靖国元年六月，师道亦卒于是年十一月，安能预知宣和中有雷大使借为譬况，其出于依托不问可知矣。这条理由为不少学者所注意，郭绍虞先生甚至将其视为"不容翻案之铁证"②。③至谓陶潜之诗切于事情而不文，谓韩愈《元和圣德诗》于集中为最下，而裴说《寄边衣》一首诗格柔靡殆类小词，乃亟称之，尤为未允。④其以王建《望夫石诗》为顾况作，亦间有舛误。疑南渡后旧稿散佚，好事者以意补之耶。然其谓诗文宁拙毋巧，宁朴毋华，宁粗毋弱，宁僻毋俗，又谓善为文者因事以出奇，江河之行顺下而已，至其触山赴谷，风抟物激，然后尽天下之变，持论间有可取。其解杜甫《同谷歌》之黄独百舌诗之谗人，解韦应物之新橘三百驳，苏轼戏马台诗之玉钩白鹤，亦间有考证，流传既久，固不妨存备一家尔。③

　　由此可见，《后山诗话》在流传过程中由于散佚造成大量不实内容误入，因而被后来文人怀疑为伪作。然而，后山门人魏衍于徽宗政和三年（1113）为后山编定诗文集，所作《彭城陈先生集记》，明确说后山有《诗话》之撰，

　　① 陆游．跋后山居士诗话、谈丛［M］//陆游；马亚中，涂小马，校注．渭南文集校注：卷二十六．杭州：浙江古籍出版社，2015：165.

　　② 郭绍虞．宋诗话考［M］．北京：中华书局，1979：16－17.

　　③ 永瑢，等．四库全书总目：卷一九五［M］．北京：中华书局，1965：1781.

"各自为集"。魏衍作为陈师道门人，他所述陈师道著作或为陈师道遗著，其真实性应当予以肯定。

其次，宋人中最早提及《后山诗话》一书者有何薳《春渚纪闻》与吴开《优古堂诗话》。《春渚纪闻》中引述了"后山诗评云诗欲其好则不能好……岂后山以体制论，荆公以言句求之耶"① 一条诗评，此条诗评见于今流传所有版本的《后山诗话》。明代宝颜堂秘笈本《春渚纪闻》序中写到"薳父去非，曾为东坡表荐"。苏轼集中有一篇《进何去非备论状》，此状首句指出写作时间为"元祐五年十月十八日"。何薳作为何去非之子，据此可推断出他应为陈师道同时代之人。作为陈师道同时代之人的何薳，其《春渚纪闻》引用《后山诗话》很大程度上证明了当时确实有《后山诗话》流传，且此书应出自陈师道之手。

不仅如此，《四库总目》中列举出了四条理由来否定《后山诗话》为陈师道所作，但这四条理由中有武断乃至错误之处：①《四库总目》称蔡绦《铁围山丛谈》中写到雷中（万）庆于宣和中以舞见称于教坊，然而《铁围山丛谈》中原话为"太上皇在位，时属升平……舞有雷中庆，世皆呼之为雷大使"②。蔡绦在《铁围山丛谈》中所指时间为宋徽宗时，而四库馆臣却强作宣和之时，这一点周祖譔先生已经持怀疑态度，他进而指出与雷中庆同时的棋手刘仲甫在哲宗时已经出名，因此雷中庆也应当为陈师道所闻③。雷中庆很早就以舞著名，孟元老《东京梦华录》写到"舞旋多是雷中庆"，其自序写到崇宁癸未（1103）去东京，可见雷中庆在此之前就颇负盛名。陈师道卒于1102年，他完全有可能在晚年听说雷中庆之舞并写入诗话。②四库馆臣以《后山诗话》中有多处对苏、黄的批评而否认此书为陈师道所作，此颇为武断。黄庭坚《答洪驹父书（其二）》也有"《骂犬文》虽雄奇，然不作可也。东坡文章妙天下，其短处在好骂，慎勿袭其轨也"④ 的批评。黄庭坚这条批评与陈师道"学不可不慎也"十分相似，可见苏门弟子也会对苏轼诗文有不满之处。

这些都说明《后山诗话》一书确实存在过，而且为陈师道所著，只是在流传过程中有其他内容的误入和后人的臆改。

陈师道为苏门弟子之一，以元祐五年（1090）为颍州教授与知州苏轼交往甚密，其说应有据。由苏陈交往史实看，此语应为陈某年中闻于苏轼或源于

① 何薳.春渚纪闻：卷八［M］.明津逮秘书本.
② 蔡绦.铁围山丛谈：卷六［M］.文渊阁四库全书本.
③ 周祖譔.《后山诗话》作者考辨［J］.厦门大学学报，1987（1）.
④ 黄庭坚.答洪驹父书：其二［M］//黄庭坚；黄宝华，选注.黄庭坚选集.上海：上海古籍出版社，2016：401.

自己对苏诗与刘诗了解的基础上自我作古。然而《后山诗话》全书并未完整地流传于后，今传《后山诗话》多由后人从其他文献辑录而成。此外，关于苏轼学刘禹锡之事也未见苏轼直接陈述，故此语的真实性仍有可考之处。笔者通过考察，认为此条诗论确实为陈师道所论，而且本来就收录于《后山诗话》，以下试加论证：

首先，此条诗论最早被完整引用是在《苕溪渔隐丛话前集》。胡仔与陈师道生活的年代较近，因而对陈师道有较多了解。尽管他指出当时流传的《后山诗话》已有误入，但他引用此条评论并且注明出处为《后山诗话》，可见当时流传的《后山诗话》确实收录了此条诗论，而且他认为此论应为陈师道的原话。

其次，尽管后世流传的《后山诗话》变动较多，但通过对各版本的《后山诗话》进行查阅，目前传世的最早的诗评收录见于宋代《百川学海》本，其余所有版本的《后山诗话》也均收录了此条诗论，而且此条诗论所在位置以及前后内容相同。这也印证了此条评论应当是原版《后山诗话》就收录的。

再次，在南宋的相关文献中，朱弁《曲洧旧闻》有一段记载值得特别关注，不仅对于确认陈师道为"东坡诗始学刘梦得"之论首倡者，而且对于考察《后山诗话》的成书过程也很有意义，惜历来学者未于此深究。兹录这段文字如下：

> 或曰："东坡诗始学刘梦得，不识此论诚然乎哉？"予应之曰："予建中靖国间在参寥座，见宗子士暕以此问参寥，参寥曰：'此陈无己之论也。东坡天才，无施不可，而少也实嗜梦得诗，故造词遣言峻峭渊深，时有梦得波峭。然无己此论，施于黄州已前可也；东坡自元丰末还朝后，出入李杜，则梦得已有奔逸绝尘之叹矣。无己近来得渡岭越海篇章，行吟坐咏不绝舌吻，尝云：此老深入少陵堂奥，他人何可及。其心悦诚服如此，则岂复守昔日之论乎。'予闻参寥此说三十余年矣，不因吾子，无由发也。"①

按照朱弁的说法，他在徽宗建中靖国年间曾亲闻参寥谓"东坡诗始学刘梦得"之论出自陈师道。参寥曾亲与苏轼、陈师道游，其说应当是可信的，可见陈师道之持此论于当时士林中已广为人知。

---

① 朱弁. 曲洧旧闻 [M]. 北京：中华书局，2002：208.

二

（一）刘禹锡诗文在蜀地的接受

关于苏轼早年治学习诗的情况，现存文献不多，苏轼也少道及。然而，刘集及刘诗多道蜀中之事，刘禹锡诗文在宋初或许就已有流传。苏轼早年有可能接触到刘诗。如，刘禹锡在夔州创作了大量的《竹枝词》。这些《竹枝词》同样在当地产生了深远影响，被宋代文人士大夫广泛接受。例如苏轼同时期的黄庭坚所作两首《竹枝词》中就分别有"夔州竹枝解人愁""夔州竹枝奈愁何"两句，可见刘禹锡夔州所作的《竹枝词》在宋代也产生了深远影响，为文人士大夫所熟识、称赏。苏轼早年一直居于蜀地，自然受到刘禹锡这类民歌风格诗歌的耳濡目染。这也在一定程度上影响了苏轼的文学观念，使其青年时期就对刘禹锡诗歌，特别是民歌风格的诗歌表现出欣赏。

除了《竹枝词》等民歌风格的诗歌，刘禹锡在被贬夔州期间所作的近体诗如《蜀先主庙》《八阵图》《巫山神女庙》《别夔州》等诗歌也被宋代文人熟识及关注。《苕溪渔隐丛话》引范温《潜溪诗眼》写道"余旧日尝爱刘梦得《先主庙》诗"，南宋无名氏所编《历代名贤确论》也引用了刘禹锡《蜀先主庙》。尽管此两条关于刘禹锡《蜀先主庙》诗的记录时间为北宋末年与南宋时期，然而从中可见刘禹锡在夔州时所作的诗歌在宋代广泛流传，可见刘禹锡这些夔州所作诗歌在此之前就已经在蜀地得以传播。不仅宋代文人对刘禹锡夔州所作近体诗歌进行关注，宋代一些地方志也将刘禹锡作为夔州的代表性人物进行记述。《舆地纪胜》记载位于川蜀的兴元府就引用了刘禹锡《山南西道节度使厅壁记》《山南西道新修驿路记》等文及《送令狐相公自仆射出镇南梁》《送赵中丞自司金郎转官参山南令狐仆射幕府》等诗，《舆地纪胜》作为一部宋代地理总志，其编纂以之前的《舆地广记》等地方志为基础，《直斋书录解题》称此书"盖以诸郡图经节其要略，而山川景物碑刻诗咏初无所遗"。由此可见，此书编写以之前地方志为基础，刘禹锡被贬夔州应当在此前蜀地之地方志中有所记载，刘禹锡在夔州之经历与创作也被蜀人视为重要的文化因素。

由此可见，刘禹锡在蜀地具有一定的接受度，其诗文也有所流传。苏轼自幼居于蜀地，刘禹锡诗文在一定程度上影响其早年创作。刘诗应当为苏轼早年学习的对象。

（二）苏轼诗词中早年学习刘诗的体现

当然，要判断此说是否可信，除了论证其文献传承的关系与真实性，还应将苏刘作品进行比较，看看两家诗风是否存在渊源。通过比较，我们不难看出，苏轼至少在三类诗中与刘诗相近，一是咏史怀古诗，二是政治讽刺诗，三是政治感怀诗。以下略论之。

　　苏轼二十一岁随父亲苏洵与弟弟苏辙乘船出蜀入京时，作有《严颜碑》《屈原塔》《八阵碛》《诸葛盐井》《渚宫》《永安宫》《神女庙》等吟咏沿途古迹之诗作，刘禹锡在夔州时也曾作有《蜀先主庙》《观八阵图》《巫山神女庙》等诗歌。通过比较苏、刘诗歌，我们可以发现，二人选取的描写对象多有相同，也均抒发出对历史相似的思考、咏怀，可见苏轼此类诗歌极有可能是在借鉴刘禹锡同类诗歌的基础上创作的。此外，苏轼乘船经过忠州时所作《望夫台》诗中写道"浩浩长江赴沧海，纷纷过客似浮萍。谁能坐待山月出，照见寒影高伶俜"①。刘禹锡在敬宗宝历年间写过《望夫石》绝句，诗中写道"终日望夫夫不归，化为孤石苦相思。望来已是几千载，只似当年初望时"②，这首诗通常被视为刘禹锡借女子终日伫立而化为望夫石来比喻自己遭遇了长久废置，诗中充满了忧郁之情，清人何焯评论道："自比久弃于外，不得君也。"比较刘、苏二诗，可见两首诗描写对象与构思之相似，描写手法与抒发情感之吻合。此外，苏轼早年写作有一首咏史诗《郿坞》，查慎行将此诗系年为嘉祐五年。此诗中有"脐脂自照不须灯"一句，刘禹锡也写作有《城西行》一诗，其中有"守吏能然董卓脐"一句，苏轼对刘禹锡诗句的化用显而易见。

　　除了化用刘禹锡诗歌中的诗意与词句，苏轼早年对刘禹锡近体怀古诗作的学习更多地体现在对其诗歌艺术手法的学习。刘禹锡本身学识渊博，特别是在史学方面有着较高的造诣，因此他的富有学者气息、优美典雅的诗歌在文宗朝获得了极高评价，在晚唐与宋代诗坛产生了重要回响。③ 他此类诗歌作于穆宗、敬宗、文宗三朝，此时他刚经历长期贬谪，既有渴望再次得到重用的踌躇满志，又有对世事无常、今昔变迁的无穷感慨。这些诗歌词句典雅富丽，对仗工整，用典丰富，体现出深厚的学问功底与艺术造诣。苏轼早年对刘禹锡此类诗歌进行过充分学习，其嘉祐五年自荆州陆行至京途中所作《隆中》诗写道：

　　　　诸葛来西国，千年爱未衰。今朝游故里，蜀客不胜悲。
　　　　谁言襄阳野，生此万乘师。山中有遗貌，矫矫龙之姿。
　　　　龙蟠山水秀，龙去渊潭移。空余蜿蜒迹，使我寒涕垂。

---

① 苏轼. 苏东坡全集：卷一 [M]. 台北：河洛图书出版社，1976：17.
② 陶敏，陶红雨，校注. 刘禹锡全集编年校注：上册 [M]. 长沙：岳麓书社，2003：390.
③ 参看查屏球. 刘禹锡咏史诗在大和初的影响——兼论中晚唐诗歌学人气渐显之趋向 [J]. 晋阳学刊，2015（4）.

其嘉祐六年凤翔任上所作《楼观》诗写道：

门前古碣卧斜阳，阅世如流事可伤。
长有幽人悲晋惠，强修遗庙学秦王。
丹砂久窖井水赤，白术谁烧厨灶香。
闻道神仙亦相过，只疑田叟是庚桑。

尽管这些诗并没有直接化用刘禹锡诗句或沿用其诗意，但在结构上，它们前半部分咏史，后半部分抒情，词句凝练，对仗工整，颇能看出在艺术手法上受到刘禹锡《西塞山怀古》《荆门道怀古》等近体怀古诗的影响。苏轼早年充分学习刘诗，刘禹锡诗歌多用历史典故、感慨历史兴亡等写作手法，最终形成了其"以学问为诗，以议论为诗，对仗工稳"等显著特点。

苏轼中年之后由于一直遭受政敌打击，又创作了许多和刘禹锡相关的诗歌，主要为借鉴、化用刘禹锡政治抒怀诗与政治讽刺诗。这很大程度上是由于其青年时期对刘禹锡咏史怀古诗的学习，因而在遭遇仕途挫折时自然想到与他命运相似的刘禹锡，并且借鉴、化用其政治题材诗作：

首先，他创作了许多化用刘禹锡玄都观诗的作品。刘禹锡《元和十年自朗州承召至京赠看花诸君子》一诗是其元和十年自朗州奉诏回京准备量移时所写，此诗抒发自己被贬而反对派却青云直上的愁苦。苏轼因为反对王安石变法而遭遇挫折，其心境也与刘禹锡遭遇政治打压相似，因而化用刘禹锡玄都观诗来抒发自己遭遇打击的苦闷。这些诗中最早的一首为《送刘攽倅海陵》，该诗最后两句写道"刘郎应白发，桃花开不开"。此诗为赠刘攽前往贬所之作，施元之在作注时就指出其中的化用："刘禹锡《还京师》诗'南曹旧吏来相问，何处淹留白发生'，又《赠看花君子》诗'元都观里桃千树，尽是刘郎去后栽'，《再游玄都观》诗'桃花净尽菜花开'。"① 刘攽是司马光的门人，也是旧党中的重要人物，他在熙宁年间因上书指责王安石新法而被贬为泰州通判。根据查慎行《补注东坡编年诗》记载，"乌台诗案谓熙宁三年刘攽通判海州者讹，海州当作海陵"，苏轼这首诗应该也作于熙宁三年。随着自身处境的日趋险恶，苏轼甚至还在诗词中以刘禹锡自比，其中有一首十分典型的《减字木兰花》，词中写道"天台旧路，应恨刘郎来又去……刘郎未老，怀恋仙乡重得到"②，这首词下有自注"自钱塘被召，林子中作郡守"，可知这首词作于

---

① 苏轼；施元之，注．施注苏诗：卷三［M］．清文渊阁四库全书本．
② 苏轼；龙榆生，校笺．东坡乐府笺［M］．上海：上海古籍出版社，2009：445.

元祐六年正月以吏部尚书从杭州被召回京之时。苏轼第二次被贬杭州是在旧党当政时，因而更为沉重：苏轼由于司马光主持"元祐更化"全面废弃新法、任用旧党时坚持保留新法中有益的部分与司马光强烈抵触，甚至被旧党视作第二个王安石进行讨伐。他此后还由于在司马光葬礼上公开戏弄程颐而遭到了程颐门人贾易、朱光庭等人的攻击，最终再次自请外任，被派杭州，故自己感叹道"应恨刘郎来又去"。此时有幸得以被召回京师，自然感慨万千，不禁联想到自己此时的心境与"前度刘郎今又来"十分相同，最后一句更是自比为刘禹锡，将自己以吏部尚书被召回京一事视为与刘禹锡晚年任太子宾客同样的境遇。苏轼在这首词中完全将自己比作刘禹锡，以刘禹锡的遭遇来比附自己的命运，全篇抒发出"前度刘郎今又来"的庆幸与感慨之情。苏轼在这首词中可谓与刘禹锡产生强烈共鸣，其情致完全融入内心。

其次，正如刘禹锡在永贞革新失败前后借咏史、咏物诗来讽刺反对派，苏轼也多次作诗来讽刺新法，他的政治讽刺诗多为借咏叹历史人物或描写地方百姓的怨怒来暗示新法之弊病或讽刺新党，从中可以看出他对刘禹锡同类诗歌的学习、借鉴。他在被贬湖州后所作《吴中田妇叹》与居于新城时所作《山村五绝》其四，直接表现出他对"青苗法""免役法"劳民伤财的不满。熙宁七年，他又写作《王莽》《董卓》等诗。《董卓》一诗写道"公业平时劝用儒，诸公何事起相图。只言天下无健者，岂信车中有布乎"[1]，查慎行引用周必大《二老堂诗话》评论道"又《咏董卓》云'岂信车中有布乎'，盖指介甫争易市事，自相叛也。车中有布借吕布以指惠卿姓，曾布名，其亲切如此，前辈已言之矣"[2]。苏轼这首诗借吕布反戈一击杀死董卓来讽刺吕惠卿、曾布大权在握后排挤曾经提携他们的王安石。这些诗和刘禹锡永贞革新前后以《百舌吟》、《聚蚊谣》、《秋萤引》、《咏史》其二等诗来讽刺打击革新集团的勋旧、宦官等顽固势力，抒发对革新形势的关切十分相似，都是借诗歌来回击政敌或表明自己的政治态度。其中《咏史》其二写道："贾生明王道，卫绾工车戏。同遇汉文时，何人居贵位。"[3] 借贾谊有才被埋没，卫绾靠取悦皇帝青云直上来讽刺依靠打压永贞集团取悦宪宗上位的俱文珍等宦官和依附宪宗与宦官的卫次公、王涯、李程之流。通过对比，我们可以发现苏轼《董卓》诗歌在内容与写作手法上都与刘禹锡《咏史》其二有很大的相似性，进而可以看出刘禹锡的政治题材诗歌对苏轼同类诗歌的显著影响。

---

① 苏轼．苏东坡全集：卷六［M］．台北：河洛图书出版社，1976：105．

② 苏轼；查慎行，注．补注东坡编年诗：卷十二［M］．清文渊阁四库全书本．

③ 陶敏，陶红雨，校注．刘禹锡全集编年校注：上册［M］．长沙：岳麓书社，2003：50．

总体来看，苏轼早年对刘禹锡近体怀古诗歌有充分的借鉴学习，这极大影响了其诗歌艺术风格，奠定了其诗歌"以学问为诗，以议论为诗"的最主要特点，并且直接导致其之后遭遇政治挫折时自然想到学习刘禹锡政治讽刺诗以及化用刘禹锡玄都观诗。苏轼早年学习刘禹锡诗歌，促成了其诗歌乃至宋诗艺术风格的形成。

三

由于宋高宗"独爱元祐"，作为苏门弟子的陈师道的诗歌与诗论被许多文人接受。除了上文提及的最早引述此论的胡仔《苕溪渔隐丛话》，《涧泉日记》《诗人玉屑》《事文类聚》也收录了陈师道这条评论。引录此条诗评的诗话成书年代跨度很大，可以看出此条诗评的流传贯穿南宋始终，可见此论在南宋接受的广泛①。

由于陈师道只是大致指出了苏轼诗歌"始学"刘禹锡，一些南宋文人依照自己对苏诗的理解将此论进行了一些阐释，例如上文指出的朱弁《曲洧旧闻》中将苏诗学刘的终结点系于黄州，并且指出苏轼贬谪黄州之后诗艺已接近李杜，开始学习张戒。《岁寒堂诗话》也写道：

> 苏子瞻学刘梦得，学白乐天、太白，晚而学渊明。②

南宋文人都十分重视陈师道论述中的"初学"与"怨刺"两方面。由于苏轼在南宋时期已经奠定了其文学巨擘的地位，其处世态度与人生观也被南宋文人视为超然、旷达。这种观点也影响到南宋文人对苏诗学刘的理解，他们认为陈师道所指苏诗初学刘诗应当终结于苏轼谪黄州之前，即苏轼诗歌对刘禹锡诗歌的学习应当始于苏轼在熙宁变法初期，主要体现在被贬后化用刘禹锡的玄都观题诗抒发自己被贬的惆怅，以及借鉴刘禹锡的政治讽刺诗，写诗讽刺新法与新党。苏轼自贬谪黄州后开始经营东坡，效仿陶渊明的隐逸方式，创作类似

---

① 《涧泉日记》中有"渡江六十年，此意犹未复也"的话，清代陶梁《词综补遗》中又记载韩淲"嘉定中卒"，因此此书应完成于南宋孝宗淳熙至宁宗嘉定年间。对于《诗人玉屑》的编著年代，清代嵇璜《续文献通考》中谓："是编前有淳祐甲辰黄升序。"《四库总目》一方面也说"是编前有淳祐甲辰黄升序"，而后文又说"庆之书作于度宗时"。后说显然有误，此书当完成于南宋理宗淳祐四年（1244）之前。祝穆的《事文类聚》自序作于淳祐丙午年，即1258年。

② 张戒. 岁寒堂诗话：卷上［M］//张戒；陈应鸾，笺注. 岁寒堂诗话校笺. 成都：四川大学出版社，1990：39.

陶渊明恬淡超然风格的诗歌，开启了以陶渊明诗歌为学习对象之新阶段。

由苏轼相关作品看，其最早与刘禹锡有关的作品应是《续欧阳子朋党论》，其中有曰：

> 且夫君子者，世无若是之多也；小人者，亦无若是之众也。凡才智之士，锐于功名而嗜于进取者，随所用耳……唐柳宗元、刘禹锡使不陷叔文之党，其高才绝学亦足以为唐名臣矣①。

宋人多承韩愈《顺宗实录》中对柳、刘的评价，既斥其有小人竞进之心，又对其才华有所肯定，更对他们遇人不淑的命运深有同情。苏轼此论也是如此。关于此论的确切写作年代无从考证，但根据苏轼生平事迹与其他作品，我们可以推断出此论应当作于较早时期。苏轼少年时期跟从父亲苏洵学习写作，苏洵让其学习欧阳修之文章，例如《侯鲭录》等记载道："东坡十岁时，侍老苏侧，诵欧公《谢对衣金带马表》，因令坡拟之。"可见苏轼在幼年时期就开始仿作欧阳修文，在文章创作与立身思想上自觉学习欧阳修。根据宋人傅藻所编《东坡纪年录》，苏轼在至和二年也曾经写过《后正统论》，为接续欧阳修《正统论》而作。《续欧阳子朋党论》在内容与形式上都与《后正统论》相似，而且苏轼早年确实经历了一个对欧阳修许多文章进行续作、拟作的阶段。不仅如此，南宋文人编纂的《东坡集》与《经进东坡文集事略》均把《后正统论》与《续朋党论》放在一卷，这也反映出二者在创作时间上的接近，因此《续欧阳子朋党论》似乎应为这一时期的作品。由于是续作欧阳修的《朋党论》，《续朋党论》在内容与观点上颇受欧阳修影响。不仅是《续朋党论》，苏轼早年为欧阳修赏识、举荐，因此对欧阳修也十分敬佩，并且在政治主张、思想方面也采用欧阳修的看法，例如他在为欧阳修作的《六一居士集序》中写道："自欧阳子出，天下争自濯磨，以通经学古为高，以救时行道为贤，以犯颜纳谏为忠。"欧阳修本人是宋初尊韩的重要人物，因此他在看待刘禹锡与永贞革新的问题上采纳了韩愈的看法，例如《新唐书》中评价王叔文道："叔文沾沾小人，窃天下柄，与阳虎取大弓、春秋书为盗无以异。宗元等桡节从之，徼幸一时……彼若不傅匪人，自励材猷，不失为名卿才大夫，惜哉。"苏论与《新唐书》柳、刘等传的比较，更能见出两者直接的关系。尽管《新唐书》成书于嘉祐五年，但欧阳修尊崇韩愈、反对"二王八司马"的观念早已根深蒂固，这在欧阳修许多早期史论中可以看出。《新唐书》中所论往往是欧

---

① 苏轼；郎晔，注. 经进东坡文集事略：卷十一论［M］. 台北：世界书局，1992：146.

阳修相关史论的合成或精约，如此，也就不难理解苏文与《新书》柳、刘之论的相通之处了。苏轼早年对刘的认识多受欧氏影响。

可见，苏轼对刘禹锡政治遭遇的态度由最初视其为"才胜于德"转变为后来的同情、感同身受。苏轼对刘禹锡政治题材诗歌的学习缘于自己遭受政治打击，因而改变了对刘禹锡参与永贞革新以及因此遭受打击与贬谪的看法。因此，苏轼学刘创作政治讽刺诗有较为明确的起始时间，即熙宁三年因反对变法首度遭受政敌打压之时。苏诗学刘之终结的标志自然是被贬黄州之后开始学习陶渊明、李白等超然旷达之诗。南宋文人对"苏诗学刘"的理解只注意到了苏诗学刘最明显的政治讽刺诗方面，这与苏轼诗歌学习刘禹锡的史实有很大出入：

首先，南宋文人将陈师道所论之"始"推迟至熙宁三年，这是因为他们注重陈师道所谓"怨刺"风格，并且将其等同于苏诗自熙宁三年起化用刘禹锡玄都观诗所作的诗词与仿照刘诗所作的政治讽刺诗。然而苏轼青年时期就学习刘禹锡咏史怀古诗作，刘禹锡咏史怀古诗是其经历长期贬谪之后所作，其中不乏幽怨之情，苏轼早年学习刘诗自然也带有此特点，其《昭君村》中写道"古来人事尽如此，反复纵横安可知"，其《隆中》诗写道"空余蜿蜒迹，使我寒涕垂"，这些与刘禹锡《西塞山怀古》中"今逢四海为家日，故垒萧萧芦荻秋"，《台城》诗中"万户千门成野草，只缘一曲后庭花"所抒发的幽怨之情十分相似，可见苏轼青年时学习刘禹锡咏史怀古之类近体诗作，使其诗风具有陈师道所谓"怨刺"之特点。

其次，尽管苏轼到黄州后开始有意识地从生活方式上效仿陶渊明并且学习陶渊明的诗歌，但他并没有停止学习刘禹锡诗作以及在诗中抒发对刘禹锡的政治同情。虽然自黄州之后，苏轼开始大量创作和陶诗与陶渊明风格的诗歌，但同情刘禹锡，化用刘禹锡诗句来抒发被贬愁苦的诗歌依然是其诗歌创作的重要部分。据前人所作苏轼诗词系年，可检索出苏轼被贬黄州之后抒发对刘禹锡同情的诗作[①]：

诗歌名称或词牌	写作时间与遭遇	诗句或词句内容
次韵杨公济奉议梅花十首	王文诰认为此诗应作于元祐六年正月	而今纵老霜根在，得见刘郎又独来

---

① 编年参考施元之《施注苏诗》、查慎行《补注东坡编年诗》与今人龙榆生编《东坡乐府笺》、曾枣庄等人编《苏轼全集校注》.

（续上表）

诗歌名称或词牌	写作时间与遭遇	诗句或词句内容
用前韵作雪诗留景文一首	查慎行：元祐五年，东坡守钱塘。景文为东南将领，佐公开西湖……故在颍州和诗及之	刘郎去后谁复来，花下有人心断绝
三月二十日多叶杏盛开	此诗在《补注东坡编年诗》卷三十七，查慎行注"自元祐八年……明年甲戌，绍圣改元"	刘郎归何日，红桃烁残霞

结　论

　　综上所述，刘禹锡诗是苏轼诗风的重要渊源。陈师道"苏诗始学刘禹锡"之论，看到了刘禹锡诗歌对苏轼诗歌风格形成的影响。考察苏轼生平与诗歌创作历程，苏轼对刘禹锡的学习早在居于川蜀的青年时期就已有之，而且当时苏轼主要学习的是刘禹锡的咏史怀古类诗歌，其晚年也依然学习刘禹锡诗歌。由此可见，南宋文人士大夫对"苏诗学刘"的理解有不当之处。通过重新考察苏轼对刘禹锡诗歌的学习过程，我们可以更好地理解陈师道对苏诗的评价，进而更好地认识苏轼诗歌特点的形成过程。

（作者单位：复旦大学）

刘禹锡诗歌中的酒与茶及其文化意义

刘　青

中国饮食文化发达，孔子在《礼记》中讲"饮食男女，人之大欲存焉"，肯定了饮食在生活中的基础地位，也正是由于人人所必需，若将目光过度集中于饮食之上，便会成为孟子口中所述"饮食之人，则人贱之矣"，因此有关饮食的研究一直以来就相对薄弱，难怪清人博明在《西斋偶得》中感叹："由今溯古，惟饮食、音乐二者越数百年则全不可知。"当然，博明的感叹略失偏颇，因为从中唐开始，对饮食的相关记载就大量增多，从中展现出饮食思想不断深化和审美品位逐渐提高的特征。这是一个渐进的过程，遵循着首饮茶，次饮酒，最后为看馔进食的膳事依次拓开的逻辑顺序①。这样的转变并不仅仅来源于思想的变化，也源于物质发展奠定的基础。除了饮食专著从中唐开始出现，涉及饮食题材的诗歌也不胜枚举。刘禹锡作为中唐的重要诗人，在诗歌写作中有意或无意地涉及酒和茶，这既是酒和茶这两种物质发展的结果，也是时代风气的影响。因此对刘禹锡诗歌中的酒和茶进行分析，有助于进一步了解中唐的物质生活，探讨物质与文化的关系。

一、诗歌中的酒

酒的历史在中国非常悠久，关于酒的起源，说法不一。《战国策》中说："昔者，帝女令仪狄作酒而美，进之禹，禹饮而甘之，遂疏仪狄而绝旨酒。"认为酒起源于夏禹时期。晋人江统在《酒诰》中记载了关于酒的创造者的几种说法以及最初的酿酒方式："酒之所兴，肇自上皇。一曰仪狄、一曰杜康。有饭不尽，委余空桑，积郁成味，久蓄成芳，本出于此，不由奇方。"②"上皇"所指正是大禹，无论把酒的起源归结于大禹，还是仪狄、杜康之类传说中的人物，酒的历史与中华文化的发展始终相伴都是无疑的。先民不但祭祀鬼

---

① 赵荣光. 中国饮食文化史［M］. 上海：上海人民出版社，2014.
② 陈梦雷，蒋廷锡，核订. 古今图书集成·食货典：卷六九八［M］. 北京：中华书局，1985：276.

神要酒，沟通鬼神也要酒，随着酿酒工艺的发展，酒成为日常必备的饮食。酒自发明之始，就与文学有解不开的因缘，自《诗经》起，中国文学就处处流淌着酒的芬芳。

唐代的饮酒风气始终高涨，中唐亦是如此。酒总是能激发出诗人的诗兴，诗歌也真实细腻地反映出酒的文化。"酒之种类多矣，有以绿为贵者，白乐天所谓'倾如竹叶盈尊绿'是也。有以黄为贵者，老杜所谓'鹅儿黄似酒'是也。有以白为贵者，乐天所谓'玉液黄金卮'是也。有以碧为贵者，老杜所谓'重碧酤新酒'是也。有以红为贵者，李贺所谓'小槽酒滴珍珠红'是也。"① 诗人们在诗歌创作中记录了当时的嗜酒风尚与酿酒技术。

刘禹锡《戏赠崔千牛》："学道深山许老人，留名万代不关身。劝君多买长安酒，南陌东城占取春。"② 之所以劝友人"多买长安酒"，是建立于唐人嗜酒风尚浓厚，酒肆业取得极大发展的基础之上的。嗜酒风尚的盛行在刘禹锡另一首诗中得到反映："长安百花时，风景宜轻薄。无人不沽酒，何处不闻乐。"③ 沽酒同取乐紧紧联系在一起，意味着在唐人娱乐之时，酒扮演着极为重要的角色。由于酿酒技术并不是家家掌握，因此为了满足人们在休闲取乐时对酒的大量需求，众多的酒肆也就应运而生了。首都长安作为唐代饮食业最繁荣的地方，酒肆当然鳞次栉比。除了首都长安，其他地区的酒肆也星罗棋布。刘禹锡曾在朗州作《堤上行》描写堤上所见："酒旗相望大堤头，堤下连樯堤上楼。"④ "长堤缭绕水裴回，酒舍旗亭次第开。"⑤ 渡口作为古代出行的重要交通口岸，为了尽可能吸引消费者，酒旗被悬挂于人口流动频繁的位置，因此形成了诗人寓目所及的酒旗接连不断、酒肆临水遍布的热闹景象，这也正是唐代酒文化盛行的表现之一。

伴随着汉代西域葡萄的传入，用葡萄酿酒的方法也逐渐传入中原，《艺文类聚》卷八七"葡萄"条引魏文帝诏群臣曰："……酿以为酒，甘于米，善醉而易醒。"这种不用酒曲的酿酒技术，也一同被引进了。发展到唐代，葡萄种植业在内地得到了极大发展⑥，酿造技术有了提高⑦。葡萄在我国的食用历史

① 何文焕. 历代诗话：卷第十九 [M]. 北京：中华书局，2004：639-640.
② 陶敏，陶红雨，校注. 刘禹锡全集编年校注：卷一 [M]. 长沙：岳麓书社，2003：9.
③ 陶敏，陶红雨，校注. 刘禹锡全集编年校注：卷十二 [M]. 长沙：岳麓书社，2003：793.
④ 陶敏，陶红雨，校注. 刘禹锡全集编年校注：卷三 [M]. 长沙：岳麓书社，2003：182.
⑤ 陶敏，陶红雨，校注. 刘禹锡全集编年校注：卷三 [M]. 长沙：岳麓书社，2003：184.
⑥ 参见李肇. 唐国史补：卷下 [M]. 上海：上海古籍出版社，1979：60. 所记当时全国名酒中就有河东的干和葡萄
⑦ 陈习刚. 唐代葡萄酿酒技术探析 [J]. 河南教育学院学报，2001（4）.

很长，自西域传入以来，因其甜美成为人们眼中不可多得的珍果，早已是极为流行的水果之一。到了唐代，伴随着疆域的开拓，新型的葡萄品种——马乳葡萄传入我国。《册府元龟》贞观二十年三月条载："帝以远夷各贡方果，珍果咸至，其草木杂物，有异于常者，诏皆使详录焉。叶护献马乳蒲桃一房，长二尺余，子亦稍大，其色紫。……前代或有贡献，人皆不识，及破高昌，收马乳蒲桃实于苑中种之，并得其酒法，帝自损益，造酒成。凡有八色，芳辛酷烈，味兼缇盎。既颁赐群臣，京师识其味。"① 此处展现出马乳葡萄的传入过程，一经传入，无论是直接食用还是酿造成酒，都因其与之前传入的品种不同而别有风味，立刻俘获了上层宫廷的喜爱，并逐渐向下层普及开去。到了刘禹锡的时代，他在其描写葡萄的诗歌中，谈到了葡萄的普及过程，正如《和令狐相公谢太原李侍中寄蒲桃》一诗云：

珍果出西域，移根到北方。昔年随汉使，今日寄梁王。
上相芳缄至，行台绮席张。鱼鳞含宿润，马乳带残霜。
染指铅粉腻，满喉甘露香。酝成十日酒，味敌五云浆。
咀嚼停金盏，称嗟响画堂。惭非末至客，不得一枝尝。②

　　这首诗表明马乳葡萄到了中唐不再是来自远方的贡品，仅为皇室专属，而是进入了人们的日常生活。葡萄不仅直接食用让人回味无穷，"酝成十日酒"后更堪比仙药。《葡萄歌》③一诗讲述了诗人将野生葡萄移植回家，精心照料，使其结出了丰硕的果实，正如诗中描绘的场景："繁葩组绶结，悬实珠玑蹙。马乳带轻霜，龙鳞曜初旭。"后有客人到来，也惊异于此，于是诗人"酿之成美酒，令人饮不足"。葡萄酒的美妙让人陶醉，诗中所述诗人自种、自摘、自酿的整个过程更是葡萄酒成为人们日常饮品的表现。

　　相较元明才出现的高度蒸馏酒④，唐代的酒度数都比较低，这种酒低酌慢饮，酒精刺激神经中枢，让人产生一种"渐入佳境"的感觉。这种酒带来的节奏和韵致，与文学创作过程灵感兴发的规律巧妙吻合，因此，在宴饮酬赠之时，文人们也多有作品产生。在刘禹锡的诗歌创作中，有关酒题材的诗歌也主

① 王钦若，等编纂；周勋初，等校订.册府元龟：卷九七〇［M］.南京：凤凰出版社，2006：11231.
② 陶敏，陶红雨，校注.刘禹锡全集编年校注：卷六［M］.长沙：岳麓书社，2003：397.
③ 陶敏，陶红雨，校注.刘禹锡全集编年校注：卷十二［M］.长沙：岳麓书社，2003：791.
④ 长期以来中外学者对中国历史上何时掌握蒸馏酒技术结论不一，除了元代说以外，还有东汉说和唐代说，后两种说法目前尚无确凿证据。

要出现在酬赠诗中①。

　　这类诗歌反映了中唐制酒工艺的基本情况，譬如《酬乐天衫酒见寄》中提到："酒法众传吴米好，舞衣偏尚越罗轻。动摇浮蚁香浓甚，装束轻鸿意态生。"② 这首诗是酬答白居易诗之作。白诗的内容是感谢刘禹锡在苏州时曾寄当地糯米，用其酿酒，酒成之后再寄给刘禹锡品尝。刘禹锡的这首诗，不仅反映了文人之间以酒作为交往媒介，还体现出中唐酿酒技术的普及，只有足够多的实践才能有所谓经验的传递，因此"酒法众传吴米好"正展现了酿酒技术的大众化。其次，唐代除了果酒外，主要饮用的酒是米酒，前文提到的《酒诰》在讲述酒的历史时说："有饭不尽，委余空桑，积郁成味，久蓄成芳。"其中的"饭"所指为谷物煮的粥。由此可见，用米酿酒的历史很长，至少在晋人江统的时代就已经发现米可以作为酿酒的原料之一。而刘禹锡在此处则展现了随着历史的发展，唐代的人们已经逐渐认识到原料和酒品之间的关系——不同产区的米酿造出来的酒口味有高下之分，这也侧面印证了唐代酿酒技术的普及。

　　刘禹锡在诗歌中提到两种具体的酒，一为"松醪春"，一为"竹叶青"，它们在唐代极为流行。《送王师鲁协律赴湖南使幕》一诗中为了表达对友人所去之地的艳羡，便用湖南当地的特产名酒入诗："橘树沙洲暗，松醪酒肆香。""松醪"即名为"松醪春"的酒，《太平广记》卷一五二记载："郑德璘家居长沙……好酒，长擎松醪春过江夏，遇叟无不饮之。"③ 这位老叟正是水府君，后正因为郑德璘常请其饮松醪春，所以救了他本将溺水而亡的妻子。此记载虽为小说，却证实了松醪春为湖南地区名酒，并且还十分珍贵。这种酒的美妙，唐人诗中多有描写，同时期的戎昱就写道"松醪能醉客，慎勿滞湘潭"。

　　另一种酒在《忆江南》其二中提到："犹有桃花流水上，无辞竹叶醉尊前，惟待见青天。"诗中的"竹叶"便是"竹叶青"酒，正史中对此酒最早的文字记载见于《晋书》列传第二十五《张载传》："乃有荆南乌程、豫北竹叶，浮蚁星沸，飞华萍接。玄石尝其味，仪氏进其法，倾罍一朝，可以流湎千日，单醪投川，可使三军告捷。"竹叶青的魅力使其战无不胜。竹叶青最早起源于苍梧，因此《博物志·轻薄篇》有"苍梧竹叶青，宜城九酝醝"句，唐代自上而下，都被这种带有竹叶酒陶醉着，武则天写道："酒中浮竹叶，杯正写芙

　　① 除以上举例的诗歌外，见《酬乐天晚夏闲居欲相访先诗见贻》《酬皇甫十少尹暮秋久雨喜晴有怀见示》。

　　② 陶敏，陶红雨，校注. 刘禹锡全集编年校注：卷九［M］. 长沙：岳麓书社，2003：616.

　　③ 李昉，等. 太平广记：卷一五二［M］. 北京：中华书局，1986：1089.

蓉。”王绩在酒家中品尝此美酒时写道：“竹叶连糟醉，葡萄带酒红。”白居易在家小酌时写道：“小青衣动桃根起，嫩绿醅浮竹叶新。”都表现了这种酒的盛行。

酒伴随着唐一代文人的生活，承载着他们的遭遇与心境。无论顺境、逆境，酒总是帮助文人宣泄情绪，表达感情。酒的历史很长，但在唐代，酒不再仅仅是一种饮品，而是人们日常生活的必备品，更是一种文化，而这种文化的成熟正得益于唐代商业的发展刺激了人们对酒的需求，加之葡萄酒的开发，酿酒技术的提升以及名酒的普及为其提供了物质基础。

二、诗歌中的茶

从“柴米油盐酱醋茶”到“琴棋书画诗酒茶”，茶既是基本生活中不可或缺的调味品，也是文人高雅生活品位的体现。从单纯的饮品到茶文化的形成，中唐是最为关键的一环。唐初，饮茶在南方成为风习，茶树种植也相当普遍，但北方饮茶并未蔚然成风。中唐以后，北方伴随佛教的盛行以及有关茶事专著的相继出现，出现了“风俗贵茶，茶之名品益重”①的趋向。

陆羽的《茶经》是最早谈到茶作为饮品的著作：“茶之为饮，发乎神农氏。”先民容易关注到茶的药用价值，是源于我国一直以来“食医合一”的思想传统。茶很容易成为人们的饮品，但人们将茶作为日常饮品却是一个循序渐进的过程，《膳夫经手录》称：“茶，古不闻食之，近晋宋以降，吴人采其叶煮，是为茗粥；至开元、天宝之间，稍稍有茶，至德、大历遂多，建中以后盛矣。”②明清之际的学者顾炎武在《日知录》中对其进行了一番考证：“茶字自中唐始变作茶，其说已详之唐《韵正》。”③中唐时，随着茶在人们日常生活中地位的改变，出现了专门的“茶”字。茶在中唐地位的改变主要有以下原因：

第一，中国茶事的发展得益于佛教在中国的传播和发展。虽然中国饮茶的历史久远，但发展一直很缓慢，饮茶的大普及，茶事的大发展，都是中唐以后才发生的，而这一切均与佛门的嗜茶和僧人的制茶紧密相关。《封氏见闻录》中谈到了饮茶在中唐的大普及：“南人好饮之，北人初不多饮。开元中，泰山

---

① 李肇. 唐国史补：卷下 [M]. 上海：古典文学出版社，1957：60.

② 转引自滕军. 中日茶文化交流史 [M]. 北京：人民出版社，2004：18.

③ 顾炎武；黄汝成，集释；栾保群，吕宗力，校点. 日知录集释：卷之七“茶”[M]. 石家庄：花山文艺出版社，1990：343.

灵岩寺有降魔师大兴禅教。学禅务于不寐，又不夕食，皆许其饮茶。人自怀挟，到处煮饮。从此转相效仿，遂成风俗。"[①] 禅门的悟道、参禅、论法、说佛都要用茶清心提神，由此封氏认为禅学在唐代的兴盛是茶饮普及最关键的因素。实际上唐代禅门多出儒学之士，而士人们又多参禅宗佛，也正是这两批人的共同作用才大大促进了饮茶的普及。

第二，中唐时茶文化大致形成。人们对茶不仅限于喜好，还从中生出了无限的情趣，从而进行深入的观察、研究，以便更好地种植、制作与饮用，因此有关茶事的专著相继出现。据《唐书·艺文志》记载，唐人茶专著有陆羽《茶经》（三卷）、张又新《煎茶水记》（一卷）、温庭筠《茶录》（一卷），此外还有斐汶《茶述》、皎然《茶诀》，正是由于有关茶事的专著相继问世，才终止了魏晋以来"与瀹蔬而啜者无异"的传统饮法，人们开始专研茶事。陆羽的《茶经》是世界上第一部茶书，这部书对茶文化的形成有重要的指导意义。《唐书·陆羽传》称"羽嗜茶（自此后茶自减一画为茶），著经三篇，言茶之源、之法、之具尤备，天下益知饮茶矣。时鬻茶者，至陶羽形置炀突间，祀为茶神"。《茶经》一书，引起了当时极大的震动和反响，形成了一场茶事革命。当时的人们，尤其是上层社会和知识分子相继效仿，并不断推进茶事的艺术化和精致化。陆羽之后，张又新编写了《煎茶水记》，列举了刑部侍郎刘伯刍所定品的"七水"，为煎茶用水评定了标准。茶之高下以及饮茶的步骤从此便有了依据，饮茶逐渐脱离简单的日常需求，成为一种精神陶冶的过程。

1987 年法门寺地宫出土的一系列茶具，不仅体现了唐代茶文化与佛教的关系，更展现出唐代茶具的精致与高雅。据《从崇真寺[②]随真身供养道具及恩赐金银器物宝函等并新恩赐到金银器衣物帐》的碑文记载，此套茶具为"茶槽子、碾子、茶罗、匙子一副，七事共八十两"[③]。这套茶具与陆羽《茶经》中对茶具的记载相符，是难得的实物材料，其中最具唐代饮茶特色的便是下图所示两种器具：

---

① 封演，撰；赵贞信，校注. 封氏见闻录校注：卷六 [M]. 北京：中华书局，2005：51.
② 咸通十五年，法门寺改名为崇真寺。
③ 陕西省文物考古研究所，等. 法门寺考古发掘报告 [M]. 北京：文物出版社，2007.

金银丝结条笼子

摩羯纹蕾钮三足银盐台

　　法门寺共出土了两件笼子（金银丝结条笼子和镂空鸿雁纹笼子），其中金银丝结条笼子的造型和做工都更为细致，目前大家一致认为这两件器具是茶具，唯一的分歧在于是茶笼还是茶焙①。另一件出土器物则是自铭为银盐台的器具，陆羽《茶经》中记载："初沸则水合量，调之以盐味。"唐人烹茶有用盐调味的习俗，及宋代，在茶汤中调之以盐味的做法已经被人们抛弃，而法门寺出土的银盐台以实物的形式证明唐代饮茶佐盐的方式确实存在。

　　法门寺出土的茶具以实物形式表明僧人饮茶之风的繁盛，印证了茶与佛教之间不可分割的关系，这些精美绝伦的茶具虽为皇家所用，但其精致的做工却说明了当时的饮茶风尚朝着优雅与赏玩的方向发展。

　　在刘禹锡的时代，全国已形成了贵茶的风俗，江南地区尤盛，《文献通

---

　　①　由于唐代的茶叶制品绝大部分是茶饼，经过挤压而成的茶饼能够防止一定的串味，因此对茶饼的保存工作主要针对防潮湿问题，韩伟认为这两个笼子是焙篓，是用来烘焙茶饼的工具，但由于目前的史料中，唐代的焙篓尚无明确记载，因此只能根据后世记载作一个推论，南宋审安老人于咸淳五年（1269）撰写的《茶具图赞》记录茶焙笼曰："祝融司夏，万物焦烁，火炎昆岗，玉石俱焚，尔无与焉。乃若不使山谷之英堕于涂炭，子与有力矣。上卿之号，颇著微称。"可见在南宋，当茶饼潮湿时，茶笼可用于焙炙。而孙机则推测这两个笼子"大约是盛茶饼用的"，因此唐宋时人们习惯用笼子盛茶，其证据在于宋代庞元英《文昌杂录》卷四的记载"叔父魏国公……不甚喜茶，无精粗共置一笼，每尽即取碾"，加之二笼皆有提手，一般挂在凉爽通风处，以保持茶饼干燥，因此沈冬梅也认为"地宫出土的这两件银茶笼子是用来贮放茶饼的"。因两种说法的所举证据均为宋代材料，尚不能确论。

考》中称："嗜茶榷茶，皆始于贞元间矣。"①《册府元龟》记载："（文宗太和年间）江淮人什二、三以茶为业。"② 因刘禹锡出生并成长于江南，接受着江南地区盛行的佛教熏染，在《澈上人文集纪》中记载了他与诗僧皎然及灵澈之间的交往："初，（灵澈）上人在吴兴，居何山，与昼公为侣。皎然字昼，时以字行。时予方以两髦执笔砚，陪其吟咏，皆曰孺子可教。"③ 二人对刘禹锡的影响潜移默化。皎然所作的咏茶诗多达 12 首，在这些诗歌中，皎然认为茶能够消除烦闷，正如其诗《饮茶歌谓崔石使君》曰："三饮便得道，何须苦心破烦恼。"通过饮茶便能得道成正果，茶在皎然心中的地位显而易见，因此刘禹锡受其直接影响喜爱啜茗实属必然。刘禹锡诗歌中的茶题材诗基本都与佛教有所联系，除《西山兰若试茶歌》外，还有《病中一二禅客见问因以谢之》和《秋日过鸿举法师寺院便送归江陵》。

唐以前人们待客主要用酒，尽管有时候会置茶，但终究是少数。唐开元以后，随着饮茶日趋普遍，除酒以外，还增之以茶待客，这样的风气最早也是由佛门开始。正如刘禹锡《病中一二禅客见问因以谢之》一诗中写道僧人来家中做客，刘禹锡便"添炉烹雀舌"。"雀舌"在宋人沈括的《梦溪笔谈·杂志一》中记载为："茶芽，古人谓之'雀舌''麦颗'，言其至嫩也。"④ 在佛教的影响下，朋友之间的交流以茶事相伴便成为刘禹锡日常交往的方式之一，因此描写茶的诗歌增多，并且反映了当时茶事的精致和典雅。最为著名的便是《西山兰若试茶歌》⑤：

> 山僧后檐茶数丛，春来映竹抽新茸。宛然为客振衣起，自傍芳丛摘鹰觜。
> 斯须炒成满室香，便酌砌下金沙水。骤雨松声入鼎来，白云满碗花徘徊。
> 悠扬喷鼻宿醒散，清峭彻骨烦襟开。阳崖阴岭各殊气，未若竹下莓苔地。
> 炎帝虽尝未解煎，桐君有箓那知味。新芽连拳半未舒，自摘至煎俄顷余。
> 木兰沾露香微似，瑶草临波色不如。僧言灵味宜幽寂，采采翘英为嘉客。
> 不辞缄封寄郡斋，砖井铜炉损标格。何况蒙山顾渚春，白泥赤印走风尘。
> 欲知花乳清泠味，须是眠云跂石人。

这首诗是诗人于大和六年至八年在苏州西山的寺庙里品茶时所写，唐代茶

① 马端临．文献通考：卷十八［M］．北京：中华书局，1986：173.
② 王钦若、杨亿撰《册府元龟》卷510《邦记部·重敛》。
③ 陶敏，陶红雨，校注．刘禹锡全集编年校注：卷十八［M］．长沙：岳麓书社，2003：1181.
④ 沈括．梦溪笔谈［M］．北京：中华书局，2009：270.
⑤ 陶敏，陶红雨，校注．刘禹锡全集编年校注：卷九［M］．长沙：岳麓书社，2003：592.

主要以茶饼为主，诗人在此处留下了炒青茶的历史讯息，能领会这种随摘、即炒、旋烹、立饮的清醇至味的，也只能是幽栖隐居山林之人。诗歌中写到的茶叶的煮饮是文人茶生活的核心部分。"斯须炒成满室香，便酌砌下金沙水"，烹茶时对水的选择至关重要。"金沙水"，《南村辍耕录》卷二六载："湖州长兴县金沙泉，唐时用此水造紫笋茶进贡。"此处虽然并非实指金沙泉水，却也表明了山僧烹茶对水的讲究，体现了他们对茶文化的追求。同时这首诗也记录了唐代茶事的特色，使后世得以窥其异同，正如南宋朱翌在《猗觉寮杂记》所说："唐造茶与今不同，今采茶者，得芽即蒸熟焙干；唐则旋摘旋炒。刘梦得《试茶歌》：'自傍芳丛摘鹰觜。斯须炒成满室香'，又云：'阳崖阴岭各殊气，未若竹下莓苔地'，竹间茶最佳，今亦如此。"①

　　诗句"骤雨松声入鼎来，白云满碗花徘徊"谈的正是候汤，这也正是唐代茶事中对时间把握最精妙的地方。贺裳评此句："令人渴吻生津。"刘禹锡诗歌中涉及茶题材的都极爱写候汤，如《送蕲州李郎中赴任》中的"薤叶照人呈夏簟，松花满碗试新茶"；《尝茶》中的"今宵更有湘江月，照出菲菲满碗花"。唐人对茶汤时间的把握要求很高，《茶经》中写"井取汲多者。其沸如鱼目，微有声为一沸，缘边如涌泉连珠为二沸，腾波鼓浪为三沸，已上水老不可食也。……华之薄者曰沫，厚者曰饽，细轻者曰花，如枣花漂漂然于环池之上。又如回潭曲渚，青萍之始生；又如晴天爽朗，有浮云鳞然"。刘禹锡的这句诗正是对《茶经》五之煮最高境界的诗意描写，《茶经》中的茶知识、煎茶工具以及啜饮方式都在这首诗歌中得到了印证，可谓有韵之《茶经》。可以说，饮茶不自中唐始，但自中唐起茶便有了标格或者说品位。

　　刘禹锡诗歌中涉及茶的内容基本都与佛教密切相关，从中能够明显看到茶文化的兴盛与佛教的发展紧密相连，可以说，茶文化同佛教一同进入了中唐士大夫的精神世界。

　　中唐时茶之所以成为诗歌的题材之一，正是由于茶与士大夫精神特性之间已经建立了某种联系，而这种联系正是基于茶文化在中唐的发展。茶事只是社会生活的一隅，刘禹锡诗歌对茶事细枝末节的描写，折射的是饮茶时的情、景和性灵。饮茶并不是为了止渴，而是为了从中寻觅美感，寄托思想感情和追寻人生真谛，因此会尤为注重环境的幽雅，并引入吟诗、观画、参禅、问道等高雅活动，风流而清高。

---

① 朱翌. 猗觉寮杂记［M］//笔记小说大观：第六册. 扬州：江苏广陵古籍刻印社，1983：40.

三、诗歌中茶、酒题材的文化意义

茶文化和酒文化的形成过程，是茶和酒两种非必需品从单纯的物质资料发展成为精神文化的过程，其中既有价值认同、习惯养成、风俗感染的因素，也受到生产扩大、技术提升、大众消费能力增强的影响。刘禹锡诗歌中的茶、酒题材不仅反映唐代酒文化的始终高涨以及茶文化的形成，更代表着时代风气的变化。

茶和酒在唐代有着不同的内涵，敦煌写本《茶酒论》中茶为自己辩驳，谈及其社会功用时称"贡五侯宅，奉帝王家，时新献入，一世荣华""名僧大德，幽隐禅林。饮之语话，能去昏沉。供养弥勒，奉献观音""将到市廛，安排未毕，人来买之，钱则盈溢"，而酒则称"酒食向人，终无恶意，有酒有令，礼智仁义""礼让乡闾，调和军府"。任半塘先生曾经指出，敦煌遗书中的通俗文学作品"正是当时社会历史、人情风貌和宗教思想的真实反映"①。从《茶酒论》中能够看到两种饮品在唐人生活中承载着不同的意义，二者地位有所不同。茶作为新兴的饮品，受众广泛，从帝王家、高僧大德到市井民众，这一点同酒的受众一致，然而茶不能替代酒在礼制中的地位，因此并不能争论出二者谁更有功勋，正如郑振铎概括其内容"茶和酒在争论着：两个谁有功勋？茶先说其可贵，酒乃继而自夸其力，反复辩难，终乃各举其'过'。'两个正争人我，不知水在旁边'。水乃出来和解道……'从今以后，切须和同，酒店发富，茶坊不穷。长为兄弟，须得始终'"②。茶与文人雅士、高僧大德的生活方式联系在一起，而酒从古至今则是礼制必不可少的一部分，是宴饮助兴的重要工具，因此二者相互依存。

总的说来，唐以前，茶大多数时候只表现出作为药或者解渴饮品的实用性，而到了中唐，茶被赋予了更多的意境和文化意义。刘禹锡诗歌中涉及茶题材的诗歌，都带有禅机与玄趣，而诗歌风格同茶所代表的文化风气一样，是冷静的、平和的，带有精致考究的生活趣味。

唐代的酒文化则呈现出与前代的共通性，但与之区别的是更多地表现出昂扬积极的生活态度，大多时候唐人饮酒并不是借酒消愁，也不是消沉避世，而是饮酒助兴，刘禹锡涉及酒题材的诗歌都带有豪迈奋发的情感基调，酒和宴饮联系密切，因此当诗人选择以酒入诗，实际上就选择了一种豪放不羁、放纵恣

---

① 张锡厚，校释. 王梵志诗校辑［M］. 北京：中华书局，1983：2.
② 郑振铎. 中国俗文学史：上册［M］. 上海：上海书店出版社，1984：175.

意的氛围。

尽管《茶酒论》将二者进行了比较和区别，但茶和酒在唐人生活中并不是区分明晰的对立关系，而是互补的关系，反映出唐人的生活乐趣和追求。

酒承载着人们的梦想，帮助人们宣泄情感，表达高昂的斗志，积极而热烈；茶则代表着人们对自身的思考，悠悠茶烟起，品茶，悟道，探讨人生。中唐开始，人们借助这两种饮品，使得自己的物质生活和精神生活更加丰富，茶、酒在文化上的互补与融合，也正体现出中唐时代风气的多样，不仅有豪迈与放纵，由于茶文化的形成，还增加了冷静与克制。时代风气的改变也是盛唐至中唐转变的表现之一。

四、小　结

刘禹锡饮食题材的诗歌不多，但茶、酒题材的诗歌在其中所占比例较高，茶和酒两种饮品在诗歌中呈现的不仅是物质材料本身的形态，还被人们赋予了审美价值与文化内涵。

第一，茶作为中唐时期才兴起的饮品之一，其兴盛是当时物质发展与社会风气演变的必然结果。饮茶在中唐成为一种文化，带有特定的深厚内涵，作为高雅的精神活动，饮茶不仅带来冷静平和的气氛，也是人们对自身进行思考的方式之一。

第二，酒的历史悠久，经过了盛唐"白日放歌须纵酒"的时代，中唐人依然爱酒。酒的品种增加，制酒方式的多样化为人们提供了不同的饮用感受。酒所带来的情感宣泄体验，无论是在热闹非凡的宴饮，还是在平淡的日常生活中，都不可或缺。

第三，茶和酒的关系不是对立，而是互补。中唐人有意识地选择不同的饮品，代表人们已经有了明确的价值取向，实际上也正是茶文化与酒文化成熟的表现，二者的共同发展也体现了中唐兼容并包的文化特征。

（作者单位：华南师范大学）

《瀛奎律髓》所选刘禹锡诗探析

李经纬

一、《瀛奎律髓》的选诗标准

方回，字万里，号虚谷，是宋末元初的大诗人、诗论家。方回与许多诗论家、批评家不同，他首先是一位大诗人，精熟诗律。他的诗作经过了时间的淘洗，流传至今，其诗名亦得到了后人的认可。试看他的《九日约冯伯田王俊甫刘元辉》："山雨初开一望之，似无筋力可登危。每重九日例凄苦，垂七十年更乱离。今岁江南犹有酒，吾曹天下谓能诗。肯来吊古酣歌否，恰放黄花一两枝。"① 深谙江西诗法，通体老健，一如其诗论，堪称传世名作。

朱光潜先生曾说："最好的文艺批评家往往是文艺创作者本人。诗和戏剧方面的歌德，绘画方面的达·芬奇和杜勒，雕刻方面的罗丹，小说方面的巴尔扎克和福楼拜等大师，在他们的谈话录、回忆录、书信录或专题论文里都留下了珍贵的文艺批评，其所以珍贵，是因为他们是从亲身实践经验出发的。"②

而《瀛奎律髓》就是一本诗人选诗的典范。它是一本以诗人作诗之眼光来选诗，并且有其宗旨的诗选。这样独特的属性，在文学史上是不多见的，足以让我们对其所选诗作进行深入细致的审视，探寻诗人的诗心与其所开示的作诗法门。

《四库全书总目提要》谓："是书兼选唐宋二代之诗，分四十九类。所录皆五七言近体，故名律髓。自序谓取十八学士登瀛洲，五星聚奎之义，故曰瀛奎。大旨排西昆而主江西，倡为一祖三宗之说。一祖者，杜甫；三宗者，黄庭坚、陈师道、陈与义也。其说以生硬为健笔，以粗豪为老境，以炼字为句眼，颇不谐于中声。"③

可见《瀛奎律髓》一书选诗大体以江西诗法为宗。号称江西诗派殿军的

---

① 永瑢，等. 影印文渊阁四库全书（第1193册）[M]. 台北：商务印书馆，1982：420.
② 朱光潜. 西方美术史 [M]. 北京：人民文学出版社，1979：5.
③ 永瑢，等. 影印文渊阁四库全书（第1366册）[M]. 台北：商务印书馆，1982：1.

方回把吕本中的《江西诗社宗派图》发展扩充成了一祖三宗之说，形成了以杜甫为祖，黄庭坚、陈师道、陈与义三宗并立的体系。这极大丰富了江西诗派的艺术风格。《瀛奎律髓》正体现了方回这种"力排西昆而主江西"的诗学观。

方回在"排西昆而主江西"的前提下，提出了更加细致精密的理论，《瀛奎律髓》自序云："瀛者何？十八学士登瀛洲也。奎者何？五星聚奎也。律者何？五七言之近体也。髓者何？非得皮得骨之谓也。斯登也，斯聚也，而后八代五季之文弊革也。文之精者为诗，诗之精者为律。所选诗格也，所注诗话也。学者求之髓，由是可得也。"①

自序不仅解释了此书名字的由来，更显示了方回对于律诗问题发展的眼光。他认为律诗是自南朝以来文学发展最精巧最高级的产物，律诗是"文之精者、诗之精者"。因此求学者应该先从文学之骨髓学起，也就是从律诗学起，这样才能有所得。方回这种说法实际上是儒家诗教"兴于诗"的一种发展。方回旨在以律诗为教、为兴发，以引导后人治学。

而其具体的选诗标准则名曰"诗格"。所谓"诗格"，大体是指诗歌的格调。方回在《桐江续集·唐长孺艺圃小集序》中说："诗以格高为第一。"②又在《瀛奎律髓》卷二十一中说："诗先看格高而意又到、语又工为上，意到、语工而格不高又次之，无格、无意又无语下矣。"③《瀛奎律髓》选诗的标准就是要选格调高的诗作。所谓"格高"，方回在卷二十二举例说："黄陈特以诗格高为宋诗第一。"④又卷十三："简斋诗独是格高，可及子美。"⑤就是指如江西诗派所提倡的苍劲瘦硬的风格，这种独特的风格正是作为江西诗派殿军的方回所极力维护的。可以说，《瀛奎律髓》一书大体以江西诗法为宗主，故江西诗派诗人及其诗作所选甚多。但是从全书的情况看，方回并没有囿于门派之见，其选诗尚能根据作品的客观价值决定，所选作品以大家为主，同时也注意到各种不同流派的作家和各种不同题材的作品。可以说方回这样做正是有意矫正江西诗派末流的弊病，他在坚持江西诗派格高的基础上，在卷一提出："大历十才子以前，诗格壮丽悲感。元和以后，渐尚细润，愈出愈新，而至晚唐，以老杜为祖而又参此细润者，时出用之，则诗之法尽矣。"⑥ 这是以"圆

① 方回，选评；李庆甲，集评校点. 瀛奎律髓汇评［M］. 上海：上海古籍出版社，1986：1.
② 永瑢，等. 影印文渊阁四库全书（第1193册）［M］. 台北：商务印书馆，1982：682.
③ 方回，选评；李庆甲，集评校点. 瀛奎律髓汇评［M］. 上海：上海古籍出版社，1986：894.
④ 方回，选评；李庆甲，集评校点. 瀛奎律髓汇评［M］. 上海：上海古籍出版社，1986：925.
⑤ 方回，选评；李庆甲，集评校点. 瀛奎律髓汇评［M］. 上海：上海古籍出版社，1986：492.
⑥ 方回，选评；李庆甲，集评校点. 瀛奎律髓汇评［M］. 上海：上海古籍出版社，1986：14.

润"来矫正江西后学的粗犷；又卷二十："熟也者，非腐烂陈故之谓，取之左右逢其源是也。"卷十六："平熟圆妥，视之似易，能作诗到此亦难也。"① 这是要以"圆熟"济"生硬"；又卷一："若五言律诗，则唐人之工者无数，宋人当以梅圣俞为第一，平淡而丰腴。舍是则又有陈后山耳。此余选诗之条例，所谓正法眼藏也。"② 这是要以丰腴济"枯涩"。

而其所作的评语，则是诗话，用以引人深悟诗法的启示。《瀛奎律髓》是方回诗学观的呈现与实践，它巧妙地把诗话、诗评甚至作诗法门都巧妙地熔铸为一体。而其以诗人眼光选评诗，更是值得细细去研究。

二、《瀛奎律髓》所选刘禹锡诗

方回以上述标准编选《瀛奎律髓》，去掉重出诗作，共选诗二千九百九十二首，共三百八十五家。集中所选刘禹锡诗共五十二首，其中五言二十四首，七言二十八首，所选诗歌总数在三百八十五家中排名第十。实际上非刘作九首，实刘作而错记他人姓名一首，因此《瀛奎律髓》所选刘诗共有四十四首，诗歌入选数量基本与黄庭坚、苏轼等大家持平，可见方回对刘禹锡律诗的重视。

在所选四十四首诗中，有方回评注的诗共三十二首，具体内容多样，涉及风格、章法、句法、用典、炼字、典故注释等。这些评语虽然简短，但是都十分精到，不仅开示作诗法门，甚至带有些文学史的色彩。方回对刘禹锡的评点有如下几方面：

（一）善炼字琢句，句句精密

方回评《送浑大夫赴丰州》谓"句句精密"③；评《送景玄师东归》说"刘梦得诗格高，在元白之上。长庆以后诗人皆不能及。且是句句分晓不吃气力，别无暗昧关锁"④；又评《同白二十二赠王山人》谓"刘公诗才读即高似他人，浑若天成"⑤；评《途中早发》谓"刘宾客诗中精也。自颔联以下无一句不佳，且是尾句不放过"⑥；评《罢郡姑苏北归渡扬子津》谓"故梦得与此

① 方回，选评；李庆甲，集评校点.瀛奎律髓汇评 [M].上海：上海古籍出版社，1986：626.
② 方回，选评；李庆甲，集评校点.瀛奎律髓汇评 [M].上海：上海古籍出版社，1986：42.
③ 方回，选评；李庆甲，集评校点.瀛奎律髓汇评 [M].上海：上海古籍出版社，1986：1072.
④ 方回，选评；李庆甲，集评校点.瀛奎律髓汇评 [M].上海：上海古籍出版社，1986：1740.
⑤ 方回，选评；李庆甲，集评校点.瀛奎律髓汇评 [M].上海：上海古籍出版社，1986：1789.
⑥ 方回，选评；李庆甲，集评校点.瀛奎律髓汇评 [M].上海：上海古籍出版社，1986：507.

诗，句句佳，三四尤紧"①。

以上评语都是在说刘诗句句绝妙精密，而方回在评语中也作了一定解释。他在《送浑大夫赴丰州》的评语中解释说："其集曾自删选，故多佳者。视乐天之易不侔也。"② 同时对《金陵怀古》又评曰："每读刘宾客诗，似乎百十选一以传诸世者。"③ 刘禹锡在《刘氏集略说》亦云："由是删取四之一为《集略》。"④ 可见，今传刘诗都是其手定删改过的，作品质量都经过刘禹锡本人严格删汰，因此所传质量都很高。另外，方回在《途中早发》评语中更说："刘宾客诗中精也。自颔联以下无一句不佳，且是尾句不放过。"⑤ 这种每一句都不放过，不放松一口气的创作态度，正是保证每首诗得以传世的前提。

上述是创作应持的态度。而更加具体的方法则在于字法、句法、章法的安排上。

首先是刘禹锡善于炼字。《罢郡姑苏北归渡扬子津》颔联"归心渡江勇，病体得秋轻"⑥，"勇"字与"轻"字就是炼字的好例子。首先，这首诗是刘禹锡大和八年自苏州赴任汝州道中作。⑦ 方回注云："俗谚云：于仕宦谓'贺下不贺上'。凡初至官者，乃任事之始，未知其终也，故不贺。解官而去，则所谓善终者也。"⑧ 由此可知此时刘禹锡写这首诗时的心情是比较愉快的。因为汝州在现在的河南，距离刘禹锡的家乡洛阳很近，从苏州到汝州，是从南到北，因此诗题曰"北归"。所以出句说"归心渡江勇"，长江天堑，渡江不易，刘禹锡在这里下一个"勇"字，形象生动地表明归心似箭的心情。即使是长江天堑，也无法阻挡他北归的决心，因此他就义无反顾地渡江。而对句的"轻"字也下得很妙。本来患病的身体是很虚弱的，行动不便，但是因为能够返回故里，同时遇上了秋天飒爽的天气，诗人的病体仿佛变得轻了起来，从侧面写出了回归故里的期待与喜悦。这一联先从诗人心情进行描写，对句再从身体感受进行概括，一联之中情景浑融无迹，"勇""轻"二字堪为诗眼，这是炼字之力。《题招隐寺》："地形临渚断，江势触山回。"⑨ "临""触"二字，使得整联对地形的描写立体动态起来。地形临近江中小洲，像突然断开了一

① 方回，选评；李庆甲，集评校点．瀛奎律髓汇评［M］．上海：上海古籍出版社，1986：238.
② 方回，选评；李庆甲，集评校点．瀛奎律髓汇评［M］．上海：上海古籍出版社，1986：1072.
③ 方回，选评；李庆甲，集评校点．瀛奎律髓汇评［M］．上海：上海古籍出版社，1986：80.
④ 陶敏，陶红雨，校注．刘禹锡全集编年校注［M］．长沙：岳麓书社，2003：1187.
⑤ 方回，选评；李庆甲，集评校点．瀛奎律髓汇评［M］．上海：上海古籍出版社，1986：507.
⑥ 陶敏，陶红雨，校注．刘禹锡全集编年校注［M］．长沙：岳麓书社，2003：608.
⑦ 陶敏，陶红雨，校注．刘禹锡全集编年校注［M］．长沙：岳麓书社，2003：608.
⑧ 方回，选评；李庆甲，集评校点．瀛奎律髓汇评［M］．上海：上海古籍出版社，1986：238.
⑨ 陶敏，陶红雨，校注．刘禹锡全集编年校注［M］．长沙：岳麓书社，2003：16.

样，而浩浩荡荡的长江一触碰到这矗立的山，像反弹回来一样拐了一个弯。这样的用字，增强了句子的诗味，增加了读者对诗句的想象。

以上是炼实字的例子。今人说炼字，往往偏向于炼实字，实际上炼虚字也是作诗的一个重要手段。试看《宿诚禅师山房题赠》："不出孤峰上，人间四十秋。视身如传舍，阅世甚东流。法为因缘立，心从次第修。中宵问真偈，有住是吾忧。"① 方回评曰："第四句甚字下得妙。"② 这个"甚"字用在第四句里，使得句意转折加深，有一种跌宕的感觉。"阅世"，陆机《叹逝赋》云："川阅水以成川，水滔滔而日度；世阅人而为世，人冉冉而行暮。"③ 本来就已经有一种感叹时间流逝的感慨在其中。而这里下一个"甚"字，意思转折为阅世的速度更甚于流水东去，这种时间飞逝的感慨就更加强烈了。也使得第四句与第三句"视身如传舍"形成了一种意思的递进，使得感慨加强，无怪乎方回说"甚"字下得妙。这是注重利用虚字造成句意转折的方法。又如《晚泊牛渚》中的第三句"残霞忽改色"④，第三个字"忽"字就很传神地把残霞消失，天色骤暗的短暂时间捕捉了下来。我们知道，夕阳的时间非常短，尤其是残霞从消失转向夜色的那个瞬间，往往就是一眨眼的时间。而刘禹锡用一个"忽"字，说残霞忽然就改变了颜色，进入了夜，把这一瞬间很好地呈现了出来。这也是炼虚字的表现。《题招隐寺》"南禽声例哀"⑤ 的"例"字下得也很妙。冯浩评曰："例字新"。南国禽鸟的啼叫声无一例外地哀切。这个"例"字，充满着诗人的主观感情。禽鸟的叫声本无感情之分，皆因诗人的心情而染上了感情色彩。诗人的心情不佳，故诗人去到哪里，禽鸟的叫声都是无一例外地哀切。这句岂是写禽鸟，分明是写诗人自己。

（二）紧扣题目，善于谋篇使事

一首诗要紧扣题目，首先需要诗人有充沛的感情作驱动，而后有一定的学力作为支撑，这样才不致使诗歌言之无物。在具备了这些条件后，便需要发挥各自的才思去安排诗歌的章法，运用古人流传下来的具有丰富意蕴的典故来为创作所用。

首先紧扣题目，方回在《瀛奎律髓》卷二十七着题类说："着题诗，即六义之所谓赋而有比焉，极天下之最难。石曼卿《红梅》诗有曰：'认桃无绿叶，辨杏有青枝。'不为东坡所取，故曰：'题诗必此诗，定知非诗人。'然不

---

① 陶敏，陶红雨，校注.刘禹锡全集编年校注［M］.长沙：岳麓书社，2003：160.

② 方回，选评；李庆甲，集评校点.瀛奎律髓汇评［M］.上海：上海古籍出版社，1986：1642.

③ 陆机；金涛声，点校.陆机集［M］.北京：中华书局，1982：24.

④ 陶敏，陶红雨，校注.刘禹锡全集编年校注［M］.长沙：岳麓书社，2003：341.

⑤ 陶敏，陶红雨，校注.刘禹锡全集编年校注［M］.长沙：岳麓书社，2003：16.

切题，又落汗漫。"①

而严密的谋篇布局可以使诗歌生色不少。陈永正先生在《江西派诗选注》里说："诗人把写古文的法度用于作诗，要求一篇上下，都有线索可寻；每句每段，都要安排得法，使之曲折变化。诗歌无论长篇短章，往往采取多层次的结构形式，每一两句，即成一段，随即换意。还须特别注意层次与层次、句与句之间的承接转折关系……有时作者的思路好像突然断了，上下接不上榫，可是其中还是有内在联系的，读者要用自己的想象去补足它。这样文字更简练，诗意也更含蓄。诗人还非常注意诗歌的起和结。凡一起句，不知其从何来。在结处，也要别运机杼，摆脱上文的拘系，在意境、句法、用笔上皆作急剧的转换，迥出常人的意表。"② 另外近体诗创作几乎不可避免地使用典故。贴切精当地使用典故，不仅能使诗歌更加古雅含蓄，而且能在有限的字数中利用典故丰富的意蕴来表意，扩充了诗歌的容量。

例如《赴苏州酬别乐天》："吴郡鱼书下紫宸，长安厩吏送朱轮。二南风化承遗爱，八咏声名蹑后尘。梁氏夫妻为寄客，陆家兄弟是州民。江城春日追游处，共忆东都旧主人。"③ 要解通此诗，首先需要清楚里面使用的典故。这首诗写于大和五年冬刘禹锡赴任苏州，途经洛阳与白居易酬别时。首先，第一句的鱼书是唐代刺史任免时作为凭信的鱼符及敕书。《唐会要》卷六九："大历十二年五月十日敕，诸州刺史替代及别追，皆降鱼书，然后离任。"④ 吴郡即苏州。紫宸是唐代长安大明宫的殿名，这里代指朝廷。第一句的意思是说，朝廷给我颁发了调任苏州的诏书。这一句是起，交代写诗的背景。接着第二句，厩，就是马舍。朱轮，汉制，太守二千石以上得乘朱轮。长安厩吏，语出《汉书·朱买臣传》，朱买臣尝从会稽守邸者寄居饮食，后拜为会稽太守。长安厩吏乘驷马来迎朱买臣，故旧大惊。汉代的会稽郡治在苏州附近，因此这里以会稽太守代指苏州刺史。这一句意思是说，我像当年朱买臣一样乘着驷马朱轮到苏州去赴任。这句承接第一句收到朝廷的调令，出发去任所。第二联，二南风化，指的是《诗经》中的《周南》《召南》。《毛诗大序》："关雎麟趾之化，王者之风，故系之周公。南，言化自北而南也。鹊巢驺虞之德，诸侯之风也，先王之所以教，故系之召公。"⑤ "风，风也，教也。风以动之，教以化

————————

① 方回，选评；李庆甲，集评校点. 瀛奎律髓汇评 [M]. 上海：上海古籍出版社，1986：1151.
② 陈永正，选注. 江西派诗选注 [M]. 广州：中山大学出版社，1985：5.
③ 陶敏，陶红雨，校注. 刘禹锡全集编年校注 [M]. 长沙：岳麓书社，2003：550.
④ 王溥，撰. 唐会要 [M]. 北京：中华书局，1955：1214.
⑤ 十三经注疏整理委员会，整理. 毛诗正义 [M]. 北京：北京大学出版社，2000：22-23.

之。"① 遗爱，这里指白居易之前任苏州刺史所行的德政，至今仍使百姓受惠。八咏指沈约的《八咏诗》。沈约曾为东阳太守，东阳地属会稽。这一联专颂白居易，说白居易在苏州的德政就像周公召公的教化一样，至今还惠及百姓。而且白居易的诗名也与当时沈约的名声一样大。这里的蹑后尘，既是说白居易文名与沈约相当，更是说自己蹑白居易后尘，说自己不如白。接着第三联，出句用举案齐眉的梁鸿孟光夫妇寄食于吴郡的故事。吴郡在东汉永建四年从会稽郡分出。对句陆家兄弟指陆机、陆云兄弟，兄弟都是吴郡人。这一联专咏苏州人物之盛，暗接第二联承白居易的风化造就苏州人物之盛。最后一联，苏州北依长江，所以这里以江城代称苏州。东都旧主人指白居易。时白居易任河南尹，在洛阳，古称东都。最后一联谓待我到任苏州之后，与苏州的贤士出游，一同怀念你这位旧太守。全诗用典都紧紧围绕着苏州的人事，可见诗人的腹笥。而且章法布局合理，第一联起，交代写诗的背景，紧扣住题目"赴苏州"。第二联写白居易，一是白居易也曾任苏州刺史，赴任苏州，不免想起故人，也扣住后半段题目"酬别乐天"。第三联按接第二联的"承遗爱"，写苏州人物之盛，并且转出思维空间为第四联结作准备。第四联第七句，接着第三联苏州的人物，想象自己到任苏州之后，与当地百姓一同怀念白居易，再次扣住题目。故《诗史》曰："苏子容爱元、白、刘宾客辈诗，如《汝洛唱和》，皆往往成诵。苦不爱太白辈诗。曾诵《汝洛集·九日送人》云：'清秋方落帽，子夏正离群'。以为假对工夫无及此联。又举刘梦得《送李文饶再镇浙西》诗，以为最着题。"②（《诗话总龟》前集卷六）

所以方回评诗曰："乐天尝守苏，今梦得亦往守此，故有承遗爱，蹑后尘之语。梁鸿孟光尝客于吴，机云二陆昔为吴人。今到苏之后，凡寄寓之客，及在郡之士人，与太守相追游，当共忆乐天为旧太守，即旧主人也。善用事笔端，有口未易可及。"③ 真可谓的论。

又《再授连州至衡阳酬赠别》，方回说："柳士师事甚切。"④ 方回说的是"三黜名惭柳士师"⑤ 这一句。柳士师说的是柳下惠。《论语·微子》："柳下惠为士师，三黜。人曰：'子未可以去乎？'曰：'直道而事人，焉往而不三黜？枉道而事人，何必去父母之邦？'"⑥ 柳宗元在永贞元年被贬为邵州刺史，

---

① 十三经注疏整理委员会，整理. 毛诗正义 [M]. 北京：北京大学出版社，2000：6.

② 阮阅，撰. 诗话总龟 [M]. 北京：人民文学出版社，2006：63.

③ 方回，选评；李庆甲，集评校点. 瀛奎律髓汇评 [M]. 上海：上海古籍出版社，1986：184.

④ 方回，选评；李庆甲，集评校点. 瀛奎律髓汇评 [M]. 上海：上海古籍出版社，1986：1555.

⑤ 陶敏，陶红雨，校注. 刘禹锡全集编年校注 [M]. 长沙：岳麓书社，2003：216.

⑥ 十三经注疏整理委员会，整理. 论语正义 [M]. 北京：北京大学出版社，2000：281.

未到，再贬为永州司马。而刘禹锡写此诗时，柳宗元在召还后又被贬为柳州刺史，正是三黜。刘禹锡在诗中运用柳下惠三黜的典故，不仅是用柳下惠的柳来切柳宗元的姓，更是在暗示柳宗元被贬是由于"直道事人"。刘本人也因为"直道事人"而遭三黜，与柳宗元相同，但他却谦虚地表示自己不及柳宗元。而实际上，出句"重临事异黄丞相"，是在反用黄霸的故事来比喻自己。黄霸是汉宣帝时的丞相，在为相前曾两度出任颍川太守，很得汉宣帝重用。而刘禹锡此次再贬连州，和黄霸两任颍川太守一样，都是故地重临，但遭遇却很不一样。两句用典都极其贴切，切合刘柳两人境遇，并且利用"事异"和"名惭"把两个典故反用，在短短的十四字中，表达出了深曲的意思。

又《蜀先主祠》用"三足鼎""五铢钱"的典故，方回评曰："胡淡庵有诗云：须令民去思，如汉思五铢。自注谓：五铢起于元狩五年，新室罢之。民思以五铢市买。莽法：复挟五铢者，投四裔。光武因马援言复之，民以为便。董卓悉坏五铢，曹操为相复之。自魏至梁陈周隋皆以五铢为便。唐武德四年铸开通元宝，五铢始不复见。梦得此诗用三足鼎、五铢钱，可谓精当。"①

再如《送河南皇甫少尹赴绛州》②，前四句"周道""晋城""午桥""亥字"全用绛州典事，且句与句之间相互联系紧密，自然浑灏，不觉有安排或典事。所以方回说："自洛赴绛，故以亥字老人事上搭对午桥为偶，诗家常例也。五六方有味，前四句只是形模，不下周道晋城四字，则午桥亦唤不来。"③此评不但道出刘禹锡用典的技巧，更指出了此诗章法的独特之处。即是前四句一气直下，只赋陈一事，到第三联直转，第四联作结，这种结构与一般的起承转合不同，它在第一二联中只赋陈一事，须以气单行，需要第三联承担承与转的任务。这种章法写得好能够一气直下，或圆转流走或气势特出。这种写法刘禹锡很常用，方回在所选刘诗中，特意选取了三首，除上述《送河南皇甫少尹赴绛州》外，还有《西塞山怀古》《金陵怀古》两首。《送河南皇甫少尹赴绛州》单行入律，气息流转浑融，而《西塞山怀古》《金陵怀古》则沉郁雄健。《西塞山怀古》④前四句专咏三国南朝兴亡，颈联回到现实以感慨议论承转，尾联以大一统作结，有不尽余味。而对于《金陵怀古》⑤，方回直接评论说："每读刘宾客诗，似乎百十选一以传诸世者。言言精确，前四句用四地名，而以潮日草烟附之。第五句乃一篇之断案也。然后应之曰山川空地形，而末句乃寓悲

① 方回，选评；李庆甲，集评校点. 瀛奎律髓汇评［M］. 上海：上海古籍出版社，1986：1223.
② 陶敏，陶红雨，校注. 刘禹锡全集编年校注［M］. 长沙：岳麓书社，2003：731.
③ 方回，选评；李庆甲，集评校点. 瀛奎律髓汇评［M］. 上海：上海古籍出版社，1986：1045.
④ 陶敏，陶红雨，校注. 刘禹锡全集编年校注［M］. 长沙：岳麓书社，2003：376.
⑤ 陶敏，陶红雨，校注. 刘禹锡全集编年校注［M］. 长沙：岳麓书社，2003：445.

怆，其妙如此。"①《后山诗话》谓："苏诗始学刘禹锡，故多怨刺。"② 又张戒《岁寒堂诗话》："苏子瞻学刘梦得。"③ 可见苏轼善学刘禹锡。而苏轼《和子由渑池怀旧》一诗正是用这种单行入律的章法。故纪昀在《始己评苏诗》卷三总结说："前四句单行入律，唐人旧格；而意境恣逸，则东坡本色。"④

诸如此类刘诗章法用典散见于方回所选各诗，方回或有点出，或侧重点不在于此。方回选诗的标准，不仅是格高一类时常被人们提及的大概念。其实，一首好诗首先必然具备上述字法、句法、章法等技术上的基础，而后再就风格及诗人见识学力上作讨论。陈永正先生在题为"独抱诗心"的讲座上说："诗本来是没有技法的，它是后学自己根据前人诗作总结出来以指导自己写诗的。"还在《江西派诗选注》说："对于一切真正的诗人来说，法，只不过是诗歌的外在形式，而不是诗歌的本体；法，只能为诗人所用，而不应该为诗人的束缚。优秀的诗人，总是能熟练地掌握诗法，游刃有余。当他达到高度的完善时，手和心，诗法和诗的内容、感情都彼此融合在一起，法的本身也不复存在了。"⑤ 又道："其实，没有形式，也就没有诗歌。诗人们对形式的探索和追求，是永无止境的。"⑥ 江西诗派除了给我们开辟出了一条迥异于唐诗的诗歌道路，为文学史增添了浓重的一笔，更重要的是，它给我们后学总结并走出了一条适合后人学诗写诗的道路。而方回则继承了这一精神，他在《瀛奎律髓》中指出了各家的诗法，为后学指出了学习模仿各家的门径。

（三）风格多样，已逗宋格

在具备熟练的技法之后，通过不断的创作实践，诗艺不断进步，真正的高手便能显出自己的面貌。每一位大诗人在保有自己诗作面貌的同时，他们的诗歌因题材不同、境遇不同还会呈现出不同的风格，甚至可以说，一位真正的天才诗人必然有多种风格。杜甫就是这样一位风格题材多样的大诗人，既有《登高》《登楼》这样沉郁的诗作，亦有《客至》这样清新流动的诗作。因此方回盛称"杜陵集众美而大成"⑦。正是秉持这样的观点，方回所选刘禹锡诗亦显示了这位中唐大诗人的多样风格。

---

① 方回，选评；李庆甲，集评校点. 瀛奎律髓汇评［M］. 上海：上海古籍出版社，1986：80.

② 欧阳修，陈师道，等撰；王云五. 丛书集成初编：六一居士诗话及其它四种［M］. 北京：商务印书馆，1939：44.

③ 张戒，撰；陈应鸾，笺注. 岁寒堂诗话笺注［M］. 成都：四川大学出版社，1990：39.

④ 曾枣庄，汇编. 苏诗汇评［M］. 成都：四川文艺出版社，2000：65.

⑤ 陈永正，选注. 江西派诗选注［M］. 广州：中山大学出版社，1985：11.

⑥ 陈永正，选注. 江西派诗选注［M］. 广州：中山大学出版社，1985：11.

⑦ 方回. 桐江集［M］. 南京：江苏古籍出版社，1988：324.

1. 雄健老辣的怀古登临诗

方回所选刘禹锡诗中，登临怀古诗占了很大比例，有《荆州怀古》《巫山女神庙》《阳山庙观赛神》《经伏波神祠》《汉寿城春望》《西塞山怀古》《晚泊牛渚》《金陵怀古》《蜀先主庙》等九首，超过所选刘诗的五分之一。这些登临怀古诗都雄健老辣，见识非凡，是刘禹锡独步诗坛的重要作品，从中不仅能见出刘禹锡的性情，更能见出刘禹锡卓绝的见识。

譬如《巫山女神庙》一诗借咏巫山女神与楚襄王的故事，在诗的结尾发表自己的见解："何事神仙九天上，人间来就楚襄王。"① 结句讥刺的意味十分浓厚，盖是讥刺长庆时事亦未可知。故方回在此诗下评论说："尾句讥之，良是。然本无此事也，词人寓言耳。"② 方回在赞同刘禹锡的讥刺的同时，还指出了巫山云雨的故事张冠李戴到楚襄王头上的错误，并说它是诗人用以寄托思想的寓言，着实独具眼光。我国文学自庄子以来就有以寓言来寄托自身思想感情的传统。刘禹锡亦继承了这一传统，方回这样精心点出这一传统，比起后世考据家们的点评，着实多了几分诗人的理解。

又如《西塞山怀古》《金陵怀古》。《西塞山怀古》如上文所述，前四句是单行入律，道尽三国南朝时的兴衰，而第五句"人世几回伤往事"七字总结前四句，第六句"山形依旧枕寒流"转折到西塞山，道出了"王气""地形"不足恃的卓绝见识。最后结句"今逢四海为家日，故垒萧萧芦荻秋"补足第三联说分裂割据终不会长久，坚定支持国家的统一，展示出了刘禹锡卓越的历史眼光与对时局的思考。这是刘禹锡的独特之处。而《金陵怀古》则更加直接地指出"兴废由人事，山川空地形"的历史思考，讽喻在位者不能凭恃山川地形之险，而要行仁政。结句"后庭花一曲，幽怨不堪听"，纪昀盛赞此诗："迭用四地名，妙在安于前四句，如四峰相直矗，特有奇气。若安于中四联，即重复碍格。五六簛节，施于金陵尤宜，是龙盘虎踞，帝王之都。末《后庭》一曲，乃推江南亡国之由，申明五、六。虚谷以为但寓悲怆，未尽其意。起四句似乎平对，实则以三句'新草'别出四句'旧烟'，即从四句转出下半首。运法最密，毫无起承转合之痕。"③

至于《经伏波神祠》及《阳山庙观赛神》，则须两相对读方解其深意。《经伏波神祠》："蒙蒙篁竹下，有路上壶头。汉垒磨鼯斗，蛮溪雾雨愁。怀人敬遗像，阅世指东流。自负霸王略，安知恩泽侯。乡园辞石柱，筋力尽炎州。

---

①　陶敏，陶红雨，校注. 刘禹锡全集编年校注［M］. 长沙：岳麓书社，2003：361.

②　方回，选评；李庆甲，集评校点. 瀛奎律髓汇评［M］. 上海：上海古籍出版社，1986：1236.

③　方回，选评；李庆甲，集评校点. 瀛奎律髓汇评［M］. 上海：上海古籍出版社，1986：80.

一以功名累，翻思马少游。"① 这是一首五言排律。前两联写诗人经过伏波神祠，见到一副破败的景象。第三联说自己敬佩马援，肃敬地看起了神祠里马援的遗像，并感叹时间的飞快流逝。接着第四联说，马援自负自己的才略建功立业，却不知道有恩泽侯梁松这样的小人。最终功业因这些小人而烟消云散。这一联既是伤马援，亦是自伤。第五联说马援不远千里来到朗州这样的穷乡僻壤建功立业，这里也是自比。最后一联说，如此艰辛地来到穷乡僻壤，都是为功名所累，更加让人想起马少游说的话了。全诗用老健的笔触歌颂马援，也是在说自己的身世。所以方回说："能道马伏波心事。此公笔端老辣，高处不减少陵。"② 在解通《经伏波神祠》后再看《阳山庙观赛神》，刘禹锡个中的深微用意就不难察觉了。《阳山庙观赛神》："汉家都尉旧征蛮，血食如今配此山。曲盖幽深苍桧下，洞箫愁绝翠屏间。荆巫脉脉传神语，野老娑娑启醉颜。日落风生庙门外，几人连蹋竹歌还。"③ 此诗原注："梁松南征至此遂为神在朗州。"梁松就是前面说的恩泽侯。他因为娶了光武帝的女儿而封侯。后来因探望生病的马援，马援以后辈的礼仪不答梁松，由此结怨。马援死后，梁松仍陷害马援，导致其子不得袭封侯位。因此后人都认为梁松是一位小人。而此诗正是为马援鸣不平。梁松的神庙"血食如今""曲盖深幽""荆巫脉脉""野老醉颜"甚至"几人蹋竹歌"，一片繁荣热闹。而反观马援的祠庙则"汉垒麞鼯斗，蛮溪雾雨愁"，一片破败不堪，两相对比，大使人有握腕之恨。因此方回在《阳山庙观赛神》下评论说："予尝游此庙，在今常德府北三十里。似不当祭之人，马伏波为其所倾者。"④ 而冯舒也说："妙在写出淫祠。"⑤ 而此诗讽淫祠而深曲幽微，着实得风人之旨。

至于其余《晚泊牛渚》《蜀先主庙》皆沉郁老健，识力卓绝，而《汉寿城春望》前三联无限苍凉、感慨，最后一联一转为沧海桑田复成要路之津，胸怀磊落放达，无乃一代诗豪。

2. 唱和酬赠诗或深婉幽曲或清通流丽

刘禹锡登临怀古诗雄健老辣，直逼杜甫。而其酬赠诗则或深婉幽曲，得比兴风人之旨；或清通流丽，意趣可玩。

深婉幽曲有如《和仆射牛相公春日闲坐见怀》："官曹崇重难频入，第宅清幽且独行。阶蚁相逢如偶语，园蜂速去恐违程。人于红药偏怜色，莺到垂杨

---

① 陶敏，陶红雨，校注. 刘禹锡全集编年校注［M］. 长沙：岳麓书社，2003：202.
② 方回，选评；李庆甲，集评校点. 瀛奎律髓汇评［M］. 上海：上海古籍出版社，1986：1224.
③ 陶敏，陶红雨，校注. 刘禹锡全集编年校注［M］. 长沙：岳麓书社，2003：94.
④ 方回，选评；李庆甲，集评校点. 瀛奎律髓汇评［M］. 上海：上海古籍出版社，1986：1236.
⑤ 方回，选评；李庆甲，集评校点. 瀛奎律髓汇评［M］. 上海：上海古籍出版社，1986：1237.

不惜声。东洛池台怨抛掷，移文非久会应成。"① 此诗字面上写得流丽可喜，正如一片春日融融。但方回评曰："'阶蚁''园蜂'一联似已有江西体。莺到垂杨不惜声，绝唱也。"② 开江西一体，下节讨论。"莺到垂杨"句，何以方回谓其绝唱呢？王夫之《唐诗选评》卷四："梦得深于影刺，此亦谤史也。'莺到垂杨不惜声'，情语无双。"③ 指出了它是谤史，情语无双。何焯则把此诗的深意曲尽其妙地说："钩党刺促，闲坐纵观，岂不如蜂蚁之纷纭乎？只写春日景物，略于首尾致意，深妙。第五言中书崇重，眷恋居多。第六则攀附者多，不能不为之纡意。我为牛公计，惟有趋驾东东而已。"④ "中四句是比小人成群，纷纷汹汹，如蚁之蠹，如蜂之毒，人主反假以名器，寄以耳目，如宋申锡已蒙窜逐以去，读居深念，思违远其祸。阶蚁园蜂，喻守澄、注也。怜红药之色，君子不得于君，则有美人香草之思。求莺谷之声，虽迁于崇重之高位，不忘在深谷之故侣，指见怀也。落句遂劝渠决求分司，勿复濡滞，恐旦暮变作，欲清闲袖手，不可得也。"⑤

又有《题于家公主旧宅》："树绕荒台叶满池，箫声一绝草虫悲。邻家犹学宫人髻，园客争偷御果枝。马垯蓬蒿藏狡兔，凤楼烟雨啸愁鸱。何郎独在无恩泽，不似当初傅粉时。"⑥ 金圣叹解此诗颇得其妙，云："前解悼公主，后解悲驸马。看他从'叶满池'上追说仙台，从'草虫悲'上追说'箫声'，便自然使人怅然心悲，并不用更多写荒凉败落也。三、四尤为最工，若不写得如此，便是平等人家，断钗零钿，不复成公主悼亡诗也。蓬蒿狡兔，烟雨愁鸱，此即'无恩泽'之三字也。七句'独'字、'在'字，不许草草连续。盖'在'而'独'固是悲公主，乃'独'而'在'却是悲驸马。人只知'独'字之甚悲，即岂知'在'字之尤悲耶？设使驸马早知如此，固真不如先一旦试黄泉，借蝼蚁以陪公主于地下之为得算也。"⑦ 何焯亦云："比乐天诗更曲折有味，三、四妙绝。冯已苍极称此诗，以为悲凉之中自饶才致，他人为此而定薄矣。"⑧

又有《酬淮南牛相公述旧见贻》："少年曾忝汉庭臣，晚岁空余老病身。

① 陶敏，陶红雨，校注. 刘禹锡全集编年校注［M］. 长沙：岳麓书社，2003：721.
② 方回，选评；李庆甲，集评校点. 瀛奎律髓汇评［M］. 上海：上海古籍出版社，1986：362.
③ 陶敏，陶红雨，校注. 刘禹锡全集编年校注［M］. 长沙：岳麓书社，2003：721.
④ 陶敏，陶红雨，校注. 刘禹锡全集编年校注［M］. 长沙：岳麓书社，2003：722.
⑤ 陶敏，陶红雨，校注. 刘禹锡全集编年校注［M］. 长沙：岳麓书社，2003：722.
⑥ 陶敏，陶红雨，校注. 刘禹锡全集编年校注［M］. 长沙：岳麓书社，2003：628.
⑦ 陶敏，陶红雨，校注. 刘禹锡全集编年校注［M］. 长沙：岳麓书社，2003：583.
⑧ 陶敏，陶红雨，校注. 刘禹锡全集编年校注［M］. 长沙：岳麓书社，2003：583.

初见相如成赋日，寻为丞相扫门人。追思往事咨嗟久，喜奉清光笑语频。犹有登朝旧冠冕，待公三日拂埃尘。"① 纪昀曰："此答思黯'曾把文章谒后尘'句，而巽言以解其嫌也。不注本事，了不知为何语。语虽涉应酬，而立言委婉之中，尚不折身份，是古人有斟酌处。"② 此事本事，陶敏等先生校注《刘禹锡全集编年校注》论证详密，可参看，亦足见纪昀所评之准确。

又有清通流丽者，如《送景玄师东归》③，全诗清新流动，三联"滩头蹑履挑沙菜，路上停舟读古碑"把日常劳动写得意趣盎然，没有任何艰难劳苦之态。结句"想到旧房抛锡杖，小松应有过檐枝"把景玄师性格展现无遗。故方回说："刘梦得诗格高，在元白之上。长庆以后诗人皆不能及。且是句句分晓不吃气力，别无暗昧关锁。"所谓"句句分晓不吃气力，别无暗昧关锁"，就是指的诗句意思平畅流动。平畅流动且要有诗味，有意趣，这是需要一定造诣的。而这种极具生活气息的诗句，正是从杜甫那里继承而来的，方回选诗用意由此可知一二。

又有《酬淮南廖参谋秋夕见过之作》："扬州从事夜相寻，无限新诗月下吟。初服已惊玄发长，高情犹向碧云深。语余时举一杯酒，坐久方闻四处砧。不逐繁华访闲散，知君摆落俗人心。"④ 亦清通流动之作。此诗原注："休公昔为扬州从事参谋，从释子反初服。"⑤ 第二联，写廖参谋初还俗做幕僚时，头发初长，然而高情逸志依旧，两相对比，廖参谋风神全出。全诗以一种清通俊快的笔调刻画廖参谋的风神，虽然应酬意味稍重，然亦不失为一首较好的酬唱诗。而方回犹赏第四句，谓："第四句妙甚。"⑥

又如《八月十五夜玩月》："天将今夜月，一遍洗寰瀛。暑退九霄净，秋澄万景清。星辰让光彩，风露发晶英。能变人间世，翛然是玉京。"⑦ 全诗从侧面写去，清丽冲淡，气韵充沛。方回谓之："绝妙无敌。"⑧

又有流丽者如《夔州窦侍郎使君见示悼妓诗顾余尝识之因命同作》⑨《窦

① 陶敏，陶红雨，校注．刘禹锡全集编年校注 [M]．长沙：岳麓书社，2003：655．
② 方回，选评；李庆甲，集评校点．瀛奎律髓汇评 [M]．上海：上海古籍出版社，1986：1504．
③ 陶敏，陶红雨，校注．刘禹锡全集编年校注 [M]．长沙：岳麓书社，2003：357．
④ 方回选评，李庆甲集评校点．瀛奎律髓汇评 [M]．上海：上海古籍出版社，1986：1739－1740．
⑤ 方回，选评，李庆甲集评校点．瀛奎律髓汇评 [M]．上海：上海古籍出版社，1986：1740．
⑥ 方回，选评，李庆甲，集评校点．瀛奎律髓汇评 [M]．上海：上海古籍出版社，1986：1740．
⑦ 陶敏，陶红雨，校注．刘禹锡全集编年校注 [M]．长沙：岳麓书社，2003：767．
⑧ 方回，选评；李庆甲，集评校点．瀛奎律髓汇评 [M]．上海：上海古籍出版社，1986：917．
⑨ 陶敏，陶红雨，校注．刘禹锡全集编年校注 [M]．长沙：岳麓书社，2003：236．

夔州见寄寒食日忆故姬小红吹笙因和之》①《和杨师皋给事伤小姬英英》②《怀妾》③《柳絮》④《和乐天消失婢榜者》⑤，此等大多歌咏妓妾，偏于咏物诗作法，虽有游戏之作的性质，然而所咏切题，语句流丽，亦足为后学所取。

最后尚有老健痛快之作。如《始闻秋风》："昔看黄菊与君别，今听玄蝉我独回。五夜飕飗枕前觉，一年颜状镜中来。马思边草拳毛动，雕眄青云倦眼开。天地肃清堪四望，为君扶病上高台。"⑥闻秋风而生俊快之感，一改悲秋之调。三联尤有风神，纯系唐人手笔。方回直道"痛快"⑦二字。而何焯谓："后四句衰气一振，'扶病'二字又照应不漏。"沈德潜："'君'字未知所谓。下半首英气勃发，少陵操管，不过如是。"⑧如上文所说的《罢郡姑苏北归渡扬子津》，归心似箭，故渡江心勇，病体觉轻，读之使人俊快。何焯云："金山亦不暇登，收足归心之勇。"⑨

3. 已逗宋格

刘禹锡诗歌风格多样，既有盛唐遗响的风神之作，亦有如大历诗风之作，甚至已开晚唐纤巧之风，故《诗源辨体》卷二九云："（刘禹锡）七言律如'南荆西蜀''南宫幸龙''渡头轻雨'三篇，声气有类盛唐。如'建节东行''南国山川''家袭韦平''浮杯万里'等篇，音调亦似大历。如'汉寿城边''相门才子''洛阳秋日''新赐鱼书''凤楼南面'等篇，则已逗入开成。至如'疏种碧松过月朗，多栽红药待春还''楼中饮兴因明月，江上诗情为晚霞''兰蕊残妆含露泣，柳条长袂向风挥'等句，及'前年曾见'一篇，则更入纤巧矣。"⑩其实，刘禹锡诗歌不仅开晚唐风气，对宋诗亦有一定的影响，在方回所选诸诗中，不难发现刘诗中逗开宋格的一面。

其实宋诗对唐诗的发展，其主要思路即深曲其意，厚重其味，而刘禹锡诗亦属此种深曲的作品。如上文所述的《和仆射牛相公春日闲坐见怀》，用意深曲地向牛僧孺规劝早日离开朝廷是非之地，请分司东都以全身避祸，诗意隐微，而情意自浓。试对比陈师道的《寄侍读苏尚书》："六月西湖早得秋，二

① 陶敏，陶红雨，校注. 刘禹锡全集编年校注［M］. 长沙：岳麓书社，2003：238.
② 陶敏，陶红雨，校注. 刘禹锡全集编年校注［M］. 长沙：岳麓书社，2003：570.
③ 陶敏，陶红雨，校注. 刘禹锡全集编年校注［M］. 长沙：岳麓书社，2003：807－808.
④ 陶敏，陶红雨，校注. 刘禹锡全集编年校注［M］. 长沙：岳麓书社，2003：17.
⑤ 陶敏，陶红雨，校注. 刘禹锡全集编年校注［M］. 长沙：岳麓书社，2003：569.
⑥ 陶敏，陶红雨，校注. 刘禹锡全集编年校注［M］. 长沙：岳麓书社，2003：752.
⑦ 方回，选评；李庆甲，集评校点. 瀛奎律髓汇评［M］. 上海：上海古籍出版社，1986：455.
⑧ 方回，选评；李庆甲，集评校点. 瀛奎律髓汇评［M］. 上海：上海古籍出版社，1986：455.
⑨ 陶敏，陶红雨，校注. 刘禹锡全集编年校注［M］. 长沙：岳麓书社，2003：609.
⑩ 中华大典工作委员会，编撰. 中华大典·文学典［M］. 南京：凤凰出版社，2008：712.

年归思与迟留。一时宾客余枚叟，在处儿童说细侯。经国向来须老手，有怀何必到壶头。遥知丹地开黄卷，解记清波没白鸥。"① 此诗作于元祐七年，苏轼以兵部尚书召还，兼翰林学士，十一月，又除端明殿学士兼侍读，守礼部尚书。这是他一生中最为春风得意之时了。敏感的陈师道，对变化不定的时局早有戒备之心，他怕老朋友进用不已，必有后患，在诗中恳切地规劝东坡，治国向来是需要老手的，但是即使想要报国也不一定要像马援那样作无谓的牺牲，还是早点功成身退吧。纪昀云："规诫以婉约出之，故是诗人之笔。"②

又如陈师道另一首《东山谒外大父墓》："土山宛转屈苍龙，下有盘盘盖世翁。万木刺天元自直，丛篁侵道更须东。百年富贵今谁见，一代功名托至公。少日拊头期类我，暮年垂泪向西风。"③ 此诗借对外祖父的怀思，抒发个人失意的悲感。末两句情韵悠长，催人泪下。纪昀谓此诗："一气浑成，后山最深厚之作。"④ 而其中第三联用意曲折，历来诸位注释后山诗者都未能完通其意。余嘉锡先生在《四库提要辨证》中解道："后山伤籍之贤而为谗慝所中，致屡被遣谪，陷于悠悠之口，故于诗中用比兴之体，以直木比籍，言其位兼将相，如千寻之木，昂霄耸壑，而其初元以直臣进用，自不至有受贿杀人之事如谏官所言者，以丛篁比韩绛等，言小人当道，结党排陷，如蔓草之难除，使籍不能行其志，不得不避位以去也……渊尝言读后山诗大似参曹洞禅，不犯正位，切忌死语，非冥搜旁引，莫窥其用意深处。"⑤ 才终于把后山的诗意解通，这种深婉的诗格与刘禹锡此类诗作是相通的。

又宋人诗每多议论，尤其是江西诗派，更是号称以议论为诗。而在方回所选刘诗中，《赠日本僧智藏》⑥ 的五、六句"身无彼我那怀土，心会真如不读经"，就是直接对智藏来华的行为作了一番评论与解释，故方回谓："五、六有议论。"⑦《同白二十二赠王山人》："古老相传见来久，岁年虽变貌长新。"纪昀谓："已逗江西诗法。"⑧ 又如《和杨师皋给事伤小姬英英》"但是好花容易落，从来尤物不长生"，《和牛相公春日闲望》"人于红药偏怜色，莺到垂杨不惜声"，《巫山女神庙》"何事神仙九天上，人间来就楚襄王"，《金陵怀古》

---

① 陈师道；任渊注；冒广生，补笺. 后山诗注补笺 [M]. 北京：中华书局，1999：141.

② 方回，选评；李庆甲，集评校点. 瀛奎律髓汇评 [M]. 上海：上海古籍出版社，1986：1529.

③ 陈师道；任渊，注；冒广生，补笺. 后山诗注补笺 [M]. 北京：中华书局，1999：204.

④ 方回，选评；李庆甲，集评校点. 瀛奎律髓汇评 [M]. 上海：上海古籍出版社，1986：1250.

⑤ 余嘉锡，撰. 四库提要辨证 [M]. 北京：中华书局，1986：1376 – 1381.

⑥ 陶敏，陶红雨，校注. 刘禹锡全集编年校注 [M]. 长沙：岳麓书社，2003：800.

⑦ 方回，选评；李庆甲，集评校点. 瀛奎律髓汇评 [M]. 上海：上海古籍出版社，1986：1451.

⑧ 方回，选评；李庆甲，集评校点. 瀛奎律髓汇评 [M]. 上海：上海古籍出版社，1986：1451.

"兴废由人事，山川空地形"，《蜀先主祠》"得相能开国，生儿不象贤"，《经伏波神祠》"自负霸王略，安知恩泽侯"等或直发议论，或借物说理，让人充分地感受到了刘禹锡的好恶与评价。这种在诗中发议论的写法在宋诗当中就更加不胜枚举，如黄庭坚"世上岂无千里马，人间难得九方皋"①"周鼎不酬康瓠价，豫章原是栋梁材"②"三人成虎事多有，众口铄金君自宽"③；陈师道"经国向来须老手，有怀何必到壶头""百年富贵今谁见，一代功名托至公""向来怀璧真成罪，未必含光不屡惊"④；陈与义"天机衮衮山新瘦，世事悠悠日自斜"⑤"六日取蟾乖世用，三年刻楮费天机"⑥"道路无穷几倾毂，牛羊既饱各知家"⑦；饶节"时情尺水翻千丈，世故秋毫寓一尘"⑧"文章不疗百年老，世事能排双颊红"⑨等，皆类此体。

以上是就写法而论。

又有用其诗意者，如梅圣俞《金陵》："恃险不能久，六朝今已亡。山形象龙虎，宫地牧牛羊。江上鸥无数，城中草自长。临流邀明月，莫挂一毫芒。"⑩前四句变用刘禹锡"山川空地形"意而自出新意，故何焯直谓其"似梦得"⑪。而纪昀亦赏："三、四好。"⑫可谓善学。又如张耒《次韵张公远二首》"东边日下终无语"⑬，化用刘禹锡"东边日出西边雨，道是无晴却有晴"⑭句，故纪昀评："五句用刘梦得语。"⑮

又有学其句法者，如黄庭坚《寄黄几复》第二联"桃李春风一杯酒，江

① 黄庭坚；任渊，等注；黄宝华，点校.山谷诗集注［M］.上海：上海古籍出版社，2003：545.

② 黄庭坚；任渊，等注；黄宝华，点校.山谷诗集注［M］.上海：上海古籍出版社，2003：1247.

③ 黄庭坚；任渊，等注；黄宝华，点校.山谷诗集注［M］.上海：上海古籍出版社，2003：544.

④ 陈师道；任渊，注；冒广生，补笺.后山诗注补笺［M］.北京：中华书局，1999：118.

⑤ 陈与义；白敦仁，校笺.陈与义集校笺［M］.杭州：浙江古籍出版社，2014：32.

⑥ 陈与义；白敦仁，校笺.陈与义集校笺［M］.杭州：浙江古籍出版社，2014：171.

⑦ 陈与义；白敦仁，校笺.陈与义集校笺［M］.杭州：浙江古籍出版社，2014：239.

⑧ 陈永正，选注.江西派诗选注［M］.广州：中山大学出版社，1985：119.

⑨ 陈永正，选注.江西派诗选注［M］.广州：中山大学出版社，1985：118.

⑩ 方回，选评；李庆甲，集评校点.瀛奎律髓汇评［M］.上海：上海古籍出版社，1986：93 - 94.

⑪ 方回，选评；李庆甲，集评校点.瀛奎律髓汇评［M］.上海：上海古籍出版社，1986：94.

⑫ 方回，选评；李庆甲，集评校点.瀛奎律髓汇评［M］.上海：上海古籍出版社，1986：94.

⑬ 张耒；李逸安，孙通海，傅信，点校.张耒集［M］.北京：中华书局，1990：422.

⑭ 陶敏，陶红雨，校注.刘禹锡全集编年校注［M］.长沙：岳麓书社，2003：324.

⑮ 方回，选评；李庆甲，集评校点.瀛奎律髓汇评［M］.上海：上海古籍出版社，1986：284.

湖夜雨十年灯"①，全以实词组成而不觉堆砌。与《秋日送客至潜水驿》"枫林社日鼓，茅屋午时鸡"相类，皆天下相诵之句。《和牛相公春日闲望》一诗，上文引方回评曰："'阶蚁''园蜂'一联似已有江西体。"方回所说的江西体，指的应是自杜甫"穿花蛱蝶深深见，点水蜻蜓款款飞"②"桃花细逐杨花落，黄鸟时兼白鸟飞"③"林花着雨燕脂落，水荇牵风翠带长"④"盘餐市远无兼味，樽酒家贫只旧醅"⑤这种极具生活气息的清新诗作。江西诗派不仅主张以俗为雅，更主张无一物不可入诗，他们创作了大量极具生活气息的诗作，所用意象亦非常生活化。如黄庭坚"思公煮茗共汤鼎，蚯蚓窍生鱼眼珠"⑥，"蜂房各自开户牖，处处煮茶藤一枝"⑦；陈师道"风翻蛛网开三面，雷动蜂窠趁两衙"⑧；李彭"花如解语迎人笑，草不知名随意生"⑨；韩驹"花开辇路春迎驾，日转蓬山晚晒书"⑩等都极其富有生活气息而又极具意趣，这些都是自杜甫、刘禹锡再到江西诗派一路承继发扬下来的。

三、《瀛奎律髓》选刘禹锡诗的评价

纵观方回《瀛奎律髓》所选刘禹锡诗，基本是与方回诗学观契合的。方回论诗虽主江西而排西昆，但他所主的是江西诗派的诗格及其所开示的写诗法门，而排的是西昆那种空洞无物寻章摘句的弊病，这与方回反对批评江西末流是不矛盾的。方回虽以江西诗派为宗主，但对唐诗并不偏废，如第一章所论，方回看到了江西诗派发展到南宋末的弊病，因此他主张以唐诗的圆熟风华来治宋诗的枯涩生硬。可以说，方回的诗学观是比较平正的，这反映在他选刘禹锡诗的取向上。方回所选刘禹锡诗，既有风神华茂的盛唐风格的作品，也有中唐大历诗风的作品，更有纤巧如晚唐的作品，当然开宋诗风气的诗作亦不少。可

---

① 黄庭坚；任渊，等注；黄宝华，点校. 山谷诗集注［M］. 上海：上海古籍出版社，2003：42.

② 杜甫；杨伦，笺注. 杜诗镜铨［M］. 上海：上海古籍出版社，2007：181.

③ 杜甫；杨伦，笺注. 杜诗镜铨［M］. 上海：上海古籍出版社，2007：181.

④ 杜甫；杨伦，笺注. 杜诗镜铨［M］. 上海：上海古籍出版社，2007：182.

⑤ 杜甫；杨伦，笺注. 杜诗镜铨［M］. 上海：上海古籍出版社，2007：342.

⑥ 黄庭坚；任渊，等注；黄宝华，点校. 山谷诗集注［M］. 上海：上海古籍出版社，2003：140.

⑦ 黄庭坚；任渊，等注；黄宝华，点校. 山谷诗集注［M］. 上海：上海古籍出版社，2003：756.

⑧ 陈师道；任渊，注；冒广生，补笺. 后山诗注补笺［M］. 北京：中华书局，1999：359.

⑨ 陈永正，选注. 江西派诗选注［M］. 广州：中山大学出版社，1985：201.

⑩ 陈永正，选注. 江西派诗选注［M］. 广州：中山大学出版社，1985：240.

见，方回选诗确实是尽量兼顾到了各种诗风，而所选的一些诗作在思想内容上虽然比较空洞无物，但或因其作法可学，或因其能济某诗病，方回都把它们选进去了。但由于一些诗歌没有评语，以致后人不知方回将其选录的意图，这些都需要紧密结合方回的诗学观来研究。又有一些诗作虽然入选，并加撰写了评语，但是仍然不知道方回为何这样说，如《送陆侍御归淮南使府五韵》，方回说："芙蓉府、玳瑁筵，诗家可有不可多。"① 结合方回主江西而排西昆的主张，我们就不难理解，这是方回排西昆的证据。因为"芙蓉府""玳瑁筵"这些词语比较流丽，偶然一两首为之生新，如果多用这类词语，则不免步入晚唐西昆之纤弱，甚至大类女郎诗，这是方回所提倡规避的。

　　方回选刘禹锡诗较全面，比较完整地展示了刘禹锡律诗创作的风貌，并为后学指出了学习刘禹锡律诗的道路。而且从方回所选诗作中可以看出，刘禹锡诗歌在文学史上起到了承前启后的作用，他不仅承接了盛唐诗歌的风华，亦受中唐诗风的影响。在一些酬唱赠答中，更尝试了流丽纤巧的风格，对晚唐诗风不无影响。而其诗之深婉，更是直接启示了宋人的一些作品，为宋诗深曲其意、厚重其味提供了宝贵的借鉴。苏东坡甚至直接学习刘禹锡的深婉，《后山诗话》云："苏诗始学刘禹锡，故多怨刺。"而且刘禹锡诗歌多发议论判断的作法，宋人亦有所承袭，甚至更盛，这些都是刘禹锡诗的影响。而方回所选诗作，很好地把这些影响通过诗作、评语展示了出来，这种选诗评诗的眼光是值得肯定的。

　　当然，方回选评刘禹锡律诗亦有错误，如误把曹松《晨起》② 当刘禹锡作；把白居易《寄李蕲州》③《夜宿江浦闻元八改官因寄此什》④《送文畅上人》⑤《旅次景空寺宿幽上人院》⑥《晚春登天云寺南楼赠常禅师》⑦《龙化寺主家小尼》⑧《武丘寺路》⑨《题报恩寺》⑩ 当刘禹锡作；同时把刘禹锡《始闻秋风》错系在赵暇之下。另有错解诗意，如对于《蜀先主祠》，方回谓："然末句非事实也，蜀固亡矣，魏亦岂为存哉。其业已属司马氏矣。诸葛公之子死

① 方回，选评；李庆甲，集评校点. 瀛奎律髓汇评［M］. 上海：上海古籍出版社，1986：1046.
② 陶敏，陶红雨，校注. 刘禹锡全集编年校注［M］. 长沙：岳麓书社，2003：1451.
③ 陶敏，陶红雨，校注. 刘禹锡全集编年校注［M］. 长沙：岳麓书社，2003：1451.
④ 陶敏，陶红雨，校注. 刘禹锡全集编年校注［M］. 长沙：岳麓书社，2003：1452.
⑤ 陶敏，陶红雨，校注. 刘禹锡全集编年校注［M］. 长沙：岳麓书社，2003：1452.
⑥ 陶敏，陶红雨，校注. 刘禹锡全集编年校注［M］. 长沙：岳麓书社，2003：1452.
⑦ 陶敏，陶红雨，校注. 刘禹锡全集编年校注［M］. 长沙：岳麓书社，2003：1452－1453.
⑧ 陶敏，陶红雨，校注. 刘禹锡全集编年校注［M］. 长沙：岳麓书社，2003：1453.
⑨ 陶敏，陶红雨，校注. 刘禹锡全集编年校注［M］. 长沙：岳麓书社，2003：1453.
⑩ 陶敏，陶红雨，校注. 刘禹锡全集编年校注［M］. 长沙：岳麓书社，2003：1453.

于难，不为先主羞。而魏之群臣举国以授晋，则何灭蜀之有哉。"① 其实这是方回曲解了诗意。所以冯舒驳斥道："落句可伤。用刘禅事，何云'非事实'？方君不学乃至是。蜀亡时魏未禅位，何言之梦梦耶？'不象贤'，自谓后主，何言诸葛？方君不同如此。"② 又《闻董评事病因以书赠》："武皇恩视草，谁许茂陵居。"方回谓："末句谓相如病渴，似亦戏之。"③ 这里方回简单地说刘禹锡"戏之"是不妥的，因为题目有"闻董评事病"，可见这位董评事是真的患病了。这里结句用司马相如"病渴"，既是切题，又称赞董评事的才能，恐怕不是简单地戏之。这些都是方回选刘禹锡诗存在的问题，但瑕不掩瑜，《瀛奎律髓》所选刘诗质量较好，是学诗的重要法门，并且间接显示出了从杜甫到江西诗派一脉的发展中刘禹锡的作用和地位，这些是不容忽视的。

（作者单位：华南师范大学）

---

① 方回，选评；李庆甲，集评校点．瀛奎律髓汇评［M］．上海：上海古籍出版社，1986：1223.
② 方回，选评；李庆甲，集评校点．瀛奎律髓汇评［M］．上海：上海古籍出版社，1986：1223.
③ 方回，选评；李庆甲，集评校点．瀛奎律髓汇评［M］．上海：上海古籍出版社，1986：1580.

刘禹锡咏妓诗初探

肖玉聪

在中国古代，"妓女"一词有其特定含义。东汉许慎《说文解字》释"妓"为"妇人小物也"①，这里的"妓"仅为女性的统称，无特殊含义。隋代陆法言《切韵》中云："妓，女乐也。"②此时"妓"的内涵得以丰富，她们多指姿色优美、面容姣好，并且从事音乐舞蹈等娱乐活动的艺人。魏晋南北朝时期，人们自我意识的觉醒和及时行乐的思想促使显宦贵族大肆蓄养家妓，宫廷里供皇族声色享乐的宫妓数量也开始激增，"妓"的内涵随之得到发展。在文学上，除南朝徐陵《玉台新咏》对妓女大加赞赏外，梁简文帝"文章且须放荡"③的垂范，更是孕育出了"宫体诗"这一诗风绮靡的典范题材。至国运昌盛的唐代，在其开放的文化氛围和宽松的道统禁锢下，各类妓女大量出现，狎妓游宴、纵情声色成为文人生活的重要内容。唐代妓女名目繁多，按其归属大致可分为宫妓、官妓、家妓、市井妓，按其职能技艺之长可分为乐妓、舞妓、歌妓、酒妓、诗妓等。妓女们优美的姿容、精妙的技艺，不仅给人们带来了审美的愉悦和享受，也使人们获得了美妙的歌舞艺术体验，唐代诗人通过大量的咏妓诗来展现其风流倜傥、纵情不羁的一面。

同是咏妓，唐代与前代相比以及在唐代的不同阶段，诗人的侧重与审美追求都存在着差异。龚斌《情有千千结：青楼文化与中国文学研究》一书认为，唐代咏妓诗与南朝咏妓诗虽然有文学上的继承关系，但也有其自身的特点：一是唐代咏妓诗中的美人，既有形体之美又有精神之美。二是唐代咏妓诗中融入了作者细腻的感情和独特的评价。④陶慕宁在《青楼文学与中国文化》一书中指出，咏妓诗在唐代初、盛、中、晚四个时期的表现不尽相同。概言之，中唐前多观妓诗，诗人采取旁观姿态，情绪平淡，以直观描述为主。这一时期，李白等诗人也常借咏妓抒发个人抱负。中唐时期的咏妓诗则内容丰富、情感细

---

① 段玉裁. 说文解字注 [M]. 上海：上海古籍出版社，1981：621.

② 转引自王书奴. 中国娼妓史 [M]. 北京：团结出版社，2004：2.

③ 郁沅，张高明. 魏晋南北朝文论选 [M]. 北京：人民文学出版社，1996：354.

④ 龚斌. 情有千千结：青楼文化与中国文学研究 [M]. 上海：汉语大词典出版社，2001：50.

腻。至晚唐，盖因国运将殂，世道浇漓，咏妓诗流于冶艳。① 总而言之，唐代咏妓诗兼顾妓女这一描写对象的外在与内在，且初盛唐主要以客观描述妓女为主，而中晚唐则更多落脚于怀妓、伤妓与悼妓等情感中。

一、刘禹锡诗歌风格的多样性

刘禹锡是中唐时期一位具有"自己的声音"的优秀诗人②，对于他的艺术风格，明代胡震亨在《唐音癸签》中云："禹锡有'诗豪'之目，其诗气该今古，词总华实，运用似无甚过人，却都惬人意，语语可歌，其才情之最豪者。司空图尝言，禹锡及杨巨源诗各有胜会。两人格律精切欲同，然刘得之易，杨却得之难，入处迥异耳。"③ 肖瑞峰认为，刘禹锡诗的主导风格可概括为"豪健雄奇"，且自有其独到之处，不同于杜甫诗的沉郁顿挫，李白诗的壮浪纵恣，白居易诗的平易浅近，韩愈诗的奇险怪癖，李贺诗的幽冷诡谲，李商隐诗的沉博绝丽，杜牧诗的清新俊爽等。刘禹锡诗善于表现壮阔而又富于变幻的境界，掺杂着以雄为主、雄中有奇的跳跃式想象，运用刚健、爽朗、富于力度的语言，抒发豪迈、昂扬、亢奋的情感。④ "沉舟侧畔千帆过，病树前头万木春"⑤ 是刘禹锡在经受残酷的政治斗争后自我砥砺的表达，他和柳宗元同是唐代杰出的朴素唯物论者，但刘之哲学思想中包含更多辩证法的成分，儒家"乐天知命"与道家"委运乘化"的思想在他的身上得到了结合，并体现在其创作，尤其是晚年的诗作中。

风格是作家创作趋于成熟的标志，现实生活的丰富性和诗人思想性格的复杂性，促使其艺术风格呈现出多样性。刘禹锡作为唐朝廷的士大夫，其诗歌或多或少会沾染所处时代的文风习气，纵情声色，诗酒年华，歌功颂德，不可避免使诗歌落于绮靡。另外，刘禹锡诗也有沉郁艾顿的一面，表现凄婉的情致和千回百转的抒情方式，刘诗风格的多样性集中体现在其咏妓诗当中。据初步统计，刘禹锡的咏妓诗共 56 首，这里所定位的"咏妓诗"分两种情况：一是咏妓诗既包括了整首诗歌歌咏妓女，也包括诗中只有某些诗句与妓女有关，虽然主题并非歌咏或描写妓女，但诗中"妓女"这一表现对象却是用来辅助诗人

---

① 陶慕宁. 青楼文学与中国文化 [M]. 北京：东方出版社，1993：21-37.
② 肖瑞峰. 刘禹锡诗研究 [M]. 杭州：浙江大学出版社，2016：213.
③ 胡震亨. 唐音癸签 [M]. 上海：上海古籍出版社，1981：70.
④ 肖瑞峰. 刘禹锡诗研究 [M]. 杭州：浙江大学出版社，2016：213.
⑤ 陶敏，陶红雨，校注. 刘禹锡全集编年校注 [M]. 长沙：岳麓书社，2003：402.

抒发情感的重要因素，例如刘禹锡《蜀先主庙》"凄凉蜀故妓，来舞魏宫前"①之类的咏史诗等。二是不明显言及妓女名，但诗中的描述性词语与感情倾向或与妓女相关，例如刘禹锡宝历元年春在和州所作《春日书怀寄东洛白二十二杨八二庶子》："眼前名利同春梦，醉里风情敌少年。野草芳菲红锦地，游丝缭乱碧罗天。心知洛下闲才子，不作诗魔即酒颠。"②其中"红锦"指供舞者使用的红锦地毯，"碧罗"指舞妓所穿的碧罗裙。故此，所谓咏妓诗即指诗人以妓女为表现对象，歌咏或描写其声容姿貌、歌舞技艺，或表达对其特殊的情感、态度、评价的一类诗歌或诗句。

二、刘禹锡咏妓诗的题材与内容

刘禹锡的咏妓诗大致可分为两种题材，一是游玩宴饮，二是寄情怀思。诗中的表现对象按属性分，多数为市井妓与家妓，少数为宫妓。例如在同一时期创作的两篇关于宫中歌妓的诗作：《与歌童田顺郎》"天下能歌御史娘，花前月底奉君王。九重深处无人见，分付新声与顺郎"③；《田顺郎歌》"清歌不是世间音，玉殿尝闻称主心。唯有顺郎全学得，一声飞出九重深"④。

（一）游玩宴饮

唐代宫妓属皇帝的私有财产，专供皇帝声色娱乐；而为封建官僚士大夫私人享有的便是他们所蓄养的家妓，这些家妓既服务于主人日常的携行远游，也服务于家中宴请助兴。在刘禹锡的笔下，她们多数不知姓名，例如《韩十八侍御见示岳阳楼别窦司直诗因令属和重以自述故足成六十二韵》："地偏山水秀，客重杯盘侈。红袖花欲然，银镫昼相似。兴酣更执掌，乐极同启齿。"⑤在觥筹交错间，趁着烛光，姿丰貌美的妓女向宾客献技，主客乐在其中。再如表现热闹宴饮的《历阳书事七十四韵》，其序云："友人崔敦诗罢丞相，镇宛陵，缄书来抵我曰：'必我觊而之藩，不十日饮，不置子。'"⑥友人罢相想要与诗人一醉方休，宴饮中自然少不了艺妓助兴，如诗中写道："回裾飘雾雨，急节堕琼英。敛黛疑愁色，安钿耀翠晶。容华本南国，妆梳学西京。日落方收鼓，天寒更炙笙。促筵交履舄，痛饮倒簪缨。谑浪容优孟，娇矜许智琼。蔽明

① 陶敏，陶红雨，校注. 刘禹锡全集编年校注［M］. 长沙：岳麓书社，2003：312.
② 陶敏，陶红雨，校注. 刘禹锡全集编年校注［M］. 长沙：岳麓书社，2003：357.
③ 陶敏，陶红雨，校注. 刘禹锡全集编年校注［M］. 长沙：岳麓书社，2003：495.
④ 陶敏，陶红雨，校注. 刘禹锡全集编年校注［M］. 长沙：岳麓书社，2003：496.
⑤ 陶敏，陶红雨，校注. 刘禹锡全集编年校注［M］. 长沙：岳麓书社，2003：63－64.
⑥ 陶敏，陶红雨，校注. 刘禹锡全集编年校注［M］. 长沙：岳麓书社，2003：345.

添翠帟，命烛柱金茎。坐久罗衣皱，杯频粉面骍。兴来从请曲，意堕即飞觥。"① 宴饮从白天持续到黑夜，南方的姑娘尝试长安流行的妆扮，愁眉、啼妆、堕马髻使人眼前一亮。妓女身着舞裙，飘飘然随歌回旋，如山间弥漫的雾、迷蒙的雨；舞步依鼓点的强弱而收放自如，日落结束表演，收鼓烤笙后，一同参与到宴饮中，与主客痛饮，所有人酒酣而面红耳赤，不拘形迹。与《历阳书事七十四韵》描写妓女献技后酒醉的场景相似的，还有《和汴州令狐相公到镇改月偶书所怀二十二韵》，其中写妓女表演的有"歌榭白团扇，舞筵金缕衫"②，写妓女酒酣的有"旌旗遥一簇，舄履近相搀"③。

诗人对游玩宴饮中的妓女的描写，呈现出片段式和模式化的特点。一般来说，这类诗歌由宴饮前、宴饮中和宴饮后这三个时间段组成，妓女可能出现在这三个时间段的任一处或几处，且妓女形象，无论是在妆扮、体态还是动作方面都有许多共同的特征，缺乏鲜明、独特的色彩，因此往往用"红袖""长袖""红锦地""碧罗""霓裳"等与舞者相关的衣饰来指代舞者；描写舞者面容姣好、盛装打扮亦用类似的词语，如："妓席拂云鬟"④（《令狐相公见示赠竹二十韵仍命继和》）、"长袂女郎簪翠翘"⑤（《乐天寄忆旧游因作报白君以答》）凸显其美好。她们的存在一方面体现了宴饮的尽兴与场面的精彩，另一方面也反映了诗人之间互相吹捧的需要。

值得注意的是，在这类题材中，诗人着意刻画了拥有高超舞艺的家妓。以舞蹈命名的诗歌有三首：

柘枝本出楚王家，玉面添骄舞态奢。鬈鬓故梳鸾凤髻，新衫别织斗鸡纱。
鼓催残拍腰身软，汗透罗衣雨点花。画筵曲罢辞归去，便随王母上烟霞。⑥

————《和乐天柘枝》

胡服何葳蕤，仙仙登绮墀。神飙猎红蕖，龙烛然金枝。
垂带覆纤腰，安钿当妩眉。翘袖中繁鼓，倾眸溯华榱。
燕馀有旧曲，淮南多冶词。欲见倾城处，君看赴节时。⑦

————《观舞柘枝·其一》

① 陶敏，陶红雨，校注. 刘禹锡全集编年校注［M］. 长沙：岳麓书社，2003：348.
② 陶敏，陶红雨，校注. 刘禹锡全集编年校注［M］. 长沙：岳麓书社，2003：385.
③ 陶敏，陶红雨，校注. 刘禹锡全集编年校注［M］. 长沙：岳麓书社，2003：385.
④ 陶敏，陶红雨，校注. 刘禹锡全集编年校注［M］. 长沙：岳麓书社，2003：456.
⑤ 陶敏，陶红雨，校注. 刘禹锡全集编年校注［M］. 长沙：岳麓书社，2003：562.
⑥ 陶敏，陶红雨，校注. 刘禹锡全集编年校注［M］. 长沙：岳麓书社，2003：304.
⑦ 陶敏，陶红雨，校注. 刘禹锡全集编年校注［M］. 长沙：岳麓书社，2003：775.

山鸡临清境，石燕赴遥津。何如上客会，长袖入华茵？
体轻似无骨，观者皆耸神。曲尽回身去，曾波犹注人。①

——《观舞柘枝·其二》

关于柘枝舞，《唐词话·教坊记载舞曲》中解释道："开元十一年，初制圣寿乐以歌舞之。所司先进曲名，以墨点者舞，舞有曲，教坊惟得舞伊州、五天重来叠，不离此两曲，余悉让内家也。内家舞曲有二，垂手罗、回波乐、兰陵王、春莺啭、半社、渠借席、乌夜啼之属，谓之软舞。阿辽曲、柘枝、黄麞、拂林、大渭州、达摩之属，谓之健舞。"②柘枝属节奏明快、矫捷雄健的舞蹈，为戎夷之舞。三首诗记录舞者的容貌装扮、体态舞姿以及舞前、舞中和舞后的不同表现。女子独舞柘枝，舞时身着蛮服，足穿锦靴。伴奏以鼓为主，舞者在鼓声中出场。舞姿变化丰富，有时刚健明快，有时婀娜柔美；舞袖时而低垂，时而扬起，快速复杂的舞步，使舞者佩戴的金铃发出清脆的响声。舞蹈即将结束时有深深的下腰动作，故其中三首均有对舞者细软腰肢的描写，如"鼓催残拍腰身软""垂带覆纤腰""体轻似无骨"。

（二）寄情怀思

咏妓诗第二类题材是寄情怀思，其中可大致分为伤妓、悼妓与怀妓三个方面，主要创作于元和时期与大和时期。刘禹锡一生中经历多场声色酒宴，识得多名妓女，但他并非浪荡公子，也非绝情之人，从他写给亡妻薛氏的《伤往赋》和《谪居悼往二首》就能看出他是个重情重义之人。唐人笔记中记载了三则关于刘禹锡的逸闻，一是孟棨《本事诗·情感第一》记载刘禹锡由和州刺史承召回京后，时任"司空"的李绅慕其盛名，邀请他到家中做客，不仅厚设酒馔，而且让一名貌美家妓一展歌舞技艺，刘禹锡为之所动；二是《云溪友议》"中山海"条，用刘禹锡自述的口吻讲述扬州大司马杜鸿渐赠妓的经过；三是《太平广记》卷二七三"李逢吉"条引《本事诗》，记录刘禹锡的"夺妓之恨"，而非"赠妓之乐"。这三则逸闻或张冠李戴或子虚乌有，之后都被确证为后人以讹传讹的穿凿附会了。对于妓女，刘禹锡更多的是"发乎情而止乎礼"。

1. 伤妓

《伤秦姝行》作于元和七年或稍前，《泰娘歌》作于元和八年左右，均为刘禹锡贬至朗州时所作。秦姝是房启的筝妓，泰娘为韦夏卿所蓄琵琶妓名，这

---

① 陶敏，陶红雨，校注. 刘禹锡全集编年校注［M］. 长沙：岳麓书社，2003：776.
② 唐圭璋. 词话丛编［M］. 北京：中华书局，2005：742.

两首乐府诗是刘禹锡同情歌妓之作。《伤秦姝行》前八句写房启被秦姝弄筝的琴声吸引，机缘巧合两人见面："芳筵银烛一相见，浅笑低鬟初目成。蜀弦铮摐指如玉，皇帝弟子韦家曲。青牛文梓赤金簧，玫瑰宝柱秋雁行。敛蛾收袂凝清光，抽弦缓调怨且长。八鸾锵锵渡银汉，九雏威凤鸣朝阳。曲终韵尽意不足，馀思悄绝愁空堂……冯夷蹁跹舞渌波，鲛人出听停绡梭。北池含烟瑶草短，万松亭下清风满。秦声一曲此时闻，岭泉呜咽南云断。"① 刘禹锡在此处描写弹筝之句，或与白居易《琵琶行》中的"大弦嘈嘈如急雨，小弦切切如私语。嘈嘈切切错杂弹，大珠小珠落玉盘"② 有异曲同工之妙。胡仔在《苕溪渔隐丛话》中评价道："古今听琴、阮、琵琶、筝、瑟诸诗，皆欲写其音声节奏，类以景物，故实状之，大率一律，初无中的句，可互移用，是岂真知音者？但其造语绮丽，为可喜耳。'八鸾锵锵渡银汉，九雏威凤鸣朝阳'，又'冯夷蹁跹舞渌波，鲛人出听停绡梭'，此梦得听筝诗。"③ 后八句写秦姝遭抛弃，无人怜惜。《泰娘歌序》介绍了泰娘令人怜惜的身世，她出游时被风流太守韦尚书相中，带回家中蓄养。"舞学惊鸿水榭春，歌传上客兰堂暮"④ 的她却逢尚书逝，被迫寻找出路，后为蕲州刺史张愻所得。愻卒，泰娘无所归，身处边远之地，没人欣赏她过人的技艺，终日抱着琵琶哭泣。这些歌者的命运往往随主人的命运而浮沉，无法由自己掌握，身世通常比较悲凉。刘禹锡在诗中对她们的命运深表同情，同时也暗含对自己被远逐他乡、四处漂泊的哀叹，以及与这些歌妓"心有戚戚"的感情。

2. 悼妓

刘禹锡元和十一年、十二年被贬连州时，曾创作两篇悼念窦常家妓小红的诗作——《窦州窦员外使君见示悼妓诗顾余尝识之因命同作》和《窦夔州见寄寒食日忆故姬小红吹笙因和之》，两首诗均表达了对故妓小红深切的悼念。"前年曾见两罦时，今日惊吟悼妓诗"⑤ "忽惊暮槿飘零尽，唯有朝云梦想期"⑥ 感叹物是人非，世事无常，从此东山旧路只有员外一人独行。《和杨师皋给事伤小姬英英》一诗以哀悼之体，发悱恻之思。杨师皋即杨虞卿，家有小妓，名唤英英，香消玉殒后埋骨于长安郊外。刘禹锡用"捻弦花下呈新曲，

---

① 陶敏，陶红雨，校注. 刘禹锡全集编年校注 [M]. 长沙：岳麓书社，2003：123 - 124.
② 彭定求，等. 全唐诗：卷四百三十五 [M]. 北京：中华书局，1960：4821.
③ 胡仔. 苕溪渔隐丛话 [M]. 北京：人民文学出版社，1962：54.
④ 陶敏，陶红雨，校注. 刘禹锡全集编年校注 [M]. 长沙：岳麓书社，2003：138.
⑤ 陶敏，陶红雨，校注. 刘禹锡全集编年校注 [M]. 长沙：岳麓书社，2003：236.
⑥ 陶敏，陶红雨，校注. 刘禹锡全集编年校注 [M]. 长沙：岳麓书社，2003：238.

放拨灯前谢改名"① 来点明其以色艺事人的歌舞妓身份。"但是好花皆易落，从来尤物不长生"② 体现了诗人对故妓的怜悯惋惜之情。《有所嗟二首》是刘禹锡写给鄂姬的悼亡诗，自从妻子薛氏元和八年（813）病逝于朗州，刘禹锡便孑然一身，直到长庆四年（824）由夔州转任和州途经武昌时，才在友人的竭力撮合下纳鄂姬为妾，只可惜鄂姬红颜薄命，于大和四年（830）因病去世，仅与刘禹锡相伴六年。虽是侧室病逝，但从刘禹锡的诗中仍可以感受到他的悲痛：

> 庾令楼中初见时，武昌春柳似腰肢。
> 相逢相笑尽如梦，为雨为云今不知。③
>
> ——《有所嗟·其一》

> 鄂渚濛濛烟雨微，女郎魂逐暮云归。
> 只应长在汉阳渡，化作鸳鸯一只飞。④
>
> ——《有所嗟·其二》

诗人与舞妓在湖北鄂州庾令楼相遇，"武昌春柳似腰肢"体现其婀娜的体态，"相逢相笑尽如梦"再现当年意外相逢时彼此会心一笑的情形，而今已如烟似梦，无法追忆。"化作鸳鸯一只飞"，鸳鸯本出双入对，但偏偏鄂姬一人"单飞"，表达诗人对其亡故痛心疾首的心情。《和乐天题真娘墓》作于长庆四年夔州，真娘即唐帝时苏州名歌妓，传说她本是一个姓胡人家的女儿，父母双亡，孤苦伶仃，被骗入青楼，因容貌姣美、擅长歌舞而成为名噪一时的吴地佳丽。但她人品高洁，守身如玉，立志不受侮辱，为反抗鸨母的压迫而投缳自尽，葬身虎丘，墓在剑池之西的虎丘寺侧。"芳魂虽死人不怕，蔓草逢春花自开"⑤ 两句体现出真娘坚毅顽强的性格，连墓旁的蔓草在恶劣的环境下也会逢春自开花，刘禹锡与白居易将目光投到女性命运之上，诗作反映了在封建社会压迫下妇女们的不幸遭遇，对她们的悲惨命运寄予了深切的同情。

3. 怀妓

刘禹锡与白居易二人为挚友，唱和之诗众多，素有"刘白"之称，二人

---

① 陶敏，陶红雨，校注. 刘禹锡全集编年校注 [M]. 长沙：岳麓书社，2003：570.
② 陶敏，陶红雨，校注. 刘禹锡全集编年校注 [M]. 长沙：岳麓书社，2003：570.
③ 陶敏，陶红雨，校注. 刘禹锡全集编年校注 [M]. 长沙：岳麓书社，2003：430.
④ 陶敏，陶红雨，校注. 刘禹锡全集编年校注 [M]. 长沙：岳麓书社，2003：430.
⑤ 陶敏，陶红雨，校注. 刘禹锡全集编年校注 [M]. 长沙：岳麓书社，2003：303.

在生活中多有交集。前人根据白居易的咏妓诗及其他笔记史料考证，与白居易交往过的妓女有名或有姓者 37 人，其中白氏家妓 12 人，官妓或他人家妓 35 人。① 刘禹锡在大和六年出牧苏州时，遇见了白居易的家妓樊素，随即写下了三篇怀念家妓樊素的诗作：

> 花面丫头十三四，春来绰约向人时。
> 终须买取名春草，处处将行步步随。②
>
> ——《寄赠小樊》

> 忆春草，处处多情洛阳道。金谷园中见日迟，铜驼陌上迎风早。
> 河南大君频出难，只得池塘十步看。府门闭后满街月，几处游人草头歇。
> 馆娃宫外姑苏台，郁郁芊芊拨不开。无风自偃君知否，西子裙裾曾拂来。③
>
> ——《忆春草》

> 轻盈袅娜占年华，舞榭歌台处处遮。
> 春尽絮飞留不得，随风好去落谁家？④
>
> ——《和乐天别柳妓绝句》

  诗人用"花面丫头"来描写樊素的绰约风姿，诗的后两句倾吐了他内心深处的愿望：希望从白居易那里将她赎买回来，并取名为"春草"，无论自己走到哪里，她都将寸步不离。《忆春草》诗题直接体现了诗人对樊素的思念之切和怀想之深。"春草"二字一语双关，诗的内容亦含蓄蕴藉。"河南大君频出难，只得池塘十步看"表达自己难以与樊素见面，心有不甘；"馆娃宫外姑苏台，郁郁芊芊拨不开"用草木之茂盛形容诗人内心情思之郁结。《和乐天别柳妓绝句》作于开成四年冬，樊素善唱《杨柳》，故称"柳妓"，时值刘白近古稀，且皆患足疾，白居易将樊素遣去，故诗人在诗中发问：樊素会寻得哪个好人家呢？体现出诗人的担心、不舍与无奈。

---

① 孙菊园. 唐代文人和妓女的交往及其与诗歌的关系 [J]. 文学遗产, 1989 (3)：106 – 107.
② 陶敏, 陶红雨, 校注. 刘禹锡全集编年校注 [M]. 长沙：岳麓书社, 2003：559.
③ 陶敏, 陶红雨, 校注. 刘禹锡全集编年校注 [M]. 长沙：岳麓书社, 2003：558.
④ 陶敏, 陶红雨, 校注. 刘禹锡全集编年校注 [M]. 长沙：岳麓书社, 2003：724.

三、刘禹锡咏妓诗的审美追求

刘禹锡咏妓诗展现的不仅是外在的感官体验，还有内在的心灵感受。它不同于豪健雄奇的"吹尽狂沙始到金"①，更多的是在当时特定的生活背景下，糅合他浪漫一面的性格创作而来。诗人笔下色艺俱佳的妓女，觥筹交错的宴饮，或是内心深处的落寞感伤，都体现了其创作的审美追求。

（一）对阴柔美的追求

阴柔美是我国古代文论中重要的美学范畴之一，它与阳刚美相对。朱东润先生曾将唐代司空图诗论《二十四诗品》中"典雅""沈著""清奇""飘逸""绮丽""纤秾"众品列入"阴柔之美"类，将"雄浑""悲慨""豪放""劲健"众品列入"阳刚之美"类。② 清代桐城派代表人物姚鼐首次明确地提到阳刚、阴柔之美，把美分为这两种形态，并且谈到了处在这两种极端之间的复杂形态，即或偏于阳刚，或偏于阴柔，或刚柔相错的各种形态。姚鼐对于阳刚与阴柔的态度不同于曹丕的无价值判断和无倾向性，他更倾向于阳刚之美的文章，认为阴柔之美很多，阳刚之美却甚为难得。与此同时，他又不否定阴柔之美。而刘禹锡咏妓诗里，则有大量对女性的描写，如"歌眉低有思，舞体轻无骨"③（《酬牛相公独饮偶醉寓言见示》）将女性的柔软用夸张的手法展现出来；又如"花面丫头十三四，春来绰约向人时"④（《寄赠小樊》），"绰约"出自《庄子·逍遥游》"肌肤若冰雪，绰约若处子"⑤，形容女子柔婉美好的样子。其诗歌中一些意象也不时透露着阴柔美，如"云""花""柳腰""石榴裙""红袖""玉簪"等。

（二）对娱悦美的追求

对于咏妓诗在唐代的繁荣发展，陶慕宁认为有五个原因：一是国家富足，民风耽于逸乐、盛于游宴。二是文人士子在科举仕途的重压之下，纵酒狎妓，携妓冶游，寻欢作乐，纵欲成风。三是唐代诗歌繁荣发展，杰出诗人辈出，为咏妓诗的发展提供了良好的客观条件和优秀的创作主体。四是唐代妓女色艺俱佳，内外兼修，她们颇高的才艺修养、浪漫的风情韵为唐代诗人提供了源源不竭的才思情致，以致被反复吟诵歌咏。五是诗人通过妓女吟唱传播他们的诗

---

① 陶敏，陶红雨，校注. 刘禹锡全集编年校注［M］. 长沙：岳麓书社，2003：605.

② 朱东润. 中国文学批评史大纲［M］. 上海：上海古籍出版社，2005：105.

③ 陶敏，陶红雨，校注. 刘禹锡全集编年校注［M］. 长沙：岳麓书社，2003：692.

④ 陶敏，陶红雨，校注. 刘禹锡全集编年校注［M］. 长沙：岳麓书社，2003：559.

⑤ 郭庆藩，撰；王孝鱼，点校. 庄子集释［M］. 北京：中华书局，2003：29.

文，妓女通过诗人的歌咏提高自己的声名身价，两者的相互依附也是咏妓诗发展的原因之一。[①] 与文人士大夫伟大的政治抱负和仕途追求不同的是，当妓女这一角色参与到他们的生活当中时，其生活也平添了些许浪漫色彩。文人士大夫一方面喜欢荣华富贵、奢华排场，另一方面讲究风流高雅。他们在其中休闲享受，放松心情，既有世俗的声色之欲，又有心灵的飘逸涤荡。刘禹锡的咏妓诗在游玩宴饮的场合中孕育而生，例如携妓采茶"何处人间似仙境，春山携妓采茶时"[②]（《洛中逢韩七中丞之吴兴口号五首（其五）》），又如酒酣潦倒"促筵交履舃，痛饮倒簪缨"[③]（《历阳书事七十四韵》）。

（三）对感伤美的追求

刘禹锡咏妓诗具有落寞感伤美的原因有三：一是对于色艺俱佳的妓女，刘禹锡抱以崇敬的态度，怜惜她们的才华，感叹她们无法掌握自己的命运。二是借妓女沉浮不定的身世自喻，妓女的才华不被主人赏识，被随手抛弃，使刘禹锡感同身受，想到自己在朝廷被排斥，含冤被贬，报国无门，油然升起一股"同是天涯沦落人"的悲痛。三是遇见美好的女子，或红颜薄命，或无法拥有，心中不免充满失落与无奈。例如"朱弦已绝为知音，云鬟未秋私自惜。举目风烟非旧时，梦寻归路多参差。如何将此千行泪，更洒湘江斑竹枝"[④]（《泰娘歌》），泰娘空有一肚才华，却再无欣赏她的知音，正契合诗人被贬的心情；又如"玉钗重合两无缘，鱼在深潭鹤在天"[⑤]（《怀妓四首（其一）》），玉钗分离已经无缘再重合，诗人与妓女就像深潭的鱼和天上的鹤，再也不会有交集。

四、结语

刘禹锡咏妓诗的成熟有两个方面的原因：一是中唐时期，文人士大夫普遍蓄养家妓、纵情声色的社会因素。二是刘禹锡的性格、情感、遭遇等个人因素。两种因素促使咏妓诗主要出现在游玩宴饮和寄情怀思的题材里。游玩宴饮中的妓女形象多数出现于诗中的某一片段，且具有普遍性，缺乏鲜明、独特的个人色彩，其妆扮、动作等描写也有一定的模式；寄情怀思中的妓女形象多数有自己的姓名，是整首诗的主人公，诗人或怜惜色艺俱佳的妓女，或以其不公

---

① 陶慕宁. 青楼文学与中国文化［M］. 北京：东方出版社，1993：8－20.

② 陶敏，陶红雨，校注. 刘禹锡全集编年校注［M］. 长沙：岳麓书社，2003：417.

③ 陶敏，陶红雨，校注. 刘禹锡全集编年校注［M］. 长沙：岳麓书社，2003：348.

④ 陶敏，陶红雨，校注. 刘禹锡全集编年校注［M］. 长沙：岳麓书社，2003：140.

⑤ 陶敏，陶红雨，校注. 刘禹锡全集编年校注［M］. 长沙：岳麓书社，2003：805.

的命运自喻，或表现求之不得的爱慕之心。咏妓诗在审美追求上体现了对阴柔美、娱悦美和感伤美的追求。刘禹锡诗歌中除妓女这一女性符号外，还包括神女、公主、农家女等女性形象，这些都值得我们进一步去探究和品味。

（作者单位：华南师范大学）

论用俗字入诗对诗人评价的影响

——从刘禹锡诗中无"糕"字谈起

杨宝祺

刘禹锡"诗豪"之美誉，至今仍为多数人认可。《邵氏闻见后录》中记载了宋祁重阳时节曾作诗，笑称刘禹锡重阳节也不敢用"糕"字入诗，有负"诗豪"美名。其原文如下：

> 刘梦得作九日诗，欲用糕字，以五经中无之，辍不复为。宋子京以为不然。故子京九日食糕有咏云："飙馆轻霜拂曙袍，糗餈花饮斗分曹。刘郎不敢题糕字，虚负诗中一世豪。"遂为古本绝唱。"糗饵粉餈"，糕类也，出《周礼》。"诗豪"，白乐天目梦得云。①

宋祁诗是用典，典故出自唐人韦绚录《刘宾客嘉话录》。《刘宾客嘉话录》正文第二条载刘禹锡因六经中不见"糕"字，作重阳诗时不敢押"糕"字为韵的事情。其原文如下：

> 为诗用僻字，须有来处。宋考功诗云："马上逢寒食，春来不见饧。"常疑此字，因读《毛诗》郑笺说箫处注云："即今卖饧人家物，六经唯此注中有'饧'字。"吾缘明日是重阳，欲押一"糕"字，寻思六经，竟未见有"糕"字，不敢为之。尝讶杜员外"巨颡拆老拳"，疑"老拳"无据。及览《石勒传》："卿既遭孤老拳，孤亦饱卿毒手。"岂虚言哉？后辈业诗，即须有据，不可率尔道也。②

宋祁认为刘禹锡不敢以俗字入诗，未能化俗为雅，有损"诗豪"美名。查阅相关研究，未见有对宋祁诗评价与刘禹锡"诗豪"美誉关系进行讨论的

---

① 邵博，撰；李剑雄，刘德权，点校 . 邵氏闻见后录 [M]. 北京：中华书局，1983：148.

② 韦绚 . 刘宾客嘉话录 [M]. 北京：中华书局，1985：1 - 2.

专著或论文。莫砺锋先生有《饮食题材的诗意提升——从陶渊明到苏轼》一文，其中引用了刘禹锡在重阳日不敢取"糕"字入诗的例子来反衬苏轼"天才横溢，在诗歌题材上触处生春，尤其善于'以俗为雅'"①。此文同样暗含宋祁诗中所言，刘禹锡因不敢使用"糕"字入诗有负"诗豪"美称的意思。本文倒以为，不取"糕"字入诗不影响刘禹锡被称作"诗豪"：一是"诗豪"的"豪"意为多且好，与同时期的诗人对比，刘禹锡确实是"高产"的诗人，且佳句屡出；二是以"糕"入诗，在唐诗中本就少见，以此怪之，未免牵强。

一、"诗豪"的文献资料

刘禹锡获称"诗豪"并非后人追称，而是其晚年至交白居易对他才华的认可。《旧唐书·刘禹锡传》中载白居易《刘白唱和集解》，提到刘禹锡得"诗豪"美誉是出自白居易之口，现录《旧唐书》原文如下：

> 禹锡晚年与少傅白居易友善，诗笔文章，时无在其右者。常与禹锡唱和往来，因集其诗而序之曰："彭城刘梦得，诗豪者也。其锋森然，少敢当者。予不量力，往往犯之。夫合应者声同，交争者力敌。一往一复，欲罢不能。由是每制一篇，先于视草，视竟则兴作，兴作则文成。一二年来，日寻笔砚，同和赠答，不觉滋多。太（一作大）和三年春以前，纸墨所存者，凡一百三十八首。其余乘兴仗醉，率然口号者不在此数。因命小侄龟儿编录，勒成两轴。仍写二本，一付龟儿，一授梦得小男仑郎，各令收藏，附两家文集。予顷与元微之唱和颇多，或在人口。尝戏微之云：'仆与足下二十年来为文友诗敌，幸也，亦不幸也。吟咏情性，播扬名声，其适遗形，其乐忘老，幸也。然江南士女语才子者，多云元、白，以子之故，使仆不得独步于吴、越间，此亦不幸也。今垂老复遇梦得，非重不幸耶？'梦得梦得，文之神妙，莫先于诗。若妙与神，则吾岂敢？如梦得'雪里高山头白早，海中仙果子生迟''沉舟侧畔千帆过，病树前头万木春'之句之类，真谓神妙矣。在在处处，应有灵物护持，岂止两家子弟秘藏而已！"②

因刘白相交甚深，又白居易与刘禹锡为同代人，而白居易在诗坛深孚众

---

①　莫砺锋．饮食题材的诗意提升——从陶渊明到苏轼［J］．文学遗产，2010（2）：12.

②　刘昫，等．旧唐书：卷一百六十［M］．北京：中华书局，1975：4212-4213.

望，故白居易评刘禹锡，称其为"诗豪"是可信且为大多数人认可的。后世多有引用《旧唐书》白文，"诗豪"亦多专指刘禹锡。宋代叶廷珪撰《海录碎事》卷十九《文学部下》有《诗门》，"诗豪"下有小字"白居易以诗自名者，常推刘禹锡为诗豪"①。清代梁章钜撰《称谓录》中记："禹锡好诗，晚节尤精，白居易推为诗豪。"②

史上享有"诗豪"美誉的人在唐代还有杜牧和被称作"女中诗豪"的李季兰。杜牧在晚唐时期诗名颇盛，与李商隐并称"小李杜"，杜牧自许"诗豪"，宋人称杜牧"诗豪而艳"③。而吴乔《围炉诗话》两评杜牧《题乌江亭》都是贬低其作，先称"诗豪"是误人之名，杜诗"求豪反入宋调"；再指出"诗以优柔敦厚为教，非可豪举者也……豪则直，直则违于诗教。牧之自许诗豪，故《题乌江亭》诗失之于直。石曼卿、苏子美欲豪，更虚夸可厌"④。今《围炉诗话》只存目，此评摘于《杜牧集系年校注》中《题乌江亭》下。

《唐诗纪事》载李季兰作，并有评论，其中有"刘长卿谓季兰为女中诗豪"⑤语。此句前载高仲武语云："士有百行，女唯四德。季兰则不然。形器既雄，诗意亦荡。自鲍照已下，罕有其伦。如'远水浮仙棹，寒星伴使车'，此五言之嘉境也。上方班婕好则不足，下比韩英则有余。不以迟暮，亦一俊妪。"⑥唐人赵元一撰《奉天录》有记载"李季兰"事，称其为"风情女子"，因献给叛将朱泚的诗中多悖逆之词，唐德宗再克京师，召李季兰并责之，随后下令扑杀。⑦《唐才子传》称李季兰是一名女道士⑧，略述生平。《太平广记》将"李季兰"归入卷二百七十三《妓女》之下。⑨新旧《唐书》无载此人，此人亦无别集传世。

宋代有石延年。石介有《三豪诗送杜默诗雄》云："曼卿豪于诗，社坛高数层。永叔豪于辞，举世绝俦朋。师雄歌亦豪，三人宜同称。"⑩曼卿即石延年，永叔即欧阳修，师雄即杜默。《宋才子传笺证·北宋前期卷》有《石延年

① 叶廷珪，撰；李之亮，点校. 海录碎事：卷十九 ［M］. 北京：中华书局，2002：843 - 844.
② 梁章钜，撰；冯惠民，李肇翔，杨梦东，点校. 称谓录：卷二十九 ［M］. 北京：中华书局，1996：462.
③ 傅璇琮. 唐才子传校笺 ［M］. 北京：中华书局，1995：202.
④ 吴在庆. 杜牧集系年校注 ［M］. 北京：中华书局，2008：241.
⑤ 计有功，撰；王仲镛，校笺. 唐诗纪事校笺 ［M］. 北京：中华书局，2007：2514.
⑥ 计有功，撰；王仲镛，校笺. 唐诗纪事校笺 ［M］. 北京：中华书局，2007：2514.
⑦ 赵元一，撰；夏婧，点校. 奉天录：卷一 ［M］. 北京：中华书局，2014：30.
⑧ 傅璇琮. 唐才子传校笺 ［M］. 北京：中华书局，1995：326.
⑨ 李昉. 太平广记：卷六 ［M］. 北京：中华书局，1961：2150.
⑩ 石介. 徂徕石先生文集：卷二 ［M］. 北京：中华书局，1984：13.

传》，记载石延年逝世后，欧阳修作《石曼卿墓表》，梅尧臣作《吊石曼卿》，范仲淹、苏舜钦、胡宿、蔡襄等人都各作诗、文以表哀悼。此下有言："石延年长于诗，时人谓之'诗豪'，以为有老杜遗风。工书法，善真书大字。有诗集传世，久佚，今存诗四十余首。"①

北宋诗僧释惠崇亦有"诗豪"美名。《宋才子传笺证》中录南宋佚名作《锦绣万花谷》前集卷二九有记载，称诗僧释惠崇和释善权为"淮甸诗豪"。②

北宋魏泰被米芾称作"诗豪"。《宋才子传笺证·北宋后期卷》有载，米芾曾书《寄魏泰诗帖》，其后有跋云："泰，襄阳人，能诗，名振江、汉，不仕宦。昨入都久留，回山之日，芾始及都门。故人不及见，寄此诗，乃和。故与王平甫并为诗豪。"③

《西夏书校补》中载："姚嗣宗，关中诗豪，忽绳检，坦然自任。"其后又录姚嗣宗于驿壁所题绝句两首。其一为："踏碎贺兰石，扫清西海尘。布衣能效死，可惜作穷麟。"其二为："百乐干戈未息肩，九原金鼓又轰天。崆峒山叟笑不语，静听松风春昼眠。"④ 《宋人轶事汇编》亦有此事，所录内容与《西夏书校补》无异。

二、"诗豪"的含义

从上文所列资料可知，刘禹锡"诗豪"之称出自白居易之口。各种文献所提的"豪"一般指诗风豪，可以理解为"豪劲""豪健""豪猛""豪而艳""大气磅礴"等，少有像白序所用"诗豪者也"之类的判断句来称赞某人的才华。

（一）"豪"字本义及应用

"豪"字未有从甲骨、青铜器上识读出相对应的字形，最早的"豪"是篆体字。许慎《说文解字》释"豪"曰："健也，从力敫声。读若豪。五牢切。"⑤ 就"豪"本义看，此字归入"力部"，强调力度，与"豪劲""豪建"等用法较为贴近。《唐才子传校笺·杜牧》中有"诗情豪迈，语率惊人"语评价杜牧，此下有注录《新传》"牧于诗，情致豪迈，人号为'小杜'，以别杜甫云"、《郡斋读书志》"为诗情致豪迈，人号为'小杜'，以别杜甫云"、《直

① 傅璇琮，祝尚书．宋才子传笺证·北宋前期卷［M］．沈阳：辽海出版社，2011：329.
② 傅璇琮，祝尚书．宋才子传笺证·北宋前期卷［M］．沈阳：辽海出版社，2011：146.
③ 傅璇琮，张剑．宋才子传笺证·北宋后期卷［M］．沈阳：辽海出版社，2011：128.
④ 周春；胡玉冰，校补．西夏书校补［M］．北京：中华书局，2014：88.
⑤ 许慎；徐铉，等校定．说文解字：卷一三下［M］．北京：中华书局，1985：461.

斋书录解题》"杜子微才高，俊迈不羁，其诗豪而艳，有气概，非晚唐人所能及"数语①，显然以"豪"形容诗风时，与"豪"字本义无异。

据《说文解字》所录"豪"字本义，白居易称刘禹锡为"诗豪"中的"豪"应指刘禹锡诗风"豪"，再观《刘白唱和集序》，则不尽然。"其锋森然，少敢当者"应指刘诗往往言辞犀利，讽刺力度强，如刀剑之锋，难以抵挡。如刘禹锡先后两次游玄都观所作诗就是极具讽刺意味的作品，第一首作于元和十一年，题为"元和十一年自朗州承召至京戏赠看花诸君子"，全诗如下：

> 紫陌红尘拂面来，无人不道看花回。
> 玄都观里桃千树，尽是刘郎去后栽。②

第二首为《再游玄都观绝句》，全诗如下：

> 百亩中庭半是苔，桃花净尽菜花开。
> 种桃道士归何处？前度刘郎今又来。③

点睛之句是"尽是刘郎去后栽"和"前度刘郎今又来"，前者有今日官场上的佼佼者们都是因刘郎被外放才有了大放异彩的机会的意思；后者既是用典，又是刘禹锡对回归京都官场的发声，是对自己才学的十足自信。而两诗问世后恰逢刘禹锡再遭贬谪，时间点的巧妙吻合令读者感受到诗中浓厚的讽刺意味，并产生刘禹锡因诗中锋芒毕露而得罪权臣的合理猜想。

白居易《秦中吟·轻肥》先写宦官生活的奢靡精致，后以一句"是岁江南旱，衢州人食人"④与之形成鲜明对比，讽刺宦官当权，肉食者在其位不谋其政，可与刘禹锡的笔锋森然相提并论，"往往犯之"亦是知音间的乐趣。"豪"亦应有不惧强权，敢于直言之意。

又见白序中有言："梦得梦得，文之神妙，莫先于诗。若妙与神，则吾岂敢？如梦得'雪里高山头白早，海中仙果子生迟''沉舟侧畔千帆过，病树前头万木春'之句之类，真谓神妙矣。在在处处，应有灵物护持，岂止两家子

---

① 傅璇琮．唐才子传校笺［M］．北京：中华书局，1995：202.

② 刘禹锡；瞿蜕园，笺证．刘禹锡集笺证［M］．上海：上海古籍出版社，1989：702.

③ 刘禹锡；瞿蜕园，笺证．刘禹锡集笺证［M］．上海：上海古籍出版社，1989：704.

④ 白居易．白氏长庆集：卷二［M］．上海：上海涵芬楼，江南图书馆藏日本翻宋大字本．

弟秘藏而已!"白居易以刘白酬唱往来之作举例,点出刘禹锡诗"神妙且有灵气"的特点。前者是白居易哀叹自己年老却无儿而作诗寄刘禹锡,刘禹锡作诗回赠安慰老友,题为"苏州白舍人寄新诗有叹早白无儿之句因以赠之",全诗如下:

> 莫嗟华发与无儿,却是人间久远期。
> 雪里高山头白早,海中仙果子生迟。
> 于公必有高门庆,谢守何烦晓镜悲。
> 幸免如新分非浅,祝君长咏梦熊诗。①

将老友比作雪里高山、海中仙果,安慰之语中含赞美之意,白居易在愁闷烦苦之时收到这样的诗作确实会对作者生出极大好感。刘诗是给人希望,而不是给人奢望,针对白居易其时的状况和道教信仰"对症下药",诗作能得"神妙"的赞扬亦是刘禹锡当之无愧的。

白居易晚年得子,儿子却又早夭。继哀叹华发已生却还痛失独子后,白居易又遭打击,再次作诗寄刘禹锡。刘禹锡有《吟白乐天哭崔儿上篇怆然寄赠》,全诗如下:

> 吟君苦调我沾缨,能使无情尽有情。
> 四望车中心未释,千秋亭下赋初成。
> 庭梧已有雏棲处,池鹤今无子和声。
> 从此期君比琼树,一枝吹折一枝生。

丧子之时亦是白居易官位显达之际,白居易的心情在几年间经历悲极生乐,乐极又生悲的大起大落,透出绝望之意。刘禹锡抓住这个点,用"从此期君比琼树,一枝吹折一枝生"安慰他,在崔儿之后还会有更多的孩子。

后者是《酬乐天扬州初逢席上见赠》中的诗句,今人对此诗亦多有赞语。白居易所列是此诗的颈联,以新陈代谢的自然规律入诗,着眼在新事物、新生命的勃勃生机上,虽其时屡遭贬谪,但刘禹锡的心态还是积极的,诗句也带有"绝处逢生"之感。

另外,刘禹锡集中有《竹枝词》《杨柳枝词》等作品,是刘禹锡外放期间所作。其选材和用语都带有南方特色,风格柔和细腻,是刘禹锡的代表作,却

---

① 刘禹锡;瞿蜕园,笺证. 刘禹锡集笺证 [M]. 上海:上海古籍出版社,1989:1039.

断不能以"豪"誉之。

因而，刘禹锡"诗豪"之名的"豪"，非诗风豪放、豪健，而是指他言辞犀利、用语灵妙，不愧为"豪"。

（二）诗作数量对比

刘禹锡"诗豪"美称中的"豪"应亦有"多"之意。白序提及刘白唱和在太（一作"大"）和三年春以前，已有 138 首作品被完整记录。《刘禹锡集笺证》附录有《刘禹锡交游录》，记载 55 人与刘禹锡有交游记录，即此 55 人与刘禹锡可算同时期的人，其中有不少也是在诗坛上举足轻重或有一席之地的人。从中选取白居易、韩愈、张籍、元稹、姚合、柳宗元、令狐楚等人的传世诗作，与刘禹锡传世诗作进行数量对比（以上海古籍出版社 1989 年版《刘禹锡集笺证》、上海涵芬楼景江南图书馆藏日本翻宋大字本《白氏长庆集》、商务印书馆 1933 年版《韩昌黎集》、中华书局 2011 年版《张籍集系年校注》、上海涵芬楼景江南图书馆藏明嘉靖壬子董氏刊本《元氏长庆集》、上海涵芬楼景明钞本《姚少监诗集》、中华书局 1960 年版《柳河东集》和甘肃人民出版社 1998 年版《令狐楚集》为依据），对比结果如下表：

人名	刘禹锡	白居易	韩愈	张籍	元稹	姚合	柳宗元	令狐楚
数量（首）	742	2 911	351	443	751	510	140	61

从上表可见，刘禹锡在同时代的诗人群体中属于"高产"者，因刘禹锡诗多散佚，不比元白二人生前结集的保存程度高。今仅得此数入表，看似远不及被誉为"唐人之冠"的白居易，但能令白居易以"诗豪"誉之，疑刘禹锡诗的数量可与白居易比肩。

依刘诗言语特色和数量，推断白居易笔下"诗豪"的"豪"应指刘禹锡诗符合"多且好"三字。

三、"糕"字在唐代的文化背景及入诗情况

《刘宾客嘉话录》称刘禹锡曾有言："吾缘明日是重阳，欲押一'糕'字，寻思六经，竟未见有"糕"字，不敢为之。"唐代所指六经是《诗经》《尚书》《仪礼》《周易》《乐经》和《春秋》，《乐经》已佚，不可查证。翻阅五经，确实没有"糕"字，而唐代九经中才有"糕"字记载。九经，即《诗经》《尚书》《周易》《仪礼》《周礼》《礼记》《左传》《公羊传》《穀梁传》。

"糕"在周代应称作"饵"，出自《周礼》。《周礼·天官·冢宰·笾人》载："羞笾之实，糗饵、粉餈。"郑玄注云："糗，熬大豆与米也。粉，豆屑也。茨字或作餈，谓干饵饼之也。玄谓此二物皆粉稻米、黍米所为也。合蒸曰饵，饼之曰餈。糗者，捣粉熬大豆，为饵餈之黏著，以粉之耳。饵言糗，餈言粉，互相足。"后又有孙诒让根据郑玄说、张湛注《列子》云："饵餈散文亦通，故《方言》云'饵谓之糕，或谓之餈。'"① 翻查《方言》，在卷十三找到此条，发现饵还有其他称呼，如餰、餫、饳。② 今日蒸制的糕，用不同的米磨制的粉状物作主要材料，如黏米粉、糯米粉等，以水和之，可以用于制作糕点。在入锅蒸制前，加入熬煮至糜烂或绵软的豆类甚至加入水果能丰富糕点的口感。上述制作方法与郑玄注中的"捣粉熬大豆，为饵餈之黏著"十分接近，且"合蒸曰饵"也符合把豆子和粉放在一起蒸制的烹饪方法。今日的"糕"是周代的"饵"应没有疑问了。

刘禹锡因五经无"糕"而不敢擅用"糕"字入诗，体现出刘禹锡作诗炼字的严谨。不以"糕"字入诗是刘禹锡的个人创作风格，还是有唐一代的风气，还需从"糕"字在唐代的文化背景和入诗情况两方面进行探讨。

（一）"糕"字在唐代的文化背景

《唐六典·尚书礼部卷第四》有《礼部尚书　侍郎》，其中《膳部郎中员外郎》有关于"糕"的记载。唐代尚书省下辖礼部，礼部中有专门管理祭品和宴会膳食的官员，主要是维护封建等级秩序，主管者为"膳部郎中"，下设一名"膳部员外郎"、两名"主事"协助其工作。此中载唐宫在节日会设"节日食料"供天子和诸王及大臣享用，其原文如下：

> 谓寒食麦粥，正月七日、三月三日煎饼，正月十五、晦日膏糜，五月五日糉，七月七日䉺饼，九月九日麻葛糕，十月一日黍臛，皆有等差，各有配食料。③

此段明确记载唐代在重阳节时会有食用"麻葛糕"的习俗，《刘宾客嘉话录》中提及刘禹锡在重阳节前后作诗会有以"糕"字入诗的念头是合理可信的。而食糕不仅是唐代民间才有的习俗，宫廷中的王公贵族也会在重阳节食用

---

① 孙诒让，撰；王文锦，陈玉霞，点校.周礼正义：卷一［M］.北京：中华书局，2013：389－392.

② 钱绎，撰集；李发舜，黄建中，点校.方言笺疏：卷十三［M］.北京：中华书局，2013：508.

③ 李林甫，撰；陈仲夫，点校.唐六典：尚书礼部卷第四［M］.北京：中华书局，1992：129.

"麻葛糕"，重阳节食糕的习俗很可能是从宫廷向民间普及的。"皆有等差，各有配食料"指因身份地位的差异，会在重阳食糕时配不同种类或数量的辅食、佐料，此与周代天子用膳"九鼎八簋"、诸侯用膳"七鼎六簋"逐级递减有继承关系。

另在《唐六典·光禄寺卷第十五》有《卿少卿》，其中《太官署》有与《膳部郎中　员外郎》中相同的"节日食料"记载："冬月则加造汤饼及黍臛，夏月加冷淘粉粥，寒食加饧粥，正月七日、三月三日加煎饼，正月十五日、晦日加糕糜，五月五日加粽糯，七月七日加斫饼，九月九日加糕，十月一日加黍臛，并于常食之外而加焉。"① 太官署有太官令2人，太官丞4人，监膳10人，监膳史15人，供膳2 400人，主管烹饪、供膳，即御膳房的工作。朝会、宴飨时，太官署会为九品以上官员准备膳食，重阳节就会特别准备糕点。《唐六典》中的两处记载验证了唐代有重阳节食用"糕"的习俗且是统治者在正式场合中会遵循的惯例。

"糕"音与高同，唐代重阳节已有登高的习俗，重阳节食"糕"则同样有"步步高"的含义在其中。

（二）"糕"字在唐代的入诗情况

虽刘禹锡诗中无"糕"字，但查阅《全唐诗》及《全唐诗补编》发现唐代也有以"糕"字入诗的例子。卷四百二十九录白居易诗《九日登西原宴望（同诸兄弟作）》，其中有"移座就菊丛，糕酒前罗列"② 一联。白居易与刘禹锡是同时代的人，白诗有"糕"，是唐人以"糕"字入诗的有力证据。

晚唐诗人薛逢早有才名，工赋、诗，长篇诗歌多学白居易。其诗文无别集传世，只在《全唐诗》中存诗一卷。薛逢有《九日雨中言怀》，写重阳节时滞留在刀州，在四川境内，风雨大作独寐思乡。开篇《旧唐书》有传载薛逢因刘瑑进谗言而被贬巴州，数年后又斥为蓬州刺史，资料有限，未知此诗是何时赴任途中作。《九日雨中言怀》全诗如下：

> 糕果盈前益自愁，那堪风雨滞刀州。单床冷席他乡梦，紫椹黄花故国秋。万里音书何寂寂，百年生计甚悠悠。潜将满眼思家泪，洒寄长江东北流。③

①　李林甫，撰；陈仲夫，点校. 唐六典：光禄寺卷第十五［M］. 北京：中华书局，1992：446.
②　彭定求. 全唐诗：卷四百二十九［M］. 北京：中华书局，1960：4730.
③　彭定求. 全唐诗：卷五百四十八［M］. 北京：中华书局，1960：6328.

"糕果盈前益自愁"与题中"九日"二字相结合，既是唐人有在重阳节食糕之习俗的证据，也是唐人以"糕"字入诗的力证。

《全唐诗补编》中录两诗提及"糕"，但与重阳节食糕无关。一是《外编》第二编《全唐诗续补遗卷之二》的《王梵志》，诗中有"贫亲须拯济，富眷不烦饶。情知苏蜜味，何用更添高"，其后有注称伯四〇九四卷"高"作"糕"①。

二是《外编》第三编《全唐诗续补遗卷十三》陈裕的《过旧居》，全诗如下：

> 昔日颜回宅，今为裹饭家。不闻吟秀句，只会餔（一作餔）油麻。
> 豉汁锅中沸，粕糕案上葩。朝朝唯早起，檐从自排衙。②

在唐诗中，既有与重阳节相关的含"糕"字诗句，亦有与节日无关的含"糕"字诗句。传世的唐诗经清人和今人编、辑校，暂发现四例。唐人以"糕"字入诗，但确属个例，不是普遍现象。因而刘禹锡诗中无"糕"字不为奇，与其交好又同时代的人亦只有白居易曾以"糕"字入诗而已。

刘禹锡"诗豪"之名是白居易赠之，又唐代少有用"糕"字入诗者，同时代的"糕"字诗出自赞誉刘诗的白居易笔下。白居易诗多平白易懂，便是老妪也能读懂，白诗中有"糕"字就不足为奇了。而刘禹锡作诗追求的是以僻字入诗需要有来处，"糕"字不在五经中，同时代诗作中也不多见，依刘禹锡的创作习惯是不会选用的。刘诗言辞犀利，用字灵妙，且是同时代中诗作数量居多之人。就刘禹锡的诗作数量和质量而言，"诗豪"二字当之无愧。

俗字入诗与否，只能作为一个探讨思路，而不能最终影响并决定对一个诗人的评价。不以"糕"字入诗是唐代的普遍现象，刘禹锡诗中无"糕"字对他在唐代被唐人称作"诗豪"没有负面的影响。

参考文献：
[1] 许慎，记；徐铉，等校定. 说文解字 [M]. 北京：中华书局，1985.
[2] 刘禹锡；瞿蜕园，笺证. 刘禹锡集笺证 [M]. 上海：上海古籍出版社，1989.
[3] 白居易. 白氏长庆集 [M]. 上海：上海涵芬楼，江南图书馆藏日本

---

① 陈尚君. 全唐诗补编 [M]. 北京：中华书局，1992：105.
② 陈尚君. 全唐诗补编 [M]. 北京：中华书局，1992：494.

翻宋大字本．

　　[4] 韦绚录．刘宾客嘉话录 [M]．北京：中华书局，1985．

　　[5] 李林甫，撰；陈仲夫，点校．唐六典 [M]．北京：中华书局，1992．

　　[6] 吴在庆．杜牧集系年校注 [M]．北京：中华书局，2008．

　　[7] 韩愈．韩昌黎集 [M]．上海：商务印书馆，1933．

　　[8] 张籍，撰；徐礼节，余恕诚，校注．张籍集系年校注 [M]．北京：中华书局，2011．

　　[9] 元稹．元氏长庆集 [M]．上海：上海涵芬楼，江南图书馆藏明嘉靖壬子董氏刊本．

　　[10] 姚合．姚少监诗集 [M]．上海：上海涵芬楼，景明钞本．

　　[11] 柳宗元．柳河东集 [M]．北京：中华书局，1960．

　　[12] 令狐楚；尹占华，杨晓霭，整理校笺．令狐楚集．[M]．兰州：甘肃人民出版社，1998．

　　[13] 孔颖达．周易正义 [M]．上海：上海古籍出版社，1996．

　　[14] 赵元一，撰；夏婧，点校．奉天录 [M]．北京：中华书局，2014．

　　[15] 刘昫等．旧唐书 [M]．北京：中华书局，1975．

　　[16] 计有功，撰；王仲镛，校笺．唐诗纪事校笺 [M]．北京：中华书局，2007．

　　[17] 邵博，撰；李剑雄，刘德权，点校．邵氏闻见后录 [M]．北京：中华书局，1983．

　　[18] 李昉．太平广记 [M]．北京：中华书局，1961．

　　[19] 朱熹．诗集传 [M]．上海：上海古籍出版社，1980．

　　[20] 石介．徂徕石先生文集 [M]．北京：中华书局，1984．

　　[21] 叶廷珪，撰；李之亮，点校．海录碎事 [M]．北京：中华书局，2002．

　　[22] 傅璇琮．唐才子传校笺 [M]．北京：中华书局，1995．

　　[23] 彭定求．全唐诗 [M]．北京：中华书局，1960．

　　[24] 丁传靖．宋人轶事汇编 [M]．北京：中华书局，2003．

　　[25] 周春；胡玉冰，校补．西夏书校补 [M]．北京：中华书局，2014．

　　[26] 梁章钜，撰；冯惠民，李肇翔，杨梦东，点校．称谓录 [M]．北京：中华书局，1996．

　　[27] 钱绎，撰集；李发舜，黄建中，点校．方言笺疏 [M]．北京：中华书局，2013．

〔28〕孙诒让，撰；王文锦，陈玉霞，点校．周礼正义〔M〕．北京：中华书局，2013.

〔29〕陈尚君．全唐诗补编〔M〕．北京：中华书局，1992.

〔30〕傅璇琮．宋才子传笺证〔M〕．沈阳：辽海出版社，2011.

〔31〕慕平，译注．尚书〔M〕．北京：中华书局，2009.

〔32〕杨天宇．仪礼译注〔M〕．上海：上海古籍出版社，2004.

〔33〕杨伯峻．春秋左传注〔M〕．北京：中华书局，2009.

〔34〕莫砺锋．饮食题材的诗意提升——从陶渊明到苏轼〔J〕．文学遗产，2010（2）.

〔35〕赵晓岚．刘禹锡"诗豪"异议〔J〕．中国文学研究，1983（4）.

（作者单位：华南师范大学）

刘禹锡贬谪期创作的飞虫禽鸟意象

邱伊彤

中唐时期永贞革新失败，作为革新活动核心人物之一的刘禹锡先被贬为连州刺史，行至江陵，再被贬为朗州司马，从此开启了他二十余年的贬谪生涯，这对于刘禹锡而言无疑是一次沉痛的打击。在现实层面，他经历了从直接参与国家财政管理的屯田员外郎一职，到荒烟蔓草、地广人稀的远州地方小官吏的巨大身份转变，仕途接连受挫；在精神层面，贬谪远州大大打击了刘禹锡革除时弊的政治热情，长期谪处远离国家政治文化中心的岭南地区，亦使他倍感孤寂凄冷，精神上遭受百般折磨。

刘禹锡谪居南方期间的诗文创作，既是他悲愤之情的集中喷发，更反映出他在这一时期的精神状态与人生态度。在刘禹锡贬谪期的创作中，有一类意象值得特别关注，那就是飞虫禽鸟意象。在中国古典诗歌当中，以飞虫禽鸟为意象是一种常见的手法。早在战国时期，屈原就以"善鸟""恶禽"来分别比喻忠、谗之人，此后借用飞虫禽鸟意象来抒情言志为历代文人所喜爱，而飞虫禽鸟意象的内涵和象征意蕴也在这个过程中被不断挖掘、深化、丰富。通过飞虫禽鸟意象，刘禹锡表达了与历代文人相似的情感体验，但其中又蕴含了他独特的人生态度和思考。本文拟从飞虫禽鸟意象出发，窥探刘禹锡贬谪南方期间的人生态度。

根据《刘禹锡全集编年校注》，永贞元年（805）到宝历二年被贬的二十余年间，刘禹锡创作诗歌近三百首，其中包含恶虫恶禽意象的名篇有《百舌吟》《聚蚊谣》《飞鸢操》等；包含良禽意象的名篇有《秋萤引》《和浙西李大夫晚下北固山喜松径成阴怅然怀古偶题监临江亭并浙东元相公所和》等；包含伤禽意象的名篇有《泰娘歌》《题招隐寺》《松滋渡望硖中》《和董庶中古散调词赠尹果毅》《始至云安寄兵部韩侍郎中书的舍人二公近曾远守故有属焉》等；包含孤禽意象的名篇有《秋风引》《秋江早发》《岁杪将发楚州呈乐天》《谪居悼往二首》《再授连州至衡阳酬柳柳州赠别》等。其中恶虫恶禽意象主要用于兴刺寄讽朝中的佞臣小人，而良虫良禽、伤禽和孤禽意象则多用于自喻，或表达自身的高洁人格，或传达作者被贬蛮荒、怀才不遇的愁苦，或寄寓诗人背离乡土的哀思。针对不同的飞虫禽鸟意象，下文将分别展开分析与讨论。

一、以飞虫禽鸟意象讥讽小人

如上文所述，在语涉讥讽的诗歌当中，所采用的飞虫禽鸟意象多为恶物。刘禹锡诗歌中典型的恶禽意象主要有百舌鸟、飞蚊、飞鸢三种。面对不同类型的恶虫恶禽意象，刘禹锡为其安排了不同的结局，传达出迥然不同的态度。除此之外，随着诗歌创作时间的推移，作者所表达的思想感情也发生了变化。下面笔者就从横向和纵向两个角度分别审视刘禹锡贬谪期诗作中的恶虫恶禽意象。

（一）不同类型的恶虫恶禽意象

《百舌吟》中的百舌鸟具有"笙簧百转音韵多，黄鹂吞声燕无语"① 的特征，它的鸣叫声就像笙簧一样音调多样，婉转多变，连善唱的黄鹂和燕子在它面前都沉默无声。诗中"舌端万变"的百舌鸟不正像朝堂之上用谗言利口颠倒黑白，肆意构陷他人的奸佞小人吗？"绵蛮宛转似娱人，一心百舌何纷纷。"② 这些只会一心拨弄唇舌的得志小人利用他们婉转动听的言语打动当权者，使得朝堂上流言四起，议论纷纷。刘禹锡固然痛恨如百舌鸟般搬弄是非的小人，但他却坚信他们终究只是一时得志，只能"乘春辉"活跃政坛，最后会迎来"南方朱鸟一朝见，索漠无言蒿下飞"③ 的结局。据《本草纲目》记载："百舌，处处有之……立春后鸣啭不已，夏至后则无声，十月后则藏蛰。"④ 因此，刘禹锡相信这些趁着一时得志曲意逢迎权贵之徒只能享受这个短暂的春天，而一旦革新成功，忠臣掌权，正义得到伸张的盛夏来临之时，也就是这些小人噤声藏蛰之日，他们永无高飞远举的机会。

不同于《百舌吟》中饶舌却无大害的百舌鸟，《聚蚊谣》一诗中塑造了一批危害性更大的敌人，那就是如聚蚊般阴险毒辣的佞臣小人。"沈沈夏夜闲堂开，飞蚊伺暗声如雷。"⑤ 这些小人就如同飞蚊般鬼祟阴险，只敢趁着沉沉夜幕暗中伺机群体行动，因为他们的行为是见不得光的，正如他们"喜昏黑"的特性一样。"嘈然欻起初骇听，殷殷若自南山来。"他们明白寡不敌众的道理，于是纠集起来，一找到合适的时机就群起而攻之，"利嘴迎人"，给革新

---

① 陶敏，陶红雨，校注. 刘禹锡全集编年校注：上：百舌吟［M］. 长沙：岳麓书社，2003：38.
② 陶敏，陶红雨，校注. 刘禹锡全集编年校注：上：百舌吟［M］. 长沙：岳麓书社，2003：39.
③ 陶敏，陶红雨，校注. 刘禹锡全集编年校注：上：百舌吟［M］. 长沙：岳麓书社，2003：39.
④ 转引自陶敏，陶红雨校注. 刘禹锡全集编年校注：上：百舌吟［M］. 长沙：岳麓书社，2003：39.
⑤ 陶敏，陶红雨，校注. 刘禹锡全集编年校注：上：聚蚊谣［M］. 长沙：岳麓书社，2003：41.

党派以致命的中伤，而一旦得逞他们就"喧腾鼓舞"，他们也确实使得"昧者不分聪者惑"。他们的造谣中伤、排挤打击足以迷惑人心，将革新集团置于危机四伏的境地之中，所以作者说"我孤尔众能我伤"，甚至只能通过"为尔设崛潜匿床"的办法来避其锋芒，说明此时的敌人众多，革新人士处于孤立无援的状态，只能明哲保身，暂时退避。① 但是，退避绝不意味着妥协，这从刘禹锡为其安排的结局"清商一来秋日晓，羞尔微形饲丹鸟"② 中就可见一斑，纵使这些阴险小人此时所形成的政治气候再强大，也逃脱不了必然灭亡的命运，因为邪不胜正！此时的刘禹锡依然对未来抱有希望，相信永贞革新将会取得最终的胜利。

与《百舌吟》中的巧言令色之徒和《聚蚊谣》所刻画的阴险小人不同，诗歌《飞鸢操》中用飞鸢来比喻贪婪无耻的宵小之辈。据《禽经》记载，飞鸢是一种"不善搏击，贪于攫肉"的鸟类。③ 诗歌的前四联为我们描写出一只气魄非凡、翱翔天际、高高在上、状似鹰隼的飞鸢，它"旗尾飘扬势渐高""六翮不动凝飞烟"，翱翔于"杳杳青云"之中，连善飞的大鸟和大雁都只能屈居其下，看起来尊贵异常。"忽闻饥乌一噪聚，瞥下云中争腐鼠。"然而，飞鸢一听到饥饿的乌鸦在聒噪抢食，只一瞥便俯冲下去争食腐鼠，这不正像那些虚有其表，空有威武得体的仪表，实则内心贪婪卑劣的小人吗？"畏人避犬投高处，俯啄无声犹屡顾。"④ 抢到食物的飞鸢犹怕他人与之争食，不仅飞至高处，甚至边低头啄食腐肉边不停转头四顾，这和朝中腐朽的保守势力为了一己私欲争夺不休，不愿割舍一丁点的利益以换取国家福祉的行为如出一辙，他们徒有威仪的外表，内心却充满贪婪和私欲，丑态毕现。刘禹锡对这些"鹰隼仪形蝼蚁心"的贪婪无耻的奸佞之徒设计了"游童挟弹一麾肘，臆碎羽分人不悲"⑤ 的下场，身体四分五裂，羽毛四散纷飞，然而没有人为其感到悲悯，可谓对飞鸢进行了不留情面的揭露和批判。

值得一提的是，除了以上意象，刘禹锡在其他诗篇如《鸜鹆吟》中也刻画了以巧言令色陷害忠良的恶禽鸜鹆等，但由于篇幅有限，所抒发的感情较为浅白，在此不作为主要意象进行讨论。

从以上三首诗的分析中我们可以看出，百舌鸟、飞蚊和飞鸢分别代表三种

---

① 陶敏，陶红雨，校注．刘禹锡全集编年校注：上：聚蚊谣 [M]．长沙：岳麓书社，2003：41.

② 陶敏，陶红雨，校注．刘禹锡全集编年校注：上：聚蚊谣 [M]．长沙：岳麓书社，2003：41.

③ 转引自陶敏，陶红雨，校注．刘禹锡全集编年校注：上：飞鸢操 [M]．长沙：岳麓书社，2003：44.

④ 陶敏，陶红雨，校注．刘禹锡全集编年校注：上：飞鸢操 [M]．长沙：岳麓书社，2003：43.

⑤ 陶敏，陶红雨，校注．刘禹锡全集编年校注：上：飞鸢操 [M]．长沙：岳麓书社，2003：44.

不同类型的敌人。百舌鸟是巧言令色，见风使舵，颠倒是非的小人；飞蚊是阴险毒辣，暗中造谣中伤忠直之士的奸佞小人；飞鸢是贪婪无耻，徒有其表的保守势力。在这三者之中，危害最小的是百舌鸟，它虽然巧言令色，但却没有造成实质性的伤害；其次是奸险的聚蚊，他们暗中纠集，用谗言利口恶意中伤革新人士，使永贞革新饱受质疑，处于风口浪尖之上；危害最大的莫过于贪婪的飞鸢，作为朝中的保守势力，他们树大根深，权倾朝野，威武尊贵，但却是革新运动最大的敌人，他们贪婪无耻，一旦稍微触及他们的利益范围，便会引发疯狂凶猛的反扑，从而使革新运动寸步难行。因此，刘禹锡面对这三类敌人的态度亦是截然不同的，这从作者为其设计的结局中可探知。百舌鸟的结局只是闭口无言，沉浮官场不得高举；飞蚊的结局是为萤火虫所吞食，即为革新人士所代替，朝野再无奸佞小人；飞鸢的结局最为悲惨，可谓死无全尸且无人悲怜，从中可见作者对保守势力的刻骨痛恨。

　　通过对不同类型的恶禽意象的分析，我们感受到了刘禹锡对待政敌鲜明的态度。可以说，面对不同的敌人，刘禹锡给出的态度是明确清晰的，愈加面目可憎的敌人，其结局就愈悲惨，愈加不得善终。

（二）不同时期的恶虫恶禽意象

　　据《刘禹锡全集编年校注》的考证，《百舌吟》《聚蚊谣》《飞鸢操》还有《秋萤引》四首诗并非如以瞿蜕园为首的主流观点所认为的均为刘禹锡贬谪朗州十年期间的作品，编者分别以诗中意象比照史实小心考证，得出《百舌吟》作于永贞元年春，《聚蚊谣》作于永贞元年夏，《飞鸢操》作于永贞中，《秋萤引》作于永贞元年秋的结论，私以为较为可信。因此，按照陶敏先生所考，以恶虫恶禽为意象的三首诗歌均作于刘禹锡被贬前夕，按照时间顺序排列，《百舌吟》为先，《聚蚊谣》随后，《飞鸢操》最末。诗歌《秋萤引》中虽没有典型的恶虫恶禽意象，不足以纳入恶虫恶禽意象的类型讨论之中，但作为与前三首诗歌一脉相承的诗歌作品，在探讨不同时期的恶虫恶禽意象时，却是不可忽略的存在。

　　《秋萤引》作为四首诗中创作时间最晚的诗歌，其中的恶禽意象仅一笔带过："撮蚊妖鸟亦夜飞，翅如车轮人不见。"[①] 聚食蚊子的妖鸟也能如萤火虫般在黑夜中飞行，但即使它的翅膀大如车轮，人们还是看不见它。刘禹锡在诗中借"撮蚊妖鸟"讥讽政敌，但不同于以上三首诗中作者为敌人安排的惨痛结局，在《秋萤引》中只说政敌为人所蔑视，其下场似乎比百舌鸟还得善终，显得不痛不痒。

---

　　① 陶敏，陶红雨，校注.刘禹锡全集编年校注：上：秋萤引［M］.长沙：岳麓书社，2003：45.

由此可见，随着诗歌创作时间的推移，刘禹锡对待敌人的态度也在发生变化。具体而言，随着人生际遇的改变，刘禹锡对待政敌的总体态度是愈加凌厉的，但为何随后又仿佛趋向缓和了呢？是什么造成了这一现象？

事实上，刘禹锡对待政敌的态度与现实政治生活的情形紧密相连。在创作《百舌吟》时，刘禹锡刚迁为监察御史，一切都才刚刚起步。这时期的刘禹锡意气风发，积极参与永贞革新，而此时的政坛虽然有如百舌鸟的小人巧言令色，却不足以左右政坛，因此刘禹锡信心满满，认为革新的成果足以使奸佞小人哑口无言。而在创作《聚蚊谣》时，关于革新人士摆弄威权、中伤忠直之士的谣言蜂起，将刘禹锡等人置于险恶处境之中，刘禹锡此时进一步认识到政敌的阴险，因此态度更为严厉。到创作《飞鸢操》时，刘禹锡早已深受保守势力以及聚集在其周围的奸邪小人的伤害，对其自私贪婪的本性更是了若指掌，因此不留情面地揭露和批判其罪行，态度凌厉。然而，这种凌厉的态度却为接下来政局的动荡变化所打破，《秋萤引》便作于此时。永贞元年秋，顺宗退位，革新集团的核心人物相继失势，永贞革新的失败已成定局。在此严峻形势下，刘禹锡只能对奸佞小人语涉讥讽，而不再预言未来，也没有给予恶禽一个确定的结局，何尝不是出于对残酷现实政治的无奈。但是，刘禹锡真的对政敌的态度趋向缓和了吗？其实不然。刘禹锡不言及未来是由于对现实政治的深刻失望，永贞革新的失败大大打击了他的从政热情，但这并不意味着对政敌的认可或妥协，也绝非胆小懦弱。

在审视刘禹锡对不同时期恶虫恶禽意象的塑造时，我们除了能看到他对政敌的凌厉姿态，还能看到他面对政治挫败的态度。在革新运动进行之时，刘禹锡能以恶虫恶禽意象讥讽小人，抨击时政；在革新运动失败的关口，他还能以《秋萤引》歌颂革新派为革除时弊所做出的努力，同时讥讽得势的保守势力虽掌控了朝政，却为人所不齿。由此可见，面对政治挫败，刘禹锡虽然难免遭受打击，失望郁结，但他并未一蹶不振或同流合污，而是傲骨铮铮，坚守高洁人格，展现出一种积极向上的人生态度。

二、以飞虫禽鸟意象隐喻自身

除了恶虫恶禽意象，在刘禹锡贬谪期间的诗歌创作中还有几种不同的飞虫禽鸟意象，诗人多用以自比，借以感情抒怀。在此笔者将之归为三个类别：良虫良禽、伤禽和孤禽。

（一）良虫良禽意象

借用良禽意象，刘禹锡志在表现自身的高洁志向和人生愿望，以及不受重用的悲哀。刘禹锡创作的典型良虫意象之一正是上文所提及的《秋萤引》中的秋萤。"汉陵秦苑遥苍苍，陈根腐叶秋萤光。"① 遥望汉陵秦苑苍茫一片，陈根腐叶上的秋萤闪闪发光。古人认为秋萤乃腐草所生，秋萤化腐朽为光亮，且出生在汉陵秦苑的背景之下，暗示着刘禹锡等革新人士的事业远承秦皇汉武，近似秋萤化腐朽为神奇。随后，作者赞美秋萤给人们带来了点点光亮，经"露华洗濯"，在长安城中随处可见，照亮了整片夜空。这不正如永贞革新给人民生活带来的欣喜改变，带领人们走向光明和希望吗？"槐市诸生夜读书，北窗分明辨鲁鱼。"夜晚书生借着荧光读书，辨别文字正误。秋萤可以帮助读书人明辨正误，在革新人士的启迪下读书人更能看清革除弊政与固守传统孰是孰非。除此之外，小小的萤火虫还会唤起人们思乡的愁绪，引发人们悲秋的感慨，见证人们的悲欢离合，后面这几句诗似乎通过秋萤的活动来刻画一幅幅内容各异的情景，实则表达诗人内心对革命失败的忧伤和感念。"谁言向晦常自明，童儿走步娇女争。天生有光非自炫，远近低昂暗中见。"② 虽然革新活动失败了，但刘禹锡并未放弃希望，他坚信"天生有光"的秋萤是众生的引路人，它的光芒为人们所欢迎喜爱，革新运动终将深得民心。

在诗中，秋萤"天生有光"，正如刘禹锡革新事业的使命一开始就是为百姓谋福祉，为天下谋太平的，所以深受人民的喜爱。然而，不像捕食蚊虫的"撮蚊妖鸟"只能以吞食他人为生，只饮露华的秋萤品性高洁，广受喜爱，但却没有施展其才华抱负的舞台，刘禹锡在诗中流露出一种深切的哀伤。

而在另一首天宝元年的贬谪诗作《和浙西李大夫晚下北固山喜径松成阴怅然怀古偶题临江亭并浙东元相公所和依本韵》中，结尾两句"谁谓青云高，鹏飞终背负"③ 作者以鹏鸟自喻，语承庄子《逍遥游》，展现出一种背负青天、直上云霄的壮志豪情和高远志向。

以上两首诗借由良虫良禽意象，让我们感受到刘禹锡在被贬时期的高远志向和高洁人格，虽然其志向在现实中的受挫让他不禁悲哀愤慨，但刘禹锡不改其贬谪前在《白鹭儿》一诗中体现出的对"最高格"的追求。④ 多年后，面对挚友白居易的升迁，刘禹锡亦写下诗句"他日卧龙终得雨，今朝入鹤且冲

① 陶敏，陶红雨，校注．刘禹锡全集编年校注：上：秋萤引［M］．长沙：岳麓书社，2003：45.
② 陶敏，陶红雨，校注．刘禹锡全集编年校注：上：秋萤引［M］．长沙：岳麓书社，2003：45.
③ 陶敏，陶红雨，校注．刘禹锡全集编年校注：上：和浙西李大夫晚下北固山喜径松成阴怅然怀古偶题临江亭并浙东元相公所和依本韵［M］．长沙：岳麓书社，2003：374.
④ 陶敏，陶红雨，校注．刘禹锡全集编年校注：上：白鹭儿［M］．长沙：岳麓书社，2003：8.

天"（《刑部白侍郎谢病长告，改宾客分司，以诗赠别》）① 相赠和，无不说明他
对自身政治道路和从政态度从一而终的坚守，其总体的人生态度是乐观昂扬的。

（二）伤禽意象

刘禹锡贬谪诗中的断雁、笼鸟等伤禽意象，主要用于传达自身被贬南荒之
地的落寞和痛苦。"人稀鸟兽骇，地远草木豪。"（《度桂岭歌》）② 岭南地区在
只身被贬的刘禹锡眼中增添了几分凄清和荒僻，地势险峻，草木茂盛且鸟兽骇
怖。面对仕途上的巨大落差，刘禹锡内心的失落和痛苦自不必说。"山城少人
江水碧，断雁哀猿风雨夕。"③ 在《泰娘歌》一诗中，诗人就借断雁、哀猿两
个伤禽意象来传达谪居南方的凄苦悲凉，表达内心的愁苦。诗歌虽然记叙的是
泰娘的身世，但寄寓的却是诗人对自身的感伤。《和董庶中古散调词赠尹果
毅》则写道："鸷禽毛翮摧，不见翔云姿。衰容蔽逸气，孑孑五人知。"④ 谪处
南蛮的刘禹锡就像被摧折了羽翼、空有翔云之志的鸷鸟，虽然有一飞冲天的壮
志，却只能日渐衰老，孤苦挣扎。鸷鸟的落寞痛苦不正是诗人心中的哀痛吗？

在另一首诗《始至云安寄兵部韩侍郎中书白舍人二公近曾远守故有属焉》
中，这种终日被拘囚而碌碌无为的痛苦更加明显。"暮色四山起，愁猿数处
声。……昔曾在池籞，应知鱼鸟情。"⑤ 诗中除了对愁猿意象的运用，在结尾
处更是直接点明了连年谪居南方的苦闷。这首诗是刘禹锡与韩愈、白居易的赠
和之作。"籞"指养鸟的藩落，"在池籞"即比喻被拘囚的生活。诗人直言韩、
白二人也曾被贬远州，应当能体会池鱼笼鸟被拘囚的痛苦之情和不平之气。伤
禽意象在贬谪诗中还有许多，如"巴人泪应猿声落，蜀客船从鸟道回"（《松
滋渡望硖中》）⑥ 等。

在被贬前，刘禹锡虽然也在诗中运用过伤禽意象，但其心境全然不同。
《题招隐寺》一诗作于贞元十七年，刘禹锡在诗中写道："楚野花多思，南禽

---

① 陶敏，陶红雨，校注. 刘禹锡全集编年校注：上：刑部白侍郎谢病长告，改宾客分司，以诗
赠别 [M]. 长沙：岳麓书社，2003：501.
② 陶敏，陶红雨，校注. 刘禹锡全集编年校注：上：度桂岭歌 [M]. 长沙：岳麓书社，2003：
219.
③ 陶敏，陶红雨，校注. 刘禹锡全集编年校注：上：泰娘歌 [M]. 长沙：岳麓书社，2003：
140.
④ 陶敏，陶红雨，校注. 刘禹锡全集编年校注：上：和董庶中古散调词赠尹果毅 [M]. 长沙：
岳麓书社，2003：92.
⑤ 陶敏，陶红雨，校注. 刘禹锡全集编年校注：上：始至云安寄兵部韩侍郎中书白舍人二公近
曾远守故有属焉 [M]. 长沙：岳麓书社，2003：279.
⑥ 陶敏，陶红雨，校注. 刘禹锡全集编年校注：上：松滋渡望硖中 [M]. 长沙：岳麓书社，
2003：210.

声例哀。殷勤最高顶，闲即望乡来。"① 虽然诗中也提及青鸟的哀鸣声，但一个"例"字点明了诗人只是在陈述南方鸟类鸣声哀楚的事实，而非慨叹自身。后两句写诗人登顶望乡用了一个"闲"字，道出了一份安适祥和。可以看出，刘禹锡在未受贬谪前对伤禽意象的运用出于随意，并非有意引以自喻，所表达的情感也是舒适平和的。贬谪生涯使伤禽意象在刘禹锡的诗中有了特定的情感表达，那就是被贬的悲伤抑郁以及被拘囚的不满和痛苦。韩愈在《送孟东野序》中曾言："大凡物不得其平则鸣。"② 刘禹锡借用伤禽意象，重在替自身鸣不平，传达出对现实的失落、不满和悲愤之情。

（三）孤禽意象

除了良虫良禽和伤禽意象，在刘禹锡诗歌中还有一类常见的飞虫禽鸟意象，那就是表达自己思乡怀归之情的孤禽意象。谪处南蛮的刘禹锡孑然一身，既没有可以把酒话诗的好友，举目四望又皆是地广人稀、鸟兽骇怖的可怕景象，对谪居地的陌生感和不适应感更勾起了他对归乡的迫切渴望，而这些情感都熔铸在孤禽意象之中。

"与君同旅雁，北向刷毛衣。"（《岁杪将发楚州呈乐天》)③ 在这首写给白居易的诗中，刘禹锡将自己和白居易比作孤独的旅雁，谪居南方，只能每日朝着北边整理自己的羽毛，以寄托思乡之情。《谪居悼往二首》更深刻地表达了刘禹锡的思乡情结。诗人在第一首诗中写道："悒悒何悒悒，长沙地卑湿。……猿愁肠断叫，鹤病翘趾立。"④ 诗人将对亡妻的悼念与背井离乡的忧郁愁怨糅为一体，这从诗人对恶劣环境的抱怨中即可得知。随后又用了因失子而断肠的愁猿和因妻抱病不能两两相随的病鹤两个意象来深化这一情感，表达刻骨的哀愁和浓浓的哀思。而在第二首诗中，诗人对乡土的思念更甚，"郁郁何郁郁，长安远于日。终日念乡关，燕来鸿复还"，借用燕子和大雁的迁徙，刘禹锡直言对家乡的想念，以及不知何时能返乡的忧伤，而后"潘岳岁寒思，屈平憔悴颜。殷勤望归路，无雨即登山"⑤ 几句，更点明了自己流离在外的悲伤憔悴和求归心切。

---

① 陶敏，陶红雨，校注．刘禹锡全集编年校注：上：题招隐寺［M］．长沙：岳麓书社，2003：16.

② 韩愈．韩愈文集汇校笺注：第3册：送孟东野序［M］．北京：中华书局，2010：982.

③ 陶敏，陶红雨，校注．刘禹锡全集编年校注：上：岁杪将发楚州呈乐天［M］．长沙：岳麓书社，2003：408.

④ 陶敏，陶红雨，校注．刘禹锡全集编年校注：上：谪居悼往二首［M］．长沙：岳麓书社，2003：119.

⑤ 陶敏，陶红雨，校注．刘禹锡全集编年校注：上：谪居悼往二首［M］．长沙：岳麓书社，2003：120.

类似的孤禽意象和情感表达在刘禹锡诗中并不少见。"何处秋风至？萧萧送雁群。朝来入庭树，孤客最先闻。"（《秋风引》）① 秋风起、雁南飞的景象只有刘禹锡这样漂泊在外的"孤客"最先察觉，诗人的羁旅之情和思归之心跃然纸上。"渚鸿未矫翼，而我已遐征。"（《秋江早发》）② 这两句诗写于诗人北归途中，大雁还未举翅飞翔，而我已开始长途跋涉，踏上回乡的路途。"渚鸿"和诗人皆一心北归，其思乡之心切由此可见。"归目并随回雁尽，愁肠正遇断猿时。"（《再授连州至衡阳酬柳柳州赠别》）③ 作者同样运用"回雁""断猿"等孤禽意象来表达思念乡关之情。

历代文人借孤雁愁猿寄寓思乡情怀的不在少数，刘禹锡借用孤禽意象来传达思念乡土之情亦稀松平常。思念乡土，抒发愁绪是人之常情，而这一类诗歌显然也不应该被视为刘禹锡自怨自艾、一蹶不振之作。

纵观以上三类以飞虫禽鸟意象隐喻自身的诗歌作品，刘禹锡虽借用良禽意象传达怀才不遇的悲哀，但同时也表现出他对高洁人格的坚守和对高远志向的追求从未止步；虽借用伤禽意象来表达被贬南荒的落寞痛苦，但也因此更突出他胸中意难平，昭示其心中仍怀着对自由高飞的无限渴望，以及对革除时弊远大理想的不灭追求；虽借用孤禽意象来寄寓对乡土的刻骨思念，却并不意味着其斗志的磨灭和人格的失落。

一言以蔽之，贬谪时期的刘禹锡在运用禽鸟意象隐喻自身时，与他运用禽鸟意象讥讽小人时的人生态度是一以贯之的。对待政敌，他态度明确清晰；面对政治挫败，他在失望之余并未放弃对人生理想和高洁人格的坚守和追求，而是满怀着对现实拘囚的不满和悲愤，无时无刻不在渴望着重新一飞冲天，实现远大理想。

三、两种飞虫禽鸟意象的交锋

在上述的讨论中我们可以看到，刘禹锡对恶禽口诛笔伐，对良禽热情歌颂，一方面表达了他对奸险小人的憎恶和痛恨，一方面体现了他对正义和光明的不懈追求，而这一点在这两种禽鸟意象的交锋中展现得更为透彻。在此我们以《百舌吟》《聚蚊谣》《飞鸢操》和《秋萤引》为例做进一步分析。

---

① 陶敏，陶红雨，校注. 刘禹锡全集编年校注：上：秋风引 [M]. 长沙：岳麓书社，2003：186.

② 陶敏，陶红雨，校注. 刘禹锡全集编年校注：上：秋江早发 [M]. 长沙：岳麓书社，2003：398.

③ 陶敏，陶红雨，校注. 刘禹锡全集编年校注：上：再授连州至衡阳酬柳柳州赠别 [M]. 长沙：岳麓书社，2003：216.

　　《百舌吟》中的恶禽百舌鸟能效仿百鸟之鸣，刘禹锡借百舌鸟讥讽的是那些巧言善变的谄佞之人。诗中除了百舌鸟外，还塑造了良禽鹰隼："可怜光景何时尽，谁能低回避鹰隼?"① 百舌鸟的美好光景很快就会结束，因为一旦高大凶猛的鹰隼到来，百舌鸟就不知道要如何躲藏了。这里良禽与恶禽的交锋，表明作者坚信鹰隼的到来会使百舌鸟无所遁形，也是在昭示革新运动必将胜利，革新人士定会大展身手，推动革新，让这些势利之徒无话可说。

　　同样，在《聚蚊谣》中，刘禹锡也塑造了与聚蚊相对的萤火虫，并预言了聚蚊："清商一来秋日晓，羞尔微形饲丹鸟。"革新一旦取胜，这些阴险小人就会被正义忠贞之士所取代，他们将迎来政治生命的终结。《秋萤引》中同样刻画了与萤火虫相对应的恶虫恶禽"撮蚊妖鸟"，并言明就算这些贪婪阴私的小人势力再庞大，也永远得不到人民的欢迎和喜爱，因为他们行为可鄙，面目可憎，所作所为均是为了一己私利。秋萤则是"童儿走步娇女争"，广受人们的喜爱，两相对比之下高下立见。

　　禽鸟意象的交锋在《飞鸢操》中最为激烈。对待飞鸢所代表的外表威武，实则贪婪无耻的保守势力，刘禹锡塑造了一系列的良禽意象来与之作对比。"游鹢翔雁出其下，庆云清景相回旋。"② 首先，诗人用善飞的大鸟鹢和大雁来衬托飞鸢，形容飞鸢之高，点明它高高在上的王者之姿，与下文争食腐鼠的丑陋行径形成鲜明的对比。"腾音砺吻相喧呼，仰天大赫疑鹓雏。"其次，诗人又用不食人间烟火的仙鸟鹓雏来与飞鸢作比较，当飞鸢与乌鸦争食得到腐鼠时看到鹓雏飞过，便怀疑它是要与自己争腐鼠，于是仰天大叫，在对比中，奸佞小人自私丑陋、贪婪无耻的一面展露无遗。"青鸟自爱玉山禾，仙禽徒贵华亭露。"

　　随后，诗人举青鸟和仙鹤这些只爱食玉山上的禾谷和华亭上的清露，具有高尚节操的鸟类来进一步讥讽飞鸢的丑陋和卑下。"天生众禽各有类，威凤文章在仁义。"紧接着，诗人又用天生自带威仪、性格仁义的凤凰来反衬飞鸢性格之卑劣，品行之低下，揭示出革新人士和保守势力品德上的巨大差距。"鹰隼仪形蝼蚁心，虽能戾天何足贵。"③ 最后，诗人用高大威武的鹰隼来反衬飞鸢，飞鸢空有鹰隼威武的仪表，却没有与之匹配的气度和德行，只有像蝼蚁般卑微低劣的心，在诗歌的结尾处诗人再度揭露和批判了如飞鸢般贪婪卑劣的奸佞小人的丑恶嘴脸。全诗一共用了鹢、大雁、鹓雏、青鸟、仙禽、威凤、鹰隼

　　① 陶敏，陶红雨，校注. 刘禹锡全集编年校注：上：百舌吟［M］. 长沙：岳麓书社，2003：39.
　　② 陶敏，陶红雨，校注. 刘禹锡全集编年校注：上：飞鸢操［M］. 长沙：岳麓书社，2003：43.
　　③ 陶敏，陶红雨，校注. 刘禹锡全集编年校注：上：飞鸢操［M］. 长沙：岳麓书社，2003：44.

七种良禽来与恶禽飞鸢作对比，反衬飞鸢的贪婪丑陋，揭示出作者对谄媚奸佞小人的不耻和痛恨。

在良禽与恶禽的交锋中，上述的四首诗歌无不例外都安排了良禽最终战胜恶禽的结局，无不昭示着刘禹锡对正义和光明终将战胜邪恶势力的坚定信念，对革除弊政、振兴国家、造福百姓美好愿望的不懈坚持与执着追求。

通过对刘禹锡贬谪期创作中飞虫禽鸟意象的横纵分析和分类讨论，我们不难发现，从被贬前夕直到贬谪后期，刘禹锡虽难免因政治受挫而感到不同程度的痛苦和忧思，但他始终坚守高尚的人格和情操，始终保持对改革国家弊病的坚定信念和不灭追求，始终拥有积极向上的人生态度。研读其诗作，我们能够窥探到一个坎坷文人的伟大灵魂。

参考文献：

［1］陶敏，陶红雨，校注．刘禹锡全集编年校注·上［M］．长沙：岳麓书社，2003.

［2］陶敏，陶红雨，校注．刘禹锡全集编年校注·下［M］．长沙：岳麓书社，2003.

［3］刘铁峰．论刘禹锡、柳宗元贬谪创作中禽鸟意象的情感意蕴［J］．贵州教育学院学报（社会科学版），2002（1），61－66.

［4］韩愈．韩愈文集汇校笺注：第3册［M］．北京：中华书局，2010.

（作者单位：华南师范大学）

史实考述

白居易《与刘禹锡书》事实考证

胡可先

一、白居易《与刘禹锡书》及其真伪问题

白居易《与刘禹锡书》是白居易手书寄给刘禹锡的一通书札，被刻入《淳熙秘阁续帖》卷五，通行的七十一本白集当中不见此文，今人整理校注白集，如顾学颉《白居易集》、朱金城《白居集校笺》、谢思炜《白居易文集校注》均辑入集外文。这篇书札涉及白居易与刘禹锡等中唐著名诗人的关系，故先将《与刘禹锡书》的文字抄录于下：

> 冬候斗寒，不审动止何似？居易蒙免。韦杨子（旁注：递中）、李宗直、陈清等至，连奉三问，并慰驰心。洛下今年旱损至甚，蠲放太半，经费不充，见议停减料钱，公私之况可见，盖天灾流行也。承贵部大稔，流亡悉归，既遇丰年，又加仁政，否极则泰，物数之常。且使君之心，得以与众同乐，即宴游酬咏，当随日来。
>
> 前月廿六日，崔家送终事毕，执绋之时，长恸而已！况见所示祭文及祭微哀辞，岂胜凄咽！来使到迟，不及发引，反虞之明日申奠，亦足以及哀。因睹二文，并录祭敦并微志文同往，览之当一恻恻耳！平生相识虽多，深者盖寡，就中与梦得同厚者，深、敦、微而已。今相次而去，奈老心何！以此思之，遂有奉寄长句。长句而下，或感事，或遣怀，或对境，共十篇，今又录往，公事之暇，为遍览之，亦可悲，亦可哂也。微既往矣，知音兼勍敌者，非梦而谁！故来示有"脱膊毒拳，脑门起倒"之戏，如此之乐，谁复知之？从《报白君》"鼬榴裙"之逸句，少有登高之称，岂人之远思，唯余两仆射叹词？乃至"金环翠羽"之凄韵，每吟绵数四，如清光在前。或复命酒延宾，与之同咏，不觉便醉便卧。即不知拙句到彼，有何人同讽耶？向前两度修状寄诗，皆酒酣操简，或书不成字，或言涉无端，此病固蒙素知，终在希君恕醉人耳。

所报男有艺，雌无容，少嘉宾，多乞客，其来尚矣。幸有家园渭城，岂假外物乎？早知问李宗直，知是久亲事，常在左右，引于青毡帐前，饮之数盃，隅坐与语。先问贵体，次问高墙，略得而知，聊用为慰，即瞻恋饥渴之深浅可知也，复何言哉！沃洲僧往，又蒙与书，便是数百年盛事，可谓头头结缘耳。宗直还，奉状不宣。居易再拜。梦得阁下。十一月日，谨空。

此文历代流传，罕见怀疑。直到一九七六年，高二适在《中华艺林论丛》第七卷上发表《论淳熙秘阁续帖白香山书之伪》①，认为"此伪也。文似杂糅成篇，白氏应无此"。其论约有三端：一是与白集《与刘苏州书》文字略同；二是白帖所举年月事例，与刘公出处不尽符合；三是书中所言刘梦得诗语是后人杂糅白诗、刘诗而成。这篇文章因在台湾刊出，流布不广，故长期以来无人问津，直到谢思炜撰写《白居易文集校注》，才对此逐条辩驳，以为此书合于刘白之事，"非当事人则极难如书中之娓娓道来、随意穿插。此书文意贯通，自然流畅，绝不似杂糅伪作者"②。

这里关键值得检讨者是白居易的《与刘苏州书》，因这份书札的写作时间也是刘禹锡在苏州刺史任上之时，故与《与刘禹锡书》具有相互比勘和印证的价值：

梦得阁下：前者枉手札数幅，兼惠答《忆春草》《报白君》已下五六章。发函披文，而后喜可知也。又覆视书中，有攘臂痛拳之戏，笑与？会，甚乐甚乐，谁复知之。因有所云，续前言之戏耳，试为留听。与阁下在长安时，合所著诗数百首，题为"刘白唱和集"卷上下。去年冬，梦得由礼部郎中集贤学士迁苏州刺史，冰雪塞路，自秦徂吴。仆方守三川，得为东道主。阁下为仆税驾十五日，朝觞夕咏，颇极平生之欢，各赋数篇，视草而别。岁月易迈，行复周星，一往一来，忽又盈篚。诚知老丑冗长，为少年者所嗤，然吴苑、洛城，相去二三千里，舍此何以启齿而解颐哉？嗟乎！微之先我去矣，诗敌之勍者，非梦得而谁？前后相答，彼此非一，彼虽无虚可击，此亦非利不行，但止交绥，未尝失律。然得隽之句，

---

① 高二适的这篇文章，刊于《中华艺林丛论》第七卷"文学类"一，台北文馨出版社1976年出版。按，该文又误收入《启功全集》第三卷，北京师范大学出版社2010年版，第181–184页。考启功另有《碑帖中的古代文学资料》，力主白居易《与刘禹锡书》为其真迹，其中有价值极高的文学史料。亦可证编《启功全集》者误收高二适文。

② 谢思炜. 白居易文集校注 [M]. 北京：中华书局，2001：2065–2066.

警策之篇，多因彼唱此和中得之，他人未尝能发也，所以辄自爱重。今复编而次焉，以附前集，合成三卷，题此卷为下，迁前下为中，命曰《刘白吴洛寄和卷》，自太和六年冬《送梦得之任》之作始。居易顿首。

高二适先生就是以白居易有这封《与刘苏州书》，而《与刘禹锡书》亦是寄给苏州刺史刘禹锡者，二者重复，故疑前者为伪作。实际上，这两封书札所寄对象都是苏州刺史刘禹锡，而撰写时间和书札主旨并不相同。

就时间而言，《与刘禹锡书》标明是"十一月日"，朱金城《白居易集笺校》与谢思炜《白居易文集校注》都系其文于大和六年十一月，顾学颉《白居易所书诗书志石刻考释》对此书札亦加以考证，定为大和六年十一月。揆之书札中所载情事，自无可疑。书云："前月廿六日崔家送终事毕，执绋之时，长恸而已！"崔家指崔群之家，据《旧唐书·文宗纪》，大和六年"八月辛酉朔，吏部尚书崔群卒"[1]。同书《崔群传》："大和五年，拜检校左仆射，兼吏部尚书。六年八月卒，年六十一。"[2] 崔群卒后，白居易作《祭崔相公文》，称"六年十月二十四日癸未"。则《刘禹锡书》称前月廿六日，即指十月二十六日为崔群葬日。《与刘苏州书》亦和于大和六年，惟书中"自大和六年冬《送梦得之任》之作始"，应为"大和五年冬"。因大和五年冬刘禹锡为苏州刺史。前人考证亦颇说明，见诸卞孝萱《刘禹锡年谱》、朱金城《白居易集笺校》卷二六《寄刘苏州》诗笺证。白居易《与刘苏州书》云："微之先我去矣，诗敌之勍者，非梦得而谁？"是写此书时，元稹已卒，但并没有提到崔群，故而推测该书同样作于大和六年，而应该在崔群八月卒前。

就主旨而言，二书重要的差异在于《与刘禹锡书》重在悼念亡友，作书时正值挚友崔群安葬不久，故而念及崔群、元稹和李绛，因白居易平生与崔群、元稹、李绛及刘禹锡关系最深，三人卒后，"知音兼勍敌者，非梦而谁"；《与刘苏州书》则重在诗作唱和与诗集编纂。其叙述在长安时已作唱和诗数百首，题为"刘白唱和集"，而刘为苏州刺史，白送其赴任，自此二人寄和诗作，再编《刘白吴洛卷》。二书共同的地方在于都有契叙离阔，二书同叙友情，其时刘禹锡又都在苏州任刺史，故书中在契叙离阔时，重复提到一些诗作，也就说明这些诗作白居易是倾注感情的，也是与刘、白二人共同相关的。这就是《报白君》诗。又《与刘苏州书》有"攘臂痛拳之戏"，《与刘禹锡书》中有"故来示有'脱膊毒拳，脑门起倒'之戏，如此之乐，谁复知之？

① 刘昫，等．旧唐书：卷十七下 ［M］．北京：中华书局，1975：546.
② 刘昫，等．旧唐书：卷一五九 ［M］．北京：中华书局，1975：4190.

从《报白君》'甄榴裙'之逸句，少有登高之称，岂人之远思"，不能以为两封书札中都提到了这些诗作就以为重复而疑为伪作。

二、白居易《与刘禹锡书》所述诗文钩沉

白居易《与刘禹锡书》具有重要的文学价值，首先在于这封书信中所叙说的自己和朋友的创作情况，呈现出一系列诗文产生的特定环境。

（一）刘禹锡祭李绛文及元稹哀词

《与刘禹锡书》云："况见所示祭文及祭微哀辞，岂胜凄咽！来使到迟，不及发引，反虞之明日申奠，亦足以及哀。"按，白居易所见祭文，即刘禹锡祭李绛文以及元稹哀词。刘禹锡祭元微之文，今其文集已不见，而其祭文即《代裴相祭兴元李司空文》，"裴相"即裴度。该文作于大和四年，其时刘禹锡和裴度都在长安，裴度为宰相，刘禹锡为礼部郎中、集贤殿直学士，故能代裴度作文。刘禹锡另有《祭兴元李司空文》云："维大和四年月日，礼部郎中、集贤殿直学士刘禹锡谨以清酌之奠，敬祭于故相国、山南西道节度使、赠司空李公之灵。"[①] 乃大和四年二月作于长安。

（二）祭崔群、元稹文和元稹墓志

《与刘禹锡书》云："因睹二文，并录祭敦并微志文同往，览之当一恻恻耳！"按，这里是说白居易看了刘禹锡两篇文章之后，抄录了自己所作的祭崔群文和元稹墓志，一同带给刘禹锡。但我们现在能够见到的白居易文章中并没有祭崔群文，而有祭元稹文和元稹墓志铭。

白居易《祭微之文》："维大和五年岁次己亥十月乙丑朔十七日辛巳，中大夫守河南尹上柱国晋阳县开国男食邑三百户赐紫金鱼袋白居易，以清酌庶羞之奠，敬祭于故相国鄂岳节度使赠尚书右仆射元相微之。"其时白居易在洛阳为河南尹。文中表现白居易对于元稹的深切情谊。尤其是祭文抄录了自己和元稹的诗作，以表现对于挚友的无尽哀悼："唯近者公拜左丞，自越过洛，醉别愁泪，投我二诗云：'君应怪我留连久，我欲与君辞别难。白头徒侣渐稀少，明日恐君无此欢。'又曰：'自识君来三度别，这回白尽老髭须。恋君不去君须会，知得后回相见无。'吟罢涕零，执手而去。私揣其故，中心惕然。及公捐馆于鄂，悲讣忽至，一恸之后，万感交怀，覆视前篇，词意若此，得非魂兆先知之乎？无以寄悲情，作哀词二首，今载于是，以附奠文。其一云：'八月凉风吹白幕，寝门廊下哭微之。妻孥亲友来相吊，唯道皇天无所知。'其二

---

① 刘禹锡. 刘禹锡集：卷四十［M］. 北京：中华书局，1990：605.

云：'文章卓荦生无敌，风骨精灵殁有神。哭送咸阳北原上，可能随例作埃尘?'呜呼微之！始以诗交，终以诗诀，弦笔两绝，其今日乎?"①

白居易《元稹墓志铭》作于大和六年七月元稹葬前。元稹大和五年七月二十二日卒，六年七月十二日葬。墓志铭称："执友居易，独知其心，以泣濡翰，书铭于墓。"是以挚友的身份撰写墓志的。其对元稹为人的评价为："予尝悲公始以直躬律人，勤而行之，则坎而不偶，谪瘴乡凡十年，发班而归来。次以权道济世，变而通之。又龃龉而不安，居相位仅三月，席不暖而罢去。通介进退，卒不获心。是以法理之用，止于举一职，不布于庶官；仁义之泽，止于惠一方，不周于四海。故公之心不足也。逢时与不逢时同，得位与不得位同，富贵与浮云同。何者? 时行而道未行，身遇而心不遇也。"对元稹文学的评价为："公著文一百卷，题为《元氏长庆集》，又集古今刑政之书三百卷，号《类集》，并行于代。公凡为文，无不臻极，尤工诗。在朝林时，穆宗前后索诗数百篇，命左右讽咏，宫中呼为元才子。自六宫两都八方至南蛮东夷国，皆写传之。每一章一句出，无胫而走，疾于珠玉。又观其述作编纂之旨，岂止于文章刀笔哉? 实有心在于安人活国，致君尧舜，致身伊皋耳。"②

（三）白居易寄刘禹锡诗

《与刘禹锡书》云："平生相识虽多，深者盖寡，就中与梦得同厚者，深、敦、微而已。今相次而去，奈老心何！以此思之，遂有奉寄长句。"按，白居易有《微之敦诗晦叔相次长逝岿然自伤因成二绝》："并失鹓鸾侣，空留麋鹿身。只应嵩洛下，长作独游人。""长夜君先去，残年我几何。秋风满衫泪，泉下故人多。"③刘禹锡《乐天见示伤微之敦诗晦叔三君子皆有深分因成是诗以寄》："吟君叹逝双绝句，使我伤怀奏短歌。世上空惊故人少，集中惟觉祭文多。芳林新叶催陈叶，流水前波让后波。万古到今同此恨，闻琴泪尽欲如何。"④综合白居易之诗与刘禹锡和作，所谓"奉寄长句"应即此诗，但此诗非长句，而是绝句。

（四）刘禹锡《乐天寄忆旧游因作报白君以答》诗

《与刘禹锡书》云："从《报白君》'甇榴裙'之逸句，少有登高之称，岂人之远思，唯余两仆射叹词?"按，"报白君"指《乐天寄忆旧游因作报白君以答》诗："报白君，别来已渡江南春。江南春色何处好，燕子双飞故官

---

① 朱金城．白居易集笺校：卷六九［M］．上海：上海古籍出版社，1988：3721．
② 朱金城．白居易集笺校：卷七十［M］．上海：上海古籍出版社，1988：3738．
③ 朱金城．白居易集笺校：卷三一［M］．北京：中华书局，1990：2119．
④ 刘禹锡．刘禹锡集：卷三二［M］．北京：中华书局，1990：452．

道。春城三百七十桥，夹岸朱楼隔柳条。丫头小儿荡画桨，长袂女郎簪翠翘。郡斋北轩卷罗幕，碧池逶迤绕画阁。池边绿竹桃李花，花下舞筵铺彩霞。吴娃足情言语黠，越客有酒巾冠斜。坐中皆言白太守，不负风光向杯酒。酒酣襞笺飞逸韵，至今传在人人口。报白君，相思空望嵩丘云。其奈钱塘苏小小，忆君泪点石榴裙。"① 诗为大和六年春在苏州作，旨在回报白居易《忆旧游》诗："忆旧游，旧游安在哉。旧游之人半白首，旧游之地多苍苔。江南旧游凡几处，就中最忆吴江隈。长洲苑绿柳万树，齐云楼春酒一杯。阊门晓严旗鼓出，皋桥夕闹船舫回。修蛾慢脸灯下醉，急管繁弦头上催。六七年前狂烂熳，三千里外思裴回。李娟张态一春梦，周五段三归夜台。"② 值得注意的是，白居易《与刘苏州书》中也有"前者枉手札数幅，兼惠答《忆春草》《报白君》已下五六章，发函披文，而后喜可知也"③，可知白居易对刘禹锡"报白君"诗的喜爱。刘禹锡这首诗效仿白居易原诗之体而作，故尤其引起白居易的共鸣，而在书札中写出来。

（五）刘禹锡《和西川李尚书伤韦令孔雀及薛涛之什》

《与刘禹锡书》云："乃至'金环翠羽'之凄韵，每吟绵数四，如清光在前。"按，"金环翠羽之凄韵"指刘禹锡《和西川李尚书伤韦令孔雀及薛涛之什》："玉儿已逐金镮葬，翠羽先随秋草萎。唯见芙蓉含晓露，数行红泪滴清池。"④ 武元衡有《西川使宅有韦令公时孔雀存焉暇日与诸公同玩座中兼故府宾妓兴嗟久之因赋此诗用广其意》："荀令昔居此，故巢留越禽。动摇金翠尾，飞舞碧梧阴。上客彻瑶瑟，美人伤蕙心。会因南国使，得放海云深。"⑤ 白居易有《和武相公感韦令公旧池孔雀》："索莫少颜色，池边无主禽。难收带泥翅，易结著人心。顶毳落残碧，尾花销暗金。放归飞不得，云海故巢深。"⑥ 韩愈有《奉和武相公镇蜀时咏使宅韦太尉所养孔雀》："穆穆鸾凤友，何年来止兹。飘零失故态，隔绝抱长思。翠角高独耸，金华焕相差。坐蒙恩顾重，毕命守阶墀。"⑦ 王建有《伤韦令孔雀词》："可怜孔雀初得时，美人为尔别开池。池边凤凰作伴侣，羌声鹦鹉无言语。雕笼玉架嫌不栖，夜夜思归向南舞。如今憔悴人见恶，万里更求新孔雀。热眠雨水饥拾虫，翠尾盘泥金彩落。多时

① 刘禹锡．刘禹锡集：卷三二［M］．北京：中华书局，1990：445.
② 朱金城．白居易集笺校：卷二一［M］．上海：上海古籍出版社，1988：1459.
③ 朱金城．白居易集笺校：卷六八［M］．北京：中华书局，1990：3696.
④ 刘禹锡．刘禹锡集：卷三七［M］．北京：中华书局，1990：551.
⑤ 彭定求．全唐诗：卷三一六［M］．北京：中华书局，1980：3550.
⑥ 朱金城．白居易集笺校：卷十五［M］．北京：中华书局，1990：916.
⑦ 彭定求．全唐诗：卷三四二［M］．北京：中华书局，1980：3831.

人养不解飞，海山风黑何处归。"① 又有《和武门下伤韦令孔雀》："孤号秋阁阴，韦令在时禽。觅伴海山黑，思乡橘柚深。举头闻旧曲，顾尾惜残金。憔悴不飞去，重君池上心。"②

（六）白居易《沃洲山禅院记》

《与刘禹锡书》云："沃洲僧往，又蒙与书，便是数百年盛事，可谓头头结缘耳。"按，白居易有《沃洲山禅院记》，文末云："嗟乎！支、竺殁而佛声寝，灵山废而法不作，后数百岁而寂然之，岂非时有待而化有缘耶？六年夏，寂然遣门徒僧常赞，自剡抵洛，持书与图，请从叔乐天乞为禅院记。昔道猷肇开兹山，后寂然嗣兴此山，今乐天又垂文兹山，异乎哉，沃洲山与白氏其世有缘乎！"③ 所谓"头头结缘"即指自支道林、竺法潜，直至白居易数百年来佛声寝与兴的情况，而白居易又为之作《禅院记》，则沃洲山与白氏世有其缘。宋赞宁《宋高僧传》卷二七《唐剡沃洲山禅院寂然传》："释寂然，姓白氏，不知何许人也。名节素奇，蹈四圣种，故号头陀焉。太和二年，振锡观方，访天台胜境。到剡沃洲山者，在天姥岑之阴，对天台华顶、赤城，北望四明，金庭石鼓山介焉西北。……既行道化，盛集禅徒。浙东廉使元相国稹闻之，始为卜筑。次陆中丞临越知之，助其完葺。三年郁成大院，五年而佛事兴。然每为往来禅侣谈说心要，后终于山院。大和七年，时白乐天在河南保厘为记，刘宾客禹锡书之。"④ 这段文字记寂然与禅院的来龙去脉甚详。寂然与白居易同姓，也当是白居易为其禅院作记的缘分之一。

三、白居易《与刘禹锡书》人事考证

白居易《与刘禹锡书》言其平生有深交者有李绛、崔群、元稹、刘禹锡四人。前面三人去世，大和六年之后唯刘禹锡一人健在。从这封书札中，我们也可以感受到知音难得与生死之交的可贵。此外，书札中还涉及韦杨子、李宗直和陈清三人。李宗直、陈清事迹难以确考。

（一）刘禹锡

白居易《与刘禹锡书》，其主旨在于表现李绛、崔群、元稹卒后，其知交者唯刘禹锡一人，即"平生相识虽多，深者盖寡，就中与梦得同厚者，深、

---

① 彭定求. 全唐诗：卷二九八 [M]. 北京：中华书局，1980：3384.
② 彭定求. 全唐诗：卷二九九 [M]. 北京：中华书局，1980：3398.
③ 朱金城. 白居易集笺校：卷六八 [M]. 北京：中华书局，1990：3634.
④ 赞宁. 宋高僧传：卷二七 [M]. 北京：中华书局，1987：第780.

敦、微而已。今相次而去，奈老心何！……微既往矣，知音兼勍敌者，非梦而谁"。刘禹锡与白居易往还之作，首见于《翰林白二十二学士见寄诗一百篇因以答贶》诗，作于白居易元和三年至五年为翰林学士之时。又《始至云安寄兵部韩侍郎中书白舍人》诗，其时应为唐穆宗长庆三年，韩愈为兵部侍郎，白居易为中书舍人。但二人至此仅有诗歌往还，未曾谋面。二人见面则在刘禹锡罢和州刺史入京途中与白居易在扬州相逢。白居易作《醉赠刘二十八使君》诗，刘禹锡醉答而作《酬乐天扬州初逢席上见赠》诗。此时为大和二年，刘禹锡与白居易都已五十七岁。自此以后，二人人事与诗歌往还都非常密切。诗歌往还且编成诗集《刘白唱和集》和《吴洛寄和卷》。白居易对于刘禹锡也非常称道，其《刘白唱和集解》云："彭城刘梦得，诗豪者也，其锋森然，少敢当者。"① 白氏《醉吟先生传》亦云："与嵩山僧如满为空门友，平泉客韦楚为山水友，彭城刘梦得为诗友，安定皇甫朗之为酒友。"② 禹锡卒后，居易有《哭刘尚书梦得二首》："四海齐名白与刘，百年交分两绸缪。同贫同病退闲日，一死一生临老头。杯酒英雄君与操，文章微婉我知丘。贤豪虽殁精灵在，应共微之地下游。""今日哭君吾道孤，寝门泪满白髭须。不知箭折弓何用，兼恐唇亡齿亦枯。窅窅穷泉埋宝玉，骎骎落景挂桑榆。夜台暮齿期非远，但问前头相见无。"③ 瞿蜕园先生对于前一首加以申论云："居易晚年诗中极少涉及时政者，禹锡亦然。其感往伤今，惊心触目，殆只相喻于无言。'文章微婉'一语，概括禹锡一生遭际，与二人之契合，其旨甚深。末句以元刘并论，不仅指私交，亦指元刘抱负之相同也。"④

　　白居易作《与刘禹锡书》之后，因为挚友李绛、元稹、崔群等均已去世，故与刘交往更多。大和六年，白居易将与刘禹锡的唱和之作编为《吴洛寄和卷》；大和七年，白居易有《喜刘苏州恩赐金紫遥想贺宴以诗寄之》；大和八年，刘禹锡有《酬乐天闲卧见寄》《酬乐天闲卧小亭有怀》等作；大和九年，《喜遇刘二十八偶书两韵联句》，为裴度、刘禹锡、白居易、李绅同会之作，刘禹锡作《酬喜相遇同州与乐天替代》诗；开成元年，白居易将近年与刘禹锡唱和诗篇编为《汝洛集》，有《汝洛集引》记其事；开成二年，刘禹锡与白居易等同受裴度之邀进行三月三日祓禊事，本年二人在洛阳唱酬之作颇多；开成三年，刘禹锡作《元日乐天见过举酒为贺》等唱和诗多首；开成四年，刘

①　朱金城．白居易集笺校：卷六九［M］．北京：中华书局，1990：2711.
②　朱金城．白居易集笺校：卷七十［M］．北京：中华书局，1990：3782.
③　朱金城．白居易集笺校：卷三六［M］．北京：中华书局，1990：2541.
④　刘禹锡；瞿蜕园，笺证．刘禹锡集笺证［M］．上海：上海古籍出版社，1989：1609.

禹锡作《和乐天洛阳春齐梁体八韵》等唱和诗；会昌元年，白居易与刘禹锡同劝南卓撰《羯鼓录》，见《羯鼓录》中所记事，有《喜晴联句》，为白居易、刘禹锡、王起同会之作；会昌二年，七月禹锡卒，白居易作《哭刘尚书梦得二首》诗。

（二）李绛

白居易作《与刘禹锡书》时，李绛已去世。李绛大和初由太常卿出镇兴元，四年被害。体现李绛与白居易的关系的，除了这封书札外，还有《祭李司徒文》。该祭文作于大和四年，时白居易为太子宾客、分司东都。祭文云："维太和四年岁次戊戌七月癸酉朔十九日辛卯，中大夫守太子宾客分司东都上柱国赐紫金鱼袋白居易、内从表弟朝请大夫守少府监上柱国李翱，谨以清酌庶羞之奠，敬祭于故相国兴元节度赠司徒李公。"祭文中言及二人友情之密："居易应进士时，以鄙劣之文，蒙公称奖；在翰林日，以拙直之道，蒙公扶持。公虽徇公，愚则受赐。或中或外，或合或离，契阔绸缪，三十余载。至今豆觞之会，轩茇之游，多奉光尘，最承欢惠。眷遇既深于常等，痛愤实倍于众情。"①

白居易与李绛等人经常联句赋诗，《杏园联句》即李绛、崔群、白居易、刘禹锡同会之作。《花下醉中联句》为李绛、刘禹锡、白居易、庾承宣、杨嗣复同会之作。李绛与白居易、刘禹锡、崔群的关系更为密切，李绛与崔群、韩愈、李观、王涯等同为贞元八年进士，当时称为"龙虎榜"。刘禹锡及第为贞元九年。贞元末，李绛与刘禹锡同为监察御史。

刘禹锡曾作《唐故相国李公集纪》云："始愚与公为布衣游，及仕畿服，幸公同邑。其后虽翔泳势异，而不以名数革初心。今考其文，至论事疏，感人肺肝，毛发皆耸。"②由李公集纪可知，李绛卒后，其子李璆、李项等请刘禹锡编集，"凡四百余篇，勒成二十卷"。刘禹锡《祭兴元李司空文》云："追怀周旋，弥四十年。射策校文，接武联翩。甸服同邑，明庭比肩。"③是其结交始于布衣未仕之时，垂四十年。刘禹锡有《途次华州陪钱大夫登城北楼春望因睹李崔令狐三相国唱和之什翰林旧侣继踪华城山水清高鸾凤翔集皆忝宿眷遂题此诗》。宋人晁公武《郡斋读书志》载有《李绛论谏集》七卷，并言："绛伟仪质，以直道进退，望冠一时，贤不肖大分，屡为谗邪所中，平生论谏数百

---

①　朱金城.白居易集笺校：卷六九［M］.北京：中华书局，1990：3719.
②　刘禹锡.刘禹锡集：卷十九［M］.北京：中华书局，1990：255.
③　刘禹锡.刘禹锡集：卷四十［M］.北京：中华书局，1990：605.

事。"① 李绛是耿介卓拔之人，也是敢言极谏之人，白居易、刘禹锡引为同道，并有深交，这在中唐时期亦堪称君子之行。

（三）崔群

白居易在书中称"前月廿六日，崔家送终事毕"，是指崔群卒葬之事。上文已考证，崔群卒于大和六年八月辛酉，葬于十月二十六日。白居易于十月二十四日作了《祭崔相公文》。崔群是中唐时期著名的政治家和文学家。其为人颇受时人称道，韩愈《与崔群书》称："考之言行而无瑕尤，窥之阃奥而不见畛域，明白淳粹，辉光日新。"② 柳宗元《送崔群序》称："有柔儒温文之道，以和其气，近仁复礼，物议归厚。有雅厚直方之诚，以正其性，懿论忠告，交道甚厚。"③

白居易在《祭崔相公文》中，先言明二人身份及祭奠时间："维大和六年岁次壬子十月庚申朔二十四日癸未，中大夫守河南尹上柱国晋阳县开国男食邑三百户赐紫金鱼袋白居易，谨以清酌庶羞之奠，敬祭于故相国吏部尚书赠司空崔公敦诗。"对于二人交分，祭文云："始愚于公，同入翰林，因官识面，因事知心，献纳合章，对扬联襟，以忠相勉，以义相箴，朝案同食，夜床并衾，绸缪五年，情与时深。及公登庸，累分阃镇，愚亦去国，出领符印，徐宣远部，忠杭遐郡，雁去寄书，潮来传信，无由会合，祗望音问，未卜后期，但敦前分。太和之初，连征归朝，公长夏司，愚贰秋曹，玉德弥温，松心不凋。……公又授钺，南抚荆蛮，报政入觐，复总天官，愚因谢病，东归涧，方从四皓，旋守三川。时蒙问讯，日奉周旋，岂无要约，良有因缘。洛城东隅，履道西偏，修篁回合，流水潺湲，与公居第，门巷相连，与公齿发，甲子同年，两心相期，三迳之间，优游携手，而终老焉。"祭文中还言及与元稹、刘禹锡等人的关系："微之、梦得、慕巢、师皋，或征雅言，酬咏陶陶，或命俗乐，丝管嘈嘈，藉草荫松，枕麹铺糟。曾未周岁，索然分镳。"④ 祭文还称"自古及今，实重知音，故《诗》美'伐木'，《易》称'断金'"，说明二人为难得之知音，已经达到神人相契、兄弟同心的境地。

白居易与崔群交往诗甚多，如《答崔侍郎钱舍人书问因继以诗》《八月十五日夜闻崔大员外翰林独直对酒玩月因怀禁中清景偶题是诗》《渭村九泉退居寄礼部崔侍郎翰林钱舍人一百韵》《寄李相公崔侍郎钱舍人》《除忠州寄谢崔

① 晁公武.郡斋读书志：卷四上［M］.《四部丛刊三编》本.
② 马其昶.韩昌黎文集校注：卷三［M］.上海：上海古籍出版社，1986：186.
③ 柳宗元.柳宗元集：卷二二［M］.北京：中华书局，1979：588.
④ 朱金城.白居易集笺校：卷七十［M］.北京：中华书局，1990：3662－3663.

相公》《耳顺吟寄敦诗梦得》《题新居寄宣州崔相公》《华城西北雉堞最高，崔相公首创楼台，钱左丞继种花果，合为胜境，题在雅篇，岁暮独游，怅然成咏》《花前有感兼呈崔相公刘郎中》《微之敦诗晦叔相次长逝岿然自伤因成二绝》《与梦得偶同到敦诗宅感而题壁》等。

崔群与刘禹锡、白居易之交谊，瞿蜕园先生曾有所论："崔群与禹锡及白居易生皆同岁，而科第则早于禹锡一年。其早年从事江南使府，为记室中之负时望者，亦与禹锡略同，故禹锡入朝为监察御史，即举群自代。……禹锡《历阳书事诗》七十韵，记其赴和州刺史任先过宣州，为群邀留情话，款密逾恒。群卒后，和居易过其故宅诗有自注云：'敦诗与予友乐天三人同甲子，平生相约同休洛中。'尤可见其交谊久要，不以升沉异趣。"① 刘禹锡有《谢宣州崔相公赐马》《途次华州陪钱大夫登城北楼春望因睹李崔令狐三相国唱和之什翰林旧侣继踪华城山水清高鸾凤翔集皆忝宿眷遂题此诗》《和乐天耳顺吟兼寄敦诗》《乐天见示伤微之敦诗晦叔三君子皆有深分因成是诗以寄》《乐天示过敦诗旧宅有感一篇吟之泫然追想昔事因成继和以寄苦怀》《历阳书事七十韵并引》《陪崔大尚书及诸阁老宴杏园》。《春夜泛舟联句》则为裴度、刘禹锡、崔群、贾餗、张籍同会之作。

（四）元稹

白居易与元稹的关系非常密切，这封书信中写到与元稹关系的主要有两个方面：一是元稹之卒，二是二人相知。

就前者而言，书札称"祭微哀辞"和"微既往矣"，是说此前微之已经去世。据白居易所撰元稹墓志铭，元稹于大和五年七月二十二日遇暴疾去世，春秋五十三，以六年七月十二日葬丁咸阳县奉贤乡洪渎原。故书中所称其与刘禹锡所作哀词祭文亦为大和六年七月十二日前事。《旧唐书·文宗纪下》：大和五年八月，"庚午，武昌军节度使、检校户部尚书元稹卒"。八月庚午为朝廷得到奏报之日。白居易《祭微之文》："维大和五年岁次己亥十月乙丑朔十七日辛巳，中大夫守河南尹上柱国晋阳县开国男食邑三百户赐紫金鱼袋白居易，以清酌庶羞之奠，敬祭于故相国鄂岳节度使赠尚书右仆射元相微之。"

就后者而言，白居易与元稹相知极深。墓志铭称："执友居易，独知其心，以泣濡翰，书铭于墓。"二人唱和酬答，传于世者即超过百首。其相知与其一生相始终，而其节点有五：一是二人同登科第。元稹与白居易贞元十九年登科后同为校书郎，由此相识，只是元稹中明经，白居易中进士，二人又同登书判拔萃科。元和元年，二人又闭门读书，同登制科。白居易《策林序》称：

---

① 刘禹锡；瞿蜕园，笺证. 刘禹锡集笺证［M］. 上海：上海古籍出版社，1989：1693－1694.

"元和初，予罢校书郎，与元微之将应制举，退居于上都华阳观，闭户累月，揣摩当代之事，构成策目七十五门。及微之首登科，予次焉。凡所应对者，百不用其一二。其余自以精力所致，不能弃捐，次而集之，分为四卷，命曰《策林》云耳。"二是元稹谪官，居易为其论其无罪。瞿蜕园云："稹谪江陵时，李绛、崔群方为翰林学士，曾面论稹无罪，见《旧唐书·白居易传》。群与禹锡、居易皆至交，绛与禹锡亦雅故。故由交游气类言，此时禹锡与稹必有声应气求之感，可以断言。至于居易居间而更增文字唱酬之密，乃后此之事。"① 三是元稹贫困之时，得到白居易的资助。元稹为白居易之母撰写墓志称："逮稹谪居东洛，泣血西归，无天可告，无地可依，喘息将尽，心魂以飞，太夫人推济壑之念，悯绝浆之迟，问讯残疾，告谕礼仪，减旨甘之直，续盐酪之资，寒温必服，药饵必时，虽白日屡化，而深仁不衰。"四是二人因官离居，经常魂牵梦萦。元稹曾作《梁州梦》诗，自注说："是夜宿汉川驿，梦于杓直、乐天同游曲江，兼入慈恩寺诸院，倏然而寤，则递乘及阶，邮吏已传呼报晓矣。"五是元稹死后，白居易为其撰写墓志铭和祭文。其《祭元微之文》云："贞元季年，始定交分，行止通塞，靡所不同，金石胶漆，未足为喻，死生契阔者三十载，歌诗唱和者九百章，播于人间，今不复叙。至于爵禄患难之际，寤寐忧思之间，誓心同归，交感非一，布在文翰，今不重云。"述其一生定交，生动感人。

（五）韦杨子

白居易《与刘禹锡书》云："韦杨子（旁注：递中）、李宗直、陈清等至，连奉三问，并慰驰心。""递中"为驿站传递之中。《资治通鉴》咸通九年十月："勖复于递中申状。"胡三省注："递中，谓入邮筒递送使府。"② 即苏轼《答李端叔书》所谓："足下终不弃绝，递中再辱手书，待遇益隆，览之面热汗下也。"③ 这里的"韦杨子"其官职为杨子留后，则与刘禹锡《苏州举韦中丞自代状》所题韦中丞官职吻合。朱金城《白居易集笺校》云："韦杨子，曾为杨子留后之韦应物。与贞元间为苏州刺史之诗人韦应物非一人。刘禹锡有《苏州举韦中丞自代状》称'诸道盐铁转运江淮留后、朝议郎、守太仆少卿、兼御史中丞、上柱国、赐紫金鱼袋韦应物'，即系此人。与白居易亦有交往。"但此说值得怀疑。瞿蜕园《刘禹锡集笺证》卷十七云："颇疑应物二字有讹。白集中有《别韦苏州诗》云：'百年愁里过，尤感醉中来。惆怅城西别，愁眉

---

① 刘禹锡；瞿蜕园，笺证. 刘禹锡集笺证［M］. 上海：上海古籍出版社，1989：1618.
② 司马光. 资治通鉴：卷二五一［M］. 北京：中华书局，1956：8123.
③ 苏轼. 苏轼文集：卷四九［M］. 北京：中华书局，1996：1432.

两不开.' 编在第十三卷，是早期之作。据诗之语气不似施之于年辈在前之韦
应物，检宋本白集，果无州字，是韦苏乃一人名，非韦苏州也。准此例之，后
人震于韦应物之名，见有近似者即奋笔改窜，此状中之韦应物，是否因其名近
似而为传写者所臆改，亦未可定耳。"① 韦杨子、李宗直、陈清是与传递这通
书札相关的人物，但因书札中呈现的线索太少，我们目前还难以弄清诸人的实
际情况。

四、白居易《与刘禹锡书》史事释证

白居易《与刘禹锡书》中，值得重视的地方还有涉及当时的一些史事，
这些史事或可补充史书的不足，或可与史书相互印证，而最为重要的史事是大
和六年发生的洛阳旱灾和大和五年发生的苏州水灾。而发生于这两地的不同灾
害，所导致的结果也是大相悬隔的。

（一）大和六年洛阳旱灾

白居易《与刘禹锡书》中称洛阳情况是："洛下今年旱损至甚，蠲放太
半，经费不充，见议停减料钱，公私之况可见，盖天灾流行也。"据《新唐
书·五行志》："六年，河东、河南、关辅旱。"② 白居易有《赠韦处士六年夏
大热旱》诗云："骄阳连毒暑，动植皆枯槁。旱日干密云，炎烟焦茂草。少壮
犹困苦，况予病且老。既无白栴檀，何以除热恼？汗巾束头鬓，膻食熏襟抱。
始觉韦山人，休粮散发好。"③ 又有《苦热中寄舒员外》诗云："何堪日衰病，
复此时炎燠。厌对俗杯盘，倦听凡丝竹。藤床铺晚雪，角枕截寒玉。安得清瘦
人，新秋夜同宿。非君固不可，何夕枉高躅？"④ 写出本年夏旱的情状。

《旧唐书·五行志》又载大和七年正月壬子诏："如闻关辅、河东，去年
亢旱。秋稼不登，今春作之时，农务又切，若不赈救，惧至流之。京兆府赈粟
十万石，河南府、河中府、绛州各赐七万石，同、华、陕、虢、晋等州各赐十
万石。并以常平义仓物充。"⑤《册府元龟·帝王部》亦云："大和七年正月壬
子诏曰：……自去年以来，河东、关辅亢旱为灾，秋稼不收，人甚穷困。今方
春之时，须务农事，若不赈救，恐至流亡。"⑥ 是关中、河南大和六年夏天的

① 刘禹锡；瞿蜕园，笺证. 刘禹锡集笺证：卷十七 [M]. 上海：上海古籍出版社，1989：436.
② 欧阳修，宋祁. 新唐书：卷三五 [M]. 北京：中华书局，1975：917.
③ 朱金城. 白居易集笺校：卷二一 [M]. 北京：中华书局，1990：1462.
④ 朱金城. 白居易集笺校：卷二八 [M]. 北京：中华书局，1990：1947.
⑤ 刘昫，等. 旧唐书：卷十七下 [M]. 北京：中华书局，1975：548.
⑥ 王钦若. 册府元龟：卷一四五 [M]. 北京：中华书局，1960：1756.

旱情一直延续到大和七年春天。白居易大和六年十一月写给刘禹锡的书札，即说洛阳灾情之严重。

（二）大和六年苏州景况

白居易《与刘禹锡书》中称苏州情况是："承贵部大稔，流亡悉归，既遇丰年，又加仁政，否极则泰，物数之常。且使君之心，得以与众同乐，即宴游酣咏，当随日来。"同样是大和六年，白居易治下的洛阳旱损至甚，而刘禹锡治下的苏州是丰年仁政，这既是书札往还中的客套对比，也说的是当时二地的事实。实际上，大和六年是由水患成灾转向大稔丰年的。其水患始于大和五年六月，《旧唐书·文宗纪》下云：大和五年六月，"辛卯，苏、杭、湖南水害稼。"① 刘禹锡《苏州谢上表》云："臣以今月六日到任上讫。伏以水灾之后，物力索空。"② 此表作于大和六年二月六日。刘禹锡《苏州上后谢宰相状》云："伏以当州粜大漫之后，物力萧然，饥寒殒仆，相枕于野，誓当悉心调理，续具奏论。"③ 这是刘禹锡初莅任时苏州的情形。该状题署"大和六年十二月七日"，卞孝萱以为"十"字系衍文，是。是知刘禹锡到任后，二月六日谢皇帝，二月七日谢宰相。

《苏州谢振赐表》云："伏以臣当州去年灾沴尤甚，水潦虽退，流佣尚多。臣前月到任……询访里闾，备知凋瘵。方具事实，便欲奏论。圣慈忧人，照烛幽远。特有赈恤，救其灾荒。"题署"大和六年三月二十四日"④。说明对这次水灾，朝廷有所赈济。这种情况，也可以与史传相参证。《旧唐书·文宗纪》下：大和六年二月，"戊寅，苏、湖二州水，赈米二十二万石，以本州常平义仓斛斗给"⑤。

《苏州谢恩赐加章服表》云："幸免流离，渐臻完复。皆承圣化所及，遂使人心获安。"⑥ 此表作于大和六年十二月十六日。说明本年旱灾到了年底的十二月份，已渐趋完复。白居易《与刘禹锡书》作于十一月，是时苏州已经恢复。其恢复之快，盖由秋后丰收所致，故刘禹锡称"贵部大稔，流亡悉归"，前句是说丰收之况，后句是说水灾时流亡之人又复还乡土。

要之，大和五年至大和六年，洛阳和苏州都遇到自然灾害，洛阳为旱灾，苏州为水灾。苏州水灾始于大和五年六月，而因苏州六年秋稼丰收，故得以恢

① 刘昫，等．旧唐书：卷十七下［M］．北京：中华书局，1975：542.
② 刘禹锡．刘禹锡集：卷十五［M］．北京：中华书局，1990：186.
③ 刘禹锡．刘禹锡集：卷十七［M］．北京：中华书局，1990：205.
④ 刘禹锡．刘禹锡集：卷十五［M］．北京：中华书局，1990：187.
⑤ 刘昫，等．旧唐书：卷十七下［M］．北京：中华书局，1975：544.
⑥ 刘禹锡．刘禹锡集：卷十六［M］．北京：中华书局，1990：189.

复；而洛阳旱灾始于大和六年夏天，又秋稼不收，故灾害一直延续到次年。这就是白居易《与刘禹锡书》以洛阳和苏州对比的真实情况。

五、结语

白居易《与刘禹锡书》是大和六年为河南尹时写给刘禹锡的一封书札，这封书札作为白居易的手迹，宋时被刻入《淳化秘阁续帖》之中。因为这封书札并没有编入《白氏文集》，故而其真伪问题也曾发生过一些争议，而我们从书札所载题署日期、所载的人事与史实相参证，可以证明其出于白居易之手无疑。

作为白居易与刘禹锡交往的个人信函，其意义不仅在于书札中呈现出来的二人密切关系，书中提到白居易及其友人的诗文创作过程是文学史研究得以凭借的重要材料，更重要的是书札中蕴涵的重要史实，对于我们了解当时的社会现状和自然情况具有很大的认识意义。书札中言其平生有深交者李绛、崔群、元稹、刘禹锡四人，都是中唐时期著名的政治人物，也是著名的文学人物，因而书札成为我们现在研究唐代政治史和文学史的珍贵文献。书札中值得重视的地方还有涉及当时的一些史事，这些史事或可补充史书的不足，或可与史书相互印证，而最为重要的史事是大和六年发生的洛阳旱灾和大和五年发生的苏州水灾。同样是自然灾害，从书札中以洛阳和苏州对比的真实情况可以看出，因为发生的地理环境和处理方式不同，其产生的结果及其对于人们生活和作家心态的影响也有很大的差异。

（作者单位：浙江大学）

刘禹锡编《唐柳先生文集》三十卷本新探①

——由南宋永州刊三十三卷本窥探刘禹锡"编次"及其用意

［日本］户崎哲彦

前 言

柳宗元（773—819），字子厚，贬为柳州刺史。元和十四年（819）冬，以遗稿托永贞革新盟友刘禹锡（772—842）编《集》。刘《序》云：

> 病且革，留书抵其友中山刘某（禹锡）曰："我不幸，卒以谪死，以遗草累故人。"某执书以泣，遂编次为三十通，行于世。……有退之（韩愈）之《志》著《祭文》，附于第一通之末云。

至今《柳集》传有正集二十卷本、三十三卷本、四十三卷本、四十五卷本，又存宋刊本八九种，卷首有刘《序》，皆作"编次为四十五通"。又五代、宋人所著录有三十卷、三十二卷、三十三卷、四十卷、四十五卷。原编究为几卷，《四库全书总目》仍有议论，而清末莫绳孙发现永州刊三十三卷本后，以三十卷本为最古，是刘原编本②，如今庶几为定说③。实则《刘宾客文集》

---

① 本文为日本学术振兴会科学研究费课题（项目编号26370409）阶段性成果。

② 莫绳孙《宋乾道永州本柳柳州外集跋》："以上诸本，分卷各异，要以三十卷者为最古。"（载傅增湘．藏园群书题记［M］．上海：上海古籍出版社，1989：614）刘寿曾《宋乾道永州本柳柳州外集跋》："柳集以三十卷为最古是也。"（唐柳先生外集［M］．北京：中华书局，1987）俱为吴文治点校的《柳宗元集（第4册）》附录（北京：中华书局，1979：1463 – 1465）所收，稍有所异。

③ 吴文治．柳宗元诗文十九种善本异文汇录［M］．合肥：黄山书社，2004：代序；吴文治，谢汉强．柳宗元大辞典［M］．合肥：黄山书社，2004：507；尹占华．韩文奇．柳宗元集校注［M］．北京：中华书局，2013：整理说明．

（绍兴八年严州刻本）① 卷一九《唐故尚书礼部员外郎柳君集纪》、《刘梦得文集》（南宋中期蜀中刊本）② 卷二三《唐故柳州刺史柳君集（纪）》③ 皆作"三十通"④。

莫氏旧藏本，今藏入中国国家图书馆，仅存《外集》《后序》，日本亦藏有永州本，残本，存卷二九《状》残叶及《目录》、卷三二《非国语》下卷残叶及《外集》。至于正集，仅知卷二九《状》一卷。此外，杨守敬曾编《留真谱》（民国六年，1917）⑤，据日本藏残本影钞其卷一六 1 叶。而最近有日本书店出售永州本残卷，共十一卷，学界得知惊喜，叹为观止。永州本原三十三卷本，存卷约占其三分之一，为北京图书馆藏残本之十倍。由此可窥见刘编三十卷本之原貌。钱穆先生（1895—1990）⑥曾曰：

> 韩柳倡为古文，下及宋代，操觚者群奉为斯文不祧之大宗。然余读《柳集》，宋人传本，已多可议，略而论之，为治目录版本治学者参考焉。……刘梦得之编次《柳集》，余疑其必有特出之胜义，其编次首尾，分类后先，有所异于前人者，正可籍以窥见当时柳刘诸人对于创为古文之意见与其抱负。

柳子厚"遗草"留有何作，刘禹锡又如何"编次"，可谓千古之谜。是不仅属于目录版本之学，亦属唐代文学，尤其涉及中国文学史之大问题。本文依据日本传藏残本，专考刘禹锡原编三十卷本分类编次问题，并窥讨柳刘之用意。

一、南宋永州刊《柳集》三十三卷本二种

莫绳孙旧藏本，原为孝宗乾道元年（1165）永州知州叶程校刊《唐柳先

① 宋版影印刘宾客文集［M］．台北：台北"故宫博物院"，1973．文渊阁四库全书本《刘宾客文集》（江苏巡抚采进本）亦同，《四库全书总目提要》卷一五〇云："今扬州所进钞本，乃毛晋汲古阁所藏，纸墨精好，犹从宋刻影写。"（钦定四库全书总目：整理本［M］．北京：中华书局，1997：2010．）

② 《四部丛刊》本影印日本藏本，今藏入天理图书馆。傅增湘以为南宋中期蜀中刊本。（藏园订补郘亭知见传本书目：卷12下［M］．北京：中华书局，2009：1030．）

③ 刘禹锡原作"纪"。父讳"绪"，与"序"同音，故"序"字改作"纪"或"引"。

④ 莫绳孙、刘寿曾、傅增湘均谓刘梦得《序》作三十二通，实则仅据《直斋书录解题》所引耳。

⑤ 珍稀古籍书影丛刊之五［M］．北京：北京图书馆出版社，1917：959—960．

⑥ 钱穆．读柳宗元集［J］．新亚学报，1965，3（2）：35，43．

生文集》三十二卷、《外集》一卷，仅存《外集》一卷全 35 叶，收 45 篇；《后序》一卷全 8 叶，收韩愈《柳子厚墓志铭》《祭柳子厚文》《柳州罗池庙碑》《柳子厚先生传》（节录《新唐书》本传）等共 4 篇；《跋》1 叶，即叶程《重刊柳文后叙》1 篇。民国二年归于故宫博物院图书馆馆长傅增湘，后捐入北京图书馆。1987 年中华书局收入《古逸丛书·三编》，影印出版。另有残本一部。

嘉定间永州刊残本

日本静嘉堂文库藏有宁宗嘉定元年（1208）永州知州汪樾补修刊本，仅存卷二九《状》2 叶；卷三二《非国语》下卷 8 叶、《外集》29 叶。宋末元初传来日本，镰仓时代（1185—1333）入藏金泽文库①，至江户时代（1603—1867）已佚大半，详见森立之（1807—1885）等《经籍访古志》（日本安政三年，1856）②卷六《集部》。此书广为人知，由杨守敬介绍，中国国内早已出版③，又《唐柳先生集》条全文为傅增湘等所引④。静嘉堂藏本亦其残卷。清水茂先生（1925—2008）早有介绍，并自以四十五卷本核对，探讨版本优劣⑤，惜吴文治点校、尹占华校注均未参考⑥。

嘉定刊永州本，至江户时代晚期已分散，仅存十几卷，其中《外集》等一卷多叶皆归于静嘉堂文库，余不知其下落。至于今年三月，"ABAJ 创立 50 周年记念国际稀觏本フェア（展销会）"上由山本书店出售⑦。共有二册：卷一四至卷一八，五卷为一册；卷二九至卷三二、《外集》一卷及《后序》《跋》一卷，六卷为一册。以下简称山本藏本。永州本以文体分类，每卷有类目及所收篇目，今作一表附文后。与四十五卷本有所异同，详见别稿⑧。

国图本末附有叶程《后叙》，赵、钱二《跋》亦为五百家注本所附，而山本藏本另附刊记、汪樾《跋》，极为贵重，下录全文，以供参考。刊记字小又

　　① 参见拙文. 日本旧校钞《增广注释音辩唐柳先生集》四十五卷本及南宋刻《音注唐柳先生集》略考 [J]. 史林. 2014（1）.

　　② 初稿 7 册本无此条，台湾广文书局辑印《书目丛编》所收，1967 年影印。

　　③ 徐承祖. 日藏中国古籍书志·经籍访古志 [M]. 上海：上海古籍出版社，2014：213.

　　④ 傅增湘. 藏园群书题记·卷一二：宋永州本唐柳先生外集跋 [M]. 上海：上海古籍出版社，1986：614；万曼. 唐集叙录·河东先生集 [M]. 北京：中华书局，1980：191.

　　⑤ 日本留下来的两种柳宗元集版本；冯平山图书馆金禧纪念论文集（1932—1982）[M]. 香港：香港大学冯平山图书馆，1982：49－73.

　　⑥ 吴文治. 柳宗元集 [M]. 北京：中华书局，1979；吴文治. 柳宗元诗文十九种善本异文汇录 [M]. 合肥：黄山书社，2004；尹占华，韩文奇. 柳宗元集校注 [M]. 北京：中华书局，2013.

　　⑦ 店主山本实，在东京. 卖价含税 19 440 万日元. 详见拙文. 过去最高额二亿円！南宋永州补刊《唐柳先生文集》三十三卷本とは [J]. 东方，2015（417）.

　　⑧ 拙文. 南宋永州刊《唐柳先生文集》三三卷本初考 [J]. 岛大言语文化，2015（39）.

模糊，难以辨字，大约如次①：

> 永州
> 今重雕唐柳先生文集一部，计三十二卷
> 并外集一卷
> 右具如前
> 乾道元年十二月十五日毕工
> （空一行）
> 　　同校正司书张抟
> 　　同校正学正陈建
> 校正左从事郎永州司法参军王汝□（可？）
> （版心）【□□　　　　　　【□　　　　一百五十
> 林
> 校正左从政郎永州录事参军张士□（谨？）
> 校正左迪功郎充永州州学教授崔惟孝
> 左承议郎通判永州军州主管学事兼管内劝农营田事赵不息
> 右朝请大夫权发遣永州军州主管典兵兼管内劝农营田事叶程

列有校正人，皆永州主要官员。汪楫《跋》，静嘉堂本仅存后半叶（"旧集"以下），山本藏本有前半叶，今乃得知全文②：

> 柳河东之文，雄深雅健，昌黎韩公固尝评之矣。由唐迄今，数百载，传习既久，不一讹舛。自河南穆伯长、陇西李之才，以古学倡天下，参读订正，遂得其真。柳侯来零陵最久，凡山水奇秀，居处清绝，必于其文发之，故其文之奇古精致，载于集中者，多零陵所作也。楫到官之初，谒愚溪祠，退而访其遗文，得公库旧集。日累月益，墨版蠹食，字体漫灭。至读者有以"悴"为"倅"，以"迈"为"遇"者，因委新舂陵理掾朱君

① 江户时代有录文，误字多：新见正路（1791—1848）《赐芦文库古笔目录》（日本天保五年，1834）钞本，藏入日本静嘉堂文库；新见正路《赐芦书院储藏志》（日本弘化元年，1844），收入《大东急记念文库善本丛刊·近世篇12·书目集2》，汲古书院1977年版，第46页；浅野长祚（1816—1880）《漱芳阁书画记》（日本元治二年，1865），收入《关西大学东西学术研究资料集刊》第8册（1973：432）。

② 汪楫．唐柳先生文集跋［M］．见：全宋文：第302册卷六九一一［M］．上海：上海辞书出版社，2006：415．据《藏园群书经眼录》卷一二收之，原为傅增湘据静嘉堂本所录，非全文，可据此补遗。

敏，集诸家善本校雠之，更易朽腐五百余版，厘革讹舛几数百字。半期而工役成，庶可以传远。或尚有缺漏，博古君子能嗣而正之，抑斯文之幸也。嘉定改元十月□□日，郡守鄱阳汪概跋。

　　汪概跋文提及穆修等人，其中"陇西李之才"一事只见于穆修《后序》，云："与陇西李之才参读累月，详而后止。"穆修本今不存，诂训本等四十五卷本皆以穆本为祖本，附有穆《序》，永州本不附，而为汪概所知。永州本即三十三卷本，而应用四十五卷本参校，恐不始于嘉定汪概刊本，乾道本亦得知四十五卷本。

　　四十五卷本亦以文体分类分卷，其类目、篇目以及所收作品皆颇似三十三卷本，如卷一四类目称《说》，多在四十五卷本卷一六《说》，其中"如《说》者附之"一文乃编者之语，非永州本所能增，恐为原本即刘禹锡所加，"如《说》者"在卷二〇《杂题》；卷一五《赞箴戒》多在卷一九《吊赞箴戒》；卷一六至卷一八《序》，除一篇外[1]，皆在卷二二至卷二五《序》；卷二九《状》皆在卷三九《奏状》；卷三〇《启》皆在卷三五至卷三六《启》。由此可知四十五卷本大致仍存刘禹锡原编面貌，不同者乃其编次。

　　永州三十三卷本与四十五卷本类目及其编次，作一对照表如下[2]：

---

　　① 永州本《读韩愈毛颖传》在卷一四《说》，应"如《说》者附之"。四十五卷本作《读韩愈所著毛颖传后题》移入卷二一《题序》之首。《题序》谓《题》《序》二类，《题》类仅此一篇。

　　② 各卷内具体情况详见拙文．南宋永州刊《唐柳先生文集》三三卷本初考［J］．岛大言语文化，2015（39）．

永州公库刊三三卷本

00	序 目录	
01		
02	赋（?）	古赋
		今体赋
03		
04		
05	表（?）	
06		
07		
08		
09		
10		
11		
12		
13	骚吊（?）	
14	说 如说者附之	
15	赞 箴戒	
16	序	上
17		中
18		下
19		
20		
21		
22		
23		

穆修四十五卷本＋沈晦外集＋韩醇补遗

00	序 目录	
01	唐雅唐诗贞符	
02	古赋	
03	论	
04	议辩	
05	古圣贤碑	
06	碑	释教碑
07	碑铭	释教碑铭
08	行状	
09	表铭碣诔	
10	志	
11	志碣诔	
12	表志	
13	志	
14	对	
15	问答	
16	说	
17	传	
18	骚	
19	吊赞箴戒	
20	铭杂题	
21	题序	
22	序	
23		别
24		
25		隐遁道儒释
26	记	官署
27		亭池
28		祠庙
29		山水

（续上表）

永州公库刊三十三卷本			
	00	序　目录	
	24		
	25		
	26		
	27		
	28		
	29	状	
	30	启	
	31	非国语	上
	32	非国语	下
	33	外集	
		后序	
		跋	

			穆修四十五卷本＋沈晦外集＋韩醇补遗
00	序　目录		
30		明谤责躬	
31		论政论服饵	
32	书		
33			
34			
35	启		
36			
37	表	庆贺	
38			
39	奏状		
40	祭文哭辞		
41	祭文		
42	古今诗		
43			
44	非国语	上	
45	非国语	下	
46	外集	上　赋文志	
47	外集	下　表启	
48	外集补遗		
	后序		

《柳集》原本疑按年编次

北宋初期，穆修等大力搜集韩柳文，天圣九年（1031）编柳文为四十五卷，刘编三十卷本可谓在四十五卷本之内，而"小字三十三卷，元符间（1098—1100）京师开行，颠倒章什，补易句读，讹正相半"①，刘编后近二百年，传写之间或脱缺叶或新加，失却原貌，故穆修在类目下重新按内容分类，如《序》此大目下有《别》《隐遁道儒释》等小目。至于大目之编次，三十三卷本卷一四《说》、卷一五《赞箴戒》、卷一六至卷一八《序》，四十五卷

_____
① 沈晦《后记》，附于诂训本等四十五卷本。

本卷一六《说》、卷一九《赞箴戒》、卷二二至卷二五《序》，先后相同而所收不相连，二本编次似而不同。四十五卷本类目下按内容编排，三十卷本尽不符合，而编排显有所据。如《序》共三卷，长安时代所作在卷一七之末及卷一八，柳州时代所作多在卷一八末，又卷二九《状》，长安时代所作在前，柳州时代所作多在后，又卷三十《启》，永州所作多在前，柳州所作多在后，详于别稿①。最明显者为《诗歌》类。山本藏三十三卷本缺《诗歌》卷，而四十五卷本卷四二、卷四三即《古今诗》，卷四三收 80 首之多，其中除一两首可疑之外，皆永州所作；卷四二约 70 首，亦除两首外，前 10 首皆永州所作，后 20 多首皆途次所作（先回长安，后赴柳州），最后 30 多首皆柳州所作。大致卷四三永州作，卷四二柳州作，尤其途次所作仅在半年，时期如此集中则绝非偶然，乃祖本按年代编次之痕迹。惜乎永州本今缺《古今诗》卷，无从确认，然而盖与此相同，大致原按年代编次，经三百年抄写，错简落叶，前后寸断，又搜辑加编，故道致原编不明。永州本以前，如此编次，绝非后人所能为，由此推知，三十卷本疑按所作时间编次。

进而臆测，各篇所作时间非刘禹锡所能尽悉，恐原为子厚所编。遗稿积累如日记或卷宗，如《与友人论为文书》②云：“间闻足下欲观仆文章，退发囊笥，编其芜秽。”《上李中丞献所著文启》③云：“时时举首，长吟哀歌，舒泄幽郁，因取笔以书，纫韦而编，略成数卷。……敢饰近文（永州所作）及在京师官命所草者，凡三卷，合四十三篇，不敢繁故也。傥或以为有可采者，当缮录其余，以增几席之污。”整理草稿卷宗之习，盖不止于柳宗元一人，唐人大致写作后逐搁一处如囊袋或箱笼，多则缀订或捆束。即使作者本人已将草稿卷宗分为诗歌、书信、状表等大类，亦在类内逐时积累纫编。白居易以多作著名，写诗如日记，其中《后集》《续集》显然按年编次，《前集》即《长庆集》为元稹所编，以诗歌分为《讽谕》《闲适》《感伤》《律诗》大目，又《讽谕》类下有《古调诗》《新乐府》，《感伤》类下有《古调诗》《歌行曲引》，《律诗》为数最多而无小目，却按年编排④。又《昌黎集》为韩门高足、女婿李汉所编，今存宋本，检阅诗歌，亦有年代集中，似原本按年编排，经两三百年中抄写、拾遗、改编，遂失原貌。假设遗稿非按年积累，后人不得以按年排次，若已按年排次，则“编次”之意义究应何在？愚意谓其在于作品之

---

① 拙文《南宋永州刊〈唐柳先生文集〉三十三卷本初考》。
② 四十五卷本卷三一。郑定本注“一作《答友人求文章书》”，今《文粹》题作《答人求文章书》。
③ 永州本卷三〇，四十五卷本卷三六。
④ 花房英树. 白氏文集の批判的研究 [M]. 京都：日本汇文堂书店，1960：418.

分类、类目之立名以及各类之排序，编者个人对作者、作品之评价及其文学观正在其中。

二、刘禹锡原编三十卷本之分类、编次

钱穆先生曾论刘禹锡编次《柳集》之义，曰："未必以《雅诗歌曲》一类为首""正可疑今《柳集》之以《雅诗歌曲》与《赋》列卷首之必非刘编之旧耳"①。《雅诗歌曲》在四十五卷本中收入卷一，而卷二目为《赋》。永州本今仅存十卷，卷一四以前皆不传，无从查考。而《雅诗歌曲》《赋》等之编排，涉及刘柳文学观，乃唐代文学史一大问题。愚谓刘禹锡必以《雅诗歌曲》一类编为首。

唐宋文集诗文编序

众所周知，总集按文体分类，始于《昭明文选》六十卷（原三十卷），如："赋、诗、骚、七、诏、册、令、教、文、表、上书、启、弹事、笺、奏记、书、檄、对问、设论、辞、序、颂、赞、符命、史论、史述赞、论、连珠、箴、铭、诔、哀、碑文、墓志、行状、吊文、祭文。"愚按此编序，至少由三层准则而成：一则"文笔"即有韵无韵之大别，如赋诗等类在前，诏册等文在后；一则公私之别，如诏册等类在前，书序等类在后；一则时间即生死之别，如史论、墓志、祭文在最后。继而宋初，《文苑英华》一千卷依其体例编纂，分38类编次如："赋、诗、歌行、杂文，制诏诰、策问、策、判、表、笺、檄、露布、弹文、移文、启、书、疏、序、论、议、连珠、喻对、颂、赞、铭、箴、传、记、谥、哀册文、谥议、诔、碑、志、墓表、行状、祭文。"唐朝间稍有变，增多传、记等之类，大多为散文，《英华》反映唐代文学新文潮，而仍取先赋、诗，后文之法，又编排总体即三层准则仍不变。至于《唐文粹》以古体为依归，颇简约：古赋、诗、颂、赞、表、奏、书疏、文、论、议、古文、碑、铭、记、箴诫铭、书、序、传录纪事。虽详略有异而大致相同。要之，皆先赋、次诗、最后文。不止于总集，"宋人总集和不少宋人别集都把辞赋冠于文集之首"②。实则至于别集编次，凡有二端，一曰：先诗，后文；一曰：先文，后诗。如《刘宾客文集》先赋，次文，最后诗；《刘梦得文集》先诗，次赋，最后文。而此二本皆南宋本，唐时原编如何未知。

---

① 钱穆. 读柳宗元集［J］. 新亚学报，1965，3（2）：43.
② 曾枣庄. 论《全宋文》的文体分类及其编序［M］//全宋文：第360册. 上海：上海辞书出版社，2006：244.

　　唐代别集，尤其是古文作家如何编次，诸如李华编《杨极集》"集十卷，诗赋赞序颂记策，凡一百七十五篇"，独孤及编《萧立南集》"诗赋赞论表启序颂铭诔志记，编为五卷"，《李华集》"颂赋诗碑表叙论志记赞祭文，凡一百四十四篇为中集"，梁肃编《李泌集》"凡诗三百篇、志表记赞序议述"，权德舆编《崔元翰集》"诗赋赞论铭诔序诏等合为三十卷"①。偶有先赋次诗者，而多为先诗次赋后文，《刘梦得文集》即此。唐时，赋、诗之先后颠倒，而无韵之文在其后，此为定例。至于古文大作家韩愈，李汉编《昌黎集》，《序》云②：

　　　　赋四、古诗二百五、联句十一、律诗一百七十三、杂著六十四、书启序八十六、哀辞祭文三十八、碑志七十六、笔砚鳄鱼文三、表状四十七，总七百。

　　先赋次诗后文，古文家亦似难改旧习，而别编"杂著"为一类，置于赋诗之后，是则冠于文类之首。韩愈"杂著"颇多，共三卷，收《原道》《原性》《杂说》《师说》《进学解》《争臣论》等，皆古文名篇，以"杂著"编在文类之首，编次崭新，出有韩文之真面目，似李汉之见。

　　与此相比，元白二人稍特殊，如元稹编《白氏长庆集》曰"讽喻之诗……闲适之诗……感伤之诗……律诗……赋赞箴诫之类……碑记叙事制诏……启奏表状……书檄词策剖判"，元白俱注重诗歌，先诗后赋，又对诗类加以细分③。白居易续元稹所编，《后序》（长庆三年，823）云："迩来复有格诗、律诗、碑志序记表赞，以类相附，合为卷轴"，又白居易编《元宗简集》（宝历元年，825）照此例分为"格诗一百八十五、律诗五百九、赋述铭记书碣赞序七十五，总七百六十九章，合三十卷"④。元白编次虽细分诗类，而皆先诗次赋最后文。

　　总之，唐宋人袭《文选》之旧，先赋诗，文在其后。《柳集》则如何，下文探讨。

---

　　①　《文苑英华》卷七〇一李华《杨骑曹集序》，卷七〇一独孤及《殿中侍御史萧君文章集录序》，卷七〇二独孤及《赵郡李公中集序》，卷七〇三梁肃《丞相邺侯李泌文集序》，卷七〇四权德舆《比部郎中崔君元翰集序》，卷七〇五元稹《白氏长庆集序》、白居易《京兆元少尹集序》。

　　②　《四部丛刊》本《唐文粹》卷九二李汉《唐吏部侍郎昌黎先生韩愈文集序》。

　　③　白居易以文体分类，详见杜晓勤.《白氏文集》前集の编纂体裁と诗体分类について［J］.白居易研究，2013（14）.

　　④　《文苑英华》卷七〇五元稹《白氏长庆集序》、白居易《京兆元少尹集序》。

刘、柳之分类编次

唐人别集大小反映作家或编者之文学观。刘编柳宗元诗文，应不例外。

（1）穆修编《柳集》四十五卷本，亦以文体分类：

唐雅、唐诗、贞符、古赋、论、议辩、碑、碑铭、行状、表铭碣诔、志、志碣诔、表志、志、对、问答、说、传、骚、吊赞箴戒、铭杂题、题序、序别、序、序隐遁道儒释、记官署、记亭池、记祠庙、记山水、书明谤责躬、书、书论政论服饵、书、启、表庆贺、表、奏状、祭文哭辞、祭文、古今诗。

正集四十三卷后有《非国语》二卷，原为单刊。如前所述，穆本分类较细，序、记、书表等下再分，小目或有或无，又杂乱，而总体而言：先诗赋，次文，最后诗歌。而《唐才子传》卷五《柳宗元》作"诗、赋、杂文等三十卷"，却似《文选》《英华》。

（2）柳宗元《与友人论为文书》云：

间闻足下欲观仆文章，退发囊笥，编其芜秽，心悸气动，交于胸中，未知孰胜，故久滞而不往也。今往仆所著赋、颂、碑、碣、文、记、议、论、书、序之文，凡四十八篇，合为一通，想令治书苍头吟讽之也。

一本题作"答友人求文章书"。论"为文""文章"，故所选不含诗歌，而赋颂在前，散文在后。

（三）柳宗直，宗元从父弟，曾从宗元留永州，撰《西汉文类》，南宋时已亡佚①，有宗元《序》云：

以文观之，则赋、颂、诗、歌、书、奏、诏、策、辩、论之辞毕具。……宣于诏策，达于奏议，讽于辞赋，传于歌谣……取孟坚书，类其文，次其先后，为四十卷。

---

① 《郡斋读书志》卷二〇云："《西汉文类》二十卷：右唐柳宗直撰，其兄宗元尝为之《序》，至皇朝其书亡，陶氏者重编纂成之。"《直斋书录解题》卷一五云："《西汉文类》四十卷：唐柳宗元之弟宗直尝辑此书，宗元为《序》，亦四十卷。《唐·艺文志》有之，其书不传。今书陶叔献元之所编次，未详何人，梅尧臣为之《序》。"

以《汉书》所收分为十大类，编次则先赋颂，次诗歌，文在最后①，仍不离《文选》旧习。实则未曾因袭，下文深考。

（4）刘禹锡（772—842）寿命较长，故为亡友编遗稿颇多，其中有可考分类及其编次者，如《唐故相国李（绛）公集纪》（大和七年，833）云：

> 泣持遗草，请编之。肇自从试有司，至于宰天下，词赋、诏诰、封章、启事、歌诗、赠饯、金石、扬功，凡四百余篇，勒成二十卷。

可知先辞赋，次文，次诗歌，后又文。又《唐故中书侍郎平章事韦（处厚）公集纪》（开成二年，837）云：

> 谨按公未为近臣已前所著，词、赋、赞、论、记、述、铭、志，皆文士之词也。

亦先词赋，后文。另有《唐故衡州刺史吕（温）君集纪》，尤其重要。

刘禹锡编《吕温集》与《柳集》

吕温（771—811），亦古文作家，与柳宗元通家，吕柳俱从陆质学《春秋》②，刘柳吕皆永贞革新之盟友。吕温逝后，宗元为之作诔、祭文，禹锡为之编次遗稿。刘《吕集纪》云：

---

① 《群书考索》卷一八《类书门》云："《西汉文类》：皇朝陶叔献所撰也。类次《西汉书》中诏命、书疏、奏记、策对、下说、檄难、诗箴、颂赋、赞序。先是唐柳宗直为《西汉文类》，其兄宗元叙之甚详。叔献惜此书不见于世，因论次为四十卷。"陶叔献《西汉文类》残卷分类如卷二〇《论辩》，卷二一《游猎》《檄难》《文学》《封禅》，卷二二《辨说》，卷二三《举荐》，卷二四《举荐》《官职》，卷二五《宫闱》《陵庙上》，卷二六《陵寝下》，卷二七《奸邪》《瑞庆》，卷二八《叛乱》，卷二九《敕戒》，卷三〇《乐歌》，卷三一《诗》，卷三二至卷三五《赋》，卷三六《杂文》，卷三七《论表》。参见谢莺兴．东海馆藏《西汉文类》概述［J］．东海大学图书馆馆讯，2013（142）。又庆元六年（1200）宗晓（1151—1214）编《乐邦文类》五卷，《序》云："遂于假日，即其所得次而编之。始于经咒终乎诗词，凡十有四门，总二百二十余首，析为五卷，目曰乐邦文类。盖仿儒家柳宗直《西汉文类》之作也。"编排如经、咒、论、序跋、文、赞、碑记、传、杂文、赋铭、偈、颂、诗、词等14门（《大正新修大藏经》第47册，1969年）。二书摘录编次成书之法皆取《西汉文类》，分类不必相同。

② 参见拙文《柳宗元の明道文学——陆淳の春秋学との関系》，《中国文学报》1985年总第36期1985年；《中唐の新春秋学派について—その家系、著作、弟子を中心に》，《彦根论丛》1986年总第240期；《中唐の新春秋学について—创始者啖助の学を中心に》，《彦根论丛》1987年总第246—247期；皆翻译收入林庆彰、蒋秋华主编《啖助新〈春秋〉学派研究论集》（台湾·"中央研究院"中国文哲研究所，2002）。

年四十而殁。后十年，其子（吕）安衡泣捧遗草来谒，咨余绪之，成一家言，凡二百篇，（勒成十卷）①。……古之为书者，先立言而后体物。贾生之书首《过秦》，而荀卿亦后其赋。和叔（温）年少遇君，而卒以谪似贾生，能明王道似荀卿，故余所先后视二书，断自《人文化成论》至《诸葛武侯庙记》为上篇，其他咸有为而为之。

荀况、贾谊，俱为先秦两汉文人，亦古文作家柳宗元所宗之一，如《西汉文类序》云："文之近古而尤壮丽，莫如汉之西京。……当文帝时，始得贾生明儒术，武帝尤好焉，而公孙弘、董仲舒、司马相如之徒作，风雅益盛，敷施天下。"荀况，朴素唯物主义者，反对天命、鬼神迷信之说，皆为柳《天说》《天问》《天爵论》《非国语》等作以及刘《天论》三篇所师承，至于作文之谛，宗元"参之孟、荀以畅其支"②。禹锡编次仿贾谊、荀况二人之例，而所述与今本不同。

今本贾谊《新书》十卷，《过秦》上下等篇在卷一，无收《吊湘赋》③，《直斋书录解题》卷九"《贾子》十一卷"条云："《汉志》'五十六篇'，今书首载《过秦论》，末为《吊湘赋》，余皆录《汉书》语，且略节谊本传于第十一卷中。"此南宋本，仍存唐本原貌。今本《荀子》，出于杨倞注本，共二十卷32篇，中有《赋篇》在卷一八第二十六，与《成相篇》第二十五成卷，幸而《荀卿新书》十二卷32篇其书佚而存目④，与今本不同，起自第一《劝学篇》，后半编序大不同，《赋篇》在第三十二即书末。杨倞《荀子注序》云："编简烂脱，传写谬误……，以文字繁多，故分旧十二卷三十二篇为二十卷，又改《孙卿新书》为《荀子》，其篇第亦颇有移易，使以类相从。"⑤ 与禹锡所见本不同。杨注本成书于元和十三年（818），《新唐书》以《荀子》注者杨倞为杨

---

① 《文苑英华》卷七〇五有"勒成十卷"，注："集本无此四字。"《唐文粹》卷九二亦无此四字。《旧唐书》卷一三七本传、《新唐书》卷六〇《艺文志》、《崇文总目》卷五、《宋史》卷六〇《艺文志》、《郡斋读书志》卷一七、《直斋书录解题》卷一六皆作"十卷"。

② 四十五卷本卷三四《答韦中立论师道书》。

③ 《四库全书总目》卷九一《子部·儒家》："《新书》十卷：……今本虽首载《过秦论》，而末无《吊湘赋》，亦无附录之第十一卷，且并非南宋时本矣。"《四部丛刊》本《新书》十卷［淳熙八年（1181）潭州刊，正德九年（1514）重刊］编次亦同。余嘉锡《四库提要辨证（二）》卷一〇云："《提要》所谓今本，盖明刻本也。……明本既从建本合《过秦》中、下为一，又脱去篇目一条，故为篇只五十有六。其实较之南宋刻本，文字并无阙佚也。……执陈振孙一家文言，以今本为非宋人所见，误矣。"（北京：中华书局，1980：539）。亦误，未考《论》《赋》编次先后之异。

④ 参见《四部丛刊》本（据《古逸丛书》本）杨倞注《荀子》二十卷［淳熙八年（1181）台州刊本］，书末刘向《孙［荀］卿书录》。

⑤ 杨倞《荀子注序》。

汝士之子，杨汝士乃刘禹锡挚友，应知其书而未取其说，绝非其人①。

由此可知：刘编《吕集》先文、后赋，故《郡斋读书志》卷一七"《吕温集》十卷"条先引刘《序》，云："今《集》先'赋诗'，后'杂文'，非禹锡本也。"② 今集本皆十卷③，分类编排如：赋诗、诗、书序、表、表状、碑铭、志铭、铭文（文谓祭文）、颂赞、杂著，共二百一十余篇，与刘编"凡二百篇"大致相符，而赋诗二卷在卷一、卷二，《人文化成论》《诸葛武侯庙记》俱入卷一○《杂著》。

刘禹锡长寿，编《柳》《吕》二集较早，又年代极近。元和六年（811）吕温病卒于任所衡州，"后十年"即长庆元年（821）④。元和十四年（819）宗元去世，十五年七月归葬长安，详见韩愈《墓志》。韩愈别作《祭文》云："维元和十五年岁次庚子五月壬寅朔五日景〔丙〕午"时在袁州，由禹锡转讬⑤，盖棺柩自柳州归京时，路过袁州求文⑥。禹锡《柳集序》述及《墓志》

---

① 每卷首署"登士郎守大理评事杨倞注"，淳熙八年唐仲友《后序》亦作"扬倞"。《新唐书》卷五八《艺文志》："杨倞《荀子》二十卷：汝士子，大理评事。"长庆三年（823）杨倞为大理司直，见《唐会要》卷三九《定格令》。据《宰相世系表》，杨汝士之子有三，皆名"知某"，无倞者，故《四库全书总目》卷九一怀疑云："《荀子》二十卷：……《表》《志》同出欧阳修手，不知何以互异。意者倞或改名，如温庭筠之一名岐筠。"赵超《新唐书宰相世系表集校》以《旧书》所谓弟杨虞卿子知权为汝士子（北京：中华书局，1998：143）。亦从"知"字。杨氏兄弟为牛僧孺李宗闵党，元和十年已与禹锡交游，详刘禹锡；瞿蜕园，笺证．刘禹锡集笺证：附录交游录"杨虞卿"〔M〕．上海：上海古籍出版社，1989：1664。若"汝士子"或"改名"，禹锡应知杨《注》。杨汝士，元和四年进士；虞卿，五年进士；杨倞，十三年已为登仕郎守大理评事，绝非汝士之子。

② 《四库提要》云："浙江鲍士恭家藏本：……此本先'诗赋'，后'杂文'，已非禹锡编次之旧。又第六卷、七卷'志铭'已缺数篇。卷末有屠守居士（冯舒）跋云：'甲午岁从钱氏借得前五卷，戊辰从郡中买得后三卷，俱宋本，第六、第七二卷均为之阙如，因取《英华》、《文粹》照目写入，……'又云：'第二卷《闻砧》以下十五首，宋本所无，照陈解元棚本钞入。'……盖舒所重编也。"

③ 《四部丛刊》初编本《吕和叔文集》（钱曾述古堂景宋钞本）、文渊阁《四库全书》本《吕衡州集》（鲍廷博影写宋刊本）、道光七年石研斋秦恩复仿宋刊《吕衡州文集》（《唐人三家集》之一）、咸丰四年伍氏刊粤雅堂丛书本《吕衡州集》。吕明涛《〈吕和叔文集〉版本源流考》（《泰安师专学报》1999 年第 21 卷第 4 期第 26、33 页）谓十卷本出于《英华》。

④ 陶敏、陶红雨《刘禹锡全集编年校注》：《吕集》"吕温，元和六年秋卒于衡州……文云'志铭'，当长庆元年作，时刘禹锡丁母忧在洛阳。"亦以《柳集》为"长庆元年在洛阳作"，不知所据（长沙：岳麓书社，2003：1057；1061）。吕明涛《〈吕和叔文集〉版本源流考》谓"成于穆宗长庆元年之后"（《泰安师专学报》第 26 页左）。皆未提《柳集序》有"夔州刺史刘禹锡"之署名。

⑤ 刘禹锡《祭柳员外文》："鄂渚（鄂州）差近，表臣（李程）分深，想其闻讣，必勇于义。已命所使，持书径行。友道尚终，当必加厚。退之（韩愈）承命，改牧宜阳（袁州），亦驰一函，侯于便道。勒石垂后（墓志），属于伊人。安平（韩泰）、宣英（韩晔），会有还使，悉已如礼，形于具书。"

⑥ 诂训本韩醇注云："元和十五年九月二十二日始自袁州召还，此《志》作于袁州。"又《京兆金石录》（《宝刻丛编》卷八《万年县》所引）《唐柳州刺史柳宗元墓志》有注："唐韩愈撰，沈传师正书，元和十五年。"

《祭文》，又百家注本、五百家注本、音辩本《柳集序》下均署"夔州刺史刘禹锡纂"，穆修《后序》所云"夔州前序其首"即是也。禹锡至长庆元年（821）除母丧，授夔州，二年正月二日到任。刘编《柳集》应在授夔州刺史之后，赴任之前，恐在长庆元年晚秋，则与编《吕集》相距极近，远亦不隔一年，近则一两月[1]。

今读《吕集纪》，可知当时禹锡持有一文学观，《柳集纪》与此相通，开篇极其宏观，云：

> 八音与政通，而文章与时高下。三代之文，至战国而病，涉秦汉起。汉之文，至列国而病，唐兴复起。

先示以文道之由，即刘、吕所宗先秦两汉，亦柳文来缘。继而述及唐朝文坛与宗元文才云：

> 初，贞元中，上方向文章……天下文士，争执所长……河东柳子厚，斯人望而敬者欤。……二十有一年，以文章称首，入尚书。

至于结尾，证实以"文章盟主"[2] 韩愈之赞：

> 吾尝评其文，雄深雅健，似司马子长，崔、蔡不足多也。

今考禹锡之文学观及其时期，《柳集》编次之用意亦理当与《吕集纪》不相抵触，先文后诗必矣，钱穆先生"未必以《雅诗歌曲》一类为首"之说似甚当。穆修本《赋》在卷二，刘编《柳集》应始于四十五卷本卷三《论》或卷一四《说》[3]，然而愚谓非是。

《唐雅》《唐诗》《贞符》之编及其用意

---

[1] 万曼《唐集叙录》（第188页）谓元和十四年，误。

[2] 刘禹锡《唐故中书侍郎平章事韦（处厚）公集纪》。

[3] 钱穆《读柳宗元集》未提具体始于何作或何类，而似谓卷一四以下当在前，如"何为必以《赋》继《雅诗》而以与十四卷以下诸篇相隔绝乎？若谓此乃师昭明《文选》以赋为首……故列《雅诗》于先，而以《赋》次之，则不知韩柳倡为古文，……刘编《柳集》，决不袭取昭明旧例也。""今本《天说》在第十六卷，与《鹘说》《捕蛇说》诸篇同卷，此实犹可见刘编《柳集》之旧。盖自今十四卷以下，至十七卷，皆有激之言，皆所谓变骚之体也。"第40、43页。

钱氏所云《雅诗歌曲》，盖据世彩堂本卷一所标类目。诂训本、百家注本、五百家注本等四十五卷本成书于世彩堂本之前，皆作《唐雅》《唐诗》《贞符》，而所收相同，即《献平淮夷雅表》《平淮夷雅二篇并序》《唐铙歌鼓吹曲十二篇并序》《贞符并序》及《视民诗》。

其中惟《贞符》非诗歌，不应一概而论。《视民诗》，世彩堂本题下注云："一本此诗在《外集》。"今永州三十三卷本以《视民诗》入《外集》，可知原三十卷本未收，盖永州本据四十五卷本所收也。卷一原收有《平淮夷雅》《唐铙歌鼓吹曲》《贞符》，故称《唐雅》《唐诗》《贞符》。

以此三作编为一卷，极其特殊。前二作虽属诗歌，而《平淮夷雅》二篇称《唐雅》，出于《序》所云"有以佐唐之光明"之大义，主旨在于"弛其武刑，谕我德心""完其室家，仰父俯子"等"仁"政；《唐铙歌鼓吹曲》共十二篇即《唐诗》，示以《序》所云唐朝"知取天下之勤劳，命将用帅之艰难"之大义，主旨在于"为生人义主，以仁兴武"，即唐朝"受命"之所由，继以《贞符》，主旨在于"唐家正德受命于生人之意"，柳文肇于太古，而不陷入形而上学，如老庄太虚齐物、易经太极，乃指出"古初朴蒙倥侗而无争"之原始社会，加以分析，其观点、思路庶几近代社会历史学，视《封建论》更宏观，彻底批判历代受天命之祥符，以阐明"圣人立极之本"乃在"生人之意"。

前二作均为诗歌，后一作乃散文，前后不类，而宗元曾撰《杨评事（凌）文集后序》①，示以文论，云：

> 文之用，辞令褒贬，道扬讽谕而已。……立言而朽，君子不由也。……文有二道：辞令褒贬，本乎著述者也；道扬讽谕，本乎比兴者也。……文之难兼，斯亦甚矣。

此亦名文，倡以文诗二道兼要之论。先秦两汉之中，备此二道者仅荀况、贾谊二人，如禹锡所提。中唐古文作家所宗，儒经以外，尚有屈原、司马迁、司马相如、扬雄等，却或偏文或倚赋。自唐以来，称柳宗元为古文作家，其实亦善骈文②，亦能辞赋诗歌，而不论何体，为士操觚，皆归于"立言"一义。

---

① 凭、凝、凌兄弟，时称三杨，令狐楚奉敕编选《（元和）御览诗》，三杨诗最多，全集 310 首中占五分之二。杨凭，柳宗元岳父。

② 中国唐代文学学会，西北大学中文系，广西师范大学出版社．唐代文学研究：第五辑［M］．桂林：广西师范大学出版社，1994：603－618.

又如贬到永州之后撰《与杨京兆凭书》云：

> 今之世言士者，先文章。文章，士之末也。然立言存乎其中，即末而操其本，可十七十八，未易忽也。……文章未必为士之末，独采取何如尔。

凡士之为文必立言，禹锡固然熟悉宗元持有此论，编《柳集》亦所取，故曰"立言""成一家言"。《唐雅》《唐诗》《贞符》皆柳宗元大作，有诗有文，三作相连成卷：前二作《唐雅》《唐诗》乃对唐朝之建白，后一作《贞符》亦解唐永贞革新之用意，《文苑英华》卷三五九作"唐贞符解"。题以"唐"字，极有深意。《平淮夷雅》二篇称《唐雅》，亦非后人所名[①]，用为类目，似为禹锡所作，或出于子厚，如卷三〇有《上裴（度）晋公献唐雅诗启》，所献"唐雅诗"谓"《平淮夷雅》二篇"[②]。《唐雅》扬以宪宗之讨逆及其世太平，即今上皇帝在位所由，《唐诗》颂以李唐掌皇权之始，即唐朝所由，进而有《贞符》阐释中国所谓君权所由，三作从当世逐溯其源，可谓三篇成为一大论文之结构，具有思路，气势宏伟，富于文藻，理论严密，仿佛英国哲学家、思想家托马斯·霍布斯（Thomas Hobbes，1588—1679），法国思想家、启蒙运动家、政治理论家让－雅克·卢梭（Jean-Jacques Rousseau，1712—1778）等的社会契约论、民主民权思想。此乃柳文，皆出于柳宗元之道"柔仁博爱"[③]，如永贞盟友吕柳等号召"生人为主"[④] "生人为重，次社稷"[⑤] "生人为先，社稷次之"[⑥]，可知已为号召。源于《孟子》已审，而

---

① 陈知柔《休斋诗话》："惟《平淮》诗二篇，名为《唐雅》。……尤得古诗体也。"不知何本，已有此目。陈知柔（？—1184），绍兴十二年（1142）进士。《休斋诗话》早佚，参见吴文治.宋诗话全编·陈知柔诗话：第4册［M］.南京：江苏古籍出版社，1998：第4361页。

② 云："谨撰《平淮夷雅》二篇，恐惧不敢进献，私愿彻声闻于下执事。"又卷三〇《上襄阳李仆射启》，四十五卷本作《上襄阳李愬仆射献〈唐雅诗〉启》，有云："谨撰《平淮夷雅》二篇，斋沐上献。"

③ 四十五卷本卷五《太白山祠堂碑并序》："教行于家，德施于人。抚字惠厚，柔仁博爱之道，洽于鳏嫠。"又卷二《佩韦赋》："尼父戮齐而诛卯兮，本柔仁以作极。""柔仁"之词始见于《汉书·元帝纪》赞："八岁，立为太子。壮大，柔仁好儒。"柳之后，唐末诗人罗隐《两同书》第二《强弱》云："古之明君，道济天下，知众心不可以力制，大名不可以暴成，故盛德以自修，柔仁以御下。"

④ 四十五卷本卷九《陆文通（质）先生墓表》。

⑤ 吕温《祭陆给事（质）文》，《吕衡州文集》卷八。

⑥ 吕焕《吕府君（让）墓志铭》（大中十年，856）："皇妣河东郡夫人柳氏，外祖识，……风清月明，必具酒馔，资谈论，未尝不以"生人为先，社稷次之"之义应对。……故柳州刺史柳公宗元为序钱别，具道所以然者。"（隋唐五代墓志汇编·洛阳卷：第14册［M］.天津：天津古籍出版社，1991：54）吕让，吕温之弟。

"民"改为"生人"，亦非避太宗（李世民）讳，"人"即众生、人类，代表普遍性、平等性，平等在于"生"一义，"生"即生存，主张生存权。虽不作"为贵"，又不言"君为轻"，而作"为主""为重""为先"，足见生人重于君之意。甚至于《贞符》序言，彻底否定君权神授说，基于生存乃自然权之大义，竟与托马斯·杰斐逊（Thomas Jefferson，1743—1826）起草的美国《独立宣言》（1776）有所相通。儒家韩愈亦作《平淮西碑》《元和圣德诗》，俱歌颂唐宪宗朝之大作，用《诗经》"雅颂"形式，与柳作相同，而侧重于叙事记功，又思想不同，如柳宗元驳曰："《平淮西碑》云'左餐右粥'何如我《平淮夷雅》云'仰父俯子'""韩《碑》兼有帽子，使我为之，便说用兵讨叛矣"[1]。出军讨逆，左餐右粥，慰劳兵卒，恩爱所及，不如官民之间下仰父，上俯子。韩柳对现实所取不同。韩子排异归本，而柳子舍异取普，不使儒家之道、异端老庄朱墨之旨以及异国之教即佛教慈悲相对，而扬弃为慈爱生人思想，并创出"圣人""生人"以及"仁"之新观念，"圣"通"生"，"人"即"仁"[2]。此三大篇，乃柳子代表作，非韩子所能，禹锡明知。

至于四十五卷本卷四二、卷四三《古今诗》，皆个人私生活所感或集体交际中所作，正如"述旧，言怀，感时，书事"[3]之类，又如白居易所云"感伤""闲适""讽喻""唱和、送钱"等"律诗"，总之多为骚言琐语，与卷一《雅诗歌曲》截然不同，明明自成二类。凡士者以文章立言，子厚"以文明道"，以文学参与政治，不必同韩愈"以文贯道"道统文观。又其文学对社会之作用，与元白等《新乐府》不同。虽曰爱生民而放声悲叹或讽喻时政，终止于揭露政道世情之弊，只放不收，只刺不愈，严格而言，所咏民生乃题材，在诗人之目止于风景，不如急于建议立言，为改革政治提出具体意见或理论。《诗经》亦"文之用"之一道，以"道扬讽谕"，新乐府以《风》讽喻谴责，宗元以《雅》道扬善诱改革。

若曰"立言"，则四十五卷本卷三有《封建论》《四维论》《天爵论》《守道论》《辨侵伐论》，卷四有《驳复雠议》《桐叶封弟辩》，卷一六有《天说》《捕蛇者说》等，篇篇皆是，或越于禹锡所提吕温《人文化成论》《诸葛武侯庙记》之作，而《唐雅》《唐诗》《贞符》三大作皆为唐朝而建议，"立言"之尤者，则当冠于《集》之首。又编者有意分开诗歌，不以"雅诗歌曲"入

---

① 刘禹锡《嘉话拾遗》，又见于五百家注本《附录》所录《古今诗话》。

② 参见拙文. 读柳宗元《武冈铭并序》[J]. 中华文史论丛，2013（1）：242.

③ 四十五卷本卷四二《同刘二十八院长（禹锡）述旧言怀感时书事，奉寄澧州张员外使君（署）五十二韵之作，因其韵赠至八十通，赠二君子》。

《古今诗》类，是绝非穆修等所能为，宋初所传已编如此，有知三大作之意者乃能编次。先有三十卷本，二百年间辗转传写，被误抄误改或脱失混入，而穆修搜辑增益，宁滥毋缺，遂成四十五卷。永贞年间，刘柳等在长安，依附王叔文结死党而拥护顺宗，以政治理念付诸实践，不及半年，竟皆挫败，被贬或赐死，刘禹锡曾"不肯诋諆（王）叔文，其人品与柳宗元同"[①]，谁知《唐雅》《唐诗》《贞符》之大义，以冠于全集之首，吕温已不在，唯有盟友刘禹锡在焉。

《赋》《诗》之编次

《赋》类则应编在其后。《文选》以来，编《集》往往先《赋》，禹锡"先立言而后体物"，谓破先赋后文之习，故《赋》不编在首，不论诗或文，先编以"立言"之作，故破例以《唐雅》《唐诗》《贞符》置于集首，《赋》《诗》皆在其后。

四十五卷本卷二，称之为《古赋》。南宋刊本曾有《音注唐柳先生集》，早佚，见日本钞本[②]。南宋时《柳集》凡有二系统，一则三十卷本，一则四十五卷本，《音注唐柳先生集》绝非四十五卷本系统，疑属于三十卷本系统，以《今体赋》编入卷二。既称《古赋》，可知分《赋》类为"古"，则应有"今"。由此推知，三十卷本卷二《赋》，下分有《古赋》《今体赋》小目。

四十五卷本卷四二、卷四三称《古今诗》，在《非国语》之前，原在正集之末。永州本三十卷，卷二九《状》，卷三〇《启》，正集至此为止。四五卷本《古今诗》编为二卷，近150首，首数较多，如《吕集》赋诗共74首分成二卷，《韩集》"赋四、古诗二百五、联句十一、律诗一百七十三"，古诗七卷每卷约30首，律诗二卷每卷约80首。三十卷本之中，柳诗恐占二卷，又绝不在集末，若《赋》在卷二，《古今诗》疑在卷三、卷四，难以考定，姑提假说。

总之，刘禹锡编《柳集》，体例极特殊，非先诗后文，亦非先文后诗，而先以《唐雅》《唐诗》《贞符》三大作，盖以显示盟友柳宗元对唐朝"立言"之大义也。赋、诗在其后，具体卷几，有待再考。

刘编《柳集》"第一通"

钱穆先生提疑问曰："以《雅诗、歌曲》为第一卷，则试问韩《志》与

---

① 《四库全书总目》卷一五〇《刘宾客文集》："有《子刘子自传》一篇，叙述前事，尚不肯诋諆（王）叔文，盖其人品与柳宗元同。"

② 参见拙文．日本旧校钞《增广注释音辩唐柳先生集》四十五卷本及南宋刻《音注唐柳先生集》略考［J］．文史，2014（106）．

《祭文》，又乌可附于此卷之末乎？……刘编柳集之第一通，究当是何类文字乎？又甚为可疑也。"①《唐雅》《唐诗》《贞符》冠于《柳集》之首无疑，是否在第一卷，需深究。刘《柳集序》末云：

> 凡子厚名氏与仕与年暨行己之大方，有退之（韩愈）之《志》若《祭文》在，今附于第一通之末。

刘《序》古文，此一文尤自在，如多用虚词，有节奏，"与""暨""若"三字义通而移句换字②，又"行己"谓为人、生平，用典故③。一文炼句甚佳，代柳披露古文真面目。而《柳集纪》在刘作《集纪》中最短，事迹不多述，非一般，盖附以"文章盟主"韩愈《墓志》《祭文》，皆详于"子厚名氏……大方"也。

据刘《序》，"第一通之末"附有韩愈《墓志》《祭文》。此一文，诸本无异文。"第一通"谓第一卷，今日语中仍有量词之法，常用如一封信、一套证件（不管一张或几张）呼为一通，盖唐时传来，又如刘禹锡《韦处厚集纪》作"编次遗文七十通"，《新唐书》卷六〇《艺文志》改作"七十卷"。永州本收有韩愈《柳子厚墓志铭》《祭柳子厚文》《柳州罗池庙碑》以及《柳子厚先生传》（节录《新唐书》本传）共4篇，而皆不在卷一，在《外集》之后《后序》之中，乾道本、嘉定本均同。永州本，属于刘编三十卷本系统，而为南宋所刊，不必与原编全同。刘编是否在卷一，管见所及，考此疑者曾有三：

（1）诂训本今有四种④，惟《四库底本》在卷一《贞符》后有《视民诗》，后有《墓志》《祭文》，题下注引刘《序》云："今悉依公所编次，用附于见（衍字？）于此。"四库全书荟要本、文渊阁本、文津阁本等清钞本皆有《视民诗》而无《墓志》等，可知宋刊诂训本据刘《序》编入，而清馆臣删除。穆修本系统之中，惟郑定本《视民诗》亦不收，永州本以入《外集》，盖据四十五卷本加入。此既非刘编原貌，又《墓志》等韩文，与《唐雅》《唐诗》《贞符》无关，应不在《贞符》后。

---

① 钱穆. 读柳宗元集［J］. 新亚学报，1965，3（2）：39.

② 五百家注本注："张曰：暨，其冀切，及也。""若"亦谓与、及、并，《左传·襄十三年》、《国语·楚语上》："请为灵若厉。"五百家诸本《附录》李石《河东先生集题后》云："蜀本（若《祭文》）往往只作'并《祭文》'。"

③ 出于《论语·公冶长》"子谓子产有君子之道四焉，其行己也恭，其事上也敬，其养民也惠，其使民也义"。

④ 文渊阁《四库全书》本、文津阁《四库全书》本、《荟要》本，另有四库底本入藏北京图书馆。

（2）《墓志》《祭文》皆韩愈所作，不应在正集，则"第一通"疑即《序目》之类，如清末刘寿曾（1838—1882）考乾道永州本云："刘梦得序《柳集》作三十二通，当是正集三十卷、外集一卷、目录一卷耳。"① 实则"正集三十卷"，外二卷应指《非国语》二卷。乾道本，残本，仅存《外集》一卷，《非国语》不存。此残本原为曹寅旧藏，《千山曹氏藏书目》注云三十二卷②，又《文苑英华》所收以及《直斋书录解题》、张敦颐《柳先生历官纪》（乾道五年，1169）所引刘《序》皆作"三十二通"，故刘寿曾如此推测。而莫绳孙早以《外集》及《附录》为二卷，亦非。永州本连《外集》共三十三卷，日本藏嘉定本可证。

（3）钱穆先生又推想："或第一卷不属柳文正编，正如后世附录之类，而刘氏编之于首。若去此一卷不计，则柳集正编恰是三十二通矣。至今传宋本刘梦得集，又云三十通者，或脱一二字，亦未可知。"③ 宋本《刘集》皆作"三十"，又《崇文总目》《新唐书》《中兴馆阁书目》《通志·艺文略》等皆作"三十卷"。永州本，在《非国语》前，共三十卷。可知原编三十卷无误。

此外，尚有值得一提者。唐人编《集》有一现象，往往以编卷为整数，如《吕温集》"凡二百篇，勒成十卷"，《李绛集》"凡四百馀篇，勒成二十卷"，《韦处厚集》"编次遗文七十通"，又如《刘禹锡集》四十卷，《韩愈集》四十卷，《元氏长庆集》一百卷，《白居易集》有七十卷，五十卷，二十卷，《武元衡集》十卷、《韦贯之集》三十卷，《李翱集》十卷，《樊川集》二十卷等④，皆实数，非概数，编人似嫌有零，疑即一中国传统美学心理之作用。

又，凡称卷数不含《序目》卷以计，如《吕集》十卷、《白居易集》七十卷，皆不含《序目》在内。"编次为三十通……附于第一通之末"，是否除正集三十卷外仍有一卷在首，若是则"第一通"应指卷首，即所谓《序目》。如《韩愈集》四十卷，而李汉《昌黎集序》云："……总七百，并《目录》合为四十一卷，目为《昌黎先生集》，传于代。"《文粹》以及现存宋元本《韩集》所收李汉《集序》皆作"四十一"，而《旧唐书》本传、《新唐书·

---

① 刘寿曾《宋乾道永州本柳柳州外集跋》，作于光绪五年（1879）（《古逸丛书》三篇之三十一《唐柳先生外集》，中华书局1987年版）。

② 莫绳孙《宋乾道永州本柳柳州外集跋》作于同治十二年（1873）云："是册为曹栋亭氏旧藏，检《千山曹氏藏书目》此种，注云'三十二卷'本，乃合此《外集》暨《附录》计之，益足证永州本《正集》为三十卷无疑。"傅增湘以嘉定三十三本"纠正""莫绳孙……误言"（藏园订补邵亭知见传本书目：卷一二 [M]. 北京：中华书局，2009：1023）。

③ 钱穆《读柳宗元集》。

④ 《新唐书》卷六〇《艺文志》。

艺文志》以及《崇文》《通志》《郡斋》《直斋》《玉海》《文献通考》等著录《韩集》皆作"四十"，宋元本《韩集》正集卷数亦然①。盖李汉作《总目》一卷，不计入正集之数，历代书目亦皆是，如《文苑英华》一千卷，不含《总目》五十卷。由此推理，禹锡《序》所云"第一通"非正集，谓《序目》卷，实编有三十一卷，书目不妨称三十卷，指正集。

又，永州本收韩愈《柳子厚墓志铭》《祭柳子厚文》而在《外集》后著《后序》（见版心），与《柳州罗池庙碑》《柳子厚先生传》共有4篇。此《后序》应题为《附录》。唐宋时《序》多附于集末，故称《后序》，疑刘《序》亦原在集后，后人以刘《序》移入卷首，以《墓志》《祭文》移入《后序》，再加以《庙碑》《传》。韩愈《墓志》作于"以十五年七月十日归葬万年先人墓侧"稍后，韩愈《祭文》作于"维元和十五年岁次庚子五月壬寅朔五日景（丙）午"，刘禹锡《祭柳员外文》云："退之（韩愈）承命，改牧宜阳（袁州），亦驰一函，侯于便道。勒石垂后（墓志），属于伊人。"故禹锡"附于第一通之末"。《庙碑》亦为韩愈所撰，而作于长庆三年（823）②，《传》即出于《新唐书》本传，皆应不附于刘编原本。《传》节录本传，至"辄死，庙罗池。愈因碑以实之云"之句为止，与《庙碑》相应，后人附之以补。此亦刘编原本与永州本不同之一。

总之，刘禹锡编《柳集》共三十一卷：其中《总目》一卷在卷首，目录后附以韩愈《墓志》《祭文》，未曾附《庙碑》《传》，正集三十卷，未曾附《非国语》《外集》。

小　结

本文介绍日本新发现所藏永州刊三十三卷本残卷，据此考证并推测刘禹锡原编三十卷本分类编次，今总结所考，作一表如下：

---

① 韩愈；刘真伦，岳珍，校注．韩愈文集汇校笺注：第7册附录一韩愈，集宋元传本题记．北京：中华书局，2010：3261－3274.

② 户崎哲彦．韩愈《柳州罗池庙碑》撰文及立碑年代考辨［M］//唐代岭南文学与石刻考．北京：中华书局，2014：174－189.

刘禹锡编《唐柳先生文集》三十卷本		
00	目　录	
00	韩愈《柳子厚墓志铭》《祭柳子厚文》	
01	唐雅、唐诗、贞符	
02	赋（？）	古　赋
02	赋（？）	今体赋
03	古今诗（？）	（永州所作）
04	古今诗（？）	（回京途次及柳州所作）
05	表（？）	
	………	
13	骚吊（？）	
14	说　如说者附之	
15	赞　箴·戒	
16	序	上
17	序	中
18	序	下
	………	
29	状	
30	启	
夔州刺史刘禹锡《纪（序）》		

　　书名未详，诸如《崇文总目》"柳子厚集三十卷"、《新唐书·艺文志》"柳宗元集三十卷"，唐末司空图（837—908）作"柳柳州集"①，四十五卷本多作"唐柳先生集"，《刘宾客文集》作"唐故尚书礼部员外郎柳君集"，《刘梦得文集》作"唐故柳州刺史柳君集"，今姑从永州本。

　　永州本逐卷皆有目录，不知卷首有总目与否，四十五卷本卷首有总目，各卷无有。如上所考，刘原本卷首有总目无疑，由此推测，永州本据此分入各卷首。至于卷五《表》、卷一三《骚吊》，难以断定，有待再考。

　　刘编原本早佚，永州三十三卷本连《后序》《跋》仅存十一卷，至于余

---

① 《题柳柳州集后》，《四部丛刊》本《司空表圣文集》卷二。

卷，欠客观根据可证，止于推论，谨供同仁参考。

　　永州本又大有助于校勘，并可以使得刘禹锡所编《柳集》复原。今略示一二：四十五卷本《柳州山水近治可游者记》"在多秭归"，文义不通，宋本无注异文，何焯云"在疑作尤"①，义通，而永州本作"亦多秭归"，盖因"亦"异体字形近"在"而误。又如《上大理崔大卿启》"大卿"，永州本作"少卿"，此一字涉及考博学宏词之年②，极为重要，诸本亦无注异文③，而皆以永州本所作为正无疑④。永州本残本必为柳宗元研究开新局面，又必促进刘禹锡、韩愈等唐文研究，早日公开不止为柳学同仁所渴望。

　　①　崔高维，点校. 义门读书记：卷三六河东集［M］. 北京：中华书局，1987：648.

　　②　文安礼《年谱》（绍兴五年，1135）系于"贞元十二年"，尹占华《柳宗元集校注》以为贞元十一年作（上大理崔大卿应制举不敏启［M］. 北京：中华书局，2013：2276－2278；年表：3490－3491.）

　　③　文安礼《年谱》作"与大理崔少卿启"。今本诂训本作"崔大卿"，而韩醇注："新史年表：崔同尝为大理少卿，崔锐尝为大理〔少〕卿。"《新唐书》卷七二下《宰相世系表》二下"崔锐"作"〔少〕卿"（北京：中华书局，1975：2749）。

　　④　参见拙文《南宋永州刊〈唐柳先生文集〉三三卷本初考》。

附录

卷	类目	所收篇目	叶数	〔北图本〕山本藏本 静嘉堂本	册
14	《说》	01　天说 02　车说　赠杨诲之 03　鹘说 04　罴说 05　捕蛇者说 06　褐说 07　朝日说 08　乘桴说 09　复吴子松说 10　谪龙说	20	1A－20B	1
	"如《说》者附之"	11　读韩愈毛颖传 12　吏商 13　鞭贾 14　观八骏图 15　东海若			
15	《赞》	01　龙马图赞并序 02　伊尹五就桀赞并序 03　梁丘据赞 04　霹雳琴赞并序 05　尊胜幢赞并序	9	1A－9B	
	《箴戒》	06　惧箴 07　忧箴 08　师友箴 09　三戒临江之麋 10　黔之驴 11　永某氏之鼠 12　敌戒			

（续上表）

卷	类目	所收篇目	叶数	〔北图本〕 山本藏本 静嘉堂本	册
16	《序》上	01 崇丰二陵集礼后序 02 西汉文类序 03 濮阳吴君文集序 04 愚溪诗序 05 同吴秀才武陵赠李睦州诗序 06 杨评事文集后序 07 王氏唱和诗序 08 陪永州崔使君宴南池序 09 娄二十四秀才花下诗序 10 法华寺西亭夜饮赋诗序 11 送元十八山人序 12 送豆卢膺秀才序 13 送赵大秀才往江陵序	15	1A – 15B	
17	《序》中	01 送从弟谋序 02 送澥序 03 送徐从事北游序 04 送桂州杜留后序 05 送李判官往桂州序 06 送宁国范明府序 07 送薛存义序 08 送薛判官量移序 09 送易师杨君序 10 送巽上人赴中丞叔父召序 11 送僧浩初序 12 送琛上人南游序 13 送元暠师序 14 送内弟卢遵游桂州序 15 送从兄偶序 16 送杨凝郎中使还汴宋后序 17 送蔡秀才序 18 送廖有方序 19 送严秀才序 20 送潜上人归淮南序	20	1A – 20B	1

（续上表）

卷	类目	所收篇目	叶数	〔北图本〕山本藏本静嘉堂本	册
18	《序》下	01 送娄图南游淮南序 02 送吕让序 03 送崔九策序 04 送韦七秀才序 05 送南涪州量移群州序 06 送崔群序 07 送韩丰后序 08 送萧鍊序 09 送元秀才序 10 送幸南容归使联句序 11 送苑论序 12 送辛殆庶序 13 送班孝廉序 14 送独孤申叔序 15 送独孤书记序 16 凌助教蓬屋题诗序 17 送文畅上人序 18 送贾山人序 19 送辛生序略 20 送李渭序 21 送文郁师序 22 送方及师序 23 送玄举师归幽泉寺序 24 序棋 25 序饮	3	1A－3B （4A 以下下落不明）	1

（续上表）

卷	类目	所收篇目	叶数	〔北图本〕 山本藏本 静嘉堂本	册
29	《状》	01 进农书状 02 让监察御史状 03 为崔中丞上宰相状 04 代人进瓷器状 05 为南承嗣请从军状 06 为京畿父老上宰相状 07 为京畿父老上府尹状 08 为京兆府诉旱损状 09 上户部状 10 柳州上本府状 11 上中书门下状 12 13 三首 14 上裴相状 15 为广南郑相公奏百姓产三男状 16 为薛中丞浙东奏五色云状 17 柳州举自代状 18 为南承嗣乞两河劾用状 19 柳州上中书门下状 20 为裴中丞伐黄贼转牒 21 为裴中丞奏邕管黄家贼事宜状	17	1A－2B、 3A－17B	2

（续上表）

卷	类目	所收篇目	叶数	〔北图本〕山本藏本 静嘉堂本	册
30	《启》	01 上扬州李相公启 02 谢李相公示手札启 03 寄赵江陵启 04 二首 05 上湖南李中丞启 06 上李中丞所著文启 07 谢李中丞启 08 上严东川启 09 寄桂州李中丞荐卢遵启 10 上大理崔少卿启 11 与邕州李中丞启 12 上裴晋公献唐雅诗启 13 上襄阳李仆射启 14 上广州赵尚书启 15 上西川武相公启 16 襄阳李尚书启 17 上江陵严司空启 18 上河阳乌尚书启 19 贺裴桂州启 20 上裴行立中丞撰訾家洲记启 21 与卫淮南石琴荐启 22 答郑员外贺启 23 答诸州贺启 25 上岭南郑相公启	21	1A－21B	2
31	《非国语序》	《非国语序》三十一篇	18	1A－18B	
32	《非国语序》	三十六篇	18	1A－8B、9A－18A	

（续上表）

卷	类目	所收篇目		叶数	〔北图本〕 山本藏本 静嘉堂本	册
33	外集	（省略，共45篇，全见乾道本）		35	（1B－35B） 1A 1B－29A 29B－35B	2
34	《后序》	韩愈《柳子厚墓志铭》《祭柳子厚文》《柳州罗池庙碑》《柳子厚先生传》		8	〔1A－8B〕 1A－8B	
		刊　记	乾道元年 （1165）	1	AB	
		叶桯《重刊柳文后叙》		1	（9AB） AB	
	《跋》	赵善愭	绍熙二年 （1191）	1	AB	
		钱　重		1	AB	
		汪　機	嘉定元年 （1208）	1	1A 1B	
计	11卷			189	（44） 148　41	2

（作者单位：日本岛根大学法文学部）

从叙事者和记录者的立场看《刘宾客嘉话录》

吴肖丹

　　韦绚记录的《刘宾客嘉话录》，择取自他长庆二年（822）前往夔州从学于刘禹锡门下所闻言及政治、文学和书法等的言论，韦绚序言指出内容包括"国朝文人剧谈，卿相新语，异常梦话，若谐谑、卜祝，童谣，佳句"，今辑本1卷130条，涉及唐代宰相的有31条。韦绚是宰相韦执谊之子、杜黄裳之外孙，王叔文曾对刘禹锡"以宰相器待之"①，二人所讨论者，很大一部分涉及君臣相待、人才取用、制度沿袭、党争权术、命运穷通等，实为传授政治经验，有清晰的儒家官员的立场。

一、韦绚赴夔州的境况与记录整理的动机

　　韦绚，字文明，原名韦昶②，京兆人，宰相韦执谊之子，元稹之婿，杜黄裳之外孙。大和五年（831）又记李德裕所谈，为《戎幕闲谈》一卷传于世。卞孝萱先生曾于《唐人小说与政治》一书指出，《戎幕闲谈》是一部在荒诞故事中隐藏着政治内容的小说集，"窦参"一节在于褒扬窦参③。《刘宾客嘉话录》地记录时间比《戎幕闲谈》早了9年，成书却晚了25年。它不像《戎幕闲谈》一样是叙事者指点韦绚"能题而记之，亦足以资于闻见"，而是韦绚自主的记录整理，褒贬党争的痕迹几近于无。

　　"永贞变革"失败后，"（永贞元年八月）壬寅制：王伾开州司马，王叔文渝州司马，并员外置，驰驿发遣。叔文败后数月，乃贬执谊为崖州司马，后二年，病死海上"④。韦执谊最后贬谪，因杜黄裳尚在相位，竭力维护。据《旧唐书·杜黄裳传》记载，韦执谊病死崖州，元和四年（809），杜黄裳上表乞

　　① 刘昫. 旧唐书·刘禹锡传［M］. 北京：中华书局，1975：4211.
　　② 欧阳修，宋祁. 新唐书·宰相世系表四上·龙门公房，新唐书·艺文志三·丙部子类·小说家书［M］. 北京：中华书局，1975：3107，1542.
　　③ 卞孝萱. 卞孝萱文集：第4卷［M］. 南京：凤凰出版社，2010：171.
　　④ 刘昫. 旧唐书·杜黄裳传［M］. 北京：中华书局，1975：3974.

葬韦执谊灵柩，在办理丧事的过程中病逝。"黄裳殁后，贿赂事发"①，杜家在官者，均受牵连，时韦绚未满十岁，已遭诸多家族变故。按韦绚《刘公嘉话录序》云："绚少陆机入洛之三岁，多重耳在外之二年，自襄阳负笈至江陵，挐叶舟，升巫峡，抵白帝城，投谒故赠兵部尚书、宾客、中山刘公二十八丈，求在左右学问，是岁长庆元年春。"② 这是一条与"即从巴峡穿巫峡，便下襄阳向洛阳"相反的的线路。韦绚入蜀应在刘禹锡上《夔州谢上表》所言"长庆二年正月五日"之后③，则按陆机入洛二十四岁、重耳亡居于外十九年计算，韦绚生于德宗贞元十八年（802），时年二十一岁。而"陆机入洛"是为求仕，"重耳在外"则安，韦绚用此典，拜访刘禹锡的目的很明确。他自年幼即遭巨变，家道衰落，在外投靠亲友时间比重耳还长，但是重耳尚有回国日，他又念及陆机入洛的前景，这段在外拜师的经历是他入仕的准备。

卞孝萱先生曾指出韦绚与刘禹锡至少有两层关系：韦执谊与刘禹锡同为"永贞革新"之人物；刘禹锡曾为韦夏卿下属，韦夏卿与韦执谊则是从兄弟，韦夏卿女韦丛嫁元稹生女元保子，大和二年嫁韦绚。长庆二年（822）韦绚至夔州后，刘禹锡给予了周到的照顾，"蒙大人许措足侍立，鲜衣推食，晨昏与诸子起居"④。

后来因为曾在李德裕幕下的缘故，韦绚得以进入中央，"开成末，韦绚自左补阙为起居舍人"⑤。后又任吏部员外郎与司封员外郎，二职任命顺序不详⑥。大中初年，李德裕失势，贬死于崖州，韦绚也难逃贬谪，接下来十年，是韦绚失意之时，他整理了旧时刘禹锡的闲谈，在《刘公嘉话录序》末云："时大中十年二月朝散大夫江陵少尹上柱国京兆韦绚序。"韦绚于懿宗咸通四年至七年，任义武军节度使，此为其终官。

---

① 刘昫. 旧唐书·杜黄裳传 [M]. 北京：中华书局，1975：3974.

② 陶敏，陶红雨，校注. 刘禹锡全集编年校注：附录一刘宾客嘉话录 [M]. 长沙：岳麓书社，2003：1314.

③ 陶敏，陶红雨，校注. 刘禹锡全集编年校注 [M]. 长沙：岳麓书社，2003：1063.

④ 陶敏，陶红雨，校注. 刘禹锡全集编年校注：附录一刘宾客嘉话录 [M]. 长沙：岳麓书社，2003：1314.

⑤ 陶敏，陶红雨，校注. 刘禹锡全集编年校注：附录一刘宾客嘉话录 [M]. 长沙：岳麓书社，2003：1387.

⑥ 《唐尚书省郎官石柱题名考》吏部员外郎下有韦绚。岑仲勉《郎官石柱题名新考证》：宣宗大中初至大中十年，行迹不可考。

二、叙事者刘禹锡当时的境况与政治立场

当"永贞革新"时，王叔文以宰相器相待，刘禹锡被超拔进用时，自信这是一项为忠君为国的事业，也将个人事功寄托于此。直至会昌二年（842），刘禹锡七十一岁时，写下了《子刘子自传》，这篇自传重申了早年变革的立场，并认为这场变革在当时毫无非议。在人生的尽头，再无伸展抱负的可能，刘禹锡也无须掩饰自己真实的政治立场。

但在刘禹锡贬谪期间，他一直关注人事变化，希望得到当权者的帮助。特别在长庆元年（821）他五十岁除夔州刺史前，他曾致书杜佑、李吉甫、裴度、李绛、武元衡等人请求迁移近地或者汲引。像在朗州司马任作《上杜司徒书》，痛陈自己往昔在杜佑幕下的过错："苟谓其尝掩人以自售矣，尝近名以冒进矣，尝欺谩于言说矣，尝沓贪于求售矣，尝狎比其琐细矣，尝媒孽其僚友矣，尝矫激以买直矣，尝沾讔以取容矣，尝漏言于咨诹矣，尝败务以簿书矣。有一于此，虽人谓其贤，我得而刑也，岂止于弃乎？苟或反是，虽人谓其盗，我得而任也，庸可而弃乎？由是而言，小人之善否，不在众人。"[1] 每一桩都足以入刑，以剖白的形式来表达忠诚。又如给李吉甫的书信《上淮南李相公启》云："某间以昧于周身，措足危地。骇机一发，浮谤如川。巧言奇中，别白无路。"[2] 给可称得上政敌的武元衡的《上门下武相公启》，陈尚君先生指出，瞿蜕园特别注意到启中有"山园事繁，屡懦力竭，本使有内嬖之吏，供司有恃宠之臣"，本使必指杜佑，其时已死，刘为自明，不惜揭其短以自解。这些书信虽然自曝其短，但是刘禹锡愿意承认的错误并非"永贞革新"的政治立场或改革措施，而是来自外界无法躲避的中伤，来自当权者的不信任。至于瞿蜕园曾推测"刘、柳亦恶执谊之持两端而有以致叔文之败"，若这些书信表达的隐情不仅是出于求情需要的理由，而是刘禹锡所认为的真相的话，则刘禹锡未必认为韦执谊的做法是导致变革失败的关键。所以韦绚赴夔州受到他如子弟般的关照，并在此后成为刘禹锡与李德裕、元稹交往的一个线索。

三、《刘宾客嘉话录》的叙事立场

《刘宾客嘉话录》记载的朝事，除了几条很明确地表达判断以外，其他大

---

① 陶敏，陶红雨，校注. 刘禹锡全集编年校注 [M]. 长沙：岳麓书社，2003：886.
② 陶敏，陶红雨，校注. 刘禹锡全集编年校注 [M]. 长沙：岳麓书社，2003：928.

多是通过陈述事实，以其关系引导学生接近事实的意义，从而将自己的价值判断和政治立场传授给学生。正如杨义在《中国叙事学》分析"叙"与"序"所指出的那样，"叙事学在某种意义上是顺序学和头绪学"①。刘禹锡正是通过"述而不作"将政治关系中的顺序与头绪传授给韦绚。

首先，是儒家官员的立场。在中唐这个三教人物皆能左右君主的时代，不少政治问题的处理并不遵循儒家的思想。《刘宾客嘉话录》有不少谈预测命理神异事迹的条目，但是叙事者对神异的爱好仅止于此。在政治上，刘禹锡对"好谈神仙诡诞"的"谋略"之士并不欣赏，像他指出德宗皇帝的宠臣韦渠牟效仿历仕四朝的隐士宰相李泌，指出他们媚上的言论。

> 李丞相泌谓德宗曰："肃宗师臣，岂不呼陛下岂郎？"圣颜不悦。泌曰："陛下天宝元年生，向外改年之由，或以弘农得宝，此乃谬也。以陛下此年降诞，故玄宗皇帝以天降至宝，因改年号为天宝也。"圣颜然后大悦。又韦渠牟曾为道士及僧，德宗问："卿从道门，本师复是谁？"渠牟曰："臣师李仙师，仙师师张果老先生。肃宗皇帝师李仙师为仙帝，臣道合为陛下师，由迹微官卑，故不足为陛下师。"渠牟亦效李相泌之对也。②

司马光在《资治通鉴》评价李泌曰："泌有谋略而好谈神仙诡诞，故为世所轻。"山人宰相李泌虽然数次在政局上发挥了重要的作用，但并不为儒家官员所重视，至于先为道后为僧，更是非正道中人，《旧唐书·韦渠牟》云："渠牟形神佻躁，无士君子器，志向不根道德，众雅知不能以正道开悟上意。"刘禹锡对这样谄媚而妄言神异的非儒家官员是持否定态度的。

他虽在笔记中多次提到善于相面、摸骨、预知命运的术士，但是他叙述这些神异事迹的时候，都将这些人置于好事者、门下士的地位，为儒家的官员所用却不能凌驾于其上。他对韦渠牟的记载有数条，透露了明显的贬义。如：

贞元末，太府卿韦渠牟、金吾李齐运、度支裴延龄、京兆尹嗣道王实皆承恩宠事，荐人多得名位。时刘师老、穆寂皆应科目，渠牟主持穆寂，齐运主持师老。会齐运朝对，上嗟其羸弱，许其致政而归。师老失据，故无名子曰："太府朝天升穆老，尚书倒地落刘师。"刘禹锡曰："名场险巇如此。"③

---

① 杨义. 中国叙事学 [M]. 北京：人民出版社，1997：11.
② 陶敏，陶红雨，校注. 刘禹锡全集编年校注：附录一刘宾客嘉话录 [M]. 长沙：岳麓书社，2003：1324.
③ 陶敏，陶红雨，校注. 刘禹锡全集编年校注：附录一刘宾客嘉话录 [M]. 长沙：岳麓书社，2003：1359.

《旧唐书·韦渠牟》云："陆贽免相后，上躬亲庶政，不复委成宰相，庙堂备员，行文书而已。除守宰、御史，皆帝自选择。然居深宫，所狎而取信者裴延龄、李齐运、王绍、李实、韦执谊洎渠牟，皆权倾相府。"与史书比较，笔记将韦渠牟置于首位，并无刘禹锡"永贞革新"的盟友、韦绚之父韦执谊以及王绍，是叙事者念及旧谊隐去，还是认为韦执谊并非宠臣，或是记录者为亲者隐，已不可知。但对韦渠牟辈靠媚上把持权力，新进官员靠宠臣上位，刘禹锡是不以为然的。他指出"名场险巇如此"，或许有念及当时也是宠臣的韦执谊。书中还有一则云：

> 又渠牟因对德宗，德宗问之，曰："我拟用郑絪作宰相，如何？"渠牟曰："若用此人，必败陛下公事。"他日又问，对亦如此。帝曰："我用郑絪，定也，卿勿更言。"絪即昭国司徒公也。再入相位，以清俭文学号为贤相，于今传之。渠牟之毁，滥也。[①]

指出韦渠牟损毁中伤的官员不在少数。书中还有两则笔记指出韦渠牟等僧道是德宗生日三教讲论的时候受宠，他们擅长奉承嘲谑，却不懂朝廷礼制，像"渠牟荐崔芊"条，韦渠牟推荐山人作东宫僚属，山人对朝堂一无所知，连基本的仪礼称呼都不懂，遇事束手无策，更谈不上辅佐皇储。

其次，是高层官员的立场。正如上文所指出的，本书130则笔记，涉及本朝宰相的有31则，自然也有唐代合称宰相的职官多的缘故在。但是对刘禹锡这样曾经接近过权利中心，有途径有机会谋高位的谪臣来说，对韦绚谈论起他的父亲曾经身居的官职，也是很自然的。他谈得最多的是宰相在位时为人慧眼所识，宰相知人、用人之道以及君臣相得。如：

> 李丞相绛，先人为襄州督邮，方赴举求乡荐。时樊司徒泽为节度使，张常侍正甫为判官，主乡荐。张公知丞相有前途，启司徒曰："举人中悉不如李某秀才，请只送一人，请众人之资以奉之。"欣然允诺。又荐丞相弟为同舍郎。不十年而李公登庸，感司空之恩，以司空之子宗易为朝官。[②]

---

① 陶敏，陶红雨，校注. 刘禹锡全集编年校注：附录一刘宾客嘉话录［M］. 长沙：岳麓书社，2003：1359.

② 陶敏，陶红雨，校注. 刘禹锡全集编年校注：附录一刘宾客嘉话录［M］. 长沙：岳麓书社，2003：1372.

特别在如何识人、如何用人甚至如何用"势"上，刘禹锡都是从宰相的立场去叙事的。如：

> 永宁王二十、光福王八二相，皆出于先安邑李丞相之门。安邑薨于位，一王素服受慰，一王则不然，中有变色，是谁过欤？又曰：李安邑之为淮海也，树置裴光德，及去则除授不同。李再入相，对宪宗曰："臣路逢中人送节与吴少阳，不胜愤。"圣颜頩然。翌日罢李丞相蕃为太子詹事，盖与节是蕃之谋也。又论：征元济时馈运使皆不得其人，数日罢光德为太子宾客，主馈运者裴之所除也。刘禹锡曰："宰相皆用此势，自公孙弘始而增稳妙焉。但看其传，当自知之。萧曹之时，未有斯作。"①

王涯、王播都曾是李吉甫的门下故吏，这两个王相，谁素服受慰，谁则不然？刘禹锡没有说破，显然在引导韦绚思考在此情境下应该作何表现。而下文吕吉甫借将李蕃、裴光德放在重要的职位上，以便让他们犯下错误而罢免他们，刘禹锡认为这是儒家的"势"用得"稳妙"的一个案例，宰相皆用此法，李吉甫的手段自西汉"独尊儒术"的代表人物公孙弘而来，并建议韦绚去参看公孙弘的传记，用意深远。至于叙述杜衍致仕后入市看盘铃傀儡后，刘禹锡指出"司徒深旨，不在傀儡，盖自污耳"，位高权重者一旦去位，如何自保，这又是站在高层官员立场对士大夫出处行藏的一个观察。又如识人：

> 杨茂卿客游扬州，与杜佑书，词多捭阖，以周公吐握之事为讽。佑讶之。时刘禹锡在坐，亦使召杨至，共饮。佑持茂卿书与禹锡，曰："请丈人一为读之。"即毕。佑曰："如何？"禹锡曰："大凡布衣之士，皆须捭阖以动尊贵之心。"佑曰："休休！捭阖之事烂也。独不见王舍乎，捭阖陈少游，少游刿其颈。今我与公饭吃，过犹不及也。"翌日，杨不辞而去。②

刘禹锡在这里引用了杜佑言辞纵横之士的言论，认为游说之词过犹不及，虽然刘禹锡当时为杨茂卿说情，认为布衣不得不故作惊人语来打动高官，但是

---

① 陶敏，陶红雨，校注．刘禹锡全集编年校注：附录一刘宾客嘉话录［M］．长沙：岳麓书社，2003：1385．
② 陶敏，陶红雨，校注．刘禹锡全集编年校注：附录一刘宾客嘉话录［M］．长沙：岳麓书社，2003：1363．

真正有眼光的人并不会为捭阖的言辞所打动。又如："今延英殿，紫芝殿也，谓之小延英。苗韩公居相位，以足疾，步骤微蹇。上每于此待之。宰相传小延英，自此始也。"交代的是内廷的典故。

最后，是清流的立场。刘禹锡自贞元十九年（803）回京后，便任监察御史，至贞元二十一年（805）四月方改屯田员外郎，判度支盐铁案，他的父亲掌管钱粮盐铁转运之事，他的堂舅卢征是刘晏的心腹，继刘晏之后继掌财赋，刘禹锡在杜佑手下时未尝不熟悉实务。但是在笔记中他虽有叙述刘晏等人轶事，但主要表现的是中央清流的立场，柳宗元《送元暠师序》说："中山刘禹锡，明信人也，不知人之实，未尝言，言未尝雠。"可见刘禹锡在观察判断人时，有眼光且可靠，他对韦绚讲述了其外祖父杜黄裳据裴延龄的事迹，如：

> 裴操者，延龄之子，应宏词举。延龄于吏部候消息。时苗给事及杜黄门同为吏部知铨，将出门，延龄接见，探侦二侍郎口气。延龄乃念操赋头曰："是冲仙人。"黄门顾苗给事曰："记有此否？"苗曰："恰似无。"延龄仰头大呼曰："不得，不得！"敕下，果无名操者。刘禹锡曰："当延龄用事之时，不预实难也。非杜黄门谁能拒之！"①

叙事者给出了情感强烈的一个评价："非杜黄门谁能拒之！"这在整部笔记中是很少见的。因为故事的主人公是记录者的外祖父，叙事者解释在当时的政治背景下，拒绝录用权臣裴延龄的儿子，是非常难做到的，以突出杜黄裳正直无畏的品格。又如：

> 昆明池者，汉孝武所制。蒲鱼之利，京师赖之。中宗乐安公主请之。帝曰："前代以来，不以与人，此则不可。"主不悦，因役人别凿一池，号曰定昆池。既成，中宗往观，令公卿赋诗。李黄门日知诗曰："但愿暂思居者逸，无使时传作者劳。"及睿宗即位，谓之曰："定昆池诗，当时朕亦不敢言，非卿忠正，何能若此！"寻迁侍中。②

抗上直言的李日知获得了睿宗的赏识，现实中这种幸免于祸又得其用的事

---

①　陶敏，陶红雨，校注. 刘禹锡全集编年校注：附录一刘宾客嘉话录 ［M］. 长沙：岳麓书社，2003：1384.

②　陶敏，陶红雨，校注. 刘禹锡全集编年校注：附录一刘宾客嘉话录 ［M］. 长沙：岳麓书社，2003：1336.

例其实是少数的，但这种正面事例的暗示，足以传达刘禹锡对为官的清流立场。

《刘宾客嘉话录》是刘禹锡师长在传道授业时穿插的案例甚至闲谈，有时仅是授业时相关话题的闲谈，有时则是有感而发，有点拨学生的用意。这些不太具有"政治正确"的叙述，不需要毕恭毕敬地记录下来，所以韦绚"即席听之，退而默记，或染翰竹简，或簪笔书绅，其不暇记，因而遗忘者，不知其数"，但从这少量的记录，也得以窥探刘禹锡作为一个儒家官员、高层文官和清流的立场。

四、《刘宾客嘉话录》的追忆与等待

笔记所记载的是刘禹锡所经历过的或者听闻的事，但是值得注意的是，对决定了刘禹锡命运的"永贞革新"以及除柳宗元以外的同盟者，叙事者和记录者并无一则笔记语及。叙述柳宗元的故事，除了追忆往昔二人同登进士外，其余都只议论诗文。这种避不谈往事的态度有叙事者和记录者畏祸的考虑。但可以想见，避开了"永贞革新"的人和事，却忍不住会围绕它们去讲述相关的往事。如下文：

> 通事舍人宣诏，旧例，拾遗团句把麻者，盖谒者不知书，多失句度，故用拾遗低声摘句以助之。及吕温为拾遗，被唤把麻，不肯去，遂成故事。拾遗不把麻者，自吕始也。时柳宗元戏吕云："幸识一文半字，何不与他把也。"①

从字面看，这就是一段文坛佳话，拾遗不把麻，自吕温始，又有柳宗元的一句戏语。吕温也是王叔文集团中人，与柳宗元、李景俭同为刘禹锡的知交，贞元二十年（804）以侍御史为入蕃副使，在吐蕃滞留经年，所以未能参与"永贞革新"，元和六年（811）卒于衡州刺史任上，柳宗元在祭文中痛悼他云："志不得行，功不得施。……临江大哭，万事已矣！"刘禹锡虽无一语提及当日之志，但在入夔州之前他刚好整理了二人的诗文集，并饱含深情写下了《唐故衡州刺史吕君集纪》《唐故尚书礼部员外郎柳君集纪》②。刘禹锡在追忆

---

① 陶敏，陶红雨，校注. 刘禹锡全集编年校注：附录一刘宾客嘉话录［M］. 长沙：岳麓书社，2003：1358.

② 陶敏，陶红雨，校注. 刘禹锡全集编年校注［M］. 长沙：岳麓书社，2003：1057，1061.

这对同命运的朋友的往事时，未必没有一个徘徊于当日集团的影子，又不得不为命运而嗟叹。

在贬谪的处境中，刘禹锡一面积极寻求回到中央的机会，一面又不得不面对等待机遇的现实，而在挚友辞世、万事已矣的处境中，对命运穷通有了更多的揣摩。正如上文所指出的，《刘宾客嘉话录》有九则预测命理应验的奇谈，这与他《天论》等文章体现的朴素唯物主义思想是相悖的吗？天人交相胜与命运可预测其实属于不同的命题，况且正如写"二十三年弃置身"，刘禹锡形容是"沉舟侧畔千帆过，病树前头万木春"，穷通有定是叙事者在贬谪地等待机遇、不断猜测命运的一些引证。如：

> 公曰：杜相鸿渐之父，名鹏举，父子而似兄弟之名，盖有由也。鹏举父尝梦有所之，见一大碑，云是宰相碑，已作者金填其字，未作者刊名于上。杜问曰："有杜家儿否？"曰："有，任自看之。"记得姓下是鸟偏傍、曳脚，而忘其字，乃名子为鹏举，而谓之曰："汝不为相，即世世名鸟边而曳脚也。"鹏举生鸿渐，而名字亦前定矣，况其官与寿乎？①

在叙事后，刘禹锡直接发出名字都是生前注定、何况官爵和寿命的感慨。在整部书中，叙事者直接发出评论或感慨的笔记并不多，像这一类祸福穷通命定的笔记中，刘禹锡却屡屡表达了自己看法，在困顿的处境中，未尝没有比对自己命运的念头。像"宇文融作相"条，他感慨道："官不前定，何名真宰？"又如转述刘禹锡堂舅卢征"常衮、杨绾拜官"条，结果如相士所言，可见众人推举、皇帝信任最终也不如命运注定。而"赵憬见判官"条，谓贵人能自判命运。曾经被王叔文以宰相器待之的刘禹锡，究竟认为王叔文有没有识人的眼光，自己又是否能预知命运呢？刘禹锡的自传和其他诗文，尚未见他提到自己身上出现的异征或者预言，从他此后仍然积极求进的行动来看，刘禹锡是相信自己合当有显贵命运的。他对赵憬跌宕起伏、绝处逢生的命运的描述，非常精彩。

> 赵憬卢迈二相皆吉州人，旅众呼为赵七卢三。赵相自微而著，盖为是姚旷女婿，姚与独孤问俗善，因托之，得作湖南判官，累奏官至监察。萧相复代问俗为潭州，有人又荐于萧，萧留为判官，至侍御史。萧入，主留

---

① 陶敏，陶红雨，校注. 刘禹锡全集编年校注：附录一刘宾客嘉话录［M］. 长沙：岳麓书社，2003：1344.

务，有美声，闻于德宗，遂兼中丞，为湖南廉使。及李泌入相，不知之，俄而除替。璟既罢任，遂入京。李元素知璟湖南政事多善，意甚慕之。璟居京，慕静，深巷杜门不出，元素访之甚频。元素乃是泌相之从弟。璟因其相访，引元素于青龙寺，谓之曰："赵璟亦自合有官职，誓不敢怨他人也。诚非偶然耳，盖得于日者焉。"遂同访之。仍密问元素年命，谓之曰："据此年命，亦合富贵人也。"元素因自负，亦不言于泌相兄也。顷之，德宗忽记得璟，赐对，拜给事中，泌相不测其由。会有和戎使事，出新相关播为大使，张荐张式为判官，泌因乃奏璟为副使，未至西蕃，右丞有阙，宰相上名，德宗曰："赵璟堪为此官。"追赴拜右丞。不数月，迁尚书左丞平章事。五年，薨于位。此乃吉州旅人赵七郎之变化也。①

　　在对这种戏剧化命运的叙事中，赵璟是自知丢官以后还有合适的官职在等待他的，他的年命也注定有富贵，而高人李泌在他的命运中起到了毫不知情的推动作用。对等待机遇的刘禹锡和韦绚而言，无法左右客观的现实，那么在叙述记录他人命运的穷通中体悟自身的处境，也是一种排遣苦闷和转换心境的方式。正如他在笔记中自述当时在夔州时，"少逢宾客，纵有停舟相访，不可久留，而独吟……忽得京洛故人书题，对之零涕，又曰：'浮生虽至百年，倏尔衰暮，富贵穷愁，实其常分，胡为嗟恍焉！'"②，这是叙事者的独白，向记录者直接展示了他的内心，他自身的遭遇也给出了事实的指示，进取功业时不我待，而命运穷通又非人力所能左右，这种"教诱"从另一个角度看是为韦绚即将踏上仕途做好心理的建设，而记录者在十年失意后也在此中找到了慰藉。

　　《刘宾客嘉话录》是一部失意者的琐言，它的叙事者本有机会施行重大的政治变革，以相业相期，但在短暂的超拔进用后面对的是漫长的贬谪生涯，在当权者变换时仍在积极地寻求回到中央的机会。它的记录者出身高门，积极寻求回到政治权力中心的机会，本追随李党短暂地稳步上升，突然失势，经历近十年闲居外郡的时光后重新整理这部笔记，追忆师长的处境与言行，虽曰"传之好事，以为谈柄也"，也不乏"立言"之用意。

（作者单位：广东外语外贸大学）

　　① 陶敏，陶红雨，校注. 刘禹锡全集编年校注：附录一刘宾客嘉话录 [M]. 长沙：岳麓书社，2003：1351 – 1353.
　　② 陶敏，陶红雨，校注. 刘禹锡全集编年校注：附录一刘宾客嘉话录 [M]. 长沙：岳麓书社，2003：1395.

刘禹锡朗州诗文往来人物略论

翦　甜

楚辞、汉赋、唐诗、宋词、元曲、明清小说，乃世所公认的各朝文学代表。提及唐诗，人们往往会想到盛唐恢弘博大的气象、浪漫恣意的诗人、辉煌灿烂的诗歌。但是就目前留存的诗文数量和质量来比较，中唐时期的诗文作者和作品反而比盛唐更多，流传面更广。其中，韩愈、柳宗元推动的"古文运动"，元稹、白居易倡导的"新乐府诗歌"成为两大主要因素。四人之外，还有刘禹锡，他诗文兼擅，与诸人交往密切，同时参与两大运动，但又不属于任何一派，自成体系。中唐知名诗人，诗文创作量之多，为当时一时之盛，是对唐五代诗文史甚至后世历代文学史产生深远影响的一流大家，韩、柳、元、白、刘可并称。因五人皆有过贬谪经历，本文试从贬谪朗州期间刘禹锡交往的人物来研究以韩、柳、刘、元、白等为代表的"元和"诗人群体。探究朗州贬谪生涯对刘禹锡个人思想的提升、文学体系的构建，以及对中唐诗人群，对整个文学史所产生的重大影响。

一、刘禹锡在朗州的诗文往来

《旧唐书》本卷记"禹锡在朗州十年，惟以文章吟咏陶冶性情"。永贞元年（805）底，刘禹锡拖家带口赶在腊月封年之前到达朗州，却连固定住所都没有，次年方落脚于沅江边城墙脚下的"茅舍"。而永州司马柳宗元则选择寄居寺庙。从繁华热闹的京都到不毛之地的远州，人情冷暖自是可知。刘禹锡以顽强的意志和坚定的信仰，坚信济世救民是儒家之根本宗旨，以"忧国不谋身"的信念执着于理想。这样的基调，让刘禹锡未完全沉沦、自我放逐，而是尝试以多种方式自我调适。他在朗州观竞渡、采菱游湖，听民歌俚语，踏访桃源、拜访高僧，其他如埋首文章、诗文酬答、探讨文学、礼佛参禅、寄情山水、访僧问道、钻研民歌、寻访古迹、求医问药，等等，也的确有了成效。

在其朗州诗文作品中，有相当一部分是与友人唱和，笔者试将与刘禹锡往来的友人概括为四大类：永贞革新的净友、朗州左近之难友、梧枝远奉的贵友以及同参佛理的禅友。

1. "二十年来万事同"——永贞革新的诤友

"二十年来万事同"，这是刘禹锡从朗州回京后再贬分别时，柳宗元写给他的诗句，写出了刘柳二人一生的深情厚谊，也道尽了永贞朝革新派对命运的感慨。

在王伾为开州司马，王叔文为渝州司马后，永贞元年九月，刘禹锡等八人先后被贬远州刺史。因朝议谓刘、柳等人贬太轻，十一月又贬为州司马。政治失败，刘禹锡带着老母亲众，赶赴南荒瘴疠之所，落井下石者多，冷眼旁观者众，既得利益者排挤更甚，此时还有联络的，至少在政治倾向上是同盟。"八司马"自然是关系紧密，除此之外，在刘诗中还有吕温、张贾等人。

其中，柳宗元与刘禹锡的关系最为密切，二人在贞元九年（793）同时进士及第，踏上仕途，在永贞改革的政治舞台上"谋议唱和"、力革时弊，后来风云变幻，二人同时遭难，远谪边地。去国十年以后，二人又一同被召回京，却又再贬远荒。刘禹锡与柳宗元的交情，世人皆知，有柳宗元的"以柳易播"，有刘禹锡的抚孤刊文。

"八司马"贬谪之所，刘柳二人同为湖南，被排斥在政治国事之外，时间空闲，心情压抑，不得不纵情于山水，埋首于诗文。此间，柳宗元在永州创作传世名篇《捕蛇者说》《江雪》《天说》系列等，并时常与刘禹锡书札往来。后柳宗元病逝于柳州任上，刘禹锡抚养其遗孤成人，并将柳宗元的诗文整理成集流传后世。

"八司马"之外，吕温也是王叔文政治革新集团的重要人物。革新措施开展的那年，吕恰巧出使在外，未被贬为司马。但此前在京数年，吕温少壮之辈，锋芒初露，同样为王叔文倚重，与刘、柳相交甚笃。元和三年（808），吕温因事被贬道州，后徙衡州，仅数年病逝。柳宗元为《唐故衡州刺史东平吕府君诔》叹其"志不得行，功不得施"，既是凭吊好友，亦是自身写照。刘禹锡在《吕八见寄郡内书怀因而戏和》中赞到"文苑振金声，循良冠百城"。温卒后，刘禹锡将其诗文辑为《吕衡州集》十卷，并为之作序。

永贞元年九月贬连州，刘禹锡绕道洛阳接老母南下，礼部员外郎张贾等置酒相送，刘禹锡在宴席后和行路途中有诗相赠。贞元末、永贞中同朝为官，张贾在政治上是同情革新派的。从洛阳辞别张员外诸公，道经"德宗山陵"，至华州这一路，政治上的失意与昔日进士高中时的得意形成巨大反差，刘禹锡给张贾寄诗并抒发感想，不能不说二人交情匪浅。

2. "美人相赠比双金"——朗州左近之难友

唐代历次政治斗争，失败者多被贬谪，且多外放南方远郡，初、盛、中、晚唐皆然。贞元后更盛，贬者往往多方流徙，曾在中央供职的同僚在地方贬谪之所相遇，也是常事。刘禹锡谪朗州期间，曾与韩愈、元稹、张署、董廷、窦常、窦群、窦庠等人交往。从相交的诗文来看，刘禹锡并未与他人对政治上多作评议，而是寄情山水，埋首文章，努力平复心境。

元和年间，韩愈著《顺宗实录》，对永贞革新进行批判，对"二王八司马"评价尤低。这是他一贯的态度，后世人认为韩对刘柳有误解、嫉恨之意。笔者亦认为如此，韩诗"同官尽才俊，偏善柳与刘。或虑语言泄，传之落冤仇。二子不宜尔，将疑断还不"直接点名，其落井下石的态度简直跃然纸上。永贞元年秋，刘禹锡赴朗州途经江陵，时韩愈正是此地法曹参军。旧日同僚相会，韩愈将写给顶头上司窦庠的诗文拿出来（诗中有明显的针对性："爱才不择行，触事得谗谤。前年出官由，此祸最无妄。……奸猜畏弹射，斥逐恣欺诳"），并当面要刘禹锡唱和。同是贬谪，刘禹锡的唱和诗倒没有太多的怨愤之意，二人心境胸襟足可对比。韩愈发起的古文运动，刘禹锡也大力倡行。

"美人相赠比双金"，这是元和五年（810）二月元稹贬江陵士曹参军，刘禹锡酬和元稹的诗句。二人唱和往返相得，其中有一首刘禹锡写的《翰林白二十二学士见寄诗一百篇因以答贶》。元、白均是刘禹锡贬谪之后进入官场的，此前并无太多交集，白居易很有可能是同情革新派，敬佩刘禹锡，通过元稹介绍、转递。通过此番赠答，中唐两位文学巨擘开始了长达数十年的交往，为后人留下了许多脍炙人口的诗篇。

窦常于元和八年（813）任朗州刺史，时刘禹锡尚在朗州做司马，二人唱和颇多。平时宴会、休闲，窦常皆有诗与刘禹锡相酬答。窦诗已散佚，刘禹锡的诗倒是留下不少，应和、同和、唱和、赠答、同作、奉和的诗文达六首，可见往返之频繁。窦常及其兄弟庠、牟、群、巩皆为当时才俊。窦群元和八年（813）赴容州任途经朗州探兄，与刘禹锡相逢，二者相酬，受其所托，刘禹锡写了《为容州窦中丞谢上表》，后亦有往来酬答。其实窦群跟刘禹锡政见不和，在革新初期就对其多番攻击。从此番交往可以看出，刘禹锡基本上能够以平常心来对待被贬远州刺史的窦群了。

元和八年（813），张署任澧州刺史。当是时，刘禹锡居朗州，张署为澧州刺史，南有柳州柳宗元，北有江陵元稹等一批差不多同时遭贬的著名官员，都是他旧时的兰台密友，诗文唱和往来频繁。

刘禹锡贬朗州，边民粗鄙，不通文学，只得埋头文学创作，恰巧有位武陵学者董侹，能够诗文相通。董侹曾任荆州部从事、弘文馆校书郎、大理评事，与其相交的有杜甫、卢象、包佶、李纾等人。刘禹锡在《故荆南节度推官董府君墓志》中也提到"始予谪于武陵，人多中之贤有董生……既而以士相见之。礼成，与之言，能言坟、典、数，旁捃百氏之学"。董侹著《武陵集》，刘禹锡为之作"纪"，对其诗文高度评价道："片言可以明百意，坐驰可以役万景。"

3. "使我独坐形神驰"——梧枝远奉的贵友

失败后寻求强者援助是人之常情，刘禹锡在贬谪期间，向居高位的旧识、上司求助，企盼早日返回中央，写过不少书信。贬朗州不到半年，刘禹锡即作《上杜司徒书》，对杜佑这位往日提携过自己的长辈倾诉委屈与想法。谪朗期间，刘禹锡三番五次给杜佑写信寄文，欲博得同情照顾，期望能够改善境况"许移近郊"，希望能有机会重返长安。

这位杜宰相可算是刘禹锡仕宦生涯前期当之无愧的贵人。刘曾经四度在杜佑手下工作，自谓"四参（岐）公府"，指贞元十六年（800）杜佑辟刘禹锡为徐泗濠节度使、淮南节度使掌书记，二十年杜佑以刘禹锡署崇陵使判官、判度支盐铁等。杜佑对刘禹锡十分关注、提携，刘禹锡也自称"素相知"。在徐泗濠节度使幕下，刘禹锡追随杜佑统兵伐乱，参与战事的重要军机，征讨期间的重要文告和表章，都出于刘禹锡手笔。可惜杜佑是个非常谨慎的人，宦海沉浮几十载，很是善于趋利避害，在此政局动荡不安时期，自然不会为处在风口浪尖的刘禹锡说什么。杜佑曾用三十六年撰成二百卷《通典》，创立史书编纂的新体裁，开创中国史学史的先河。有意思的是，杜佑之孙杜悰，曾于太和元年（827）任澧州刺史。同年，大诗人杜牧来澧探访驸马堂兄，与澧州诗人李群玉一见如故。

武元衡是反对"永贞革新"的，并曾因此被王叔文集团排挤、降官。贞元末，刘、柳、韩、张等为监察御史，武时为御史台上官御史中丞，刘曾替武元衡代笔写过多篇应酬表文，几人之间诗文唱和。元和八年，武元衡做到了同中书门下平章事，即宰相。得知昔日上司执政，刘禹锡就《上门下武相公启》，先是祝贺，可能是贬谪时年太长了，刘禹锡更是抛开矜持，直接在信尾请求武元衡对自己能"发肤寸之阴，成弥天之泽，回一眸之念，致再造之恩"。而且他还双管并下，给同时受命宰执的布衣之交李绛《上中书李相公启》，表明自己"虽身居废地，而心恃至公"，望其能"推曾闵之怀，怜乌鸟之志"云云。可惜，没有彻底领会政治斗争精髓的刘禹锡始终没能意会到，真正想要打压、排除革新派的人是最高权力者唐宪宗李纯。皇帝的态度如此鲜明，但凡有一点眼色的当权者，都不会对刘、柳等人有太多青睐。

刘禹锡在朗州期间广撒网，不断地上书各位宰相，多少起到些效果。幸存的"司马"能返京，李吉甫、严绶、裴度等人在宪宗面前的建言发挥了不小的作用。

4. "悟不因人，在心而已"——同参佛理的禅友

革新败落，刘禹锡经历宦海沉浮，流放蛮荒之地，政治生涯巨大的落差，

使其身心不得不遭受剧变的冲击，这一切都会在他的心里留下不可磨灭的印迹。在现实中受到强烈打击的人，往往会从宗教中寻找信仰寄托。刘禹锡在朗州也频繁与宗教人士交游，他写诗赠送的僧人就有鸿举、元暠、仲剬、枉山禅师、灵澈、慧则、广宣、君素、景玄、印度婆罗门僧等二十多位。

刘禹锡幼年在江南嘉兴时就开始跟随著名僧侣诗人皎然、灵澈学诗，对佛教、僧人有密切接触和基本了解。贬谪后，与旧日僧师灵澈上人有诗文赠送，书"别来二十年"之心意。

而鸿举法师是当时朗州刺史窦常的客人，住在城东门外的寺院里。刘禹锡与窦、鸿皆识，三人在禅、诗方面多有切磋。

朗州有座枉山，又名善德山，因善卷而得名，刘禹锡到山寺散心特意拜访高僧。他回忆当年京城"结交当世贤"的盛况，感慨世事无常，向禅师学习禅法，如何"定心悟理"。刘禹锡写出"法为因缘立，心从次第修"的诗句，从心悟性，自省自悟。

遭贬谪居朗州，刘禹锡也逐渐认识到不可锋芒太露，不必事事如年轻时那般年少气盛，最好能和光同尘。所以，虽然与武元衡政见不同，被武屡次压制、贬斥，但二人仍保持着交往。武元衡被刺杀，刘禹锡上表请求彻查。中唐后期牛李党争，他于李德裕（及其父李吉甫）关系良好，与牛僧孺（及其党李逢吉）、令狐楚往来亦频繁。这种深谙中庸之道的处事态度，与他参禅佛理有一定的关联。

二、刘禹锡与其他文人交游对文学发展的促进作用

1. 元和诗人核心群体的联通

"八司马"远谪荒地、抑郁愤懑、度日如年的时期，却也是中唐文学上承大历才子之气，下启元和诗人群古文运动、新乐府运动的时期。因着科举选材的施行，特别是进士、吏部铨选考试中对诗文的推崇，唐代文人参与政治的热情空前高涨，并且凡是士人皆为诗人，即便是世家荫袭之官也能唱吟一二，同僚之间诗咏往来。贬谪前在京城，刘禹锡也曾意气风发地与张贾赋诗："又被时人写姓名，春风引路入京城。知君忆得前身事，分付莺花与后生。"

满腔热血的革新被否决，残酷的政治斗争失败，政敌不断攻讦、变本加厉地迫害，使得仓皇南行的刘禹锡充满着郁谪、伤感、愤懑、愁寂，满腹心思不能诉说，精神上的冲击比肉体上的伤病更深地折磨着他。幸而诗人的内心还算强大，至少从现存的作品中没有看出刘禹锡内心的惶惶，反而不少写景记事的诗文颇有丽色，如"洞庭""采菱"。对比起来，韩愈老先生多次被贬还是惊

心动魄地写"好收吾骨瘴江边"，在心理承受能力上明显不如刘禹锡。

朗州期间，在与友人的诗文往来中，刘禹锡多以鼓励、赞赏的诗句与人酬唱。这样积极正面的态度，往往能激励人直面人生，改变颓废的状态，转而专心去做某些事情，譬如文学创作。在这方面，柳宗元从密友刘禹锡处得到无可比拟的精神支持和诗文建议。刘禹锡评价柳文"气为干，文为支"。柳宗元在永州作《天说》，刘禹锡作《天论》三篇。二人还就《周易》辩论相互探讨。信札往来，既能与好友宣泄郁闷，又能探讨诗文，还能辩论哲学，柳宗元的古文写作功力愈劲，作品愈多。韩愈与柳宗元的文章思想辩论，柳都寄信给刘，互相启发，两人在"天人学说"方面比唯心主义的韩愈更胜一筹。

对于元稹，当时在朗州贬所的刘禹锡寄去文石枕并赠诗"奖之"，还以"多节本怀端直性，露青犹有岁寒心"之竹比喻赞扬元稹的品节。彼时元白二人已创"元和体"长诗，白居易通过元稹赠刘禹锡"一百句"，此后刘元白三人互通诗文，元和体长诗、新乐府诗歌的创作愈发得心应手。

以韩、柳、刘、元、白为代表的元和诗人群体，在以刘禹锡为中心的诗文往来中逐渐形成，联通日益增多，中唐文学的复兴从朗州这个小小远州辐射开去，连接南北西东，牵涉朝堂文坛，浸润唐诗唐文。

2. 贬谪文学的兴盛

贬谪以屈原流放为世所周知，到唐代已成为"循例"，甚至于官员未经贬谪的反而是少数。唐代重京官轻外职，安史之乱后更加严重，动不动就流放贬谪，贬地多为湖广及以南地域，民化未开，文明不兴。中唐贞元、永贞、元和三朝，贬谪官员尤众且远，官员大都是文人、诗人，郁郁之中行吟不休，形成贬谪文化的高潮。

诗人从政治核心的长安到边蛮瘴疠之所，笔写己身，诗为心声，一路留下一地诗文。特别是以刘禹锡、柳宗元等为代表的革新派，遭遇到有史以来最严重的攻讦，来自皇权、宦官、藩镇三方势力的压制，一生流离饱受贬谪之苦，奔波迁徙在各贬所之间，人生最珍贵的年华被蹉跎，建功立业、救国安民的政治理想空垂，胸中块垒不能舒，故而诗文中多苦闷、幽郁之气。刘禹锡创造了贬谪时间的记录，"二十三年弃置身"，其中谪居时间最长的就是在朗州司马任上。他在《上杜司徒书》中写到"悲斯叹，叹斯愤，愤必有泄，故见乎词"，就是借诗文创作抒发胸臆的情况。

然刘禹锡毕竟是有"宰相器"之人，胸中自有丘壑，虽则有叹有愤，却在悲情激愤凄怆之外，显出一种执着与旷达，创造了贬谪文学的新气象。"自古逢秋悲寂寥，我言秋日胜春朝。晴空一鹤排云上，便引诗情到碧霄。"（《秋词二首》之一）在白居易的超然、韩愈的凄惶、柳宗元的悲寂、元稹的激切之外，刘禹锡为贬谪文学带来的一脉豁达豪气，于韩孟、元白两流派之间，再创独特风格。可以说是打破了贬谪诗歌幽怨、愤恨、寂郁的老套路，开辟贬谪诗歌的新天地，并对后世贬谪文人有着正面、积极的引导意义。

三、刘禹锡文学成就及其对后世文学的影响

1. 刘禹锡个人文学思想、体系的构建

现存刘禹锡诗文八百余篇，其中贬谪朗州期间创作的就超过两百首（篇）。谪居朗州十年，刘禹锡的作品不仅数量可观，而且逐渐变得更加有深度形成明显的个人风格和体系。

毫无疑问，遭受贬谪是刘禹锡人生最大的转折，其在诗文创作上必然受到影响，亦会有重大变化。也正是谪居朗州十年，让刘禹锡专心于文学，促进他思想上的成熟，使其写作题材更加宽泛，内容更加深刻。刘禹锡倡导文章应"言志必可行"，强调文章必须有立意、有内容，反对浮华之风，这与韩愈发起的"古文运动"是一致的。《天论》三篇，提出"天与人交相胜""人诚务胜于天"，突出人的主观能动性，是天人相胜的辩证唯物主义思想。这说明刘禹锡对人生的体验、对事物的思考从表相转向深层，开始探索生命的实质，其个人思想高度，比韩愈的唯心主义天命观和柳宗元的"天人之际"更胜一筹。基于这种思想，他从消极的天命中找到积极的因素，勉励自己，从而形成了乐观豁达的心境，这也为刘禹锡度过数十载谪居生涯打下了心理基础。

刘禹锡在朗州期间的作品大体可以分为酬答唱和诗、咏史怀古诗、政治寓言诗（托物讽喻文）和新乐府诗（竹枝词）等几大类，这也是现存刘禹锡诗文的主要题裁材我们可看出越到后面其诗文越发内敛凝练，更加旷达豪迈。

譬如《聚蚊谣》《百舌吟》《飞鸢操》等寓言诗，托物言志，抨击镇压革新的权臣、宦官，讽刺佞人，疾恶悯忠。这一时期刘禹锡的寓言诗咏史诗多半还局限于个人情感的抒发和对形势的慨叹，但经过历练和积淀后创作的咏史诗如《西塞山怀古》《蜀先主庙》等，已站在历史的高度审视古今。

竹枝词可谓刘禹锡在朗州时期的创造，他在《竹枝词九首（并引）》中自述："昔屈原居湘、沅间，其民迎神，词多鄙陋，乃为作《九歌》，到于今荆楚鼓舞之。故余亦作《竹枝词》九篇，俾善歌者飏之，附于末……"在他的改造下，竹枝词不再仅仅是夷音俚语、民歌民风，而成为一种诗体，新自开创一派。

2. 对后世文人和文学的影响

一是刘禹锡的人生哲学，包括"天人相胜"，不妄信天，以豁达劲健的态度直面人生的苦难，诗风气势雄浑、旷达豪迈，因此被白居易赞为"诗豪"。后世苏轼、黄庭坚等人在贬谪经历中受到刘禹锡的影响，从深层次发掘对生命

的体悟，承受苦难的能力更强，在旷达之外更有一份超然。

二是刘禹锡作品风格对后世文人的影响。他的讽喻诗、咏史诗、竹枝词，被后人接受、传播，脉脉相承，发展壮大。诸如晚唐杜牧、李商隐、温庭筠，在用典、取材、意境、写法上或多或少从刘诗处借鉴化用。而北宋王安石，则从立意、取境等方面学习刘诗，这和二人同为政治革新派有很大关系。

三是刘禹锡新创文体对文学史的影响。只有在沅澧乡间接触到"竹枝歌"，刘禹锡才有足够的时间和精力去倾听、欣赏、分析并化为己用，创造出新的文体——竹枝词。正是因为在朗州期间竹枝词的创作已基本成熟，随后在巴蜀间，刘禹锡才能做到在公事之余信手拈来，佳作频出。竹枝词作为新乐府诗歌的重要组成部分，因其贴近生活、朗朗上口而广泛流传，在民间传播接受度极高，产生了广泛的影响，但在唐代当世的文学层受重视度不高。幸而在宋代受到苏轼、黄庭坚、杨万里、范成大等人的高度评价，他们都写过《竹枝词》。经过元末杨维桢的大力提倡，《竹枝词》在明清时期风行盛高，至今传唱不衰。

四是刘禹锡的编集意识对文学的传播有重要意义。谪居朗州期间，闻得好友吕温在衡州病逝，刘禹锡大哭悼之，将其文稿整理为十卷并作序。后来他又为柳宗元、李绛的作品编定遗集，使之留传后世。他对自己的诗文也特别重视编集和保存，曾于大和初年将自己的作品整理成40卷，并应女婿崔关之请精选10卷为《刘氏集略》赠之。在中晚唐文坛，刘禹锡与其他文人唱和诗集的名声更广，他多次将自己与他人的唱和诗文整理成集。这种强烈的作品收集整理、汇编、保存意识和行为，影响了他的诗友，白居易等人也分阶段、分类型编整诗文，后代王安石、苏轼等亦纷纷效仿，历经朝代更选，虽部分作品散佚，但仍旧留存了宝贵的诗篇文字。

参考文献：

［1］刘梦初，丁兴宇，阮先，辑注．刘禹锡朗州诗文辑注［M］．香港：中国文化出版社，2012.

［2］刘梦初．刘禹锡朗州诗文研究［M］．长沙：中南大学出版社，2004.

［3］张湘涛．迁客骚人潇湘情［M］．长沙：国防科技大学出版社，2015.

［4］刘梦初，丁兴宇．刘禹锡研究文集［M］．香港：中国文化出版社，2014.

［5］尚永亮．贬谪文化与贬谪文学［M］．兰州：兰州大学出版社，2004.

（作者单位：湖南省常德市刘禹锡研究会）

刘禹锡的书法水准及师承交游论略

程圳生

　　刘禹锡，字梦得，中唐文学家、哲学家及政治家。长期以来，学界对刘禹锡的研究也多集中于文学、哲学等方面，相关论著可谓汗牛充栋。然而为人忽略的是，刘禹锡在唐宋亦为颇具声名的书法家，宋代著名的书法史著作《续书断》即论述到：

　　　　唐韩愈字退之，唐世大儒，高义亮节，昭昭然如揭日月，其爵位行事不待述而可知也。退之虽不学书，而天骨劲健，自有高处，非众人所可及。余尝见其华岳题名，酷爱玩之，如抱其眉宇。又刘梦得、柳子厚，皆云学者，有石刻班班垂世间，其文章足以自显，而又假翰墨为助，岂不美矣。①

　　朱长文（1039—1098），嘉祐四年进士，其《续书断》二卷，乃仿唐张怀瓘《书断》体例所作书家品位论著，录唐开国至宋熙宁间书家共85位附见33位凡118人，按神、妙、能三品分门作评，是继张怀瓘《书断》后宋代第一部书法史论著。因此，无论是从对唐宋书法史的把握抑或从距离书家时代远近上看，朱长文在《续书断》中所作判断无疑是较为可靠的。值得注意的是，这份书家品位名单是朱长文经过长期刮垢磨光后形成的，因之从品位上考察，朱长文虽仅附柳宗元、刘禹锡于"能品"，但这恰恰表明刘禹锡至少直至北宋熙宁年间，仍是具有一定声名的书家，其书法造诣可见不低。

　　刘禹锡是颇具造诣的书家，然而其书法造诣往往为后世学者所忽略，罕有研究，考其缘由有二：一是刘禹锡以诗文显，诗名、文名过高以至掩盖了书名；二是刘禹锡传世书法稀少，后世难于目睹更无论研究。本文拟在前人研究及近年新出土文献基础上，依托《文渊阁四库全书》及相关史料，梳理脉络，就刘禹锡书法作品风格、论书诗、笔法师传源流及相关交游等进行论略，以期简要梳理出刘禹锡的书法形态、水准与师传交游。

---

　　①　朱长文．墨池编：卷三 ［M］．清文渊阁四库全书本．

一、刘禹锡的书法特色与水准

唐代以"书、言、身、判"取士，又太宗、高宗、武后、玄宗诸帝皆留心翰墨，故有唐一代文士多尚书法，唐代诗、书、文俱善的文学家亦可谓比比皆是，如张九龄"守正持重，风度酝借，善书，自九龄以下至孙思邈，凡九人皆宋绍兴秘阁续法帖内有其迹"①；王维"九岁知属辞，工草隶，善书名于开元天宝间，画尤入神"②；李白"善楷隶行草，初生于巴西，落落不羁束。喜与酒徒从饮。贺知章一见号'谪仙人'，荐之明皇，以布衣召见金銮殿……一帖字画尤飘逸，乃知不特以诗名也"③；杜甫"世号'诗史'，于楷隶行草无不工。"④；元稹"官至尚书左仆射，明经中第，应制科第一，歌诗散艳一时，天下称元和体，诗名与白居易相上下，人目之为'元白'，其楷字盖自风流酝借，挟才子之气而动人眉睫也，要之诗中有笔，笔中有诗，而心画使之然耳"⑤；白居易"最工诗，其笔执翩翩，不失书家法度，行书妙处与时名流相后先。大抵唐人作字无有不工者。白居易以文章名世，宜其胸中渊著流出笔下，便过人数等也"⑥；杜牧"刚正有奇节，于诗情致豪迈，人号'小杜'以别杜甫。作行草气格雄健，与其文章相表里，亦善大字"⑦。除此之外，唐代文学史中耳熟能详的杜审言、贺知章、柳宗元、韩愈、李德裕等也都为善书文士，然而世事变迁，文物损毁，至今仍有传世真迹的仅李白、白居易、贺知章、杜牧等寥寥数位。值得注意的是，在至今仍保有书迹的书家中，刘禹锡即为其中重要的一位。

（一）书迹著录情况

《书史会要》言："刘禹锡，字梦得，系出中山，擢进士，官至主客郎中，工文章，善书。"⑧刘禹锡虽书名为诗文名所掩，然历代不乏著录其书法碑志的文献，南宋无名氏《宝刻类编》即录有刘禹锡所书碑刻：

---

① 陶宗仪. 书史会要［M］. 上海：上海书店出版社，1984：171.
② 陶宗仪. 书史会要［M］. 上海：上海书店出版社，1984：168.
③ 陶宗仪. 书史会要［M］. 上海：上海书店出版社，1984：150.
④ 陶宗仪. 书史会要［M］. 上海：上海书店出版社，1984：150.
⑤ 陶宗仪. 书史会要［M］. 上海：上海书店出版社，1984：142.
⑥ 陶宗仪. 书史会要［M］. 上海：上海书店出版社，1984：154.
⑦ 陶宗仪. 书史会要［M］. 上海：上海书店出版社，1984：153.
⑧ 陶宗仪. 书史会要［M］. 上海：上海书店出版社，1984：191.

刘禹锡，礼部郎中、集贤院学士、秘书监。《杨岐山乘广禅师碑》，撰并书，刘申锡篆额，元和二年五月立；《修阳山神祠碑》，董挺撰，刘申锡篆额，元和四年十月立，鼎；《令狐楚先庙碑》，撰并书，太和五年，京兆；《赠太子少保何文悊碑》，王源中撰，陈修古篆额，太和四年八月，京兆；《游元都观诗》，撰并书，太和十年，京兆；《宣歙观察使王质碑》，撰并书，郑榷篆额，开成四年十一月立，洛；《昭公塔铭》，白居易撰，开成五年，洛；《邠州节度使赠右仆射史公碑》，撰并书，开成五年立，洛；《检校左仆射崔群碑》，裴度撰文，丁居晦篆额，开成三年正月，洛。①

又考明代于奕正《天下金石志》及清代孙星衍《京畿金石考》，皆录有"《唐陋室铭》，刘禹锡书"②。故由以上所考材料可知，刘禹锡书迹著录可见者为《宝刻类编》9件，《天下金石志》《京畿金石考》1件，凡10件。相较于唐代一般善书文士，这个数目是相当可观的。据《宝刻类编》，柳宗元仅录得《般舟和尚碑》《弥陀和尚碑》③ 两通，令狐楚仅《赠司空令狐承简碑》《建后周逍遥公韦复晒书台铭》④ 两通，韩愈仅《与樊宗师游嵩山题名》《慧林寺题名》《题名》⑤ 三通，杜牧仅《顾渚山题名》《黄山亭碑并碑阴题名》⑥ 两通，白居易则为《崔宏礼碑》《与刘禹锡书》《诗简》⑦ 三通。因此，若仅据《宝刻类编》著录情况做横向比较考察，刘禹锡的书迹著录数量是相对较高的，这恰恰反映出刘禹锡在中晚唐是具有一定程度的书名，否则其碑刻的数量及书迹的著录情况不会比同时代书家高，同时也表明刘禹锡的书法水准是得到同时代及后世人认可的。

（二）传世书迹：《乘广禅师碑》与新出土《崔迢墓志》

以上从书迹的著录情况考察刘禹锡的书法造诣，接着我们有必要从具体的传世书迹考察其书法形态。刘禹锡的书迹著录情况虽相对较好，然在数千年的流转中所著书迹多已散佚，现存世书迹有《乘广禅师碑》和近年新出土的

① 宝刻类编（清粤雅堂丛书本）：卷五 [M]. 南京：江苏古籍出版社，1998：741.

② 于奕正，撰；孙国敉，校补；翁方纲，校并跋. 续修四库全书第886册：史部：金石类天下金石志 [M]. 上海：上海古籍出版社，2002：49；孙星衍. 京畿金石考 [M]. 清滂喜斋丛书本.

③ 宝刻类编（清粤雅堂丛书本）：卷五 [M]. 南京：江苏古籍出版社，1998：742.

④ 宝刻类编（清粤雅堂丛书本）：卷五 [M]. 南京：江苏古籍出版社，1998：744.

⑤ 宝刻类编（清粤雅堂丛书本）：卷五 [M]. 南京：江苏古籍出版社，1998：743.

⑥ 宝刻类编（清粤雅堂丛书本）：卷五 [M]. 南京：江苏古籍出版社，1998：773.

⑦ 宝刻类编（清粤雅堂丛书本）：卷五 [M]. 南京：江苏古籍出版社，1998：775.

《崔迢墓志》。

《乘广禅师碑》，原碑在今江西省萍乡市杨岐山，该地为佛教临济杨岐宗发源地，唐代名僧乘广禅师在此开山弘法，禅师圆寂后，其门人认为刘禹锡"为习于文者，故茧足千里，以诚相攻"①，赴朗州邀请刘禹锡撰书《唐故袁州平乡县杨岐山禅师广公碑文》。碑立于唐宪宗元和二年（807）五月二十七日，时为刘禹锡贬谪朗州的第三年。"碑高2.8米，宽0.9米，碑座为一大石龟，碑额呈圆形，镌有螭龙图案。"②此碑有拓片藏于中国国家图书馆，见《北京图书馆藏中国历代石刻拓本汇编》③，拓片长179厘米，宽88厘米，碑文楷书25行，行满54字，残缺处较多。该碑对于文献的勘误与校定具有重要的意义，《金石录》卷二九即载："右《唐乘广禅师碑》，刘禹锡撰。初，余为《金石录》，颇以唐贤所为碑版正文集之误。禹锡之文所录才数篇，最后得此碑以校集本，是正凡数十字。以此知典籍岁久转写，脱误可胜数哉。"④又据瞿蜕园《刘禹锡集笺证》所考，黄丕烈有校语："干隆癸丑十二月，得此碑拓本校之甚有益。刘宾客书法从欧、虞两家得来，体密而神和，想在当时亦一书家，《金石录》中载有数碑也。"⑤此两例足以证明直至清代，该碑的文献价值仍然非常重大。从拓片的书法进行考察，刘禹锡《乘广禅师碑》中的书法丰润婉劲，既有欧书的结体端严，笔意遒劲，又有虞书的沉着稳健，洒落和美，整体与虞世南《孔子庙堂碑》非常相像。

近年，洛阳龙门西山新出土《大唐故朝议郎试和州司马飞骑尉崔府君迢墓志铭并序》一方（简称《崔迢墓志》，见图1），最早见于张乃翥先生2008年所发表《洛阳新辑石刻所见唐代中原之佛教》⑥一文。该墓志拓片长53厘米，宽52.5厘米，碑文楷书31行，行满32字，从拓片可见，碑石保存非常完整，拓片文字明朗，"和州刺史刘禹锡书"题署清晰显现，为刘禹锡书法无疑。该碑历代文献未见著录，今能出土意义自当重大，一方面学者可以通过碑文内容考察刘禹锡与其他文士交游的状况及事迹⑦，另一方面学者可以通过此碑进一步了解刘禹锡的书法。该碑因保存完好，拓片清晰，故极利于学者观察

① 陶敏，陶红雨，校注. 刘禹锡全集编年校注［M］. 长沙：岳麓书社，2003：903.

② 李绍明. 杨岐山乘广禅师碑［J］. 江西历史文物，1983（4）.

③ 北图金石组. 北京图书馆藏中国历代石刻拓本汇编：第29册［M］. 郑州：中州古籍出版社，1997：25.

④ 陶敏，陶红雨，校注. 刘禹锡全集编年校注［M］. 长沙：岳麓书社，2003：904.

⑤ 刘禹锡；瞿蜕园，笺证. 刘禹锡集笺证［M］. 上海：上海古籍出版社，1989：122.

⑥ 张乃翥. 洛阳新辑石刻所见唐代中原之佛教［J］. 中原文物，2008（5）：89.

⑦ 关于新出土《崔迢墓志》与刘禹锡事迹关系的研究，可参考胡可先先生《唐代诗人事迹新证》一文.

刘禹锡书法特点。就本碑而言，其书法部分笔画似徐浩《不空和尚碑》、颜真卿《多宝塔碑》圆腴笔意，如竖勾、横折等；又长撇、长捺等主要笔画如虞世南《孔子庙堂碑》般清爽劲健，线条厚实遒劲，外柔内刚；在结体方面似欧体劲瘦端严，部分笔画有欧体之险。按，世谓"颜筋柳骨"，颜书以圆腴称世，然《多宝塔碑》乃颜鲁公早期作品，此时期鲁公未自成一家，受二王欧虞瘦劲一路影响甚深，故其时字虽有圆腴笔意，但总体以清健为主。董其昌《芳坚馆题跋》云："虞永兴尝自谓于道字有悟。盖于发笔处出锋如抽刀断水，正与颜太师锥画沙屋漏痕同趣。"颜真卿以二王为正格，欧虞以下莫不善加摹习，刘禹锡书学自欧虞、徐浩、皇甫阅，故多处似《多宝塔碑》清健。总体而言，该碑笔意清劲腴润，结体匀稳谨严，足见功力。

　　值得注意的是，《崔迢墓志》为刘禹锡和州任上所书作品，据碑文"府君寝疾弥留，以丙午岁秋七月有二日弃背于履信里"可知，该碑作于宝历二年（826），距离作《乘广禅师碑》的元和二年（807）已经19年，刘禹锡也从35岁的壮年步入54岁的老年。就两碑各自的特点而言，《乘广禅师碑》与虞世南书非常相像，字间宽松，结体留白较多，如莫云卿所言："虞书气秀色润，意和笔调，外柔内刚，修媚自喜。"但《崔迢墓志》则显得更加老练端庄，笔意清劲腴润，结体匀稳谨严。显然，刘禹锡这十九年是坚持临池习书的，否则其书风不会发生如此明显的变化。

图1　新出土刘禹锡书《大唐故朝议郎试和州司马飞骑尉崔府君迢墓志铭并序》

（三）《论书》与刘禹锡书法地位

刘禹锡不仅为善书名家，同时也是具有深厚功力的书法理论家，现存多首论书诗，其论书诗极尽用典，充分显现了其对于书法史的掌握深度。其书法观主要呈现在《论书》一文，该文开门即曰：

> 或问曰："书足以记姓名而已，工与拙何损益于数哉？"答曰："此诚有之，盖举下之说耳，非中道之说。……今夫考居室必以闳门丰屋为美，筍衣裳必以文章道泽为甲，评饮食必以精良海陆为贵，第车马必以华鞿绝足为高，干禄位必以重侯累封为意，是数者皆不行举下之说，奚独于书也行之邪？"①

刘禹锡以世人对于衣、食、住、行、官禄皆高要求作比，驳斥"书足以记姓名而已"的书法无用论观点，认为书法具有审美功能。并进一步引经据典提出：

> 《礼》曰："士依于德，游于艺。"德者何？曰至曰敏曰孝之谓。艺者何？礼、乐、射、御、书、数之谓。是则艺居三德之后，而士必游之也；书居数之上而六艺之一也。②

刘禹锡从儒家伦理的角度阐释书法的地位，将书法提升为仅次于三德之后士大夫必须学习的技艺，由此表明刘禹锡对于书法的重视程度。旋即进一步指出：

> 问者曰："然则彼魏、晋、宋、齐间，亦尝尚斯艺矣。至有君臣争名，父子不让，何哉？"答曰："吾姑欲求中道耳。子宁以尚之之弊规我钬？且夫信者美德也，秦缪尚之而贤臣莫赎。黄老者至道也，窦后尚之而儒臣见刑。道德且不可尚，矧由道德以下者哉！所谓中道而言书者何？处之文学之下，六博之上。"③

其巧妙运用秦缪公、窦太后的典故，认为书法虽处三德之后，为六艺之一，但重视之余要从中庸的角度看待书法，若过分抬高书法的地位以至于极端，则会过犹不及而产生不必要的弊端。刘禹锡最终将书法定位为"文学之

---

① 陶敏，陶红雨，校注. 刘禹锡全集编年校注 [M]. 长沙：岳麓书社，2003：1308.
② 陶敏，陶红雨，校注. 刘禹锡全集编年校注 [M]. 长沙：岳麓书社，2003：1309.
③ 陶敏，陶红雨，校注. 刘禹锡全集编年校注 [M]. 长沙：岳麓书社，2003：1310.

下，六博之上"，充分显示了作为文士的他对于书法的态度，从中可以反映刘禹锡眼中文学与书法的关系。

综上而论，刘禹锡无论在书法实践上还是在书法理论上，都具有较为深厚的功力及水准，从现存书迹判断，其书法远宗二王欧虞，又有近似颜体般的圆腴笔意，形态清劲腴润，水平上乘。其书迹著录丰富，在中晚唐时代具有一定的书名声望，乃一代名家。

二、刘禹锡书法的师承源流

明代解缙《春雨杂述》"学书法"条云："学书之法，非口传心授，不得其精。"又"评书"条云："学书之法，非口传心授，不得其门。故自羲、献而下，世无善书者。惟智永能寤寐家法，书学中兴，至唐而盛。宋家三百年，惟苏、米庶几。元惟赵子昂一人。皆师资，所以绝出流辈。"① 清代朱和羹《临池心解》则言："学书须先明源流，次谙法度，次明传习之异同。源流者，书有十体、六体、五体之类，以及其所自始也；法度者，间架结构之类，以及精神气魄，寄于用笔用墨是也；传习异同者，魏晋之书与唐宋各别。"② 中华文化历来尚古，强调慎终追远，至于知识技能亦是如此，故诗文书画皆强调辨体辨源，若宋代江西诗派有"一祖三宗"，明代许学夷有《诗源辨体》，清代叶燮有《原诗》，皆强调诗歌发展的源流正变。所谓"取法乎上，得乎其中"，书法作为须心手并用的技能，尤为强调技艺的师承源流，知源流才能实现辨体，明诸家之异同才能择其善者而心慕手追，有师资才能口传手授窥探书学堂奥从而得上乘笔法，否则自我摸索则难以得历代书家不传之秘，因为中国历代书家多有不轻易传授外人笔法之习。

刘禹锡为中晚唐著名书家，其书法自当有所师传，关于刘禹锡书法的师传源流，历代文献录者虽极少，然相关条目清晰扼要。考晚唐政治家、书法家卢携《临池诀》：

　　吴郡张旭言：自智永禅师过江，楷法随渡。永禅师乃羲、献之孙，得其家法，以授虞世南，虞传陆柬之，陆传子彦远。彦远仆之堂舅，以授

① 解缙. 春雨杂述［M］//上海书画出版社，华东师范大学古籍整理研究室，选编校点. 历代书法论文选. 上海：上海书画出版社，1979：497.

② 朱和羹. 临池心解［M］//上海书画出版社，华东师范大学古籍整理研究室，选编校点. 历代书法论文选. 上海：上海书画出版社，1979：731.

余。不然，何以知古人之词云尔。携按：永禅师从侄纂及孙涣皆善书，能继世。张怀瓘《书断》称上官仪师法虞公，过于纂矣，张志逊又纂之亚，是则非独专于陆也。王叔明《书后品》又云虞、褚同师于史陵。陵盖隋人也。旭之传法，盖多其人，若韩太傅混、徐吏部浩、颜鲁公真卿、魏仲犀。又传蒋陆及从侄野奴二人。予所知者，又传清河崔邈，邈传褚长文、韩方明。徐吏部传之皇甫阅，阅以柳宗元员外为入室，刘尚书禹锡为及门者，言柳公常未许为伍。柳传方少卿直温，近代贺拔员外恭、寇司马璋、李中丞戎，与方皆得名者。盖书非口传手授而云能知，未之见也。①

《临池诀》所见材料为我们勾勒出了唐代书法的师承谱牒，该谱系几乎囊括了唐代重要的书法家，远祖二王，再由二王后裔智永开唐代诸家。值得注意的一支是"二王→智永→虞世南→陆柬之→陆彦远→张旭→徐浩→皇甫阅→柳宗元、刘禹锡"，该支谱系为我们简明扼要地呈现出刘禹锡的书法师承。考《新唐书》卷一百八十四："卢携，字子升，其先本范阳，世居郑。擢进士第……乾符五年（878年），进同中书门下平章事。俄拜中书侍郎、刑部尚书、弘文馆大学士。"②唐制，同中书门下平章事即拜相，则卢携乃处宰相之尊，故所掌握信息应当较多，《临池诀》所述"予所知者，又传清河崔邈，邈传褚长文、韩方明。徐吏部传之皇甫阅，阅以柳宗元员外为入室，刘尚书禹锡为及门者，言柳公常未许为伍"应有所根据。

又考元代郑杓《衍极》卷一《至朴篇》"五代而宋，奔驰崩溃，靡所底止"条，元人刘有定注：

> 隋释智永，羲之七世孙也，颇能传其学，又亲受法于子云。虞世南亲见永师，故其法复传于唐焉。欧阳询得于世南，褚遂良亲师欧阳，或云虞、褚同师史陵。陵，隋人也。欧阳询传陆柬之，柬之及见永师，又世南之甥也。陆传子彦远，彦远传张旭。彦远，张之舅也。旭又得褚遂良余论，以授颜真卿、李阳冰、徐浩、韩混、邬彤、魏仲犀、韦玩、崔邈等二十余人。释怀素闻于邬彤，柳公权亦得之，其流实出于永师也。徐浩传子璹及皇甫阅。崔邈传褚长文，韩方明受法于璹及邈。皇甫阅传柳宗元、刘禹锡、杨归厚。归厚传侄纬，纬传权审、张丛、崔宏裕。弘裕，禹锡外孙

---

① 卢携. 临池诀 [M] //上海书画出版社，华东师范大学古籍整理研究室，选编校点. 历代书法论文选. 上海：上海书画出版社，1979：293-294.
② 欧阳修；宋祁，撰. 新唐书：卷一百八十四 [M]. 北京：中华书局，2013：5398.

也。弘裕传卢潜，潜传颖，颖传崔纾。柳宗元传房直温。有刘埴者，亦得一鳞半甲。①

相较于卢携《临池诀》的论述，刘有一定的材料显得更加充实饱满，刘禹锡一支的谱系大体为"王羲之→萧子云→智永→虞世南→欧阳询→陆柬之→陆彦远→张旭→徐浩→皇甫阅→柳宗元、刘禹锡"，虽与《临池诀》有所出入，但大致相同。

故综合以上两则材料，我们大致可以判断，刘禹锡书法远祖二王、智永、虞、欧，近则师法张旭、徐浩、皇甫阅。然而这样的判断是否正确，须结合实际书迹予以校对。由上节所论《乘广禅师碑》及《崔迢墓志》两通书法可知，刘禹锡远祖二王、智永、虞欧是无疑的，因为两通碑志所呈书法特点符合二王虞欧一路特征，上文已论述，此不赘述。至于近师徐浩、皇甫阅，我们有必要做进一步的文献考据。

徐浩乃唐宋盛极一时的名家，新旧《唐书》皆有传，"名声远播，文雅并称，当时文坛奉为宿儒，名公雅客，著名如刘长卿、独孤及、皇甫曾、常衮、钱起、卢纶、司空曙、包佶以及秦系等人，莫不以诗文酬劳，俯事交结"②。宋朱长文《续书断》评："少而清劲，随肩褚、薛；晚益老重，潜精羲、献。其正书可谓妙之又妙也。"《宣和书谱》则认为其书"窘于绳律"缺乏韵致。其现存书法相对稍多，著名的主要有天宝三载（744）《嵩阳观纪圣德感应颂》、天宝五载（746）《张庭珪志》，以及建中二年（781）《不空和尚碑》。其楷书结法老劲，圆熟端庄，稳健而沉着厚重，结体似欧阳询，但笔画由二王瘦劲一路改为丰腴圆劲。这种以线条圆润、结体宽博、间架稳健为审美的书法，事实上与颜真卿异曲同工，是颜真卿书风革新的先声，有趣的是，大历年间徐浩与颜真卿齐名，并称"徐颜"，两人多有交游，互相影响。

皇甫阅，正史无传，梁披云《中国书法大辞典》"皇甫阅"条载："唐宪宗时人。唐卢携《临池诀》、元郑杓《衍极》卷一《至朴篇》刘有定注，皆谓阅书受法于徐浩，又传之刘宗元、刘禹锡等。"③《义门读书记·河东集》卷三七："'卢携言：刘、柳并学于皇甫阅，柳为升堂，刘为及门。'"④《书史会

① 郑杓. 衍极：卷一：至朴篇［M］//上海书画出版社，华东师范大学古籍整理研究室，选编校点. 历代书法论文选. 上海：上海书画出版社，1979：409.

② 朱关田. 中国书法史：隋唐五代卷［M］. 南京：江苏教育出版社，2011：130.

③ 梁披云. 中国书法大辞典［M］. 香港：香港书谱出版社；广州：广东人民出版社，1984：453.

④ 何焯. 义门读书记：卷三七［M］. 北京：中华书局，1987：668.

要》："皇甫阅，师徐浩。"① 显然关于皇甫阅的信息史籍著录较少，所幸的是，洛阳龙门南郭家寨于 1920 年曾出土《唐东都安国寺故临坛大德塔下铭》一通，见《北京图书馆藏中国历代石刻拓本汇编》第二十八册《澄空塔铭》②，该铭题署为"侄宣德郎前秘书省校书郎阅书"，葬铭于贞元九年（793）八月二十七日，拓片志长、宽均 50 厘米，盖长、宽均 56 厘米。关于该碑志的考释，高慎涛《〈唐东都安国寺故临坛大德塔下铭〉考释》③ 一文已述备。本文主要关注该铭的书法风貌，从拓本考察，该铭主体为楷书，线条丰腴圆润、结体宽博稳健，总体颇有颜真卿《勤礼碑》味道。由此看来，皇甫阅确实与徐浩一脉相承，唐人在徐浩、颜真卿以前多以"瘦硬"为美，杜甫即有诗云："书贵瘦硬方通神。"颜真卿革新书风方开肥美一脉，而徐浩实为颜真卿先声。皇甫阅师承徐浩，故承线条肥腴、结体宽博一脉。颜真卿为贞元元年（785）遇难，皇甫阅所书《澄空塔铭》葬于贞元九年（793），相距八年，颜真卿与徐浩有交往又名显中唐，由此推理皇甫阅应亦受颜真卿影响，故《澄空塔铭》有颜真卿晚年《颜勤礼碑》的韵味。

基于以上对徐浩、皇甫阅的文献考据，笔者认为《临池诀》及《衍极》所载刘禹锡师法徐浩、皇甫阅无疑是可靠的，新出土《崔迢墓志》所见刘禹锡书法之所以类似颜真卿《多宝塔碑》，即因为刘禹锡乃师承徐浩、皇甫阅，故该碑有线条肥腴圆润的笔意。又刘禹锡远祖二王欧虞，受二王"瘦硬"影响深远，故长撇、长捺等主要笔画如虞世南《孔子庙堂碑》般清爽劲健，线条厚实遒劲，外柔内刚，结体方面又似欧体劲瘦端严。综上所述，刘禹锡远师二王、欧虞、张旭，近师徐浩、皇甫阅，遂形成了《崔迢墓志》这类形态居于"瘦硬"与"肥腴"之间的书法，总体风格似清健腴润的徐浩《不空和尚碑》及颜真卿的《多宝塔碑》。

最后值得关注的是，上引卢携《临池诀》材料中有云："阅以柳宗元员外为入室，刘尚书禹锡为及门者，言柳公常未许为伍。"亦即皇甫阅自认为学生刘禹锡只是及门，并未能完全掌握自己的真传。事实上，刘禹锡《崔迢墓志》与皇甫阅《澄空塔铭》存在的书风差异恰恰证实了此句材料的可靠性。皇甫阅《澄空塔铭》已稍呈鲁公晚年《颜勤礼碑》浑厚遒劲、腴润沉着的味道，而刘禹锡《崔迢墓志》则虽得徐浩、皇甫阅一脉圆腴笔意，但终未脱尽二王

---

① 陶宗仪．书史会要［M］．上海：上海书店出版社，1984：166.

② 北图金石组．北京图书馆藏中国历代石刻拓本汇编：第 28 册［M］．郑州：中州古籍出版社，1997：101.

③ 高慎涛．《唐东都安国寺故临坛大德塔下铭》考释［J］．西夏研究，2015（4）.

瘦硬风神，故近似于鲁公早期清健作品《多宝塔碑》。由此表明，皇甫阅完全有理由认为刘禹锡未完全掌握自己真传，毕竟弟子刘禹锡书风与自己书风存在微小差异。

三、刘禹锡与柳宗元的书法交游及其论书唱和诗的意义

中唐时期诗人流派繁多，政治气候也异常复杂，亲朋师友间的诗歌唱和之风空前兴盛，无论是唱和的形式抑或唱和内容都得到了前所未有的扩大。"一首原唱，一首和诗是唱和诗中最普遍、最单纯的形式。中唐在此基础上，无论规模和样式都有大的发展，主要表现在多人唱和、多循环唱和、多诗唱和三个方面。"① 刘禹锡与柳宗元在元和十年（815）就曾围绕"书法"这一主题形成了一组三循环式的唱和诗，这组具有论书意义的唱和诗背后所折射出的刘禹锡书法交游状况是值得我们注意的。元和十年（815），柳州刺史任上的柳宗元以《殷贤戏批书后寄刘连州并示孟仑二童》一诗为原唱发起了唱和诗端，诗云：

> 书成欲寄庾安西，纸背应劳手自题。
> 闻道近来诸子弟，临池寻已厌家鸡。②

柳宗元自注："家有右军书。每纸背庾翼题云：'王会稽六纸，二月三十日。'"考王僧虔所作《论书》："庾征西翼书，少时与右军齐名。右军后进，庾犹不忿。在荆州与都下书云：'小儿辈乃贱家鸡，爱野鹜，皆学逸少书。须吾还，当比之。'"③《柳河东集》第四十二卷注："公与梦得闻问最数，殷贤戏题其书后，故举庾翼事为寄。盖刘家子弟当有学其书者。孟仑二童，必梦得之子。"④ 故知此诗，柳宗元巧妙运用庾征西之典调侃刘禹锡，暗喻自己书法更胜一筹，以至于刘禹锡的子弟们也如庾翼子弟般"贱家鸡"，不学自家书法而偏学柳。刘禹锡随即和诗《酬柳柳州家鸡之赠》：

---

① 汤吟菲．中唐唱和诗述论［J］．文学遗产，2001（3）：50.
② 柳宗元．柳河东集：第四十二卷［M］．上海：上海人民出版社，1974：705.
③ 王僧虔．论书［M］//上海书画出版社，华东师范大学古籍整理研究室．选编校点．历代书法论文选．上海：上海书画出版社，1979：409.
④ 柳宗元．柳河东集：第四十二卷［M］．上海：上海人民出版社，1974：705.

> 日日临池弄小雏，还思写论付官奴。
> 柳家新样元和脚，且尽姜芽敛手徒。①

杨慎《艺林伐山》卷一九云："'柳家新样'，言字变新样而脚则元和也。脚盖悬针垂露之体耳。"② 官奴为王羲之女儿。刘禹锡态度谦和地在答诗中承认自己的书法水平处于下风，并表示虽然每天都督促孩子练习书法，也想写书论赠予柳宗元女儿，但柳家的书法确确实实已开拓了书法新境，那么就敛手由后辈选择。对此，柳宗元又作《重赠二首》③ 回应：

> 闻道将雏向墨池，刘家还有异同词。
> 如今试遣隈墙问，已道世人得知。
>
> （《其一》）

> 世上悠悠不识真，姜芽尽是捧心人。
> 若道柳家无子弟，往年何事乞西宾？
>
> （《其二》）

其一，柳宗元于第二句用刘向、刘歆典，《汉书·刘歆传》："父子俱好古，博见强志，过绝于人。歆以为左丘明好恶与圣人同，亲见夫子；而公羊、穀梁在七十子后，传闻之与亲见之，其详略不同。歆数以难向，向不能非间也。"第四句用王献之典，《晋书·王献之传》："谢安问王献之曰：'君书何如君家尊？'答曰：'故当不同。'安曰：'外论不尔。'答曰：'人那得知。'"显然柳宗元借汉、晋两典喻指刘禹锡父子间的书法出现异同是正常的，前人已是如此，何不宽心对待，从中似有安慰之意。承《其一》句，柳宗元回顾刘禹锡求柳书《西京赋》的往事，引"东施效颦"典作《其二》，以为时人学柳宗元书多是随波逐流、东施效颦，又有多少是真心懂得柳书精华，由此再承转到后两句，认为柳书虽然没有世人传说中精美，但也是有所成就的，否则当年刘禹锡为何向柳家求书《西京赋》。柳宗元这两首诗极尽用典，若非对书法史、学术史典故有足够的认知，则佶屈聱牙艰涩难懂，由此表明，刘、柳两人对书法史掌故有很深的把握。刘禹锡收悉后，又回赠二诗：

---

① 陶敏，陶红雨，校注. 刘禹锡全集编年校注 [M]. 长沙：岳麓书社，2003：240.

② 杨慎. 艺林伐山：卷一九 [M]. 文渊阁四库全书本.

③ 柳宗元. 柳河东集：第四十二卷 [M]. 上海：上海人民出版社，1974：706.

小儿弄笔不能嗔，涴壁书窗且赏勤。

闻彼梦熊犹未兆，女中谁是卫夫人？

(《答前篇》)①

昔日慵工记姓名，远劳辛苦写西京。

近来渐有临池兴，为报元常欲抗行。

(《答后篇》)②

《柳河东集》旧注："子敬出戏，见北馆新白土壁白净，子敬取帚沾泥汁，书'方丈'二字。"③又考《晋书·王献之传》："尝书壁为方丈大字，羲之甚以为能，观者数百。"《法书要录》："蔡邕传之崔瑗及女文姬，文姬传之钟繇，钟繇传之卫夫人，卫夫人传之王羲之。""梦熊"为《诗经》所载生男之兆。在《答前篇》中，刘禹锡集中运用了王献之、卫夫人、《诗经》等典故，以为刘家孩子们勤快地学习书法，即便是不学自家书且弄脏墙壁书窗亦不能生气，同时调侃尚未有儿子的柳宗元，柳家女儿谁能如晋代书法家卫夫人般善书，以此回应"若道柳家无子弟"句。《答后篇》刘禹锡则用项籍"书足以记姓名而已，剑一人敌，不足学，学万人敌"及《晋书·王羲之传》"我书比钟繇当抗行，比张芝草，犹当雁行也"两典，表示自己书法比不上柳宗元，但近来渐渐有练习书法的意向，目标是超越柳宗元。最后，柳宗元以两首诗结束此次多循环式唱和：

小学新翻墨沼波，美君琼树散枝柯。

在家弄土唯娇女，空觉庭前鸟迹多。

(《叠前》)

事业无成耻艺成，南宫起草旧连名。

劝君火急添功用，趁取当时二妙声。

(《叠后》)

这两首诗柳宗元显得更为平和，甚至有南贬失落之意，《叠前》赞扬了刘禹锡的孩子及自己的小女勤奋学书，继而表露出了对刘禹锡有儿子的羡慕。

---

①　陶敏，陶红雨，校注. 刘禹锡全集编年校注［M］. 长沙：岳麓书社，2003：241.

②　陶敏，陶红雨，校注. 刘禹锡全集编年校注［M］. 长沙：岳麓书社，2003：242.

③　柳宗元. 柳河东集：第四十二卷［M］. 上海：上海人民出版社，1974：706.

《叠后》转而回顾起了两人同在礼部任职的往事，进而引起南贬之悲，诗末用晋代书法家卫瓘、索靖号"一台二妙"典，鼓励刘禹锡勤加习书，早日与自己并称二妙。

基于对柳、刘多循环式唱和诗的梳理，我们大致可以归纳出以下三个意义：

（1）柳、刘论书唱和诗表明，唱和诗至中唐，无论是体制形式还是内容，都得到了极大的发展。在体制形式上表现为从单一的一唱一和单向循环形式发展为多次往复的多循环形式。在内容上，诗人的写作视野不断地拓展，以书法、绘画等入诗的现象越来越普遍，且用典及品评越来越专业，这表明至于中唐，文人士大夫对于艺术的关注度得到了空前的提高。这一现象反映了中国开始由"门阀士族"社会逐渐转变为以进士集团为代表的"平民社会"，书法绘画等艺术不再只是歌颂贵族的装饰，而渐渐成为平常百姓都能观赏的艺术品。这种转变使得诗歌逐步从抒情走向了知识，柳、刘论书诗大量用典，同时将大量的议论、平常生活入诗，实则开宋代以文为诗、以才学为诗、以议论为诗的先声。

（2）柳、刘此组论书诗大量运用书法史的典故，若非对书法史掌故有足够了解，则该组诗读来佶屈聱牙、艰涩难懂，这表明柳、刘两人具有深厚的书法理论功底，否则无法将书法史掌故运用自如。唱和诗所表现出的对子女习书的关注，也表明柳、刘两人对书法的深切热爱与极大重视。

（3）在富有生活气息及戏谑调侃语调的唱和诗中，我们能体会到柳、刘两人的感情之深，也能更深刻地了解到柳、刘的南贬生活。"永贞革新"失败后，两人在南贬的十余年中相依为命，具有深厚的情谊，坚持临池习书、在交游中以诗论书正是他们克服南贬困顿的一种生活方式。

参考文献：

［1］朱长文．墨池编：卷三［M］．清文渊阁四库全书本．

［2］陶宗仪．书史会要［M］．上海：上海书店出版社，1984．

［3］宝刻类编（清粤雅堂丛书本）：卷五［M］．南京：江苏古籍出版社，1998．

［4］李绍明．杨岐山乘广禅师碑［J］．江西历史文物，1983（4）．

［5］卢携．临池诀［M］//上海书画出版社，华东师范大学古籍整理研究室，选编校点．历代书法论文选．上海：上海书画出版社，1979．

［6］刘禹锡；瞿蜕园，笺证．刘禹锡集笺证［M］．上海：上海古籍出版社，1989．

［7］张乃翥．洛阳新辑石刻所见唐代中原之佛教［J］．中原文物，2008（5）．

［8］胡可先，魏娜．唐代诗人事迹新证［J］．浙江大学学报，2010（1）．

［9］郑杓．衍极：卷一：至朴篇［M］//上海书画出版社，华东师范大学古籍整理研究室，选编校点．历代书法论文选．上海：上海书画出版社，1979.

［10］欧阳修，宋祁，撰．新唐书：卷一百八十四［M］．北京：中华书局，2013.

［11］朱关田．中国书法史：隋唐五代卷［M］．南京：江苏教育出版社，2011.

［12］梁披云．中国书法大辞典［M］．香港：香港书谱出版社；广州：广东人民出版社，1984.

［13］高慎涛．《唐东都安国寺故临坛大德塔下铭》考释［J］．西夏研究，2015（4）．

［14］汤吟菲．中唐唱和诗述论［J］．文学遗产，2001（3）：50.

［15］柳宗元．柳河东集：第四十二卷［M］，上海：上海人民出版社，1974.

［16］朱和羹．临池心解［M］//上海书画出版社，华东师范大学古籍整理研究室，选编校点．历代书法论文选．上海：上海书画出版社，1979.

［17］解缙．春雨杂述［M］//上海书画出版社，华东师范大学古籍整理研究室，选编校点．历代书法论文选．上海：上海书画出版社，1979.

［18］何焯．义门读书记：卷三七［M］．北京：中华书局，1987.

［19］杨慎．艺林伐山：卷一九［M］．文渊阁四库全书本．

［20］陶敏，陶红雨，校注．刘禹锡全集编年校注［M］．长沙：岳麓书社，2003.

［21］北图金石组．北京图书馆藏中国历代石刻拓本汇编：第29册［M］．郑州：中州古籍出版社，1997.

［22］尚永亮．柳宗元书法造诣与传承论略［J］．文艺研究，2016（4）．

（作者单位：华南师范大学）

刘禹锡的读书与交友

刘绮璐

刘禹锡作为古代著名的文学家、哲学家，享有盛名。欲知其文，应先知其人。这里就他读书与交友两方面，进行一些探索。

一、关于读书

刘禹锡出生、成长于士大夫家庭，从小受到良好的教育，《旧唐书》《新唐书》均记载"世为儒"或"世以儒学称"。权德舆在《送刘秀才登科后侍从赴东京觐省序》中回忆刘禹锡的童年时代："始予见其丱已习诗书，佩觿韘，恭敬详雅，异乎其伦。"① 刘禹锡年纪尚幼就表现出聪敏好学，极有教养。他自己在《刘氏集略说》亦云："始余为童儿，居江湖间，喜与属词者游，谬以为可教。视长者所行止，必操觚从之。"② 曾与之有过一段师生关系的诗僧皎然、灵澈也评价他"孺子可教"。自古"学而优则仕"，刘禹锡也按照这样的轨迹行走，并且科举很顺利，《子刘子自传》云："初，禹锡既冠，举进士，一幸而中试。"③《旧唐书·刘禹锡传》云："禹锡贞元九年擢进士第，又登宏辞科。"④《新唐书·刘禹锡传》云："擢进士第，登博学宏辞科。"⑤ 接着又通过吏部考试，"以文登吏部取士科，授太子校书"，获得官职，正式地成了朝廷官员。他的才学能力毋庸置疑，并且他在同辈文人间名声不菲。李翱说："翱昔与韩吏部退之为文章盟主，同时伦辈，惟柳仪曹宗元、刘宾客梦得耳。"⑥ 姚合《送刘禹锡郎中赴苏州》云："三十年来天下名，衔恩东守阖间

---

① 董诰. 全唐文：卷四百九十一 [M]. 北京：中华书局，1983：5015.

② 刘禹锡，撰；《刘禹锡集》整理组，点校；卞孝萱，校订. 刘禹锡集 [M]. 北京：中华书局，1990：250.

③ 刘禹锡，撰；《刘禹锡集》整理组，点校；卞孝萱，校订. 刘禹锡集 [M]. 北京：中华书局，1990：590.

④ 刘昫，等. 旧唐书：卷一百一十 [M]. 北京：中华书局，1975：4209.

⑤ 欧阳修，宋祁. 新唐书：卷一百六十八：列传第九十三 [M]. 北京：中华书局，1975：5128.

⑥ 董诰. 全唐文：卷六百五 [M]. 北京：中华书局，1983：6109.

城。"① 文坛名士白居易也说："彭城刘梦得，诗豪者也。其锋森然，少敢当者，予不量力，往往犯之。"② 刘禹锡在后代文人中也声誉甚高。赵璘《因话录》卷三云："元和以来，词翰兼奇者有柳柳州宗元、刘尚书禹锡及杨公（敬之）。"③ 方回曰："刘梦得诗格高，在元、白之上，长庆以后诗人皆不能及。"④ 杨慎也说："元和以后，诗人全集可观者数家，当以刘禹锡为第一。"（《升庵全集》卷一《唐绝增奇序》）

刘禹锡获得的评价与他读书是分不开的。刘禹锡自幼好读书，在《送周鲁儒赴举》中说："童心便有爱书癖，手指今馀把笔痕。"⑤ 可见读书之刻苦。在《送曹璩归越中旧隐》一诗中也回忆自己读书的情景："数间茅屋闲临水，一盏秋灯夜读书。"登进士第"知名"后，在写给权德舆的信中感谢他的器重："禹锡在儿童时已蒙见器，终荷荐宠，始见知名，众之指目，忝阁下门客。"不知何以为报，"故厚自淬琢，靡遗分阴"，仍然不知疲倦地学习，不愿浪费一丝一缕光阴。他学习的范围也十分广泛，除了必习的儒家经典，于诸子百家也多有涉猎，他在《游桃源一百韵》中说："纷吾本孤贱，世叶在逢掖。九流宗指归，百氏旁捃摭。"《郡斋书怀寄河南白尹兼简分司崔宾客》又说道："谩读图书三十车，年年为郡老天涯。"可见其读书之多广。

刘禹锡读书多、广，却不浮泛，他肯钻研、善思考、勇探索，他对待读书的态度与读书的经历影响了他的人生与创作。

从刘禹锡留存下来的《传信方》，可以看出医学知识在他的知识系统里占有重要分量，他于之进行过很多学习。刘禹锡自幼多病，故多留心医学。《答道州薛郎中论方书书》一文从标题就可看出，他与薛郎中曾共探医方之书，并且在文中他也详细阐述了自己的经历："愚少多病。犹省为童儿时，夙具襦袴，保姆报之以如医巫家，针烙灌饵，喧然啼号。"自幼体弱，刘禹锡"见里中儿年齿比者，必睆然武健可爱，羞己之不如"，但他并未因此沉溺于自卑怯弱，而是"遂从世医号富于术者，借其书伏读之"。他也谈了自己学习医学知识的经验，先是具备医书，仔细研读，"得《小品方》，于群方为最古。又得

① 彭定求，等. 全唐诗：卷四百九十六 [M]. 北京：中华书局，1960：5616.

② 白居易，撰；谢思炜，校注. 白居易文集校注：卷三十二 [M]. 北京：中华书局，2011：1893.

③ 王谠，撰；周勋初，校订. 唐语林校证：卷二 [M]. 北京：中华书局，2008：114.

④ 方回，选评；纪昀，刊误；诸伟奇，胡益民，点校. 瀛奎律髓 [M]. 合肥：黄山书社，1994：1063.

⑤ 陶敏，陶红雨，校注. 刘禹锡全集编年校注 [M]. 长沙：岳麓书社，2003：268. 本文刘禹锡诗歌均引自此书。

《药对》，知《本草》之所自出。考《素问》，识荣卫经络百骸九窍之相成。学切脉以探表候，而天机昏浅，布指于位，不能分累菽之重轻，第知息至而已。然于药石不为懵矣"。刘禹锡对医学知识的学习虽然没法达到专门医生的地步，但也非常丰富且深入，医学知识十分复杂，"言君臣必以时，言宣补必以性，言砭灸必本其输荣，言被襁必因其风俗。齐和之宜，炮剔之良，暴炙有阴阳之候，煎烹有少多之取。挠劳以制驶，露置以养洁，味有所走，熏有所归，存诸嬺悉，易则生患"，刘禹锡掌握至"其术足以自卫，或行乎门内，疾辄良已"，甚至最后编次出一部《传信方》："非博极遐览之士，孰能知其所从来哉！"他学医学的态度很明显，就是掌握自己的命运："常思世人居平不读一方，病则委千金于庸夫之手，至于甚殆，而曰不幸，岂真不幸邪？"从刘禹锡因己困于病而奋学医书，可知他遇难事即有不屈之韧劲，他于文中也言："愚独心有概焉，以为君子受干阳健行之气，不可以息。苟吾位不足以充吾道，是宜寄馀术百艺以泄神用，其无暇日，与得位同。"这也正是他多年贬谪生活的精神写照。

刘禹锡读书时与现实相联系，一方面对书上的知识进行思考，另一方面又能形成自己的思想观念。他在《答容州窦中丞书》中说："世之服儒衣冠、道古语、居学官者为不鲜矣，求其知所以然者，几何人？"但刘禹锡就是"求其知所以然者"。如《观市》中就说道："由命士已上部入于市，《周礼》有焉。"但也没有说缘由，"市者，人之所交利而行刑之处，君子无故不游观焉"，刘禹锡在城楼之上看到集市"质剂之曹，较固之伦，合彼此而腾跃之。冒良苦之巧言，敦量衡于险手。秒忽之差，鼓舌伧佇。诋欺相高，诡态横出。鼓嚣哗，坌烟埃，奋膻腥，叠巾屦，啮而合之，异致同归"，"乃今观之，盖有因也"。《机汲记》讲述了他谪居朗州，"濒江之俗，不饮于凿而皆饮于流"，因此他看到了工匠如何建造机械来汲水的过程，他由始为机汲者善用物性，但以之为小事，推而广之，应物善建，柔而能立，刚而无固，卷舒圆通，则可成大事，联想到《易》，感叹："噫，彼经始者，其取诸《小过》欤！"作为朝廷官员，他忠于职守，审时度势，并提出真知灼见。《奏记丞相府论学事》指出学校的问题："今之胶庠不闻弦歌，而室庐圮废，生徒衰少，非学官不欲振举也，病无赀财以给其用。"他赞成应于古而行礼，但"与其烦于旧飨，孰若行其教道？今夫子之教日颓靡，而以非礼之祀媚之，斯儒者所宜愤悱也"，他不会迂腐地认为要一味遵从古制，更多强调的是对待知识圣贤虔诚的态度。他希望国家重视教育，增加对教育的财政投入，谦逊向学，培养人才，这样国家才能勃兴。而《答饶州元使君书》则比较系统全面地阐述了他的为政思想。

刘禹锡并非为读书而读书，因此他也不局限于文辞字句间，他在《献权

舍人书》说：“乃今道未施于人，所蓄者志。见志之具，匪文谓何？是用颛颛
肯肯于其间，思有所寓，非笃好其章句，泥溺于浮华。”他作文不会沉溺于辞
藻、华而不实。“刘禹锡的诗歌创作题材广泛，无论是政治诗、咏史怀古诗，
还是风土民情诗、抒情酬赠诗，大多根植于现实生活，具有强烈的时代气息和
创新精神。”① 如咏史怀古诗，刘禹锡并非单纯怀古，而是借咏古以抒己怀或
借古以讽今，将历史与现实紧密结合，使得深刻的哲理与社会现实融于其中。
《咏史二首》之一云：“骠骑非无势，少卿终不去。世道剧颓波，我心如砥
柱。”以汉时大将卫青门客任安在卫青失势时不肯离去自比，表达自己对元和
时期锐志改革弊政遭谗被逐的志士仁人的支持。刘禹锡借古讽今的作品中颇为
著名的是《金陵五题》，这一组诗借六朝古都金陵遗迹来总结历史教训。刘禹
锡贬谪之地如朗州，在古时属南蛮荒地，他也认为这不是好地方，“系乎天
者，阴伏阳骄是已；系乎人者，风巫气窳是已”（《楚望赋》），“高卑邈殊，
礼数悬绝”（《上中书李相公启》），待久了让他感慨“越声长苦，听者谁哀”
（《上杜司徒启》）。但是好学的刘禹锡，仍然积极包容地接受当地文化：“禹锡
在朗州十年，唯以文章吟咏，陶冶情性。蛮俗好巫，每淫祠鼓舞，必歌俚辞。
禹锡或从事于其间，乃依骚人之作，为新辞以教巫祝。”② 《阳山庙观赛神》描
绘楚人信鬼好祀的风俗，《采菱曲》展现了武陵人在秋天采菱御客的风俗。往
后一些，在夔州创作了《竹枝词》，既是学习四川东部一种与音乐、舞蹈结合
在一起的民歌，也是对劳动人民生活和地方风物的纪实。

刘禹锡读书广博精深，好读书，不迂腐。这些都使他面对现实问题时思路
开阔，文学创作的道路也越走越宽。

二、关于交友

刘禹锡现存诗歌，超过半数都与友人相关，诗歌是他们的交往方式与交往
工具，他们一起唱和、交游。

刘禹锡与友人相关的诗主要有三种类型。第一种是唱和诗，他在《送王
司马之陕州》中所说：“两京大道多游客，每遇词人战一场。”文人间以诗歌
酬唱争胜，以之为趣，多为此类。特别有意思的如《同乐天和微之深春二十
首》，和白居易《和春深二十首》，两组诗都是以“何处深春好”起，分别描

---

① 卞孝萱，卞敏；南京大学中国思想家研究中心 . 刘禹锡评传［M］. 南京：南京大学出版社，
1996：249.

② 刘昫，等 . 旧唐书：卷一百一十［M］. 北京：中华书局，1975：4209.

述万乘家、阿母家、执政家、大镇家、贵戚家等四十处不同的春深景色。第二种是与送别事件相关的诗，包括留别诗、送别诗、酬别（赠）诗、寄别诗等，表达对友人的不舍以及美好的祝愿。刘禹锡往往将其喜悦和悲哀、爱慕和憎恶都鲜明、自然、真切地流于笔端。如《请告东归发霸桥却寄诸僚友》："征徒出灞涘，回首伤如何。故人云雨散，满目山川多。"《鄂渚留别李二十六表臣大夫》："高樯起行色，促柱动离声。欲问江深浅，应如远别情。"不舍之情、离别之苦跃然纸上。同时他又积极地鼓励友人，《送工部张侍郎入蕃吊祭》："月窟宾诸夏，云官降九天。饰终邻好重，锡命礼容全。水咽犹登陇，沙鸣稍极边。路因乘驿近，志为饮冰坚。毳帐差池见，乌旗摇曳前。归来赐金石，荣耀自编年。"第三种是与友人以诗通信、以诗议事。他的大多数诗仍然离不开他的仕途旧事，对于贬谪之事，他们这一群人都始终耿耿于怀，他们认为彼此"同是天涯沦落人"，总是惺惺相惜，这也不失为一种安慰。在刘禹锡写给友人的诗中，他也常常评论友人的诗作和才能，大都是给予鼓励与肯定。

刘禹锡交友十分广泛，他交往的对象多数是文人官僚，比较有名的如白居易、柳宗元、元稹、独孤楚、杜佑、权德舆等，下之许多中下层官员、僧人及普通人。他也与僧人接触甚多，尤其表现在后期。如《送僧元暠东游》《宿诚禅师山房题赠二首》《送慧则法师归上都因呈广宣上人》《赠长沙赞头陀》《送僧方及南谒柳员外》等，诗中也表现了他对佛教思想的一些接受，他常常与僧人谈诗论道。他关注《易》学，在朗州时期，有个叫顾象的人，"吴郡人，食力于武陵沉水上，以读《易》闻"，他不仅以顾象为体力劳动者而鄙之，反而恭敬地向他请教，探讨《易》学，还为他作《绝编生墓表》。这种广泛交友的行为，体现了刘禹锡的交友观：真诚正直，包容有度。刘禹锡在他与友人相关的作品中，往往赞赏、关心、惦念友人以及吐露他的心声。刘禹锡本人才学已经很高了，但十分谦虚，面对友人总是给予无限的鼓励，总能看到他人的优点。《遥伤段右丞》："江湖多豪气，朝廷有直声。何言马蹄下，一旦是佳城！"赞叹段平仲的正直，全诗未言伤痛，读罢却生一股悲壮之感。《酬湖州崔郎中见寄》则毫不吝啬地赞美对方的才华："昔年与兄游，文似马长卿。"《吕八见寄郡内书怀因而戏和》为友人吕温不平，吕温有才华也有治理一方之智，所谓"文苑振金声，循良冠百城"，却遭贬，刘禹锡不免发出"不知今史氏，何处列君名"的感叹。刘禹锡与友人交流中，多数不离贬事，也不曾改志，对于自己的理想始终很坚定。如大和二年所作《初至长安》："每行经旧处，却想似前身。不改南山色，其馀事事新。"即使到了晚年，也仍然有用世之志，如《和令狐相公郡斋对紫薇花》："有人移上苑，犹足占年华。"刘禹锡确是一个韧劲十足的人。这可能也与他多病有关，在心理学上有心理防御机制这一概念，指个体面临挫折或冲突的紧张情境时，在其内部心理活动中具有的自觉或不自觉地解脱烦恼，减轻内心不安，以恢复心理平衡与稳定的一种适应性倾向。心理防卫机制的积极的意义在于能够使主体在遭受困难与挫折后减轻或免除精神压力，恢复心理平衡，甚至激发主体的主观能动性，激励主体以顽强的毅力克服困难，战胜挫折。良好的心理防御机制的其中一点就是补偿。当个体因本身生理或心理上的缺陷致使目的不能达成时，改以其他方式来弥补这些缺陷，以减轻其焦虑，建立其自尊心。① 刘禹锡的情况可能没有这么极端，但不排除他因为长期患病积极对抗，因而产生了比常人更强烈的乐观情绪，使得他遇到挫折时也更为开阔，并且始终不屈服。刘禹锡十分珍惜友情，在面对友人的时候，他总是十分包容。晚年他与令狐楚的唱和骤然多了起来，他对令狐楚也是称赞有加的："公来第四秋，乐国号无愁"，"今日文章主，梁王不信刘"（《酬令狐相公早秋见寄》）。刘禹锡遭贬之时，也是令狐楚官运亨通的时候，两人自然中断了友谊。阔别多年，刘禹锡仍然和他恢复了友谊。刘禹锡与友人交情甚深还因为他们都是彼此的知音，也即他在诗中提到过的"同心"之意。到了晚年他更是对于友人零落而伤感："满眼悲陈事，逢人少旧僚"（《酬杨八庶子喜韩吴兴与予同迁见赠》）、"二十余年别帝京，重闻天乐不胜情。旧人唯有何戡在，更与殷勤唱渭城"（《与歌者何戡》），对友人也更是不舍："莫道两京非远别，春明门外即天涯"（《和令狐相公别牡丹》）、"况有台上月，如闻云外笙。不知桑落酒，今岁与谁倾"，在纸面上隔着千百年都让人为之动容。

　　但刘禹锡交友并非泛泛，来者不拒，他所赞赏的友人除了才华横溢，还志同道合，他十分强调正直这一品质。在他的七言律诗《酬元九侍御赠壁州鞭长句》中，他详细描述并歌咏鞭："碧玉孤根生在林，美人相赠比双金。初开郢客缄封后，想见巴山冰雪深。多节本怀端直性，露青犹有岁寒心。何时策马同归去，关树扶疏敲镫吟？"刘禹锡这首诗实是咏人。他以壁州竹鞭的名贵，制鞭之竹的"端直性"，暗示赠鞭者的品格高尚，表达对元稹的赞赏，也表明自己的节操。在《聚蚊谣》这首诗中，将成群的蚊子比喻成暗中伤人的小人："沉沉夏夜兰堂开，飞蚊伺暗声如雷。嘈然欻起初骇听，殷殷若自南山来。喧腾鼓舞喜昏黑，昧者不分听者惑。露花滴沥月上天，利嘴迎人著不得。我躯七尺尔如芒，我孤尔众能我伤。天生有时不可遏，为尔设幄潜匡床。清商一来秋日晓，羞尔微形饲丹鸟。"这则是与鞭所代表的正直人群截然相反的人群，为刘禹锡所不齿，这种人群大作，使得黑白颠倒，荧惑众人。在《姜夔吟》这

---

① 苑杰，马文有. 护理心理学［M］. 北京：清华大学出版社，2015：66–68.

首诗中，他同样展现了小人的危害，"争蔽日月光""先摧兰蕙芳""名高毁所集，言巧智难防"，诗歌最后表达了刘禹锡忧谗畏讥的心理："勿谓行大道，斯须成太行。莫吟萋兮什，徒使君子伤。"因而，对于正直的人群，他加倍赞赏。杨归厚是刘禹锡长子岳父，二人也是知己。杨归厚无法容忍朝廷宦官许振遂多行奸事，历诋卿相，当众向圣上谏诤，没想到"汉帝偏知白马生"，被假借杨归厚以自娶妇进状借礼会院之事贬为国子监主簿分司。刘禹锡为之打抱不平，同时称赞他这种行为："洛阳本自宜才子，海内而今有直声。"（《寄杨八拾遗》）段平仲与刘禹锡属"江湖旧游"，段平仲此人狷直，朝廷有所得失，他未尝不论奏，所以刘禹锡也在诗中称赞他："江海多豪气，朝廷有直声。何言马蹄下，一旦是佳城！"（《遥伤段右丞》）

正是友人的存在，相伴始终，互相理解，让刘禹锡多年的贬谪生活没那么孤寂、凄凉。刘禹锡大和元年春初归洛阳，贬谪生活使之"远谪年犹少，初归鬓已衰"，但友人使之宽慰，他说："濩落唯心在，平生有己知。"（《罢郡归洛阳寄友人》）柳宗元为了他自愿贬往更为鄙远的播州，白居易与之相伴始终，他在诗中写道"步步相携不觉难"（《同乐天登栖灵寺塔》）。刘禹锡与世长辞，白居易悲痛欲绝，在《哭刘尚书梦得二首》仍写道："贤豪虽殁精灵在，应与微之地下游。"刘禹锡是幸运的。

三、读书与交友

前文提到，刘禹锡交往的对象广泛，不局限于文人官僚，其中有多方面原因，我们这里只谈读书对他交友的影响。

刘禹锡对知识的追求与喜欢直接影响了他交往的对象。这点事实上我们前已论及，包括刘禹锡与僧侣的交好，与下层精通《易》学之人共同探讨，学习医学知识，总结药方，与郎中讨论学习等。对知识的共同追求，使得他与不同身份、不同阶层的人有了接触，也成为交往中谈论的话题。如《送僧元暠南游》引文中可见刘禹锡对佛经、佛经知识有所了解，多用佛语，记叙了他与元暠相识，是因为元暠"雅闻予事佛而佞，亟来相从"。《送僧仲剬东游兼寄呈灵澈上人》也谈到他与僧人共同学习探讨佛教典籍："讲罢同寻相鹤经，闲来共蜡登山屐。"

但二者在交织的过程中，有时是刘禹锡企图以知识来为自己获取解答，获得对自己现状的认同。刘禹锡喜好《易》，早年也信奉"力命之说"，随着"身久放而愈疑"，他心中开始产生痛苦与疑惑。而他贬谪之楚地，正是俗巫好术之乡，他直接去与以卖卜为生的老叟接触，于是有了《何卜赋》中的对话，发出他的疑惑："经曰，剥极则贲，居贲而未尝剥者其谁？否极受泰，居否而未尝泰者又其谁？"正是在书中找不到答案来回应现实的苦闷，他寻求他人的解救。卜者告诉他："有天下之是非，有人人之是非。在此为美兮，在彼为喈……同涉于川，其时在风，沿者之吉，溯者之凶。同艺于野，其时在泽，伊穜之利，乃穆之厄……夫如是，得非我美，失非我耻。其去曷思，其来曷期。姑蹈常而俟之，夫何卜为？"每个人有每个人的坚持，难分对错，所以刘禹锡听后"内视群疑，犹冰释然"。也许这番对话的情境是刘禹锡杜撰，但这确实表现了刘禹锡始终在积极地向内向外探寻，自我解救。

刘禹锡读书与交友是双向互动的过程，与友人进行知识的探讨、切磋也有助于双方对知识的学习。元和中，韩愈、柳宗元、刘禹锡三人先后就"天人关系"引发讨论，刘禹锡同意柳宗元的观点，并作了更为深入的论述，提出"天人交相胜"的观点，进而指出宿命思想产生的根源等。柳宗元读后在《答刘禹锡天论书》中说："始得之，大喜，谓有以开吾志虑。"韩愈死后，刘禹锡痛心地写下《祭韩吏部文》，也称："昔遇夫子，聪明勇奋。常操利刃，开我混沌。子长在笔，予长在论。持矛举盾，卒不能困。"可见，友人交往时的知识探讨让彼此都获益良多。

总之，刘禹锡对待读书与友人的方式、态度，影响了他的处世态度，使得他身处逆境，仍言"世道剧颓波，我心如砥柱"（《咏史二首》），坚持本心，毫无畏惧，总保持一种乐观心态，坚韧不倒，阔步高歌，"前度刘郎今独来"。

参考文献

［1］董诰.全唐文［M］.北京：中华书局，1983.

［2］刘禹锡，撰；《刘禹锡集》整理组，点校；卞孝萱，校订.刘禹锡集［M］.北京：中华书局，1990.

［3］刘昫，撰.旧唐书［M］.北京：中华书局，1975.

［4］欧阳修，宋祁，等撰.新唐书［M］.北京：中华书局，1975.

［5］卞孝萱，卞敏；南京大学中国思想家研究中心.刘禹锡评传［M］.南京：南京大学出版社，1996.

［6］彭定求，等.全唐诗［M］.北京：中华书局，1960.

［7］白居易，撰；谢思炜，校注.白居易文集校注［M］.北京：中华书局，2011.

［8］王谠，撰；周勋初，校订.唐语林校订［M］.北京：中华书局，2008.

［9］方回，选评；纪昀，刊误；诸伟奇，胡益民，点校.瀛奎律髓

［M］. 合肥：黄山书社，1994.

［10］陶敏，陶红雨，校注. 刘禹锡全集编年校注 ［M］. 长沙：岳麓书社，2003.

［11］苑杰，马文有. 护理心理学 ［M］. 北京：清华大学出版社，2015.

（作者单位：华南师范大学）

政治与文学

"永贞革新"与刘禹锡、柳宗元"才性"论稿

戴伟华

　　刘禹锡和柳宗元的"才性"属于复合型人才的标准。可以称刘禹锡、柳宗元为诗人或文学家、政治家，加上思想家亦可。但盛唐著名诗人中能被称为政治家或思想家的是谁？孟浩然、王维、李白、杜甫、高适、岑参，好像都不是。

　　政治才性在史书记载中相对文学才性会多些，这是因为政治运动中的人物"才性"更易呈现在众人之中，也格外被人关注。而人们对文学"才性"的认识常从作品的风格、风貌中得到印象。文学之才表现在文学创作上，"才"与"性"互为表里，《文心雕龙》中有"吐纳英华，莫非情性"①，"情性"即"才性"关系中的"性"。在《文心雕龙》中对作家才性的归纳，有些是根据记载的作家性格来描述其作品受"性"影响的呈现状态，有些应是根据作家作品的风格来反推作者的情性的。在对刘、柳二人的文学"才性"的研究中，要归纳其"情性"，应该侧重于对其作品的研究，而反推其性格。

　　因为很少对文学家个性的详细记载，刘柳性格却多因为他们的政治表现而被人记录的，如韩愈《顺宗实录》将刘、柳归入"名欲侥幸而速进者"②。而刘、柳在对政治活动的反思中，也会涉及自己的性格。从作品来反推人物性格，不仅有局限性，而且也比较困难。比如，文学史在分析刘禹锡性格时，往往会以游玄都观诗为例。刘禹锡从贬所征还，游玄都观，作诗一首。据说此诗被人解读后，告诉当政，刘又遭外贬。"紫陌红尘拂面来"③ 以及"百亩中庭半是苔"④ 两首诗到底反映了刘禹锡怎样的性格？是否如通行文学史所说的"倔强"呢？问题并不那么简单。关于刘禹锡两题玄都观诗事，流传甚广。中间尚有疑惑不解处。以记载时间先后将材料罗列如下：

---

　　① 刘勰，撰；周振甫. 文心雕龙今译（附诗词简释）[M]. 北京：中华书局，2013：256.

　　② 董浩. 顺宗实录：卷五百六十 [M]. 北京：中华书局，1983：5672.

　　③ 刘禹锡，撰；《刘禹锡集》整理组，点校；卞孝萱，校订. 刘禹锡集：元和十年自朗州承召至京戏赠看花诸君子 [M]. 北京：中华书局，1990：308.

　　④ 刘禹锡，撰；《刘禹锡集》整理组，点校；卞孝萱，校订. 刘禹锡集：元和十年自朗州承召至京戏赠看花诸君子 [M]. 北京：中华书局，1990：308.

（1）刘禹锡自说。《再游玄都观绝句》："百亩中庭半是苔，桃花净尽菜花开。种桃道士归何处？前度刘郎今独来。"诗《引》云："余贞元二十一年为屯田员外郎，时此观未有花。是岁，出牧连州，寻贬朗州司马。居十年，召至京师，人人皆言有道士手植仙桃，满观如红霞，遂有前篇，以志一时之事。旋又出牧，今十有四年，复为主客郎中。重游玄都观，荡然无复一树，唯兔葵燕麦动摇于春风耳。因再题二十八字，以俟后游。时大和二年三月。"①

（2）《本事诗》说。"刘禹锡自屯田员外左迁朗州司马。凡十年。始征还。方春。作《赠看花诸君子诗》曰：'紫陌红尘拂面来。无人不道看花回。玄都观里桃千树。尽是刘郎去后栽。'其诗当日传于都下，有嫉其名者，白于执政，又诬其有怨愤。他见日，时宰与坐，慰甚厚。既辞，即曰：'近者新诗，未免其累，奈何？'不数日。出为连州刺史。禹锡自叙云：'贞元二十一年春，予为屯田员外时，此观未有花。是岁出牧连州，至荆南，又贬朗州司马。居十年，诏至京师，人人皆言，有道士手植仙桃，满观盛如红霞，遂有前篇，以志一时之事耳。旋又出牧，于连州十四年，始为主客郎中。重游玄都，荡然无复一树，唯兔葵燕麦，动摇于春风耳。因再题二十八字，以俟后游。时太和二年三月也。'诗曰：'百亩庭中半是苔，桃花静尽菜花开。种桃道士今何在，前度刘郎今独来。'"② 文中"太和"乃"大和"之误。

（3）《旧唐书》说。"元和十年，自武陵召还，宰相复欲置之郎署。时禹锡作游玄都观咏看花君子诗，语涉讥刺，执政不悦，复出为播州刺史……大和二年，自和州刺史征还，拜主客郎中。禹锡衔前事未已，复作游玄都观诗序曰：'予贞元二十一年为尚书屯田员外郎，时此观中未有花木，是岁出牧连州，寻贬朗州司马。居十年，召还京师，人人皆言有道士手植红桃满观，如烁晨霞，遂有诗以志一时之事。旋又出牧，于今十有四年，得为主客郎中。重游兹观，荡然无复一树，唯兔葵燕麦，动摇于春风，因再题二十八字，以俟后游。'其前篇有'玄都观里桃千树，总是刘郎去后栽'之句，后篇有'种桃道士今何在，前度刘郎又到来'之句，人嘉其才而薄其行。禹锡甚怒武元衡、李逢吉，而裴度稍知之。大和中，度在中书，欲令知制诰，执政又闻诗序，滋不悦，累转礼部郎中、集贤院学士。"③

按，刘禹锡自说，未涉及与他人及自己仕途的。如依刘《引》所述写作

---

① 刘禹锡，撰；《刘禹锡集》整理组，点校；卞孝萱，校订. 刘禹锡集：元和十年自朗州承召至京戏赠看花诸君子［M］. 北京：中华书局，1990：308.

② 李昉. 太平广记：刘禹锡［M］. 北京：中华书局，1961：4086.

③ 刘昫，撰；中华书局编辑部，点校. 旧唐书：刘禹锡［M］. 北京：中华书局，1975：4211－4212.

本事，则二诗仍触景生情，寄托感慨。诗引交代作诗缘由，以记时记事为主。《本事诗》说，除刘自序内容外，添加了"紫陌红尘拂面来"诗传播极其严重的政治后果。《旧唐书》说大致承《本事诗》，但稍有不同，不仅保留《本事诗》有关第一首诗"紫陌红尘拂面来"的效果记载，又增添了第二首"百亩中庭半是苔"诗引起的后果，以及"人嘉其才而薄其行"的直接评价。

为了比较准确地分析刘禹锡的性格，这里对三则材料作了比较。材料1，以自序交代作诗原因；材料2，添加了第一首诗在传播中产生的影响；材料3，在《本事诗》的基础上，保留了第一首诗影响的记载，又添加了第二首在传播中的影响，而且两次提到"执政不悦"。《旧唐书》的最大改动是增加了社会舆论表示修史者对此事的评价，所谓"人嘉其才而薄其行"，其实这是很重的一句话。对历史事件的记载，常处在一种不断递补的过程中，有时会让人们更加明白事情的始末和真相，有时也因添加不妥而作了错误的引导，让人们陷于困惑之中。

就材料探讨刘禹锡性格有两条线索，结论是有差异的。一是如刘自述，他就事论事，只关注诗歌写作。先后两次都是即景叙事抒情，有寄托。至于二诗所产生的影响，他并不知情？这样可以归纳刘之性格：自信中稍有自负。二是综合《本事诗》和《旧唐书》记载，两首诗均被人过度阐释，产生不良后果。这样即可归纳刘之性格：自信而且固执，甚至不明智。但这里有一问题如何解释：刘是想入朝做官的人，他如果明知第一首诗已惹下麻烦，为何又写第二首再去找麻烦。这样岂不是自找麻烦，自寻烦恼，有意在做事与愿违的事。此于情于理难通。

两题玄都观诗确实给我们解读古代作家性格以许多启发。三则材料其实有两种传播路径：一是刘序，《本事诗》和《旧唐书》也是尊重这一材料的，都如实引用，个别地方文字稍有异；二是《本事诗》和《旧唐书》新增内容，虽是传闻，也一定有真实的成分。这样，对写作者而言，他并不一定知道诗歌写作引起的后果，也就是说他并没有将诗与自己被贬联系起来，故"紫陌红尘拂面来"诗记一时之事，后因再题"百亩庭中半是苔"诗，以俟后游再有题作，如此而已。至于《本事诗》和《旧唐书》所记反映了另一事实，有人利用刘禹锡诗做了文章，有意把诗中的描写和情绪上纲上线，对刘陷害并得手。记录者则将传闻尽量和刘两度作诗两度被贬作了因果联系。这样推理的情理容易被人接受，将刘两次被贬的结果附着在两次题诗的原因上。如果说如《本事诗》所载，第一首诗已产生严重后果，而刘禹锡是明知故犯了。这样是否低估了刘禹锡的政治智慧？毕竟，他跟随杜佑多年，又经历了"永贞革新"的浮沉。

　　一般情况下，文学史著作都会引这两首诗来说明刘禹锡性格，如何解释，还可以讨论。如果刘禹锡不知第一首诗的传播影响，事隔十多年又写下第二首诗，只能就诗歌内容和刘之自述来推论其性格，那可以说刘诗表现出感伤（第一首）、自信（第二首）。如说这两首诗表现出倔强的性格，似为不妥。

　　尽管以诗去推论作者性格存在认识上的差异，尽管诗歌情绪所反映出的人物个性是有特定的时空制约的，人们仍然可以在作品中寻找到性格存在的表征。如从刘禹锡和柳宗元内容、题材或表现手法比较接近的诗歌创作中就可以反推其性格。刘禹锡《秋词二首》之一："自古逢秋悲寂寥，我言秋日胜春朝。晴空一鹤排云上，便引诗情到碧霄。"① 这首咏秋诗，一反悲秋的传统，写出秋天的积极向上一面。而柳宗元也有一首以季节特征入诗的《江雪》："千山鸟飞绝，万径人踪灭。孤舟蓑笠翁，独钓寒江雪。"② 描写了奇特的江雪独钓的情景。这两首诗都写出主体与他物的关系，刘诗中人和鹤是同一关系，"鹤"以积极的姿态，飞上云天。人亦如此，诗情随鹤飞而进入云霄，人和物之间构成相辅相成的关系。柳诗中人和自然处于对立状态，万物沉寂，而人独钓于寒江之上。人和自然并不协调，构成相反相成的关系。二人在诗中表现出不同的性格和格调，刘禹锡热情而乐观，柳宗元冷峻而孤独。

　　寄赠诗的写作语境和上述写景抒情不同，如《秋词》《江雪》涉及人与自然物的关系，而寄赠诗涉及作者与接受者之间的关系。刘禹锡《酬乐天扬州初逢席上见赠》和柳宗元《登柳州城楼寄漳汀封连四州》应算是寄赠诗的代表作。刘禹锡诗云："巴山楚水凄凉地，二十三年弃置身。怀旧空吟闻笛赋，到乡翻似烂柯人。沉舟侧畔千帆过，病树前头万木春。今日听君歌一曲，暂凭杯酒长精神。"③ 柳宗元诗云："城上高楼接大荒，海天愁思正茫茫。惊风乱飐芙蓉水，密雨斜侵薜荔墙。岭树重遮千里目，江流曲似九回肠。共来百越文身地，犹自音书滞一乡。"④ 这两首诗的情感表达都比较沉重，因为皆与贬谪相关。但刘禹锡能从"巴山楚水凄凉地"中走出来，最后以"暂凭杯酒长精神"作结。柳宗元一直沉浸在"海天愁思正茫茫"的悲痛之中，以"犹自音书滞一乡"作结。由二诗也可以看到二人性格的差异，刘比较乐观，而柳则比较悲观。

　　① 刘禹锡，撰；《刘禹锡集》整理组，点校；卞孝萱，校订. 刘禹锡集：秋词二首［M］. 北京：中华书局，1990：349.

　　② 柳宗元. 柳宗元集：江雪［M］. 北京：中华书局，1979：1221.

　　③ 刘禹锡，撰；《刘禹锡集》整理组，点校；卞孝萱，校订. 刘禹锡集：酬乐天扬州初逢席上见赠［M］. 北京：中华书局，1990：421.

　　④ 柳宗元. 柳宗元集：登柳州城楼寄漳汀封连四州［M］. 北京：中华书局，1979：1164 – 1165.

在作品和创作过程中，刘、柳的基本性格会有流露，关键是如何去分析和利用。刘、柳政治才性中有敢于所为、敢于求新的一面，这与其文学才性也是相通的。刘禹锡《竹枝词》中直接说明他写作竹枝词的缘由，敢于承认这是向"里中儿"学习，至少说是受其影响，序云："四方之歌，异音而同乐。岁正月，余来建平，里中儿联歌竹枝，吹短笛，击鼓以赴节。歌者扬袂睢舞，以曲多为贤。聆其音，中黄锺之羽。其卒章激讦如吴声，虽伧儜不可分，而含思宛转，有淇、濮之艳。昔屈原居沅、湘间，其民迎神，词多鄙陋，乃为作九歌，到于今，荆、楚鼓舞之。故余亦作竹枝词九篇，俾善歌者扬之，附于末。后之聆巴歈，知变风之自焉。"① 歌词也是尽力贴近生活，贴近俚俗，"山桃红花满上头，蜀江春水拍山流。花红易衰似郎意，水流无限似侬愁。"② 刘禹锡之前也有向民歌学习的诗人，那是向文本民歌学习，向南朝民歌学习，如李白。而刘禹锡是向活生生的民歌学习，婉转自然，"花红易衰似郎意"承"山桃红花满上陌"，"水流无限似侬愁"承"蜀江春水拍山流"。不避重复，正得回环往复之妙。柳宗元也是善学民歌的，他有《渔翁》诗一首，诗云："渔翁夜傍西岩宿，晓汲清湘燃楚竹。烟销日出不见人，欸乃一声山水绿。回看天际下中流，岩上无心云相逐。"③ "欸乃"是民间棹船之声。元结有《欸乃曲》"欸乃一声山水绿"，声色并茂。对此有不同意见，王士禛《分甘余话》云："余尝谓柳子厚'渔翁夜傍西岩宿'一首，末二句蛇足，删作绝句乃佳。东坡论此诗亦云：'末二句可不必。'"④ 这种意见有合理性，前四句确实可以独立为一首绝句，如独立出来，显然又不符合绝句格律，"烟销日出不见人"句失粘了，且平仄不协，它与"欸乃一声山水绿"句又不能在声律上协调。这一意见的立足点是从诗体角度出发来批评末二句是蛇足的。但作者没有以绝句体来写诗，而且作者是有意写了六句，有意不守绝句格律要求。此首写渔翁，自由舒展，民歌味十足。

以文学作品反推作家的"性"，前提是"文如其人"。假如文并不如其人，推论是危险的。《旧唐书·吕温》云其"性多险诈，好于近利"，假使没有这样的记载存留，怎么去据其文推其"性"呢？吕温《道州感兴》云："当代知文字。先皇记姓名。七年天下立。万里海西行。苦节终难辨。劳生竟自轻。今

　① 刘禹锡，撰；《刘禹锡集》整理组，点校；卞孝萱，校订. 刘禹锡集：竹枝词九首 [M]. 北京：中华书局，1990：359.

　② 刘禹锡，撰；《刘禹锡集》整理组，点校；卞孝萱，校订. 刘禹锡集：竹枝词九首 [M]. 北京：中华书局，1990：359.

　③ 柳宗元. 柳宗元集：渔翁 [M]. 北京：中华书局，1979：1252.

　④ 王士禛，撰；乔岳，点校. 分甘余话：卷一 [M]. 济南：齐鲁书社，2007：4966.

朝流落处。啸水绕孤城。”又《和李使君三郎早秋城北亭宴崔司士因寄关中张评事》云：“黄花古城路。上尽见青山。桑柘晴川口。牛羊落照间。野情随卷幔。尘事隔重关。道合偏重赏。官微独不闲。鹤分琴久罢。书到雁应还。为谢登临客。琼林（一作枝）寄一攀。”① 从作品来推考作家性格，因人而施，因人而异。即使有记载，作品与人也未必能在性格呈现上构成因果关系。以文论“性”只是相对的做法，不能绝对。

刘柳作为政治家的“才性”，可从几个方面来认识：

第一，学有师法，有政治家的理论基础。

（1）柳宗元从陆质研习《春秋》。陆质的《春秋》学，和传统的章句之学有了明显的区别，面对现实，学为时用，析微言大义，图变革生新。胡可先于此有详细论述，指出陆质《春秋》学的意义：“他的理论成为王叔文集团政治改革的理论基础。”②

柳宗元和陆质的学缘见之于两篇重要的文章，一篇是《唐故给事中皇太子侍读陆文通先生墓表》高度评价陆质的品格，能知圣人之旨，其云：“能知圣人之旨。故《春秋》之言及是而光明。使庸人小童，皆可积学以入圣人之道，传圣人之教，是其德岂不侈大矣哉……既读书，得制作之本，而获其师友。于是合古今，散同异，联之以言，累之以文。盖讲道者二十年，书而志之者又十余年，其事大备，为《春秋集注》十篇，《辨疑》七篇，《微旨》二篇。明章大中，发露公器。其道以圣人为主，以尧、舜为的，苞罗旁魄，胶轕下上，而不出于正。其法以文武为首，以周公为翼，揖让升降，好恶喜怒，而不过乎物。既成，以授世之聪明之士，使陈而明之，故其书出焉，而先生为巨儒。……永贞年，侍东宫，言其所学，为《古君臣图》以献，而道达乎上……先生道之存也以书，不及施于政；道之行也以言，不及睹其理。门人世儒，是以增恸。”③ 陆质能知圣人之旨，而又能传圣人之道；师友切磋，积学有年；治学能合古今，散异同，明章大中，发露公器；学为世用，道达其上。其遗憾是“道之存也以书，不及施于政；道之行也以言，不及睹其理”。陆质在经学上的贡献是巨大的，柳宗元称之为“巨儒”并非私言。

另一篇《答元饶州论春秋书》，具体讨论了陆质《春秋》学的贡献，以见陆质《春秋》学的造诣以及柳宗元与陆质的关系，表达了自己对《春秋》的

---

① 彭定求. 全唐诗：卷三百七十一 [M]. 北京：中华书局，1960：4176.

② 胡可先. 中唐政治与文学：以永贞革新为研究中心 [M]. 合肥：安徽大学出版社，2000：72.

③ 柳宗元. 柳宗元集：唐故给事中皇太子侍读陆文通先生墓表 [M]. 北京：中华书局，1979：209－210.

深透理解。其云："辱复书，教《以报张生书》及《答衢州书言春秋》，此诚世所希闻，兄之学为不负孔氏矣。往年曾记裴封叔宅，闻兄与裴太常言晋人及姜戎败秦师于殽一义，尝讽习之。又闻亡友韩宣英、吕和叔辈言他义，知《春秋》之道久隐，而近乃出焉。京中于韩安平处，始得《微指》，和叔处始见《集注》，恒愿扫于陆先生之门。及先生为给事中，与宗元入尚书同日，居又与先生同巷，始得执弟子礼。未及讲讨，会先生病，时闻要论，常以《易》教诲见宠。不幸先生疾弥甚，宗元又出邵州，乃大乖谬，不克卒业。复于亡友凌生处，尽得《宗指》《辨疑》《集注》等一通。伏而读之，于'纪侯大去其国'。见圣人之道与尧、舜合，不惟文王、周公之志独取其法耳；于'夫人姜氏会齐侯于禚'，见圣人立孝经之大端，所以明其分也；于'楚人杀陈夏征舒，丁亥，楚子入陈，纳公孙宁、仪行父于陈'，见圣人褒贬与夺，唯当之所在，所谓瑕瑜不掩也。反复甚喜。若吾生前距此数十年，则不得是学矣。今适后之。不为不遇也。兄书中所陈，皆孔氏大趣，无得踰焉。其言书荀息，贬立卓之意也。顷尝怪荀息奉君之邪心以立孼子，不务正义，弃有耳于外而专其宠，孔子同于仇牧、孔父为之辞。今兄言贬息，大善。息固当贬也，然则春秋与仇、孔辞不异，仇、孔亦有贬欤？宗元尝着谓《国语》六十余篇，其一篇为《息发》也，今录以往，可如愚之所谓者乎？《微指》中明'郑人来渝平'，量力而退，告而后绝，固先同后异者也。今检此前无与郑同之文，后无与郑异之据，独疑此一义，理甚精而事有不合，兄亦当指而教焉。往年又闻和叔言兄论楚商臣一义，皆所未及，请具录，当疏微指下，以传末学。萧、张前书，亦请见及。至之日，勒为一卷，以垂将来。宗元始至是州，作陆先生墓表，今以奉献，与宣英读之。春秋之道如日月，不可赞也。若赞焉，必同于孔、跖优劣之说，故举其一二，不宣。宗元再拜。"① 这是一篇很值得分析的文章。

首先，该文叙述了柳宗元从陆质学习的大致情况："及先生为给事中，与宗元入尚书同日，居又与先生同巷，始得执弟子礼。"因同日同巷之缘，而能执弟子礼。其次，该文赞扬了陆质经学出现的背景和意义："《春秋》之道久隐，而近乃出焉。"复次，该文以举例提要钩玄总结了陆氏学术大义："于'纪侯大去其国'。见圣人之道与尧、舜合，不惟文王、周公之志独取其法耳；于'夫人姜氏会齐侯于禚'，见圣人立孝经之大端，所以明其分也；于'楚人杀陈夏征舒，丁亥，楚子入陈，纳公孙宁、仪行父于陈'，见圣人褒贬与夺，唯当之所在，所谓瑕瑜不掩也。反复甚喜。"柳宗元非常赞赏老师的解读，一

① 董诰. 全唐文：答元饶州论春秋书 [M]. 北京：中华书局，1983：5800.

曰"独取其法耳"，二曰"见圣人立孝经之大端，所以明其分也"，三曰"见圣人褒贬与夺，唯当之所在，所谓瑕瑜不掩也"。以至柳宗元"反复甚喜"。

（2）刘禹锡从杜佑学典章制度及其沿革。

《通典》成于贞元十七年（801），时杜佑在淮南节度任上，据刘禹锡《为杜司徒让淮南立去思碑表》云："顷镇江都，十有四载。"① 即贞元六年（790）至贞元十九年（803），在杜佑《通典》写作的最后阶段以及定稿阶段，刘禹锡基本在杜佑身边。《旧唐书·刘禹锡传》云："世以儒学称。禹锡贞元九年擢进士第，又登宏辞科。禹锡精于古文，善五言诗，今体文章复多才丽。从事淮南节度使杜佑幕，典记室，尤加礼异。从佑入朝，为监察御史。与吏部郎中韦执谊相善。"② 刘禹锡《刘氏集略说》云："俄被召为记室参军。会出师淮上，恒磨墨于楯鼻，或寝止群书中。居一二岁，由甸服升诸朝。"③ 刘禹锡《子刘子自传》："既免丧，相国扬州节度使杜公领徐、泗，素相知，遂请为掌书记。捧檄入告，太夫人曰：'吾不乐江、淮间，汝宜谋之于始。'因白丞相以请，曰：'诺。'居数月而罢徐、泗，而河路犹艰，遂改为扬州掌书记。涉二年，而道无虞，前约乃行，调补京兆渭南主簿。明年冬，擢为监察御史。"④ 按，徐泗本不归淮南节度使管辖，只是杜佑任淮南节度使时，朝廷诏杜佑代管，刘禹锡《谢濠泗两州割属淮南表》："伏奉十一月二十九日诏书，其濠、泗两州令臣依前收管。臣谬承宠光，作镇淮、海。位均九伯，权总十连。"⑤ 杜佑先请刘入徐泗幕掌书记，后请入淮南幕。

由上述材料可知：一是刘禹锡为杜佑掌书记，时间不确，但应有相当长的时间。二是杜佑非常器重刘禹锡，《旧唐书》谓"尤加礼异"。刘禹锡能得杜佑如此欣赏，实谓殊荣。三是刘禹锡精于古文，今体文章复多才丽，应是杜佑最为赏识的地方。因为军中文书多为今体。刘禹锡在淮南幕中为杜佑所修文书即是今体。如《谢冬衣表》云："臣谬承委寄，获守藩条。灰管屡移，尘露无补。陛下至仁天覆，玄化风熏。颁以兼衣，贲兹琐质。降自天府，光于辕门。缄縢既开，睹彩章之盛饰；蹈舞而服，发温燠于祁寒。愧尘补衮之名，更荷解

---

① 刘禹锡，撰；《刘禹锡集》整理组，点校；卞孝萱，校订. 刘禹锡集：为杜司徒让淮南立去思碑表［M］. 北京：中华书局，1990：153.

② 刘昫，撰；中华书局编辑部，点校. 旧唐书：刘禹锡［M］. 北京：中华书局，1975：4210.

③ 刘禹锡，撰；《刘禹锡集》整理组，点校；卞孝萱，校订. 刘禹锡集：刘氏集略说［M］. 北京：中华书局，1990：251.

④ 刘禹锡，撰；《刘禹锡集》整理组，点校；卞孝萱，校订. 刘禹锡集：子刘子自传［M］. 北京：中华书局，1990：591.

⑤ 刘禹锡，撰；《刘禹锡集》整理组，点校；卞孝萱，校订. 刘禹锡集：谢濠泗两州割属淮南表［M］. 北京：中华书局，1990：144.

衣之赐。恩波下浃，将校同沾。共戴殊荣，咸思竭节。生成是荷，雨露难酬。"① 四是在淮南军中，刘禹锡"恒磨墨于楯鼻，或寝止群书中"，所谓"寝止群书"绝不是修辞的虚语，而意味着刘禹锡终日与群书相伴。五是杜佑不仅优礼，而且优容刘禹锡，刘因母要求离开徐泗，杜佑则安排刘来扬州。

可以说，从杜佑对刘禹锡"尤加礼异"到刘禹锡"寝止群书中"，正暗示了刘禹锡和杜佑修《通典》的联系。如果说，刘禹锡和杜佑修《通典》没有关系，反而不正常。杜佑《通典》的各篇之序亦当为后期之作。序虽在篇首，但序是对编辑意图和结构的说明，即使始有初稿，定稿亦为后期之改定。刘禹锡在自己的各种文字中均未提及《通典》，而他又是杜佑完成《通典》的见证人。而掌书记又是军中的秘书长，韩愈《徐泗豪三州节度掌书记厅壁记》云："书记之任亦难矣！元戎总齐三军之事，统理所部之旷，以镇定邦国，赞天子施教化。而又外与宾客四邻交，其朝觐聘问，慰荐祭祀祈祝之文，与所部之政，三军之号令升黜，凡文辞之事，皆出书记。非宏辩通敏兼人之才，莫宜居之。"② 可以设想，正因为刘禹锡为掌书记任，参与《通典》编撰，或做了部分的文字润饰工作，也是分内之事，而刘后来回避此事，正是情理中事。

那么，刘禹锡做杜佑的掌书记与其参加"永贞革新"意义何在？

这一意义是和《通典》其书的思想紧密联系的。杜佑《通典》云："臣佑言：……仕非游艺，才不逮人，徒怀自强，颇玩坟籍。虽履历叨幸，或职剧务殷，窃惜光阴，未尝轻废。……然多记言，罕存法制，愚管窥测，岂达精深，辄肆荒唐，试为臆度。每念懵学，冀探政经，略观历代众贤高论，多陈秂失之弊，或阙匡拯之方。臣既庸浅，宁详损益，未原其始，莫畅其终。尚赖周氏典礼，秦皇荡灭不尽，或有繁杂，且用准凭。至于往昔是非，可为今来龟鉴，布在方策，亦粗研寻。自顷纂修，年涉三纪，识寡思拙，心昧词芜。图籍寔多，事目非少，将谓功毕，有愧乖疏，固不足发挥大猷，但微臣竭愚尽虑。凡二百卷，不敢不具上献，庶明鄙志所之。"③《食货序》："佑少尝读书，而性且蒙固，不达术数之艺，不好章句之学。所墼通典，实采群言，征诸人事，将施于政。夫理道之先在乎行教化，教化之本在乎足衣食。《周易》称聚人曰富。《洪范》八政，一曰食，二曰货。管子曰：'仓廪实知礼节，衣食足知荣辱。'

① 刘禹锡，撰；《刘禹锡集》整理组，点校；卞孝萱，校订.刘禹锡集：谢冬衣表 ［M］. 北京：中华书局，1990：143.

② 韩愈，撰；刘真伦，岳珍，校注.韩愈文集汇校笺注：徐泗豪三州节度掌书记厅壁记 ［M］. 北京：中华书局，2010：348.

③ 杜佑，撰；王文锦，王永兴，刘俊文，徐庭云，谢方，点校.通典：进通典表 ［M］. 北京：中华书局，1988：1.

夫子曰：'既富而教。'斯之谓矣。夫行教化在乎设职官，设职官在乎审官才，审官才在乎精选举，制礼以端其俗，立乐以和其心，此先哲王致治之大方也。故职官设然后兴礼乐焉，教化隳然后用刑罚焉，列州郡俾分领焉，置边防遏戎敌焉。是以《食货》为之首，《选举》次之，《职官》又次之，《礼》又次之，《乐》又次之，《刑》又次之，《州郡》又次之，《边典》末之。或览之者庶知篇第之旨也。"①《礼序》："吁戏！百代之损益，三变而著明，酌乎文质，悬诸日月，可谓盛矣。通典之所纂集，或泛存沿革，或博采异同，将以振端末、备顾问者也，乌礼意之能建乎！但前古以来，凡执礼者，必以吉凶军宾嘉为次；今则以嘉宾次吉，军凶后宾，庶乎义类相从，终始无黩云尔。"②《乐序》："而人间胡戎之乐，久习未革。古者因乐以著教，其感人深，乃移风俗。将欲闲其邪，正其颓，唯乐而已矣。"③

《通典》的编辑过程及其思想深深影响了刘禹锡。其一，刘禹锡有机会深入全面历代兴亡、制度沿革。其二，杜佑的治国理念。其三，求新的变革观念。其四，务实的态度。其五，杜佑将《通典》进呈朝廷后，又撰《理道要诀》，杜佑《理道要诀》云："窃思理道。不录空言。由是累记修纂通典。包罗数十年事。探讨礼法刑政。遂成二百卷。先已奉进。从去年春末。更于二百卷中。纂成十卷。目曰理道要诀。凡三十三篇。详古今之要。酌时宜可行。贞元十九年二月十八日上。"（《玉海》卷五一引）④ 其体例问答式，陈振孙《直斋书录解题》卷十云："《理道要诀》十卷。唐宰相杜佑撰，凡三十三篇，皆设问答之辞，末二卷记古今异制，盖于《通典》中撮要以便人主观览。"⑤《朱子语类》第一百三十六云："杜佑可谓有意于世务者。问《理道要诀》，曰是一个非古是今之书。"⑥ 朱熹对杜佑评价是"有意于世务者"。《理道要诀》则是使人主观览的理道安邦的实用工具书。

不仅如此，杜佑的理政实践也应影响了刘禹锡。从刘禹锡代杜佑拟章表可知一二，如《论废楚州营田表》云："中使曹进玉至，奉宣圣旨存问，兼赐臣墨诏，以楚州营田废置事令臣商量奏来者。跪捧天书，恭承睿旨。道存致用，

① 杜佑，撰；王文锦，王永兴，刘俊文，徐庭云，谢方，点校.通典：卷第一　食货一 [M].北京：中华书局，1988：1.

② 杜佑，撰；王文锦，王永兴，刘俊文，徐庭云，谢方，点校.通典：卷第四十一　礼一　沿革一 [M].北京：中华书局，1988：1122.

③ 杜佑，撰；王文锦，王永兴，刘俊文，徐庭云，谢方，点校.通典：乐序 [M].北京：中华书局，1988：3588.

④ 陈尚君，辑校.全唐文补编：进理道要诀表 [M].北京：中华书局，2005：743.

⑤ 陈振孙，撰.直斋书录解题：卷十 [M].北京：中华书局，1985：296.

⑥ 黎靖德，王星贤，点校.朱子语类：卷一百三十六历代三 [M].北京：中华书局，1986：3250.

义在随时。（云云。）伏以本置营田，是求足食。今则徒有靡费，鲜逢顺成。刈获所收，无裨于国用；种粮每阙，常假于供司。较其利害，宜废已久。比来循守旧制，不敢轻有上陈。皇明鉴微，特革斯弊。取其田蓄，授彼黎蒸。仍俾薄租，诚为至当。但以田数虽广，地力各殊。须量沃塉，用立程度。臣已追里正，臣与商量利便，谨具别状奏闻。"① 讨论营田之事。刘禹锡虽是秘书，草拟章表，但必深察此中的国与民、利与弊之大要。

他们的好友吕温的思想和理论见于刘禹锡《唐故衡州刺史吕君集纪》，其云："每与其徒讲疑考要，王霸富强之术，臣子忠孝之道，出入上下百千年间，诋诃角逐，迭发连注。"② 所谓"王霸富强之术，臣子忠孝之道"，是很好的概括。

第二，仁孝之心。

尽管历来意识形态强调以孝治天下，但文人将其视为日常并贯彻在行动中，似乎也没有得到应有的关注。特别是在仪式、礼仪规定之外的孝道在文人日常中的体现甚少。柳宗元贬谪以后的苦难悲伤以"孝"为主要内容。主要有两件事，一是母亲在永州去世，柳宗元认为自己有逃脱不了的责任，如果不是母随已赴贬所，母亲则不会过早辞世，这是一大不孝；二是被贬后，没有能结婚生子，这也是一大不孝。③

柳宗元《先太夫人河东县太君归祔志》云："汝宗大家也，既事舅姑，周睦姻族，柳氏之孝仁益闻。""既至永州，又奉教曰：'汝唯不恭宪度，既获戾矣，今将大儆于后，以盖前恶，敬惧而已。苟能是，吾何恨哉！明者不悼往事，吾未尝有戚戚也。'而卒以无孝道，不能有报焉。"④ 文中严肃提出"柳氏之孝仁"的话题，也自责"无孝道"。

在柳宗元被贬期间，发生了一件看似平常的事情。刘禹锡被贬播州，柳宗元希望能和刘禹锡调换贬地。理由是，播州比柳州远，不适宜刘禹锡母亲养老。此事见于韩愈《柳子厚墓志铭》，其云："其召至京师而复为刺史也，中山刘梦得禹锡亦在遣中，当诣播州。子厚泣曰：'播州非人所居，而梦得亲在堂。吾不忍梦得之穷无词以白其大人，且万无母子俱往理。'请于朝，将拜疏，愿以柳易播，虽重得罪死不恨。遇有以梦得事白上者，梦得于是改刺连

① 刘禹锡，撰；《刘禹锡集》整理组，点校；卞孝萱，校订. 刘禹锡集：论废楚州营田表［M］. 北京：中华书局，1990：146.

② 刘禹锡，撰；《刘禹锡集》整理组，点校；卞孝萱，校订. 刘禹锡集：唐故衡州刺史吕君集纪［M］. 北京：中华书局，1990：235.

③ 戴伟华. 唐代文学综论［M］. 北京：商务印书馆，2006：189 – 193.

④ 柳宗元. 柳宗元集：先太夫人河东县太君归祔志［M］. 北京：中华书局，1979：326 – 327.

州。呜呼！士穷乃见节义。"①《资治通鉴》元和十年载此事稍异，其云："宗元曰：'播非人所居，而梦得亲在堂，万无母子俱往理。'欲请于朝，愿以柳易播。会中丞裴度亦为禹锡言曰：'禹锡诚有罪，然母老，与其子为死别，良可伤！'上曰：'为人子尤当自谨，勿贻亲忧，此则禹锡重可责也。'度曰：'陛下方侍太后，疑禹锡在所宜矜。'上良久，乃曰：'朕所言，以责为人子者耳；然不欲伤其亲心。'退，谓左右曰：'裴度爱我终切。'明日，禹锡改连州刺史。"② 此当本于韩《志》，韩《志》中"士穷乃见节义"一语虽然评价甚高，但结合柳宗元母亡自责之事，"不欲伤其亲心"一语，才是对刘禹锡孝道的解释。

刘禹锡也很讲孝道，其《子刘子自传》特别记载了这样一件事："既免丧，相国扬州节度使杜公领徐、泗，素相知，遂请为掌书记。捧檄入告，太夫人曰：'吾不乐江、淮间，汝宜谋之于始。'因白丞相以请，曰：'诺。'居数月而罢徐、泗，而河路犹艰，遂改为扬州掌书记。涉二年，而道无虞，前约乃行，调补京兆渭南主簿。明年冬，擢为监察御史。"③ 在自传中写入此事，本意应是感谢杜佑的知遇之恩，客观上却留下一段尚孝的故事。

第三，政治兴趣和热情。

中唐文士和初盛唐文士相比较，都有政治热情，初唐四杰、陈子昂等人求取功名之心、报国效力之志，见诸其诗文，盛唐王维、孟浩然、高适、岑参、李白、杜甫亦复如此。中唐文士的政治兴趣和热情有何独特性？以刘柳为例，有如下特点：一是有理论基础，学以致用。因此，其政治兴趣和热情更具理性色彩，深厚的理论基础。二是有心存大志、志同道合的政治性朋友圈。刘禹锡《子刘子自传》云："贞元二十一年春，德宗新弃天下，东宫即位。时有寒俊王叔文，以善弈棋得通籍博望。因间隙得言及时事，上大奇之。如是者积久，众未之知。至是起苏州掾，超拜起居舍人，充翰林学士，遂阴荐佑相杜公为度支盐铁等使。翌日，叔文以本官及内职兼充副使。未几，特迁户部侍郎，赐紫，贵振一时。愚前已为杜佑相奏署崇陵使判官，居月余日，至是改屯田员外郎，判度支盐铁等案。初，叔文北海人，自言猛之后，有远祖风，惟东平吕温、陇西李景俭、河东柳宗元以为信然。三子者皆与予厚善，日夕过，言其

① 韩愈，撰；刘真伦，岳珍，校注. 韩愈文集汇校笺注：柳子厚墓志铭 [M]. 北京：中华书局，2010：2408.

② 司马光；胡三省，音注标点；资治通鉴小组，点校. 资治通鉴：十年 [M]. 北京：中华书局，1956：7709.

③ 刘禹锡，撰；《刘禹锡集》整理组，点校；卞孝萱，校订. 刘禹锡集：子刘子自传 [M]. 北京：中华书局，1990：591.

能。叔文始工言治道，能以口辩移人。既得始，自春至秋，其所施为，人不以为当非。时上素被疾，至是尤剧。诏下内禅，自称太上皇，后谥曰顺宗。东宫即皇帝位。是时，太上久寝疾，宰臣及始事者都不得召对。宫掖事秘，而建桓立顺，功归贵臣。于是，叔文首贬渝州，后命终死。宰相贬崖州。予出为连州。途至荆南，又贬朗州司马。"① 王叔文的"工言治道，能以口辩移人"，与柳宗元"隽杰廉悍，议论证据今古，出入经史百子，踔厉风发，率常屈其座人"，才性如此接近。王叔文与吕温、李景俭、柳宗元四人，皆与刘禹锡厚善。而且这一朋友圈借助既有关系不断扩大，如杜佑，并非集团中人，表面上看，他在永贞中为度支盐铁等使，出于王叔文的"阴荐"，但王叔文是刘禹锡的朋友，而刘禹锡多年跟从杜佑，又是交情极为深厚，杜佑能为度支盐铁等使的被"阴荐"，一定是刘禹锡运作的结果。三是在政治上积极进取。韩愈《柳子厚墓志铭》："子厚少精敏，无不通达。逮其父时，虽少年，已自成人，能取进士第，崭然见头角，众谓柳氏有子矣。其后以博学宏词授集贤殿正字。隽杰廉悍，议论证据今古，出入经史百子，踔厉风发，率常屈其座人。名声大振，一时皆慕与之交，诸公要人争欲令出我门下，交口荐誉之。贞元十九年（803），由蓝田尉拜监察御史。顺宗即位，拜尚书礼部员外郎，且将大用。遇用事者得罪，例出为刺史。未至，又例贬州司马。"② "子厚前时少年，勇于为人，不自贵重顾藉，谓功业可立就，故坐废退。既退，又无相知有气力得位者推挽，故卒死于穷裔。材不为世用，而道不行于时也。使子厚在台省时，自持其身，已能如司马、刺史时，亦自不斥。斥时有人力能举之，且必复用不穷。然子厚斥不久，穷不极，虽有出于人，其文学辞章必不能自力，以致必传于后如今无疑也。虽使子厚得所愿，为将相于一时。以彼易此，孰得孰失，必有能辨之者。"③ 韩愈用了"崭然见头角""踔厉风发""勇于为人""谓功业可立就"来描述柳宗元的奋进精神。四是刘柳积极参与政治治理，将革新求变的理论运用于永贞革新当中。

不过，这种精神也会被人从另一面来诠释。人们对吕温的评价可以代表这一观点。《四库全书总目·吕衡州集十卷》："温亦八司马之党。当王叔文败时，以使吐蕃幸免。其人品本不纯粹。而学《春秋》于陆淳、学文章于梁肃，

---

① 刘禹锡，撰；《刘禹锡集》整理组，点校；卞孝萱，校订. 刘禹锡集：子刘子自传［M］. 北京：中华书局，1990：591.

② 韩愈；刘真伦，岳珍，校注. 韩愈文集汇校笺注：柳子厚墓志铭［M］. 北京：中华书局，2010：2407.

③ 韩愈；刘真伦，岳珍，校注. 韩愈文集汇校笺注：柳子厚墓志铭［M］. 北京：中华书局，2010：2407 - 2409.

则授受颇有渊源。集中如《与族兄皋书》深有得于六经之旨。《送薛天信归临晋序》洞见文字之源。《裴氏海昏集序》《论诗》亦殊精邃。《古东周城铭》能明君臣之义，以纠左氏之失。其《思子台铭序》谓遇一物可以正训于世者，秉笔之士未尝阙焉。其文章之本可见矣。惟《代尹仆射度女为尼表》可以不存。而《诸葛侯庙记》以为有才而无识，尤好为高论，失之谬妄。分别观之可矣。"①

《旧唐书·吕温》云："时柳宗元等九人坐叔文贬逐，唯温以奉使免。温天才俊拔，文彩赡逸，为时流柳宗元、刘禹锡所称。然性多险诈，好奇近利，与窦群、羊士谔趣尚相狎。"②

吕温被人指责的"险诈""近利""不纯粹"在刘柳那里被如此解释，刘禹锡《唐故衡州刺史吕君集纪》云："勇于艺能，咸有所祖。年益壮，志益大，遂拨去文学，与隽贤交，重气概，核名实，歉然以致君及物为大欲。每与其徒讲疑考要，王霸富强之术，臣子忠孝之道，出入上下百千年间，诋诃角逐，迭发连注。"③

柳宗元《唐故衡州刺史东平吕君诔》云："君有智勇孝仁，惟其能，可用康天下；惟其志，可用经百世……君之志与能不施于生人，知之者又不过十人，世徒读君之文章，歌君之理行，不知二者之于君其末也。"④

"年益壮，志益大""与隽贤交，重气概""智勇孝仁""王霸富强之术，臣子忠孝之道"，刘、柳评价显然不同于后来人的评价，真是一体两面。

参加永贞革新时，刘禹锡34岁，柳宗元33岁，都是热血青年，他们迅速进入中央高层参与变革，故被人讥之为躁进，韩愈撰《顺宗实录》谓之"并有当时名欲侥幸而速进者陆质、吕温、李景俭、韩华、韩泰、陈谏、刘禹锡、柳宗元等十数人。定为死交"⑤。刘、柳精力旺盛，工作勤勉，据《云仙散录》载："《宣武盛事》曰：顺宗时，刘禹锡干预大权，门吏接书尺日数千，禹锡一一报谢，绿珠盆中日用面一斗为糊，以供缄封。"⑥ 这和韩愈《柳子厚墓志铭》记载可互证："名声大振，一时皆慕与之交，诸公要人争欲令出我门下，

① 永瑢，撰. 四库全书总目：吕衡州集十卷［M］. 北京：中华书局，1965：1290.

② 刘昫，撰；中华书局编辑部，点校. 旧唐书：吕温［M］. 北京：中华书局，1975：3769.

③ 刘禹锡，撰；《刘禹锡集》整理组，点校；卞孝萱，校订. 刘禹锡集：唐故衡州刺史吕君集纪［M］. 北京：中华书局，1990：235.

④ 柳宗元；尹占华，韩文奇，校注. 柳宗元集校注：唐故衡州刺史东平吕君诔［M］. 北京：中华书局，2013：600.

⑤ 董诰. 全唐文：顺宗实录五［M］. 北京：中华书局，1983：5672.

⑥ 冯贽，撰；张力伟，点校. 云仙散录：二二九　面糊［M］. 北京：中华书局，2008.

交口荐誉之。"韩愈所记为永贞以前事，而《宣武盛事》云为顺宗时事，这一状况的出现应指同一回事。门吏日接书数千，而刘禹锡都一一回复。其用心良苦，令人敬佩。《旧唐书·刘禹锡》对刘、柳得势时的盛气凌人是有批评的，其云："禹锡尤为叔文知奖，以宰相器待之。顺宗即位，久疾不任政事，禁中文诰，皆出于叔文，引禹锡及柳宗元入禁中，与之图议，言无不从。……既任喜怒凌人，京师人士不敢指名，道路以目，时号'二王、刘、柳'。"① 时号"二王、刘、柳"，说明了刘柳的核心地位。

年轻气盛，又在中央上层，难免急功近利，柳宗元《寄许京兆孟容书》讲过一段话："年少气锐，不识几微，不知当否，但欲一心直遂，果陷刑法，皆自所求取得之，又何怪也？宗元于众党人中，罪状最甚。"② 这也是在反思，"一心直遂"，大概也是"速进"的意思吧。

苏轼《刘禹锡文过不悛》云："刘禹锡既败，为书自解，言：'王叔文实工言治道，能以口辩移人，既得用，所施为，人不以为当。太上久疾，宰相及用事者不得对。宫掖事秘，建桓立顺，功归贵臣，由是及贬。'《后汉·宦者传·论》云：'孙程定立顺之功，曹腾参建桓之策。'腾与梁冀比舍清河而立蠡吾，此汉之所以亡也，与广陵王监国事，岂可同日而语哉？禹锡乃敢以为比，以此知小人为奸，虽已败，犹不悛也，其可复置之要地乎？因读《禹锡传》，有所感，书此。"③ 苏轼这段话似可商榷。其一，"刘禹锡既败，为书自解"句，似为被贬初期作，其实是晚年作。据《新唐书·刘禹锡》载："始疾病，自为《子刘子传》，称：'……叔文实工言治道，能以口辩移人，既得用，所施为人不以为当。……'其自辩解大略如此。"④ 其二，"所施为，人不以为当"句，为《子刘子自传》中语，《新唐书》亦如此。按，《子刘子传》原文是"叔文实工言治道，能以口辩移人。既得用，自春至秋，其所施为，人不以为当非"。⑤《全唐文》亦作"人不以为当非"。⑥ "人不以为当非"与"人不以为当"，意思完全不同。持批评态度的都引作"人不以为当"，洪迈《柳子厚党叔文》云："柳子厚、刘梦得，皆坐王叔文党废黜。刘颇饰非解谤，而

① 刘昫，撰；中华书局编辑部，点校. 旧唐书：刘禹锡 [M]. 北京：中华书局，1975：4210.

② 柳宗元；尹占华，韩文奇，校注. 柳宗元集校注：寄许京兆孟容书 [M]. 北京：中华书局，2013：780.

③ 苏轼；李之亮，笺注. 苏轼文集编年笺注（诗词附）[M]. 成都：巴蜀书社，2011：749 – 750.

④ 欧阳修，宋祁，撰；中华书局编辑部，点校. 新唐书：刘禹锡 [M]. 北京：中华书局，1975：5131 – 5132.

⑤ 刘禹锡，撰；《刘禹锡集》整理组，点校；卞孝萱，校订. 刘禹锡集：子刘子自传 [M]. 北京：中华书局，1990：591.

⑥ 董诰. 全唐文：子刘子自传 [M]. 北京：中华书局，1983：6167.

柳独不然。其《答许孟容书》云：'早岁与负罪者亲善，始奇其能，谓可以共立仁义，裨教化。暴起领事，人所不信，射利求进者，百不一得，一旦快意，更恣怨讟，诋诃万状，尽为敌雠。'及为叔文母刘夫人墓铭，极其称诵，谓：'叔文坚明直亮，有文武之用。待诏禁中，道合储后。献可替否，有康弼调护之勤。许谟定命，有扶翼经纬之绩。将明出纳，有弥纶通变之劳。内赞谟画，不废其位。利安之道，将施于人。而夫人终于堂，知道之士，为苍生惜焉。'其语如此。梦得自作传，云：'顺宗即位，时有寒俊王叔文以善弈棋得通籍博望，因间隙得言及时事，上大奇之。叔文自言猛之后，有远祖风，唯吕温、李景俭、柳宗元以为信。然三子皆与予厚善，日夕过，言其能。叔文实工言治道，能以口辩移人。既得用，其所施为，人不以为当。上素被疾，诏下内禅，宫掖事秘，功归贵臣，于是叔文贬死。'韩退之于两人为执友，至修《顺宗实录》，直书其事，云：'叔文密结有当时名欲侥幸而速进者刘禹锡、柳宗元等十数人，定为死交，踪迹诡秘。既得志，刘、柳主谋议唱和，采听外事，及败，其党皆斥逐。'此论切当，虽朋友之义，不能以少蔽也。"① 其三，苏轼"以此知小人为奸，虽已败，犹不悛也"句，斥刘禹锡为"小人为奸"，虽败"不悛"，也是有失稳当。当然，这是作者认识永贞革新性质的立场问题。

　　士人才性比较复杂，与时间空间也是相联系的。以永贞革新为特定的时空来认识刘柳的才性，一定是相对的。人的性格之于才能还是比较稳定的，才能相对于职业或工作领域的业绩也是较为稳定的。另外，人的才性区分为文学、政治，只是研究某一类群体的技术手段，并非指人的才性只有这两方面。

　　总之，刘禹锡和柳宗元的才性具有复合型特点，既有文学的才性，又有政治的才性，而文学与政治的才性既有差别，又有联系。无论是作为文学家的刘、柳，还是作为政治家的刘、柳，其才性貌离神合。正是出于这一认识，我们更多地注意到他们才性的共同点，如求新求变，表现在政治则参与革新，用之于文学则敢于向活生生的民歌学习，而不同于他们的前辈在南朝民歌文本中濡染。在论述刘柳文学与政治才性时，还有另一考虑，即在选取材料和阐释材料时，对现有研究比较多的方面则略言之，相对薄弱之处则详言之，尽可能在吸收现有成果的基础上赋予材料以新的内涵和认识角度，或对现有成果作必要的补充和修正。例如，在对刘禹锡两题玄都观诗的分析，采用以可信之材料作合理之推断的方法，否定了二诗表现出刘禹锡"倔强"性格的传统说法。

---

① 洪迈，撰；孔凡礼，点校.容斋随笔：柳子厚党叔文［M］.北京：中华书局，2005：267－268.

参考文献：

［1］刘禹锡，撰；《刘禹锡集》整理组，点校；卞孝萱校订．刘禹锡集［M］．北京：中华书局，1990.

［2］柳宗元．柳宗元集［M］．北京：中华书局，1979.

［3］韩愈；刘真伦，岳珍，校注．韩愈文集汇校笺注［M］．北京：中华书局，2010.

［4］苏轼；李之亮，笺注．苏轼文集编年笺注（诗词附）［M］．成都：巴蜀书社，2011.

［5］刘昫，撰；中华书局编辑部，点校．旧唐书［M］．北京：中华书局，1975.

［6］欧阳修，宋祁，撰；中华书局编辑部，点校．新唐书：刘禹锡［M］．北京：中华书局，1975.

［7］董诰．顺宗实录［M］．北京：中华书局，1983.

［8］周振甫．文心雕龙今译（附诗词简释）［M］．北京：中华书局，2013.

［9］李昉．太平广记［M］．北京：中华书局，1961.

［10］彭定求．全唐诗：卷三百七十一［M］．北京：中华书局，1960.

［11］董诰．全唐文：答元饶州论春秋书［M］．北京：中华书局，1983.

［12］胡可先．中唐政治与文学：以永贞革新为研究中心［M］．合肥：安徽大学出版社，2000.

［13］王文锦，王永兴，刘俊文，徐庭云，谢方，点校．通典［M］．北京：中华书局，1988.

［14］陈尚君，辑校．全唐文补编［M］．北京：中华书局，2005.

［15］王士禛，撰；乔岳，点校．分甘余话［M］．济南：齐鲁书社，2007.

［16］陈振孙，撰．直斋书录解题［M］．北京：中华书局，1985.

［17］黎靖德，王星贤，点校．朱子语类［M］．北京：中华书局，1986.

［18］司马光；胡三省，音注标点；资治通鉴小组，点校．资治通鉴［M］．北京：中华书局，1956.

［19］永瑢，撰．四库全书总目［M］．北京：中华书局，1965.

［20］冯贽，张力伟，点校．云仙散录［M］．北京：中华书局，2008.

［21］洪迈，撰；孔凡礼，点校．容斋随笔：柳子厚党叔文［M］．北京：中华书局，2005.

（作者单位：广州大学）

政治立场的表态与地方治理的思考
——柳宗元、刘禹锡与元洪三书笺释

查屏球

对刘禹锡、柳宗元等人而言，"八司马事件"是在政治热情最高涨时横遭的一击。他们是贞元末最耀眼的政治精英，在元和朝，他们虽然多以负罪之人自许，但并没有放弃政治追求，即使在偏远州郡仍延续着他们的政治思考，其中关于政治变局与地方治理之事，思考尤多。如刘禹锡、柳宗元都有与元饶州的通信，共同讨论春秋学派以及地方治理的问题，显示了这一政治派别在失势后的特殊思考。他们已经历了仕场上下层变迁，对当时政治症结了解更多，故所论多有针对性。细绎其中指向，可对中唐政治以及这一群体的心态有一个更具体的了解。

一、元饶州其人与刘、柳与元氏通信的背景

《诂训柳先生集》韩醇音释本引韩醇注曰："前有《与元饶州论春秋书》，今复与之论政理，且曰'辱示政理之说'及'刘梦得书往复甚善'，求之刘梦得集，亦有答饶州论政理书，大率其意皆同，韩宣英，晔也，亦以坐王叔文党贬饶州司，饶州举宣英以代已，以前书考之，此亦在元和六年后作。"韩醇是南宋初人，其论或有根据。然而，并未指出元饶州为何人。南宋末王应麟《困学纪闻》卷十七："《答元饶州论春秋》，又论政理，按《鄱阳志》，元屿也。艾轩策问以为元次山，次山不与子厚同时，亦未尝为饶州。"今检元氏长庆集四八，元屿杭州刺史等制；敕饶州刺史元冀等。《困学纪闻》作元屿，误。王应麟所引《鄱阳志》，亦见于王象之（1163—1230）《舆地纪胜》引用，则《鄱阳志》一书至少成于宋理宗宝庆年间（1225—1227），也即《舆地纪胜》成书之前。其言其时有饶州刺史元屿一事也是很难否定的事。元稹集中有《授元冀等余杭等州刺史制》：

　　敕：饶州刺史元冀等：自天子至于侯甸、男邦，大小之势不同，子育

黎元，其揆一也。是以郎官出宰百里，牧守入为三公，此所以前代称理也。近俗偷末，倒置是非，省寺以地望自高，郡县以势卑自劣。盘牙不解，稂莠不除，比比有之，患由此起。今余杭、锺离、新安、顺政，三有财用，一邻戎狄，将有所授，每难其人。以冀之理课甄明，以宏度之奏议详允，以元亮之学古从政，以公远之守道立身，金命为邦，庶可胜残而去杀矣。敬奉诏条，用慰茕独。可依前件。

此文作长庆元年（821），其言元氏由饶州刺史转为杭州刺史。此"屿"或为"冀"之误？但是，柳、刘文作于元和六年（811）左右，相隔十年，元冀似乎不应在饶州刺史任上有这么长的任职时间。

其时又有一位名元洪者任过饶州刺史，《元和姓纂》卷四河南洛阳元氏（416页）："延祚，司议郎；生平叔，绵州长史，生挹、为、持。挹，吏部员外，生注、洪、锡、铣。锡生绵。洪，饶州刺史，生晦。为，太常博士。持，都官郎中。"《新唐书·宰相世系表表五下》有同样的记录。《元和姓纂》成书于元和七年（812），元氏任饶州刺史当在其时或此前。《旧唐书·于頔传》："贞元十四年，为襄州刺史，充山南东道节度观察。地与蔡州邻。吴少诚之叛，頔率兵赴唐州，收吴房、朗山县，又破贼于濯神沟。于是广军籍，募战士，器甲犀利，倜然专有汉南之地。小失意者，皆以军法从事。因请升襄州为大都督府，府比郓、魏。时德宗方姑息方镇，闻頔事状，亦无可奈何，但允顺而已。頔奏请无不从。于是公然聚敛，恣意虐杀，专以凌上威下为务。邓州刺史元洪，頔诬以赃罪奏闻，朝旨不得已为流端州，命中使监焉。至隋州枣阳县，頔命部将领士卒数百人，劫洪至襄州，拘留之。中使奔归京师。德宗怒，笞之数十。頔又表洪其责太重，复降中使景忠信宣旨慰谕。遂除洪吉州长史，然后洪获赴谪所。"《新唐书·于頔传》："俄擅以兵取邓州，天子未始谁何。"于頔狂恣之时多在贞元后期，但到元和初已归朝。故元洪由邓州刺史被贬吉州长史，约在贞元二十年左右，任职四年左右，其为饶州刺史期间约在元和五年左右，与柳、刘所叙大致相合。

今人相关论著也持此说，《唐刺史考》2306页：《姓纂》卷四河南洛阳元氏："洪，饶州刺史。"《新表五下》同。《柳河东集》卷三一《答元饶州论春秋书》："又闻韩宣英及亡友吕和叔辈言他义……宗元又出邵州……宗元始至是州，作陆先生墓表，今以奉献与宣英读之。"又卷三二《答元饶州论政理书》："又闻兄藩政三日，举韩宣英以代己。"按韩宣英即韩晔，永贞元年至元和十年在饶州司马任；吕和叔即吕温，元和六年八月卒。由此知宗元两文必作于元和七年至九年间。《全文》卷六〇四六刘禹锡《答饶州元使君书》："濒江之郡饶为大……以思治之民遇习治之守……昌黎……前为司封郎中……坐事为彼郡司马。"此处昌黎，指韩晔。又按元洪约贞元末期为邓州刺史，被于頔诬奏，除吉州长史，见《旧书·于頔传》，则元洪刺饶当由吉州长史后累迁。

《刘禹锡全集编年校注》卷十四（940 页）言："元使君，元洪。《元和姓纂》卷四河南元氏：'挹，吏部员外郎，生注、洪、锡……洪，饶州刺史，生晦（宝历元年制科及第，见《唐会要》卷七十五）。《姓纂》成书于元和七年，饶州刺史当即元洪元和七年见官。元洪贞元末为邓州刺史，为于頔诬奏贬吉州长史，见《旧唐书·于頔传》。'《柳河东集》卷三一《答元饶州论春秋书》、卷三二《答元饶州论政理书》即与元洪往还之作。后书云：'奉书辱示以政理之说，及刘楚得书，往复甚善。'即指此书。前书云：'奉书辱示以政理之说，及刘梦得书，往复甚善。'前书云：'又闻亡友韩宣英及亡友吕和叔方言他义。'吕温元和六年八月卒，见卷二《哭吕衡州……》注。刘书称韩晔饶州'更闰余者再焉'。据《二十史朔闰表》，元和元年闰六月，四年闰三月，六年闰十二月，故二人书信往来必在元和四年闰三月后，六年闰十二月前，即元和五年至六年间。

由柳宗元《答元饶州论春秋书》看，元洪亦是陆质的学生，他与柳宗元、吕温、刘禹锡一样，都有随陆质学习《春秋》的经历，都属于中唐新生的解经别派《春秋》学派的传人。当然，也可能同属永贞集团成员。由于不在朝中，当时并没有受处置。如吕温出使吐蕃、李景俭居家守丧，则没被贬，元洪或许也因不在朝没被牵连。由三人通信看，这一政治群体在失败后，仍保持较密切的联系。其中在刘、柳两信中，都谈到元洪举韩晔自代的事。

刘禹锡言："昌黎韩宣英，好实蹈中之士也。前为司封郎，以余刃专剧于计曹，号无遗事。能承其家法而绍明之，庭坚、仲容之族也。坐事为彼郡司马，更闰余者再焉。是必能知风俗之良窳，采寮之善否，盍尝问焉？足为群疑之宝龟也。至于否臧文律，戢玩之戒，均权以制动，函隶以稔勇，平居使不堕，萃聚使不哗，坐作疾徐，心和气振，诚纤悉于所示也。故置之以须执事异日承进律之命，握兽符而驾寅车，然后贡其謦言，重晓左右耳。"

《旧唐书·王叔文传》："韩晔，宰相滉之族子，有俊才，依附韦执谊，累迁尚书司封郎中。叔文败，贬池州刺史，寻改饶州司马，量移汀州刺史，又转永州卒。"韩晔是当时实力派韩滉族子，因为有此强力背景，所受处罚也较其他略轻，为上州饶州司马，元洪上任后，举他自代，或许也是在意他的家族背景。刘禹锡极称其才干，特别强调他熟于地方政务，对于郡守工作具有重要的价值。实际上，也是在为他们这一群体申冤。柳宗元所论更加明显：

　　柳宗元曰："又闻兄之莅政三日，举韩宣英以代己。宣英达识多闻而习于事，宜当贤者类举。今负罪屏弃，凡人不敢称道其善，又况闻之于大君以二千石荐之哉！是乃希世拔俗，果于直道，斯古人之所难，而兄行之。宗元与宣英同罪，皆世所背驰者也，兄一举而德皆及焉。祁大夫不见叔向。今而预知斯举，下走之大过矣。书虽多，言不足导意，故止于此。不宣。宗元再拜。"

　　柳宗元除了讲到韩晔应当被荐之外，还特别强调这个群体在当时所受到不公正的待遇，"凡人不敢称道其善"，充分肯定了元洪勇于荐贤的正义感与品德。刘、柳之所以如此在意元洪举韩晔一事，就是因为此事为他们释放了一个信号：政治气氛开始缓和了。《旧唐书·刘禹锡传》言："始，坐叔文贬者八人，宪宗欲终斥不复，乃诏虽后更赦令不得原。"《旧唐书·杜佑传》记永贞元年八月制言："左降官韦执谊、陈谏、韩泰、柳宗元、刘禹锡、韩晔、凌准、程异八人，纵逢恩赦，不在量移之列。"这几乎是在政治上给这一群体判了死刑。元和四年，程异因有经济才干，由吏部尚书、盐铁转运使李巽推荐为殿中侍御史、扬子留后，刘禹锡马上就找李吉甫帮忙，但无结果。现在，韩晔被推荐为刺史代理人，表明朝廷对原来的处罚可能有所调整了，他们很有可能要脱却罪名，并被公正对待。唯因如此，刘、柳对此事才会如此兴奋。这应是刘、柳二人在此时与元洪谈学论政的主要原因。因此，刘、柳与元洪的这次通信也是他们为返回政坛所作的一种努力，他们以这一方式向世人展示自己无愧的政治品节与深刻的政治见解。

二、柳宗元与元洪论春秋学的寓意

　　随着"二王"政治集团的垮台与陆质的去世，这一学派在政治上受到了影响，但是，其学术影响却是越来越大，成为一时学术热点。细究柳宗元与元洪讨论《春秋》的内容，既可见出中唐春秋学派将解经与现实政治相联系的学术风格，也可推断出他们在当时的政治思想倾向。

　　柳宗元言："往年曾记裴封叔宅，闻兄与裴太常言晋人及姜戎败秦师于殽一义，常讽习之。又闻韩宣英及亡友吕和叔辈言他义，知《春秋》之道久隐，而近乃出焉。京中于韩安平处，始得《微指》，和叔处始见《集注》，恒愿扫于陆先生之门。及先生为给事中，与宗元入尚书同日，居又与先生同巷，始得执弟子礼。未及讲讨，会先生病，时闻要论，尝以易教诲见宠。不幸先生疾弥甚，宗元又出邵州，乃大乖谬，不克卒业。复于以凌生处，尽得《宗指》《辩疑》《集注》等一通。"其中所列人物裴瑾、韩晔、吕温、凌准等都是永贞党人的核心成员，又是新兴的《春秋》学派的追随者与传布人，他们在被贬后，继续讨论新兴的《春秋》之学，仍是发扬这一学派积极干政的精神，为他们已失败的改革活动正名。如柳宗元认为《春秋》新学的宗旨是：其一，圣人之道与尧、舜合，不唯文王、周公之志独取其法耳；其二，圣人立孝经之大端，所以明其分也；其三，圣人褒贬予夺，唯当之所在，所谓瑕不掩瑜也。简言之，就是圣人之法合乎古道，以明分恰当为主，不以空名程序为限。而信中所讨论的诸事，都与王权更易相关，由永贞政局看，这可能不是偶然的。

柳信言："书荀自贬立卓之意。"这是讨论僖公十年晋献公夷吾杀里克一事，荀息、里克都是晋献公的重臣，为晋拓疆拓土建功甚多，其中里克功劳尤大。晋献公与庶母齐姜生太子申生；后又娶翟国狐氏二女，分别生重耳和夷吾。此三人品行高尚，颇受国人称赞。献公五年（前672）伐骊戎得骊姬两姊妹。献公十二年（前665），骊姬生奚齐，二十五年（前652）其妹生卓子。骊姬欲立奚齐为太子。里克支持申生，晋献公将三个公子申生、重耳、夷吾分别发配到曲沃、蒲城和屈，驻守边疆。申生被逼无奈自杀，晋献公托命荀息辅佐奚齐，荀息表示："臣竭其肱股之力，加之以忠贞，其济，君之灵也；不济，则以死继之！"晋献公死后，荀息奉奚齐为晋侯，并夺里克兵权。里克、邳郑父等人欲行废立之举，纠集原三公子之徒作乱，指责荀息，并警告："三怨将作，秦晋辅之，子将何如？"荀息回答："君尝讯臣矣，臣对曰'使死者反生，生者不愧乎其言，则可谓信矣'。"当年十月，里克、邳郑父把奚齐刺死，荀息把九岁的卓子扶上王座。里克于十一月又杀卓子于朝堂，荀息在悲愤中自杀，晋国大乱。夷吾向里克等权臣承诺，待自己做了国君，便封他为相国，并封给里克土地一百万亩，封给邳郑父土地七十万亩。同时夷吾还求助秦穆公，答应事成之后，将晋国河西的五座城池划归秦国。晋惠公即位后，无法兑现承诺，与里克产生矛盾。晋惠公让郤芮包围里克家，派人喊话："微子则不及此。虽然，子弑二君与一大夫，为子君者不亦难乎？"里克叹："不有废也，君何以兴？欲加之罪，其无辞乎？臣闻命矣。"拔剑自刎。郤芮鼓动晋惠公又杀掉邳郑父、祁举与七个舆大夫，一举铲除里克余党，晋国人人自危。

对于《春秋》关于这一事件的陈述，唐《春秋》学派作了不同于汉儒的释解：

赵匡《春秋集传纂例》卷七：杀未踰年君晋奚齐以本不正，故曰君之子明国人意，不以为嗣，独君意立之。明里克虽有罪，而合晋人之心也。齐舍虽未踰年而为乱，故夫子原情特以成君书之。《穀梁》云：成舍之为君所以重商人之弑，此说是也。齐人取子纠杀之，虽未嗣位而以未踰年称之，以其正故特书，以罪国人杀正而立不正也。

按：他肯定里克杀君之事，是因为认为他能明国人之意，不以奚齐、卓子为嗣君。此与《穀梁传》的判断显然是不同的。

陆淳《春秋集传纂例》卷七：

诸大夫国君被弑而见杀者三：桓二年春正月宋督弑其君与夷吾及其大夫孔父；庄十二年秋八月甲午宋万弑其君捷及其大夫仇牧；僖十年春晋里克弑其君卓及其大夫荀息。

赵子曰：皆忠义见杀与君而死，故言及以连之，美其能死节也。孔父之节最高，故又特书字以嘉之，忠义见杀故不入常例，特略之。（《公羊》曰：孔父正色于朝，则人莫敢致难于其君。）

按：赵匡认为荀息也是为忠义而死。

陆淳《春秋集传微旨》卷中：

冬，晋里克弑其君之子奚齐。《左氏》云："初献公使荀息傅奚齐，公疾，召之，曰：'以是貌诸孤辱在大夫，其若之何？'稽首而对曰：'臣竭其股肱之力，加之以忠贞。其济君之灵也，不济则以死继之。'公曰：'何谓忠贞？'对曰：'公家之利知无不为，忠也；送往事居耦俱无猜，贞也。'献公卒，里克、丕郑欲纳文公，故以三公子之徒作乱，里克将杀奚齐，先告荀息，曰：'三怨将作，秦晋辅之子将何如？'荀息曰：'将死之。'里克曰：'无益也。'荀叔曰：'吾与先君言矣，不可以贰。能欲复言而爱身乎？虽无益也，将焉辟之。且人之欲善谁不如我，我欲无贰而能谓人已乎？'里克杀奚齐于次。书曰：'杀其君之子。'未葬也。荀息将死之，人曰：'不如立卓子而辅之。'荀息立公子卓以葬。"《公羊》曰："此未逾年之君，其言弑其君之子奚齐何？弑未逾年君之号也。"《穀梁》曰："其君之子云者国人不子也，国人不子，何也？不正，其杀世子申生而立之也。"

淳闻于师曰："奚齐不曰君，明其本非正也。名之则嫌乎篡者也。书曰其君之子者，正里克之罪名，明奚齐非干位见杀也。"

陆淳认为荀息是为晋献公而死，故有忠义精神，里克则是杀国人不认可的王子，不可视为有罪。对以上观点，柳宗元都有所汲取。柳宗元《非国语》上评公子申生曰：

申生曰："弃命不敬；作令不孝；间父之爱而嘉其贶，有不忠焉；废人以自成，有不贞焉。"（申生，晋献公太子也。献公将黜之而立奚齐，诸臣使图之，申生曰，云云。"吾其止也"。）非曰：申生于是四者咸得焉。昔之儒者，有能明之矣，故予之辞也略。

公使太子伐东山，（献公十七年。太子，申生也，献公欲黜之，欲使为此行而观之。）狐突御戎。至于稷桑，翟人出逆。申生欲战，狐突谏曰："不可。"申生曰："君之使我非欢也，抑欲测吾心也。不战而反，我罪兹厚；我战虽死，犹有名焉。"果战，败翟于稷桑而反，谗言益起。狐突杜门不出。君子曰："善深谋。"（自"公使太子"至"果战"新附。）

非曰：古之所谓善深谋，居乎亲戚辅佐之位，则纳君于道；否则继之以死，唯己之义所在莫之失之谓也。今狐突，以位，则戎御也；以亲，则外王父也。申生之出，未尝不从，睹其将败而杜其门，则奸矣！而曰"善深谋"，则无以劝乎事君也已。丕郑曰："君为我心。"里克曰："中立。"（里克："吾秉君以杀太子，吾不忍，中立其免乎。"详见《晋语》。）晋无良臣，故申生终以不免。

按，以狐突为奸也是新论，跳出了之前的忠君之论，评价一个人物在此事上态度，不应只视其对晋献公的态度，而是要看他对正义之事是否坚持。《非国语》评里克言：

里克欲杀奚齐，（晋献公宠骊姬，既杀太子申生而立奚齐，公子重耳奔狄，夷吾奔秦。至是献公卒，里克欲杀奚齐而逆重耳。）荀息曰："吾有死而已。先君问臣于我，我对以忠贞。"既杀奚齐，荀息将死之，人曰："不如立其弟而辅之。"荀息立卓子。里克又杀卓子，荀息死之。君子曰："不食其言矣。"（自"既杀"至"卓子"新附。）

非曰：夫"忠"之为言，中也；"贞"之为言，正也。息之所以为者有是夫？间君之惑，排长嗣而拥非正，其于中正也远矣。或曰："夫己死之不爱，死君之不欺也。抑其有是，而子非之耶？"曰："子以自经于沟渎者举为忠贞也软？"或者："左氏、穀梁子皆以不食其言，然则为信可乎？"曰："又不可。不得中正而复其言，乱也，恶得为信？"曰："孔父、仇牧，是二子类耶？"曰："不类，则如《春秋》何？"曰："春秋之类也，以激不能死者耳。（《春秋》桓公二年，书宋督弑其君与夷及其大夫孔父。庄公十二年，书宋万弑其君捷及其大夫仇牧。至僖公十年，书里克弑其君卓及其大夫荀息。其法皆同。）孔子曰：'与其进不保其往也。'《春秋》之罪许止也，隐忍焉耳。（昭公十九年，许世子止弑其君买。《左氏》云：许悼公疟。五月，饮太子之药而卒。太子奔晋，书曰'弑其君'。君子曰：'尽心力以事君，舍药物可也。'）其类荀息也亦然，皆非圣人之情也。枉许止以惩不子之祸，进荀息以甚苟免之恶，忍之也。吾言《春秋》之情，而子惩其文，不亦外乎？故凡得《春秋》者，宜是乎我也。此之谓信道哉！"

柳宗元也认为荀恩不属忠义，对传统之说提出了批评，指出个人的品节与社会朝廷需要之忠义不同，无中正意识，只强调个人的信用，只是乱。据此对

《春秋》作出总结，指出孔子对人物的不同评价着力于史家影响现实政治的功能，将历史人物品行的肯定与历史作用的评价相分离。同时，也指出若迎合旧王的喜好，改变立嫡长之旧制，搞乱了国家，貌似坚守对君王的承诺，但搞乱了国家，反而是不忠。

柳宗元言："《微指》中明'郑人来渝平'，量力而退，告而后绝，固先同后异者也。今检此前无与郑同之文，后无与郑异之据，独疑此一义，理甚精而事有不合，兄亦当指教焉。"

《春秋集传辨疑》卷一："六年，郑人来渝平。"《左氏》曰："更成也。"赵子曰："传意谓变雠而更和平也，若如此，止当来行成耳，何要言渝也。故知《公羊》《穀梁》义为长。"

《春秋集传微旨》卷上：六年春，郑人来渝平，左氏云：来渝平，更成也。注：渝，变也。公先怨郑，郑伐宋，公不救郑人，因此而来，故曰更成也。公羊曰：渝平者何？渝平犹堕成也。何言乎堕成，败其成也。曰吾成败矣，吾与郑人未有成也。吾与郑人则曷为未有成，狐壤之战，隐公获焉。然则何以不言战，讳获也。穀梁曰：渝者堕也，平之为言以道成也。来渝平者，不果成也。

淳闻于师曰：渝，变也。盖鲁先与郑和平，约以同恤灾患，今郑知力不能相及，来告绝也。二百四十二年，背盟渝约者多矣，何独书此乎？善其量力守信，告而后绝，非见利忘义者也。书曰：郑人无讥焉尔，凡他国之臣以事来鲁变而不失正者皆曰人，齐人归公孙敖之丧，齐人归济西田，齐人归郓欢：阴田，齐人归欢及阐之类是也。

按，由柳宗元质疑看，柳之新解还是比较讲究学术性，对于无根据的推断基本是不接受的。又，柳宗元《非国语》又言："往年又闻和叔言兄论楚商臣一义，虽啖、赵、陆氏，皆所未及，请具录，当疏《微指》下，以传末学。萧、张前书，亦请见及。至之日，勒为一卷，以垂将来。"关于此事啖助有论：

《春秋集传微旨》卷中：文公元年，冬十月，丁未，楚世子商臣弑其君頵。左氏云：初楚子将以商臣为太子，访诸令尹子上，子上曰："是人也，蜂目而豺声，不可立也。"弗听，既，又欲立王子职，而黜太子商臣。商臣闻之，以宫甲围成王，王请食熊蹯而死，弗听。丁未，王缢。《公羊》无传，《穀梁》曰：日髡之卒，所以谨商臣之弑也，夷狄不言正不正。

啖氏云："商臣之弑君亲，其逆甚矣，故特书世子以志之，此言楚僭号已久，世子必不誓于天子，今以商臣之逆，故特书世子以明其罪。"

按，啖氏不同意《穀梁》之说，并不认为孔子以楚为夷狄就不论其弑君事，而是以世子之名明其罪。显然，在他们的思维中，礼法神圣性远大于乡俗的相对性。

由柳宗元与元氏论对《国语》《春秋左传》，应有深意。因德、顺二朝立太子事，成为当时政治上大是大非的事，宪宗即位后，多以各人在当时站队与态度来定奖惩，八司马陷入政治绝境中，多与此事相关。

早在德宗朝时，宪宗父皇顺宗做了二十多年太子，其地位就有过危机，顺宗其时的王妃是长公主郜国公主之女，后者是肃宗的女儿，唐德宗的姑姑，因其乱交朝臣而牵连到太子，德宗曾想以舒王替换顺宗，幸赖李泌相助，才保住顺宗太子位。李泌谏言有曰："且陛下昔尝令太子见臣于蓬莱池，观其容表，非有俁日豺声商臣之相也，正恐失于柔仁耳。"① 此事廷至德宗崩后，仍有异议。《资治通鉴》言：

> 癸巳，德宗崩；苍猝召翰林学士郑絪、卫次公等至金銮殿草遗诏。宦官或曰："禁中议所立尚未定。"众莫敢对。次公遽言曰："太子虽有疾，地居嫡嫡，中外属心。必不得已，犹应立广陵王；不然，必大乱。"絪等从而和之，议始定。次公，河东人也。太子知人情忧疑，紫衣麻鞋，力疾出九仙门，召见诸军使，人心粗安。

足见，以《左传》商臣之类典故言当朝之事，也是当时风气。又，顺宗朝虽甚短，宪宗的太子地位也曾受冲击。

《资治通鉴》永贞元年："上疾久不愈，时扶御殿，群臣瞻望而已，莫有亲奏对者，中外危惧；思早立太子，而王叔文之党欲专大权，恶闻之。宦官俱文珍、刘光琦、薛盈珍皆先朝任使旧人，疾叔文、忠言等朋党专恣，乃启上召

---

① 《资治通鉴》"唐德宗贞元二、三年"：张延赏知（李）升私出入郜国大长公主第，密以白上。上谓李泌曰："郜国已老，升年少，何为如是！殆必有故，卿宜察之。"泌曰："此必有欲动摇东宫者。谁为陛下言之？"上曰："勿问，第为朕察之。"泌曰："延赏也。"上曰："何以知之？"泌具为上言二人之隙，且曰："升承恩顾，典禁兵，延赏无以中伤，而郜国乃太子萧妃之母也，故欲以此陷之耳。"上笑曰："是也。"泌因请除升他官，勿令宿卫以远嫌。秋，七月以升为詹事。郜国，肃宗之女也。初，郜国大长公主适驸马都尉萧升；升，复之从兄弟也。公主不谨，詹事李升、蜀州别驾萧鼎、彭州司马李万、丰阳令韦恪，皆出入主第。主女为太子妃，始者上恩礼甚厚，主常直乘肩舆抵东宫；宗戚皆疾之。或告主淫乱，且为厌祷。上大怒，幽主于禁中，切责太子；太子不知所对，请与萧妃离婚。……上召李泌告之，且曰："舒王近已长立，孝友温仁。"泌曰："何至于是！陛下惟有一子，奈何一旦疑之，欲废之而立侄，得无失计乎！"……对曰："且陛下昔尝令太子见臣于蓬莱池，观其容表，非有俁日豺声商臣之相也，正恐失于柔仁耳。又，太子自贞元以来常居少阳院，在寝殿之侧，未尝接外人，预外事，安有异谋乎！"……太子遣人谢泌曰："若必不可救，欲先自仰药，何如？"泌曰："必无此虑。愿太子起敬起孝。苟泌身不存，则事不可知耳。"……间一日，上开延英殿独召泌，流涕阑干，抚其背曰："非卿切言，朕今日悔无及矣！皆如卿言，太子仁孝，实无他也。"

翰林学士郑絪、卫次公、李程、王涯入金銮殿，草立太子制。时牛昭容辈以广陵王淳英睿，恶之；絪不复请，书纸为'立嫡以长'字呈上；上颔之。癸巳，立淳为太子，更名纯。程，神符五世孙也。"

此处表明王叔文之党对立太子一事是持反对态度的，所以，宪宗上台后，对他们无情打击，让他们远离京都，永远地闭嘴。但是，对柳宗元、刘禹锡等人来说，完全是受牵连者。所以，他在研究《左传》对东宫及易代之事尤为关注，他以这一方式为自己辨污，告诉世人在易代与立太子之事上，自己已有较成熟的理念，政治立场是没问题的。

另外，顺宗是被迫退位，最后在幽禁中郁郁而死，当与宪宗有关，柳宗元在《非国语》及《与元饶州论春秋书》中所论，或许也是有感而发。柳宗元元和四年（809）在永州作《六逆论》，章士钊说："子厚之《六逆论》，明明为王叔文而发。"所谓"六逆"之说，见于《左传·隐公三年》，即"贱妨贵、少陵长、远间亲、新间旧、小加大、淫破义"，柳宗元言："是三者（贱妨贵、远间亲、新间旧），择君置臣之道，天下理乱之大本也。"此处应暗涉立宪宗太子位之争。顺宗二十三个儿子，邵王约为第八子，曾为国子祭酒，才名流闻，而暴死于元和元年。章士钊说，可能宦官提名备储未成，因不得不杀之以灭口。如胡致堂说："伾、文忌宪宗在储位，有更易秘谋，未及为而败。"这是让宪宗对二王以及八司马恨之入骨的原因。其实，柳宗元等并未参与其事，但是，对这事应有自己的态度，他们借解经显示了自己的观点。以学术的方式表明自己在德宗到顺宗以及顺宗到宪宗过程中，大节无亏，不应遭受猜忌与排挤。

三、柳刘关于地方治理思考的深度

元洪、刘禹锡、柳宗元三人论政之事，是由元洪先开始的，只是元洪一文未能流传下来，刘禹锡《答饶州元使君（论政事与治兵）书》开头有简单的介绍：

> 传使至，蒙致书一函，辱示政事与治兵之要。明体以及用，通经以知权。视阴阳惨舒之节，取震虩泽濡之象。知天而不泥于神怪，知人而不遗于委琐。先乡社之治以浃于举郡，首队伍之法以及于成师。犹言数者起一而至万，操律者本黄钟以极八音，诚通人之说，章章必可行者也。鄙生涉吏日浅，尝耳剽老成人之言熟矣。今研核至论，渊乎有味，非游言架空之徒，喜未尝不至抃也。故扬榷所见，以累下执事云。

　　元氏之论包括政事与治兵两方面，既有宏观理论，又有具体操作方法，得到刘禹锡的充分肯定，其特点是从基层建设做起，以"乡社之治""队伍之法"为先，再将之扩展到"举郡"与"成师"。刘禹锡对此进行了补充与说明。刘禹锡强调为政的重点在于依"时"与"俗"的具体特点调整治理政策。

　　　　盖丰荒异政，系乎时也。夷夏殊法，牵乎俗也。因时在乎善相，因俗在乎便安。不知发叙重轻之道，虽岁有顺成，犹水旱也。不知日用乐成之义，虽俗方阜安，犹荡析也。徙木之信必行，则民不惑，此政之先也。置水之清必励，则人知敬，此政之本也。缺筒之机或行，则奸不敢欺，此政之助也。则有以其弛张雄雌，唯变所适。古之贤而治者，称谓各异。非至当有二也，顾遭时不同耳。夫民足则怀安，安则自重而畏法。乏则思滥，滥则迫利而轻禁。故文景之民厚其生，为吏者率以仁恕显；武宣之民亟于役，为吏者率以武健称。其宽猛迭用，犹质文循环，必稽其弊而矫之，是宜审其救夺耳。

　　在此，刘禹锡不仅强调审时度势的重要，也强调了官员的信用、清廉与检举机制的建立对施政的辅助作用。更重要的是，刘禹锡在此提出了官员个人道德修养与治理能力之关系的问题。

　　　　太史公云：身修者官未尝乱也。然则修身而不能及治者有矣，未有不自己而能及民者。今之号为有志于治者，咸能知民困于杼柚，罢于征徭，则曰：司牧之道，莫先于简廉奉法而已。其或材拘于局促，智限于罢懦，不能斟酌盈虚，使人不倦。以不知事为简，以清一身为廉，以守旧弊为奉法。是心清于桄閣之内，而柄移衣胥吏之手。岁登事简，偷可理也；岁礼理丛，则溃然携矣。故曰：身修而不及理者有矣。若执事之言政，诣理切情，斥去迂缓，简而通，和而毅。其修整非正乎一身，必将及物也。其程督非务乎一切，必将经远也。坊民之理甚周，而不至皎察；字民之方甚裕，而不使侵牟。知革故之有悔，审料民之多挠。厚发奸之赏，峻欺下之诛。调赋之权，不关于猾吏；道亡之责，不迁于丰室。因有年之利以补败，汰不急之用以啬财。为邦之要，深切着明，若此其悉也。推是言、按是理而笃行之，乌有不及治耶？

　　此处刘禹锡提出了唐代社会治理中一个重要问题，即官治与吏治分离，随着科举制的成熟，唐代官员多由科举出身，其人格观念多秉承六朝名士文化传统，视刑科捐敛为俗务，以厌政为清高，如高适言："拜迎官长心欲碎，鞭挞黎庶伤心悲。"杜甫言："束带发狂欲大叫，簿书何急来相仍。"优者只求自身简廉奉法，如刘禹锡所说："以不知事为简，以清一身为廉，以守旧弊为奉法。"而将具体事务多交胥吏办理，造成了胥吏天下局面，制定政策者与执行者之间相互脱节，社会百姓面对的不是口称仁政爱民的官员而是贪婪凶狠的恶吏，朝廷、官府的口号对他们而言只是一些欺骗性的语言。刘禹锡父刘绪曾为埇桥盐铁留务，他自己又于贞元十五年曾为杜佑掌书记，主要处理扬州盐铁税务，又任过渭南县主簿，因此，对赋税之事比较了解，并发现了影响中唐地方稳定的一个重要因素。

在三人讨论中，柳宗元最后一个发言，元洪将自己的信与刘禹锡一起转给了柳宗元，柳宗元对两家的思想进行总结与提升，关于地方治理问题，他之前已有过比较深入的思考，《送薛存义序》：

> 河东薛存义将行，柳子载肉于俎，崇酒于觞。追而送之江之浒，饮食之。且告曰："凡吏于土者，若知其职乎？盖民之役，非以役民而已也。凡民之食于土者，出其十一佣乎吏，使司平于我也。今受其直怠其事者，天下皆然。岂惟怠之，又从而盗之。向使佣一夫于家，受若直，怠若事，又盗若货器，则必甚怒而黜罚之矣。以今天下多类此，而民莫敢肆其怒与黜罚者何哉！势不同也。势不同而理同，如吾民何？有达于理者，得不恐而畏乎！"存义假令零陵二年矣，蚤作而夜思，勤力而劳心，讼者平，赋者均，老弱无怀诈暴憎。其为不虚取直也的矣，其知恐而畏也审矣。吾贱且辱，不得与考绩幽明之说；于其往也，故赏以酒肉而重之以辞。

他明确从社会构成的层面，说明了官吏与百姓的关系，指出统治者具有占据着政权力量的优势，对于统治机器而言，百姓天然地居于弱势地位。但是，其论其本质，官吏仍是百姓的佣者，百姓是他们的雇主，其基本功能应是给百姓带来公平与正义，合格的地方官员对老弱者也不应采用欺诈暴力的手段，也不应有憎恶的态度。因为具有这样的理念，所以他对这一问题的见解显得较全面。

> 奉书，辱示以政理之说及刘梦得书，往复甚善。类非今之长人者之志。不唯充赋税养禄秩足己而已，独以富庶且教为大任。甚盛甚盛！孔子曰："吾与回言终日，不违如愚。"然则蒙者固难晓，必劳申谕，乃得悦服。用是尚有一疑焉。兄所言免贫病者，而不益富者税，此诚当也。乘理

政之后，固非若此不可；不幸乘弊政之后，其可尔邪？夫弊政之大，莫若贿赂行而征赋乱。苟然，则贫者无赀以求于吏。所谓有贫之实，而不得贫之名；富者操其赢以市于吏，则无富之名而有富之实。贫者愈困饿死亡而莫之省，富者愈恣横侈泰而无所忌。兄若所遇如是，则将信其故乎？是不可惧挠人而终不问也，固必问其实。问其实，则贫者固免而富者固增赋矣，安得持一定之谕哉！若曰止免贫者而富者不问，则侥幸者众，皆挟重利以邀，贫者犹若不免焉。若曰检富者惧不得实，而不可增焉，则贫者亦不得实，不可免矣。若皆得实而故纵以为不均，何哉？孔子曰："不患寡而患不均，不患贫而患不安。"今富者税益少，贫者不免于捃拾以输县官，其为不均大矣。然非唯此而已，必将服役而奴使之，多与之田而取其半，或乃出其一而收其二三。主上思人之劳苦，或减除其税，则富者以户独免，而贫者以受役，卒输其二三与半焉。是泽不下流，而人无所告诉，其为不安亦大矣。夫如是，不一定经界、核名实，而姑重改作，其可理乎？

在这里，柳宗元着重批评元氏"免贫病者而不益富者税"这类空洞的理想与口号，他指出这在衰世中是很难推行的。因为人心不古，贪图便宜是本能，税户多以贿赂官吏的方式而搞乱赋税标准，因此，为官者应不避麻烦亲自过问调查税户的实际情况，不可固守一定成规。他发现在地方上真正的贫者总是最弱小者，而往往却是赋税实际承担者，其中官府不掌握富者的实际情况是造成这一不公平局面的主要原因。因此，他认为当时地方官一个最主要的任务就是要充分掌握所治地百姓贫富的实际情况，适时调整赋税标准，依据实际情况合理收税。

他提出了具体方法：

夫富室，贫之母也，诚不可破坏。然使其大幸而役于下，则又不可。兄云惧富人流为工商浮窳，盖甚急而不均，则有此尔。若富者虽益赋，而其实输当其十一，犹足安其堵，虽驱之不肯易也。检之逾精，则下逾巧，诚如兄之言。管子亦不欲以民产为征，故有"杀畜伐木"之说。今若非市井之征，则舍其产而唯丁田之问，推以诚质，示以恩惠，严责吏以法，如所陈一社一村之制，递以信相考，安有不得其实？不得其实，则一社一村之制亦不可行矣。是故乘弊政必须一定制，而后兄之说乃得行焉。蒙之所见，及此而已。永州以僻隅，少知人事。兄之所代者谁耶？理欤，弊欤？理，则其说行矣；若其弊也，蒙之说其在可用之数乎？

他认为首先不能以破坏摧残富户为目的，取法管子不以民产为征，而以丁田为据，并以诚取信于人，对胥吏严格官理，由最基层的调查开始，掌握一村一社的实情。这种深入到村社的管理思路，进一步扩展了地方官的职能，本身也显示了中国古代社会上层统治力不断下移的历史进程。崔简为柳宗元的大姐夫，崔简任连州刺史时，柳宗元作《零陵郡复乳穴记》，提出"君子之祥也，以政不以怪"的观点，称美崔简的美政，他注重的是实际治理效果，而不是怪异的举措。

对社会民生的真切关注，是中唐之后的文学一大特点。这一特点在杜甫诗歌已开始有所表现，安史之乱前，在经历了不堪的低层官员生活之后，诗人既有"朱门酒肉臭，路有冻死骨"的愤慨，又有"默思失业徒，应念远戍卒"的关切，更有"彤庭所分帛，本自寒女出。鞭挞其夫家，聚敛贡城阙"的思考，进而深切地感受到"多士盈朝庭，仁者应颤栗"，指出吃租税的官员过多，过度占据社会财富，才是社会的隐忧。在经历安史之乱后，杜甫由自身艰难的生存中更加真切地感受到社会底层痛苦，不仅写下了"三吏""三别"直接表现战乱中下层百姓的悲剧，更有"戎马不如归马逸，千家今有百家存！哀哀寡妇诛求尽，恸哭秋原何处村"，以律诗形式表达对社会基础被破坏的担心。一方面，社会经过动乱之后，一失原先安定之象，"东吴黎庶逐黄巾"的乱象，不能不引起诗人关注；另一方面，中唐之后，朝廷加强了对地方的治理，多数官员都有地主从政的经历，上层文人对京城之外的社会现实与中下层庶民百姓的生活更加了解，对社会治理的思考则成为中唐文人一大中心话题。元和年间，柳宗元、刘禹锡、元洪关于理政讨论的书信就是在这一背景下形成的。

四、刘、柳关于杨凭一事的态度

由刘信看，柳、刘与元饶州关系密切，还缘于相同的政治立场，其具体表现就是对柳宗元岳父杨凭被贬一事的同情。刘言："间闻主分土者，尽笼其利而斡之。坐簿书舛错，为中执法所劾。事下三府，以受赇论，其刑甚渥。于今列郡不寒而栗。""今二千石以前失职非其罪，执事者即人心而用之。"此处主分土者，就是指杨凭，刘禹锡认为杨凭当时被冤罪了。《新唐书·杨凭传》：

> 杨凭，字虚受，弘农人。举进士，累佐使府。征为监察御史，不乐检束，遂求免。累迁起居舍人、左司员外郎、礼部兵部郎中、太常少卿、湖南江西观察使，入为左散骑常侍、刑部侍郎、京兆尹。凭工文辞，少负气节；与母弟凝、凌相友爱，皆有时名。重交游，尚然诺，与穆质、许孟

容、李墉、王仲舒为友，故时人称杨、穆、许、李之友，仲舒以后进慕而入焉。性尚简傲，不能接下，以此人多怨之。及历二镇，尤事奢侈。元和四年，拜京兆尹，为御史中丞李夷简劾奏凭前为江西观察使赃罪及他不法事，敕付御史台覆按，刑部尚书李墉、大理卿赵昌同鞫问台中。又捕得凭前江西判官、监察御史杨瑗系于台，复命大理少卿胡珦、左司员外郎胡证、侍御史韦觊同推鞫之。诏曰："杨凭顷在先朝，委以藩镇，累更选用，位列大官。近者宪司奏劾，暴扬前事，计钱累万，曾不报闻，蒙蔽之罪，于何逃责？又营建居室，制度过差，侈靡之风，伤我俭德。以其自尹京邑，人颇怀之，将议刑书，是加愍恻。宜从退谴，以诫百僚，可守贺州临贺县尉同正，仍驰驿发遣。先是，凭在江西，夷简自御史出，官在巡属。凭颇疏纵，不顾接之。夷简常切齿。及凭归朝，修第于永宁里，功作并兴，又广蓄妓妾于永乐里之别宅，时人大以为言。夷简乘众议，举劾前事，且言修营之僭，将欲杀之。及下狱，置对数日，未得其事。夷简持之益急，上闻，且贬焉，追旧从事以验。自贞元以来居方镇者，为德宗所姑息，故穷极僭奢，无所畏忌。及宪宗即位，以法制临下，夷简首举凭罪，故时议以为宜；然绳之太过，物论又讥其深切矣。"①

由当时的政治环境看，杨凭被贬的原因是很复杂的。一方面，宪宗有意整肃地方执政者，其对手握重权的藩镇势力暂时还是无能为力的，像杨凭这类文职官僚自然成了他整肃的对象，李夷简的检举正是投其所好。当然，另一方面，李夷简私怨报复也是一个重要因素。唐宪宗亲自出面制订对杨凭处置方案，否定了李夷简加害杨凭的阴谋。这也使得李夷简看出宪宗对贪腐者处理的底线所在，李墉、李绛等人的同情，也让他明白了过度反腐已让自己站在朝臣的对立面了，所以，才有所纠正。刘禹锡对杨凭的同情，正印证他自己的政论见解。在当时，士人出身的官员过度参与地方事务，尤其是经济事务，有一定的风险，易受到贪赃之类举报。刘对杨表示了同情，认为杨凭为官地方时，兴商，以利济民，结果账目不清被劾，此举让地方官寒了心，称赞元氏不改杨政，能使民受利。他认为对这类对地方建设有贡献的官员应给予一定的保护，

---

① 《册府元龟》卷六百十九："李夷简为御史中丞，劾奏京兆尹杨凭前为江西观察使赃罪及他不法事，敕付御史台覆案，刑部尚书李墉、大理卿赵昌同鞫问台中。又捕得凭前江南判官监察御史杨瑗，系于台后，命大理少卿胡珦、左司员外郎胡证、侍御史韦觊同推鞫之，诏贬贺川临贺县尉。先是凭在江西，夷简自御史出，官在巡属，凭颇踈纵，不顾接之，夷简尝切齿，及凭归朝，修第于永宁里，功作并兴，又广蓄妓妾于永乐里之别宅，时人大以为言，且修营之僭，将欲杀之，及下狱置对数日，未得其事，夷简持之益急，帝闻且贬焉。"

否则，"列郡不寒而栗"，会挫伤这类官员的积极性。

　　杨凭与柳宗元父新柳缜在贞元初年都是鄂岳观察使李兼①幕，杨凭弟杨凝是李兼女婿，他们当时就将十三岁的柳宗元与九岁的杨凝女儿定亲。杨氏女三岁丧母，一直生活在外祖父李兼家，约在十年后二人成家，但杨氏在婚后二年（贞元十五年）就因生产而亡。柳宗元与之感情甚深，自后就一直没有正式娶妻，并与杨家保持密切的关系。永贞年间被贬永州时，杨凭在任湖南观察使，柳宗元途经潭州时还专程看望了他。柳宗元在永州给岳父《与杨京兆凭书》说："独恨不幸获托姻好，而早凋落，寡居十余年。尝有一男子，然无一日之命，至今无以托嗣续，恨痛常在心目。"柳宗元赞杨氏"柔顺淑茂""端明惠和""生知孝爱之本""之死同穴"。柳宗元与杨家三兄弟及后人，颇有书信、赠诗。贞元十九年（803），为杨凝写《唐故兵部郎中杨君墓碣》，元和十二年（817），有《祭杨凭詹事文》，又为杨凌作《杨评事文集后序》。柳宗元《唐故邕管招讨副使试大理司直兼贵州刺史邓君墓志铭》："于湖南，则外按属城，内专平准。""于江西，则旁缉传置，下绳支郡，俾无有异政，以一于诏条，财赋之重，待君而理。"本文作于元和五年五月，称杨凭为京兆尹，其时杨凭案已发生，柳仍用前职称呼他。对于杨凭在江西财赋上的贡献仍加以肯定。或许是碍于这种特殊关系，柳宗元在信中不再提及杨凭在江西之事了。刘、柳为密友，对其岳父蒙冤事当有了解。刘禹锡所论也是替其岳父家申冤。在此前，柳宗元妻外祖父李兼，让人好奇的是柳宗元后来却与杨家仇人李夷简关系密切，如柳宗元《谢襄阳李夷简尚书委曲抚问启》：

　　　　某启，当州员外司马李幼清传示尚书委曲，特赐记忆，过蒙存问。捧读喜惧，浪然涕流，庆幸之深，出自望外。伏惟尚书鹗立朝端，风行天下，入统邦宪，出分主忧，控此上游，式是南服。凡海内奔走之士，思欲修容于辕门之外，蹑履于油幢之前，譬之涉蓬瀛，登昆阆，不可得而进也。某负罪沦伏，声销迹灭，固世俗之所弃，亲友之所遗，敢希大贤，曲见存念。是以展转欷歔，昼咏宵兴，愿为厮役，以报恩遇。瞻仰霄汉，邈然无由。网罗未解，纵羽翼而何施？囊槛方坚，虽虎豹其焉往？不任踊跃恳恋之至。谨奉启起居，轻黩威严，倍增战越。

---

　　①　李兼，柳宗元妻外祖父，建中之乱时，为鄂岳观察使击败过李希烈，是建中功臣。又曾为江西观察使，曾提拔过权德舆。但又撤南昌军，将军费上献德宗，称为"月进"。与刘赞等人一样，是贞元年间有名的聚敛之臣。又杜牧《冬至日寄小侄阿宜诗》有曰："崔昭生崔芸，李兼生宿郎，堆钱一百屋，破散何披猖。今虽未即死，饿冻几欲僵。参军与县尉，尘土惊劻勷。一语不中治，笞棰身满疮。官罢得丝发，好买百树桑，税钱未输足，得米不敢尝。"家教不严，与刘赞近似。

元和六年（811）四月，以户部侍郎李夷简检校礼部尚书，为山南东道节度使，启云襄州，即在此时。李夷简向过往者提及了柳，显然对这个政敌家女婿还是很在意的。柳宗元对他极恭的表态体现了他当时急需外援的心情。元和八年（813）柳宗元仍又作《李西川荐琴石》：

> 远师骆忌鼓鸣琴，去和南风恓舜心。从此他山千古重，殷勤曾是奉徽音。

柳宗元在永州时，采得异石，常以此与人交往，如其《与卫淮南石琴荐启》：

> 叠石琴荐一。（出当州龙壁滩下。）右件琴荐，躬往采获，稍以珍奇，特表殊形，自然古色。伏惟阁下禀夔、旦之至德，蕴牙、旷之玄踪，人文合宫徵之深，国器专瑚琏之重。艺深擢醒，将成玉烛之调；思叶歌谣，足助熏风之化。愿以顽璞，上奉徽音，增响亮于五弦，应铿锵于六律。沉沦虽久，提拂未忘，倘垂不彻之恩，敢效弥坚之用。

柳宗元石琴之交多是当朝重臣，卫次公拥戴顺宗、宪宗父子即位，建功甚著，同时又是当时有名的琴家。柳宗元以此与之相交，既投其所好，又有可能让卫证明自己的清白，洗刷自己的恶名。约在同一时期，柳宗元还将此石赠予李夷简，也是想把他当作再次翻身的政治依靠。这时他已任柳州刺史了，元和十年召人与外贬，让他明白了造成他命运的不再只是"龙威"，更多的是来自朝中实权小人的忌妒与误解，因此，他又给已为宰相的李夷简写了《上门下李夷简相公陈情书》：

> 月日，使持节柳州诸军事守柳州刺史柳宗元，谨再拜献书于相公阁下：宗元闻有行三涂之艰，而坠千仞之下者，仰望于道，号以求出。过之者日千百人，皆去而不顾。就令哀而顾之者，不过攀木俯首，深矉太息，良久而去耳，其卒无可奈何。然其人犹望而不止也。俄而有若乌获者，持长绠千寻，徐而过焉，其力足为也，其器足施也，号之而不顾，顾而曰不能力，则其人知必死于大壑矣。何也？是时不可遇而幸遇焉，而又不逮乎己，然后知命之穷，势之极，其卒呼愤自毙，不复望于上矣。宗元曩者齿少心锐，径行高步，不知道之艰以陷于大厄，穷蹐殒坠，废为孤囚。日号而望者十四年矣，其不顾而去与顾而深矉者，俱不乏焉。然犹仰首伸吭，

张目而视曰：庶几乎其有异俗之心，非常之力，当路而垂仁者耶？及今阁下以仁义正直，入居相位，宗元实拊心自庆，以为获其所望，故敢致其辞以声其哀，若又舍而不顾，则知沉埋踣毙无复振矣，伏惟动心焉。宗元得罪之由，致谤之自，以阁下之明，其知之久矣。繁言蔓辞，只益为默。伏惟念坠者之至穷，锡乌获之余力，舒千寻之绠，垂千仞之艰，致其不可遇之遇，以卒成其幸。庶号而望者得毕其诚，无使呼愤自毙，没有余恨，则士之死于门下者宜无先焉。生之通塞，决在此举，无任战汗陨越之至。不宣。宗元惶恐再拜。

李夷简（757—823），李唐宗室成员，《新唐书》卷131有传[1]。由史家评论看，他在当时属于清流中有风骨者。李夷简是柳宗元岳父杨凭政敌，其先为杨凭部下，为杨所轻。后任御史中丞首举京兆尹杨凭。但是他在打倒杨凭之后，已认识到出手过重，也做了一些安慰人心之事。如杨凭被贬临贺尉，至交亲人无敢相送，独杨凭学生徐晦送之于蓝田。李夷简推荐徐晦为监察御史，徐晦不知为何升官，李夷简说：“君不负杨临贺，肯负国乎？”李夷简对被贬的柳宗元有所关注，也当出于此意。虽然，柳妻已故，柳带罪名，但其名气影响仍在，所以，在元和六年（811），出京到山南时过问柳。元和十三年（818），在其入相时，柳宗元就托其相助。柳不以其是岳父政敌而回避，或许还有更深层的关系。由这些内容看，柳宗元显然不方便公然为自己的岳父鸣怨叫屈，对抗李夷简。所以，虽然他已看到刘禹锡信中对杨凭的肯定，但在与元洪信中，只字未提杨凭的事。如此，才可解释柳、刘的不同。

（作者单位：复旦大学）

---

　　[1]　《新唐书·李夷简传》：李夷简，字易之，郑惠王元懿四世孙。以宗室子始补郑丞。擢进士第，中拔萃科，调蓝田尉。迁监察御史。坐小累，下迁虔州司户参军。九岁，复为殿中侍御史。元和时，至御史中丞。京兆尹杨凭性骜悦，始为江南观察使，冒没于财。夷简为属刺史，不为凭所礼。至是发其贪，凭贬临贺尉，夷简赐金紫，以户部侍郎判度支。俄检校礼部尚书、山南东道节度使。初，贞元时，取江西兵五百戍襄阳，制蔡右胁，仰给度支，后亡死略尽，而岁取赀不置。夷简曰：“迹空文，苟军兴，可乎？”奏罢之。阅三岁，徙帅剑南西川。禤州刺史王颢积奸赃，属蛮怒，畔去。夷简逐颢，占橄谕祸福，蛮落复平。十三年，召为御史大夫，进门下侍郎、同中书门下平章事。李师道方叛，裴度当国，帝倚以平贼，夷简自谓才不能有以过度，乃求外迁，以检校尚书左仆射平章事为淮南节度使。穆宗立，有司方议庙号，夷简建言：“王者祖有功，宗有德。大行皇帝有武功，朝宜称祖。”诏公卿礼官议，不合，止。久之，请老，朝廷谓夷简齿力可任，不听，以右仆射召，辞不拜；复以检校左仆射兼太子少师，分司东都。明年卒，年六十七，赠太子太保。夷简致位显处，以直自闲，未尝苟辞气悦人，历三镇家无产赀，病不迎医，将终戒毋厚葬，毋事浮屠，无碑神道，惟识墓则已。世谓行己能有终始者。

刘禹锡与中唐清流文化

彭梅芳

有着"诗豪"之称的刘禹锡，并非纯粹的文人，确切地说，他是一名官僚文人。与众多平庸的封建官僚相比，他积极参加永贞革新，有自己的政治立场，在文学家身份之外尚有政治家的身份，把握其身份的二重性对于深化刘禹锡研究无疑是有意义的。作为中唐政治精英群体的成员之一，刘禹锡的科举入仕及后来的宦海沉浮，均与当时政治精英、王朝政治主流话语对他的评判有着密切的关联。能否与王朝政治精英的意志和倡导的话语对接，在相当大程度上决定了包括刘禹锡在内的诸多中唐官僚文士的官场命运。基于此点，本文尝试将刘禹锡还原至其所处的政治文化格局内，考察其在中唐政治精英文士群体中的地位起伏以及由此带来的文学创作上的变化。

刘禹锡涉足政坛从唐德宗贞元年间始至唐武宗会昌年间，在此时期，朝中先后发生了永贞革新、宋申锡和漳王谋反冤狱、李训和郑注甘露之变等重大政治变故；而朝廷主政大臣内部则先后出现了王叔文集团与保守派，裴度与皇甫镈等，李绅、元稹与李逢吉等，李德裕和李宗闵、牛僧孺等，郑覃和杨嗣复等的对立争斗。刘禹锡参加王叔文集团主导的永贞革新，革新失败后被远贬南方，此后朝廷纷争他虽未直接参与，然纷繁复杂的政变及朝臣党争所涉及的人员，与他大都有所往来，且其用世之心不灭，并未因远贬而疏离朝政，因此刘禹锡可谓中唐政治诡谲变幻的见证者。鉴于中唐政治格局和中唐政治精英群体情况复杂，再加上社会、政治和文化正处在转型期，不易理清，本文选取中晚唐政治当中影响深远的"清流"文化作为切入点，对处身于词臣群体的刘禹锡及其仕宦、创作进行分析。

唐代"清流"依托进士科举而复兴，可视为唐王朝实现"文治"模式、强化皇权的途径和产物。它肇自武则天当政期，在唐德宗及宪宗朝得以强化，至唐末五代成为一种强有力的政治力量。刘禹锡入仕于德宗朝，历顺宗、宪宗、穆宗、敬宗、文宗、武宗数朝，恰经历了"清流"文化渐趋强势的过程。位列清班，是大多数唐代官员的仕途理想，尤以进士科途出身者为甚，刘禹锡自不例外。然而，跻身清班，累登清贯实非易事，除了具备相当文章才能，还须有人脉关系互为推举，更兼得君王、朝政精英士群舆论认可，符合"清流"

之才德标准，方有较大的把握晋升。对于刘禹锡而言，其一生汲汲于"清流"纶阁之路，然道阻且长，能真正位列清班的时间有限。刘禹锡为步入"清流"所做的不懈努力、遭遇挫折后的苦闷宣泄，均在其诗文中各有显现。而"清流"之文重经纶制置，崇识度，又兼润色之能，以体国经野、清拔宏雅为正宗。于此标准，刘禹锡谙熟于心，这在一定程度上影响到了其诗文风格，从而呈现出"典则既高，滋味亦厚"①等与当时文风所不同的特点。在总体呈现出"尚实、尚俗、务尽"②特点的中唐文坛，刘禹锡诗文突出文人创作的俊逸闲雅，其作品因而在世俗社会的传播自然不像元白诗那般受欢迎，这从敦煌诗卷和长沙窑瓷器所题诗文皆不见刘禹锡诗的事实可见一斑。尽管如此，综观中晚唐官僚文人，尤其是崇"清流"之路的文人创作，不难发现，刘禹锡式的文雅倾向绝非其一人的选择！即使是诗歌通俗浅近如元白者，其作品之"俗"也与民间所喜之世俗亦存在差距，文学的雅俗分流自中唐以后渐成定势。

一、关于清流与清流文化

对于多数治唐代文史的学者来说，"清流"是一陌生概念。在唐史学者陆扬用它来分析中晚唐五代政治文化、解释唐五代社会与文化转型之前，指代位居清秩的官员群体的"清流"一词存在于唐五代文献中却未受到足够的注意。

在涉及"清流"的史料中，最令人触目惊心的一则文献莫过于《旧五代史》卷十八《梁书·李振传》中所录：

> 天祐中，唐宰相柳璨希太祖旨，谮杀大臣裴枢、陆扆等七人于滑州白马驿。时振自以咸通、干符中尝应进士举，累上不第，尤愤愤，乃谓太祖曰："此辈自谓清流，宜投于黄河，永为浊流。"太祖笑而从之。

材料中的李振因为举进士而不得，对当时的以裴枢等为代表的"清流"人物怀有强烈的嫉恨，这是一种长期求而不得所产生的一种扭曲心理。在这场浩劫中，除了裴枢、陆扆等七位重要的政治人物罹难，"自余或门胄高华，或科第自进，居三省台阁，以名检自处，声迹稍著者，皆指以为浮薄，贬逐无虚日，缙绅为之一空"③。陈寅恪在论及此事时，认为："然唐末黄巢失败后，朱

---

① 吴文治．宋诗话统编［M］．南京：江苏古籍出版社，1998：8352.
② 罗宗强．隋唐五代文学思想史［M］．北京：中华书局，2003：169.
③ 司马光，等．资治通鉴：卷二六五［M］．北京：中华书局，1956：8643.

全忠遂执统治之大权。凡借进士词科仕进之士大夫，不论其为旧族或新门，俱目为清流，而使同罹白马之祸，斯又中古政治社会之一大变也。"① 陈氏对此事定性判断虽大致不差，然所述并未到位。对照《旧五代史》《资治通鉴》，会发现，被迫害的"清流"人物是有一个特定指向的，即进士出身，居三省台阁，因有资历、声名而被判"浮薄"之缙绅，而非指"凡借进士词科仕进之士大夫"。比如，推动"白马驿事件"发生的宰相柳璨就是一例。柳璨出身于河东柳氏分支，于唐昭宗光化二年登进士第，精于史，兼有才学，因受皇帝赏识，从释褐进士至宰辅仅用了短短四年。按其出身及台阁地位，当属陈寅恪所说的"清流"之列，然而柳璨在"白马驿事件"中所扮演的是推动者而非受害者的角色。究其原因，与李振未能厕身清流而心生愤懑相类，柳璨虽获得了厕身清流的硬件，但实际上，他却因资历浅而不受当时清流圈子认可，于是满腹怨恨，此可见《旧唐书·柳璨传》："同列裴枢、独孤损、崔远皆宿素名德，遽与璨同列，意微轻之，璨深蓄怨。"②

由上述史料可见，"清流"群体确实存在于唐代政治中，尤其是到了中晚唐，他们更具有相当的影响力，且要融入其中亦非易事。至于唐代"清流"群体何时成势，我们在此暂不下定论，然而，须知"清流"现象在唐代以前即已存在。例如，杜佑《通典·选举二》有记："至正始元年冬，乃罢诸郡中正。时有以杂类冒登清流，遂令在位者皆五人相保，无人任据者，夺官还役。"③ 可知自魏晋时代始，朝廷官员选举即有"杂类"差役与"清流"之分。《通典》同卷又云："陈依梁制……官有清浊，以为升降，从浊得清，则胜于迁。若有迁授，吏部先为白牒，列数十人名，尚书与参掌者共署奏。敕或可或否。其可者，则下于选曹，量贵贱，别内外，随才补用。"④ 可知南朝时，官职分"清""浊"，居"清"职者自然归属清流。官职以清品为贵，那么，自然就有围绕清品官职的争夺。据《北史·张彝传》载，北魏后期，冀州大中正张彝次子"仲瑀上封事，求铨别选格，排抑武人，不使预在清品。由是众口喧喧，谤讟盈路，立榜大巷，克期会集，屠害其家"⑤。张彝父子令武人不能预职清品在当时引起轩然大波，以至于受到人身威胁，然"彝殊无畏避之意，父子安然"，张氏父子能如此硬气，一方面是因其个性果敢，另一方面也恰说明了排抑武人，使其不预清品应是当时大多数清品官员的共识。不过，

① 陈寅恪. 唐代政治史述论稿 [M]. 北京：商务印书馆，2011：281.

② 刘昫，等. 旧唐书：卷一八三 [M]. 北京：中华书局，1975：4670.

③ 杜佑，撰；王文锦，等点校. 通典：卷十四 [M]. 北京：中华书局，1988：337.

④ 杜佑，撰；王文锦，等点校. 通典：卷十四 [M]. 北京：中华书局，1988：336.

⑤ 李延寿. 北史：卷四三 [M]. 北京：中华书局，1974：1577.

整件事情的结局却最终走向了矛盾的激化："神龟二年二月，羽林武贲将几千人，相率至尚书省诉骂，求其长子尚书郎始均不获，以瓦石击打公门。"① 在这场骚乱中，张彝家宅被烧，父子俱被虐打，长子始均为救护父亲而被虐杀焚尸；张彝随后亦伤重不治。清流对武人的排斥以及武人的抗争最终以如此惨烈的结局而暂告一段落。自此，官员铨选的"清""浊"之分于北朝至隋代之初渐泯。《通典·选举二》载："自后周以降，选无清浊。初卢恺摄吏部尚书，与侍郎薛道衡、陆彦师等，甄别物类，颇为清简，而谮愬纷纭，恺及道衡皆除名。"② 卢恺、薛道衡等人于隋文帝朝主持选官，试分清浊却因此被诬陷结党而罢官。到隋炀帝时，不分文武、不分清浊的选官方式终耽搁政事，朝廷遂不得不下诏应对，《通典·选举二》记曰："时武夫参选，多授文职。大业八年，诏曰：'顷自班朝治人，乃由勋叙，拔之行阵，起自勇夫，蠹政害人，寔由于此。自今以后，诸授勋官者，并不得因授文官职事。'"③ 但此诏书颁发之时，隋已渐陷于乱世，武人凭军权强势，所以诏书之效力不显。

唐朝建立之后，初唐统治者延续北朝至隋朝时期选无清浊的理念，继续文武参用。《旧唐书·哀帝纪》天祐二年有《均文武俸料敕》云："文武二柄，国家大纲，东西两班，官职同体。咸匡圣运，共列明廷，品秩相对于高毕，禄俸皆均于厚薄。不论前代，只考本朝。太宗皇帝以中外臣寮，文武参用，或自军卫而居台省，亦由衣冠而秉节旄，足明于武列文班，不令分清浊优劣。"④ 随着王朝的稳定、发展，文治的重要性得以凸显，所以选无清浊、文武参用的情况在初盛唐已悄然改变，"清流"观念再次抬头并渐成声势，"清流"一词也渐渐多出现在文臣舆论中。例如盛唐名士李邕所撰《赠安州都督王仁忠神道碑》以"体大志宏，气和德俶。秀举清流，高标雅俗。地位双升，才名两复"⑤ 来评价王仁忠。而《旧唐书·张九龄传》也曾记载张九龄与张说在官员恩赏方面的一次分歧：

> （开元）十三年，车驾东巡，行封禅之礼。说自定侍从升中之官，多引两省录事主书及己之所亲摄官而上，遂加特进阶，超授五品。初，令九龄草诏，九龄言于说曰："官爵者，天下之公器，德望为先，劳旧次焉。

① 李延寿.北史：卷四三［M］.北京：中华书局，1974：1577.
② 杜佑，撰；王文锦，等点校.通典：卷十四［M］.北京：中华书局，1988：342.《通典》卷二三《职官五》亦载此事，文字略有不同.
③ 杜佑，撰；王文锦，等点校.通典：卷十四［M］.北京：中华书局，1988：343.
④ 刘昫，等.旧唐书：卷二〇下［M］.北京：中华书局，1975：791.
⑤ 董诰，等.全唐文：卷二六四［M］.北京：中华书局，1983：2682.

若颠倒衣裳，则讥谤起矣。今登封霈泽，千载一遇。清流高品，不沐殊恩；胥吏末班，先加章绂。但恐制出之后，四方失望。今进草之际，事犹可改，唯令公审筹之，无贻后悔也。"说曰："事已决矣，悠悠之谈，何足虑也！"竟不从。及制出，内外甚咎于说。①

开元名相张说以奖掖后进文士而闻名，其于盛唐文坛的贡献已为共识。出身岭南的张九龄仕途亦得张说助力，然年资稍浅的张九龄对当时选人的清浊先后的识见却高于张说。张九龄所谓"清流高品，不沐殊恩；胥吏末班，先加章绂"，明显将"清流"与"胥吏"分别对待。中书门下两省录事主书在唐虽属从七品官，但其身份为流外入流者累转为之，擅长处理两省文书及烦琐事务，工作性质与流外胥吏无异，因此被张九龄及清流文士视为末班浊流。而张说则是从实干的角度出发，沿用的依旧是初唐以来的选官思路，可以说，二张的分歧在一定程度上代表了两代文官在"清流"观念上的交锋。张说当时对即将面对的舆论压力表示不屑，然从"及制出，内外甚咎于说"的结果可知，张九龄所代表的"清流"话语已在当时的士大夫群体中已悄然占了上风，这恐怕是张说始料未及的。

张九龄与张说在开元十三年（725）的分歧，尚属二人私底下的讨论，且张九龄未见坚持己见。然到了开元二十四年（736），张九龄却在唐玄宗擢拔朔方节度使牛仙客为尚书的事件上抗争到底，触犯帝怒仍在所不惜。关于此事，《旧唐书·李林甫传》和《新唐书·张九龄传》皆有详载。面对唐玄宗的质问，《旧唐书》所记张九龄的对答如下：

　　臣荒徼微贱，仙客中华之士。然陛下擢臣践台阁，掌纶诰；仙客本河湟一使典，目不识文字，若大任之，臣恐非宜。②

按张九龄之意，台阁诸官执掌朝廷诏令文告，选人不论地域，但论文词，牛仙客胥吏出身，文词不通，虽有军功亦不能位列清贯。这明显是对"不分清浊，文武参用"选官方式的挑战。张九龄力谏唐玄宗玄宗一事，在元和年间刘肃所撰《大唐新语》卷七《识量》也有记载，《新唐书》大体转引其中内容而为记：

---

① 刘昫，等. 旧唐书：卷九九 [M]. 北京：中华书局，1975：3098.
② 刘昫，等. 旧唐书：卷一〇六 [M]. 北京：中华书局，1975：3237.

　　玄宗欲以牛仙客为尚书，张九龄谏曰："不可。尚书古之纳言，有唐已来多用旧相居之。不然，历践内外清贵之地，妙有德望者充之。仙客本河湟一使典耳，拔升清流，齿班常伯，此官邪也。……"玄宗怒曰："卿以仙客寒士嫌之耶若是，如卿岂有门籍"。九龄顿首曰："臣荒陬孤生，陛下过听，以文学用臣。仙客擢胥史，目不知书。韩信，淮阴一壮夫，羞绛、灌等列。陛下必用仙客，臣实耻之。"①

　　《大唐新语》所记张九龄谏言激烈，甚至称擢用牛仙客为尚书之举是"官邪"，《左传·桓公二年》有"国家之败，由官邪也"②之语，可见张九龄对此事的定性。此外，张氏更突出"文学"之于台阁清流的重要，若以胥吏、行伍出身之人入列清流，以文词出身者必以此为耻辱。由此言论，不难看出以张九龄为代表的"文词"之臣在捍卫自身群体的纯正性上的坚决立场。然而，张九龄的抗争终未能改变唐玄宗的想法，在李林甫以"材识"用人的说辞下，牛仙客顺利位列台阁。后有监察御史周子谅透过御史大夫李适之上奏"牛仙客不才，滥登相位"之语，结果惹玄宗大怒，当朝贬黜周子谅，流配瀼州。不过，牛仙客入台阁后从属李林甫，"既居相位，独善其身，唯诺而已"③，碌碌无所建树，这与其最初的赏识者萧嵩相类。萧嵩洛州参军出身，素"寡学术"④，获连襟陆象先的提拔与宰相姚崇的赏识而升迁，于开元十五年出任河西节度使，大败吐蕃，以此军功而升宰相，然而在宰相任上，萧嵩唯唯诺诺，于政事无甚见解，《旧唐书》称其"位极中令，异政无闻"⑤，可见，盛唐时期，以张九龄为代表的清流话语，反对以不通文词、出身胥吏的武职担任清要官职并非是没有道理的。然而，由上述萧嵩、牛仙客等人的进阶可知，早年统军夺权的唐玄宗虽重文治，但也不忽视武人的任用，以玄宗为核心的唐廷对军功的重视不减，盛唐繁荣的边塞诗创作或可视为此点的佐证。综观盛唐以文臣为核心的清流群体在话语权上已然壮大，但其影响力依旧不足。

　　中晚唐时期，清流群体影响力日增。刘肃于元和年间撰写《大唐新语》，其成书宗旨在于"事关政教，言涉文词。道可师模，志将存古"⑥，他特别将张九龄之事记录在内，可知他对张九龄为保清流之纯正而做出的努力是肯定和

① 刘肃，撰；许德楠，李鼎霞，点校. 大唐新语 [M]. 北京：中华书局，1984：104-105.
② 阮元，校刻. 十三经注疏（清嘉庆刊本）[M]. 北京：中华书局，2009：3784.
③ 刘昫，等. 旧唐书：卷一〇三 [M]. 北京：中华书局，1975：3196.
④ 刘昫，等. 旧唐书：卷九九 [M]. 北京：中华书局，1975：3094.
⑤ 刘昫，等. 旧唐书：卷九九 [M]. 北京：中华书局，1975：3107.
⑥ 刘肃，撰；许德楠，李鼎霞，点校. 大唐新语 [M]. 北京：中华书局，1984：1.

推崇的。而刘肃所任职务为江都、浔阳县主薄，是基层文官，据此可见，元和时代，"清流"意识已不止于台阁清贵之列，而是扩散到了基层官僚文人的群体当中，并已成为当时文士的普遍意识。

到了唐末，清流的影响力已不容小觑，清流文臣被李振等视为"聚徒横议""紊乱纲纪"①，上述《旧唐书·哀帝纪》中所颁《均文武俸料敕》中也提及唐末清流文化的影响力：

> 近代浮薄相尚，凌蔑旧章，假偃武以修文，竞弃本而逐末。虽蓝衫鱼简，当一见而便许升堂；纵拖紫腰金，若非类而无令接席。以是显扬荣辱，分别重轻，遽失人心，尽黩朝体。

只要是有文才，符合清流的评判标准，即使是八、九品的蓝衫小官也能被友好接纳；而对于武人，即使他们位居显贵，也不能获得认可。无疑，清流文臣的骄矜已撼动了以官品定先后尊卑的朝廷纲纪，同时也导致了唐末掌握军权以摄朝堂的武臣的强烈不满，由此，才有了震惊一时的"白马之祸"的发生。不过，需要注意的是，这种不以官品论尊卑的现象，在初盛唐文人群体早已有之。《大唐新语》卷七《识量》曾记张说与诸学士共饮之事：

> 张说拜集贤学士，于院厅宴会，举酒，说推让不肯先饮，谓诸学士曰："学士之礼，以道义相高，不以官班为前后。说闻高宗朝修史学士有十八九人。时长孙太尉以元勋之尊，不肯先饮，其守九品官者，亦不许在后，乃取十九杯，一时举饮。长安中，说修《三教珠英》，当时学士亦高卑悬隔，至于行立前后，不以品秩为限也。"遂命数杯，一时同饮，时议深赏之。②

由张说所言，可知早在唐高宗、武则天时期，朝中诸学士内部尊卑以"道义"高低来定，并不以官班、品秩为判断标准。学士作为清流的中坚力量，他们判断尊卑高下的标准被广大官僚文士泛化实属正常，因而到了唐末，清流文人心中的文、武尊卑界限之明也是可以想见的。

唐代清流势力由盛唐至中晚唐的发展，表面上是"衰晋之风"复兴，实质上却具有唐朝的独有的重"文"之特点，此特点在宋代社会、政治、文化

① 司马光，等．资治通鉴：卷二六五［M］．北京：中华书局，1956：8643．

② 刘肃，撰；许德楠，李鼎霞，点校．大唐新语［M］．北京：中华书局，1984：103．

中得到了强化，是唐宋文化转型的表现之一。

关于唐代清流独的特点、群体构成及其与唐宋政治、文化转型的关联，史学研究者陆扬在《清流文化与唐帝国》① 一书中做了相关的探讨。长久以来，学界在探讨唐五代至宋代的政治、社会及文化转型时，惯于沿用内藤湖南的唐宋变革论的分析模式。然而，陆扬却认为这一分析模式隐繁为简，以至于将历史上的"新"与"旧"绝对化，从而削弱了研究者对新旧交替的吊诡的敏感度。鉴于此，他尝试从清流文化的角度去探讨唐后期与五代的政治与精神世界。在其撰写的《唐代的清流文化》② 一文中，陆扬以"清流"一词来概括唐后期新型政治文化精英。他指出，"清流"并非一种制度上的身份，而是依托社会想象和政治成功所形成的一个为社会认知的群体。这一群体最具标识性的特点乃是他们对"文"的重视。

据陆扬所述，唐代清流所重之"文"并非现代意义中的"文学"之义，而是有具体所指。"文"是一种特定的文学观，而此种文学观又指导和影响着文士特定的文学实践。该文学观认为，评鉴文学创作的最高标准或文学的价值，必须要与"治术"结合在一起。也即好的文字必须具有"体国经野"的政治功能，而优秀的文字工作者就是要运用"文"的手段，或发挥他"文"的才华，对实际的政治运作发挥作用并产生影响。而实现这种最高的政治目标的文字就是所谓的"代立王言"，它是以在充分了解政治形势与皇权立场的前提下，在通过文字恰如其分地传达君主意旨的同时，巧妙而周至地使政治事件中的诸当事者了解并服膺文字所传达的信息与目的，从而实现政治的沟通，维系政治的平衡或瓦解政治危机。当"文"与政治结合，政治功用成为文学精英对"文"价值的核心认知，"文"也成为政治才能的一种主要的衡量标准；以"文"为手段来推行的新政治模式，也通过制度与用人措施（比如"科举"与"内廷制度"）弘扬这种核心理念时，一个新的精英群体及与之相关的文化也诞生了，这就是陆扬所说的"清流"与"清流文化"。

简言之，"清流"共同实践、认同"文"具有传达道德政治理念和朝廷意志的功用和价值，并凭借"文"而成为被社会认可的政治精英。而衍生出来的"清流文化"具体来说是"一种以朝廷或者更确切地说以君主为核心的政治文化观，其实质是要凸显皇帝的权威和个人魅力"③。

关于中晚唐"清流"群体，陆扬认为他们具备两大特征：一是这一群体

---

① 陆扬．清流文化与唐帝国 [M]．北京：北京大学出版社，2016．
② 陆扬．清流文化与唐帝国 [M]．北京：北京大学出版社，2016：213-263．
③ 陆扬．清流文化与唐帝国 [M]．北京：北京大学出版社，2016：224．

以某些地位突出的文官家族为中心，其子弟凭借父祖的文学声望和履历或本人的文学能力，在以强调文学才能为主的进士科和制举等考试中，不断获取成功。二是在此前提之下，这些家族的子弟得以长期垄断某些当时社会认为是最需要文辞能力的朝廷职位，特别是知制诰、中书舍人、翰林学士，礼部侍郎知贡举等，最终登廊庙而成为宰相。① 但凡认可"文"是治理天下的终极手段的观念，并践行之的士人，无论他来源于何地域和社会层次，"无论是公卿子弟、政治上衰微的旧门第成员或前期勋贵家庭的后辈还是庶族人士，只要凭借文学科第的成功和符合'文'的理念的履历（从中央的清选职位到藩镇的掌书记等文职），他们就有可能进入这一群体，成为其新成员，并逐渐形成清流家族"②。而在清流圈内部，成员之间通过科第、援引、仕宦和婚姻等建立起密切的人际网络，彼此产生强烈的身份认同。

　　陆扬先生以"清流"视角来解读唐帝国政治、社会与文化，在很大程度上还原了唐朝政治精英文士群体特征及其影响力。不管士人是来自旧门阀大族抑或是新兴士族，皆可成为"清流"成员。这一观点与以往学界常以门阀旧族、新兴士族身份的对立和转型来解释唐宋的政治文化精英演进的研究思路有所不同。"清流"以认可"文"的功用和价值为核心，不管群体成员的出身、文化背景乃至政治观念存在着多大的差异，起码在标举"文"这一点上是有共识的。若以此为前提，则不难理解为何即使在唐代党争激烈的背景下，某些处于对立面的朋党官僚有时也会彼此相惜。具体到刘禹锡而言，一生希冀履步庙堂的他与李德裕志趣相近，文字往还颇密，却又与牛党成员令狐楚交谊甚笃。除此之外，其一生所交往的中唐清流人物亦有不少卷入党争中，和他们结交，对方的文学才能与权位二者之间，刘禹锡往往更看重前者，由此可知其对词艺的重视。

　　以"文"为核心的政治文化观念，如陆扬所述，确是唐代"清流"的主流意识，然而这种观念并未得到当时所有政治力量的认可，其中很大的一部分原因在于"清流"渐趋增强的排他性。"清流"既为朝廷清望、政要所在，因而步入仕途者对该群体心生向往、趋之若鹜，在这样的背景下，"清流"为确保其精英化，必然抬高入流台阶，不然，若"清流"泛滥，其结果则是群体政治优越性的消失。于是，要进入中晚唐"清流"群体，除了符合"文"的要求，即在进士、制科等文学科第中获得成功之外，尚需要符合其他标准。

　　其一，入仕后凭借文学累历清贯，资历较深。"清流"看重官僚文士的资

---

① 陆扬．清流文化与唐帝国［M］．北京：北京大学出版社，2016：241－242.
② 陆扬．清流文化与唐帝国［M］．北京：北京大学出版社，2016：225.

历清望，因特殊际遇而迅速位列台阁、资历尚浅者，虽擅文学亦常被视为躁进。如刘禹锡、柳宗元于顺宗朝因参与改革而炙手可热一时，亦有躁进嫌疑；又如上文提及的"白马之祸"的幕后推手柳璨，按其进士出身及文才，颇具"清流"资质，然因其升迁之速而被裴枢、独孤损等人看低。

其二，当分清官职之清浊高下，尽量避免担任杂务、俗事繁多的官职。这与魏晋的"杂类"差役与"清流"之分、盛唐张九龄所言之"胥吏末班"与"清流高品"之分界相关联而又更进一步。到了中晚唐，专门处理官府杂务的胥吏和供职行伍的人员，其清流之路基本被堵塞。又由于不乐曹务之风的流播，某些职务较繁剧的清要职位，如仓部、驾部郎官，亦为当时"势门子弟"所鄙。更有甚者，以往作为入居台阁的跳板的京兆尹一职，也渐为清要官员所轻薄。

其三，声名、气质、行为、举止应符合"清流"士人的标准，到了晚唐，连相貌也被列为标准之一，此与魏晋以降品鉴人物之风颇近。士人容止与文学才能可互为表里，本属锦上添花，然在唐末科场乱象之下，容止有时甚至比内里才华更为重要。所以晚唐牛希济在《贡士论》中抨击当时选举曰："擢第又不由于文艺矣。唯王公子弟器貌奇伟。无才无艺者。亦冠于多士之首。"①

以上三条为"清流"群体以"文"为核心之外的基本附加标准，因此，对于企望融入清流群体的士人来说，为文之能是必备的要素，然光有文才并不一定能被清流接纳，这一点早在盛唐时期即已是高级文臣的共识。例如刘肃在《大唐新语·褒锡》中记载贺知章自太常少卿迁礼部侍郎，兼集贤学士，"时源干曜与张说同秉政，干曜问说曰：'贺公久著盛名，今日一时两加荣命，足为学者光耀。然学士与侍郎，何者为美？'说对曰：'侍郎自皇朝已来，为衣冠之华选，自非望实具美，无以居之。虽然，终是具员之英，又非往贤所慕。学士者，怀先王之道，为缙绅轨仪，蕴扬、班之词彩，兼游、夏之文学，始可处之无愧。二美之中，此为最矣。'"② 张说作为当时文坛领袖兼秉政文臣，对集贤学士这一典型的清要身份的定位是，首先思想上须怀先王之道，其次在行为上当能成为缙绅楷模规范，再次是具有词采之美，同时又兼有学识。到了中唐时期，为了维系清流澄源，官方更颁敕书来进行相关的规范。例如唐宪宗时所颁《严定应试人事例敕》云："自今以后，州府所送进士，如迹涉疏狂，兼亏礼教，或曾为官司科罚，或曾任州府小吏，有一事不合入清流者，虽薄有词

① 董诰，等. 全唐文：卷八四六［M］. 北京：中华书局，1983：8891.
② 刘肃，撰；许德楠，李鼎霞，点校. 大唐新语：卷十一［M］. 北京：中华书局，1984：165.

艺，并不得申送入。"① 该敕书从士人行迹品性、德行及任职出身等作了明确规定，倘有一事不合则州府不得选送，足见朝廷对清流选拔的重视以及标准。

综上，基于朝廷及清流群体内部筛选标准，文士只具词艺而他项欠缺，同样难以跻身清流。因此，在中晚唐的政治文化下，清流群体中最具地位和影响力的人物通常不是今天思想史和文学史意义上最重要的人物，而是像权德舆、令狐楚、韦贯之、杨嗣复、杨虞卿等类型的人物。这些人物恰好与刘禹锡有着不同程度的交往，从而反映了刘氏与"清流文化"的密切关联。

二、刘禹锡坎坷的清流之路

位列台阁，跻身清流，对于大部分投身仕途的官僚文人来说可谓从政的终极理想，刘禹锡自不例外。然而，心气颇高且有政治抱负的刘禹锡，虽具有文词才华，又兼有政治人脉，却因种种缘由而未能真正地被中晚唐"清流"所接纳，仕宦一生，即使偶任清要之职，但往往难以持久。其"清流"道路之坎坷崎岖，实在令人唏嘘。

综观刘禹锡的仕宦和创作，对刘禹锡打击颇大，且最为人所知的事件当属被贬朗州十年后返京，因赋看桃花诗而触怒权贵，遂再远贬播州，后经裴度等人施以援手而改放连州。关于此事，《旧唐书》《新唐书》《本事诗》等史料文献多有着墨。如《旧唐书》所记："元和十年，自武陵召还，宰相复欲置之郎署。时禹锡作《游玄都观咏看花君子诗》，语涉讥刺，执政不悦，复出为播州刺史。诏下，御史中丞裴度奏曰：'刘禹锡有母，年八十余。今播州西南极远，猿狖所居，人迹罕至。禹锡诚合得罪，然其老母必去不得，则与此子为死别，臣恐伤陛下孝理之风。伏请屈法，稍移近处。'宪宗曰：'夫为人子，每事尤须谨慎，常恐贻亲之忧。今禹锡所坐，更合重于他人，卿岂可以此论之？'度无以对。良久，帝改容而言曰：'朕所言，是责人子之事，然终不欲伤其所亲之心。'乃改授连州刺史。"② 因史料的记载流传，刘禹锡赋诗见黜一说几为盖棺定论。然刘禹锡是否故意对执政者语含讥讽，而居上位者是否仅因一诗而再远放刘禹锡，此等问题实可再商榷。此外，《旧唐书》材料当中"宰相复欲置之郎署"一句，表明刘、柳数人被诏回京，实有望进入郎署，而中

---

① 董诰，等. 全唐文：卷八四六 [M]. 北京：中华书局，1983：653.
② 刘昫，等. 旧唐书：卷一○三 [M]. 北京：中华书局，1975：4211.

晚唐"郎官皆为清秩，非科名文学之士，罕与其选"①，也就是说刘、柳等人几可复预清流，毕竟刘禹锡、柳宗元、元稹等进士出身，文词出众又兼有任职台阁的资历。然而，事情的结果却出乎意料，其中，刘禹锡贬所尤其偏远险恶，可见其遭人嫉妒之深。

从诸人被诏还到再次放逐之间，到底发生何事，因文献不足征，我们在此不作揣测。若单就刘禹锡复班清流失败此事而言，倒是值得深究。刘禹锡于元和十年未能复位清流并再被远逐，一直到唐文宗大和年间方累转礼部郎中、集贤院学士，位列郎署，得预清流，但后又被指派出京，任苏州刺史，自此再难有内参政要的希望，清流之门再次关闭。刘禹锡清流之路的艰难，除却朝局纷争等客观因素，与其本人以及中晚唐清流铨择的严格化、清流群体日趋增强的排他性也有着密切的关联。刘禹锡的遭遇，在很大程度也可视为中晚唐欲践位清流而不得的广大才学之士的缩影。梳理刘禹锡的清流之路，分析左右其成败的缘由，不仅能加深对刘禹锡的认识，更有助于我们了解中晚唐文士所面对的政治文化氛围和文人多生"才高而命蹇"之叹的原因。

（一）文才：刘禹锡得预清流的潜质

刘禹锡始仕于德宗朝贞元年间，与建中年间兵祸频仍相比，因德宗姑息，藩镇势力稍安，贞元时局渐趋平稳，随之而来的是文治之兴。陆希声《唐太子校书李观文集序》中有言："贞元中，天子以文化天下，天下翕然兴于文。"② 德宗此时大量起用文臣，一则因循唐玄宗时代择文学之士以解决中书务剧、文书多壅滞问题的旧制；次则经历祸乱之后，朝廷事务更剧，政局、社会的恢复急需文臣辅佐；再则多少因为文人易于掌控，不若武人难驯，即使废黜也不易招来祸端。此外，德宗好文，喜亲文士，王谠《唐语林》"赏誉"条下载德宗遴选文士事云：

> 德宗每年征四方学术直言庻谏之士，至者萃萃阙下，上亲自考试，绝请讬之路。是时文学相高，当途者咸以推贤进善为意。上史制科于宣德殿。或下等者，即以笔抹之至尾。其称旨者，必吟诵嗟叹；翊日，遍示宰相学士，曰："此皆朕之门生。"③

① 杜牧. 韩宾除户部郎中裴处权除礼中郎中孟璲除工部郎中等制［M］//何锡光. 杜樊川文集校注. 成都：巴蜀书社，2007：1102.

② 董诰，等. 全唐文：卷八四六［M］. 北京：中华书局，1983：8550.

③ 周勋初. 唐语林校证：卷三［M］. 北京：中华书局，2008：277.

　　由此材料可知德宗对文士以及科举选拔的重视，同时亦可窥得德宗素性刚愎猜忌，其在选拔、任用文士时只选自己认可之人，其实质就是任用能为己所用之人，也即附和己见而不忤逆、能有效地传达其作为帝王的意志的臣属。而得德宗擢拔的文臣，自然而言以他们最受德宗欣赏的"文才"来为君王效力，由此凸显出皇帝的权威和个人魅力，"文"所具有的传达道德政治理念和朝廷意志的功用和价值遂日益得以强化。当"文"的价值被高扬，以"文"为核心的"清流"势力自然抬头，可以说，唐德宗贞元时期是"清流"群体影响力开始膨胀的时期。在此阶段，"清流"除却重进士科第、重词艺这一核心标准，上文所述及的其余几项附加标准尚未定格。一则因为德宗朝独特的政治社会背景，二则初盛唐所旧有的"选无清浊、文武参用"选人方式依然有"清流"群体以外的政治势力支持。

　　德宗重文治以粉饰太平的贞元年间，"清流"标界尚未分明，综合刘禹锡早期的仕宦经历，其入仕之初似未生跻身"清流"的自觉意识。然刘禹锡文才出众，一试而登进士第，在客观上无疑是具有跻身"清流"的潜质的。刘禹锡在文方面的才华，自年少起即受人瞩目。同时，他亦深谙德宗崇文所带来的机遇，其诗《将赴汝州途出浚下留辞李相公》有句云："初逢贞元尚文主，云阙天池共翔舞。"① 可见其当年欲以文而升朝列的愿景。而在《武陵书怀五十韵》中，刘禹锡自言"清白家传远，诗书志所敦。列科叨甲乙，从宦出丘樊。结友心多契，驰声气尚吞"②，可知刘氏以诗书文词为仕途及交友之媒介。贞元九年（793），刘禹锡一试而登进士第，时年二十二岁。次年登宏词科而得授官，可谓科场畅顺，从而也可见其文才之了得。关于刘禹锡实际的文学才能，权德舆在《送刘秀才登科后侍从赴东京觐省序》中甚为推许：

　　　　每岁仪曹献贤能之于王，然后列于禄仕，宣其绩用耳。小司徒以楚金馀刃受诏兼领，彭城刘禹锡实首是科。始予见其妀，已习诗书，佩觿韘，恭敬详雅，异乎其伦。及今见夫君子之文，所以观化成，立宪度。末学者为之，则角逐舛驰多方而前，子独居易以逊业，立诚以待问，秉是嗛悬，退然若虚。③

　　刘禹锡能于当时众多文士竞逐中脱颖而出一举中第，连登二科，足可知其

　　① 刘禹锡；瞿蜕园，笺证. 刘禹锡集笺证 [M]. 上海：上海古籍出版社，1989：915.
　　② 刘禹锡；瞿蜕园，笺证. 刘禹锡集笺证 [M]. 上海：上海古籍出版社，1989：606.
　　③ 董诰，等. 全唐文：卷四九一 [M]. 北京：中华书局，1983：5016.

文学之声名远播，才可预清流无疑。此外，刘禹锡步入官场，其早期的仕宦经历亦与清流文士的升迁轨迹相类。登宏词科后，刘禹锡释褐得授太子校书，后因丁父忧而暂别官场。贞元十六年免丧后入杜佑徐泗濠使幕，任掌书记，后又为淮南节度使掌书记，今刘氏文集中多存其为杜佑代撰写之文，这些表章文字多作用于维系藩镇与朝廷情感，沟通双方意图，内容上虽无甚特殊，然措辞须力求斟酌达意和得体。

刘禹锡任职幕府掌书记的经历，可以说在中晚唐进士科出身的文士中相当具有代表性。基于中晚唐幕府掌书记工作所体现的文词沟通功能，陆扬认为掌书记的章表写作，是除了代朝廷立言的草诏活动之外的最具代表性的清流文学实践。才华之士入幕，使得清流文化得以和唐代后期藩镇体制相结合，而这也恰是中晚唐清流价值系统扩散的一个重要步骤。① 就职于幕府，尤其是霸府的掌书记，其身虽不在朝廷，但呈递的表章文字以及沟通能力却受朝廷、帝王的重视。例如与刘禹锡私交深厚的令狐楚，早年仕宦即为太原幕府掌书记而及节度判官。《旧唐书》载令狐楚"才思俊丽，德宗好文，每太原奏至，能辨楚之所为，颇称之"②，可见令狐楚为府主代撰章表的出色。同时，又因幕府军士易生哗动，掌书记任职于斯，亦当颇具胆识。犹以令狐楚为例，太原幕府"郑儋在镇暴卒，不及处分后事，军中喧哗，将有急变。中夜十数骑持刃迫楚至军门，诸将环之，令草遗表。楚在白刃之中，搦管即成，读示三军，无不感泣，军情乃安。自是声名益重"③。能在兵刃中当即草制令三军动容的遗表，若非胆识过人，文思敏捷断不可成。正因为如此，令狐楚虽远居太原，但声名却得以远播，其后顺理成章被朝廷征召入京，位列台阁，参知制诰以预"清流"。

刘禹锡在杜佑淮南幕府中任掌书记期间，代撰表章虽不似令狐楚般出色，亦未遇军中哗变，但在沟通与执事能力上应有所提升。关于掌书记的职责，在刘禹锡之前任职于徐泗濠三州张建封使幕的韩愈有《徐泗濠三州节度掌书记厅石记》一文记曰："书记之任亦难矣！元戎整齐三军之士，统理所部之甿，以镇守邦国，赞天子施教化，而又外与宾客四邻交，其朝觐、聘问、慰荐、祭祀、祈祝之文，与所部之政，三军之号令升黜，凡文辞之事，皆出书记。非闳辨通敏兼人之才，莫宜居之。"④ 对于淮南节度使掌书记的任职经历，刘禹锡在《刘氏集序》中以"会出师淮上，恒磨墨于楯鼻，或寝止群书中"⑤ 数语

① 陆扬. 清流文化与唐帝国 [M]. 北京：北京大学出版社，2016：250.
② 刘昫，等. 旧唐书：卷一七二 [M]. 北京：中华书局，1975：4459.
③ 刘昫，等. 旧唐书：卷一七二 [M]. 北京：中华书局，1975：4459 – 4460.
④ 马其昶，马茂元. 韩昌黎文集校注 [M]. 上海：上海古籍出版社，1988：85.
⑤ 刘禹锡；瞿蜕园，笺证. 刘禹锡集笺证 [M]. 上海：上海古籍出版社，1989：540.

提及，约略可见军中文书工作的艰辛。虽然如此，该任职经历无疑有助于提升其表状笺启等文书表达能力和处理各种政治关系的能力。其后，刘禹锡入京任职于御史台，亦多见他为宰相杜佑、京兆尹韦夏卿、李实和御史中丞武元衡代为撰写的表状。

贞元十九年（803），刘禹锡迁监察御史，与韩愈、柳宗元、李程等人同在御史台。监察御史品秩虽低，但因其权限较广，属清要之职。自此，刘禹锡可谓初登京城"清流"之列。然而，在刘禹锡丁忧及任职地方幕府的数年中，"清流"群体的标界及其在朝廷的影响力已比贞元中更进一步，在重进士出身、重词艺这一核心标准之外，资历、声名、职务之清浊等附加标准已渐具格局，并渐趋成为当时"清流"群体的共识，这恐怕是当时沉浸在初登台省喜悦中的刘禹锡所未察觉的。其时，刘禹锡对京城文人士群的认识，或仍停留在当年一举登第、士林荣之的印象中。

自任监察御史之后两年，刘禹锡因王叔文之故而骤然高升，据《旧唐书》载，"禹锡尤为叔文知奖，以宰相器待之。顺宗即位，久疾不任政事，禁中文诰，皆出于叔文。引禹锡及柳宗元入禁中，与之图议，言无不从"[1]。表面上，刘禹锡高登台阁，官运亨通，殊不知，其于永贞革新间的所作所为已在不知不觉中触犯了"清流"文臣的界限并转到了其对立面上。因此，革新失败后，刘禹锡、柳宗元等人被远贬南荒，当时京城士群文臣舆论一边倒，墙倒众人推，以至于无人施以援手，连旧日提携刘禹锡入京、素对其颇为照顾的杜佑也是袖手旁观。

从永贞元年（805）被贬至大和二年（828）入京，授主客郎中、集贤直学士，加朝散大夫，时隔二十余年，刘禹锡方再登台省，入列清班。次年，裴度欲重用他，事竟不成。在京任职郎官期间，刘禹锡颇掩其锋芒，在集贤院四年，供进新书二千余卷，可见其兢业做事。本以为尽"儒臣之分，甘老于典坟"[2]，可保其在京安稳，然而即使如此，大和五年，年届六十的刘禹锡依然被外放出京任苏州刺史。苏州虽为大郡，但正遇天灾，可知必然琐事庶务烦剧。刘禹锡文词出众，已列位郎官，又为集贤直学士数年，资历亦深，若不外调，获参纶诰、位列公卿亦不无可能。一旦外放，纠缠州府吏事，再预台阁清流几无可能。对于此次外放，刘禹锡倍感压抑。

大和七年（833），在苏州任上的刘禹锡作《刘氏集略说》，其文曰：

①　刘昫，等. 旧唐书：卷一六〇［M］. 北京：中华书局，1975：4210.

②　刘禹锡. 苏州谢上表［M］//刘禹锡；瞿蜕园，笺证. 刘禹锡集笺证. 上海：上海古籍出版社，1989：387.

　　子刘子曰：五达之井，百汲而盈科，未必凉而甘，所处之势然也。人之词待扣而扬，犹井之利汲耳。始余为童儿，居江湖间，喜与属词者游，谬以为可教。视长者所行止，必操觚从之。及冠，举秀才，一幸而中说。有司惧不厌于众，亟以口誉之。长安中，多循空言，以为诚，果有名字，益与曹辈畋渔于书林，宵语途话，琴酒调谑，一出于文章。①

　　此文开篇将词之待扣与井之利汲做比，其情颇落寞，本希冀以文扬名、因文自达，但终事与愿违。文中又兼回忆当年凭借属词之能博得空名，由此交结诸友人，其情似洽，殊不知实无诚谊。刘禹锡一生自负才名，用功于书籍、文词，自谓"少年负志气，信道不从时"②，又言少时"亦尝以词艺梯而航之"③，希冀以文章为晋身阶梯。临老却只能自哂"道不加益，焉用是空文为？真可供酱蒙药楮耳"④。耗费了精神心力写就的作品，如果说还有作用的话，那大概只能用来盖酱缸和裹药了，此等自嘲中明显透出了刘氏的无奈和压抑。刘禹锡于同年又作《郡斋书怀寄河南白尹兼简分司崔宾客》诗云：

　　谩读图书二十车，年年为郡老天涯。一生不得文章力，百口空为饱暖家。

　　绮季衣冠称冀面，吴公政事副词华。还思谢病今归去，同醉城东桃李花。⑤

　　诗中可见牢骚退居之念，"一生不得文章力"一句吐露了刘禹锡遗憾之深。然而，追求全家饱暖的生活从来就不是刘禹锡的从政目标。即使其时已过耳顺之年，刘禹锡实亦对仕途尚存期待，所以在此年秋天仍作《秋声赋》，向当年入相的李德裕陈情自效。白居易作为刘禹锡晚年知交，颇能理解其于纶阁求而不得的感受并作《和梦得》以宽慰之："纶阁沈沈无宠命，苏台籍籍有能声。岂唯不得清文力，但恐空传冗吏名。郎署回翔何水部，江湖留滞谢宣城。

---

① 刘禹锡；瞿蜕园，笺证. 刘禹锡集笺证 [M]. 上海：上海古籍出版社，1989：540.
② 刘禹锡. 学阮公体三首之一 [M] //刘禹锡；瞿蜕园，笺证. 刘禹锡集笺证. 上海：上海古籍出版社，1989：554.
③ 刘禹锡. 彭阳唱和集引 [M] //刘禹锡；瞿蜕园，笺证. 刘禹锡集笺证. 上海：上海古籍出版社，1989：1496.
④ 刘禹锡；瞿蜕园，笺证. 刘禹锡集笺证 [M]. 上海：上海古籍出版社，1989：540.
⑤ 刘禹锡；瞿蜕园，笺证. 刘禹锡集笺证 [M]. 上海：上海古籍出版社，1989：1139.

所嗟非独君如此，自古才难与命争。"① 白居易将刘禹锡与纶闱内阁失之交臂的原因归结为命数不济，并指出此般才高命蹇绝非个案，不妨看开。白居易此诗颇陈文人多不遇的现实，亦可证刘禹锡欲践位纶阁清流而不得的遭遇实为中晚唐众多官僚文人的缩影。

（二）刘禹锡难登纶阁"清流"的原因

刘禹锡文名早著，对于引以为傲的文词之学，其用力颇深。在入仕之初，又适逢德宗尚文治，刘禹锡本望以文显达。其早年的任职，先授宏文馆校书郎、再入杜佑使幕任节度掌书记，后调职京兆府，再登朝为监察御史。此等任职经历正是清流文士最常见的任职模式。而后刘禹锡宦途却因参与永贞革新而急转直下，时隔多年方重归朝列，结果又被外放，仕途结局不尽如人意。在中晚唐"清流"这一新型政治精英群体的影响力日益增强的背景下，擅文的刘禹锡本与清流重"文"的核心意识相符，但却未能获得政治上的成功，无缘纶阁。或疑概因刘氏所擅乃文人词艺，而非清流推尚的"体国经野"之宏文。其实不然。刘氏集内有为数不少的章表状笺文字，且刘禹锡对于文士词艺和经纶制置文章的区分是心中有数的，例如，他在《唐故中书侍郎平章事韦公集纪》中称韦处厚"未为近臣已前，所著词赋、赞论、记述、铭志，皆文士之词也，以才丽为主。自入为学士至宰相以往，所执笔皆经纶制置财成润色之词也，以识度为宗"②。刘禹锡心存位践台阁之念已久，自然会对禁署制诰及章表状笺等朝廷文章暗自着力，绝非在此方面力有不逮，由此影响其清流之路。

在与刘禹锡结交的"清流"文人中，词名最盛的当属白居易。白氏进士及第晚于刘禹锡七年，元和初已为翰林学士，元和十年虽罹被贬江州之厄，然后来历任主客郎中、知制诰、中书舍人、秘书监，唐文宗大和元年已着紫，位列三品，此等资历，虽非清流领袖，亦属"清流"成员无疑。大和二年，官居三品的白居易作有《和集贤刘学士早朝作》，中有"暂留春殿多称屈，合入纶闱即可知"③，可知当时朝内有人认为刘禹锡居集贤散秩而未掌纶诰颇为可惜。当时裴度欲重用刘禹锡，刘禹锡亦学撰制文如《拟册皇太子文》《拟太子太傅制》等十数篇，本以为短时间内可登高位并预内制，未料事竟不成且被外放苏州。对于此事，连身居清流的白居易亦甚不解，认为刘禹锡擅文如斯，且任职京中，又有裴度属意相助，如此尚难登纶阁，大概是命数使然。

关于刘禹锡此次痛失入参纶诰机会的原因，瞿蜕园据刘氏《苏州谢上表》

---

① 谢思炜. 白居易诗集校注 [M]. 北京：中华书局，2006：2366.
② 刘禹锡；瞿蜕园，笺证. 刘禹锡集笺证 [M]. 上海：上海古籍出版社，1989：487.
③ 谢思炜. 白居易诗集校注 [M]. 北京：中华书局，2006：2032.

中"有才之人，谗言必至。事理如此，古今同途"等激切之语，认为是李宗闵、牛僧孺排去裴度之后，对刘禹锡亦有余怒，因而将之外放①。刘禹锡难掩愤懑，于是在上谢表时痛陈"谗言"之祸。瞿氏的推测似也顺理成章。不过我们在此暂且不论牛、李是否为背后推手，然则刘禹锡遭谗毁的事实确是无疑。一般认为，刘禹锡被放苏州皆因裴度被排挤出京而失去依靠，此点大致不差。但是，刘禹锡居京四载，即使是在裴度尚未被排挤出京城时，他也并未能入纶阁。综观刘禹锡半生仕途，与其相善且居宰执者绝不在少数，从早年的杜佑，到权德舆、裴度、李德裕、令狐楚、崔群等，然而刘禹锡竟始终未达！今又观其集中自述，刘氏从宦多年，似遭谗不断。由此推测，加之于刘氏身上的谗言蜚语绝非某一干小众所致，而是源于于士林悠悠众口，不然断不可能持续多年而不息。也许正因为士林舆论在前，所以即使是当政权臣也未敢轻易犯险相助，即使有名臣如裴度施以援手，其结果却未见尽如人意。那么，刘禹锡究竟为何被谗至此，虽离纶阁清流仅一步之遥却求而不得？要解决此问题，还需结合中晚唐"清流"的遴选标准来进行分析。

1. 清流"严清选、鄙吏能"与刘禹锡重吏干的冲突

"清流"势力因德宗和宪宗重文治而膨胀，欲预清者既众，清流在择纳成员时标准愈加严格。除却重进士出身、重"文"的核心标准，选分清浊亦是清流铨择的一条重要标准，关于此点，上文已以张九龄力谏牛仙客不得选为尚书为例进行阐述。在刘禹锡初入仕途的贞元中，德宗虽着意广纳清流文士以为己代言，但因国家兵乱初平，各方事务千头万绪，所以初盛唐旧有的"选无清浊、文武参用"选人方式在清要官职的任命中依然常见。例如德宗倚重的陆贽，据《旧唐书·陆贽传》载，贽年十八登进士第，以博学宏词登科。德宗建中四年，"时天下叛乱，机务填委，征发指踪，千端万绪，一日之内，诏书数百。贽挥翰起草，思如泉注，初若不经思虑，既成之后，莫不曲尽事情，中于机会；胥吏简札不暇，同舍皆伏其能"。陆贽的出身与文才，当属当时清流文臣中的佼佼者。他虽为清流之翘楚，然不以吏能为鄙，反而"精于吏事，斟酌决断，不失锱铢"②。

此外，唐代经安史之乱，经济甚凋敝，德宗朝又经建中兵乱，长安政权得以继续维持，颇依靠东南八道的财政赋税供给。德宗一朝，重用刘晏、韩滉、第五琦、李巽、杜佑等人掌天下财赋。此一干人等多强于吏事，如《旧唐书》

① 刘禹锡；瞿蜕园，笺证. 刘禹锡集笺证［M］. 上海：上海古籍出版社，1989：388 – 389.
② 刘昫，等. 旧唐书：卷一三九［M］. 北京：中华书局，1975：3791 – 3792.

载第五琦"有吏才，以富国强兵之术自任"，李巽"精于吏职"①。其中又以刘晏能力最为出众，他任转运使、盐铁使多年，培养了众多执掌财赋之能人。《资治通鉴》卷二二六载，刘晏掌管财赋"必择通敏、精悍、廉勤之士而用之；至于句检簿书、出纳钱谷，事虽至细，必委之士类；吏惟书符牒，不得轻出一言。常言：'士陷赃贿，则沦弃于时，名重于利，故士多清修；吏虽洁廉，终无显荣，利重于名，故吏多贪污。'"②刘晏选士以行吏事的举措有别于往，所以史书对此进行了特别的强调。然而，财赋虽为国家利柄，但在文士传统观念中，钱财终为俗物，财赋之下句检簿书、出纳钱谷等事务皆烦琐至极，历来多托之于胥吏，由此掌管财赋之人往往被视为近"浊"，且历来评价不高，如《旧唐书》卷一二三之末所记，"史臣曰：历代操利柄为国计者，莫不损下益上，危人自安，变法以弄权，敛怨以构祸，皆有之矣"③。为史者重论而慎言，在史书中敢发此一论，必非个人偏见，而是其时缙绅、文士之公论。

在计相多不堪的传统舆论认知背景下，刘禹锡恰生于计相之家，其父亲刘绪为刘晏故吏，曾为浙西盐铁副史；其舅父卢征亦曾为江淮转运使刘晏从事，刘、卢二人皆得刘晏器重，后二人虽升任他职，然于清流士群眼中，他们皆曾掌管财赋俗务，多行胥吏之事。至于刘禹锡自身，则于永贞年间以监察御史这一清要之职转屯田员外郎、判度支盐铁案，同样职涉财赋，颇有由清入浊之嫌。不过，对于此点，刘禹锡本人当未详察，一则观念受家中长辈影响；二则中唐以来君主素重财赋收敛，且刘晏及其培植的财赋官迹亦尚清，晏殁后二十余年其故吏继掌财赋，职事虽浊，然苟利国家，加上德宗贞元中清流之势未强，所以当时物议并未大鄙计相。因此，刘禹锡于贞元中举进士而名满中朝文场，其后又凭文才累登清班，清流之路颇畅，故易生计相之职无碍清流的错觉。而实际上，刘禹锡出身于计相之家一事当从未被遗忘，不然王叔文何以委之以盐铁财赋之事？此外，尤其值得注意的是，在刘禹锡入京为监察御史之前，因丁父忧和任职地方数年，对所以未能觉察到京城清流舆论的变化。实际上，"清流"群体此时已悄然壮大，"选清去浊"的择纳标准及其话语权与贞元中相比已有变化。例如，李肇《唐国史补》卷下载，"贞元末，有郎官四人，自行军司马赐紫而登郎署，省中谑为'四军紫'"④。行军司马为掌军中事，以之为郎官，即为以浊入清，所以此四人虽身登郎署而被戏谑，其为清流

---

① 刘昫，等.旧唐书：卷一二三［M］.北京：中华书局，1975：3516，3521.

② 司马光，等.资治通鉴［M］.北京：中华书局，1956：7285.

③ 刘昫，等.旧唐书：卷一二三［M］.北京：中华书局，1975：3523.

④ 李肇.唐国史补：卷下［M］.上海：上海古籍出版社，1979：52.

官员所排甚明。由此可见旧日"选无清浊、文武参用"选人方式于贞元末已遭抵触而日渐消靡。而到了唐文宗朝，职佐盐铁事务之人，不管是否进士出身，皆被视之为吏，不得预清流。《旧唐书·韦温传》载：

> 盐铁判官姚勖知河阴院，尝雪冤狱。盐铁使崔珙奏加酬奖，乃令权知职方员外郎。制出，令勖上省。温执奏曰："国朝已来，郎官最为清选，不可以赏能吏。"上令中使宣谕，言勖能官，且放入省。温坚执不奉诏，乃改勖检校礼部郎中。①

韦温反对姚勖为郎官一事与盛唐张九龄反对牛仙客为尚书相类，然当年张九龄抗谏未成反触怒玄宗，而韦温却立场强硬，竟敢公然违抗皇帝诏令，最后是皇帝妥协。此外，牛仙客胥吏出身，而姚勖乃盛唐名相姚崇五代孙，著名诗人姚合之侄，他本人于长庆元年登进士第，只是后来他任职盐铁判官，管理财政吏事。正是因为如此，他才被时任尚书右丞的韦温视为"能吏"，不得任职清选，从而被清流除名。可见，晚唐"清流"选择标准严苛，其话语权至盛，连皇帝也不得不顾忌。从姚勖被排，亦可知，盐铁财赋之事被中晚唐清流等同于胥吏之事，任此类职务者被视为"浊流"而杜绝于清流之外。刘禹锡出身计相之家，又于永贞年间判度支盐铁案，则于清流而言，刘禹锡虽文才出众，然而身存"浊流"之瑕。

此外，刘禹锡虽然一生皆望跻身清流，得台阁高位，但对于清流鄙视吏能的主流观念似乎并未有足够的认识。这大概与他受重吏能、实干的家庭文化影响以及部分贞元、元和士子殷盼大唐中兴而重实干的背景有关。刘禹锡并不回避对官员吏能的称颂，在其晚年为他人所撰的碑志中，不乏赞誉吏才之语。

> 长庆三年，高陵令刘君励精吏治，视人之瘼如瘭疽在身，不忘决去。……理人为循吏，理财为能臣，一出于清白故也。（《高陵县令刘君遗爱碑》）
> 贞元中，上方与丞相调兵食，思得通吏治而习边事者，计相以公为对，乃授监察御史里行，充京兆水运使。（《唐故福建等州都团练观察处置使福州刺史兼御史中丞赠左散骑常侍薛公神道碑》）

《薛公神道碑》乃刘禹锡为其岳丈所作，可知刘氏姻亲也重吏才，且亦得

---

① 刘昫，等.旧唐书：卷一六八［M］.北京：中华书局，1975：4379.

计相之赏。关于贞元末以降"清流"重文才而轻吏能的情况，元稹于元和元年应制科，作《对才识兼茂明于体用策一道》中提出了激烈的批判：

> 至于工文自试者，则不过于雕词镂句之才，搜摘绝离之学，苟或出于此者，则公卿可坐致，郎署可俯求，崇树风声，不由殿最，连科者进速，累捷者位高，摈嘿因循者为清流，迁法莅官者为俗吏，以是为儒术，又若是乎哉？其所谓课吏职者，岂不以朝廷有还次进拔之用乎？臣窃观今之备朝选而不由文字者，百无一二焉。①

据元稹所言，近世朝廷之选官重文，但凡文词科举出身，则可累登清贯。然元稹认为此类"清流"文官摈嘿因循，于任上因循而无所作为，却能致名望而得提拔，而锐意进取，踏实做事者却被视为俗吏。元稹因非进士科出身，大约有被"清流"排挤的切肤之痛，他对此不公的现状激愤痛陈，不仅反映了当时"清流"所占的政治优势，同时也看出清流"鄙吏能"意识的盛行。

2. 清流重"代立王言"与刘禹锡重己论的冲突

唐代清流注重"文"的政治功用和价值，其最高的政治目标是"代立王言"，也即在充分了知政治形势与皇权立场的前提下，通过文字恰如其分地传达君主意旨；同时巧妙而周至地使政治事件中的诸当事者了解并服膺文字所传达的信息与目的，从而实现政治的沟通，维系政治的平衡或政治危机的瓦解。对于清流文章应达到怎样的表达效果，刘禹锡当是有所了解的，然而，他天生好发议论的个性却往往与"代立王言"的要求相左。

在《祭韩吏部文》中，刘禹锡写到他与韩愈同在御史台时的交锋：

> 昔遇夫子，聪明勇奋。常操利刃，开我混沌。子长在笔，予长在论。持矛举楯，卒不能困。时惟子厚，审言其间。赞词愉愉，固非颜颜。磅礴上下，羲农以还。会于有极，服之无言。②

正如刘禹锡自己所言，他性喜论辩，与同僚韩愈常常唇枪舌剑，而柳宗元则于二人间斡旋。今观刘禹锡文集内所存《明赞论》《天论》等文多有精思，可知刘氏善论尚思。其集内又有《观博》《观市》《论书》《聚蚊谣》《百舌吟》《秋萤引》等诗文作品，亦充分体现了刘禹锡擅长从常见现象、事物中悟

---

①　元稹. 元稹集［M］. 北京：中华书局，2010：385－386.
②　刘禹锡；瞿蜕园，笺证. 刘禹锡集笺证［M］. 上海：上海古籍出版社，1989：1537.

出道理，体现了他较强的思辨能力。而在《上门下裴相公启》中，刘氏有"夫异同之论，我以独见剖之"①之言，当时他身处连州，仕途困顿，尚有独见之论，可知其重论之性殊难改变，再加上刘禹锡恃才褊心，恐难合于诸清流人士。与刘禹锡大致同时的李翱，"性刚急，论议无所避。执政虽重其学，而恶其激讦，故久次不迁……翱自负辞艺，以为合知制诰，以久未如志，郁郁不乐"②。此亦是因议论而被执政者排挤、终难登显宦之例。

此外，重议论除了易受同僚、执政者排斥，亦影响君主之恩遇。德宗和宪宗兴文治，其最直接的目的莫过于使文臣成为王权话语的传声筒，自然不喜文臣多执己见。例如，德宗朝佞臣卢杞，因能顺从帝意而得帝心，即使奸邪之行被揭发贬官，德宗时时记挂欲重新启用，后卢杞身故，德宗仍思之颇深。又如唐宪宗，《旧唐书·白居易传》载白居易"唯谏承璀事切，上颇不悦，谓李绛曰：'白居易小子，是朕拔擢致名位，而无礼于朕，朕实难奈。'"③至于唐文宗时宰相陈夷行为人介特且多有己见，"上竟以夷行议论太过，恩礼渐薄。寻罢知政事，守吏部尚书"④。由此观之，议论太过而帝王恩礼易逝，必然影响仕途。

3. 刘禹锡与清流舆论的罅隙

随着清流群体在中晚唐的壮大，清流舆论在士林以及在政治领域的影响力日渐加强。上文提到唐末"白马之祸"，其推动者柳璨因被清流领袖轻视而怀恨在心，恰逢朝廷占卜星变，"占者曰：'君臣俱灾，宜诛杀以应之。'璨因疏其素所不快者于全忠曰：'此曹皆聚徒横议，怨望腹非，宜以之塞灾异。'"⑤柳璨以当时清流文臣"聚徒横议"为缘由，劝说杀戮。朱全忠当时正谋篡位，亦恐朝中清流文臣舆论掣肘，所以听从柳璨的建议。由此事可知，到了唐末，清流文人虽手无寸铁，然该群体的舆论影响力却也是他们的利器。从刘禹锡初登政坛的贞元中至其去世，此时期清流舆论经历了从弱至强的过程，而清流群体的铨择标准也愈见严格。对清流舆论发展的关注，刘禹锡经历了无意到留心的转变。早期对士林及清流群体舆论发展的失察使刘禹锡在仕宦过程中处于被动状态，并给清流士群留下了不好的印象，以至于在以后的漫长仕途中颇受清流非议，尽管后来刘禹锡尝试弥补，但终究是影响了他登践纶阁的政治理想的实现。就大体而言，刘禹锡与清流舆论的罅隙大致有二。

① 刘禹锡；瞿蜕园，笺证. 刘禹锡集笺证 [M]. 上海：上海古籍出版社，1989：467.

② 刘昫，等. 旧唐书：卷一六六 [M]. 北京：中华书局，1975：4207-4208.

③ 刘昫，等. 旧唐书：卷一六六 [M]. 北京：中华书局，1975：4344.

④ 刘昫，等. 旧唐书：卷一七三 [M]. 北京：中华书局，1975：4496.

⑤ 司马光，等. 资治通鉴 [M]. 北京：中华书局，1956：8642.

（1）结党之嫌。

朋党之争乃中晚唐政治的一大特征，尤其是穆宗长庆后，朋党之争尤其激化。然而，虽朋党难消，但在君主以及朝内文臣的舆论体系中，结党行为往往不能被接受，乃至应受惩罚。今天我们翻检中晚唐朝廷颁布的官员任免制诰，往往可以发现，朝廷对于独立不群者是褒扬的：

> 《郑覃平章事制》：每励贞规，勇退守独立之节。……邪正之路既判，清浊之流自分。
> 《授郑馀庆平章事制》：全器茂学，蹈中秉直，易则可久，和而不流。
> 《授杜元颖户部侍郎依前翰林学士制》：慎独以修身，推诚以事朕。

而结朋党则往往成为贬官的理由，例如《贬韦执谊崖州司马制》："为臣之道，必在尽忠。其有朋党比周，挟邪败度，事资惩戒，必正典刑。"[①] 此类制诰为数众多，在此不作赘述。刘禹锡永贞年间，因参与变革而被视为王叔文党羽。《资治通鉴》有载：

> 外党则韩泰、柳宗元、刘禹锡等主采听外事。谋议唱和，日夜汲汲如狂，互相推奖，曰伊、曰周、曰管、曰葛，偫然自得，谓天下无人。荣辱进退，生于造次，惟其所欲，不拘程式。士大夫畏之，道路以目。素与往还者，相次拔擢，至一日除数人。其党或言曰，'某可为某官'，不过一二日，辄已得之。于是叔文及其党十馀家之门，昼夜车马如市。[②]

当时京城求仕进者众，据《旧唐书·韦处厚传》载，"贞元中宰相齐抗奏减冗员，罢诸州别驾，其在京百司，当入别驾者，多处之朝列"[③]。本来京城选人堆积，再加上本应派职于各州的官员滞留京中，可想而知当时京城奔竞之激烈。得王叔文等人拔擢者自然沾沾自喜，而未得援引者多心生怨恨，由此怨谤交作。刘禹锡、柳宗元作为变革派主力，年纪既轻，又骤然得势，必然易招其余文臣妒忌。再加上贞元末清流舆论的传播及其在缙绅、士林中的影响力已远胜于贞元中，若以清流舆论检诸刘、柳当时情形，则刘禹锡等人当被视为躁进；且王叔文并非进士科途出身，且曾于江南为胥吏，竟居翰林学士并掌制

---

① 董诰，等．全唐文：卷八四六 [M]．北京：中华书局，1983：605.
② 司马光，等．资治通鉴 [M]．北京：中华书局，1956：7609－7610.
③ 刘昫，等．旧唐书：卷一七三 [M]．北京：中华书局，1975：4186.

诟，必为当时清流所不齿。而刘禹锡以清望官职入盐铁判，又依附曾为浊流的王叔文，自甘由清入浊，在清流舆论中，其声名已然狼藉。但刘禹锡一方面因出身计相家庭，不以盐铁务为浊；另一方面，因当时正当炙手可热，刘禹锡难免一时迷失，所以对于清流舆论对其不堪之评价，刘禹锡身阶既高，当未在意。而在永贞革新失败之后，刘禹锡才猛然发现自己声名之恶。在向杜佑求助的《上杜司徒书》中，刘禹锡称：

> 争先利途，虞相轧则衅起；希合贵意，虽无嫌而谤生。鲁酒致邯郸之围，飞鸢生博者之祸。伯仁之杀由偶对，伯奢之冤以器声。动罹险中，皆出意表。虽欲周防，亦难曲施。加以吠声者多，辨实者寡。飞语一发，胪言四驰。萌芽始奋，枝叶俄茂。方谓语怪，终成祸梯。①

文中"动罹险中，皆出意表"一句，足可看出当时刘禹锡的错愕与震惊，排山而来的毁谤、流言及其带来的伤害，皆是他始料未及的，且当时竟至于无人施以援手。被京城士林排挤至此，刘禹锡惊愕愤怒之下难免多发怨艾，"吠声者多"一句足显其时刘禹锡心中的激愤与委屈。此后，其于贬所所作的《伤往赋》《口兵戒》《聚蚊谣》《飞鸢操》等皆为吐露愤懑之作，可见刘禹锡对自己的遭遇深感不平，加上他原本个性偏于高傲，所以，在朗州近十年的贬谪生涯中，他内心并未低头屈服，在《咏史二首》中他即言"世道剧颓波，我心如砥柱"，其倔强姿态不改。又在《萋兮吟》中痛陈谮言谗毁曰："名高毁所集，言巧智难防。"由此可知，刘禹锡未能深入反思永贞年间加诸其身的指责。而也正是因为如此，当他和柳宗元等人于元和九年接回京诏书时，他对自己前途的预估总体是趋于乐观的，毕竟当年一同被贬的程异已于元和四年被起用。在元和七年，刘禹锡在遭贬后首次接到了杜佑的书信，信中杜佑对刘禹锡"称谓不移，问讯加剧。重复点窜，一无客言"②，又言当年针对刘禹锡的浮谤已渐消。杜佑主动来函令刘禹锡既惊且喜，并重燃了被复用的信心。之后再经两年蛰伏，刘禹锡接到了回京诏令，自以为缙绅士群和朝廷终放下了对他的偏见，复用有望。元和十年至京，他写下了《征还京师见旧番官冯叔达》《元和甲午岁诏书尽征江湘逐客余自武陵赴京宿于都亭有怀续来诸君子》《酬杨侍郎凭见寄》等诗篇，除却表达十年贬谪沧桑之感，更多的是表达出重回京城的欢欣。诸如"十年楚水枫林下，今夜初闻长乐钟""看看瓜时欲到，故

---

① 刘禹锡；瞿蜕园，笺证. 刘禹锡集笺证 [M]. 上海：上海古籍出版社，1989：239.
② 刘禹锡；瞿蜕园，笺证. 刘禹锡集笺证 [M]. 上海：上海古籍出版社，1989：450.

侯也好归来"等诗句，皆语含期待。

然而，元和十年的被诏回京，结果却远出意料，刘、柳等人再被远贬，其中尤以刘禹锡贬黜最重。此次情势急转，对刘禹锡的打击甚大。在致张弘靖的《谢中书张相公启》中，刘禹锡自陈"昨者诏书始下，惊惧失次。叫阍无路，挤壑是虞"①；在致武元衡的《谢门下武相公启》中亦称"昨蒙征还，重罹不幸。诏命始下，周章失图。吞声咋舌，显白无路"②，虽此二文乃循例之作，但刘禹锡对自己闻讯而惊惧失措的描述，当具有一定的真实性。经历此变，刘禹锡对京城缙绅、清流的舆论影响当有新的认识，所以有"某智乏周身，动必招侮""一坐飞语，废锢十年"之叹。元和十四年丁母忧之后，刘禹锡仕途初现转机。今观刘氏文集所录之呈上谢表，刘禹锡数次提及当年担任监察御史的清流资历，并强调行无朋附结党，被贬纯因连坐之故。试举数例如下：

> 《夔州谢上表》：臣家本儒素，业在艺文。贞元年中，三忝科第。德宗皇帝记其姓名，知无党援，擢为御史。在台三载，例迁省官。权臣奏用，分判钱谷。竟坐连累。
>
> 《和州谢上表》：臣业在词学，早岁策名。德宗尚文，擢为御史。出入中外，历事五朝。
>
> 《苏州谢上表》：臣本书生，素无党援。谬以薄伎，三登文科。德宗皇帝擢为御史，在台三载，例转省官。永贞之初，权臣领务，遂奏录用，盖闻虚名。惟守职业，实无朋附。竟坐飞语，贬在遐藩。

由上面数例来看，经历再贬后的刘禹锡已对永贞以来士林清流对其的舆论评价有所反思，并力求澄清，而非如初贬朗州那般一味抵触、对抗。今反观刘禹锡诸人在元和十年集体至京，极容易刺激京城清流群体及帝王厌弃结党的神经，且此前刘、柳与众司马被贬后常以诗文寄赠联络，交结之意仍在。相比较之下，八司马中最早被起用的程异于元和四年乃是被单独召回，少了结党之嫌，也更容易为当时清流舆论所接受。

（2）性乏厚重，名陷浮薄。

《唐语林》卷二有这么一则材料：

> 唐文宗好五言诗，品格与肃、代、宪宗同，而古调尤清峻。尝欲置诗

---

① 刘禹锡；瞿蜕园，笺证. 刘禹锡集笺证［M］. 上海：上海古籍出版社，1989：463.

② 刘禹锡；瞿蜕园，笺证. 刘禹锡集笺证［M］. 上海：上海古籍出版社，1989：462.

学士七十二员，学士中有荐人姓名者，宰相杨嗣复曰："今之能诗，无若宾客分司刘禹锡。"上无言。李珏奏曰："当今起置诗学士，名稍不嘉。况诗人多穷薄之士，昧于识理。"①

李珏、杨嗣复二人于文宗朝皆为宰辅，刘禹锡当时有能诗之名。然在李珏看来，擅诗者多穷，命薄易生怨，又识理不通，实不宜至于帝王之侧。虽然此评价不一定针对刘禹锡而发，但刘氏作为能诗者，必定也有李珏所言之问题。关于诗人多穷薄，白居易在《序洛诗》中亦言："予历览古今歌诗，自《风》《骚》之后，苏、李以还，李陵、苏武始为五言诗。次及鲍、谢徒，迄于李、杜辈，其间词人闻知者累百，诗章流传者钜万。观其所自，多因谗冤谴逐，征戍行旅，冻馁病老，存殁别离，情发于中，文形于外。故愤忧怨伤之喜，通计今古，什八九焉。世所谓文士多数奇，诗人尤命薄，于斯见矣。"② 白居易作此文时已官居三品知制诰，与李珏、杨嗣复等同为当时台阁清流之代表，由此观之，在当时清流士群的舆论中，诗人十之八九因穷薄并生怨诽，其中，刘禹锡更是其中因谗冤谴逐而穷薄之代表。

在当时清流士群眼中，刘禹锡性乏厚重，其浮薄集中体现在玄都观桃花诗的写作上。元和十年，刘禹锡因诗浮薄而触怒宪宗，因此被重贬。而时隔多年，刘禹锡再游玄都观。据《旧唐书》记载，"太和二年，自和州刺史征还，拜主客郎中。禹锡衔前事未已，复作《游玄都观诗序》曰：'予贞元二十一年为尚书屯田员外郎，时此观中未有花木。是岁出牧连州，寻贬朗州司马。居十年，召还京师，人人皆言有道士手植红桃满观，如烁晨霞，遂有诗以志一时之事。旋又出牧，于今十有四年，得为主客郎中。重游兹观，荡然无复一树，唯兔葵燕麦动摇于春风，因再题二十八字，以俟后游。'其前篇有'玄都观里桃千树，总是刘郎去后栽'之句，后篇有'种桃道士今何在，前度刘郎又到来'之句，人嘉其才而薄其行"③。大和二年之后，刘禹锡本有望经裴度擢拔而登清流纶闱，然最终失败而被外放苏州，其中或不乏牛僧孺等排挤之因，但其"种桃道士今何在，前度刘郎又到来"之句，无疑又再度刺激了京城清流士群的舆论敏感点。对于崇尚"恒居冲而守朴。升清流兮不为宠"④ 的清流士群来说，刘禹锡稍一得志便忘乎所以的轻浮之性，终难委以国家重位。所以，即使

①　周勋初. 唐语林校证［M］. 北京：中华书局，1987：149 - 150.
②　谢思炜. 白居易诗集校注［M］. 北京：中华书局，2006：1949.
③　刘昫，等. 旧唐书：卷一七三［M］. 北京：中华书局，1975：4211.
④　马吉甫. 蜗牛赋［M］//董诰，等. 全唐文. 北京：中华书局，1983：6275.

大和初年有裴度等人有心相助，刘禹锡也必难获得当时清流物议的支持，从而永断跻登清流纶阁之路。

综上所述，中晚唐清流群体力量壮大，但凡企望凭借自身词艺来实现从政理想的文士，首先须得经过科场遴选，通过科考后若期待终能内参政要，必然不能回避"清流"群体的筛选。而该群体重视文才，又兼重资历、清望乃至气度、容止，同时鄙视吏能，排斥结党。此等铨择标准，直接影响到了中晚唐官僚文人的仕运以及从政态度。刘禹锡在清流路上所遇之坎坷可以说正是众多中晚唐文人清流之路的缩影。

（作者单位：华南师范大学）

刘禹锡在永贞革新中的作用

——兼论"二王、刘、柳"的贬义内涵

白　金

　　刘禹锡与永贞革新是当代刘禹锡研究中颇受重视的一个视角。刘禹锡在永贞革新前后人生际遇之转折，思想之变迁，革新失败后的贬谪生涯对其文学创作之影响等重要问题，都已经得到充分的研究。但刘禹锡在永贞革新中的具体作用，在革新集团诸人中的真正地位和影响力却少有学者深入研究。汤江浩先生发表《二王刘柳新论》① 一文，从诸史料对革新派人物记载的顺序、正史传记的写作习惯、后人评价等角度，对刘、柳二人在革新中的作用进行探析。认为刘禹锡并非革新中的核心人物，颇有见地。今从中唐政治制度史和永贞革新之际政治运行方式，分析革新派诸人在革新中的具体作用，结合刘禹锡任职的具体执掌，从一个新的角度对刘禹锡在革新中的作用，以及"二王、刘、柳"这一并称的原始内涵做简单研究。

一

　　永贞革新是刘禹锡人生经历中非常重要的一个阶段。在这场短暂的变法运动中，刘禹锡坚定地站在革新派阵营中，积极推进各项改革措施。变法失败后，刘禹锡也遭到贬谪，甚至被宪宗下令"逢恩不原"②。关于刘禹锡在这场变法中的地位与作用，当代不少学者都把他和二王、韦执谊、韩泰、陆质、柳宗元等人并称为革新的核心人物。卞孝萱先生在《刘禹锡评传》中称："王叔文、王伾、刘禹锡、柳宗元形成了革新集团的核心人物，时号二王、刘、柳。"③ 胡可先生在《唐代重大历史事件与文学研究》中论述革新派组成时，也将其放在二王之后做了介绍，显然是将其作为仅次于二王的重要人物来看待

　　① 汤江浩. 二王刘柳新论 [J]. 福建师范大学学报（哲学社会科学版），2012（1）.
　　② 刘昫，等. 旧唐书·刘禹锡传：卷一六〇 [M]. 北京：中华书局，1975：4210.
　　③ 卞孝萱. 刘禹锡评传 [M]. 南京：南京大学出版社，1996：50.

的。这种观点当源于两《唐书》的记载。《旧唐书·刘禹锡传》称：

> 贞元末，王叔文于东宫用事，后辈务进，多附丽之。禹锡尤为叔文知奖，以宰相器待之。顺宗即位，久疾不任政事，禁中文诰，皆出于叔文。引禹锡及柳宗元入禁中，与之图议，言无不从。转屯田员外郎、判度支盐铁案，兼崇陵使判官。颇怙威权，中伤端士。宗元素不悦武元衡，时武元衡为御史中丞，乃左授右庶子。侍御史窦群奏禹锡挟邪乱政，不宜在朝。群即日罢官。韩皋凭借贵门，不附叔文党，出为湖南观察使。既任喜怒凌人，京师人士不敢指名，道路以目，时号"二王、刘、柳"。①

《新唐书·刘禹锡传》与此大同小异：

> 时王叔文得幸太子，禹锡以名重一时，与之交，叔文每称有宰相器。太子即位，朝廷大议秘策多出叔文，引禹锡及柳宗元与议禁中，所言必从。擢屯田员外郎，判度支、盐铁案，颇冯借其势，多中伤士。若武元衡不为柳宗元所喜，自御史中丞下除太子右庶子；御史窦群劾禹锡挟邪乱政，群即日罢；韩皋素贵，不肯亲叔文等，斥为湖南观察使。凡所进退，视爱怒重轻，人不敢指其名，号"二王、刘、柳"。②

这两段记载皆提到刘禹锡得到王叔文器重而加入了革新集团。但自始至终，两《唐书》都未明言刘禹锡在革新集团中是否是核心人物。至于刘禹锡在革新中具体做了那些事情，更没有明确记载。而后世将视为仅次于二王的重要人物，其主要依据来自于两《唐书》本传的末句："时号二王、刘、柳。"但结合上下文的记载来看，这里将刘、柳与二王并称，并非是因为刘禹锡、柳宗元在革新中发挥了重要作用，而是因为在后世史官看来，他们二人和二王一样，在革新中常常以权势欺凌他人，凭个人爱怒升迁黜落官员，致使诸多官员慑于其权威，不敢称其名讳。这实际上是两《唐书》对他们的一种贬称。若以此来断定刘禹锡与柳宗元在革新中的作用和地位与二王几乎并列，并不合适。再细致考察两《唐书》的表述，不少细节都足以证明刘禹锡、柳宗元等人的地位并不是很高。比如，刘禹锡、柳宗元等人都是被王叔文"引"入禁中。这当然是由于二人官位卑微，无法自由出入宫禁所造成的。这也证明，

① 刘昫，等.旧唐书·刘禹锡传：卷一六〇［M］.中华书局1975：4210.
② 刘昫，等.旧唐书·刘禹锡传：卷一六八［M］.中华书局1975：5128.

刘、柳二人在革新中，始终无法进入权力的核心，无法参与机枢，仅能在外围给二王出谋划策。

从另外一些文献来考察，二人在革新集团中的地位也难称核心。韩愈所撰《顺宗实录》是保存至今唯一的一部唐代实录。此书在编纂完毕之后，出于政治原因曾经刊正，但主要史实并无太大误漏，仍是研究顺宗朝历史的第一手重要文献。在该史中，作为革新势力的对立面，韩愈从自己的政治立场出发，凡涉及革新派诸人的史迹中，有或多或少的掺杂有个人的情感因素，言语中含沙射影，颇有攻击之语。如叙述王伾、王叔文获宠的经过时说："上学书于王伾，颇有宠。王叔文以棋进，俱待诏翰林，数侍太子棋。叔文诡谲多计，上在东宫，尝与诸侍读并叔文论政至宫市事。"① 这显然是在说二王获得皇帝重用的原因并非真才实学，而是书法、下棋这类小技。但抛开这些略带攻击性的言论，有些细节的叙述，实则可以看出革新集团诸人的地位。《顺宗实录》卷五有王叔文小传，云：

> 叔文，越州人，以棋入东宫。颇自言读书知理道，乘闲常言人闲疾苦。上将大论宫市事，叔文说中上意，遂有宠。因为上言："某可为将，某可为相，幸异日用之。"密结韦执谊，并有当时名欲侥幸而速进者陆质、吕温、李景俭、韩晔、韩泰、陈谏、刘禹锡、柳宗元等十数人，定为死交，而凌准、程异等又因其党而进，交游踪迹诡秘，莫有知其端者。②

在列举诸多革新派人物的时候，韩愈将刘禹锡排在陆贽、吕温、李景俭、韩晔、韩泰、陈谏等人之后。而在前文讲述永贞革新过程中的一些官员任命时，甚至没有着墨提到他们。作为实录性质的史书，这足以证明他们在永贞革新中的作用不大，在革新集团的重要参与者中的地位并非十分显赫。此外，《旧唐书·顺宗纪》在记述"八司马"贬官一事时，无论是对他们初贬诸州刺史，还是再贬诸州司马的记载，刘、柳二人的顺序都在韩泰等人之后。而《旧唐书·王叔文传》也云："王叔文者，越州山阴人也。……密结当代知名之士而欲侥幸速进者，与韦执谊、陆质、吕温、李景俭、韩晔、韩泰、陈谏、柳宗元、刘禹锡等十数人，定为死交。"③ 这些都从一个侧面证明，刘、柳二人虽为革新中的重要人物，但绝不是仅次于二王的核心人物。

---

① 韩愈. 韩愈全集·顺宗实录：卷一 [M]. 北京：中国书店，1991：50.

② 韩愈. 韩愈全集·顺宗实录：卷一 [M]. 北京：中国书店，1991：501.

③ 刘昫，等. 旧唐书·王叔文传：卷一三五 [M]. 北京：中华书局，1975：3733.

二

　　二王是革新集团最重要的核心人物，这一点早已是学界共识。但其他诸人在集团中的地位和作用历来并无深入研究。现通过对比诸人在革新中的作用来透析他们在革新集团中的地位差别。

　　除了二王之外，革新集团中，最重要的人物当属韦执谊。此人在革新中与王叔文因出身差异，常存龃龉，多次阻止革新政策的施行。但他自顺宗为太子之时，即与王叔文交好，因此总体上仍颇受信任，且革新进程中，一直身居高位，无论贡献如何，其在革新集团中的地位不容小觑。《旧唐书·韦执谊传》云：

> 　　顺宗即位，久疾不任朝政，王叔文用事，乃用执谊为宰相，乃自朝议郎、吏部郎中、骑都尉赐绯鱼袋，授尚书左丞、同平章事，仍赐金紫。叔文欲专国政，故令执谊为宰相于外，己自专于内。执谊既为叔文引用，不敢负情，然迫于公议，时时立异，密令人谢叔文曰："不敢负约为异，欲共成国家之事故也。"①

　　从这一记载来看，革新之际，韦执谊一路升迁，直至拜相。革新之初，王叔文对这一东宫旧友极为看重，欲与其内外呼应，促使革新一举成功。《旧唐书·王伾传》称："叔文入止翰林；而伾入至柿林院，见李忠言、牛昭容等。然各有所主：伾主往来传授；王叔文主决断；韦执谊为文诰；刘禹锡、陈谏、韩晔、韩泰、柳宗元、房启、凌准等谋议唱和，采听外事。"② 显然，王伾、王叔文、韦执谊三人是革新集团的最核心成员。而《旧唐书·高郢传》则云："顺宗风恙方甚，枢机不宣，而王叔文以翰林学士兼户部侍郎，充度支副使。是时政事，王叔文谋议，王伾通导，李忠言宣下，韦执谊奉行。"③ 可见，韦执谊负责革新政令的具体实施，是革新集团当然的核心人物。虽然韦执谊的畏首畏尾给革新带来重大负面影响，也使王叔文对其大为不满，但韦执谊在为"公议"所压迫时，仍自称"不敢负约"。革新失败后，他亦受打击，贬官崖州司户。可见，他自始至终都与革新集团联系在一起，是革新集团十分依赖的

---

①　刘昫，等. 旧唐书·韦执谊传：卷一三五 ［M］. 中华书局 1975：3732.

②　刘昫，等. 旧唐书·王伾传：卷一三五 ［M］. 中华书局 1975：3736.

③　刘昫，等. 旧唐书·高郢传：卷一四七 ［M］. 中华书局 1975：3977.

重臣，其地位在诸人之上是显而易见的。

　　韩泰是革新集团中另外一个重要的人物。但《旧唐书·韩泰传》的记载颇为简单，仅云："韩泰，贞元中累迁至户部郎中，王叔文用为范希朝神策行营节度行军司马。泰最有筹划，能决阴事，深为伾、叔文之所重，坐贬，自虔州司马量移漳州刺史，迁郴州。"① 可见，韩泰是革新集团的重要谋士，是集团中最能"筹划"的人，并且被委以从宦官手中夺取兵权的重要任务。《旧唐书·范希朝传》称："顺宗时，王叔文党用事，将授韩泰以兵柄，利希朝老疾易制，乃命为左神策、京西诸城镇行营节度使，镇奉天，而以泰为副，欲因代之，叔文败而罢。"② 对于这一事件，《旧唐书·王叔文传》记载的更为详细："叔文在省署。不复举其职事，引其党与窃语，谋夺内官兵柄，乃以故将范希朝统京西北诸镇行营兵马使，韩泰副之。初，中人尚未悟，会边上诸将各以状辞中尉，且言方属希朝，中人始悟兵柄为叔文所夺，中尉乃止诸镇无以兵马入。希朝、韩泰已至奉天，诸将不至，乃还。"③ 按，神策军是唐代后期拱卫京师的主要禁军。自玄宗时期设立以来，皆由宦官掌管。此时已成为革新的巨大阻力。让韩泰来掌控这支军队，说明王叔文对韩泰寄予了厚望，希望他作为范希朝的副职，能借范希朝之手，夺取宦官手中的兵权，并最终取而代之，为革新集团提供重要的武力保障。虽然夺取兵权失败，但能被委以夺取兵权之重任，韩泰在革新集团的重要性可见一斑。

　　另外一个值得一提的人物是凌准。凌准生平资料甚简。《旧唐书》称："凌准，贞元二十年自浙东观察判官、侍御史召入，王叔文与准有旧，引用为翰林学士，转员外郎。坐叔文贬连州。准有史学，尚古文，撰《邠志》二卷。"④《新唐书》所记载亦不出此。宋人所撰《氏族大全》叙述稍详细，曰："凌准字宗一，唐元和间人。读书为文，著《后汉春秋》二十余万言。尚气节，年二十以书干丞相。丞相以闻试其文日万言授校书郎。赐绯鱼袋，为浙东廉使判官，以茂召拜翰林学士。"⑤ 诸文献都没提及在永贞革新中的具体所为。而柳宗元《故连州员外司马凌君权厝志》中则记载了他在德宗去世之时，与王伾商定"且日发丧"，击碎了部分朝臣秘不发丧的计划，从而稳定了朝政，对顺宗的继位起到了重要作用。在革新中，他入为翰林学士，地位更加重要。

　　关于翰林学士之变迁，至今已有不少论述。现在一般认为，中唐以后，翰

① 刘昫，等.旧唐书·韩泰传：卷一三五［M］.中华书局1975：3737.
② 刘昫，等.旧唐书·范希朝传：卷一五一［M］.北京：中华书局，1975：4058.
③ 刘昫，等.旧唐书·王叔文传：卷一三五［M］.北京：中华书局，1975：3734.
④ 刘昫，等.旧唐书·凌准传：卷一三五［M］.北京：中华书局，1975：3737.
⑤《氏族大全》卷十，文渊阁《四库全书》本。

林学士的地位日益上升。尤其是德宗年间，泾源之乱中，德宗皇帝出逃奉天之时，仓皇中身边追随者唯有翰林学士，这批人在皇帝心中地位大增。此后，至贞元末期，其地位已经颇高。李肇《翰林志》称："贞元末其任益重，时人谓之内相。而上多疑忌，动必拘，防有官守十三考而不迁故。当时言内职者多，荣滞相半。及顺宗不豫，储位未立，王叔文起于非类，窃学士之名，内连牛美人、李忠言，外结奸党，取兵权，弄神器，天下震骇。"显然，贞元末期，翰林学士已经有了"内相"之称。而从中晚唐政治运行模式来说，内相作为皇帝最亲近的参赞，其重要性已经开始显露。陆贽作为德宗的翰林学士，在朝政决策过程中发挥了重要作用。《陆宣公文集》中即保存了大量当年的制、诏、策、状文。可以看出，陆贽作为翰林学士，其参与机枢的程度是非常深的。《旧唐书·陆贽传》称："贽初入翰林，特承德宗异顾，歌诗戏狎，朝夕陪游。及出居艰阻之中，虽有宰臣，而谋猷参决，多出于贽，故当时目为内相。"①毛蕾曾对唐代翰林学士有过全面研究，在论及德宗末年的翰林学士时，他说："一方面，宰臣有位无权，'备位而已'；另一方面，决策多在内廷形成，翰林学士参决政事，但淹滞不得升迁。"②这都说明，至德宗后期，翰林学士已经成为皇帝身边能够参决政务的重要亲信。前引李肇《翰林志》中所称王叔文"窃学士之名"，虽意在诋毁，但可以看出王叔文也是深知翰林学士的重要性。因此，王叔文在德宗病危之时，革新开始之际，将凌准引为翰林学士，其意非常明显，即将革新集团中的人物置于皇帝身边，为未来的大事奠定人事基础。而在顺宗时期，二王和凌准这三位翰林学士一直是皇帝倚重的力量。王叔文也极为看重这一职位。《顺宗实录》称："辛卯，以王叔文为户部侍郎，职如故，赐紫。初，叔文欲依前带翰林学士，宦者俱文珍等恶其专权，削去翰林之职。叔文见制书大惊，谓人曰：'叔文日时至此商量公事，若不得此院职事，即无因而至矣。'王伾曰：'诺。'即疏请，不从。再疏，乃许三五日一入翰林，去学士名。又与归登同日赐紫。内出衫笏赐登，而叔文为文珍等所恶，独不得赐，由此始惧。"③可见翰林学士之职在顺宗朝政治运行体系中的重要地位，这也从侧面反映出凌准在革新中的重要作用。相对于刘禹锡那种需要二王破例"引"禁中的待遇，他的地位显然要更高一些。

此外，《顺宗实录》将陆质也列为革新集团的重要人物，顺宗继位之后，他因与韦执谊亲善，召还，为给事中，皇太子侍读，但不久就去世了。虽未有

① 刘昫，等．旧唐书·陆贽传：卷一三九［M］．北京：中华书局，1975：3817．

② 毛蕾．唐代翰林学士［M］．北京：社会科学文献出版社，2000：126．

③ 韩愈．顺宗实录：卷三［M］//董诰．全唐文：卷五六〇．北京：中华书局，1990：2512．

重大贡献，但其《春秋》之学对革新集团中的韩晔、吕温、韩泰、凌准、柳宗元都有一定影响，甚至被认为是永贞革新的思想基础，为革新的推行起到了特殊的作用。①

综上所述，永贞革新之际，除王叔文、王伾之外，革新集团中韦执谊、韩泰、凌准三人在顺宗时期政府机构的运行体系中居于中枢地位，作用较为重要。而其他几人的官位、职位、差遣多为方面性事务，且皆在"外"，难以参与朝政的商议和决策，其作用有限。

三

刘禹锡本人在永贞革新中的具体作用，《旧唐书·刘禹锡传》的记载十分清楚，云："叔文。引禹锡及柳宗元入禁中，与之图议，言无不从。转屯田员外郎、判度支盐铁案，兼崇陵使判官。"② 刘禹锡此次任命，主要是协助杜佑处理国家财政事务。《旧唐书·顺宗纪》称："三月丙戌，检校司空、同平章事杜佑为度支盐铁使。戊子，徐州节度赐名武宁军。蔡州吴少诚兼同平章事。以翰林学士王叔文为度支盐铁转运使副，杜佑虽领使名，其实叔文专总。"③所谓度支盐铁使，实际上是度支与盐铁两个部门的长官。中唐以后，唐政府在财政制度上逐渐形成户部、盐铁、度支三个相对独立的部门。《玉海·盐铁使》云："乾元元年度支郎中第五琦充诸道盐铁使。自乾元元年至天佑元年为盐铁使者四十有二人。贞元二十一年盐铁度支合为一使以杜佑兼领。"④ 然《唐会要》云："顺宗即位，有司重奏盐法。以杜佑判度支盐铁转运使，理于扬州。"⑤ 可见，杜佑所担任的职务实际上就是"度支盐铁转运使"。那么，王叔文所担任的所谓度支盐铁转运使副，实际上就是度支盐铁使的副职。但是，正如《唐会要》所云，杜佑"理于扬州"，专门处理盐政。那么，在京城实际负责这两处事务的官员就是其副手王叔文。

度支盐铁使在晚唐财政系统里十分重要，宪宗以后，形成户部、度支、盐铁三司共同处理财政的局面。而在德宗、顺宗时期，度支司在财务上的权力最大。"新税（两税法）的全部管理工作都有度支司来负责，这等于是认同了该部门权力的不断增长，在780—805年，度支司逐渐发展成为一个权重而又独

---

① 关于陆质与永贞革新，可参见胡可先《唐代重大历史事件与文学研究》中的相关论述。
② 刘昫，等. 旧唐书·刘禹锡传：卷一六〇 [M]. 北京：中华书局，1975：4210.
③ 刘昫，等. 旧唐书·顺宗纪：卷十四 [M]. 北京：中华书局，1975：406.
④ 王应麟. 玉海：卷一八一 [M]. 扬州：广陵书社，2007：3327.
⑤ 王溥. 唐会要：卷八十七 [M]. 上海：上海古籍出版社，2006：1887.

立的机构，它与盐铁使一起享有诸多权益。后者的权力在 780—786 年，有一些下滑，因为当 782 年重新设立盐铁使时，他的位置便明显的隶属于度支司之下。"① 显然，王叔文试图通过杜佑来遥控中央财政大权。但三司毕竟各有所司，仅仅以副职身份掌管度支、盐铁二司，虽然可以控制全国大部分财政收入，但户部司仍有部分财权，王叔文实际上并无法全面掌控朝廷财政。② 同时，从政治立场上看，杜佑也并非完全站在革新集团中，虽然人在扬州，但势必也对王叔文有所掣肘。从这个角度来说，刘禹锡作为王叔文下属官员，能发挥的实际作用应该是有限的。

而就刘禹锡本人所担任的"判度支盐铁案"来说，也是一个权力有限的职务。所谓"判度支盐铁案"就是度支盐铁转运使属下的判案郎中。按唐制，户部度支司，本有郎官一人，员外郎一人判事。《新唐书·百官志》云："户部尚书一人，正三品，侍郎二人，正四品，掌天下土地人民钱谷之政，贡赋之差。其属有四，一曰户部，二曰度支，三曰金部，四曰仓部……度支郎中、员外郎各一人。"③ 中唐以后，由于度支司权力增大，事务繁忙，不得不增派人手，其来源就是户部其他部门的郎官。《通典》云："建中三年（782）正月，户部侍郎判度支杜佑奏：'天宝以前，户部事繁，所以郎中、员外郎各二人判署。自兵兴以后，户部事简，度支事繁，唯郎中、员外各一人。请回辍郎中、员外各一人，分判度支案，待天下兵革已息，却归本曹。'"④ 可见，度支司判案郎官，并非一人，自杜佑为度支使以来，更是至少有四人为度支司的判案郎官。考虑到度支、盐铁二司在杜佑时代的合并，其判案郎官理应多于四人。所以，刘禹锡仅仅是德、顺时期财政系统中诸多郎官中的一个，可能仅仅负责某一方面的事务。他在整个永贞革新过程中对国家财政运行施加的影响应该十分有限。而从《顺宗纪》中所言"叔文专总"一语不难判断，王叔文才真正是革新集团控制财政的关键人物，刘禹锡只不过是这两个部门诸多下属官员之一，至多不过是其非常信任的辅佐而已。在财政问题上，王叔文实际上是想自己亲自控制，而非假手于革新集团的其他官员。这些情况都说明，刘禹锡虽然深得王叔文器重，但在永贞革新中，他的作用难以和韦执谊、韩泰、凌准等人相比。但相比其他几个人，如李景俭、韩晔、陈谏、柳宗元等可能更为重要一些。

---

① 杜希德. 唐代财政 [M]. 丁伟，译. 上海：中西书局，2016：110.
② 有关唐代晚期三司体系的关系，辽宁大学硕士论文《唐代中期财政三司体系研究》有较为详细的论述，今暂依其说。
③ 欧阳修，宋祁. 新唐书·百官志：卷四十六 [M]. 北京：中华书局，1975：1193.
④ 杜佑. 通典：卷二十三 [M]. 北京：中华书局，1988：637.

　　而从整个革新集团的人员构成来说，刘禹锡在王叔文心中的地位也并非最为重要。《旧唐书·王伾传》云："王叔文最所重者，李景俭、吕温。叔文用事时，景俭居丧于东都；吕温使吐蕃，留半岁，叔文败方归。陆质为皇太子侍读，寻卒。"① 从这个记载来看，李景俭、吕温似乎才是王叔文最重要的谋士，比柳刘更为重要，但此二人在革新之时，都因为其他任务，未能在京城参与革新。其原因究竟是巧合，还是有意为之，已不得而知。但这足以说明，这两个并没有直接参加革新的人物，在革新集团中的地位很可能高于刘禹锡、柳宗元。

　　总之，从各种史料的记载来看，刘禹锡在革新集团中的地位和作用可用重要来形容，但如若称之为"核心"则似失当。所谓二王、刘、柳也并非从他们在革新集团中的地位和作用的角度来谈的，而是出于时人对他们共同行为特点的一种批评。之所以在后来的研究中刘、柳二人被提升至与二王同等重要的地位，原因其一是随着世代的发展，对永贞革新的看法有了重大转变；其二则是刘、柳二人在文坛的重要地位，影响了人们对他在革新中地位与作用的判断。

（作者单位：河南大学）

---

① 刘昫，等. 旧唐书·王伾传：卷一三五 [M]. 北京：中华书局，1975：3736.

经学与文学

刘禹锡经学与文学之关系考论

吴夏平

近几十年来的刘禹锡研究，成果已非常丰富。学界对刘禹锡研究史亦有充分认识，比如傅明善曾对 20 世纪 90 年代刘禹锡研究成果进行总结①，洪迎华、尚永亮等人对 20 世纪以来刘禹锡生平、文集、思想、文学等研究成果进行评述②。笔者在此基础上，亦对近百年来刘禹锡研究史进行过总结，撰成《刘禹锡研究回顾与展望》一文，发现刘禹锡哲学思想为学界关注，但其经学与文学之关系，尚未得到应有重视。故本文拟就此问题展开论述，对刘氏经学渊源、研治特点、文学关联等进行初步梳理。

一、儒生与文士的分合

从理论上来说，文学与经典的关系，应当从两方面来看，一是文学与经文的关系，二是文学与经学的关系。经书自产生之日起，就与文学同条共贯。但人们对于两者关系的认识却是滞后的。扬雄、王充等人曾有过相关讨论，分析两者内在关联。这种认识，直到刘勰才较为系统。《文心雕龙》一书，贯穿"原道""宗经"思想。颜之推《颜氏家训》也具有同样的文学观念，在论述经与文的关系时，把文体渊源推溯至儒家经典。③

经学是对儒家经典的阐释之学。自"六经"被尊称为"经"以来，经学就成为中国传统学术的主流，治经成为文人学习经典的主要方式，并由此形成以经为业的经学家。班固注意到这个现象，故于《汉书》中列《儒林传》，又在《艺文志》中详述各家源流。但《汉书》尚未设置"文士传"。直到刘宋时期，范晔才在《后汉书》中将"文苑"与"儒林"并置，正史给文人立传自此始，表明"儒生"与"文士"的分流得到充分认识。范晔只是认识到这

---

① 傅明善. 十年来刘禹锡研究综述［J］. 湖州师范学院学报，2001（2）.

② 洪迎华，尚永亮. 20 世纪以来刘禹锡研究综述——以生平、作品及文集的文献学考索为中心［J］. 文献，2009（2）；20 世纪以来刘禹锡思想、文学研究述论［J］. 广东技术师范学院学报（社会科学版），2010（4）.

③ 参看吴夏平. 试论中唐"六经皆文"观念的生成［J］. 文学遗产，2016（6）.

种现象，但事实上二者早在汉末魏初已经开始分流。

隋唐之际，儒生与文士呈现合流倾向。主要动因来自科举等制度。唐代科举考试，从武周开始经学与诗赋并重。开元以后进士科考进一步规范，第一场帖经，第二场试诗赋，第三场试策文。帖经考试，帖十得六方通。由于每场定去留，帖经通过后，才有机会试诗赋，所以考生必须熟习经典。从考试制度来看，唐王朝实际上对举子的要求，不仅是诗赋才能方面的，对经典的研习要求也是比较严格的。这样一来，自然人人要研读儒家经典，同时还必须在诗赋上下功夫，客观上造成儒生与文士在身份上的统一。但这也不是绝对的，有些人重于研经，在经学方面造诣较深，从而成为经学家，有些人则诗名较著。

儒生与文士身份的合流，造成经学研究的两种现象，一种是经学家的经学研究，另一种是文人的经学研究。显然，前一种具有专门性。后一种虽非专门，但也同样具有经学史意义。经学研究与文学创作发生在同一人身上，两者之间的互动互通，使文学与经学的关系更加紧密。

上述情况，是研究刘禹锡经学与文学之关系的历史文化背景，但刘禹锡更具有特殊性。这是因为：第一，刘氏对儒家经典多有究治，但他并非传统意义上的经学家，属于典型的文人经学。第二，刘氏经历多年贬谪，期间对经典深入思考，其经学与现实生活结合更为密切。第三，刘氏长于写作，经学与文学的互化也更具有代表性。

二、刘禹锡与新《春秋》学

《旧唐书》刘禹锡本传云"世以儒学称"①，《新唐书》本传亦称"世为儒"②，均据《子刘子自传》。但实际上刘禹锡的父祖皆以吏干称，其祖父刘锽，由洛阳主簿而为监察御史、殿中丞、侍御史。其父刘绪天宝末应进士试而未中，长期在浙西幕府任职，曾任盐铁副使，主务于埇桥（今安徽省宿州市）。刘禹锡青少年时期跟随父亲生活于江南，于吏务耳濡目染，进士及第后不久，即入杜佑浙西幕任掌书记。贞元十七、十八年间转任渭南主簿，十九年（803）擢升监察御史，二十一年（805）迁屯田员外郎，实管度支盐铁使之文案。也就是说，贞元十六年（800）至二十一年（805）的 5 年中，刘禹锡参与了从地方到中央的各种具体实务，显示出其突出的实干才华，并且凭借这一能力，得以结交王叔文、韦执谊等人。据此可知，刘氏经学可能与其家学关系

① 刘昫，等. 旧唐书：卷一六〇 [M]. 北京：中华书局，1975：4210.
② 欧阳修，宋祁. 新唐书：卷一六八 [M]. 北京：中华书局，1975：5128.

不大。

刘禹锡的经学，实与当时新《春秋》学关系密切。据韦绚《刘宾客嘉话录》"施士丐说毛诗"条，刘禹锡曾与柳宗元、韩愈同听施士丐讲《毛诗》。① 据韩愈《施先生墓铭》，施士丐卒于贞元十八年（730）十月②，可知三人同听讲《毛诗》实发生于贞元十七、十八年之间。施士丐在太学十九年，精《毛诗》《春秋左氏传》。《新唐书·儒学传》载，大历诸儒中，以《诗》名家者施士丐，以《礼》名家者仲子陵等，"最卓异"③。施士丐解《诗》，好为新说，深究比兴之义，体现出"舍传求经"的特点。比如解释"维鹈在梁"："梁，人取鱼之梁也。言鹈自合求鱼，不合于人梁上取其鱼，譬之人自无善事，攘人之美者，如鹈在人之梁，毛注失之矣。"④ 按：《诗·候人》"维鹈在梁，不濡其翼"，《序》云"刺近小人也"。毛传："鹈在梁，可谓不濡其翼乎？"郑笺："鹈在梁，当濡其翼，而不濡者，非其常也。以喻小人在朝亦非其常。"孔颖达疏："以经言'不濡其翼'，是怪其不濡，故知言非其常，以喻小人在朝亦非其常。"⑤ 郑、孔之说实际上是对小序的进一步阐发，本质并无不同。施士丐指出鹈鸟不自捕鱼，而取梁中之鱼，比喻小人本无善事而又好掠人之美。郑笺和孔疏中的"小人"，只是一个模糊的大致概念，没有具体解释。而施氏则发掘出鹈鸟和鱼梁的隐喻之义。再如释"维北有斗，不可挹酒浆"："言不得其人也。毛郑不注。"⑥ 按：《诗·大东》"维南有箕，不可以簸扬，维北有斗，不可以挹酒浆。维南有箕，载翕载舌。维北有斗，西柄之揭"一段，考《毛诗正义》，毛、郑确实未注。孔颖达疏："维此天山，其南则有箕星，不可以簸扬米粟。维此天山，其北则有斗星，不可以挹𣂁其酒浆。所以不可以簸、挹者，维南有箕，则徒翕置其舌而已；维北有斗，小徒西其柄之揭然耳，何尝而有可用乎？亦犹王之官司，虚列而无所用也。"⑦ 孔疏之"虚列无用"与施所说"不得其人"，大意相通，但孔疏以王官为例，过于质实，施说则较为通透。施释"陟彼岵兮"之"岵"为"怙"："山无草木曰岵，所以

① 陶敏，陶红雨，校注. 刘禹锡全集编年校注 [M]. 长沙：岳麓书社，2003：1371.

② 马其昶. 韩昌黎文集校注：卷六 [M]. 上海：上海古籍出版社，1987：350.

③ 欧阳修，宋祁. 新唐书：卷二〇〇 [M]. 北京：中华书局，1975：5707.

④ 陶敏，陶红雨，校注. 刘禹锡全集编年校注 [M]. 长沙：岳麓书社，2003：1371.

⑤ 孔颖达，正义. 毛诗正义：卷七之三：十三经注疏本 [M]. 上海：上海古籍出版社，1997：385.

⑥ 陶敏，陶红雨，校注. 刘禹锡全集编年校注 [M]. 长沙：岳麓书社，2003：1371–1372.

⑦ 孔颖达，正义. 毛诗正义：卷一三之一：十三经注疏本 [M]. 上海：上海古籍出版社，1997：462.

言陟彼岵兮，言无可怙也。以岵之无草木，故以譬之。"① 按：《诗·陟岵》，毛传："山无草木曰岵。"郑笺："孝子行役，思其父之戒，乃登彼岵山，以遥瞻望其父所在之处。"② 但孔疏则以为，此与《尔雅》"多草木岵，无草木屺"刚好相反，当是转写之误，并指出颜师古之定本亦误。可见施氏所解与郑、孔均不同。施释《诗·甘棠》"勿翦勿拜"之"拜"："勿拜，召伯所憩，言如人身之拜，小能屈也。上言勿剪，终言勿拜，明召伯渐远，人思不得见也。毛注拜犹伐，非也。"③ 按：《毛诗正义》本与施说不同，"拜"字无毛注，郑笺则云"拜之言拔也"④。释"肥泉"："《诗》曰'我思肥泉'者，源同而分之曰肥也。言我今卫女嫁于曹，如肥泉之分也。"⑤ 按：《诗·泉水》"我思肥泉，兹之永叹"，孔疏"肥泉"为"卫水"⑥。施士丐则指出"肥泉"的比兴之义，卫女嫁曹，犹如肥泉而分，至卫水而兴忧思。施释"旄丘"："旄丘者，上侧下高曰旄丘，言君臣相背也。郑注云：'旄当为堥'，又言'堥未详'，何也？"⑦ 与郑注不同。此外，施士丐对经文的一些解释，也别具新见，如："罘罳者复思也，今之板障屏墙也。天子有外屏，人臣将见，至此复思其所对扬、去就、避忌也。""'魏'，大；'阙'，楼观也。人臣将入，至此则思其遗阙。""'桓楹'者，即今之华表也。桓、华声讹，因呼为桓。'桓'亦丸丸然柱之形状也。"⑧

从上述可知，施士丐研究《毛诗》，从经文本身出发，对毛传、郑笺、孔疏进行修正和补充，体现出鲜明的"舍传求经"特点。毛传和郑笺，注重名物疏证和语词考释，体现出经古文重考据的特点。孔疏采撷众家，但力主"疏不破注"，虽与毛郑有别，但主要还是围绕毛郑之说作进一步疏解，基本观点与毛郑不异。施士丐别作新解，其所用方法源自新《春秋》学。

新《春秋》学发端于啖助。啖助不满《左传》，而尤喜《公》《谷》，故考三家，费十年而成《春秋集传》。他认为《左传》乃孔子门人集诸国史以释

---

① 陶敏，陶红雨，校注. 刘禹锡全集编年校注 ［M］. 长沙：岳麓书社，2003：1371.

② 孔颖达，正义. 毛诗正义：卷五之三：十三经注疏本 ［M］. 上海：上海古籍出版社，1997：358.

③ 陶敏，陶红雨，校注. 刘禹锡全集编年校注 ［M］. 长沙：岳麓书社，2003：1372.

④ 孔颖达，正义. 毛诗正义：卷一之四：十三经注疏本 ［M］. 上海：上海古籍出版社，1997：288.

⑤ 陶敏，陶红雨，校注. 刘禹锡全集编年校注 ［M］. 长沙：岳麓书社，2003：1373.

⑥ 孔颖达，正义. 毛诗正义：卷二之三：十三经注疏本 ［M］. 上海：上海古籍出版社，1997：309.

⑦ 陶敏，陶红雨，校注. 刘禹锡全集编年校注 ［M］. 长沙：岳麓书社，2003：1374.

⑧ 陶敏，陶红雨，校注. 刘禹锡全集编年校注 ［M］. 长沙：岳麓书社，2003：1371－1372.

《春秋》，"解义多谬"①，又非成于一人之手，故"属缀不伦，序事乖剌"②。当然，啖助还是肯定孔子作《春秋》的。不过，对于孔子何以要作《春秋》，他的看法与传统的"乱臣贼子惧"完全不同。并且，他对传统看法的解释也与前人不同。比如，传统认为夏朝之政忠，忠之弊则野，也就是过于质直，缺少礼节。商以敬救夏之弊，但敬之弊则鬼，事鬼神威仪过度。周以文救商之失，但文之弊则僿，缺乏诚意过于虚伪。因此，又要以"忠"来救其弊了。前人据此认为，《春秋》无非是说"三王之道若循环，终而复始"③。啖助则认为，《春秋》义旨既不在使"乱臣贼子惧"的"微言大义"，也不在说明"终而复始"之历史循环，而在于表明"以权辅用，以诚断礼，而以忠道原情"④的政治理想。也就是说，孔子实际上是想通过《春秋》来表达一种政治理念，即"用二帝、三王法，以夏为本，不一守周典"⑤，法前王而不主一家。因此，《春秋》一书的最大意义就在于隐含"不拘空名，不尚狷介，从宜救乱，因时黜陟"⑥的思想。换句话说，治国理政当不守成法，而应因时制宜，注重权变。啖助的这种思想贯穿于他的《春秋》研究。他借助《公》《谷》驳斥《左传》，对传统春秋左氏学持批判态度。其后学赵匡、陆质等人对此多有继承和发扬。陆质父子袞录啖氏《春秋集注总例》，并请赵匡加以损益。陆质并纂成《春秋集注》《春秋辩疑》《春秋微指》三书。

啖助天宝末曾任临海尉，后转丹阳主簿。秩满屏居，潜心经学。刘禹锡父亲刘绪天宝末亦移居江南，曾任职浙西幕府。按：浙西节度使，始置于肃宗乾元元年（758），治升州，后徙治苏州。上元二年（761），徙治宣州。建中元年（780）合浙江东、西二道，徙治润州。贞元三年（787），徙浙江东、西二道，浙西治所改为苏州。浙西幕府治所虽屡经改易，但润州则始终为其所领州之一。临海属台州，丹阳属润州。⑦据此可推知，刘绪与啖助或曾共职，应曾相识。刘禹锡贞元九年（793）进士及第之前，曾长期随其父生活于江南，于啖氏《春秋》学应有所濡染。施士丐亦为吴人，于吴地生活多年，其经学思想或受啖助启发。韩愈、柳宗元青年时期都有游历江东之经历，对施士丐或早有所闻，故后来与刘禹锡结伴共听施讲《毛诗》。

① 刘昫，等．新唐书・啖助传：卷二〇〇［M］．北京：中华书局，1975：5706.
② 刘昫，等．新唐书・啖助传：卷二〇〇［M］．北京：中华书局，1975：5706.
③ 司马迁．史记・高祖本纪：卷八［M］．北京：中华书局，1959：393.
④ 啖助．春秋统例序［M］//董诰，等．全唐文：卷三五三．北京：中华书局，1983：3582.
⑤ 啖助．春秋统例序［M］//董诰，等．全唐文：卷三五三．北京：中华书局，1983：3582.
⑥ 啖助．春秋统例序［M］//董诰，等．全唐文：卷三五三．北京：中华书局，1983：3582.
⑦ 欧阳修，宋祁．新唐书・方镇表五：卷六八［M］．北京：中华书局，1975：1903-1910.

　　陆质永贞元年（805）四月入宫任太子侍读，九月去世，实际参与"永贞革新"。《旧唐书·王叔文传》载其"与韦执谊、陆质、吕温、李景俭、韩晔、韩泰、陈谏、柳宗元、刘禹锡等十数人，定为死交"①。又据柳宗元《答元饶州论春秋书》，"八司马"中韩晔、韩泰、凌准、柳宗元，外加吕温，均为陆质及门弟子。可知刘禹锡虽非陆质及门弟子，但受其影响至深。陆质世居吴地，其《春秋》之学，传自赵匡，匡则师啖助。但赵匡本赵人，于啖助之外，所师尚有萧颖士。《新唐书·萧颖士传》载其天宝初年奉使括书赵、卫，淹久不报，为有司劾免，留客濮阳，赵匡等"皆执弟子礼，以次授业，号萧夫子"②。萧氏曾综合《春秋》三家，"《左氏》取其文，《穀梁》师其简，《公羊》得其核"③。其弟子刘太真也说："昔《左氏》失于烦，《穀梁》失于短，《公羊》失于俗，而夫子为其折衷。"④ 赵匡或受萧颖士启发，力倡"三传"兼习："学《春秋》者，能断大事。有兼习三传，参其异同，商榷比拟，得其长者，谓之《春秋》举。"⑤

　　萧颖士亦吴人，梁鄱阳王萧恢七世孙，与韦述、李华、刘迅、元德秀诸人交善，韦述曾以史官相让。李华作《三贤论》，评刘迅和萧颖士："刘之志行，当以《六经》谐人心。萧之志行，当以中古易今世。"⑥ 迅为刘子玄之子，续《诗》《书》《春秋》《礼》《乐》五说。刘晏每闻其论，感叹"皇王之道尽矣"⑦。子玄精通经史之学，对近人之说多有异议。开元初，尝议《孝经》郑氏学非康成注，列举十二条佐证其谬，当以古文为正；《易》无子夏传，《老子》书无河上公注，请存王弼学。但宰相萧璟引司马贞等人"共黜其言"⑧。刘子玄所交善者吴兢，贯通经史。吴之表叔元行冲为盛唐大儒，曾于开元十四年（726）奏上所撰魏徵集《类例》疏解五十卷，但为宰相张说所阻，理由是"与先儒第乖，章句隔绝"⑨。元行冲以为诸儒排己，遂作《释疑》自嘲，专论改易章句之难。

　　由上述可知，初盛唐时期已有明显不满《五经正义》的倾向。其根源在

　　① 刘昫，等．旧唐书·王叔文传：卷一三五［M］．北京：中华书局，1975：3437.
　　② 欧阳修，宋祁．新唐书·萧颖士传：卷二〇二［M］．北京：中华书局，1975：5768.
　　③ 萧颖士．赠书司业书［M］//董诰，等．全唐文：卷三二三．北京：中华书局，1983：3278.
　　④ 刘太真．送萧颖士赴东府序［M］//董诰，等．全唐文：卷三九五．北京：中华书局，1983：4017.
　　⑤ 赵匡．举人条例［M］//董诰，等．全唐文：卷三五五．北京：中华书局，1983：3604.
　　⑥ 李华．三贤论［M］//董诰，等．全唐文：卷三一七．北京：中华书局，1983：3214.
　　⑦ 欧阳修，宋祁．新唐书·刘子玄传：卷一三二［M］．北京：中华书局，1975：4525.
　　⑧ 欧阳修，宋祁．新唐书·刘子玄传：卷一三二［M］．北京：中华书局，1975：4522.
　　⑨ 刘昫，等．旧唐书·元行冲传：卷一〇二［M］．北京：中华书局，1975：3178.

于孔颖达编纂《五经正义》时对诸家注疏的采择。以《春秋左传正义》为例，其经文取杜预《春秋集解》，注疏则多用刘炫《春秋述义》。刘炫本河间景城人，与刘焯同学《春秋》于郭懋常。孔颖达认为近代《春秋》注疏，沈文阿、苏绰、刘炫诸家中，刘炫"实为翘楚"，"比诸义疏，犹有可观，今奉敕删定，据以为本，其有疏漏，以沈氏补焉"①。可知《春秋左传正义》注疏实以刘炫为主，而间采沈文阿。孔颖达又批评刘炫之失："探赜钩深，未能致远；其经注易者，必具饰以文辞，其理致难者，乃不入其根节。"② 刘炫《春秋》之学，典型地体现了北学特点：一是重名物考据，而时有未达；二是过于琐碎，于义理多所未究。《五经正义》成书后，经诸儒覆审，永徽四年（653）进上，颁布天下，明经等考试以此为准，成为经学权威。但这个权威，经常受到挑战。比如长安三年（703），王元感表上《尚书纠谬》十卷、《春秋振滞》二十卷、《礼记绳愆》三十卷，对《五经正义》提出批评。但是，祝钦明、郭山恽、李宪等人，"专守先儒章句，深讥元感揭摭旧义"。魏知古、徐坚、刘子玄、张思敬等人，则"雅好异闻，每为元感申理其义，连表荐之"③。可见唐代经学新旧之争，发端于孔颖达纂修《五经正义》。初盛唐已有不少反对旧学者，如王元感、刘子玄、元行冲、萧颖士等人，但由于旧学力量过于强大，新学未能形成主流。安史之乱后，新学始得兴盛，以啖、赵、陆为代表的新《春秋》学逐渐成为显学。

新学的特质，从经学本身来说，属于南学，是汉代经今文学的延续。比如，《春秋》不专注左氏一家，而认为当综合《公羊传》《穀梁传》。但唐代新学又不完全等同于汉之经今文学，其要义在于疏释经语、深究义理。从研究者来说，新学多占籍江东，或曾游历其地。他们研究古学，是要在古人的经验和智慧中寻求治道，力主权变，与以读经为徇利之途者不可同日而语。比如，赵匡曾表上《举人条例》和《选人条例》，指陈科举考试弊病，提出变革良方。陆质及其众弟子参与"永贞革新"，以改良政治为旨归。新学的本质是打破传统，主张变通。"永贞革新"的失败，宣告了新学的阶段性失利。

刘禹锡的经学思想与新学有着千丝万缕的联系。他参与"永贞革新"，与陆质及其弟子交往密切，用实际行为践履新学。同时，在其诗文中，也表达了对新学的认同。刘禹锡对《穀梁传》尤为钟爱，常采入文中。比如，《观博》

① 孔颖达. 春秋正义序［M］//董诰，等. 全唐文：卷一四六. 北京：中华书局，1983：1477.
② 孔颖达. 春秋正义序［M］//董诰，等. 全唐文：卷一四六. 北京：中华书局，1983：1477.
③ 刘昫，等. 旧唐书·王元感传：卷一八九下［M］. 北京：中华书局，1975：4963.

"自朝至于日中稷"，自注："稷，昃也。《穀梁传》。"① 按：《穀梁传》"定十五年"："日下稷，乃克葬。"注："稷，昃也。"②《左传》《穀梁传》"日下稷"均作"日下昃"。《观市》"郡守有志于民"③，用《穀梁传》"僖三年"中"闵雨者，有志乎民者也"④ 之义，亦即关心民事。刘氏摭经语入文，亦常用其新义。如为杜佑所撰《谢春衣表》"在身不称，恐招鹣翼之讥"⑤，即用施士丐所主掠美之义。《上淮南李相公启》"南箕播物，不胜曷言"⑥，采施之说，意指小人不能复恣搬弄是非。《秋萤引》："高丽罘罳过珠网，斜历璇题舞罗幌"⑦ 之"罘罳"，解作屏障，亦用施氏新说。⑧

三、刘禹锡经学的哲学特点

在新学看来，《春秋》一书实际上是孔子悬象设教的一种，因此新学最突出的特点是寻绎事象背后的义理，而与旧学注重语词训诂和名物考释的特点不同。刘禹锡的经学研究受此影响，也具有这些特点。概括地讲，主要体现在以下几方面。

其一，从具象到抽象。比如《极汲记》讲引水器械的营造，文末说"彼经始者其取诸《小过》欤"⑨，意思是最早制造汲水器械的人可能受到《小过》启发。按：《小过》即《易》第六十一卦。卦辞云"可小事，不可大事。

① 刘禹锡；瞿蜕园，笺证. 刘禹锡集笺证：卷二〇 [M]. 上海：上海古籍出版社，1989：53.
② 范宁，注；杨士勋，疏. 春秋穀梁传注疏：卷一九：十三经注疏本 [M]. 上海：上海古籍出版社，1997：2446.
③ 刘禹锡；瞿蜕园，笺证. 刘禹锡集笺证：卷二〇 [M]. 上海：上海古籍出版社，1989：535.
④ 范宁，注；杨士勋，疏. 春秋穀梁传注疏：卷七：十三经注疏本 [M]. 上海：上海古籍出版社1997：2392.
⑤ 刘禹锡；瞿蜕园，笺证. 刘禹锡集笺证：卷一二 [M]. 上海：上海古籍出版社，1989：312.
⑥ 刘禹锡；瞿蜕园，笺证. 刘禹锡集笺证：卷一八 [M]. 上海：上海古籍出版社，1989：453.
⑦ 刘禹锡；瞿蜕园，笺证. 刘禹锡集笺证：卷二一 [M]. 上海：上海古籍出版社，1989：583.
⑧《周礼注疏》卷四一《冬官考工记下》"王宫门阿之制五雉，宫隅之制七雉，城隅之制九雉"，郑玄注云："宫隅、城隅，谓角浮思也……浮思，……本或作罘罳。"贾公彦疏云："郑以'浮思'解'隅'者，按汉时云'东阙浮思灾'，言灾，则浮思者，小楼也。按《明堂位》云'疏屏'，注亦云：'今浮思也。刻之为云气虫兽，如今阙上为之矣。'则门屏有屋覆之，与城隅及阙皆有浮思，刻画为云气并虫兽者也"（郑玄，注；贾公彦，疏. 周礼注疏 [M]. 上海古籍出版社，1987：928）。施士丐则云："'罘罳'者复思也，今之板障屏墙也。天子有外屏，人臣将见，至此复思其所扬、去就、避忌也。"（陶敏，陶红雨，校注. 刘禹锡全集编年校注 [M]. 长沙：岳麓书社，2003：1371 – 1372.）。可见施士丐所解与前人不同。刘禹锡用之于诗中，与施解同义。
⑨ 刘禹锡；瞿蜕园，笺证. 刘禹锡集笺证：卷九 [M]. 上海：上海古籍出版社，1989：224.

飞鸟之遗音，不宜上，宜下，大吉"①。《象辞》以"柔得中""刚失位而不中"②来解释卦辞。刘禹锡认为这就是汲引器械的基本原理。他指出，汲水器械实际上就是综合利用了器物的性能，"绳以柔而有立，金以刚而无固。卷轴而能舒，竹圆而能通。合而同功，斯所以然也"③。他认为，只有穷究事物的数理，才能推而用之。那些只知取古法而不会穷物理者，是无大用的。

从具象到抽象，反映出刘氏"道不离器"的哲学思想。"器"，实际上就是"象"，包括物象和事象。因此，不仅要从具体"物器"中识道，还要从事象中体道。在刘氏看来，"六经"所载无非古人的言和事，"道"则暗涵其中。周公制礼作乐而成王官之学，"事""道"合一。春秋战国官师分离，王官之学变为诸子之学，"事""道"剥落。因此，以事观道和以事言道，目的是回归王官之学的本义。而通向古义的路径则是"以吏为师""以法为教"。因此，刘氏及其同时代诸人，都非常重视吏治才能的修习。这与后来章学诚的认识颇为相通。章氏说："六经皆史也。古人不著书，古人未尝离事而言理，六经皆先王之政典也。"④刘禹锡积极参与政治改革，评价章奏、训诰之文为"经纶制置裁成润色之词"⑤等，都是他注重事功、"道不离器"思想的反映。

其二，探究天人关系。刘作《因论》七篇，类似寓言小品，《天论》三篇更含有哲理思辨。天人关系是中国哲学的一个基本命题，糅合了儒、道、阴阳等诸家学说，本质是探究人与自然的关系。《汉书·艺文志》说"道家者流，盖出于史官"⑥，司马迁称撰著《史记》的目的是"究天人之际"，这说明天人关系是上古以来备受关注的一个重要问题。中唐时期，韩愈首倡其论，提出人本由天地阴阳之气坏而生，人反过来又过度破坏元气阴阳，致使天地万物"不得其情"⑦，秩序错乱。但人向上天抱怨，天终究还能够恢复秩序，使有功者受赏，为祸者受罚。也就是说，韩愈认为天律必将作用于人道。柳宗元不同意韩说，认为天本来是不存在的，是人强为之名的。既然天不存在，又怎能发挥天律作用呢？要改变秩序错乱，还要依靠人自身，即所谓"功者自功，祸

① 王弼，注；孔颖达，正义.周易正义：卷六：十三经注疏本［M］.上海：上海古籍出版社，1997：71.

② 王弼，注；孔颖达，正义.周易正义：卷六：十三经注疏本［M］.上海：上海古籍出版社，1997：71.

③ 刘禹锡；瞿蜕园，笺证.刘禹锡集笺证：卷九［M］.上海：上海古籍出版社，1989：223.

④ 章学诚；叶瑛，校注.文史通义校注：卷一：易教上［M］.北京：中华书局，1985：1.

⑤ 刘禹锡；瞿蜕园，笺证.刘禹锡集笺证：卷一九［M］.上海：上海古籍出版社，1989：487.

⑥ 班固.汉书：卷三〇：艺文志［M］.北京：中华书局，1962：1732.

⑦ 柳宗元.柳河东集：卷一六：天说［M］.上海：上海人民出版社，1974：286.

者自祸"①，跟所谓的"天"没有关系。这样看来，韩说的本质是"天胜人"，柳说的本质是"人胜天"。刘禹锡认为韩柳二人所论皆过于极端，故折其中，提出"天人交相胜"②。也就是说，天可胜人，人亦可胜天。为什么会这样呢？这是因为，韩柳二人所论，皆从个人穷通的角度来看待天人关系，"通"者以为天可胜人，"穷"者以为本无天，所以，他们的说法都只是个别现象，不具有一般性。韩、柳的最大缺陷是，既没有看到天律和人道的属性和适用范围，也忽视了"时"和"势"在天人关系中的作用。所谓"时"和"势"，实际上就是时间和空间的变化。时空改变，天人关系也随之发生改变。"天人交相胜"的"胜"，不是打败，而是作用。"人胜天"，意指人道发挥作用；"天胜人"，即天律发挥作用。人之所以胜天，是因为有"法"，令行禁止则善恶有报。反之则善者得祸，恶者获福。刘氏所论，天律本质属于"道统"范畴，人道则属于"政统"范畴。所以，天人关系可归结为"道统"和"政统"的对立统一。柳宗元曾指出刘禹锡论证的一些缺失，认为刘的看法与自己并无不同。但总体上说，刘禹锡的天人观念比韩、柳之说更为圆融。

其三，反对旧学，力主新义。刘氏曾撰《辩易九六论》，论述《易》阳爻称九、阴爻称六的问题。刘氏认为孔颖达"阳得兼阴，故其数九，阴不得兼阳，故其数六"③的解释不合理。其与董侹讨论后，认为九六乃"举老而称"④，也就是说，九是老阳、六是老阴。柳宗元《与刘禹锡论周易九六书》指出，孔颖达解释九六之称，说法有两种，一种即"阳得兼阴""阴不得兼阳"；一种是老阳称九、老阴称六。董侹师毕中和、毕中和师僧一行，僧一行承孔氏之说，他们之间一脉相承。今考《周易正义》，与柳说正合。可见刘禹锡所论，具有反对孔颖达的倾向性。刘氏此文意义在于，一是以《左传》《国语》等所载史实验成其说，二是对九六之数详细揲算演绎，有补孔说阙漏。

刘氏的经学研究，具有明显的新异特点。比如《刘宾客嘉话录》所载"杨何说礼"条，杨何认为"仲尼合葬于防"之"防"，不是地名，而是"隧道"⑤，亦即墓道。按：《礼记·檀弓上》"孔子既得合葬于防"，郑玄释"防"

---

① 柳宗元. 柳河东集：卷一六：天说［M］. 上海：上海人民出版社，1974：286.

② 刘禹锡；瞿蜕园，笺证. 刘禹锡集笺证：卷五：天论中［M］. 上海：上海古籍出版社，1989：141.

③ 孔颖达，正义. 周易正义：卷一：乾卦：十三经注疏本［M］. 上海：上海古籍出版社，1997：13.

④ 刘禹锡；瞿蜕园，笺证. 刘禹锡集笺证：卷九［M］. 上海：上海古籍出版社，1989：172.

⑤ 陶敏，陶红雨，校注. 刘禹锡全集编年校注［M］. 长沙：岳麓书社，2003：1375.

为"防地"①。刘禹锡不满意这种解释而赞同杨说。再如"帅能曰以"条，刘禹锡解释《左传》"晋赵盾以诸侯之师八百乘"之"以"字："凡帅能曰'以'，由也，由赵盾也。"② 考今本《春秋左传正义》"文十四年"，此处"以"未注。

其四，佛统于儒。刘氏经学特点，还表现在儒佛关系上。他对佛教的看法，统摄于他的政统观和道统观。刘氏认为"天生人而不能使情欲有节，君牧人而不能去其威势以理"，所以才会出现儒教和佛教，"素王立中枢之教，懋建大中；慈氏起西方之教，习登正觉"。很显然，刘氏把儒教和佛教的产生都归结为人性的需要，其价值和作用也体现在维护社会秩序中。但既有儒教，佛教何以能传入并且越来越兴盛呢？这是因为儒家教义在平抚人心等方面尚有所欠缺，"儒以中道御群生，罕言性命，故世衰而寝息"。佛教则能裨补此阙，"以大悲救诸苦，广启因业，故劫浊而益尊"③。刘氏以"性命"融合佛儒。这里的"性命"，是指生命本体。"言"者，是追寻其价值和意义。儒家伦理强调人与人的关系，主张个体消融到群体中去，对个体生命则较为忽视，而佛教的教义主旨正好可以补此不足。

综上所述，刘氏经学求新逐异，具有显著的哲学化特点。这与他所受的新《春秋》学的影响、屡遭贬逐的人生阅历、长于思索穷究物理的性格等密切相关。

四、刘禹锡经学与文学的互通互化

刘禹锡不是以纯粹的专门著述来从事经学研究，而多借助文学作品来表达哲理思考。因此，其经学与文学呈现出互通互化的特点。具体来说，有以下五个方面。

1. 以道论文

以道论文属于文学本体论范畴，通过辨明文道关系探求文学本质。这些论述主要体现在文集序文中。在刘禹锡看来，文学之所以发生，是因为阴阳交合产生气，气的运行流通则为道，道和气是表里关系，或者说一物之两面，气在外，道在里。所以，言气即是言道。人秉气而成文，气和文之间，只不过是外在形态发生变化而已，其中所蕴之道是相通的。关于气和文的关系，刘氏是这

---

① 郑玄，注；孔颖达，正义. 礼记正义：卷六：檀弓上：十三经注疏本 [M]. 上海：上海古籍出版社，1997：1275.

② 陶敏，陶红雨，校注. 刘禹锡全集编年校注 [M]. 长沙：岳麓书社，2003：1381.

③ 此段引文均见刘禹锡；瞿蜕园，笺证. 刘禹锡集笺证：卷四：袁州萍乡县杨岐山故广禅师碑 [M]. 上海：上海古籍出版社，1989：118.

样表达的："天以正气付伟人，必饰之使光耀于世。粹和絪缊积于中，铿锵发越形乎文。文之细大视道之行止。"①"粹和絪缊"即是气，"铿锵发越"是由气到文的过程，亦即"庆霄在上，万物五色。天下文人为气所召，其生乃蕃"，"五行秀气得之居多者为俊人。其色激灂于颜间，其声发而为文章"②。刘氏不仅认为文章由气所生，而且还由此提出文学发展周期说。其基本看法是天地之气盛则文盛，气衰则文衰，由此形成三个文学周期：三代至战国为第一期，秦汉至南北朝为第二期，南北朝至唐为第三期。③这种文学周期论，显然与他的天道运周、否极泰来的天道观是一致的，正是其哲学思想在文学中的具体体现。

但是，天地之气人人秉而有之，为何有些人诗文高妙，有些人则不能呢？刘氏对此也作了解释："片言可以明百意，坐驰可以役万里，工于诗者能之。风雅体变而兴同，古今调殊而理异，达于诗者能之。工生于才，达生于明。二者还相为用，而后诗道备矣。"④他认为工于诗者，主要得之于才和明。所谓才，是指语言艺术和想象能力。所谓明，是指哲理思辨。二者兼得，则诗道备。同时，他又强调："心之精微，发而为文，文之神妙，咏而为诗。犹夫孤桐朗玉，自有天律。"⑤意思是说，诗文是内心自然生发出来的，因此，要遵从文的内在规律。

以气论文是中国古代文论传统之一种，源于古人"听风""听气"。孟子、曹丕等人都曾以气述文。中唐梁肃、柳冕、白居易、韩愈等人也都论述过气与道、气与文的关系。梁肃："文本于道，失道则博之以气，气不足则饰之以辞。"⑥柳冕："夫善为文章者，发而为声，鼓而为气。"⑦白居易："天地间有粹灵气焉。万类皆得之，而人居多，就人中文人得之又居多。盖是气凝为性，

---

①　刘禹锡；瞿蜕园，笺证. 刘禹锡集笺证：卷一九：唐故相国李公集纪［M］. 上海：上海古籍出版社，1989：479.

②　刘禹锡；瞿蜕园，笺证. 刘禹锡集笺证：卷一九：唐故衡州刺史吕君集纪［M］. 上海：上海古籍出版社，1989：508.

③　刘禹锡；瞿蜕园，笺证. 刘禹锡集笺证：卷一九：唐故尚书礼部员外郎柳君集纪［M］. 上海：上海古籍出版社，1989：513.

④　刘禹锡；瞿蜕园，笺证. 刘禹锡集笺证：卷一九：董氏武陵集纪［M］. 上海：上海古籍出版社，1989：516.

⑤　刘禹锡；瞿蜕园，笺证. 刘禹锡集笺证：卷一九：唐故尚书主客员外郎卢公集纪［M］. 上海：上海古籍出版社，1989：505.

⑥　梁肃. 补阙李君前集序［M］//董诰，等. 全唐文：卷五一八. 北京：中华书局，1983：5261.

⑦　柳冕. 答衢州郑使君论文书［M］//董诰，等. 全唐文：卷五二七. 北京：中华书局，1983：5360.

发为志，散为文。"① 韩愈："气，水也；言，浮物也；水大而物之浮者大小毕浮。气之与言犹是也。气盛则言之长短与声之高下者毕宜。"② 柳冕和韩愈所论之气近似，气指语言。梁肃所论，是说文章的三个不同层次，道文、气文、辞文，愈下愈卑。白居易所论，与刘禹锡相近，可见二人文道观念相通。

韩、柳、刘三人天道观念不同，决定了他们所论"文以载道""文以明道"之"道"的内涵也不一致。韩愈之"道"，是指孔孟之道。柳宗元重人事而轻天道，他强调的道主要是"人道"。刘禹锡所论之"道"，则是天道。这个"道"的外在表现为"气"。所以，他认为文章当蕴含事物之义理，无气、无理则无文。"天道"人人可得，但由于对道的把握和理解、述道的艺术和能力不同，文章也就有高下优劣之分。

2. 辞赋中有哲理

刘禹锡曾说韩愈之长在"笔"，也就是叙事；己之长则在"论"，也就是思辨。③ 观刘氏之文，确实如此。比如，《辩迹论》提出制度与执行的问题。文中假设有人提出质疑，认为唐制多因隋旧，房、杜于此无所作为。刘禹锡则认为，唐制固然因袭隋代，但隋祚短促，原因不在制度，而在执行力。制度再好，也要靠具体执行才能生出效用。唐与隋制虽无不同，但效果相异，是因为房和杜在制度实施上下了功夫。刘氏由此指出："三王之道，犹夫循环，非必变焉，审所当救而已。隋之过岂制置与名数之间邪？顾名与事乖耳。"④ "名与事乖"，亦即名实相乖，其中蕴含名实之辨。

刘氏长于论，不仅体现为论体文，其辞赋作品也深涵天人之道的哲理。《问大钧赋序》一再强调"数之极，理当迁焉""美恶周必复"⑤。此赋仿屈原《天问》，通过人天对话，化解心中郁闷。本意是表达外贬多年的愤懑，但其中涉及"数""理""常""变"等哲学概念。"物壮则老""否终则倾"是常理，但在刘禹锡看来，这个常理在他这里似乎没有发挥作用，所以发出"老

---

① 顾学颉，校点. 白居易集：卷六八：故京兆元少尹文集序 [M]. 北京：中华书局 1979：1425.

② 韩愈；马其昶，校注. 韩昌黎文集校注：卷三：答李翊书 [M]. 上海：上海古籍出版社，1986：171.

③ 刘禹锡；瞿蜕园，笺证. 刘禹锡集笺证：外集卷十：祭韩吏部文 [M]. 上海：上海古籍出版社，1989：1537.

④ 刘禹锡；瞿蜕园，笺证. 刘禹锡集笺证：卷五：辩迹论 [M]. 上海：上海古籍出版社，1989：28.

⑤ 刘禹锡；瞿蜕园，笺证. 刘禹锡集笺证：卷一：问大钧赋 [M]. 上海：上海古籍出版社，1989：1.

先期而骤至兮，否逾数而巨量"① 的感叹。作者认为自己年尚未老，而速至老境，此与天理大相违背。又借天之口来自答："尔奚不德余以骤壮，姑尤我以速老邪？"② 意思是说，为什么不感谢上天使你快速强壮呢？不壮哪有老？你只看到了老，而没有看到壮。事物属性各异，但"物壮则老"的规律是不会变的。可见刘氏最终还是肯定天道运周、否极泰来的总法则。

刘氏所论哲理，具有明显的当下指向性，与人事关联密切。《砥石赋》云："播生在天，成器在君。天为物天，君为人天。"③ "物天"是自然主宰，"人天"为君王，是人的主宰，二者并行，事理相通。比如宝剑生于"物天"，久不用则生尘，人生于"人天"，不为君王所用就会像宝剑一样。借剑喻人，本为习见，但刘氏将之与"天道"联系，为其有别于常人处。再如《楚望赋》："观物之余，遂观我生。何广覆而厚载，岂有形而无情？"④ 对天地有形无情发出感叹。李峤亦曾以"楚望"为题作赋，但其赋只不过是伤怀而已，别无深意。《伤往赋序》："太极运乎三辰，转寒暑而下驰。有归于无，盛复于衰。""川走下而不还，露迎旸而易晞。"⑤《楚望赋序》："系乎天者，阴伏阳骄是已。系乎人者，风巫气瘝是已。"⑥《谪九年赋》："苟变化之莫及兮，又安用夫肖天地之形为？"⑦ 所言也是天和人的关系。所谓"肖天地之形"，是说人应当能够掌握天地变化的规则。《山阳城赋》："谅人事之云尔，孰云当涂之兆也自天！"⑧ 这与欧阳修"虽曰天命，岂非人事"⑨ 意思颇同。

而《何卜赋》借龟卜说理。人的命运，按理来讲也应遵循物极必反的规律。但是为什么有些人长居贵位，有些人则久处穷厄？这似乎与天道不合。《易经》说"剥极则贵""否极受泰"，为何有的人居贵未尝剥，有的人则居否不曾泰？这里涉及几对哲学概念，如"穷"与"通"、"否"与"泰"等。如何解释这种现象？刘氏借卜者之口，用"时"来解释。"时"的本义是指时

① 刘禹锡；瞿蜕园，笺证. 刘禹锡集笺证：卷一：问大钧赋 [M]. 上海：上海古籍出版社，1989：2.

② 刘禹锡；瞿蜕园，笺证. 刘禹锡集笺证：卷一：问大钧赋 [M]. 上海：上海古籍出版社，1989：3.

③ 刘禹锡；瞿蜕园，笺证. 刘禹锡集笺证：卷一：砥石赋 [M]. 上海：上海古籍出版社，1989：9.

④ 刘禹锡；瞿蜕园，笺证. 刘禹锡集笺证：卷一：楚望赋 [M]. 上海：上海古籍出版社，1989：14.

⑤ 刘禹锡；瞿蜕园，笺证. 刘禹锡集笺证：卷一：伤往赋 [M]. 上海：上海古籍出版社，1989：18.

⑥ 刘禹锡；瞿蜕园，笺证. 刘禹锡集笺证：卷一：楚望赋 [M]. 上海：上海古籍出版社，1989：11.

⑦ 刘禹锡；瞿蜕园，笺证. 刘禹锡集笺证：卷一：谪九年赋 [M]. 上海：上海古籍出版社，1989：26.

⑧ 刘禹锡；瞿蜕园，笺证. 刘禹锡集笺证：卷一：山阳城赋 [M]. 上海：上海古籍出版社，1989：34.

⑨ 欧阳修. 新五代史：卷三七：伶官传序 [M]. 北京：中华书局，1974：397.

间、时机。但在这里引申为"变化"。万事万物无时不变，"物乘化兮多象，人遇时兮不同"①。既然处在变化中，则一切事物都是相对的，于此为利者，于彼则为害，于此为是者，于彼则为非，故"有天下之是非，有人人之是非"②。"人人之是非"，为私，各是其是而非其非。"天下之是非"，为公，一而已，不容辩。私必统属于公，公私分明，固守天道，则穷通、否泰之变化，可望可期，又何必要占卜呢？

3. 回归"采诗"古义

中唐时期，白居易、元稹、李绅诸人，标举"新乐府"，力倡"歌诗合为事而作"③。刘禹锡于《诗》多所究习，与白、元诸人主张近似、声气相应。刘氏所作《昏镜词》，刺不自知其丑反弹明镜洞照者；《养鸷词》刺姑息藩镇；《武夫词》刺中官领神策军；《贾客词》刺猾贾伤农；《调瑟词》刺富豪虐奴；《聚兮吟》《聚蚊谣》《百舌吟》均刺谗人；《飞鸢操》刺居高位忘身徇利者。此为其与元、白诸人相通处。

但刘禹锡又与元白诸人不同，他强调回归"采诗"古义。他在《竹枝词引》称建平之竹枝词"含思宛转，有《淇澳》之艳"，又说其作《竹枝词》，"俾善歌者飏之，附于末，后之聆巴歈，知变风之自焉"④。按：《诗·卫风·淇奥》，小序云"美武公之德"⑤。刘禹锡所解与此不同，认为是写男女之情的民歌，故称其"艳"。但刘序的重点不在此，而在"知变风之自"之"自"，"自"即本源，也就是从民间搜集整理民歌。刘氏认为此为"采诗"本义。而白居易等人的乐府诗，究其实质，只不过是借古义述新意，已非上古"采诗"之义。

上古"采诗"本义，见于《汉书·食货志》："孟春之月，群居者将散，行人振木铎徇于路以采诗。献之太师，比其音律，以闻于天子。故王者不窥牖户而知天下。"⑥ 按：此段文字，班固采自前人之说。《公羊传》"宣十五年"传文有以下一段："五谷毕入，民皆居宅，里正趋缉绩，男女同巷，相从夜绩，至于夜中，故女功一月得四十五日作，从十月尽正月止。男女有所怨恨，相从而歌，饥者歌其食，劳者歌其事。男年六十，女年五十无子者，官衣食之，使之民间求诗，乡移于邑，邑移于国，国以闻于天子，故王者不出牖户尽

---

① 刘禹锡；瞿蜕园，笺证.刘禹锡集笺证：卷一：望赋［M］.上海：上海古籍出版社，1989：28.

② 刘禹锡；瞿蜕园，笺证.刘禹锡集笺证：卷一：何卜赋［M］.上海：上海古籍出版社，1989：23.

③ 白居易；顾学颉，校点.白居易集：卷四五：与元九书［M］.北京：中华书局，1979：962.

④ 刘禹锡；瞿蜕园，笺证.刘禹锡集笺证：卷二七：竹枝词［M］.上海：上海古籍出版社，1989：852.

⑤ 孔颖达.毛诗正义：卷三之二：十三经注疏本［M］.上海：上海古籍出版社，1997：321.

⑥ 班固.汉书：卷二四上［M］.北京：中华书局，1962：1123.

知天下所苦，不下堂而知四方。"① 班书与《公羊传》有两点相同：一是所采之诗为民间之歌诗；二是采诗献于天子，天子足不出户而尽知天下事。二者不同亦有两点：一是《公羊传》所记"采诗"时间为"五谷毕入"的冬闲季节，班书则说是"孟春之月，群居者将散"之时，颜师古释之为"各趋农畮"②，即农忙季节。二是《公羊传》中的"采诗"者为"男年六十，女年五十无子者"，班书则说是"行人"，颜师古解释为"遒人，主号令之官"③。按：班固或合《尚书》与《公羊传》而言。考《夏书·胤征》："每岁孟春，遒人以木铎徇于路。"④ 遒人，即宣令之官。孔颖达疏称《周礼》无此官，似别置之官。《公羊传》中的采诗者为无子女的老年人，对民间疾苦有切身体会，而《汉书》所记采诗者，为发布政令的官员，奉王命行事，与民间存在隔膜。刘禹锡对《公羊传》尤为钟爱，其所取"采诗"古义当来自《公羊传》。

刘禹锡关注民歌，欲恢复"采诗"古义，与白居易等人借乐府精神而申己意者有本质不同。元白诸人所为乐府诗，虽然标举"饥者歌其食，劳者歌其事"，但他们期望被采之诗多是拟作，而非来自民间的真声。刘禹锡则认为："阅天数而视民风，百态变见乎其间。非耳剽以臆说兮，固幽永而纵观。"⑤ 也就是说，他认为天子应体察民间疾苦，而非"耳剽""臆说"的民情。那种文人转拟，或者臣子奏章中的被过滤的信息，可能有乖事实。刘禹锡外贬多年，所到之处多有民歌采择之作，所写之事为其目睹耳闻。如为风阻于淮阴，作《淮阴行》。记武陵竞渡事，作《竞渡曲》。记武陵马湖采菱事，作《采菱行》。观连州农人插田，仿俚歌作《插田歌》。元和十五年（820）南海羡溢，作《沓潮歌》。其中《竹枝词》九首，最能体现刘氏对"采诗"古义的实践。

4. 传中有"春秋笔法"

刘禹锡虽不曾任史官，现存文集中也未有以传名篇者。涉及人物传记的，主要是碑志文和集序文。这些传文蕴涵"春秋笔法"，暗寓褒贬。如《王质神道碑》："公雅为今扬州牧赞皇公所知，人不见其迹。"⑥ 扬州牧赞皇公即李德

① 何彦，疏. 春秋公羊传注疏：卷一六：十三经注疏本［M］. 上海：上海古籍出版社，1997：2287.
② 班固. 汉书：卷二四上［M］. 北京：中华书局，1962：1123.
③ 班固. 汉书：卷二四上［M］. 北京：中华书局，1962：1123.
④ 孔安国，传；孔颖达，正义. 尚书正义：卷七：十三经注疏本［M］. 上海：上海古籍出版社，1997：157.
⑤ 刘禹锡；瞿蜕园，笺证. 刘禹锡集笺证：卷一：楚望赋［M］. 上海：上海古籍出版社，1989：14.
⑥ 刘禹锡；瞿蜕园，笺证. 刘禹锡集笺证：卷三：唐故宣歙池等州都团练观察处置使宣州刺史兼御史中丞赠左散骑常侍王公神道碑［M］. 上海：上海古籍出版社，1989：91.

裕。李德裕入相，擢王质为给事中，居数月，迁河南尹，未几，镇宣城。但文后又说："余昔为郎，与常侍同列，已熟其行实。及读墓志，即今丞相益州牧赵郡李公之文，自称为忘形友。其在宣州，李公再入相，议以第一官处之。"① 李公为李固言，开成二年（837）以门下侍郎平章事出为成都尹、剑南西川节度使。王质死后，李固言曾为其撰墓志，又以宰相身份评议王质，可见二人关系非常密切。据《旧唐书·李固言传》，文宗大和、开成年间，李固言与李宗闵相互援引，缔结同盟，是"牛党"中坚力量；大和九年（835）六月，李宗闵获罪，以李固言代为门下侍郎平章事，"外示公体，爰立固言，其实恶与宗闵朋党"②。故本年九月，固言即以兵部尚书出为兴元节度使。李德裕与宗闵一党水火不容。王质在二者之间，自以为左右逢源。其时之人，多有如王质者。刘禹锡于此颇有微词，但又不能在碑文中直言。因此，他采用隐微手法，先后叙事，并在碑文中发出"大凡以智谋而进者，有时而衰，以朴厚而知者，无迹而固"③ 的感叹。

再如《唐兴寺俨公碑》："人持宝衣解璎珞为礼，公色受之。谓门弟子曰：'彼以相求我，我以有为应之。'凡建宝幢、修废寺、饰大像，皆极其工，应故物也。"④ 初看之下，此文似无深义，无非赞智俨禅师之事功。但细思则知其味深长。唐兴寺本衡山名刹，以律藏知名，与嵩山之禅寂、清凉山（五台山）之神通并称，为当世佛教三大名山之一。而智俨受人财物，俗以布施为福田，安可言之人以相求我？又大兴土木，名之应故物，实则好大喜功，华而不实，故此段文字实寓贬义于褒词。

5. 化故为新的语言特色

《刘宾客嘉话录》"诗用僻字须有来处"条，载刘禹锡论作诗用语："为诗用僻字，须有来处。宋考功诗云：'马上逢寒食，春来不见饧'，常疑此字，因读毛诗郑笺说'箫'处注云：'即今卖饧人家物'，六经唯此注中有'饧'字。吾缘明日是重阳，欲押一'糕'字，续寻思六经竟未见有'糕'字，遂不敢为之。"⑤ 六经中无糕字，宋祁以为不然。《邵氏闻见后录》卷一九："子

① 刘禹锡；瞿蜕园，笺证. 刘禹锡集笺证：卷三：唐故宣歙池等州都团练观察处置使宣州刺史兼御史中丞赠左散骑常侍王公神道碑 [M]. 上海：上海古籍出版社，1989：91.

② 刘昫，等. 旧唐书·李固言传：卷一七三 [M]. 北京：中华书局，1975：4506.

③ 刘禹锡；瞿蜕园，笺证. 刘禹锡集笺证：卷三：唐故宣歙池等州都团练观察处置使宣州刺史兼御史中丞赠左散骑常侍王公神道碑 [M]. 上海：上海古籍出版社，1989：91.

④ 刘禹锡；瞿蜕园，笺证. 刘禹锡集笺证：唐故衡岳大师湘潭唐兴寺俨公碑 [M]. 上海：上海古籍出版社，1989：112.

⑤ 陶敏，陶红雨，校注. 刘禹锡全集编年校注 [M]. 长沙：岳麓书社，2003：1317-1318.

京《九日食糕》有咏云：'飂馆轻霜拂曙袍，糇餐花饮斗分曹。刘郎不敢题糕字，虚负诗中一世豪。'遂为古今绝唱。糇饵粉餈，糕类也，出《周礼》。"按：检《周礼正义》，经文实无糕字。贾公彦疏"羞笾之实，糇饵、粉餈"："云'合蒸曰饵，饼之曰餈'者，谓粉稻米黍米合以为饵，饵既不饼，明饼之曰餈。今之餈、糕皆解之，名出于此。"① 可知上古有似于"糕"之物，而无"糕"之名。由这条记载，可知刘氏不仅好用古语，而且还有化故为新的特点。为文造语不易，而刘氏工于此道。宋祁曾比较韩、柳、刘三家："柳州为文，或取前人陈语用之，不及韩吏部卓然不朽，不丐于古，而语一出诸己。刘梦得巧于用事，故韩、柳不加品目焉。"② "巧于用事"，是刘融化经史之语的高超技艺。

　　刘氏好用古语，但并不奥涩。如称驿路为"驲遽之途"③，驲，指驿马、驿车；"遽"义同此。"传名入帝里，飞驲辞天涯"④，"飞驲"即速传。这种用法多见于上古典籍，中古较为少见。再如《山南西道新修驿路记》"说使之令既下"⑤，用《诗·东山》小序"说以使民，民忘其死"⑥ 之意。同篇"鼖鼓以程之"⑦ 之"鼖鼓"，用《周礼·地官·鼓人》"以鼖鼓鼓役事"⑧。《连州刺史厅壁记》："田壤制与番禺相犬牙"的"田壤制"⑨，用《尚书·禹贡》"咸则三壤，成赋中邦"⑩ 之意。又同篇"不足庚其责"⑪ 之"庚"，用《礼

　　① 贾公彦，疏.周礼注疏：卷五：天官·冢宰下：十三经注疏本［M］.上海：上海古籍出版社，1997：672.

　　② 宋祁.宋景文笔记：卷上［M］.影印文渊阁《四库全书》本.

　　③ 刘禹锡；瞿蜕园，笺证.刘禹锡集笺证：卷八：山阳西道新修驿路记［M］.上海：上海古籍出版社，1989：210.

　　④ 刘禹锡；瞿蜕园，笺证.刘禹锡集笺证：卷二三：崔元受少府自贬所还遗山姜花以诗答之［M］.上海：上海古籍出版社，1989：647.

　　⑤ 刘禹锡；瞿蜕园，笺证.刘禹锡集笺证：卷八：山阳西道新修驿路记［M］.上海：上海古籍出版社，1989：210.

　　⑥ 孔颖达.毛诗正义：卷八之二：十三经注疏本［M］.上海：上海古籍出版社，1997：395.

　　⑦ 刘禹锡；瞿蜕园，笺证.刘禹锡集笺证：卷八：山阳西道新修驿路记［M］.上海：上海古籍出版社，1989：210.

　　⑧ 贾公彦，疏.周礼注疏：卷一二：十三经注疏本［M］.上海：上海古籍出版社，1997：720.

　　⑨ 刘禹锡；瞿蜕园，笺证.刘禹锡集笺证：卷九：证连州刺史厅壁记［M］.上海：上海古籍出版社，1989：218.

　　⑩ 孔安国，传；孔颖达，正义.尚书正义：卷六：十三经注疏本［M］.上海：上海古籍出版社，1997：152.

　　⑪ 刘禹锡；瞿蜕园，笺证.刘禹锡集笺证：卷九：证连州刺史厅壁记［M］.上海：上海古籍出版社，1989：219.

记·檀弓》"请庚之"之意。注云："庚，偿也。"① 《复荆门县记》"公为驻错
衡而劳之"② 之"错衡"，用《诗·采芑》"方叔率止，约軧错衡"③，即公侯
之车。《武陵北亭记》"室成于私，古有发焉"④ 之"发"，用《礼记·檀弓》
"晋献文子成室，晋大夫发焉"⑤，"发"指遣礼祝贺。从这些例子中可以看到，
刘氏虽好用古语，但少有突兀之感，体现出其化故为新的语言特色。

五、结论

通过以上研究，可以看到政治权力、学术及文学等事物之间错综复杂的关
联。刘禹锡虽只是其中一个个案，但具有十分重要的研究价值。因为刘氏具有
特殊性，集多种要素为一身：参与"永贞革新"、非传统经学家、长于文学写
作等。因此，在权力、学术、文学的复杂关系中具有典型性。概括来讲，本文
结论如下：

其一，唐代经学自始至终贯穿着新旧之学的对立。这种对立发端于初唐对
"五经"的整理注疏。观孔颖达所作《五经正义》各序，知其注疏所本：《周
易正义》以王弼注为主；《尚书正义》据刘炫《尚书述义》和刘焯《尚书义
疏》；《毛诗正义》据刘炫《毛诗述义》和刘焯《毛诗义疏》；《礼记正义》以
皇侃《礼记义疏》为主，以熊安生《礼记义疏》为辅；《左传正义》以刘炫
《左传述义》为主，以沈文阿《春秋义略》为辅。据此可知，《五经正义》义
疏所取"二刘"者实多。"二刘"之学，实为北学之代表。传统以为，唐初政
治上北统一南，经学则南统一北，但从孔颖达所依据义疏来看，经学上北学亦
占有优势。《五经正义》成书后，多为人诟病，被视为旧学，王元感、刘子
玄、元行冲、萧颖士等人曾以各种形式加以驳斥。但在初盛唐，旧学力量过于
强大，新学作用不明显。安史之乱后，以啖助、赵匡、陆质为代表新《春秋》
学兴起，新学才由潜流转为显学。

新旧之学表面上看来是学术的分化，实则为思想的对立。旧学固守传统、
以疏不破注为原则，体现出守旧特点。新学则舍传求经，力主变通。在两种不

---

① 孔颖达，正义．礼记正义：卷一〇：十三经注疏本 [M]．上海：上海古籍出版社，2008：1312.

② 刘禹锡；瞿蜕园，笺证．刘禹锡集笺证：卷九：复荆门县记 [M]．上海：上海古籍出版社，1989：228.

③ 孔颖达．毛诗正义：卷一〇之二：十三经注疏本 [M]．上海：上海古籍出版社，1997：426.

④ 刘禹锡；瞿蜕园，笺证．刘禹锡集笺证：卷九：证武陵北亭记 [M]．上海：上海古籍出版社，1989：233.

⑤ 孔颖达，正义．礼记正义：卷一〇：十三经注疏本 [M]．上海：上海古籍出版社，1997：1315.

同思想支配下，政治上也两极对立，前者强调王朝权威，后者则主张因时制宜、不断改良。所以，"永贞革新"的本质是思想变革，是新学"权变"理念在政治上的反映，主导于陆质等人。刘禹锡虽非陆质及门弟子，但受新《春秋》学影响至深。且其积极参与"永贞革新"，实可视为学术思想在政治上的践履。

其二，刘禹锡、韩愈、柳宗元虽都受新《春秋》学影响，但三人的经学思想形态及其文学表征都不尽相同。刘禹锡认为"天人交相胜"，时空变化，天人互胜。柳宗元认为人道胜天道，体现为朴素的唯物主义。韩愈则认为天道胜人道。因此，他们对于"文""道"关系的认识也不同。刘认为文所载之道当是"天道"，故其文多从具象入而从抽象出，富含哲理。即便是辞赋这种传统文体，亦用来作言道之器，从而使赋体文由敷陈体物转向言道说理，颇具开育"文赋"之功。柳则以文学本体为基点，从文质之辨来论文道关系。韩愈则认为文所贯之道，应为孔孟之道。三者的不同，源自天人观念之异。此外，或与才性也有一定关系。刘善思，故其文"长于论"；柳冷峻，故其文重考实；韩具史才，故其文"长于笔"。

其三，经学与文学联结，具有外现与内化两种形态。经生与文士分流后，对二者的认识也不同。一般认为经学家大多不擅长诗文。比如，梁元帝萧绎就说，经学家"率多不便属辞，守其章句，迟于通变，质于心用"①。袁枚的看法与此类似，曾批评陆陆堂等人作诗："经学渊深，而诗多涩闷，所谓学人之诗，读之令人不欢。"② 又说："宜兴储氏多古文经义之学，少吟诗者。"③ 又评人之诗："诗甚绵丽，不作经生语。"④ 将"学人之诗"与"诗人之诗"区分开来。"学人之诗"是典型的经学外现现象，其中又分有意和无意两种。有意为之者，欲开出一种新诗风，比如韩愈；无意为之者，实为才拙，比如袁枚批评的陆陆堂等人。"诗人之诗"则将经学内化，二者融通于无形，羚羊挂角无迹可求。刘禹锡诗歌就是如此，故前人誉其"巧于用事"。

（作者单位：贵州师范大学）

---

① 萧绎. 金楼子：卷四 [M]. 北京：中华书局，198：75.

② 袁枚；顾学颉，校点. 随园诗话：卷四 [M]. 北京：人民文学出版社，1960：118.

③ 袁枚；顾学颉，校点. 随园诗话：卷四 [M]. 北京：人民文学出版社，1960：131.

④ 袁枚；顾学颉，校点. 随园诗话：卷四 [M]. 北京：人民文学出版社，1960：138.

刘禹锡与《春秋》学

范洪杰

关于中唐的经学和思想，以啖助、赵匡和陆质为代表的新《春秋》学派的形成和发展是值得注意的一个问题。目前，对新《春秋》学派的研究也已经积累了一些成果①。陆质与吕温、柳宗元等人的师生关系以及该学派对永贞革新的直接影响等重要问题，大体已经有了比较扎实的结论。但是刘禹锡究竟是否属于新《春秋》学派，这个问题未见学者予以明确的研判。刘禹锡作为永贞革新集团的一员，其政治思想无疑有受新《春秋》学影响之处；而其文学创作的某些特点，也在一定程度上与这一学问有关系。本文试对这个问题作一些初步的讨论。

关于新《春秋》学派，存世的学术文献有《春秋集传微旨》三卷、《春秋集传纂例》十卷、《春秋集传辨疑》十卷。除了这几种著作，关于陆质的资料，《旧唐书·儒学传》有本传，柳宗元有《墓表》，吕温有《代进〈集注春秋〉表》，同时还有一些散见的记载，由于陆质与天台僧人和日本来华僧人颇有交往，所以在日本保存的来华文献中也有重要的几则，已经由日本学者于二十世纪九十年代引介而为学界熟知。赵匡在两《唐书》中的本传很简单，散见的记载也少一些；而啖助，《新唐书·儒学传》有本传的简单记述，其他则几乎没有什么记载了。据《纂例》卷一《修传始终记》和《新唐书儒学传》等，啖助是赵州人，徙于关中，天宝末年，又避乱于江东，中进士，出任临海尉，丹阳主簿，唐肃宗上元元年，陆质从啖助问学。上元二年（761），正式开始《春秋》学著述，大历五年（770）完成，并与赵匡交游，不久即去世。赵匡是萧颖士的学生，萧颖士在天宝元年和天宝五年之间在濮阳授学，赵匡得以入门（《旧唐书·萧颖士传》）。赵匡后来赴江南，分别在陈少游的宣歙观察史和浙东观察使幕府任职，后又随陈少游赴淮南任节度判官。此期间在丹阳与啖助相识，两人的经学观点接近，很是相得。啖助去世后，陆质整理乃师

---

① 张稳苹编《啖助新〈春秋〉学派研究论集》（中研院文哲所，2002 年）收录了包括大陆、港台以及日本学者共十五位学者的二十篇论文，很有分量，代表了 21 世纪对以往的研究成果的总结。近二十年以来，又有一些新的进展，代表学者有朱刚、陈弱水、查屏球、刘宁等。

遗著，并请赵匡损益，赵匡的见解也并录于著作之中。陆质，学者已经对其生平有较详细的考索。① 陆质为整理《春秋》著作的需要，和赵匡一起在陈少游幕府，大历十年，由陈少游推荐入京先后任奉礼郎和左拾遗。中间经过一次外贬，经过陆贽的推荐，得以再次返朝，先后任左拾遗、太常博士、刑部员外郎等，后来位及国子学博士、给事中、皇太子侍读，然后先后赴信州和台州作刺史。贞元二十一年，还朝为给事中、皇太子侍读，参与政治革新，永贞元年辞世。

柳宗元自述对陆质执"弟子礼"，但刘禹锡却没有这样的表述。研究新《春秋》学派的学者也没有人把刘禹锡当作陆质的正式弟子，仅仅认为刘禹锡与陆门关系密切而已。笔者也不想纠缠于刘禹锡有没有像柳宗元那样对陆质"执弟子礼"，但可以肯定的一个事实是，刘禹锡的政治生命和思想主张都是深深地融入到陆门弟子中去的，把他看作《春秋》学派中人，应该没有大问题。

一、刘禹锡与陆门子弟的关系

这涉及刘禹锡与柳宗元等陆门弟子的交谊问题，下面结合陆质的思想和学术活动、柳宗元思想成长过程对此略作陈述。陆质是一个有隐士性情的人，他整理过初唐诗人王绩的文集，并作了序（《删东皋子集序》），可以看出他对王绩这样的高逸之士很钦佩。《序》称"余每览其集，想见其人，恨不同时得为忘形之友"，希望能成为王绩的"异代之知音"。② 他在台州作刺史时，还与天台宗的僧人来往甚密，也可以说契合他的方外之趣。这一点对他的学生柳宗元是有直接影响的。柳宗元也喜好交接僧人，对隐逸的思想有所体现，还创作出一些隐逸倾向的文学作品。刘禹锡的情况同样也有这方面的表现。当然这都不妨碍他们在儒家政治观念上的坚定性。

啖助的学术在陆质手中发扬光大，随着陆质在长安的仕宦交游，在朝参与重要礼制的争论和向唐室的先后两次献书等活动，学术影响越来越大。他新颖的学风和犀利的观点，迅速吸引到了对新思想极为敏感的一批年轻士人。以陆质为中心，形成了一个相互影响的师友圈。吕温、裴堪、元洪、凌准、韩晔、

---

① 刘乾. 论啖助学派［J］. 西南师范大学学报，1984（1）；杨慧文. 陆质生平事迹考——柳宗元交游考［J］. 山东大学学报，1988（3）；查屏球. 唐学与唐诗［M］. 北京：商务印书馆，2000：22－26.

② 《全唐文》卷六一八。

韩泰和柳宗元等人先后入门，相互交流，通过聆听师训和阅读其师的著作
《微指》和《集注》等，对陆质的思想有一定的把握了。其中柳宗元《答元饶
州论春秋书》叙述了自己接触这门学问的过程：

> 往年曾记裴封叔宅，闻兄与裴太常言晋人及姜戎败秦师于殽一义，尝讽习
> 之。又闻韩宣英及亡友吕和叔辈言他义，知《春秋》之道久隐，而近乃出焉。
> 京中于韩安平处始得《微指》①，和叔处始见《集注》，恒愿扫于陆先生之门。
> 及先生为给事中，与宗元入尚书同日，居又与先生同巷，始得执弟子礼。未及
> 讲讨，会先生病，时闻要论，常以易教诲见宠。不幸先生疾弥甚，宗元又出邵
> 州，乃大乖谬，不克卒业。复于亡友凌生处尽得《宗指》《辨疑》《集注》②
> 等一通。伏而读之。

可见柳宗元到永州之后仍在阅读陆质的著作。柳宗元《答元饶州论春秋
书》末尾说："始至是州，作《陆文通先生墓表》，今以奉献与宣英读之。"说
明柳宗元南贬后，仍与元洪、韩晔等陆质门生保持着密切的联系。

刘禹锡文章中没有直接提到陆质的地方。但他和陆门的吕温、元洪、韩泰
韩晔兄弟等交往至密，和柳宗元的关系就更不用说了。永贞革新在陆质成为太
子的老师，以及陆门的弟子得到韦执谊和王叔文等中枢人物的欣赏和引荐后，
才正式具备了思想和人事条件。陆质和王叔文都是吴人，柳宗元和刘禹锡也都
有长期在吴地生活，这有助于他们在北方士人主导的政权中迅速建立友谊。刘
禹锡和陆门弟子们一块进入核心，刘禹锡在王叔文眼中还一度具有宰相之
望③。关于刘禹锡被接纳的原因，笔者认为，首先，杜佑在贞元末年进入中
央，作为元老忠臣，掌握重权，王叔文集团实际上很想拉近和杜佑的关系，这

---

① 又，《送韩丰群公诗后序》："宗元常与韩安平遇于上京，追用古道。"可以进一步佐证柳宗元
与韩泰的交游。

② 关于此处提到的《集注》，吕温为陆质作有《代国子陆博士进〈集注春秋〉表》，并说有"十
卷"，《旧唐书》陆质本传和《新唐书艺文志》都记载有"《集注春秋》二十卷"，似乎此书很重要。
宋代目录书或不记载此书，或说"已不存"（《直斋书录解题》）。而唐代文献中不见《纂例》之名，
《新唐书》始见。现存《纂例》十卷，与吕温《进书表》中《集注春秋》的卷数合，所以今人多以为
《集注春秋》就是《纂例》（见杨慧文《陆质生平事迹考》，张稳荦编《唊助新〈春秋〉学派研究论
集》，中研院文哲所，122－126）。虽然《与元饶州论春秋书》中举证陆质经义之处出于《春秋微旨》，
但综观柳宗元的思想，笔者认为柳受《春秋》学影响之处也体现在《纂例》一书上。有必要重视《纂
例》对柳宗元思想中所起到的作用。刘禹锡的思想与此近似，《纂例》卷一的八篇单论文章在刘禹锡
思想中也有明显印迹，见第六节。

③ 《旧唐书·刘禹锡传》："禹锡尤为叔文知奖，以宰相器待之。"

在王叔文掌权后任命杜佑掌管财权就可以看出。杜佑是刘禹锡的幕主,"素相知"(《子刘子自传》),多年来受其眷顾。王叔文拉拢刘禹锡成为集团成员,有利于拉近与杜佑的关系。但这一点恐怕不是最主要的原因,主要原因还是刘禹锡与陆门弟子的关系以及与之相近的《春秋》学见解。

刘禹锡在贞元九年(793)与柳宗元同中进士,关系就开始密切起来。贞元十一年(795),刘禹锡与韩泰同中吏部取士科,与韩泰交好。应该在此前后,他们在长安开始受到新学风的洗礼,《唐语林·文学》:"刘禹锡云:与柳八、韩七诣施士丐听《毛诗》。"① 据《施先生墓铭》:"贞元十八年十月十一日太学博士施先生士丐卒"("先生明毛郑《诗》,通《春秋左氏传》,善讲说,朝之贤士大夫从而执经考疑者,继于门。"),刘柳以及其他陆门弟子之间的交往和切磋使新思想得到接受和深化。至少在贞元十九年开始,刘禹锡常与韩愈争论问题,柳宗元也"审言其间"(刘禹锡《祭韩吏部》)。上文说到柳宗元先后曾仔细阅读陆质的著作,刘禹锡虽未明说,但相信也是阅读过的,而且也是非常熟悉的。因为从书信中所描述的情形可以看出,这些书籍在师友圈内是相互传阅的。刘禹锡或可像柳宗元一样,被视为陆质的弟子。

由以上的基本陈述,可以看出,刘禹锡与柳宗元交往之始,就是在与《春秋》学派的人开始交往的,他们共同的政治道路也就是这样奠基的。

南贬之后,刘禹锡与其他陆门弟子仍保持密切关系,切磋思想和政见。比如元洪,《答饶州元使君书》谓:"辱示政事与治兵之要。明体以及用,通经以知权……知天而不泥于神怪,知人而不遗于委琐。"这一番见解无疑也是《春秋》学派内有共同的思想基础而形成的具体观点。刘禹锡除了称述有所谓"政之先""政之本""政之助"等不可忽视的为政的几个基本点之外,另外主张"弛张雄雌,唯变所适,古之贤而治者,称谓各异,非至当有二也,顾遭时不同耳"。这与柳宗元论政主张"大中之道""时变""至当",都是一个意思。

二、刘禹锡与"大中"之道

刘禹锡《袁州萍乡县杨岐山故广禅师碑》:"素王立中枢之教,懋建大中。"就是柳宗元说陆质"明章大中"的"大中",也即"大中"之道。

《王公神道碑》碑主王质是王通的后裔。文中说到王通和王绩:

---

① "韩七"也有作"韩十八"的,如宋魏仲举《五百家注昌黎文集》的《施先生墓铭》中引作"韩十八",认为指的是韩愈。

始，文中先生有重名于隋末，其弟绩，亦以有道显于国初，自号东皋子。文章高逸，传在人间。议者谓兄以大中立言，弟游方外遂性，三百年间，君子称之，虽四夷亦闻其名字。公雅有远志，常自忖度：我大名之后，不宜无见焉。遂力学，厚自淬琢，于《春秋》得之公是，于《礼》得之约。

值得注意的地方有两点：

首先是与新《春秋》学有关的思想和人物的内部关系，文章历叙周代王子晋得王姓以来王质的直系之祖，单线直叙，并不旁涉。王绩并不是王质的直系祖，但文章仍旧旁涉叙述一番。笔者认为这是有具体原因的，那就是陆质崇尚王绩的文行和文学。前面说到陆质整理王绩文集，并作《序》，从陆质的《序》来看，陆质之所以崇敬王绩，有一定的可能性是受其师啖助的影响。陆《序》开头说："淳闻于师曰：秉仁义，立好恶，方之内者也；等是非，遗物我，方之外者也；冥内而游外，圣人也。"这样的写作体例，与陆质现存的三种《春秋》学著作的体例完全一致。只是不容易断定"闻于师"的部分到什么地方截止，所以啖助也崇尚王绩是有一定可能的。《序》这段话从圣人之道的角度来谈，足见陆质对啖助的尊敬以及啖助所理解的圣人之道也不排斥方外之趣。啖陆在"秉仁义，立好恶"的"方之内"的一方面有很高的思想建树，但陆质仍觉得"践迹之道易，忘言之理难"，对方外之志表示向往。陆质，甚至可能包括啖助，这么欣赏王绩，那么刘禹锡叙述到文中子时重点突出一下王绩就是很自然的事情了。

这是唐代可见的较早的高度评价文中子及其思想的文章。说王通"以大中立言"，联想到柳宗元大力宣扬的就是陆质的"大中之道"的思想，那么很可能这个"大中之道"是与王通有关系的。刘禹锡说："在隋朝诸儒，唯通能明王道，隐居白牛谿，游其门皆天下隽杰，著书行于世。"这里的"王道"也是新《春秋》学中一个宗旨性的观念。后面说王质自励向学，"于《春秋》得之公是，于《礼》得之约"，这也是以《春秋》为中心的，啖助就说"以诚断礼"，那么王质能"于《春秋》得之公是"的同时得"《礼》之约"，岂不是以文返质，以质断礼的结果？而这与新《春秋》学的"以诚断礼，正以忠道，原情为本，不拘浮名"（《春秋集传纂例·春秋宗指议第一》）的重要思想是完全一致的。这似也说明王质也属于新《春秋》学派或是深受此学派影响，这与他学习先祖王通并不矛盾，因为新《春秋》学本身的一些重要思想可能就是与王通有密切关系的。可以推测，陆质不止在"方之外"欣赏王绩，而且在"方之内"对王通也很熟悉。刘禹锡这样叙述，未必不是受到陆质影响而惯性地予以陈述的表现。因此可以说,刘禹锡的这篇《王公神道碑》,是可以隐然见到与新《春秋》学有关的思想与人物的内部关系的,有必要予以重视。

其次,"大中"之道这个名号的使用,应该也有关于中唐政治情势的具体的原因。柳宗元说陆质"明章大中",学者一般都认为这是对应于陆质《春秋微旨序》"表之圣心,酌乎皇极"的"皇极"的。《尚书·洪范》箕子说"皇建其极",① 应劭、孔光、宋均、孔颖达均以"大""中"分释"皇""极"②。这在宋以前是主流意见。检阅《文苑英华》,唐代文章很少使用"大中之道"一词,但符载、柳宗元、于邵等人文章中较集中出现。这三人都经历过德宗时期,可能与德宗建中朝倡导的政治精神有关。《改元建中敕》:"其以大历十五年改为建中元年,所司准式,庶协履端于始,载符皇极之义也。"③ "建中"之名与"皇极",明显是来源于"皇建其极",并以"大中"来理解"皇极"的。这应该是德宗时代的一个意识形态,由"建中"朝延续至贞元时期的。陆质采用其师啖助不大使用的"皇极"一词的时候,大约有照应这个意识形态,呼应时局的用意。当然,这个"大中之道"的思想实质在啖助那里已经基本具有了,这里只是讨论关于这个"道"的称名问题。

从陆质整理过的三部主要著作看,啖助和陆质的"道"论对《春秋》三传有取舍,主要是对公羊学的看法有较多取则。三代损益论承孔子而来,而发展成系统的以救弊为目的的通"三统"的学说。刘禹锡对三王之道理解与啖、陆完全一致。《辩迹论》曰:"三王之道,犹夫循环,非必变焉,审所当救而已。"④ "审所当救"正是《春秋》学的基本主张。《答饶州元使君书》:"故文景之民厚其生,为吏者率以仁恕显;武宣之民瘁于役,为吏者率以武健称。其宽猛迭用,犹质文循环,必稽其弊而矫之,是宜审其究夺耳。"⑤ 也是这个意思。刘禹锡说:"盖三代之尚,未尝无弊。由野以至僿,岂一日之为? 渐靡使之然也。嫉其弊而救之以归于中道,必俟乎荐绅先生德与位并者,揭然建明之,斯易也。"⑥(《答道州薛郎中论书仪书》)可见刘禹锡和柳宗元都是完全接受了陆质的思想的。柳宗元说过自己在贞元年间就已经开始究学"中道"

① 柳宗元在《箕子碑》中对《洪范》表示敬意,"周人得以序彝伦而立大典也"。见柳宗元. 柳宗元集 [M]. 北京:中华书局,2011:118.

② 皮锡瑞;盛冬铃,陈抗,点校. 今文尚书考证 [M]. 北京:中华书局,1989:244.

③ 宋敏求. 唐大诏令集 [M]. 北京:中华书局,2008:26.

④ 刘禹锡;瞿蜕园,笺证. 刘禹锡集笺证 [M]. 上海:上海古籍出版社,1989:128.

⑤ 刘禹锡;瞿蜕园,笺证. 刘禹锡集笺证 [M]. 上海:上海古籍出版社,1989:256.

⑥ 刘禹锡;瞿蜕园,笺证. 刘禹锡集笺证 [M]. 上海:上海古籍出版社,1989:277.

了，《与吕道州温论非国语书》所言"吾自得友君子。而后知中庸门户阶室"及《答周君巢饵药久寿书》所言"苟守先圣之道，由大中以出……大都类往时京城西与丈人言者"是明证。而刘禹锡习得这一"道"论的核心思想，也应该是同时，与柳宗元应该是在贞元九年前后就开始熟识了，与韩泰等其他陆门弟子也渐渐熟识。吕温入门较早（贞元七年左右就开始随陆质学习），对其他人也起了带动作用。柳宗元与吕温交往，领略到了中道之义，刘禹锡应该也是差不多同时就有所领解了。

三、刘禹锡与《春秋》义法

刘禹锡对《春秋》专门下了一番功夫。现存史料中有一例可以显示刘禹锡对《春秋》笔法的研究。《唐语林》卷二"文学"："刘禹锡曰：《春秋》称：'赵盾以八百乘'。凡帅能曰'以'，由也，由赵盾也。"①《春秋》"文公十四年"的经文是："秋，晋人纳捷菑于邾，弗克纳。"三传各有解说，但刘禹锡所说的"赵盾以八百乘"指的则是《左传》的文字："赵盾以诸侯之师八百乘纳捷菑于邾。"刘禹锡解释了"以"字的含义，值得注意的一点是，刘禹锡不是单纯的文字训诂，而是从义例的角度来解释的，"凡帅能曰'以'，由也"，凡就是凡例，即杜预所说的"发凡以言例"，但杜预认为"凡例"都是"周公之垂法"，刘师培说："汉儒旧说，'凡'与'凡'，无新旧之别。"至于杜预以为凡例都是周公旧典，则"魏晋以前，未闻斯说"。赵匡也反对此说，"杜预云凡例皆周公之旧典礼经。按其传礼例，云'弑君称君，君无道也；称臣，臣之罪也'，然则周公先设弑君之义乎？又云'大用师曰灭，弗地曰入'，又周公先设相灭之义乎？又云'诸侯同盟，薨则赴以名'，又是周公令称先君之名，以告邻国乎？虽夷狄之人，不应至此也。"②总之，"凡例"在中唐新《春秋》学这里摆脱了杜预的观点的束缚，更接近事实了。刘禹锡在这里不是对《春秋》经文的义例的揭示，而是对《左传》传文笔法的一种归纳。从这条具体内容上看不出特别之处，杜预和啖助等人也未对这个"帅能曰以"做出凡例的归纳的，但这条"凡例"，无疑是需要对《春秋》和《左传》全书的相关记载内容都有所把握的前提下才能作出归纳，所以该条内容的意义在于可以展示研究《春秋》的义例问题这样一种学风在刘禹锡身上的体现。这条

①　陶敏，陶红雨，校注．刘禹锡全集编年校注：下册：刘宾客嘉话录［M］．长沙：岳麓书社，2003：1381.

②　陆淳，撰．春秋啖赵集传纂例［M］．北京：商务印书馆，1936：9.

内容由陶敏先生辑入韦绚的《刘宾客嘉话录》中。刘禹锡向后生谈论自己的学术研究所得，是可以想见的情景，但是现存相关材料较少，此一例算是管中窥豹。可以断定，刘禹锡对《春秋》的研究应不止于此。

刘禹锡也注意到《左传》的写作艺术，"段相文昌重为《淮西碑》，碑头便曰：'韩宏为统，公武为将。'用《左氏》：'栾书将中军，栾黡佐之。'文势也甚善。亦是效班固《燕然碑》样，别是一家之美。"平淮西的胜利是宪宗朝的一件大事，受命所撰之碑也是意义非常的大手笔。要写得典雅郑重，一般要以经书为典范。刘禹锡对段文昌的碑评价很高，特别是开头"韩宏为统，公武为将"，认为与《左传》的"栾书将中军，栾黡佐之"，笔法近似。叙事明白，同时气势陡健。

以上两例合观，刘禹锡对《左传》中的军事描写的义法和句法都很关注，大约也是与中唐的军事形势有关。

刘禹锡的文学创作，自然也与他所接受的《春秋》学有一定的关系。不仅在思想内容上，而且在一些文学特点上，这种影响关系也是存在的。这个问题可以深入研究，笔者限于浅见，选择两个方面来试说。

四、刘禹锡文学与《春秋》学关系之一：刘禹锡之文对人情常理的体察和敷写

刘禹锡的文章与柳宗元相比，首先在语言上，刘文明显更简易畅达；其次在内容上，刘禹锡似比柳宗元更善于敷陈人情，可以说刘禹锡说理叙事等大多本之于人情常理[①]，看似平淡，却能世事洞明，让人不由得不信服。刘禹锡缺少柳宗元的崖岸，但对人情世故的通透理解和智慧在流水般的行文中流露出来，浃人心府。

因此，如果说柳宗元接受了啖、陆思想的内核及其深刻和锐利的思想风格，保持了对现实的高姿态、不屈服的批判性，那么刘禹锡可以说是接受了啖、陆思想中重视人情常理的一面。这显示两人由于秉性不同，在接受同一种学问思想时的确会各有侧重。

对人情常理的重视，在啖助和赵匡的著作中常可见到。

（1）《纂例》卷九《讳义例》啖子曰："今言他人之遇屯、否、罪、戾、死丧、耻辱，则正言之，至于所尊所敬，则婉顺言之，此盖是人情常理，春秋讳避之道亦尔。"

---

① 《上杜司徒书》赞叹韩非子的《说难》《孤愤》"善言人情"。

（2）《辨疑》卷一"隐公八年"啖子批评《左传》"郑人请祊周公，已不近人情矣"①。

（3）《辨疑》卷三"庄公三年"啖子认为《穀梁传》所说"停尸七年以求诸侯，非人情也"②。

（4）卷七"文公七年"啖子批判《公羊传》"不近人理"③。

（5）卷八"宣公五年"啖子批判《左传》"就邻国之君而为大夫求婚，不近人理，盖妄也，若实然，必有异文"④。

（6）卷十"昭公十九年"批评《左传》"此言多从委巷之谈，不近人理，又与经不合，故不取"⑤。

（7）《春秋微旨》"襄公三十年夏，五月，甲午，宋灾伯姬卒"，啖助说："圣人之教，为可传也，为可继也。"⑥ 宋国火灾，伯姬恪守"妇人夜出，不见傅母不下堂"的礼节，死于火。啖助认为这个礼节不符合自然人情，不值得提倡。礼制要具有可行性，能"可传""可继"，有生命力，必须符合人的自然人情。标置过高，只能使礼制失去意义。或者在实际生活中，人们要不要遵行某些礼制规定，要看具体情况，"以权辅正"，对于不符合人情的情况，可不遵守。

以上是不完全的例子。不过可以看出，以人情常理作为判断三传所记载的礼仪和行为的标准，主要来自啖助，陆质把其师的相关看法都记录了下来，而且主要出于《辨疑》一书。这也与《纂例》中所说的"原情为本""以诚断礼"一致。啖、陆对"尧舜之道"和"周公之礼"矛盾的揭示，也是为了说明礼制和道德伦理的规范有时与自然人情不一致的情况⑦。陆质和啖助是一脉相承的。《辨疑》这本著作，柳宗元至少在被贬后，在凌准处得此书并仔细阅读研究过，这在前面引文中已经提及。这是属于陆门圈子相互传阅的著作，刘禹锡也应该阅读过，这大约是不离谱的。

如果用《春秋》学惯用的义例来总结以上举证的啖子之"传"文的话，那么可以总结出这样一条义例：《春秋》必依"人情常理"，圣人之旨都不出"人情常理"。啖子持此义坚定不移，甚至由此而疑传、疑经。

---

① 陆淳，撰. 春秋集传辨疑［M］. 北京：商务印书馆，1936：9.

② 陆淳，撰. 春秋集传辨疑［M］. 北京：商务印书馆，1936：33.

③ 陆淳，撰. 春秋集传辨疑［M］. 北京：商务印书馆，1936：76.

④ 陆淳，撰. 春秋集传辨疑［M］. 北京：商务印书馆，1936：87.

⑤ 陆淳，撰. 春秋集传辨疑［M］. 北京：商务印书馆，1936：112.

⑥ 陆淳，撰. 春秋微旨［M］. 北京：中华书局，1991：65.

⑦ 朱刚. 唐宋四大家的道论与文学［M］. 北京：东方出版社，1997：104.

　　刘禹锡《寓兴二首》其一："常谈即至理，安事非常情。寄语何平叔，无为轻老生。"刘禹锡的思想观点都从常谈而出，是朴素的，并非故作高深，所以不赞成清谈式的脱离实际的思想方式。《偶作二首》其一："寄谢嵇中散，予无甚不堪。"对世俗是采取深入其中的态度。只有深入"世情"之中，才能了解"世情"，所以是"世情闲尽见，药性病多谙"（《偶作二首》其一）。总之，刘禹锡思想不高蹈，不凌空，比较平实。

　　《春秋》学看起来与人生哲学似乎关系很远。啖子和陆质思想展现出来的对人情的重视，本意是为了判断礼制是否合理，以及如何行礼的问题，也就是说主要是政治哲学的；但把政治哲学落实到人情上，意义往往就超出了政治本身的范围，具有渗透到人生哲学和文化哲学领域的可能性。如果说柳宗元受此影响而把实用主义的态度融入对反怪异、对民本之旨的全力支持上，和对固有的思想弊端的批判之中，那么刘禹锡则是形成了重视人情常理的一种人生态度，并将其转化成一种文学的内在精神。如果说柳宗元所反复强调的"中庸"主要是作为在复杂现实中落实"道"的基本方法和理解"道"的认识方法，那么刘禹锡则主要将其作为一种生活态度，融化在自己的生命里，近似于极高明而道中庸的境界。所以刘禹锡反而不像柳宗元那样时不时地强调"中庸"，因为生命即在"中庸"之中，一切出之以日常理性。

　　刘禹锡对日常生活一直保持广泛的兴趣，即使被贬，也不改本色。他对文学、医药、棋艺、茶艺、书法、音乐、饮宴等都有浓厚兴趣，虽然诸色不可能都造其极，但都是行家，修养全面、均衡。比如书法似不如柳宗元名气大，但造诣也匪浅，在其中也很能有自得之趣；文学上诗文风格似不如柳宗元那样的个性突出，奥深逊于柳，但健举又胜于白，能得中和之美；在艺术性上能有畅达之致和滋味之永，不能不说也是一种极高明而道中庸的生活态度在艺术上的体现；至于医药之精湛，足以卫生延年，那是人们都共见的好处了；音乐欣赏之妙趣，对他的富有流动感和丰富的想象力的古体诗艺术的影响也是显见的。"世情闲尽见，药性病多谙"，说的就是对生活顺其自然而又积极融入的态度，对生活本身的丰富性保持认可。"人情便所遇，音韵岂殊常。"（《酬乐天闻新蝉见赠》）学习生活本身的丰富性，以形成自己的精神世界的丰富性。

　　对人情常理的重视，体现了刘禹锡是一个生活化的文学家。他对世事的观察并不自异于常人，但他的长处就在于对人情事理的极敏锐的感受力，以及将其比较充分地表达出来的才情。不少诗评家都指出过刘禹锡诗歌善于"言情"，有委曲详尽之妙，有写出人人所能感而人人所不能言之情语的本领。方回说："每读刘宾客诗，似乎百十选一以传诸世者，言言精确。"（《瀛奎律髓》卷三）又"刘梦得诗格高，在元白之上，长庆以后诗人皆不能及。且是句句分晓，不吃气力，别无暗昧关锁"（《瀛奎律髓》卷十四）。蔡绦："刘梦得诗，典则既高，滋味亦厚，然正似巧匠矜能，不见少拙。"（《苕溪渔隐丛话后集》卷三三）胡震亨："词总华实，运用似无甚过人，却都惬人意。"（《唐音癸签》卷七）等。刘禹锡因其对人之常情的把握能力和杰出的表现能力。形成了虽似清畅、平淡，实际上很深永的诗歌艺术。吕本中："苏子由晚年多令人学刘禹锡诗，以为用意深远，有曲折处。"意思之深是由于人情练达，而不是语言的艰深。作为一个生活化的文学家，历经足够的岁月和磨炼，艺术也会越来越具有智慧和光彩。

五、刘禹锡的文学与《春秋》学关系之二："微婉知丘"的诗歌艺术

刘禹锡诗文艺术以含蓄而富有余味为突出特点。白居易曾多次赞赏刘禹锡这一写作才能。例如《哭刘尚书梦得二首》其一对刘的文学艺术盖棺定论："杯酒英雄君与操，文章微婉我知丘。"认为二人总体相敌，但刘禹锡"文章微婉"，白居易是能完全了解并欣赏这一点的。《孟子·滕文公下》："《春秋》，天子之事也。是故孔子曰：'知我者，其惟《春秋》乎！罪我者，其惟《春秋》乎！'"即是孔子之意都寓于《春秋》之中，世人如果要想明白孔子的政治见解，要在《春秋》中探求。白居易的"文章微婉我知丘"，提供了一个有意思的线索，即刘禹锡的为文委婉的笔法，是与《春秋》笔法有一定关系的，这是白居易的看法。当然这带有尊经的观念，有以经书来提升其友文学高度的用意，但对于探究刘禹锡的含蓄笔法的艺术成因还是有帮助的。这同时说明白居易对刘禹锡的《春秋》学修养是非常了解的。

我们知道刘禹锡擅长咏史怀古类诗作。王寿昌说"吊古之诗，须褒贬森严，具有《春秋》之义，使善者足以动后人之景仰，恶者足以垂千秋之炯戒"，并说读《西塞山怀古》前半篇"令人凛然知忧来之无方，祸难之无日，而思患预防之心，不可不日加惕也。吁，至矣"①。这是不是可以作为刘诗"微婉"与《春秋》相关的表现之一呢？此话题尚待再论，先陈示于此。

陈寅恪先生则认为："乐天此挽诗非应酬之苟作，其标举春秋文章微婉之旨，正梦得之所长。乐天自以为长其所短，而平日常欲删其烦，晦其义，以求改进者也。"②这是单纯从"微婉"的意思上说的，其中所述诗歌史事实，也

① 王寿昌. 小清华园诗谈［M］. 上海：上海古籍出版社，1983：1910－1912.
② 陈寅恪. 元白诗笺证稿［M］. 北京：生活·读书·新知三联书店，2001：353.

是对的。

六、刘柳"道"论与文学特点的简单比较

如果大体认定刘禹锡属于新《春秋》学派中人，那么可以认为柳宗元和刘禹锡是这一学派中文学成就最突出的两位文学名家。刘禹锡对儒"道"的主张及其文学创作的特点，可以通过与柳宗元的比较见出。柳宗元在思想的进一步阐发上很用力，陆质的思想可以说经过他的阐释，进一步发扬光大。当然柳宗元的思想也有自己的侧重点，他特意发掘了啖、陆的民本和大公的思想内核，使尧舜之道的内涵更为明确和充实。本着一种智识主义[①]的精神，对中唐的思想弊端进行批判。文学也成了明道的必要手段。刘禹锡继承了《春秋》学改革时弊的观念，以"大中"之道来指导政治，具有改造现实政治的自觉意识。但他对《春秋》学理论直接阐发的较少。刘禹锡也形成了一种智识主义的思想倾向，但除了对现实政治的关切外，主要是形成了重视日常人情常理的生活态度。在智识主义的表现上，刘禹锡更生活化和日常化。柳宗元的文学侧重批判，以及书法的褒贬，以实现明道功能；刘禹锡的文学是他重视人情常理的生活观念的艺术表现，在风格和表达上，比起柳宗元来更像是一个生活化的文学家。

（作者单位：山东师范大学）

---

①　日本学者，如户崎哲彦称之为"合理主义"，与笔者的"智识主义"的说法大体一致。"智识主义"更照顾到柳宗元的佛教思想背景因素，佛教追求"智"，柳宗元的这一思想既有儒学的背景，又有佛教的背景。这一问题，尚待详论。

文学思想研究

刘禹锡晚居洛阳时期的碑文思想

李华康

一、刘禹锡晚居洛阳时期的背景及其碑文概况

刘禹锡生于公元 772 年，卒于公元 842 年，青年时期与柳宗元同登进士第，29 岁时入杜佑节度使幕担任掌书记，31 岁调补京兆渭南主簿，32 岁时迁监察御史，次年又兼监御史。从 34 岁至 55 岁，刘禹锡先后被贬往朗州、连州、夔州等地，56 岁归洛阳以后，曾官主客郎中、礼部郎中、集贤学士、苏州刺史等职。

从大和元年（827）即刘禹锡 56 岁算起，至会昌二年（842）终老，刘禹锡的晚年生活一共有 16 年。明人胡震亨《唐音癸签》提到："刘禹锡播迁一生，晚年洛下闲废，与绿野（裴度）、香山（白居易）诸老，优游诗酒间，而精华不衰，一时以诗豪见推。公亦自有句云：'莫道桑榆晚，为霞尚满天。'盖道其实也。"① 可见刘禹锡晚年生活的主题为诗酒交游、钻研佛理，诗酒交游的主要方式就是以诗会友、相互唱和。刘禹锡早在朗州时就有"事佛而佞"的名声，由于官场失意，晚年潜心钻研佛理。他虽"事佛而佞"，却不是虔诚的佛教徒，在失意中仍怀着积极乐观的心态，关心国家政治和命运，这是他儒家思想的体现。因而，历代学者多认为晚居洛阳时期的刘禹锡会通儒释，融佛家与儒家思想为一体，形成了他独特的思想。

刘禹锡的碑文大都作于晚年，但历来研究者甚少。在刘禹锡所作的碑文中，笔者以大和元年为界，凡创作时间在大和元年及以后的划为晚年作品，总结出刘禹锡晚居洛阳时期所作的碑文共有 6 篇，按时间顺序列表如下：

---

① 胡震亨. 唐音癸签 [M]. 上海：古典文学出版社，1957：83.

刘禹锡晚居洛阳时期碑文篇目列表

序号	篇目	创作时间
1	《许州文宣王新庙碑》	开成二年（837）
2	《唐故福建等州都团练观察处置使福州刺史兼御史中丞赠左散骑常侍薛公神道碑》	开成元年（836）
3	《唐故宣歙池等州都团练观察处置使宣州刺史兼御史中丞赠左散骑常侍王公神道碑》	开成二年（837）
4	《唐故邠宁庆等州节度观察处置使朝散大夫检校户部尚书兼御史大夫赐紫金鱼袋赠右仆射史公神道碑》	开成四年（839）
5	《唐故监察御史赠尚书右仆射王公神道碑》	开成四年（839）
6	《唐故朝散大夫检校尚书吏部郎中兼御史中丞赐紫金鱼袋清河县开国男赠太师崔公神道碑》	会昌元年（841）

这 6 篇碑文中，《许州文宣王新庙碑》是宫室庙宇碑文，其余 5 篇均为墓碑文中的神道碑文。《许州文宣王新庙碑》为开成二年（837）二月刘禹锡应杜悰的请求所作，"金石录列此碑为第一千八百三十，云：'刘禹锡撰，卢迳正书，开成二年二月。此时刘禹锡已罢同州退居洛阳。'"①

《唐故福建等州都团练观察处置使福州刺史兼御史中丞赠左散骑常侍薛公神道碑》，碑主薛謇，为刘禹锡的岳父。碑文于开成元年（836）作于洛阳。关于薛謇，《刘禹锡集笺证》注："元和八年（813）十一月，以泗州刺史薛謇为福建观察使。新、旧唐书皆无謇传。是时在相位者，为李吉甫、李绛、武元衡，不知为謇援者何人。禹锡娶謇女，似非原配，参见本集卷一伤往赋笺证。此文作于开成元年（836），是禹锡退居洛阳时。"② 据载，此时刘禹锡 33 岁，在长安任监察御史。

《唐故宣歙池等州都团练观察处置使宣州刺史兼御史中丞赠左散骑常侍王公神道碑》碑主为王质，为开成二年（837）所作。"金石录列此碑为第一千八百三十九，云'刘禹锡撰，并正书。'开成四年（839）十一月。盖既葬而后立碑，碑纪葬之年月为开成二年（837）八月也。"③

《唐故邠宁庆等州节度观察处置使朝散大夫检校户部尚书兼御史大夫赐紫

---

① 刘禹锡；瞿蜕园，笺证．刘禹锡集笺证［M］．上海：上海古籍出版社，1989：80.

② 刘禹锡；瞿蜕园，笺证．刘禹锡集笺证［M］．上海：上海古籍出版社，1989：74.

③ 刘禹锡；瞿蜕园，笺证．刘禹锡集笺证［M］．上海：上海古籍出版社，1989：80.

金鱼袋赠右仆射史公神道碑》碑主史孝章，"此文开成四年（839）禹锡退居洛阳时作。"①《新唐书》云："史孝章，字得仁，资修谨。父宪诚，以战力奋，宾客用挽强击剑相矜，孝章独退让如诸生，称道皆《诗》《书》……孝章见父数奸命，内非之，承间谏曰：'大河之北号富强，然而挺乱取地，天下指河朔若夷狄然。今大人身封侯，家富不赀，非痛洗溉，竭节事上，恐吾踵不旋祸且至。'因涕下沾衿。"②

《唐故监察御史赠尚书右仆射王公神道碑》碑主为王彦威，约开成四年（839）作于洛阳。按《旧唐书·文宗纪下》：开成三年（838）七月，"甲子，以卫尉卿王彦威检校礼部尚书，充忠武军节度使。"③ 王彦威开成五年（840）为王茂元所代，故碑文约于开成四年（839）作。

《唐故朝散大夫检校尚书吏部郎中兼御史中丞赐紫金鱼袋清河县开国男赠太师崔公神道碑》碑主为崔倕，为会昌元年（841）五月所作。"金石录列此碑为第一千八百五十八，云：'刘禹锡撰，柳公权正书，会昌元年（841）五月。'"④

二、刘禹锡晚居洛阳时期的碑文思想

刘禹锡提倡"思有所寓"，尽管碑文撰写在形式和内容上都有所要求，由此会带来一定的限制，但碑文中对人物的评价及感情的流露仍可观其思想。刘禹锡的思想以儒为本，晚居洛阳时期"事佛而佞"，但从他在碑文中所表达的思想来看，无论是从为官教化的角度，还是为人立身处事的角度，刘禹锡主要奉行的是儒家积极进取的思想，佛家思想在其中并无明显表现。

（一）"大中之道"——治国之道

1. 崇尚礼教

在《许州文宣王新庙碑》中，刘禹锡便表达了儒家政治教化的思想。许州在经历了安史之乱和藩镇割据的连年战乱后，"耳悦钲鼓，不闻弦歌，目不知书，不害为智"，可见战争不仅对当地民生造成了物质上的破坏，更导致了社会风气的败坏以及社会秩序的混乱。作为一方统治者，面对战后百废待兴的局面，杜悰采取的施政手段是"元年修戒律以通众志，次年成郡政以蠲民瘼，

① 刘禹锡，瞿蜕园，笺证. 刘禹锡集笺证 ［M］. 上海：上海古籍出版社，1989：104.
② 欧阳修，宋祁，撰；陈焕良，文华，点校. 新唐书：第 3 册 ［M］. 长沙：岳麓书社，1997：2972.
③ 刘昫，等撰；陈焕良，文华，点校. 旧唐书：第 1 册 ［M］. 北京：中华书局，1997：350.
④ 刘禹锡；瞿蜕园，笺证. 刘禹锡集笺证 ［M］. 上海：上海古籍出版社，1989：87.

季年崇教本以厚民风",即以"修戒律""成郡政""崇教本"的顺序恢复民生。"修戒律""成郡政"着重强调通过法治的手段,结合地方民情制定相应政策,以逐步恢复民生、建立稳定的政治统治。这也是刘禹锡政治思想中的重要部分,他在《天论》曾提出"人之道在法制",在《砥石赋》中援引历朝历代的兴衰成败说明依法治国的重要性,法治的施行是治国的关键,也是赢得人心的关键。

在通过法治逐步建立起稳定社会秩序的基础上,要想对良好的社会风气加以改造及巩固,就应该做到"崇教本",即建立良好道德风尚及教化。刘禹锡非常推崇道德教化,"教化之移人也,如置邮焉",他认为教化可以改变人们的道德品质,从而使良好道德品质像传递文书信息的驿递一样迅速而及时地影响人们、塑造人格,从而"济济莘莘,化行风驱",遍及各方,达到传播及巩固良好的道德风尚的目的。而教化的主要内容便是兴办学校,并倡导以儒家思想为主导的道德品质。在《许州文宣王新庙碑》中,"家慕恭俭,户知敬让。父诲其子,兄规其弟。不游学堂,与拙市同。繇是縻勇爵戴鹖冠者,往往弭雄姿而观习礼义。矜甲胄者知根于忠信,服缦胡者不敢侮缝掖"便是理想的儒学主导下的社会风尚,即在礼治的主导下,人与人之间"温良恭俭让"品格的落实,以及以"君臣父子"为代表的"五伦"礼治的实施,从而达到"与化而迁,其犹性成"的效果。而且在理想的儒家社会中,不光统治者为政应当大力推行儒家教化,而且"民悦其教",人们对礼教的态度应该是接纳的、愉悦的,达到统治者和人们对儒家教化下的社会风尚认同且主动推行的效果。

通过《许州文宣王新庙碑》中刘禹锡对杜悰政绩的记述以及刘禹锡对其的褒扬态度,我们可以看出刘禹锡鼓励把礼教当作统治者的为政乃至治国之道,这也体现出刘禹锡以儒为本的思想。

2. 在其位,谋其政

为政之道可以以法治和教化为手段,而这些手段的基础和最大前提,便是为政的官员能做到"在其位谋其政"。子曰:"不在其位,不谋其政。"这句话本意强调儒家的"名分"问题,指不要僭越自己的职责去干扰别人的职责,否则便有违背礼法之嫌。但在刘禹锡所写的碑文中,他更看重在社会形势不稳定的时候,官员要敢于承担责任,尤其是主动直言上谏,这是刘禹锡所提倡的为官品德。

而如何才能为官?刘禹锡不仅主张"学而优则仕",还认为"学"是"仕"的基础和必然要求,这种思想在《唐故监察御史赠尚书右仆射王公神道碑》中足以体现。刘禹锡评价王俊"及学成,立遂为鸿儒,入用为能臣""志就而学成,名闻而身达",他"能臣""名闻身达"的基础都是"学成";《唐碑》中，王质亦是年轻时"遂力学，厚自淬琢，于《春秋》得之公是，于《礼》得之约"，方能及第从政；在《唐故朝散大夫检校尚书吏部郎中兼御史中丞赐紫金鱼袋清河县开国男赠太师崔公神道碑》中，崔偓少时"力行好学，于子道以孝闻，处伯仲间以友闻，读《易》至编绝，以精易闻"……不难发现，刘禹锡认为"学而优"是"仕"的基础，而且"学"的内容是以《春秋》《周易》为代表的儒家经典，从而为其日后从政实行儒家礼教奠定基础。

在《唐故宣歙池等州都团练观察处置使宣州刺史兼御史中丞赠左散骑常侍王公神道碑》中，刘禹锡赞扬王通"能明王道"，且能"以大中立言"，说明他对"大中之道"价值的肯定及推崇。文中提到了王通担任谏议大夫时的事迹："会宋丞相坐狷直为飞语所陷，抱不测之罪。大僚进言无益，公率谏官数辈，日晏伏阁，上为不时开便殿。公于旅进中独感激涕洟居多。由是上怒稍懈，得从轻比。"谏议大夫在朝中专掌议论，其主要职责是对朝廷政策利弊进行讽谏，对皇帝的决定及功过可以提出批评，但其权力之大小主要取决于皇帝是否听信谏议大夫的讽谏。王质作为谏议大夫，对遭遇诬陷的宋申锡敢于直言上谏，体现出他尽职尽责的精神以及刚正不阿的节操。刘禹锡对王质也给予了"终以言责为忧""内洁其志，下尽其忠，外无以挠其理"的高度评价。刘禹锡所推崇的不仅是对职责坚守的精神，更是坚守职责背后所反映的"忠君"思想，这种思想合乎儒家礼教，有利于稳定社会秩序。也就是说"在其位，谋其政"的思想是以"忠君"为代表的儒家礼教精神的体现，这种精神有利于推动"崇教本以厚民风"教化的推行，侧面反映出刘禹锡对儒家道德教化的肯定，两者相辅相成。

由此可见，刘禹锡认为笃学儒家经典是从政的基础，而从政者只有做到"在其位，谋其政"，才能稳定当时不稳定的社会秩序，两者皆为实行儒家礼教奠定基础。

（二）"孝悌为根柢，诚明梗叶之"——为人之道

在为政上，刘禹锡主张坚守职责、实行教化；而在为人之道上，在刘禹锡所撰写的碑文中体现最多的是孝道的奉行。刘禹锡在《唐故福建等州都团练观察处置使福州刺史兼御史中丞赠左散骑常侍薛公神道碑》中称赞薛謇"孝悌为根柢，诚明梗叶之；直方为天质，礼让缘饰之"，"根柢"足以说明刘禹锡把孝悌之道放在了最为基础而重要的位置，是为人立身处世之本；他在《唐故朝散大夫检校尚书吏部郎中兼御史中丞赐紫金鱼袋清河县开国男赠太师崔公神道碑》中赞颂崔偓"力行好学，于子道以孝闻，处伯仲间以友闻"，提倡孝道是美德的重要部分，鼓励人人奉行孝道。

"人之行，莫大于孝"，在刘禹锡撰写的碑文中，孝道不仅指的是子女对长辈的奉养，也包含对父辈事迹的记述以及其德行的宣扬。刘禹锡在《唐故监察御史赠尚书右仆射王公神道碑》中强调"人子之孝，在乎扬其先德以耀于远"，认为弘扬祖上德行的目的在于"耀于远"，使父辈、家族的名声远扬。刘禹锡在《唐故宣歙池等州都团练观察处置使宣州刺史兼御史中丞赠左散骑常侍王公神道碑》中提到王质的子女"窃惧世父之德音不扬，思有以垂于后者"，可见子女要想做到真正奉行孝道，不仅要在父母生前尽到侍奉的责任，也要在父母去世后对他们的德行进行远扬，以垂后世。

在刘禹锡所撰写的碑文中，孝道也可以和忠君相结合。《唐故邠宁庆等州节度观察处置使朝散大夫检校户部尚书兼御大夫赐紫金鱼袋赠右仆射史公神道碑》主要叙写史孝章劝其父史宪诚以魏博镇归顺朝廷，以及率众征讨沧景叛镇李同捷两件事。史孝章忠于朝廷，劝说其父入朝后，"天子闻而嘉之，曰：'彼真孝子。'"可见刘禹锡认为忠与孝并不矛盾，两者可以相结合，尽孝也是尽忠的一种方式，但尽孝的目的是为了尽忠。史孝章因为忠孝两全，从而立身理家、保持爵禄；国君通过提倡尽孝的方式，可以治理国家、稳定社会秩序，因而尽孝在很大程度上要回归到以儒家礼教为核心的教化中，为忠君服务，实现忠与孝的两全。

三、结论

从刘禹锡生平的碑文创作来看，其所作碑文共18篇，按类型归类如下表所示：

刘禹锡生平所作碑文列表

序号	类型	作品
1	记功碑文	《高陵县令刘君遗爱碑》
2	宫室庙宇碑文	《代郡开国公王氏先庙碑》
3		《彭阳侯令狐氏先庙碑》
4		《许州文宣王新庙碑》
5		《成都府新修福成寺记》

（续上表）

序号	类型	作品
6	墓碑文	《唐故朝议郎守尚书吏部侍郎上柱国赐紫金鱼袋赠司空奚公神道碑》
7		《唐故福建等州都团练观察处置使福州刺史兼御史中丞赠左散骑常侍薛公神道碑》
8		《唐故朝散大夫检校尚书吏部郎中兼御史中丞赐紫金鱼袋清河县开国男赠太师崔公神道碑》
9		《唐故宣歙池等州都团练观察处置使宣州刺史兼御史中丞赠左散骑常侍王公神道碑》
10		《唐故邠宁庆等州节度观察处置使朝散大夫检校户部尚书兼御史大夫赐紫金鱼袋赠右仆射史公神道碑》
11		《唐故衡岳大师湘潭唐兴寺俨公碑》
12		《大唐曹溪第六祖大鉴禅师第二碑》
13		《袁州萍乡县杨岐山故广禅师碑》
14		《唐故监察御史赠尚书右仆射王公神道碑》
15	记赞类碑文	《牛头山第一祖融大师新塔记》
16		《佛衣铭并引》
17		《毗卢遮那佛华藏世界图赞（并序）》
18		《夔州始兴寺移铁像记》

　　与刘禹锡晚居洛阳时期所作碑文篇目相比，不难看出，刘禹锡晚居洛阳时期所作碑文以墓碑文为主，均未体现佛教思想；而包含佛教思想内容的碑文如《唐故衡岳大师湘潭唐兴寺俨公碑》《袁州萍乡县杨岐山故广禅师碑》《牛头山第一祖融大师新塔记》《佛衣铭并引》《毗卢遮那佛华藏世界图赞（并序）》《大唐曹溪第六祖大鉴禅师第二碑》，均在晚居洛阳以前所作。瞿蜕园先生说："禹锡方以郎官值集贤院。集中徇人之请而作碑志，多在此时及晚年退居洛阳时，盖惟此数年中身名稍泰也。"① 可见刘禹锡晚居洛阳前后名声较被贬时期更大，因而有许多高官的家属请他为逝世的高官撰写墓志铭。碑文的创作主要

① 刘禹锡；瞿蜕园，笺证．刘禹锡集笺证［M］．上海：上海古籍出版社，1989：44.

与其所述对象相关，但仍能反映出刘禹锡晚居洛阳时期所作的碑文以儒家思想为主；而刘禹锡晚居洛阳时期的生活为诗酒交游、钻研佛理，本应寄情佛教，消极避世，刘禹锡"事佛而佞"心态与其碑文中积极入世的儒家思想之间不免有些矛盾。

一方面，这是由碑文的记功性质及碑主身份决定的。树碑用以歌功颂德的风气始于秦而盛于汉，到了唐代，碑文打破了传统的写法，许多碑文以传记手法行文，人物事迹详细、生动，文采斐然。无论是宫室庙宇碑文还是墓碑文，都会对宫室庙宇的建造者或墓碑主人的功绩和德行进行记述，碑文的记功性质便决定了大部分碑文包含了其对碑主政治功绩的赞颂，从而体现出儒家积极入世的思想。此外，刘禹锡晚居洛阳时期所写碑文的主人大都曾在中央或地方任官，碑主的官员身份也决定了其碑文对儒家"在其位，谋其政""大中之道"等积极入世思想的赞颂。

另一方面，儒家积极进取思想的表达是刘禹锡对入仕的渴望与现实的落差造成的失望心态的反映。刘禹锡在永贞革新失败后屡遭贬谪至朗州、连州、夔州等地，晚居洛阳时期又担任闲职，仕途的失意便带来壮志难酬、报国无门的落差感。在《唐故朝议郎守尚书吏部侍郎上柱国赐紫金鱼袋赠司空奚公神道碑》中他就"称颂奚陟'公少以名器自任。及显达，急于推贤。视其所举，则在西省荐权丞相，由右史掌训词；在中铨表杨仆身，由地曹郎综吏部。二公后为天下伟人。'……史称奚陟为人能宽平守法，躬亲庶务。刘禹锡在此特别赞扬他能荐贤，便有借端明志之意。就在这篇文章中，他还流露了对杨炎的好感，'丞相杨炎勇于用才，擢公为左拾遗。'"[①] 在《唐故朝散大夫检校尚书吏部郎中兼御史中丞赐紫金鱼袋清河县开国男赠太师崔公神道碑》中，"韩晋公时为户部侍郎，掌帮赋，急于用材，荐公为监察御史，主河东租庸之务"。宋朝王谠在《唐语林》中也称韩晋公"久镇浙西，所取宾佐，随其所长，无不得人"[②]。对官员选贤举能品德的赞扬和肯定也寄托了刘禹锡对朝廷、对当权者的期待，同时也是刘禹锡仕途失意、壮志难酬时渴望被贤者任用的心理写照。

参考文献

[1] 刘禹锡；瞿蜕园，笺证. 刘禹锡集笺证 [M]. 上海：上海古籍出版社，1989.

---

① 吴汝煜. 刘禹锡评传 [M]. 西安：陕西人民出版社，1985：164.
② 王谠. 唐语林 [M]. 北京：中华书局，1978：97.

［2］吴汝煜．刘禹锡传论［M］．西安：陕西人民出版社，1988.

［3］欧阳修，宋祁，撰；陈焕良，文华，点校．新唐书［M］．长沙：岳麓书社，1997.

［4］刘昫，等撰；陈焕良，文华点校．旧唐书［M］．北京：中华书局，1997.

［5］肖瑞峰．刘禹锡诗论［M］．长春：吉林教育出版社，1995.

［6］卞孝萱，卞敏．刘禹锡评传［M］．南京：南京大学出版社，1996.

［7］董仲兰．稳中求新，平中显胜：刘禹锡碑文研究［D］．武汉：华中科技大学，2007.

［8］胡利霞．播迁一生，洛下闲废中的高歌：刘禹锡晚居洛阳及其散文创作探析［D］．武汉：华中科技大学，2007.

［9］李志强．刘禹锡与佛教关系原论［D］．上海：复旦大学，2005.

［10］肖瑞峰．刘禹锡与洛阳“文酒之会”［J］．社会科学战线，2015（7）.

［11］洪迎华，尚永亮．20 世纪以来刘禹锡思想、文学研究述论［J］．广东技术师范学院学报，2010，31（8）.

（作者单位：华南师范大学）

刘禹锡文学思想的哲学维度与历史视野

张东哲

对于刘禹锡文学思想的探讨，前贤已有述及，且以诗论居多。通览刘禹锡文集作品，笔者发现其文学思想自成一家，既有关于文学本体的形而上的论述，亦不乏对于为文之用、创作方法论等形而下问题的阐释。刘禹锡还具有一种从文体功用方面形成的文体自觉意识，其对于文章之论与诗歌之论即采取了不同的阐释路向，而此种阐释路向的差异可以追溯至其文化本体的不同。刘禹锡文学思想之丰富，与其极强的哲学思维有关，亦与其接受的文化思想之丰富有关，哲学思维使其从创作的感性经验中提炼出抽象的理论，接受的文化思想使其理论的广度得以提升，亦使其理论打上了鲜明的文化烙印。因此，从哲学思维和历史眼光出发审视刘禹锡的文学思想，会有新的发现。

一、文章之论与清流政治及经学

刘禹锡的文章之论，主要见其集纪文中。通观其文章之论，可见以下特征：

其一，刘氏文章之论中，文章之指向为章表诏奏等应用文体。刘氏之所以看重这类应用文体，乃因其文之用风力无穷，甚至可以达到代朝廷立言之用。其《唐故中书侍郎平章事韦公集纪》中，明确将韦处厚之文分为"文士之词"和"润色之词"：

> 谨按公未为近臣已前，所著词赋、赞论、记述、铭志，皆文士之词也，以才丽为主；自入为学士至宰相以往，所执笔皆经纶制置财成润色之词也，以识度为宗。观其发德音，福生人，沛然如时雨；褒元老，谕功臣，穆然如景风。命相之册和而庄，命将之诰昭而毅……逢时得君，奋智

谋以取高位，而令名随之，岂不伟哉！①

刘禹锡明确将韦处厚成为翰林学士之前和之后的文章分而视之，虽则强调的是韦处厚个人的文章之才和文风的转变，但也说明刘氏认为两种文学书写的境界并不相同，而韦处厚通过翰林学士这一职位而写作的"润色之词"直接提升了他文章的境界。翰林学士所作"润色之词"以诏策表疏类应用文体为主，其境界高远主要体现在文章之用上。"褒元老，谕功臣"指代君主立言、替君主起草诏令，如韦处厚所作《答李德裕丹》代皇帝对李德裕下诏，赞其文才功业及直言劝谏之忠心，固有"发德音，福生人"的春风化雨之用。

又其《唐故相国赠司空令狐公集纪》，对令狐楚文章才能的具体表现作了详尽论述：

> 武帐通奏，柏梁陪燕，嘉猷高韵，冠于一时……导畎浍于章奏，鼓洪澜于训诰。笔端肤寸，膏润天下。文章之用，极其至矣。而又馀力工于篇什，古文士所难兼焉。昔王珣为晋仆射，梦人授大笔如椽，觉而谓人曰："此必有大手笔事。"后孝武哀册文乃珣之词也。公为宰相，奉诏撰《宪宗圣神章武孝皇帝哀册文》，时称乾陵崔文公之比。今考之而信，故以为首冠，尊重事也。②

首言令狐楚长于奏启之文和应制宫廷诗，且其中含治国之策，格调自高，为当世之冠。又进一步叙其"文章之用"，赞其章奏训诰之作风力无穷，有疏浚天下、鼓动洪流的威力，笔端方寸之间即有润泽万物之能，将文士之社会角色做到极致，故"文章之用，极其至矣"。事实上令狐楚在宰相和"一代文宗"的双重身份之下，其表状奏启确是最能代表其文学成就的文体。其文直接记录了中晚唐政治事件，而其文之用，表现在多方面：如《贺剑南奏破吐蕃表》《贺行营破贼状》宣战争得胜之喜以振民心；《为人谢问疾状》《为人谢问疾兼赐药等状》叙为百姓疾病不辞辛劳以聚民心；《诛王涯等人书》《请罢榷茶使奏》表宦官作乱之时不畏强权勇敢斗争之决心；甚至《旧唐书·令狐楚》中记载军中哗变被胁迫时，令狐楚写出感人肺腑的遗表，令三军感泣，

---

① 刘禹锡；瞿蜕园，笺证. 刘禹锡集笺证［M］. 上海：上海古籍出版社，1989：487.
② 刘禹锡；瞿蜕园，笺证. 刘禹锡集笺证［M］. 上海：上海古籍出版社，1989：497.

可见其文之荡气回肠，具稳定军心之力。① 刘禹锡文中还记载了令狐楚因撰《宪宗圣神章武孝皇帝哀册文》，被时人比之为撰《则天哀册文》的崔融，刘氏赞其为"大手笔"。唐代"大手笔"含义丰富："一是指非常重要的文章，另一层含义是指大文章家。"② 玄宗时"大手笔"皆由崔融书写，武后时"大手笔"交给文章宿老李峤书写，③ 此为"大手笔"指文。玄宗时期的燕国公张说、许国公苏颋被称为"燕许大手笔"，二人撰写了大量的制诰、奉和应制之文，深得帝王赏识，长期代王立言，此为"大手笔"指人。然而"大手笔"不论指称作品还是作家，都与朝廷文诰有关。刘禹锡称令狐楚为"大手笔"，即以其与张说、苏颋等宰辅重臣同等视之，对其润色鸿业之文的价值和文帅词宗的地位给予充分肯定。

"大手笔"之文的终极意义，乃在于代朝廷立言，其文代表着国家威仪和帝王威严。润色洪业是"大手笔"们的追求。刘禹锡《唐故相国李公集纪》对于应用文体于中唐的实际用途，就有恰切论述：

> 上所以知君臣启沃之际，下所以备风雅诗声之义。洪钟骇听，瑶瑟清骨。其在翰苑，及登台庭，亟言大事，诚贯理直，感通神祇。龙鳞收怒，天日回照，古所谓一言兴邦者，信哉！④

李绛的文章之用，上可以开导君主沟通君臣，下可以教化民众。观李绛之文，其"上可知君臣启沃"之作，如《论裴武事》《论郑䌔事》之属，皆是宪宗对臣子持有偏见时李绛为同僚辩护所作，这就沟通了君臣关系；又有《批答宰相等贺忠谏屏风》，为替君王起草的诏书，诏书中宪宗表明了自己以明君为榜样，亲贤远佞的决心。"下备风雅诗声"之作，如《论李锜财产请代浙西百姓租税状》述平叛浙西李锜叛乱后，李绛建议将缴获的李锜家产代为浙西道百姓当年的租税，以此抚慰民心。其文如洪钟之音令人震撼，如瑶琴之音舒缓人心，文之风骨在于其人有风骨，有一言兴邦之用。

---

① 《旧唐书·令狐楚传》记载："郑儋在镇暴卒，不及处分后事，军中喧哗，将有急变。中夜十数骑持刃迫楚至军门，诸将环之，令草遗表。楚在白刃之中，搦管即成，读示三军，无不感泣，军情乃安。自是声名益重。"北京：中华书局，1975：4459－4460.

② 吴夏平. 唐代著作郎观大手笔心态考论［J］. 名作欣赏，2008（4）：9.

③ 据《旧唐书·崔融传》："朝廷所须《洛出宝图颂》《则天哀册文》及诸大手笔，并手敕付融。"《旧唐书·李峤传》："则天深加接待，朝廷每有大手笔，皆特令峤为之。"北京：中华书局，1975：2993，3000.

④ 刘禹锡；瞿蜕园，笺证. 刘禹锡集笺证［M］. 上海：上海古籍出版社，1989：480.

其二，刘禹锡将文的来源进行神秘化，以见其崇高，赋予为文者光环，甚至扩展到了外表和行为举止等因素，且刘氏认为文之才能与经学有关。

刘氏对令狐楚之文才进行了神秘化："天授神敏，性能无师。始学语言，乃协宫徵，故五岁已为诗成章。既冠，参贡士，果有名字。时司空杜公以重德知贡举，擢居甲科。琅邪王拱识公于童卯，雅器重之……归全之夕，有大星陨于正寝之上，光烛于庭。天意若曰：既禀之而生，亦有涯而落。其文章贵寿之气焰欤！"① 极言令狐楚的文才为上天赋予，天资聪颖无师自通，始学诗即协律，从幼时即以神童闻名于世。而其逝时有巨星陨落，光芒万丈，天意使其禀赋甚高位居相位，这就将令狐楚依凭"文"而熠熠生辉的一生传奇化、神秘化了。对于韦处厚之天赋作此论述："生而聪明绝人，在孩提发言成诗，未几能赋。"于李绛的文才亦给予了神秘化："天以正气付伟人，必饰之使光耀于世。粹和絪缊积于中，铿锵发越形乎文。"② 李绛之文才亦是天之所赋，居于心中为纯和之气，发乎笔端就是文。刘禹锡还将此种光环扩展到外在风度气质方面，他记述宪宗初识令狐楚，是在公主的婚礼上，时令狐楚为相礼之官，皇帝因其"礼容甚伟，声气朗彻"而认为其不凡，于是"目送良久，谓左右曰：'是官可用，记其姓名'"③，正因宪宗对于其仪表风度的赞赏，于是令狐楚升任翰林学士。李绛亦是"杰然有奇表""风仪峻整"④。

刘禹锡的文中，亦可见其文才与经学的关联密切。《唐故衡州刺史吕君集纪》曰："早闻《诗》《礼》于先侍郎，又师吴郡陆质，通《春秋》，从梁肃学文章。勇于六艺之能，咸有所祖。年益壮，志益大。"⑤ 吕温随陆质学《春秋》，文章则学于梁肃，陆质为唐代异儒，梁肃为文章大家，一儒一文的师承，对其经学与文学的交融产生奠基作用。刘氏又言："古之为书者，先立言而后体物，贾生之书首《过秦》，而荀卿亦后其赋。和叔年少遇君而卒以诮似贾生，能明王道似荀卿，故余所先后视二书，断自《人文化成论》至《诸葛武侯庙记》为上篇，其他咸有为而为之。始学左氏书，故其文微为富艳。"⑥ 刘禹锡将著书立说的才干一分为二，一为立言一为体物，即前者提出见解主张以立论应用为主，后者摹状事物以描述审美为主，但立言与体物并非没有高下主次，为文章者须以立言为首为主。刘氏又以贾谊和荀子为例，说明二人立言

① 刘禹锡；瞿蜕园，笺证. 刘禹锡集笺证 [M]. 上海：上海古籍出版社，1989：496－499.
② 刘禹锡；瞿蜕园，笺证. 刘禹锡集笺证 [M]. 上海：上海古籍出版社，1989：479.
③ 刘禹锡；瞿蜕园，笺证. 刘禹锡集笺证 [M]. 上海：上海古籍出版社，1989：497.
④ 刘禹锡；瞿蜕园，笺证. 刘禹锡集笺证 [M]. 上海：上海古籍出版社，1989：480.
⑤ 刘禹锡；瞿蜕园，笺证. 刘禹锡集笺证 [M]. 上海：上海古籍出版社，1989：508－509.
⑥ 刘禹锡；瞿蜕园，笺证. 刘禹锡集笺证 [M]. 上海：上海古籍出版社，1989：509.

体物虽兼长，但都更重视立言，吕温经历与贾谊相似，而思想与先秦儒家荀子相近。刘氏还直接指出，因弱冠即随陆质习《左传》，所以吕温自己为文模仿《左传》微言大义又宏富磅礴的文风，这就从风格上指出了经学对于其文章创作的巨大影响。实际上吕温之文中，亦随处可见经学影响的痕迹。如其《人文化成论》，主张通过"朝廷之文""政刑之文""官司之文""教化之文"以达到人文化成，批判了"近代诡谀之臣""以旗裳冕服，章句翰墨为人文"①的舍本逐末的危害，这直承荀子《乐论》以文艺移风易俗的思想。又于其《送薛大信归临晋序》中称赞薛大信的文章"根乎六经，取《礼》之简，《乐》之易，《诗》之比兴、《书》之典刑、《春秋》之褒贬、《大易》之变化，错落混合，峥嵘特立。不离圣域而逸轨绝尘不易雅制而环姿万变"②，更是直言文本于六经，且将六经对于为文之道的方方面面一一对应，将文的本体直溯至六经。刘禹锡《唐故中书侍郎平章事韦公集纪》中亦着重强调了韦处厚的经学造诣，他曾向穆宗献《六经法言》二十篇，敬宗亦因韦处厚的经学造诣和文学才能而"尤所钦倚"，刘氏还赞其"论经学，其博似刘子骏"③。察韦处厚之文，《进六经法言表》为最能代表其经学造诣者，表中极言《六经》所言为理道之极，使人达五事通三才，可使君主明天人之际，知兴亡之理，对其现实功用作了透彻的分析："理道之极，备于《六经》。虽质文相变，忠敬交用，损益因时，步骤不一，然而释三纲越五常而致雍熙者，未之有也。"④

其三，文章才能可以带来社会地位和官职阶层的提升，文章才能成为士大夫最为重要甚至是唯一看中的能力。凭借出众的词学才能，可为中唐政治文化精英，且官职多为清要之职。《唐故相国赠司空令狐公集纪》即言：

> 起文章而陟大位，丹青景化，焜耀藩方，如非烟祥风，缘饰万物，而与令名相终始者，有唐文臣令狐公实当之……始公参大卤记室，以文雄于边。议者谓一方不足以骋用，征拜于朝。累迁仪曹郎，乃登西掖，入内署，讨谟密勿，遂委魁柄，斯以文雄于国也。呜呼！咫尺之管，文敏者执而运之，所如皆合。在藩耸万夫之观望，立朝贲群寮之颊舌，居内成大政之风霆……昔王珣为晋仆射，梦人授大笔如椽，觉而谓人曰："此必有大手笔事。"⑤

---

① 董诰，等. 全唐文［M］. 北京：中华书局，1983：6342.
② 董诰，等. 全唐文［M］. 北京：中华书局，1983：6334.
③ 刘禹锡；瞿蜕园，笺证. 刘禹锡集笺证［M］. 上海：上海古籍出版社，1989：487.
④ 董诰，等. 全唐文［M］. 北京：中华书局，1983：7342.
⑤ 刘禹锡；瞿蜕园，笺证. 刘禹锡集笺证［M］. 上海：上海古籍出版社，1989：499－500.

令狐楚以文章才能位居宰相，高山仰止。其文才可雕饰万物、长养万物，与其名望高位相得益彰。刘氏文中还回顾了令狐楚的仕途历程，他从身在并州时就任掌章表书记文檄的记室，入朝后因其文学造诣从职称清要品级不高的太常博士、礼部员外郎，直至翰林学士、中书舍人，最后处理军国大事，手握朝政大权，刘禹锡《彭阳唱和集引》亦言："丞相彭阳公始由贡士以文章为羽翼，怒飞于冥冥。"① 从文雄并州到文雄于国，其文学才能最终在政治领域以终极实现。而文带来的威望与威势更是令人仰视，在地方时众人敬仰，入朝后为朝廷喉舌，拜相后其文之力可以于风云波诡的政治中运筹帷幄、形成气象。故知文才一方面带来其官职和社会地位的提升，另一方面也促使其清望舆论和文名的扩大。

《唐故相国李公集纪》记李绛凭借文章晋升的仕途：

> 惟唐以神武定天下，群慝既誉，骤示以文。韶英之音与钲鼓相袭。故起文章为大臣者，魏文贞以谏诤显，马高唐以智略奋，岑江陵以润色闻，无草昧汗马之劳，而任遇在功臣上。唐之贵文至矣哉！后王纂承，多以国柄付文士。元和初，宪宗遵圣祖故事，视有宰相器者，贮之内庭。繇是释笔砚而操化权者十八九。公实得时而光焉。②

此从宏观角度论述有唐一代对于文臣的提携和厚待，初盛唐以文至于高位者，以魏征、马周、岑文本为代表。此处之"文"，为广义的与武相对的文，在刘氏看来，"文"的才能体现在直言劝谏、才智谋略、代朝廷立言三方面。刘氏又指出中唐之际朝廷对于"文"愈加重视，以致到了"以国柄付文士"的程度。"元和初，宪宗遵圣祖故事，视有宰相器者，贮之内庭"是指翰林学士这一官职于中唐时权力达到鼎盛这一事实，自德宗时翰林学士被称为"内相"，宪宗元和初在翰林学士中进一步发展出"专授专对"的学士承旨，表明翰林学士参与中枢决策的地位得以确立，此时依靠文才的政用达到了巅峰，而文的指向也不再包蕴广泛，仅指翰林学士的本职——起草诏令这种文学才能，而翰林学士的清望也由此可知。

刘禹锡对于"文章"之才的界定以及对于"文章"之用的看法，一是明显体现了唐代清流政治文化的特征，二是受唐代六经皆文思想的影响。

---

① 刘禹锡；瞿蜕园，笺证. 刘禹锡集笺证 [M]. 上海：上海古籍出版社，1989：1496.
② 刘禹锡；瞿蜕园，笺证. 刘禹锡集笺证 [M]. 上海：上海古籍出版社，1989：479 – 480.

中晚唐的清流群体，即为当时的文学宦族。① 至中晚唐，对于"清"的评判标准已经从依靠门第变为依靠文学才能，亦即政治中对于"文"的才能的重视逐步取代了原来以郡望或官品等为主的评判标准。这种转向于张九龄即见萌芽，张九龄认为"文"的才能应该凌驾于所有其他才能之上，因为文是传达道德政治的理念和朝廷意志的终极手段。此种意识在张说、徐坚等人的鼓吹阐发下最后成为择取政治精英的新准绳。② 陆扬先生指出，中晚唐之际，"文章书写具有了一种近乎抽象意义上的礼的维系作用，被认为具有调燮阴阳、恒定天下的功能，掌握这种能力的人也以成功传递高度个人化的君主意旨为最高文学目的……在当时的社会想象中，只有通过代朝廷立言的方式，这种狭隘意义上的'文'的功用才能充分体现，文章才具有了'体国经野'的化成力量。"③ 刘勰"原夫章表之为用也，所以对扬王廷，昭明心曲"④ 亦可从文体源流角度为这一文化想象佐证。另外，清流文化还进一步向着神秘化发展，清流人物还需要满足多种条件，"清流文化虽然以强调文的作用和词学才能神秘化，以便给自身加上一道光环，这道光环随着以文辞致显的官僚家族的形成，更扩展到包括了外表和行为举止等外在因素"⑤。刘氏文中的主人公令狐楚、吕温、韦楚厚等是清流精英群体的代表，多出身于文官家族，这些家族子弟长期垄断某些被当时社会认为是最需要文辞能力的朝廷职位，特别是知制诰、中书舍人、翰林学士、礼部侍郎知贡举等，最终登廊庙成为宰相。而刘禹锡对于"文"之用的看法，则完全体现了对于清流文化的自觉认同和由衷向往，其观念根植对"文"的作用的社会想象的日益强大的中唐，体现了文和以皇帝权威为核心的政治形态的高度结合。

刘对"文章"之才和"文章"之用的观点，亦受中唐六经皆文的学术观念影响。中唐的经学研究领域，新《春秋》学派兴起，他们打破传统，主张"舍传求经"，使经学研究变得个性化和多样化。中唐的文学研究领域，韩愈和柳宗元等人继承和发扬了新《春秋》学派的批判和怀疑精神，这为"经""文"重构创造了必要的学术条件。"六经皆文"主要体现在文人的经学研究

① 有关唐代"清流"群体的命名来自于唐人书写，参见陆扬《清流文化与唐帝国》绪论及其中《唐代的清流文化——一个现象的概述》一章，北京大学出版社 2016 年版。

② 有关唐代清流精英群体的产生发展的宏观论述及个案研究，参见陆扬《唐代的清流文化——一个现象的概述》《论冯道的生涯——兼谈中古晚期政治文化中的边缘与核心》，两文均见于《清流文化与唐帝国》。

③ 陆扬. 清流文化与唐帝国 [M]. 北京：北京大学出版社，2016：244.

④ 范文澜. 文心雕龙注 [M]. 北京：人民文学出版社，1962：408.

⑤ 陆扬. 清流文化与唐帝国 [M]. 北京：北京大学出版社，2016：196.

上，如韩愈直接从文学角度诠释六经："《周诰》《殷盘》，佶屈聱牙；《春秋》谨严，《左氏》浮夸，《易》奇而法，《诗》正而葩；下逮《庄》《骚》，太史所录，子云相如，同工异曲。"① 故虽中唐"六经皆文"观念主要体现在经学研究上，但文人们也直接或间接从风格方面及散文创作方面论述了经的文学意义，这也给予了文章家新的创作视野，"六经皆文"亦间接体现在文人的文章创作中。因此六经皆文不仅是一种经学研究理论，亦是一种文学观念。而中唐科举考试重策文，则是时代对于士人"经"与"文"双重才干的要求。② 清流群体为科举出身，生活在不重诗赋而重文章的中唐时代，举子们必然要以文章才能脱颖而出，其从入仕之初即已对经之旨意与文之作法融汇于心。成为清流成员后，文章润色鸿业的追求本就与经学的话语体系一体同源。再加上清流群体或是师承上（如韦温师承新春秋学派陆质）或是自觉地（如韦处厚）对于"六经皆文"观念的认可，其文章创作中便自然打上了鲜明的经学烙印。刘禹锡对于清流群体有关文章认识的详细记载，佐证了中唐经文间的互动关系，也体现了刘氏对于此种学术风气的忠实记录和敏锐感知。

二、诗论与道释之学

刘禹锡的诗论亦自成体系，钱志熙先生认为："刘禹锡诗论的一个鲜明特点，就是注重具体的创作问题，它可以说是一种典型的创作论。"③ 钱认为刘禹锡为唐代诗人论诗的典型，他摆脱了复古诗论的批判思维，克服了风雅六义派始终停留在形而上的弊病，回归于诗歌艺术本质和艺术规律。下从创作论、方法论及本体论对刘禹锡诗论展开探索，以探其文化渊源。

刘氏创作论中，对于创作构思的心境问题有所涉及。其《秋日过鸿举法师寺院便送归江陵并引》曰：

> 梵言沙门，犹华言去欲也。能离欲则方寸地虚，虚而万景入，入必有所泄，乃形乎词。词妙而深者，必依于声律。故自近古而降，释子以诗名闻于世者相踵焉。因定而得境，故修然以清；由慧而遣词，故粹然以丽。信禅林之葩卉，而戒河之珠玑耳。④

---

① 马其昶. 韩昌黎文集校注. 卷一 ［M］. 上海：上海古籍出版社，1986：46.
② 参吴夏平. 试论中唐"六经皆文"观念的生成 ［J］. 文学遗产，2016（6）：56－67.
③ 钱志熙. 刘禹锡的诗论与诗艺 ［C］//戴伟华. 刘禹锡研究：第一辑. 广州：暨南大学出版社，2017：3.
④ 刘禹锡；瞿蜕园，笺证. 刘禹锡集笺证 ［M］. 上海：上海古籍出版社，1989：957.

　　刘氏认为，僧人之文清而丽的原因，首先在于其无欲无求，澄心静虑虚怀以待，故万景可以涌入心中，从心中流泻于笔端即成诗。刘氏不仅意识到创作者的心理状态对于诗歌创作的重要性，而且指出佛门弟子对于声律的洞悉，是其善诗的又一原因所在。禅定使其诗境清，四声使其诗协律，悟性之颖使其诗辞藻丽。而"能离欲则方寸地虚，虚而万景入"之论，必要溯源至道家"虚静"思想。《老子》云："致虚极，守静笃。"①《庄子·天道》篇："夫虚静恬淡寂寞无为者，万物之本也。"② "虚静"作为老庄哲学重要术语之一，其为"道"这一本体的存在状态，也是作为实存体的人求道的途径。刘勰在其《神思》篇中将"虚静"理论移用指绝佳的文学构思状态："是以陶钧文思，贵在虚静，疏瀹五藏，澡雪精神。"运用道家式的求道心态进行文学创作，超越了理性逻辑和功利目的，清净专一，但此"虚静"与道家之"虚静"有异：王元化先生指出："老庄把虚静视为返朴归真的最终归宿，作为一个终点；而刘勰却把虚静视为唤起想象的事前准备，作为一个起点。"③ 刘禹锡对于创作构思的理论与自道家发源的"虚静"说一脉相承，是对刘勰"文思贵在虚静"观点的直接继承。另一方面，刘禹锡为释子之诗而发此论，"因定而得境，故翛然以清；由慧而遣词，故粹然以丽"显见受释家影响。从释迦创教始佛教便有"戒、定、慧"三学，传统佛教教义中，修行者要破除迷妄进入解脱境界，首在通过外在戒律使内心生出定力，由此获得智慧，进入涅槃之境。慧能"顿悟说"打破了"戒定慧"的等次顺序："定慧体一不二，即定是慧体，即慧是定用。"④"定慧犹如何等？如灯光。有灯即有光，无灯即无光。灯是光之体，光是灯之用。"⑤ 慧能"定慧一体"说使禅成为定与慧的圆融浑一，"禅"既是修行又是得道，既是方法又是本体，既是定又是慧。"定"与"慧"令释家作诗有着天然优势，但其亦符合创作心理学的规律，有助于创作者突破语言、物象、理念、逻辑等因素的束缚，从而产生奇异的联想和想象，使境之清和词之丽互为体用。刘梦得将道家"虚静"说阐释构思心态，以禅宗"定慧"之学释诗歌境与词的来源。

　　刘禹锡对于诗歌创作的言意关系也进行了独到的阐释。他指出工于诗者"片言可以明百意，坐驰可以役万景""义得而言丧"，⑥ 他认为诗歌语言有着

　　① 陈鼓应. 老子今注今译［M］. 北京：商务印书馆，2006：245.

　　② 陈鼓应. 庄子今注今译［M］. 北京：商务印书馆，2006：393.

　　③ 王元化. 文心雕龙讲疏［M］. 上海：上海古籍出版社，1992：119.

　　④ 郭朋. 坛经校释［M］. 北京：中华书局，1983：26.

　　⑤ 郭朋. 坛经校释［M］. 北京：中华书局，1983：30.

　　⑥ 刘禹锡；瞿蜕园，笺证. 刘禹锡集笺证［M］. 上海：上海古籍出版社，1989：516.

表意的功能，由于诗歌体制短小所以要求语言表意丰富含蓄，另一方面，诗的终极追求是意，语言只是创造诗意的工具而不具有终极意义，诗借助语言而超越语言，体现了刘氏对于语言表达与创造诗意的辩证认识。这种对于言意关系的认识直承三玄哲学。老庄已对言意关系展开论述，老子认为言不尽意，道不可言，庄子亦认为言者在意，应得意忘言。《易传》首次指出"言""象""意"三者关系："书不尽言，言不尽意，圣人立象以尽意。"王弼《周易略例·明象》篇："得象在忘言；得意在忘象。"① 刘氏以言为表，以意为里，直接来源于道家的言意观。刘氏其他诗文中也有此种论述，如《答柳子厚书》有云："顾其词甚约，而味渊然以长。"② 这里就提到"词约"与"味长"的关系。《视刀环歌》中说："常恨言语浅，不如人意深。"③ 这实际上就指出了语言在传情达意方面的局限性。《上杜司徒书》中又说："悲愁惴栗，常集方寸。尽意之具，固不在言。身远与寡，舍兹何托？是以因言以见意，恃旧以求哀。"④ 这样的观点是很辩证的：语言并不是最理想的"尽意之具"，但又别无他途，所以还是要"因言以见意"。

在阐明言意关系后，刘禹锡提出著名的"境生于象外"论：

> 义得而言丧，故微而难能。境生于象外，故精而寡和。千里之缪，不容秋毫。非有的然之姿，可使户晓。⑤

不执着于言与象，而直达义与境，此为诗之最高境界，故能至者甚少。此种超越语言形象直至本体的体悟方式本就是直觉式的，接近于禅宗悟道方式。再回归于"境生于象外"这一理论本身，通俗而言，"象"为可视可感的艺术形象，它是存在的现实物象通过艺术笔法的再现；而"境"指艺术所展现的广阔的空间，给人以立体感、多维感。"象"为艺术表现的初级，"境"是在其基础上的升华。言"象"需追溯至《易》，一指卦象："圣人设卦观象系辞焉"⑥，一指天象物象："在天成象""仰则观象于天"⑦。道家发展了象的哲学

---

① 楼宇烈. 王弼集校释 [M]. 北京：中华书局，1980：610.
② 刘禹锡；瞿蜕园，笺证. 刘禹锡集笺证 [M]. 上海：上海古籍出版社，1989：266.
③ 刘禹锡；瞿蜕园，笺证. 刘禹锡集笺证 [M]. 上海：上海古籍出版社，1989：800.
④ 刘禹锡；瞿蜕园，笺证. 刘禹锡集笺证 [M]. 上海：上海古籍出版社，1989：242.
⑤ 刘禹锡；瞿蜕园，笺证. 刘禹锡集笺证 [M]. 上海：上海古籍出版社，1989：516.
⑥ 周振甫. 周易译注 [M]. 北京：中华书局，2011：232.
⑦ 周振甫. 周易译注 [M]. 北京：中华书局，2011：232.

内涵，老子《道德经》："道之为物，惟恍惟惚。惚兮恍兮，其中有象。"① 象为"道"这一形而上的本体向下落实的形而下的实存体。佛法东来后，弘道之人自须结合本土思想资源作整合，"象"成了佛道两家最初的交流契机，此中之"象"更具有超越性，多用"象外"一词。僧肇《涅磐无名论》："斯乃穷微言之美，极象外之谈者也。"② 刘勰始以"象"论文，《原道》中分为丽天之象和人文之象，《神思》"窥意象而运斤""神用象同"③，将哲学之象变演化为审美之象。"境"源出佛教，佛家以"眼、耳、鼻、舌、身、意"为六根，心与这六根作用形成"色、声、香、味、触、法"六境，由此知"境"是由主体心智感官的活动或功能所变现的结果，从而是主观之境或心灵的境界，"佛家唯识宗以所缘为境界义。所缘即心之所对、所知，则境界即心之所对、所知"④。"境"还指经由佛学造诣或宗教修养所达到的精神状态或精神世界的层级、分限。由此意而见佛教有"七境界"："计有心境界、慧境界、智境界、见境界，过二见境界，过佛子地境界，人如来地内行境界。前六者通于佛菩萨，后者则为如来之自境界。"⑤ 此揭示了境界的层级性和终极性，亦阐明"如来之自境界"为修行者实现精神超越的终极目标。至唐代王昌龄首以"境"论诗，其《诗格》论及三境："物境、情境、意境。"《诗格》之后，皎然再以"境"论诗，尤重"取境"的重要性，他认为"夫诗人之思初发，取境偏高，则一首举体便高；取境偏逸，则一首举体便逸""夫境象非一，虚实难明"。皎然首先指出了意境"虚实难明"的性质，并且一部作品的"取境"与"诗体、篇目、风貌"皆无妨碍，换句话说，意境的内涵是多元而不断变化的，是不受作品形式局限的，这也是后来意境被广泛使用的原因之一。刘禹锡幼时即向皎然学诗，其诗论亦间接受其影响，对"境"之于诗的重要性再加演绎。知其"境生象外论"，亦需溯源至道释二家。

　　除对于诗歌方法论和功夫论（即创作论）的探索外，刘禹锡也有关于诗歌本体论的阐述。其对于诗之本体和功用的认识迥异于文。《董氏武陵集纪》云：

　　　　《风》《雅》体变而兴同，古今调殊而理冥，达于诗者能之。工生于

---

① 　陈鼓应. 老子今注今译［M］. 北京：商务印书馆，2006：104.
② 　严可均. 全晋文［M］. 北京：商务印书馆，1999：1819.
③ 　范文澜. 文心雕龙注［M］. 北京：人民文学出版社，1962：408.
④ 　刘梦溪. 中国现代学术经典·唐君毅卷［M］. 石家庄：河北教育出版社，1996：8.
⑤ 　慈怡. 佛光大辞典：第1卷［M］. 北京：北京图书馆出版社，2004：113.

才，达生于明，二者还相为用，而后诗道备矣。①

此段文字扼要简明地表达了他的"诗道观"，言简义丰提纲挈领。刘氏从三个方面阐述其"诗道观"：其一，"《风》《雅》体变而兴同，古今调殊而理冥"，说明了古今诗史之流变，其体制风格虽千姿百态各不相同，然其作为诗之本质的规律和特质是不变的，"兴同"即依情而兴、依情敷词，这就从本质上对于诗歌流变给予整体性观照，此种对于诗史发展的论调既不同于六朝之"新变论"，亦迥异于复古论，既非单纯地进化论更不是退化论，刘梦得对于诗歌发展规律从整体上进行把握，体现了"通变"思想，既看到诗史发展中的"变"即个性，也点明古今诗歌的共性，显得通达全面。其二，刘氏不仅指出诗作为一种独立文体所具有的特质和规律，而且探讨了其本体落实于具体的创作中所需要的素养。对于诗人主体的修养问题，刘禹锡认为"工生于才，达生于明"，工与达为诗人需要具备的素养，而天赋之才和博览之明为达到其之途径。才性可使诗精工，而博览可对古今诗史演变与发展洞悉于心，更好地指导其创作。钱志熙先生进一步指出："诗的出色的表现，或者说完美、成熟的诗句的产生，从个体与局部来看，好像是一种才性的实现，即所谓工生于才。但诗人如果局限于具体的诗歌创作中，不积累他的诗学，将其对诗的追求尽可能推广到他所能接触到的古今中外广阔的诗歌传统与诗体领域，则不能形成其对诗的本质的高度悟解，所以刘氏主张从古今不同的体调中感悟诗兴之同，以求冥合于诗理，此即所谓达生于明。"② 其三，这里所提出的"诗道"观念，就其内涵而言，不同于陈子昂《与东方左史虬修竹篇序》所说的"文章道弊"之"道"，不同于卢藏用《右拾遗陈子昂文集序》中"道丧五百年而得陈君"之"道"，因为这都属于"风雅之道"。刘禹锡虽然也提到"风雅体变而兴同"的问题，但重点在"兴"，即情感的生发，而不在诗歌创作与社会政治之关系，而将"诗之道"与"风雅之道"分而视之，"诗道"乃为诗歌审美特质与艺术规律的本质。在《董氏武陵集纪》中，刘氏更直接将诗文比较以凸显诗之本体："诗者，其文章之蕴邪！"诗比文章更加幽隐微妙、更加韵味丰厚，诗为文之神妙。刘禹锡亦言："心之精微，发而为文；文之神妙，咏而为诗。"③ 作者肯定了文章是心灵的表现，而文比诗更加神妙，对文

① 刘禹锡；瞿蜕园，笺证. 刘禹锡集笺证［M］. 上海：上海古籍出版社，1989：516.

② 钱志熙. 刘禹锡的诗论与诗艺［C］//戴伟华. 刘禹锡研究：第一辑. 广州：暨南大学出版社，2017：7.

③ 刘禹锡；瞿蜕园，笺证. 刘禹锡集笺证［M］. 上海：上海古籍出版社，1989：518.

之道与诗之道的同异予以说明。

三、文学史观与中道哲学思想

文学史观的内涵主要包括文学史发展观和文学史发展的动力因素，依蒋寅先生之见："用'文学史观'也许更适合指称那些对文学发生、发展、构成、演变的历史进程及其原理的基本看法，而与较成熟而抽象的'理论'形态相区别。"① 故其与具体的文论诗论相比更加形而上和抽象，但比文学史理论要零散和缺少系统性。虽然中国文学史的书写到 20 世纪西学东渐之际才刚刚开始，但这并不意味着中国古代不存在文学史观。我们需从古人的言论中发掘其理论价值，用现代理论加以阐释。

刘禹锡的文学史发展观，体现了周期论和通变观。他在《唐故尚书礼部员外郎柳君文集纪》中将文学史之发展分成三代、战国、秦汉、南北朝、唐代五个阶段。② 对于五个阶段的文学发展，刘禹锡既没有认为文学发展呈退化之势，亦不持进化论，而是认为文学史发展呈曲线状态，三代、秦汉、唐代为文学发展之高潮期，而战国、南北朝为文学发展之低潮期，这就使其对文学史的发展有了通变的辩证认识。

刘氏对于文学史发展的动力因素的看法，更加豁达全面，可谓既有自律论的因素，亦不乏他律论的论调。一方面，他看到了文学发展受时代环境的影响巨大，甚至时代风气对于文学具有导向作用，文学受传统时序观影响。他认为"八音与政通，而文章与时高下。三代之文至战国而病，涉秦汉复起。汉之文至列国而病，唐兴复起。夫政庞而土裂，三光五岳之气分，太音不完，故必混一而后大振"③，这就指出国家安定政治清明对于文学发展的重要作用，而"及谪于沅湘间，为江山风物之所荡，往往指事成歌诗；或读书有所感，辄立评议。穷愁著书，古儒者之大同，非高冠长剑之比耳"④，又具物色论色彩，指出江山之助即地理环境对于文学发展的决定作用，亦有"国家不幸诗家幸"之指向。另一方面，刘禹锡也看到了个人在文学史发展中的重要作用，甚至体现出一种英雄史观。他把唐代文学之繁荣归因于帝王的尚文和爱才，《唐故尚书礼部员外郎柳君文集纪》言："初，贞元中，上方向文章。昭回之光，下饰

---

①　蒋寅．叶燮的文学史观［J］．文学遗产，2011（6）：54－63.

②　刘禹锡《唐故尚书礼部员外郎柳君文集序》：三代之文至战国而病，涉秦汉复起。汉之文至列国而病，唐兴复起。见刘禹锡；瞿蜕园，笺证．刘禹锡集笺证［M］．上海：上海古籍出版社，1989：513.

③　刘禹锡；瞿蜕园，笺证．刘禹锡集笺证［M］．上海：上海古籍出版社，1989：513.

④　刘禹锡；瞿蜕园，笺证．刘禹锡集笺证［M］．上海：上海古籍出版社，1989：540.

万物。天下文士，争执所长，与时而奋，粲焉如繁星丽天。"①《唐故衡州刺史吕君集纪》："初，贞元中，天子之文章焕乎垂光，庆霄在上，万物五色。天下文人，为气所召，其生乃蕃。"② 这就指出了帝王喜好对于文学兴衰的作用。他亦指出文坛领袖这一主体因素对于文学史的作用，认为初唐的魏征、马周、岑文本，盛唐的张说、张九龄等人，以个人力量影响着文学走向。因此文学发展的自律论和他律论，于刘禹锡的思想中互相通融和谐地存在着。

刘氏文学史观之所以包蕴广泛且具辩证色彩，乃因其中道哲学思想。刘禹锡的思想并不囿于某家学术，他广泛吸取儒道释三家之长，融会于心后自己提炼取舍，再加上独具抽象思维能力和理论创造力，故形成了海纳百川且自成一家的中道思想体系。刘禹锡的哲学思想辩证通达，且从认识论出发。如《天论》一文的写作本是因韩愈、柳宗元的有关论争而引发的，但在立论上更为辩证，原因是他认为柳宗元的观点虽然比韩愈进了一步，但仍属于"有激而云，非所以尽天人之际"。刘禹锡指出，关于天与人之关系，大致上有两种观点：一种是"阴骘之说"，以阴阳报应理论进行解释；另一种是"自然之说"，以为天道人道互不干涉。这显然都是片面的，刘禹锡则认为："大凡入形器者，皆有能有不能。天，有形之大者也；人，动物之尤者也。天之能，人固不能也；人之能，天亦有所不能也。故余曰：天与人交相胜耳。"③ 他既注意到天、人各自之"能"，又不忽视人的能动性，显然是一种更为理性、更为辩证的看法。这种思维及其立论方法，自然合乎"中道"精神。中道观的辩证理性"有助于刘禹锡以辩证的思维方式论述文艺理论问题，立论周备圆通"④。刘禹锡的中道哲学亦体现在尚变上。他作有《辩易九六论》，对《周易》"干之爻皆九而坤六"的问题进行了分析，贯穿其中的主要观点之一，就是"尚变"，故曰："九与六为老，老为变爻，七与八为少，少为定位。故曰举老而称，亦曰尚变而称。"⑤《送惟良上人并引》又谓："数起于复之初九，音生乎黄钟之宫。积微本隐，言与化合乎天人之数，极而含变，变而靡不通。"⑥ 这种尚变的中道精神，被刘禹锡运用于各个领域，如《为杜司徒让度支盐铁等使表》谈论为官与政务问题，就有"利权所在，宜适变通"⑦ 之论；《答道州

---

① 刘禹锡；瞿蜕园，笺证. 刘禹锡集笺证 [M]. 上海：上海古籍出版社，1989：513.
② 刘禹锡；瞿蜕园，笺证. 刘禹锡集笺证 [M]. 上海：上海古籍出版社，1989：509.
③ 刘禹锡；瞿蜕园，笺证. 刘禹锡集笺证 [M]. 上海：上海古籍出版社，1989：143.
④ 陈允锋. 论刘禹锡的中道观及其对文艺思想的影响 [J]. 宁夏社会科学，2005（2）：45 - 55.
⑤ 刘禹锡；瞿蜕园，笺证. 刘禹锡集笺证 [M]. 上海：上海古籍出版社，1989：173.
⑥ 刘禹锡；瞿蜕园，笺证. 刘禹锡集笺证 [M]. 上海：上海古籍出版社，1989：979.
⑦ 刘禹锡；瞿蜕园，笺证. 刘禹锡集笺证 [M]. 上海：上海古籍出版社，1989：321.

薛郎中论方书书》论医药问题，亦认为"言君臣必以时""言袚禳必因其风俗"①；评论元使君谈论"政事与治兵"之作，也突出强调其"明体以及用，通经以知权""知天而不泥于神怪，知人而不遗于委琐"②。这显然也是从尚变的思想标准出发而作出的高度评价。其作用于对文学发展的思考，促成了刘禹锡崇尚通变的文艺思想的形成。

（作者单位：贵州师范大学）

① 刘禹锡；瞿蜕园，笺证. 刘禹锡集笺证 ［M］. 上海：上海古籍出版社，1989：270.
② 刘禹锡；瞿蜕园，笺证. 刘禹锡集笺证 ［M］. 上海：上海古籍出版社，1989：256.

学术史研究

《刘禹锡资料汇编》工作汇报

戴伟华　唐亚飞

刘禹锡是唐代著名的文学家、政治家、思想家，对我国文学、政治、思想的发展产生了重要的影响。因此，关于刘禹锡研究自中唐便已经展开，至今已经有一千余年的历史。但是，时至今日也未曾出现一部关于刘禹锡的汇编文献，实乃一大憾事！2017 年，以戴伟华教授为首的一批专家、学者倡议发起整理《刘禹锡资料汇编》，致力于填补这一缺憾。本篇文章即对《刘禹锡资料汇编》的工作进行汇报。汇报分为三个方面，即《刘禹锡资料汇编》的缘起及意义、《刘禹锡资料汇编》工作进展情况、《刘禹锡资料汇编》未来工作计划。

一、《刘禹锡资料汇编》的缘起及意义

刘禹锡研究的相关成果已经相当丰硕，据初步统计，专著近 40 部，论文近 1 000 篇，涌现出了卞孝萱、屈守元、瞿蜕园、蒋维崧、陶敏等研究大家。当前刘禹锡研究主要为刘禹锡生平、年谱及传记的研究，文集整理与诗文选注的研究，文学特征研究及哲学思想研究等层面。随着研究的不断深入，刘禹锡文学创作的特征、成就，生平事迹，思想体系等都越来越为人们所熟悉，许多学术问题也逐步得到解决。然而，学界至今仍未出现一套较为系统、全面的有利于刘禹锡研究开展的资料汇编。

与刘禹锡差不多同一时期的著名文学家均出版过资料汇编。如《白居易资料汇编》（陈友琴，中华书局 1962 年）、《柳宗元资料汇编》（吴文治，中华书局 1964 年）、《杜牧研究资料汇编》（谭黎宗慕，台湾艺文印书馆 1972 年）、《韩愈资料汇编》（吴文治，中华书局 1983 年）、《李贺资料汇编》（吴企明，中华书局 1994 年）、《李商隐资料汇编》（刘学锴、余恕诚、黄世中，中华书局 2001 年）、《杜牧资料汇编》（张金海，中华书局 2006 年）、《元稹资料汇编》（杨军、周相录，高等教育出版社 2014 年）等，包括元稹、白居易、韩愈、柳宗元、李贺、杜牧、李商隐等人，基本囊括了差不多同一时代最著名的文学家。然而文学成就堪与元、白、韩、柳并驾齐驱的刘禹锡尚未见一部比较翔实的资料汇编，这不能不说是一种缺憾。

2015 年 11 月 22 日至 23 日，"纪念刘禹锡赴任连州 1 200 周年暨刘禹锡学术研讨会"在连州市召开。本次会议以刘禹锡学术研讨会为契机，成立"中国刘禹锡研究会"，该研究会的成立标志着刘禹锡研究迈向了一个新的台阶，同时也开启了《刘禹锡资料汇编》工作。

综上而论，针对刘禹锡作品集而做的研究已经比较扎实，而刘禹锡研究资料的汇编工作，尚有诸多不足之处，而随着刘禹锡研究工作的进一步开展，以及借助"中国刘禹锡研究会"这一学术机构对刘禹锡研究的推动，愈加显得编纂《刘禹锡资料汇编》的工作意义重大。

二、《刘禹锡资料汇编》工作进展情况

《刘禹锡资料汇编》（以下简称《汇编》）上自唐代，下迄近代，主要收集历代文人对刘禹锡诗、文、医学、佛学所作的评论与评点，及有关刘禹锡生平事迹、交游出处、诗文集版本源流等情况的考述。《汇编》所搜罗文献，包括诗文别集、总集、诗话、词话、书论、笔记、史书、方志和类书等。凡研究刘禹锡或研究唐诗的注解笺释类著作，因其注释篇幅较大，则不予全录，而只录其凡例、序跋、解评、按语、附录等具评鉴色彩的部分。对刘禹锡诗的选本（选而无评，或有注无评），以及对刘禹锡诗的拟作、和作等，一般不予收录。对刘禹锡整篇原作，《汇编》一般不予抄录，著作中夹有评点、或有圈点等标示符号者则照录。《汇编》按作者、编者两种撰作来源辑录材料，一则见出意见的原创性，一则见出后来者接受的情况。对于材料重出者，采用互见法，一般全录其较先提出或较为完善者，在后则略录其要。凡属集体编撰者，《汇编》表述一般择一二人为编撰者代表，如著录《四库全书总目》作者为永瑢及纪昀。《汇编》按撰者时代先后顺序编次。生卒年不详者，参照其及第、为官的年份，在世的时间，著作刊刻的年代，以及在前人编纂的丛书中的位置等，大致推算编排。《汇编》对易代撰者之朝代归属，参照史书及前人编纂的大型丛书，以及其著作刊刻的年代等，作大致编排。如将陆时雍等归置于明代，将钱谦益等归置于清代。《汇编》辑录资料，尽可能据善本、标点本、整理本录入。凡遇古籍或现代标点、整理本中存在的讹、脱、衍、倒者，辑录时均在正文中径改，不出校记。脱漏者加括号添补。异体字一般统一改通行繁体字；历代朝讳，或写成缺笔，则予以恢复。《汇编》辑录各家所引诗句、文句，时有异文，除明显错误外，俱一仍其旧，以供校勘者参考。《汇编》对某些资料只节录相关内容，中间未录部分用"略"字样标示，首尾省略部分不加"略"字样。《汇编》对某些撰者的字号，某些资料的来源出处及误失疏漏

等，加编者按语，作必要的说明，以供研究者参考。引用书目按作者时代先后为序胪列，不作分类。按照上述工作流程，现已有十一万字的成果。

三、《刘禹锡资料汇编》未来工作计划

《刘禹锡资料汇编》工作将在中国古典及近代文献中搜集各方面的资料，预计总字数达 60 万字。本次汇编拟辑录从中唐至近代以来有关刘禹锡的研究资料，包括刘禹锡生平事迹的文献、刘禹锡的佚诗佚文、刘禹锡诗文的评论、刘禹锡作品的时代背景及本事的考证、刘禹锡的医学研究、刘禹锡的佛学研究等。按照时代先后排序，力求通过系统、全面的梳理，形成体制完备、资料翔实的汇编，从而服务于刘禹锡研究。

为在原有成果的基础上拓展资料，我们将采取以下步骤：

（1）仔细爬梳近几十年来刘禹锡的研究成果。如刘禹锡年谱、传论及生平行事，作品考辨、文集整理及版本研究等方面的研究成果。

（2）充分利用网络搜索工具。北京大学教授刘俊文总纂，北京爱如生数字化技术研究中心研制的《中国基本古籍库》收录先秦至民国海量的典籍资料，是编撰《刘禹锡资料汇编》的有力工具。北京万方数据股份有限公司开发的《中国地方志数据库》含有大量刘禹锡的资料，也是完成《刘禹锡资料汇编》的得力助手。

（3）实地走访。刘禹锡大部分的人生行藏都在外任，因此其为官之地应有不少的记载资料。此外，刘禹锡的后世可能还保留一些有价值的文献，这些有待进一步实地考察。

（4）关注最新的出土文献。出土文献资料不仅有墓志，还可能有其他随葬的文献。一旦出现有关刘禹锡的资料，将会是《刘禹锡资料汇编》的又一材料来源。

（5）搜集刘禹锡的医学材料。刘禹锡所著《传信方》在中国医学史上有着一定的影响力，其中的医学思想如"预防在先，治疗在后"与刘禹锡的文学、哲学、政治思想相辅相成，是构成《汇编》的重要组成部分。

（6）搜集刘禹锡的佛学材料。刘禹锡自少时就开始参悟佛学，贬谪期间更加笃信，贬谪结束后的官宦生涯也与佛学有着紧密的联系。因此，刘禹锡的佛学材料也是编纂《汇编》所要搜集的重要内容。

本项目已列入高校古委会 2017 年规划项目。项目负责人：戴伟华。项目责任人：戴伟华、唐亚飞。

（作者单位：华南师范大学）

中国刘禹锡研究会 2017 年年会暨中唐诗歌国际学术研讨会综述

杨宝祺

2017 年 9 月 23—24 日，由中国刘禹锡研究会主办，洛阳师范学院文学院、华南师范大学文学院承办的"中国刘禹锡研究会 2017 年年会暨中唐诗歌国际学术研讨会"在洛阳市顺利召开，来自浙江大学、复旦大学、华南师范大学、中国社会科学院文学研究所等高校和科研机构的专家学者 40 余人参加了会议。本次会议汇集了戴伟华、胡可先、查屏球、陈才智等古代文学研究专家，同时吸引了不少博士、硕士与会。青年力量的加入，给会议吹来一股新风，使刘禹锡研究呈现出健康持续的发展趋势。

本次研讨会分大会开幕式、大会报告、小组讨论、闭幕式等多项议程。中国刘禹锡研究会会长、广州大学戴伟华教授，常德市刘禹锡研究会会长曾祥永教授，洛阳师范学院副校长赵海彦教授，洛阳师范学院文学院院长刘继保教授为大会致开幕辞。

本次研讨会收到论文 40 余篇，涉及刘禹锡的创作、交游、物质生活、思想，还有中唐时期诗歌个案研究、政治立场研究、出土文献相关问题考论等内容。在广度和深度上均大力推动了刘禹锡研究的发展，展现了中唐诗歌研究的学术前沿和热点趋向。

一、《刘禹锡资料汇编》工作汇报

从事刘禹锡研究工作，多以瞿蜕园《刘禹锡集笺证》和陶敏、陶红雨《刘禹锡全集编年校注》两本专著作为依托。除了瞿、陶两家，还有近 40 部专著、上千篇论文是刘禹锡研究的相关成果。而这些资料均未得到系统的整理，以便后学继续深入研究刘禹锡的生平、创作、成就，乃学术界的遗憾。戴伟华教授作为中国刘禹锡研究会会长，邀请专家、学者参与《刘禹锡资料汇编》编纂工作。此项编纂工作已被列为中国高校古籍整理研究项目。

会上，戴伟华教授和其博士生唐亚飞就《刘禹锡资料汇编》相关工作进展作了汇报。汇报分三方面进行：《刘禹锡资料汇编》的缘起及意义、《刘禹锡资料汇编》工作进展情况和《刘禹锡资料汇编》未来工作计划。《刘禹锡资料汇编》按作者、编者两种撰作来源辑录材料，出现材料重出时，主要采用互见法，以时间更早或更为完善者为依据。今辑录工作已有十一万字的成果，未来还会仔细梳理前人研究成果，借助网络提高工作效率，同时坚持实地走访和关注最新的出土材料，兼顾与刘禹锡相关的医学、佛学方面内容。

二、刘禹锡的文学思想与经学思想研究

本次会议中，刘禹锡的文学思想与经学思想得到多位学者的关注。学者们提交的研究成果大致可归纳为三个方面：从高处俯瞰刘禹锡经学和文学的互通互化；从经学角度切入，探讨刘禹锡经学对文学创作的影响；将刘禹锡的文学思想作为落脚点，以经论文。

吴夏平《刘禹锡经学与文学之关系考论》以"儒生与文士的分合"引出古有重经轻文的传统，到隋唐又有合流之势，提出儒生和文士身份合流造成经学研究出现"经学家的经学研究"和"文人的经学研究"两种现象，并指出刘禹锡是属于后者。刘禹锡的经学思想受施士丏的新解影响颇大。施氏学说源于"新《春秋》学"，此学属于南学，是今文经学的延续，其最突出的特点是"寻绎事象背后的义理"。刘禹锡经学思想受施氏影响而又有别于旧学，具有哲学化的特点，即吴文所谓"从具象到抽象""探究天人关系""反对旧学，力主新义"和"佛统于儒"。此文还从"经学与文学的互通互化"分"以道论文""辞赋中有哲理""回归'采诗'古义""传中有'春秋笔法'"和"化故为新的语言特色"五方面对刘禹锡的文学作品中体现出来的"新《春秋》学"色彩进行论证。此文把刘禹锡的经学和文学互通互化归结为"权力、学术、文学的纠缠"，即刘禹锡本人参与到"永贞革新"，以文人之身研究经学，选择"新《春秋》学"阵营。作者据此提出"学术的分化，实际是思想的对立"的观点。而刘禹锡优胜于经学家和一般文人并具有典型性，在于他能"将经学内化，二者融通于无形，羚羊挂角无迹可求"。

范洪杰《刘禹锡与〈春秋〉学》从刘禹锡的经学思想切入，着重梳理了刘禹锡受"新《春秋》学"影响的源流，且特设一节论述"刘禹锡与陆门子弟的关系"，并强调刘、柳二人的密切关系，指出刘禹锡虽然没有直接提到陆质，但其思想和交友圈都处处有陆门的痕迹。论文还分析了刘禹锡与柳宗元论政中主张的"大中之道"的关系，认为柳宗元大力宣扬的陆质的"大中之道"思想与王通密切相关。而刘禹锡领解"大中之道"的时间差不多与柳宗元同时。关于刘禹锡对《春秋》的研究，作者认为刘禹锡注意到了且十分看重《春秋左氏传》的写作艺术，其文有"对人情常理的体察和敷写"，其诗"微

婉知丘"，有赖于他在研究、了解春秋笔法的基础上，能将其内化为己用。

张东哲《文学思想：哲学维度与历史视野——论刘禹锡的文学思想及其文化内涵》认为刘禹锡的文学思想自成系统。刘禹锡的"文章之论"阐述了章表诏奏等应用文体能起到"代朝廷立言"的作用，以韦处厚为例，将韦处厚的文章分为任职翰林学士前的"文士之词"和任职翰林学士后的"润色之词"。刘禹锡论文的思想根植于中唐清流政治文化，且受"六经皆文"思想的影响，因而其为文之能与经学造诣密不可分。另外，刘禹锡论诗涉及创作论、方法论及本体论，为诗人论诗的典型，从中可看出道释之学对他的诗论的影响。而刘禹锡的文学史发展观则体现"中道"哲学思想，带有周期论和通变观，阐述了文学史发展的动力因素既有自律论的影子，又有他律论的论调，立论周全圆融，体现了刘的"中道"哲思。

三、刘禹锡的性格、生平对文学创作的影响研究

人所处的环境和人生经历极大地影响了人的性格的形成，而人的性格会在其文学作品中得到体现。本次会议的与会论文中亦不乏从刘禹锡的性格、生平切入，观照他的文学创作的佳作。

戴伟华《"永贞革新"与刘禹锡、柳宗元"才性"论稿》注意到了一个复合型人才的标准——才性，并将这个概念分为"政治才性"和"文学才性"，史书记载前者要多于后者。盛唐到中唐，能被称作诗人、文学家、政治家、思想家的只有刘禹锡与柳宗元二人，故取二人为观照做"才性"研究，顺理成章。研究"文学才性"，实为研究"情性"，即"才性"中的"性"，应侧重通过对某作家的作品进行研究，以反推此人性格。以刘禹锡两题玄都观诗为例，比较"刘禹锡自说""《本事诗》说"和"《旧唐书》说"，可以否定刘禹锡的玄都观诗是反映其"倔强"性格的传统说法。在"文如其人"的前提下，可从内容、题材、表现手法比较接近的诗作中反推刘禹锡与柳宗元二人的性格差异。此文引用了具体的文章和事例进行论证，将刘禹锡和柳宗元的"政治才性"归纳为："学有师法，有政治家的理论基础""仁孝之心"和"政治兴趣和热情"。分析二人的"文学才性"和"政治才性"发现，两者之间既有联系，又有差别，因而"才性"具有复合型特点。

刘禹锡独特的仕宦经历也颇受学者关注。王永波《论刘禹锡的郎官经历与诗歌创作之关系》以刘禹锡三次担任郎官的经历作为切入点，剖析刘禹锡任职期间的心路历程。一生三次出任郎官在唐代是十分罕见的，这也正是此文的研究意义所在。刘禹锡先后在长安担任郎官之职五年，这对他的心态和诗歌

创作产生了较大的影响。具体表现为刘禹锡有浓厚的"郎官意识"，这种意识来源于唐代社会对郎官的重视和郎官职位的承上启下作用。刘禹锡在任职郎官期间所创作的诗文多次使用"刘郎"意象，使得"刘郎"在中唐成为郎官的代名词并逐渐在文士群体中广泛流传。在此期间刘禹锡主要以与白居易、令狐楚、裴度、王建、元稹、姚合等人进行诗歌酬唱作为创作形式，用以表达游园与宴饮两个主题，反映其任职郎官期间悠闲精致的生活。这些酬唱往来之作是大和年间长安诗坛官员群体之间诗歌交流的真实记录，而刘禹锡诗中的悠闲是他从昂扬奋发力图有所成就逐渐向远离朝廷是非之地的心路历程的具体展现。

刘禹锡秋日题材诗中多有名句，如"自古逢秋悲寂寥，我言秋日胜春朝"，历来都受到品诗、论诗者的关注。由兴波《论刘禹锡"秋"诗的精神意蕴》统计刘禹锡涉"秋"诗近四十首，并分为"表现人生乐观精神、高雅境界""表现人生落寞悲观情绪""纯粹表现秋天景色""借秋景烘托气氛""仅借秋的季节性来写作"五类并分别举例分析，重点讨论了刘禹锡涉"秋"诗中的乐观向上精神意蕴和豪迈刚劲之气。

把刘禹锡所作的碑文作为研究对象，是从刘禹锡的生活切入，探讨他的性格和心态的又一角度。李华康《刘禹锡晚居洛阳时期的碑文思想》以统计、研究刘禹锡晚年在洛阳所作的碑文以及诗酒交游、钻研佛理的生活来观照刘禹锡彼时的心态，得出刘禹锡"对仕途的渴望与屡遭贬谪的现实形成巨大落差，儒家思想是其壮志难酬心态的反映"的结论。

四、刘禹锡的交游情况研究

刘禹锡与中唐诗坛、文坛的众多知名人物有密切的交往，与中唐政坛亦联系颇多，对他的交游情况的研究有较高的学术价值。本次会议中，蒯甜《刘禹锡朗州诗文往来人物略论》、程圳生《刘禹锡的书法水准及师承交游论略》、刘绮璐《刘禹锡的读书与交友》和吴肖丹《从叙事者和记录者的立场看〈刘宾客嘉话录〉》分别从人物、书法与师承、读书与交友、教诲后人四个主题研究刘禹锡的交游。

其中，程圳生《刘禹锡的书法水准及师承交游论略》思路新颖，注重书法与文学的结合研究。此文立足于刘禹锡传世书迹的形态水准，统计出刘禹锡书迹著录可见者凡十件，是唐代善书文士之中数量较高的。程文依据《乘广禅师碑》与《崔逖墓志》进行考察，认为前者丰润婉劲，集欧书与虞书的长处于一身，后者清健圆腴，颇似颜真卿《多宝塔碑》风格。在详细考据刘禹锡的书法风格形态、书迹著录情况、笔法师传源流、论书诗及相关交游后可知：刘禹锡的书法造诣"远宗二王欧虞，近师张旭、徐浩、皇甫阅，得徐浩一脉腴润笔意，既有虞书的外柔内刚，又有欧体的端严"，晚年的书法作品又极似颜体，在书法实践和理论方面都颇具水准。而刘禹锡与柳宗元有一组多循环式论书唱和诗传世，在文学史和书法史中都举足轻重。

程圳生《刘禹锡的书法水准及师承交游论略》是往上追溯刘禹锡的师承，而吴肖丹《从叙事者和记录者的立场看〈刘宾客嘉话录〉》是往下讨论刘禹锡的教诱思想。文章选取刘禹锡门生韦绚记录刘氏一人言论的笔记——《刘宾客嘉话录》作为研究对象，分"韦绚赴夔州的境况与记录整理的动机""叙事者刘禹锡当时的境况与政治立场""《刘宾客嘉话录》的叙事立场"和"《刘宾客嘉话录》的追忆与等待"四部分进行阐述。刘禹锡和韦绚的身份分别被定义为"叙事者"和"记录者"，通过叙事者口述的中唐各种实际人物关系，表达出叙事者对事实的立场态度。此文涉及"清流政治""永贞革新"等与刘禹锡息息相关的政治话题，并关注到刘禹锡在贬谪十六年后"述而不作"，在追忆历史的过程中反思命运。而弟子韦绚亦从老师的反思和自身经历的结合、对比中加深了对"微言大义"的理解。

五、中唐政治与刘禹锡社会地位研究

刘禹锡的人生轨迹与中唐政局的波动紧密相连。中唐政治研究的一大重点是"永贞革新"，刘禹锡与中唐政局关系研究多围绕这场改革展开，而如何立足与切入则是学者们的考量之处。本次会议有三篇关于这方面的文章：一是白金《刘禹锡在永贞革新中的作用——兼论"二王、刘、柳"的贬义内涵》，二是查屏球《政治立场的表态与地方治理的思考——柳宗元、刘禹锡与元洪三书笺释》，三是彭梅芳《刘禹锡与中唐清流文化》。

白金的文章否定了文学史上认为刘禹锡在"永贞革新"中是一位核心人物的论断。文章通过比较刘禹锡与韦执谊、韩泰、凌准等人在"永贞革新"期间的官职、所处地位和在革新中的作用，推导刘禹锡在此期间的重要程度。彼时刘禹锡的官位是判度支盐铁案，即度支盐铁转运使属下的判案郎中，同级郎官至少有四人。据此可知，刘禹锡担任的是辅佐之职，对于"永贞革新"中的律例颁行、政策改动等没有话语权，因而刘禹锡在革新中不是核心人物，只是在其中扮演了相对重要的角色而已。刘禹锡是革新中的核心人物这种错觉的产生，应是受刘禹锡在文坛地位较高的影响所致。时人所称"二王、刘、柳"亦是一种带有贬义色彩的合称。

查屏球的文章就"永贞革新"失败后的"八司马事件"进行讨论，指出贞元末年的政治精英和元和朝的负罪之人两重身份造就了"八司马"群体的独特性。文章着眼于柳宗元、刘禹锡、元洪三人的通信，从通信背景谈起，讨论、分析柳宗元与元洪论《春秋》学的寓意，大量引用先秦典籍及相关的解读，点明两人托论经来议政，结合两人在政局中的际遇，从中看两人的思想和价值取向。三人观点虽有出入，但都体现中唐政治对中唐文学产生影响后，文学呈现的一大特点：对社会民生的真切关注。元洪主张从基层建设做起，谈及具体操作方法；刘禹锡在此基础上强调审时度势、官员信用、廉政的重要性，并提出官治与吏治分离；柳宗元在两人的发言后进行总结与提升，明确从社会构成的层面阐述官吏与百姓的关系，官吏应为百姓带来公平与正义。此文还就柳宗元的岳父杨凭被贬一事进行讨论，此事从侧面证明了三人站在相同的政治立场，因而有如此密切的关系。查文通过研究三人的通信，给研究中唐政治以及"八司马"群体的心态提供了一个借鉴。

彭梅芳的文章立足于"清流政治"，认为唐代"清流"是依托进士科举得到复兴，"可视为唐王朝实现'文治'模式、强化皇权的途径和产物"。德宗、宪宗朝对文治的重视程度加大，使得"清流"群体的规模和影响力渐趋发展壮大，在唐朝末五代成为一股具有强大话语权的政治力量。刘禹锡本人进士出身、文名早著、身居清要，以"累居清秩、登践纶阁"作为从政的最高目标。此与清流群体接纳新成员的标准"入预清流的文士，须擅为'经国体野'之文章、进士科出身、居清职而远浊务、鄙吏能，德行、气度乃至容貌亦须符合清流群体的评判标准，进退有道，不结党营私"吻合。后在"永贞革新"中，刘禹锡管理盐铁务，官职由清入浊，又有结党之嫌，并且表现出个性浮薄、言多怨诽的缺点。自此，刘禹锡未再被清流群体重新接纳，"入登纶纬"的政治宏愿亦成为一纸空谈。

六、音乐与文学关系视野下的刘禹锡研究

近年来，跨学科研究在学界备受瞩目。音乐和文学这两个学科自古就有十分密切的联系，学者们在尝试突破自己的专长做跨学科研究时，音乐与文学的交叉领域备受关注。本次会议中，有多位学者就刘禹锡集中所载的竹枝词与朗州当地的民歌的联系、唐代洛阳音乐文学、唐代踏歌等问题进行跨学科研究。

从地域文化的角度切入刘禹锡诗歌与民间音乐关系的论文可见刘梦初《刘禹锡的民歌与竹枝词》和曾祥永《略论刘禹锡在朗州对民歌诗体的改造与创新》。刘文提出"民歌体"，即指刘禹锡向民歌学习后创作的新乐府诗。刘禹锡的诗歌创作向民歌取材始于朗州，朗州是楚辞的主要发源地。此地的民间

歌风在刘禹锡生活的年代炽盛依旧。刘禹锡的新乐府诗在题材上大量增加对劳动场景的描写和民俗风情的刻画，表现出刘禹锡对农业和农民的关注，因而有别于孟浩然的"牧歌式的田园风光的描写"。在诗歌主旨方面，刘禹锡推崇"语拙意工"，是一种别开生面的尝试。而刘禹锡根据巴楚民歌声情，改造、创制的一系列民歌体乐府小诗在律绝的体调基础上多了类似民歌的"明快节奏、婉转情思"与风土特色。曾文主要强调刘禹锡谪居朗州的十年，给诗人进行创作采风提供了极大空间。《畲田行》是表现朗州人民刀耕火种的作品，《竞渡曲》则是描写朗州人民端午节时为纪念屈原而赛龙舟的情景。相关的论文有魏胜权《刘禹锡竹枝词首创地的哲学思考》，此文试图用哲学分析方法论证刘禹锡《竹枝词》的首创地在朗州，且刘禹锡《竹枝词》是贬所的地理环境、风土人情与刘氏人生中才思敏捷的黄金创作期的灿烂相遇。

张之为《生长中的传统：唐踏歌的二重文化蕴义——以刘禹锡为中心的讨论》是系统梳理、研究唐代踏歌的成果。从刘禹锡被贬至朗州、夔州等地而激发踏歌诗创作发起思考，细致考究踏歌的源流、唐民间踏歌的民俗学渊源、踏歌的文学书写。踏歌以劳动、祭祀、求偶为原初发生场域，到南朝、隋代开始向私人领域延伸，"发展出个体化情感的表达与呈现"。唐代是踏歌的盛行期与变衍的关键期。文章指出，唐踏歌节会有两个核心构成因素：一是在月圆之夜举办踏歌会；二是女性是主要参与者，暗示了踏歌不仅是一种娱乐性、游戏性的活动，而且是原始巫俗的遗存，与古老的月崇拜有强烈联系。此文列举了张谔《月夜看美人踏歌》、储光羲《蔷薇》、刘禹锡《踏歌行》《竹枝词》等唐诗中的踏歌题材作品来阐述唐代踏歌的相关情况。在唐踏歌的文学表述方面，刘禹锡《竹枝词》等系列创作的影响最为显著。《竹枝词》具有巫俗文化背景，源于夜郎国流传的"竹生人"感孕神话。刘禹锡序言表明其《竹枝词》是追步屈原的《九歌》，为巴人演唱所创作的歌辞，反映了巴人踏歌的表演形态。结合皇甫松、孙光宪的《竹枝》可知，唐代以巴地为中心的《竹枝》踏歌，实则是以婚配、生育为精神核心的。刘禹锡创作一系列踏歌作品，是文人介入民间踏歌的标志，它最重要的意义是：通过文学书写，踏歌被成功赋予了崭新、丰富的文化内蕴，并以群体唱和为契机扩散传播，逐步形成创作传统。随着刘禹锡诗人群在晚唐的经典化，踏歌系列意象进一步扩散，在文学书写系统中稳固下来，历代传承。文章还考察了唐踏歌文化的"民间"与"文人"两种范型，试图将刘禹锡踏歌诗研究中经典的地域文化视角转换，在纵向社会分层中探索踏歌文化的衍变。

七、刘禹锡的物质生活研究

围绕刘禹锡的日常生活，尤其是物质生活的研究，常受到研究者的青睐。物质生活研究一般落脚在文化研究，在一个时代的价值取向研究中升华。刘青《刘禹锡诗歌中的酒与茶及其文化意义》取"酒""茶"两类饮品作为研究对象，目的是要探讨两者背后代表的两种中唐时期的价值取向。中唐酒文化承前代而继续发展，在宴饮礼制中确立了不可或缺的地位，情感基调基本定为"奋发豪迈"。茶文化则成形于中唐，精致典雅的茶事入诗营造出"冷静克制"的气氛。此文研究酒文化时，考察了葡萄酒、松醪春、竹叶青三种唐代酒品，对唐代商业研究亦起到推动作用。研究茶文化时，将茶事、茶诗、茶具结合，指出刘禹锡的茶题材作品与佛教的密切关系，总结出茶题材作品的感情基调。作者在茶文化与酒文化的对比讨论中，敏锐地发现盛唐到中唐的转变痕迹，即茶文化带给中唐的"冷静与克制"气象，冲淡了盛唐酒文化最盛时的"豪迈与放纵"气象。而中唐诗歌中的茶酒互补亦是中唐互相包容的文化特征之体现。

杨宝祺《论用俗字入诗对诗人评价的影响——从刘禹锡诗中无"糕"字谈起》从宋祁作诗讥刺刘禹锡诗中无"糕"一事有损刘禹锡"诗豪"之名发起思考。考证刘禹锡本人的传世诗作和同时期乃至有唐一代的诗作可知：一是刘禹锡诗中确无"糕"，二是唐代亦少有以"糕"入诗的作品。刘禹锡得"诗豪"之名与诗中有无"糕"关系不大，宋祁语过于偏激。

邱伊彤《刘禹锡贬谪创作中的飞虫禽鸟意象》注意到刘禹锡诗中的飞虫禽鸟意象，总结出"刘禹锡用恶虫恶禽意象讽刺小人，良虫良禽、伤禽、孤禽意象隐喻自身"的规律，从中窥探诗人在贬谪时期的心理状态和人生态度。

八、文学批评与刘禹锡的文学创作研究

本次会议涉及对刘禹锡的诗文创作的文学批评的研究只有任永安《明代诗学批评视野中的刘禹锡诗歌》。此文以时间为主要脉络，将明代数家文学批评观点罗列对比，详细地分析了明代诗人对刘禹锡诗歌创作的观感。明初期，按地域籍贯将明代诗人分类，有闽籍和浙籍之分。闽籍诗人以高棅为代表，主要论述诗歌流变，"以刘禹锡五古七律为接武、七古五排为余响"。浙籍诗人以宋濂为代表，力推标举风雅，"认为刘诗规步少陵，风雅未丧"。嘉靖年间，分派别而谈，王世贞、谢榛等后七子属格调派诗人，评刘诗"颇具才气，工

于辞藻，善于审音，然而神韵不足，格调不高"；杨慎被单独列出，分属六朝派，欣赏刘诗的"六朝风雅"和"柔情绮语"，认为"元和后当为第一"，反对把盛唐诗绝对化，是对刘禹锡的诗歌评价最高的明代学者。明代后期评刘诗仍是派别之争，许学夷、胡应麟等七子派后学坚持以格调论诗，从音调、骨力、气韵等方面对刘禹锡诗的艺术特征进行评析；竟陵派诗人则倡导"幽深孤峭"的诗风，尤为欣赏刘诗中寄情高远的作品。纵观明代各时期作家对刘禹锡诗歌的批评，可看出明代诗学观念的传承流变，有助于研究唐诗在明代的接受情况。

九、选集中的刘禹锡诗研究

刘禹锡诗歌作品除在个人别集、断代总集中收录外，在其他诗人编撰的选集中亦有收录。李经纬《〈瀛奎律髓〉所选刘禹锡诗探析》一文针对宋末元初方回《瀛奎律髓》中所选刘禹锡诗做了深入的研究。此文沿"《瀛奎律髓》的选诗标准——《瀛奎律髓》所选刘禹锡诗——《瀛奎律髓》选刘禹锡诗的评价"的思路步步深入探讨、分析刘禹锡的诗风，总结出入选方回选集的刘禹锡诗歌有如下特点：善炼字琢句，句句精密；紧扣题目，善于谋篇使事；风格多样，已逗宋格。作者以为，方回以选刘禹锡诗开示了作诗法门，并可反证方回诗学的运用，体现刘禹锡的律诗在律诗发展中起承前启后的作用。

十、刘禹锡诗文中的女性形象研究

自古以来，诗坛、文坛中男作家以女子口吻写闺怨题材的作品多不可数，而描绘女性形象的诗词亦比比皆是。李云安《论刘禹锡诗文中的女性世界》将刘禹锡诗文中的女性形象分为"市井女性形象""田野村姑形象""宫中女子形象""闺阁佳人形象"和"神仙女子形象"五类，借刘禹锡笔下的各类女子形象来反推刘禹锡其时的心境和情结，拓展了刘禹锡研究的题材。

而单取一类女性作为研究对象，也可做出女性研究的精致和趣味。肖玉聪《刘禹锡咏妓诗初探》注意到了唐代文人士大夫中盛行的狎妓之风，从咏妓诗的角度对刘禹锡诗歌进行研究。此文在题材内容上把刘禹锡的咏妓诗分成两类：一是文人士大夫的日常游玩宴饮，二是带有诗人个人感情色彩的寄情怀思。通过分析刘禹锡咏妓诗的审美追求，发现刘禹锡这类作品一改平常的"豪健雄奇"，集中表现"沉郁哀顿"，体现了阴柔美、娱悦美以及感伤美。

十一、刘禹锡史料的考证

新材料的出土及对史实的进一步挖掘，为刘禹锡的生平、交游、诗文创作乃至思想的研究开拓空间。胡可先《白居易〈与刘禹锡书〉事实考证》着眼于《白氏文集》以外的一通书札——《与刘禹锡书》，此通书札被刻入《淳化阁帖》。作为考证类的文章，首要关注的是待考证材料的真伪，《与刘禹锡书》和《与刘苏州书》因文字略同、引诗重合之类的原因曾被视作伪作。胡文对比两书侧重点发现，前者重在悼念亡友崔群，后者则是诗作唱和与诗集编纂，不能因多处内容相同将《与刘禹锡书》视为伪作。此文在考证材料的真伪后，从"书札所述白居易诗文钩稽考订""书札中所涉人事的考证"和"书札中所涉史事的考证"三方面对《与刘禹锡书》进行事实考证。文章的第二部分引用刘禹锡祭李绛文及元稹哀词、白居易祭崔群、元稹文和元稹墓志、白居易寄刘禹锡诗、刘禹锡《乐天寄忆旧游因作报白君以答》诗、刘禹锡《和西川李尚书伤韦令孔雀及薛涛之什》、白居易《沃洲山禅院记》，分六小节考证《与刘禹锡书》所述诗文。第三部分关于《与刘禹锡书》人事考证，从《与刘禹锡书》原文可知白居易自称平生与李绛、崔群、元稹、刘禹锡四人有深交，作《与刘禹锡书》时，四人中只有刘禹锡在世。此部分将白居易与上述四人交往情况与书札相关的内容加以考证、陈述。而书札中还提及韦杨子、李宗直和陈清三人，除韦杨子略有考证外，另外两人在史料中几不可考。而《与刘禹锡书》中所涉史事则放在第四部分，通过新旧《唐书》和其他书表考证大和六年的洛阳旱灾和苏州景况。从四方面对《与刘禹锡书》进行考证后，可确认《与刘禹锡书》出自白居易之手。此文对于我们研究中唐时期著名的政治人物、文学作家之间的关系，佐证唐时大事，均有较大助益。

与会学者除了关注到与刘禹锡直接相关的史料外，还从与刘禹锡挚友白居易相关的史料入手，拓宽刘禹锡研究的渠道。陈才智《韩愈、白居易〈与陈给事书〉考辨》从两书纪年、新旧《唐书》的记载、权德舆《祭奠吏部文》等资料梳理韩愈、白居易作书的缘由。两人是关系微妙的两大诗派领袖，却不约而同地致书给一位陈给事的缘由值得玩味。龙成松《新出墓志与白居易家族诸问题考论》着眼点在新出土的墓志和白居易家族问题。文章从白居易父母"甥舅婚"问题展开，借助新出土的《□□□□青光禄大夫晋州刺史白府君妻长城陈□□□志铭并序》证实白居易家与长城陈氏家族实行"交相互婚"，累世通婚造成辈分混乱。后又立足白幼敏妻邓氏墓志考究白居易家族的"党争婚"问题，得出"白居易家族与杨虞卿、邓敞、于瑰等家族交互的婚姻网络，具有了鲜明的'党派'特征"的结论。作者认为，从这些问题去看白居易在党争中的立场对理清思路更有帮助。此文还依托墓志对白居易家族谱系中的"李树代桃"问题、族源问题、祖业问题进行考证。关注相关史料，尤其是结合出土文献的最新研究动态做研究，推动了文学研究与史学、考古学研究的进一步结合和发展。

十二、中唐文学研究相关问题

本次会议议题包含"中唐诗歌"，一部分与会论文跳出刘禹锡研究的范围，涉及音乐、政治、诗派、作品分析、儒士群体、诗歌题材、中唐诗人等方面研究。

张丹阳《空间视野下的唐代洛阳音乐文学研究》颇有趣味。文章依托《唐两京城坊考》、新出墓志以及其他相关研究资料，把唐洛阳城具体里坊、街区的音乐活动与文学活动相关联，勾勒出音乐文学在空间形态上的特征。文章考出刘禹锡、白居易、元稹等著名文人的宅第或寓所，或与音乐机构所在地重合或邻近，或为乐人聚居地，或为娱乐活动集中开展的场所，为研究洛阳音乐文学提供新视角。

张巍《〈饮中八仙歌〉章法的渊源和流变》是对师祖程千帆先生就杜甫和饮中八仙的关系所发"一个醒的和八个醉的"的观点的进一步发扬和深入研究。论文着眼于《饮中八仙歌》无首无尾的独特章法，结合唐代七言古诗的创作呈现律化和反律化两种倾向，上溯源，下延伸，论证此诗是"诗中极为特殊的变体"。

关于诗歌题材的研究有咸晓婷《唐代寄赠诗的书写体式及其在别集中的变貌》。寄赠诗起于汉末魏初，盛于唐，因要遵循一定的社交礼仪和书信书写规范，初期的书写体式比后来编入别集时要远为丰富和复杂。此文将寄赠诗的原始体式分为寄赠徒诗、寄诗兼启和有诗兼序三种，并对其特征加以分析、总结。寄赠徒诗除诗题、诗文文本外，往往在诗题之下有诗人署名，诗后则题写赠诗时间。附启寄赠诗附有短书启，在启后署名，而且多无诗题。寄赠诗在被编入别集时，诗人署名均被删略，而所附书启也大多不收。而后人了解唐诗多从别集中来，但对于别集的编撰过程知之甚少。此文的写作目的在于通过考察唐诗写本以及唐诗石刻中的寄赠诗，并与传世文献作对比，揭示别集编撰过程中删启、补题、加注等若干原则和方法。

综观本次会议提交的论文及讨论，整体上显示出学术视野开阔、研究方法新颖多样的气象。学术大家功底扎实、高瞻远瞩，学界新秀思路灵活、眼光独到，各具优势。来自不同研究领域的学者们展示出自己的长处，营造浓厚的学术氛围。分组讨论时，与会者不论资历、地域，互相切磋、请教，精彩纷呈。为期两天的会议，充分展现了学者们对刘禹锡研究和中唐诗歌研究的热情与创新精神。

本次会议的圆满举办有赖于洛阳师范学院文学院全体师生的大力支持与协助。闭幕式上，中国刘禹锡研究会副会长查屏球教授再次感谢洛阳师范学院的付出，并对青年学者的研究成果给予肯定与表扬，呼吁会员们继续保持以高质量论文参与学术会议的态度，推动刘禹锡学术研究向前发展。与会青年学者代表陈慧、刘青、蒋金坤在闭幕式上亦对拥有一次与学术名家面对面交流、学习的机会表达感恩之心，均表示在热烈的讨论中获益匪浅。常德市刘禹锡研究会会长曾祥永教授代表下一届中国刘禹锡研究会年会主办方向会员们发出邀请，围绕"桃花源和刘禹锡"展开研究和讨论，以期在常德开展一次精彩的学术交流。

中国刘禹锡研究会 2017 年年会暨中唐诗歌国际学术研讨会的圆满召开，标志着刘禹锡研究迈上一个更高的新台阶。与会专家对本次会议与会论文的质量多次表示肯定与赞扬。今后，中国刘禹锡研究会各会员将继续秉持严肃治学、认真为文的精神，为古代文化、古代文学研究贡献更多优秀的研究成果。我们有责任也有信心使刘禹锡学术研究保持百家争鸣、百花齐放的良好局面。

本次会议的论文将编入《刘禹锡研究》第二辑。

（作者单位：华南师范大学）

后　记

　　2015 年 11 月 22 日至 23 日，由华南师范大学文学院等单位主办的"纪念刘禹锡赴任连州 1 200 周年学术研讨暨中国刘禹锡研究会成立大会"在广东省连州市隆重召开。由中国唐代文学学会会长陈尚君教授授牌，成立"中国刘禹锡研究会"，戴伟华教授当选为会长。2017 年 9 月 23 日至 24 日，中国刘禹锡研究会主办，洛阳师范学院文学院、华南师范大学文学院承办的"中国刘禹锡研究会 2017 年年会"在洛阳市顺利召开，来自浙江大学、复旦大学、华南师范大学、中国社会科学院文学研究所等高校和研究机构的专家学者 40 余人参加了会议。会议共收到论文 40 余篇，本书收录 33 篇。以下谨对编辑情况略作说明。

　　一、大致按照研究内容分类编排。全书共分刘禹锡诗歌研究、史实考述、政治与文学、经学与文学、文学思想研究、学术史研究六大类。其中诗歌研究论文 17 篇，涉及乐府诗、竹枝词、民歌、诗歌意象、诗歌传播等各个方面。史实考述论文 6 篇，主要就刘禹锡的人物关系及其所编《柳宗元文集》为中心展开研究。政治与文学研究论文 4 篇，以刘禹锡与"永贞革新"、地方治理、清流文化等关联为论述对象。经学与文学研究论文 2 篇，从唐代经学发展的大脉络中寻绎刘禹锡文学创作与中唐《春秋》学的关系，涉及文人经学、"六经皆文"等问题。文学思想研究论文 2 篇，论及刘禹锡的碑文思想及其文论的哲学内涵。学术史研究文章 2 篇，一篇是介绍《刘禹锡资料汇编》工作，另一篇是对本次会议的综述。

　　二、有两篇文章是编者邀约的。一篇是肖瑞峰教授的《论刘禹锡重入庙堂期间的诗歌创作》，另一篇是日本学者户崎哲彦教授的《刘禹锡编〈唐柳先生文集〉三十卷本新探》。感谢两位先生对学会的大力支持！户崎教授的文章原发表于《文学遗产》，感谢编辑刘京臣先生不辞辛劳，多方联系！

　　三、编辑工作，除上述区划类别之外，主要是按出版社要求调整论文格式。作者原文，除一些必要的错别字和标点符号修改外，其余基本保留原貌。

　　华南师范大学文学院、广州大学人文学院、洛阳师范学院文学院等单位为本次会议的顺利召开作了精心部署和周密安排，为论文集出版付出了辛勤劳动。所有作者都及时与编委会联系，仔细修改论文。在此一并致谢！

　　限于编者水平和能力，错漏在所难免，敬祈专家学者教正！